Das neue ABAP®-Kochbuch

SAP PRESS

SAP PRESS ist eine gemeinschaftliche Initiative von SAP SE und der Rheinwerk Verlag GmbH. Unser Ziel ist es, Ihnen als Anwendern qualifiziertes SAP-Wissen zur Verfügung zu stellen. SAP PRESS vereint das Know-how der SAP und die verlegerische Kompetenz von Rheinwerk. Die Bücher bieten Ihnen Expertenwissen zu technischen wie auch zu betriebswirtschaftlichen SAP-Themen.

Damit Sie nach weiteren Titeln Ihres Interessengebiets nicht lange suchen müssen, haben wir eine kleine Auswahl zusammengestellt.

Baumbusch, Jäger, Lensch
ABAP RESTful Application Programming Model
Das umfassende Handbuch
2., aktualisierte und erweiterte Auflage 2024, 667 Seiten, geb.
ISBN 978-3-367-10078-1
www.sap-press.de/5869

Tiebing, Kunold, Jungk
ABAP Cloud
2., aktualisierte und erweiterte Auflage 2025, 606 Seiten, geb.
ISBN 978-3-367-10239-6
www.sap-press.de/5921

Glavanovits, Koch, Krancz, Olzinger
Fullstack-Entwicklung mit SAP
2025, 690 Seiten, geb.
ISBN 978-3-367-10334-8
www.sap-press.de/5956

Boolmann, Haas, Häberlein, Hoffmann, Neuhaus
SAP Build
Low-Code-Entwicklung und Automatisierung
2024, 565 Seiten, geb.
ISBN 978-3-367-10153-5
www.sap-press.de/5891

Fabian Lupa, Sven Treutler

Das neue ABAP®-Kochbuch

Praktische Programmierlösungen für Fortgeschrittene

Rheinwerk Publishing

Liebe Leserin, lieber Leser,

SAP-Landschaften sind komplex, und wir alle wissen, wie schnell sich Technologien und Anforderungen in der IT-Welt ändern. Genau da setzt SAP PRESS an: mit Büchern, die nicht nur Theorie vermitteln, sondern konkret im Alltag helfen.

In diesem Buch finden Sie direkt umsetzbare Ratschläge, praktische Beispiele und Lösungen für drängende Herausforderungen. Unsere Autorinnen und Autoren sind Profis, die wissen, wo der Schuh drückt – und wie man Probleme effizient löst. Mit ihrer Erfahrung an Ihrer Seite können Sie Ihre SAP-Projekte gezielter angehen, fundiertere Entscheidungen treffen und die vielen Facetten von SAP besser meistern.

Ob Sie gerade erst beginnen oder schon lange im SAP-Umfeld tätig sind: Wir sind davon überzeugt, dass dieses Buch Ihnen hilfreiche Anleitungen und Tipps an die Hand gibt, um Ihre täglichen Aufgaben und Projekte erfolgreich zu meistern.

Wir freuen uns stets über Lob, aber auch über kritische Anmerkungen, die uns helfen, unsere Bücher zu verbessern. Zögern Sie also nicht, sich bei mir zu melden; Ihr Feedback ist jederzeit willkommen.

Wir wünschen Ihnen viele Aha-Momente und eine erfolgreiche Umsetzung mit diesem Buch!

Ihre Janina Schweitzer
Senior-Lektorin SAP PRESS

janina.schweitzer@rheinwerk-verlag.de
www.rheinwerk-verlag.de
Rheinwerk Verlag • Rheinwerkallee 4 • 53227 Bonn

Auf einen Blick

Wir hoffen, dass Sie Freude an diesem Buch haben und sich Ihre Erwartungen erfüllen. Falls Sie Anregungen, Wünsche und Kommentare haben, lassen Sie es uns wissen: **service@rheinwerk-verlag.de**.

Informationen zu unserem Verlag und Kontaktmöglichkeiten finden Sie auf unserer Verlagswebsite **www.rheinwerk-verlag.de**. Dort können Sie sich auch umfassend über unser aktuelles Programm informieren und unsere Bücher und E-Books bestellen.

Autoren Fabian Lupa, Sven Treutler
Lektorat Janina Schweitzer
Gutachten Björn Schulz, Sebastian Freilinger-Huber
Copy-Editing Alexandra Müller, Olfen
Typografie & Layout Vera Brauner
Satz SatzPro, Krefeld
Herstellung Maxi Beithe
Covergestaltung Silke Braun
Coverbild Shutterstock: 1321600256 © Alexander Raths
Druck Beltz Grafische Betriebe, Bad Langensalza

FSC www.fsc.org MIX Papier | Fördert gute Waldnutzung FSC® C089473

Dieses Buch wurde mit mineralölfreien Farben auf FSC-zertifiziertem Papier aus nachhaltiger Waldwirtschaft gedruckt. Hergestellt in Deutschland.

Bibliografische Information der Deutschen Nationalbibliothek:
Die Deutsche Nationalbibliothek verzeichnet diese Publikation in der Deutschen Nationalbibliografie; detaillierte bibliografische Daten sind im Internet über *http://dnb.dnb.de* abrufbar.

ISBN 978-3-367-10648-6

1. Auflage 2025

Rheinwerk Verlag GmbH • Rheinwerkallee 4 • 53227 Bonn
service@rheinwerk-verlag.de

Inhalt

Einleitung

Weiterentwicklung von ABAP

ABAP entwickelt sich weiter, und das bereits seit einigen Jahren in einem rasanten Tempo. Mit dem *ABAP RESTful Application Programming Model* (RAP) bietet SAP seit 2018 ein zunehmend ausgereiftes Framework für die Entwicklung an. Immer mehr Anwendungen im SAP-Standard werden in dieses Programmiermodell überführt. In Kombination mit *ABAP Core Data Services* (ABAP CDS) und *SAP Fiori Elements* wird Anwendungsverhalten in eigener Syntax modelliert und nicht – wie in früheren Programmiermodellen – direkt in ABAP implementiert. Zeitgleich zieht *ABAP Cloud* als Entwicklungsmodell für moderne Anwendungen ein, das sowohl in On-Premise- als auch in Cloud-Systemen verfügbar ist. Mit dem *Clean-Core-Ansatz* wird ABAP Cloud auch in On-Premise-Systemen forciert, womit sich die Rolle von klassischem ABAP zunehmend ändert.

Zielgruppe

Vielleicht haben Sie sich bei Ihrer Arbeit als Entwicklerin oder Entwickler bereits mit den genannten Techniken vertraut machen können und kennen auch ABAP in Cloud-Systemen. Vielleicht steht Ihnen die Migration nach SAP S/4HANA aber auch noch bevor, Sie sind technologisch bislang auf ABAP 7.50 mit SAP ERP 6.0 EhP8 beschränkt und fragen sich, was da auf Sie zukommt und was sich in den letzten zehn Jahren getan hat.

Der Kenntnisstand von ABAP-Entwicklerinnen und -Entwicklern könnte derzeit nicht weiter auseinanderliegen. Darüber hinaus stellt sich die Upgrade-Problematik noch für viele Unternehmen. Entsprechend schwierig gestalten sich die Themen Fort- und Weiterbildung und Enablement von Entwicklerinnen und Entwicklern für den Projekteinsatz. Wir möchten Sie in diesem Buch dort abholen, wo Sie gerade stehen, und Ihnen die aktuellen technischen Lösungen für immer wiederkehrende Problemstellungen vorstellen, unabhängig davon, wo in dem beschriebenen Spektrum Sie sich gerade befinden. Unser Buch richtet sich daher an ABAP-Entwicklerinnen und -Entwickler, die sich für moderne Lösungen interessieren und ihre Software qualitativ hochwertig entwickeln, sich auf deren möglichen Betrieb in der Cloud vorbereiten und dabei den Clean-Core-Ansatz einhalten möchten.

Ziele dieses Buches

Sie werden in diesem Buch keine Marketingfloskeln finden. Es wurde von Entwicklern für Entwicklerinnen und Entwickler geschrieben. Wir stellen Ihnen Technologien vor, mit denen Sie wiederkehrende Probleme mit State-of-the-Art-Methoden lösen können, und ordnen diese im Vergleich zu bisherigen Lösungsansätzen ein. Uns ist es dabei besonders wichtig, dass Sie die Lösungen sowohl in On-Premise- als auch in Cloud-Systemen anwenden können. Daher beschränken wir uns auf den Funktionsumfang, der in SAP S/4HANA 2023 unter Nutzung von ABAP Cloud verfügbar ist. Das heißt, dass Sie die vorgestellten Lösungen in allen aktuellen ABAP-Laufzeitumgebungen einsetzen können: SAP S/4HANA 2023 (On-Premise-Version), SAP S/4HANA Cloud Private Edition 2023, SAP S/4HANA Cloud Public Edition und SAP BTP ABAP Environment. Viele neuere Funktionen sind jedoch stark release-abhängig, auf niedrigeren ABAP-Releases als 7.58 kann es daher Einschränkungen geben.

Voraussetzungen

Um dem Inhalt dieses Buches optimal folgen zu können, sollten Sie mit den Grundlagen der ABAP-Programmiersprache inklusive ABAP Objects vertraut sein und etwas Praxiserfahrung gesammelt haben. Sie sollten auch bereits die *ABAP Development Tools* (ADT), also die Eclipse-basierte ABAP-Entwicklungsumgebung, den Nachfolger der *ABAP Workbench*, kennen, da nur diese Entwicklungsumgebung für alle Laufzeitumgebungen verfügbar ist und die Objekttypen, die hier eingesetzt werden, in vollem Umfang unterstützt. Tipps und Tricks zum Umgang mit den ABAP Development Tools sowie Schritt-für-Schritt-Anleitungen für die einzelnen Techniken finden Sie in diesem Buch dennoch. Denn der Wechsel von Transaktion SE80 zu den ABAP Development Tools bedeutet gerade für erfahrene ABAP-Entwicklerinnen und Entwickler oft eine große Umgewöhnung. Hinweise zur Installation der ABAP Development Tools finden Sie in Anhang C.

Aufbau dieses Buches

Die Kapitel dieses Buches greifen jeweils eine konkrete Problemstellung auf und präsentieren dazu eine aktuelle Lösung. Dabei sind die Kapitel inhaltlich in der Regel voneinander unabhängig zu lesen. Sie können das Buch daher regulär von vorne nach hinten durchlesen, um sich einen umfassenden Überblick zu verschaffen, oder bei akutem Informationsbedarf zu einem der Themen direkt zu dem entsprechenden Kapitel springen. Über die Kapitel hinweg verwenden wir ein übergreifendes Anwendungsbeispiel, das den betriebswirtschaftlichen Bezug herstellt. Dabei haben wir besonders darauf geachtet, ein Beispiel zu wählen, das realitätsnah, nicht zu einfach, aber auch nicht zu komplex ist. Die einzelnen Kapitel erweitern diese Anwendung Stück für Stück, sodass Sie unseren Entwicklungsschritten folgen können.

Kapitel 1, »Einführung in die moderne ABAP-Entwicklung«, dient Ihnen als Einstieg in die technischen Konzepte, die in modernen ABAP-basierten Anwendungen relevant sind, und ordnet die ABAP-Entwicklung in das aktuelle SAP-Produktportfolio ein.

In **Kapitel 2**, »Das Anwendungsszenario«, beschreiben wir das betriebswirtschaftliche Beispiel, an dem wir uns in den folgenden Kapiteln orientieren, und erläutern, wie die Beispielanwendung technisch aufgebaut ist.

Kapitel 3, »Umgang mit Systemfeldern und Laufzeitinformationen«, ist das erste Kapitel, in dem konkrete Techniken vorgestellt werden – hier der Zugriff auf Informationen der ABAP-Laufzeitumgebung mit modernen Klassen und Anweisungen.

In **Kapitel 4**, »Tabellenanalyse«, lernen Sie, wie Sie Anwenderinnen und Anwendern, Key-Usern oder Mitarbeitenden der Anwendungsbetreuung in einer SAP-Fiori-App Einsicht in Tabelleninhalte geben können. Sie erfahren außerdem, wie Sie als Entwicklerin oder Entwickler Datenbanktabelleninhalte mit den ABAP Development Tools analysieren können.

Kapitel 5, »Tabellenpflege mit Business Configuration Maintenance Objects«, zeigt Ihnen, wie Sie eine Pflegeoberfläche für Customizing-Einstellungen in Form einer SAP-Fiori-App entwickeln können. Eine solche App kann als Nachfolger der mit dem Tabellenpflegegenerator erstellten Pflegedialoge gesehen werden.

Kapitel 6, »Anwendungsprotokolle«, geht auf die Protokollierung von Benutzeraktionen und Prozessschritten mit dem Anwendungsprotokoll ein. Sie lernen den neuen Objekttyp und die neuen Klassen kennen, mit denen Sie die alten Funktionsbausteine für die Protokollierung ablösen können.

In **Kapitel 7**, »Änderungsbelege«, zeigen wir Ihnen die klassenbasierte Änderungsprotokollierung, mit der Sie Änderungen an Stamm- und Bewegungsdaten nachvollziehen können, sowie deren Integration in RAP-Business-Objekte.

In **Kapitel 8**, »Sperrobjekte«, lernen Sie die neue klassenbasierte API zum Sperren von Objekten sowie das optimistische und pessimistische Sperrkonzept kennen. Sie erfahren ebenfalls, wie Sie Sperrobjekte in RAP-basierte Anwendungen integrieren können.

Kapitel 9, »Nummernkreisobjekte«, geht auf eben diese ein und zeigt, wie Sie mit der neuen, klassenbasierten Zugriffsmöglichkeit Nummern für Primärschlüsselfelder ziehen oder diese prüfen können. Sie erhalten außerdem einen Einblick in die programmatische Pflege von Nummernkreisobjekten und -intervallen.

In **Kapitel 10**, »Hintergrundverarbeitung«, stellen wir die Anwendungsjobs vor, das cloud-fähige Nachfolgekonzept der klassischen, reportbasierten Batch-Jobs. Sie dienen zur regelmäßigen Ausführung von Anwendungen.

In **Kapitel 11**, »E-Mail-Versand«, erfahren Sie, wie Sie E-Mails aus dem SAP-System verschicken können – inklusive Anlagen und mithilfe neuer Klassen.

Kapitel 12, »Parallelisierung von Anwendungslogik«, zeigt Ihnen, wie Sie in Ihren Programmen Performance durch die Parallelausführung von Teilaufgaben mit mehreren Prozessen gewinnen können – ganz ohne eigene Funktionsbausteine direkt in ABAP Objects.

Auf das Hochladen von Dateien wird in **Kapitel 13**, »Datei-Upload«, eingegangen. Darin erfahren Sie, wie Sie mit dem ABAP RESTful Application Programming Model und SAP Fiori Elements Anwenderinnen und Anwender das Hochladen von Dateien ermöglichen und die Dateiinhalte in Ihren Anwendungen konsumieren können.

In **Kapitel 14**, »Umgang mit Excel-Dateien«, lernen Sie, wie Sie mithilfe der XCO-Bibliothek XLSX-Dateien lesen und erzeugen können. Dazu werden der Datei-Upload und -Download aus dem vorangegangenen Kapitel aufgegriffen.

Kapitel 15, »Dokumentation von Entwicklungsobjekten«, zeigt Ihnen die aktuellen Möglichkeiten zur Dokumentation von Entwicklungsobjekten mit ABAP Doc und Knowledge Transfer Documents.

In **Kapitel 16**, »Berechtigungen«, geht es um die Berechtigungsvergabe. Sie lernen, wie Sie in ABAP Cloud den Zugriff auf Ihre Anwendungen berechtigen können.

In **Kapitel 17**, »Nutzung von APIs«, trennen wir uns vom Anwendungsbeispiel und beziehen uns auf den SAP-Standard. Hier lernen Sie, wie Sie freigegebene Objekte und APIs finden und Letztere korrekt aufrufen. Im Kontext von ABAP Cloud ist die Suche wiederverwendbarer und freigegebener Objekte sehr relevant, da nicht freigegebene Objekt nicht mehr verwendet werden können.

Auf die aktuellen Erweiterungstechniken gehen wir in **Kapitel 18**, »Erweiterungen in ABAP Cloud«, ein. Sie erfahren, wie Sie RAP-basierte Anwendungen mithilfe der Entwickler- und Key-User-Erweiterbarkeit um eigene Funktionen und Felder erweitern können.

Abschließend geben wir in **Kapitel 19** einen Ausblick. Wir sehen uns an, wo in der technologischen Entwicklung wir uns derzeit befinden, wo noch Lücken in der Abdeckung der neuen Technologien bestehen und was in den nächsten Releases an neuen Funktionen zu erwarten ist.

Informationskästen

In hervorgehobenen Informationskästen finden Sie in diesem Buch Inhalte, die wissenswert und hilfreich sind, aber etwas außerhalb der eigentlichen Erläuterung stehen. Damit Sie diese Informationen sofort einordnen können, haben wir die Kästen mit entsprechenden Symbolen gekennzeichnet:

- In Kästen, die mit diesem Symbol gekennzeichnet sind, finden Sie Informationen zu *weiterführenden Themen*. [«]
- Dieses Symbol weist Sie auf *Besonderheiten* hin, die Sie beachten sollten. Es *warnt* Sie außerdem vor häufig gemachten Fehlern oder Problemen, die auftreten können. [!]
- Die mit diesem Symbol gekennzeichneten *Tipps* geben Ihnen spezielle Empfehlungen aus unserer Projektpraxis, die Ihnen die Arbeit erleichtern können. [+]

[«]

Nutzung der Beispielanwendung

In den **Materialien** zum Buch unter *www.sap-press.de/6050* finden Sie die Beispielanwendung, die in den einzelnen Kapiteln sukzessive aufgebaut wird. Sie finden Sie ebenfalls auf GitHub unter folgender URL: *https://github.com/abap-kochbuch/abap-kochbuch*

Details zur Verwendung der einzelnen Entwicklungsobjekte erläutern wir in Anhang A, »Installation der Beispielanwendung«. In den folgenden Kapiteln wird in der Einleitung jeweils erwähnt, welche Objekte verwendet werden. Soweit technisch möglich, gibt es für jedes Kapitel ein eigenes Unterpaket. Die Zuordnung von Kapiteln und Paketen finden Sie ebenfalls in Anhang A.

Die Beispielanwendung ermöglicht es uns, die einzelnen, in diesem Buch beschriebenen Techniken praxisnah zu erläutern. Sie sollten sie jedoch nicht direkt für produktive Szenarien übernehmen. Aus Darstellungsgründen haben wir beispielsweise an einigen Stellen auf übersetzbare Texte verzichtet. Auch die Fehlerbehandlung haben wir teilweise verkürzt, um den Fokus auf das eigentliche Thema des jeweiligen Kapitels zu legen.

Danksagungen

Zum ersten Mal ein Buch zu schreiben, ist ein Projekt für sich. Wir möchten uns daher besonders beim Rheinwerk Verlag und konkret bei Janina Schweitzer für die Unterstützung im Schreibprozess und die Begleitung »vom Kick-off bis zum Go-live« bedanken. Unser Dank gilt darüber hinaus Björn Schulz und Sebastian Freilinger-Huber für ihr Feedback zu den einzelnen Kapiteln und Technologien. Danke auch an die abapGit-Community, die uns mit ihrem Open-Source-Tool überhaupt erst die Möglichkeit verschaffte, zusammen an unserem Anwendungsbeispiel zu arbeiten und es Ihnen auf einfache Weise zur Verfügung zu stellen.

Danksagung von Fabian Lupa

Ich bedanke mich besonders bei Patrick Holdschlag für den immerwährenden fachlichen und technischen Austausch zu SAP-Themen und die Review-Arbeit in diesem Buchprojekt. Bei Leon Requardt bedanke ich mich für die tief gehenden Diskussionen zum ABAP RESTful Application Programming Model und die Überlegungen zu Best Practices. Vielen Dank, Elena, für dein Verständnis, deine Geduld und deine Unterstützung.

Danksagung von Sven Treutler

Dieses Buch habe ich geschrieben, damit meine Katze Marie ihr Luxusleben weiterhin genießen kann.

Danke, Oma, Opa, Marion, Werner, Toni und Patrick, dass ihr immer an mich glaubt.

Ich möchte euch, Mama und Papa, danken, dass ihr mir von klein auf den Wert von Bildung und Neugier vermittelt habt.

Mein besonderer Dank gilt aber dir, Antonia. Deine Geduld, Liebe und deine Arschtritte haben mich durch die vielen Stunden des Schreibens getragen.

Wir hoffen, Ihnen mit diesem Buch einen praxisnahen Einstieg in die aktuelle Softwareentwicklung mit ABAP zu ermöglichen und Ihr Interesse geweckt zu haben, alte Technologien im neuen Gewand oder auch ganz neue technische Möglichkeiten zu entdecken. Los geht's!

Fabian Lupa und **Sven Treutler**

Kapitel 1
Einführung in die moderne ABAP-Entwicklung

In der modernen ABAP-Entwicklung in SAP S/4HANA und im SAP BTP ABAP Environment gibt es einige neue grundlegende technische Konzepte. In diesem Kapitel erfahren Sie, wie Sie ABAP-Code schreiben, der in allen Laufzeitumgebungen – egal, ob Cloud- oder On-Premise-Lösung – lauffähig ist. Sie lernen, welche technischen Unterbauten dafür relevant sind. Dazu gehen wir insbesondere auf die Sprachversion und die Einsatzszenarien ein.

Moderne ABAP-Entwicklung setzt auf viele technische Konzepte der ABAP-Plattform, die noch vergleichsweise neu sind. Dazu zählen die ABAP-Sprachversion, das ABAP RESTful Application Programming Model und Release-Kontrakte. Zudem gibt es inzwischen mehrere verschiedene Laufzeitumgebungen für ABAP, die jeweils unterschiedliche Anforderungen haben. Es stellt sich die Frage, wie Sie Anwendungen implementieren können, die stabil, wartungsarm bei Upgrades und cloud-fähig sind. In diesem Kapitel erhalten Sie einleitend einen Überblick dazu, bevor es in den folgenden Kapiteln ins Detail geht.

Aufbau dieses Kapitels

In Abschnitt 1.1 gehen wir zunächst auf die Rolle von ABAP innerhalb der gesamten Softwareentwicklung im SAP-Kontext ein. In Abschnitt 1.2 stellen wir dann das neue Entwicklungsmodell *ABAP Cloud* vor und zeigen, aus welchen Aspekten es sich zusammensetzt. Diese erläutern wir dann in den folgenden Abschnitten im Detail.

Abschnitt 1.3 geht auf die ABAP-Sprachversion als technische Möglichkeit zur Unterscheidung zwischen klassischem ABAP und ABAP Cloud ein. Abschnitt 1.4, »Über Release-Kontrakte freigegebene APIs«, thematisiert den Aufruf und die Nutzung von im SAP-Standard vorhandenen Objekten. In Abschnitt 1.5 gehen wir kurz auf die ABAP Development Tools als Entwicklungsumgebung ein, bevor wir in Abschnitt 1.6 das Programmiermodell für transaktionale Anwendungen, das *ABAP RESTful Application Programming Model*, einleitend vorstellen.

In Abschnitt 1.7 geht es um aktuelle Produkte von SAP, in denen mit ABAP entwickelt werden kann. Wir gehen hier insbesondere darauf ein, welche

Einsatzszenarien sich für ABAP Cloud bieten. In Abschnitt 1.8 erfahren Sie, welche Änderungen sich bei der Release-Zählung von ABAP ergeben haben und wie Sie den Zusammenhang zwischen Cloud- und On-Premise-Releases herstellen können. Abschnitt 1.9 geht auf Einschränkungen ein, mit denen Sie es abhängig von Ihrem Release oder von Ihrer zu unterstützenden Laufzeitumgebung mitunter zu tun haben.

1.1 Die Rolle von ABAP in der SAP-Entwicklung

Weiterentwicklung von ABAP

Modern entwickelte ABAP-Anwendungen unterscheiden sich technologisch so stark von den auf früheren Programmiermodellen basierenden Anwendungen, dass diese Anwendungen kaum noch miteinander vergleichbar sind. Mit *ABAP Core Data Services* (ABAP CDS) und dem *ABAP RESTful Application Programming Model* (RAP) werden Anwendungen mit einer eigenen Syntax deklarativ modelliert und nicht mehr mit klassischen ABAP-Anweisungen implementiert. Die Implementierungsbestandteile nutzen dazu noch großzügig Funktionen aus *Modern ABAP*. Mit diesem Begriff sind die funktionalen Ausdrücke und eingebaute Funktionen gemeint, die ab Release 7.40 zum ABAP-Sprachumfang hinzukamen. Benutzeroberflächen werden gar nicht mehr mit ABAP implementiert, sondern im ABAP-Stack nur noch über *Annotationen* beschrieben. Bei all diesen Änderungen mag sich manch eine oder einer fragen, ob das heutzutage überhaupt noch ABAP ist.

Non-ABAP-Technologien im SAP-Umfeld

Gleichzeitig haben sich in der SAP-Entwicklung außerhalb des ABAP-Stacks in den letzten Jahren weitere Technologien etabliert:

- *SAPUI5* als JavaScript-basiertes Frontend-Framework zur Entwicklung moderner, webbasierter Benutzeroberflächen.
- Das *SAP Cloud Application Programming Model* (CAP) als ABAP-Alternative, ein Programmiermodell, das in JavaScript und Java verfügbar und leichtgewichtig und skalierbar in Cloud-Umgebungen lauffähig ist.
- Über das Produktportfolio *SAP Build* können mit Low-Code-/No-Code-Ansätzen Prozesse automatisiert oder ganze Anwendungen entwickelt werden.

Welche Rolle nehmen ABAP-Entwicklerinnen und -Entwickler also heutzutage in Unternehmen und Projekten ein? Beschäftigen sie sich mit all diesen Technologien und werden zu SAP- bzw. Full-Stack-Entwicklerinnen und -Entwicklern oder setzen sie einen Schwerpunkt und spezialisieren sich?

Beim technologischen Wandel mithalten

Und wie halten Unternehmen mit diesen Entwicklungen mit? Viele Entwicklerteams haben die Migration ihrer Systeme auf SAP S/4HANA aktuell noch vor sich und den technologischen Wandel der letzten zehn Jahre daher noch gar nicht aktiv erlebt. Viele sind es auch gewohnt, dass sich in der ABAP-Entwicklung nicht viel tut. Wo früher eine ABAP-Entwicklerin oder ein ABAP-Entwickler mit fundiertem Modulwissen Anforderungen mehr oder weniger allein umsetzen konnte, werden heute Frontend- und Backend-Entwicklerinnen und -Entwickler benötigt, um die diversen Technologie-Stacks abdecken zu können. Womöglich braucht es zusätzlich noch einen Cloud-Architekten oder eine -Architektin.

Die Anforderungen sind heute aber dennoch oft dieselben wie früher und die Lösungen auf den ersten Blick nicht zwangsläufig besser, schicker oder schneller, sondern vorrangig technologisch moderner und breiter aufgestellt. Und die Wartung kann aufgrund der Integration von Webtechnologien deutlich aufwendiger sein als früher. Entsprechend schwierig kann es werden, gegenüber den Führungskräften zu argumentieren, warum mehr Personal oder mehr Weiterbildungen erforderlich sind, um das Gleiche zu leisten.

Reifegrad der Technologien

Inzwischen sind wir allerdings an einem Punkt angekommen, an dem die neuen und breiter aufgestellten Technologien zunehmend ausgereift sind und in der Breite auch im Kernprodukt SAP S/4HANA ausgerollt wurden. Transaktion VA01 zur Kundenauftragsanlage etwa hat als eine der komplexesten Transaktionen im System endlich einen auf dem ABAP RESTful Application Programming Model und SAP Fiori Elements basierenden Nachfolger bekommen, anstatt weiterhin peinlich per SAP GUI for HTML in das SAP Fiori Launchpad eingebettet und lediglich mit einem SAP Fiori Theme rein visuell aufgehübscht zu werden. Mit *SAP Fiori Elements* können Sie auch (wieder) Benutzeroberflächen entwickeln, ohne eine Umschulung zum Webentwickler bzw. zur Webentwicklerin machen zu müssen. Und mit *ABAP Cloud* können Anwendungen entwickelt werden, die in allen auf dem aktuellen ABAP-Release basierenden SAP-Lösungen lauffähig sind – egal, ob in der Cloud oder als On-Premise-Version.

Dafür wurden diverse, teils über 30 Jahre alte Technologien und Tools der ABAP-Plattform durch Nachfolger abgelöst, modernisiert oder mindestens mit objektorientierten Fassaden versehen. Diese bekannten Konzepte im neuen Gewand gilt es kennenzulernen, um auch in Cloud-Systemen entwickeln zu können oder um sich bei On-Premise-Lösungen an das Clean-Core-Konzept zu halten.

Developer Enablement

Für Neulinge in der ABAP-Entwicklung gibt es hingegen sehr viele aktuelle Konzepte, die ohne den Ballast von Legacy-Anwendungen und überholte Programmierparadigmen auskommen. Aus Sicht des *Developer Enablements* ist es daher aktuell besonders interessant, wer die neuen Techniken schneller verinnerlicht hat oder wer offener für sie ist – die gestandene Entwicklerin oder der Neuling. In Upskilling-Maßnahmen muss diese Spanne an Vorkenntnissen, aber auch die Erwartungshaltung besonders berücksichtigt werden.

1.2 Das neue Entwicklungsmodell für ABAP

ABAP Cloud

Das neue und von SAP heute empfohlene Entwicklungsmodell heißt *ABAP Cloud*. Bevor Sie vor dem Cloud-Begriff zurückschrecken und die Relevanz des Buches für Ihre Entwicklung infrage stellen: ABAP Cloud ist auch als On-Premise-Variante verfügbar. Der irreführende Name deutet lediglich an, dass die anhand des Modells entwickelten Anwendungen generell cloud-fähig sind, nicht aber, dass sie zwangsläufig in der Cloud ausgeführt werden müssen. Bevor wir dazu kommen, wie diese Unabhängigkeit von der konkreten Laufzeitumgebung technisch sichergestellt werden kann, möchten wir zunächst etwas zum Begriff *Entwicklungsmodell* sagen.

Entwicklungsmodell

Als Entwicklungsmodell wird hier eine ganzheitliche Entwicklungsmethodologie verstanden. Dazu zählen folgende Elemente:

- die Programmiersprache selbst (z. B. die verfügbare Syntax)
- die Softwarearchitektur, die anhand von Programmiermodellen oder konkreten Frameworks umgesetzt wird
- die Entwicklungsumgebung, also das umgebende Tooling zur Auslieferung und Versionierung
- die Verwaltung und Nutzung von Abhängigkeiten anhand stabiler Schnittstellen

Wir werden in diesem Buch häufiger die Formulierung »in ABAP Cloud« verwenden und meinen damit, dass die konkrete Technik oder das Vorgehen im Entwicklungsmodell verfügbar ist und empfohlen wird.

Bestandteile von ABAP Cloud

ABAP Cloud verwendet die bekannte ABAP-Technologie der ABAP-Plattform, schränkt sie allerdings bewusst auf folgende Aspekte ein:

- **ABAP-Sprachversion**

  In ABAP Cloud ist die Nutzung der ABAP-Sprachversion »ABAP für Cloud-Entwicklung« Pflicht.

- **Verwendung von Objekten**

  Es können in ABAP Cloud ausschließlich über APIs freigegebene Repository-Objekte verwendet werden. Dies gilt sowohl für Prozeduraufrufe als auch für Typdefinitionen.

- **Entwicklungsumgebung**

  Als Entwicklungsumgebung in ABAP Cloud werden die ABAP Development Tools für Eclipse verwendet.

- **Programmiermodell**

  Für transaktionale Anwendungen wird das ABAP RESTful Application Programming Model als Programmiermodell genutzt.

In Teilen werden diese Regeln durch die Syntaxprüfung oder die Laufzeitumgebung sichergestellt. Zum Beispiel kann die klassische ABAP Workbench im SAP BTP ABAP Environment und in SAP S/4HANA Cloud Public Edition mangels SAP-GUI-Support nicht genutzt werden. Die Verwendung von nicht freigegebenen Objekten wird in der ABAP-Sprachversion zu Syntaxfehlern.

Klassisches ABAP

Als Gegenbegriff zu ABAP Cloud sprechen wir vom *klassischen ABAP*. Im klassischem ABAP gibt es keine Einschränkungen bezüglich der genannten Aspekte, und das gesamte Spektrum der ABAP-Technologie steht zur Verfügung – inklusive der aktuellen Techniken. Sie können daher alle im Buch gezeigten Lösungen auch im klassischen ABAP einsetzen oder sie mit älteren Technologien kombinieren.

Anforderungen in der Cloud

Die Definition eines neues Entwicklungsmodells war für die Cloud-Laufzeitumgebungen, also für das *SAP BTP ABAP Environment* und *SAP S/4HANA Cloud Public Edition*, schlicht notwendig. Es musste ein Weg beschrieben werden, um Anwendungen zu entwickeln, die den Anforderungen von Cloud-Umgebungen gerecht werden. Ein `CALL SCREEN` würde hier z. B. ein nicht verfügbares SAP GUI ansprechen und ein `OPEN DATASET` ein nicht verfügbares Dateisystem. Ein `CLIENT SPECIFIED`/`USING CLIENT` würde das Tenant-Konzept aushebeln. Eine direkte `UPDATE`-Anweisung auf eine SAP-Standardtabelle würde die Datenkonsistenz gefährden.

Zudem werden die genannten Cloud-Systeme regelmäßig und automatisch auf das nächste Release aktualisiert. Kundeneigenes Coding muss daher upgrade-stabil sein, da nicht vorgesehen ist, dass Upgrades blockiert werden, wenn notwendige Codeanpassungen noch nicht durchgeführt wurden. Auf geänderte oder entfernte Objekte im SAP-Standard kann damit nicht reagiert werden. Neben der Forcierung aktueller Technologien und Anwendungsarchitekturen löst ABAP Cloud all diese Problemstellungen, indem sie in der Regel als Syntaxfehler bemängelt und somit schon bei der Implementierung verhindert werden.

Warum ein On-Premise-Einsatz?

Während in der On-Premise-Lösung SAP S/4HANA technisch keine Notwendigkeit für die genannten Einschränkungen besteht, können sie auch hier trotzdem wünschenswert sein. Wenn Sie sich freiwillig an die von ABAP Cloud vorgegebenen Regeln halten, erleichtert Ihnen dies z. B., das nächste Upgrade durchzuführen, denn in Cloud-Umgebungen wäre dieses Upgrade automatisch erfolgt. Dieser On-Premise-Blickwinkel ist auch beim Konzept des *Clean Core* wichtig, auf das wir in Abschnitt 1.7, »Einsatzszenarien für ABAP Cloud«, noch eingehen werden. Sie haben außerdem die perspektivische Möglichkeit, Ihre ABAP-basierten Anwendungen später in die Cloud auszulagern.

1.3 Die ABAP-Sprachversion

Angabe der Sprachversion

Ein Kernbestandteil von ABAP Cloud ist die Einschränkung der Sprachversion auf **ABAP für Cloud-Entwicklung**. Die ABAP-Sprachversion gibt Regeln für die verwendete Syntax und die verwendeten Objekttypen vor. Sie wird für jedes Repository-Objekt angegeben. Das entsprechende Feld kennen Sie technisch vielleicht bereits von der Unicode-Konvertierung. In den Programmattributen diente es zunächst zur Unterscheidung von unicode-fähigen und nicht-unicode-fähigen Programmen. Dies wurde mit einer Checkbox gekennzeichnet.

Die heute als *Standard-ABAP* bekannte Sprachversion fand dort ihren Ursprung und hat passenderweise die technische ID X, abgeleitet von der angekreuzten Checkbox zur Aktivierung der Unicode-Prüfungen. Das boolesche Feld wurde später umgedeutet und kann heute die in Tabelle 1.1 aufgeführten Werte enthalten.

ABAP-Sprachversion	ID
Standard-ABAP	X
ABAP für Cloud-Entwicklung	5
ABAP für Key-User	2

Tabelle 1.1 ABAP-Sprachversionen

Die ABAP-Sprachversion **ABAP für Cloud-Entwicklung** hat die technische ID 5. Dies kann als eine Anspielung darauf verstanden werden, dass diese Version auf das klassische ABAP folgt, das auch als *ABAP/4* bezeichnet wurde. Weitere Sprachversionen existieren, sind allerdings obsolet und werden daher hier nicht genannt.

Einstellungen für die ABAP-Sprachversion

Sie können die ABAP-Sprachversionen auf folgenden Ebenen einstellen:

- am unterstützten Repository-Objekt
- am Paket als Vorgabewert für neue Objekte
- an der Softwarekomponente

Pflege auf Objektebene

Zur Pflege am Repository-Objekt öffnen Sie dieses Objekt in den ABAP Development Tools und wählen in der Sicht **Properties** den Bereich **General**. Sie finden das Feld **ABAP Language Version** für die ABAP-Sprachversion dort ganz unten (siehe Abbildung 1.1).

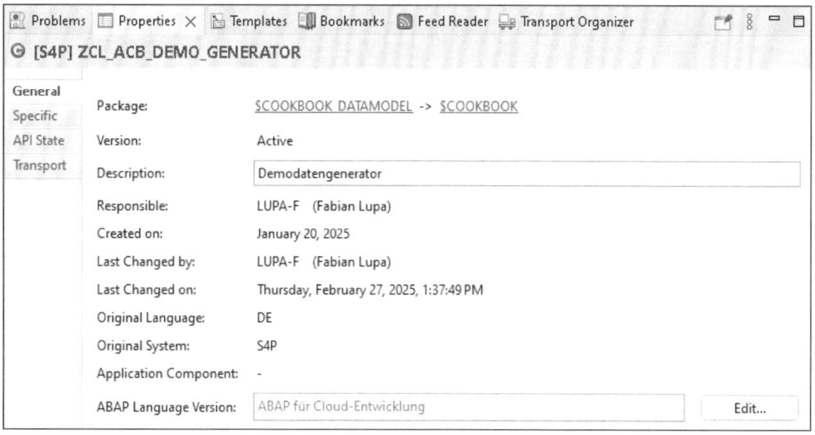

Abbildung 1.1 Pflege der ABAP-Sprachversion bei einer globalen Klasse

Klicken Sie auf den Button **Edit...**, öffnet sich ein Dialogfenster mit einer Auswahl der für das aktuelle System und den ausgewählten Objekttyp verfügbaren ABAP-Sprachversionen (siehe Abbildung 1.2).

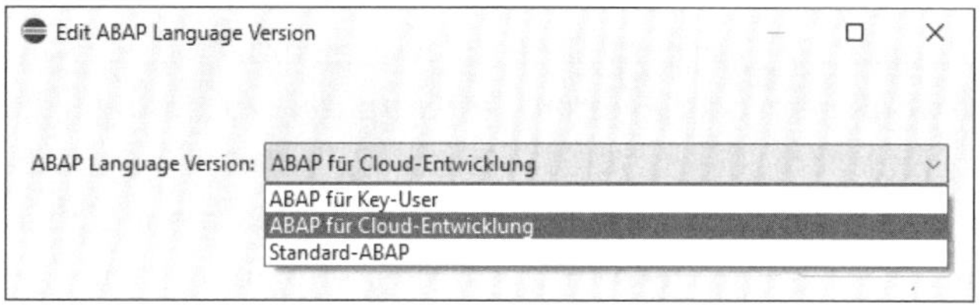

Abbildung 1.2 Auswahl der ABAP-Sprachversion

Pflege auf Paketebene

Bei der Neuanlage eines Entwicklungsobjekts in einem Paket wird die ABAP-Sprachversion mit der Version vorbelegt, die im Paket als Standard-ABAP-Sprachversion hinterlegt ist. Sie können diese in der Paketpflege im Bereich **General Data** ändern (siehe Abbildung 1.3).

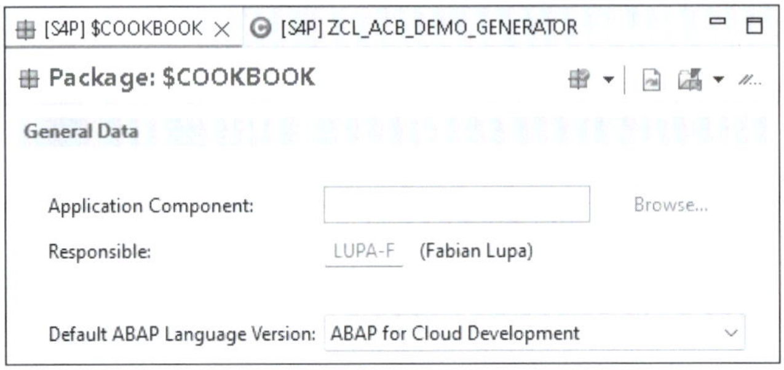

Abbildung 1.3 Pflege der Standard-ABAP-Sprachversion im Paket

Nachträgliche Änderung der ABAP-Sprachversion

Beachten Sie, dass eine nachträgliche Änderung der ABAP-Sprachversion die Syntaxprüfung strenger einstellen kann und das Objekt dann gegebenenfalls angepasst werden muss.

Keine Einschränkung bei untergeordneten Objekten

Beachten Sie, dass eine nachträgliche Änderung der Standard-ABAP-Sprachversion im Paket nicht dazu führt, dass automatisch alle dem Paket zugeordneten Entwicklungsobjekte ebenfalls geändert werden. Ebenfalls schränkt die Einstellung auf Paketebene nicht ein, welche ABAP-Sprachversionen innerhalb des Pakets erlaubt sind.

Pflege in der Softwarekomponente

In ABAP Cloud hat die *Softwarekomponente* eine höhere Bedeutung bekommen und kann nun auch kundenseitig einfacher eingesetzt werden. Sie dient dazu, Entwicklungsobjekte aus Auslieferungssicht zu gruppieren. Auf Ebene der Softwarekomponente werden z. B. das Release und das Patch-Level definiert. Sie kennen das wahrscheinlich von der Softwarekomponente `SAP_BASIS`, deren Release dem ABAP-Release entspricht. Einer Softwarekomponente werden ein oder mehrere *Strukturpakete* zugeordnet, die eine kleine oder komplexere Hierarchie aus Haupt- und Entwicklungspaketen unter sich haben können. Das Verhalten von Softwarekomponenten in Bezug auf Application Programming Interfaces (APIs) wird uns in Kapitel 17, »Nutzung von APIs«, beschäftigen.

Softwarekomponente anlegen

In der On-Premise-Variante von SAP S/4HANA und in SAP S/4HANA Cloud Private Edition können Sie eigene Softwarekomponenten anlegen und pflegen. In diesen Produkten erfolgt die Pflege klassisch über einen Report. Dazu führen Sie den Report `RSMAINTAIN_SWCOMPONENTS` im SAP GUI aus, z. B. über Transaktion SA38. Bei der Neuanlage oder Änderung einer Softwarekomponente können Sie sich zwischen den ABAP-Sprachversionen **Standard-ABAP** und **ABAP für Cloud** entscheiden (siehe Abbildung 1.4). Im Gegensatz zur Einstellung auf Paketebene ist hier die Wahl **ABAP für Cloud** mit Einschränkungen verbunden. Alle der Softwarekomponente zugewiesenen Pakete inklusive der untergeordneten Entwicklungsobjekte müssen in diesem Fall bei einer Neuanlage die ABAP-Sprachversion für die Cloud-Entwicklung verwenden.

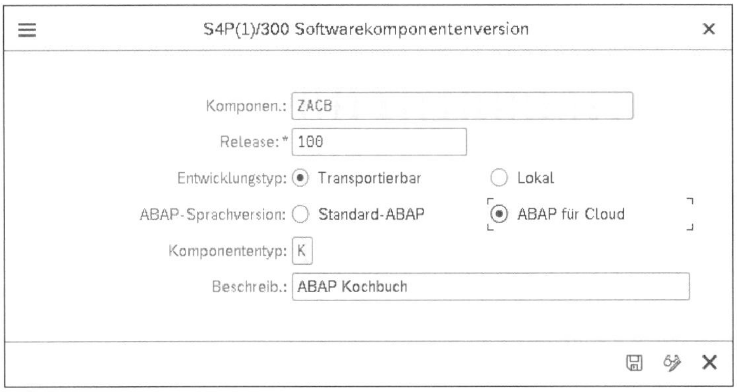

Abbildung 1.4 Pflege der ABAP-Sprachversion in der Softwarekomponente

Transport von Softwarekomponenten

Die über den Report RSMAINTAIN_SWCOMPONENTS gepflegten Softwarekomponenten werden nicht automatisch in Transporten aufgezeichnet. In Folgesystemen wird der Eintrag der Softwarekomponente an einigen Stellen allerdings zwingend benötigt: Einige APIs, wie die zur Bereitstellung von Domänenfestwerten, filtern auf Basis der ABAP-Sprachversion in der zugehörigen Softwarekomponente. Achten Sie daher darauf, dass Sie Ihren neu angelegten oder geänderten Eintrag manuell in einen Transportauftrag aufnehmen. Im genannten Report finden Sie die relevante Funktion dazu über den Menüpfad **Softwarekomponente • Transportieren**, oder Sie klicken auf den Button **Softwarekomponenteneintrag transportieren**. Es wird ausschließlich der administrative Eintrag zur Softwarekomponente über den Objekttyp VERS transportiert. Es handelt sich nicht um einen Auslieferungstransport der zugehörigen Entwicklungsobjekte.

Design von Softwarekomponenten und Pakethierarchien

Das Design von Softwarekomponenten und Pakethierarchien ist keine einfache Aufgabe. Planen Sie Ihre Strukturen daher sorgfältig vorab. In SAP S/4HANA und SAP S/4HANA Cloud Private Edition ist die Pflege dieser Elemente optional. Sie können hier nach wie vor auch die vordefinierte Softwarekomponente für Kundenentwicklungen – HOME – weiterverwenden. Dies kann allerdings bei einigen in ABAP Cloud verfügbaren APIs zu Problemen führen, die auf Basis der Softwarekomponentenzuordnung sicherstellen, dass keine Aufrufe den ABAP-Cloud-Kontext durchbrechen. In SAP S/4HANA Cloud Public Edition und im SAP BTP ABAP Environment sollten Sie Softwarekomponenten pflegen, da sie auch eine steuernde Funktion im SAP Cloud Transport Management haben.

In SAP S/4HANA Cloud Public Edition und im SAP BTP ABAP Environment erfolgt die Pflege kundeneigener Softwarekomponenten über die SAP-Fiori-App **Softwarekomponenten verwalten** (App-ID F3562). In diesen beiden Laufzeitumgebungen ist ausschließlich die ABAP-Sprachversion **ABAP für Cloud-Entwicklung** zulässig.

Auswirkungen der ABAP-Sprachversion

Die ABAP-Sprachversion hat tief greifende Auswirkungen auf die verfügbaren Repository-Objekte. Im Zuge der neuen ABAP-Sprachversion hatte SAP die Gelegenheit, veraltete Konzepte und Sprachbestandteile abzuschalten. Daher sind viele Objekttypen in der Sprachversion **ABAP für Cloud-Entwicklung** nicht mehr verfügbar. Sie können mit dieser Sprachversion weder eine Typgruppe noch eine Suchhilfe anlegen. Für beide Objekttypen gibt es modernere Nachfolgekonzepte. Selbst der ABAP-Report ist in **ABAP für Cloud-Entwicklung** nicht mehr zugelassen. Zur direkten Ausführung von ABAP-Anweisungen im System verwenden Sie zu Demozwecken ABAP-Konsolenanwendungen mit dem Interface IF_OO_ADT_CLASSRUN.

Syntaxfehler und -warnungen

Auch syntaktisch gibt es Änderungen. Nicht alle ABAP-Anweisungen sind in der ABAP-Sprachversion **ABAP für Cloud-Entwicklung** zugelassen. So führen z. B. die Anweisungen WRITE und OPEN DATASET zu Syntaxfehlern. Gleiches gilt für den Zusatz USING CLIENT/CLIENT SPECIFIED zu ABAP-SQL-Anweisungen. Andere Anweisungen, etwa ADD oder die Definition einer klassischen Ausnahme, erzeugen Syntaxwarnungen (siehe Abbildung 1.5).

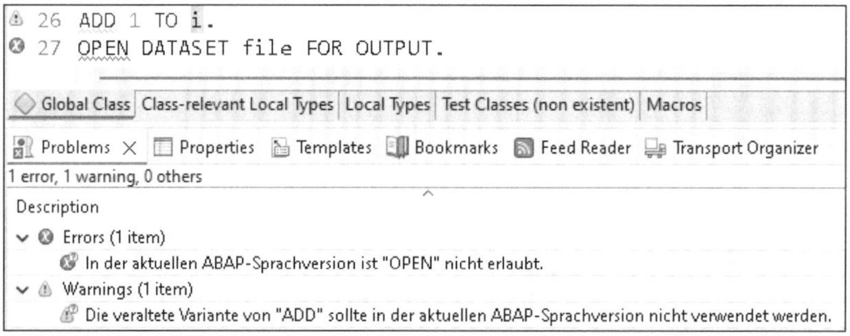

Abbildung 1.5 Beispiele für Syntaxwarnungen und -fehler aufgrund der ABAP-Sprachversion

Auch bei der Verwendung von nicht freigegebenen Objekten werden Syntaxfehler ausgegeben, womit wir uns im folgenden Abschnitt beschäftigen.

1.4 Über Release-Kontrakte freigegebene APIs

Zugriff auf nicht freigegebene APIs

Syntaxfehler erhalten Sie ebenfalls, wenn Sie nicht freigegebene Objekte nutzen. In Abbildung 1.6 wird ein Lesezugriff per ABAP SQL auf die Datenbanktabelle `BUT000` im SAP-Standard gezeigt. Dieser resultiert in einem Syntaxfehler. In ABAP Cloud können ausschließlich freigegebene APIs verwendet werden. Die Sprachversion **ABAP für Cloud-Entwicklung** stellt dies in der Syntaxprüfung sicher. Im konkreten Beispiel wird direkt in der Fehlermeldung das alternativ zu nutzende, freigegebene Objekt genannt: die CDS-View-Entität `I_BusinessPartner`.

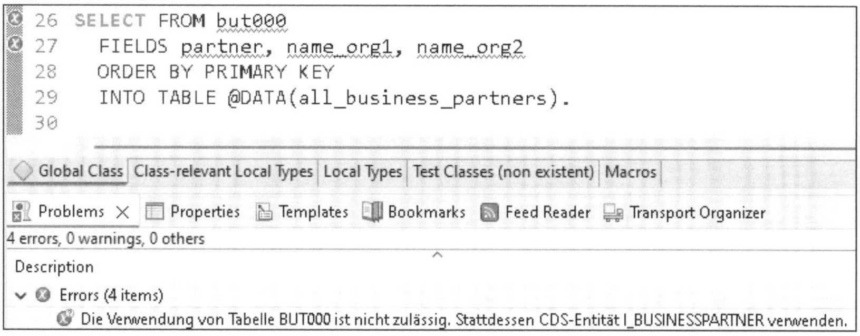

Abbildung 1.6 Syntaxfehler bei Verwendung eines nicht freigegebenen Objekts

Über diesen Mechanismus wird garantiert, dass Sie ausschließlich fremde Objekte, d. h. Objekte aus anderen als der aktuellen Softwarekomponente, verwenden, für die der Objektanbieter verspricht, dass diese bei Upgrades nicht inkompatibel werden. Das ist generell eine sehr positive Entwicklung, da so auch die Unterscheidung zwischen von außen nutzbaren und internen Objekten deutlich einfacher fällt. Operativ bedeutet dies allerdings, dass diverse bekannte Objekte aus dem SAP-Standard nicht freigegeben sind. Dazu zählen populäre Datenelemente und Funktionsbausteine. Wie Sie mit dieser Situation umgehen und freigegebene APIs finden und korrekt aufrufen, wird in Kapitel 17, »Nutzung von APIs«, thematisiert.

Freigabestatus

Der Freigabestatus eines Entwicklungsobjekts wird über einen eigenen Repository-Objekttyp `APIS` beschrieben. Dieser verwaltet den Lebenszyklus des als API bereitgestellten Objekts, inklusive dessen Abkündigung (Deprecation) und etwaiger Ersatzobjekte. Mit dem Objekttyp `APIS` haben Sie direkt allerdings nichts zu tun. Sie sehen die darüber vorgenommenen Einstellungen in der **Properties**-Sicht eines Repository-Objekts in den ABAP Development Tools im Bereich **API State** (siehe Abbildung 1.7).

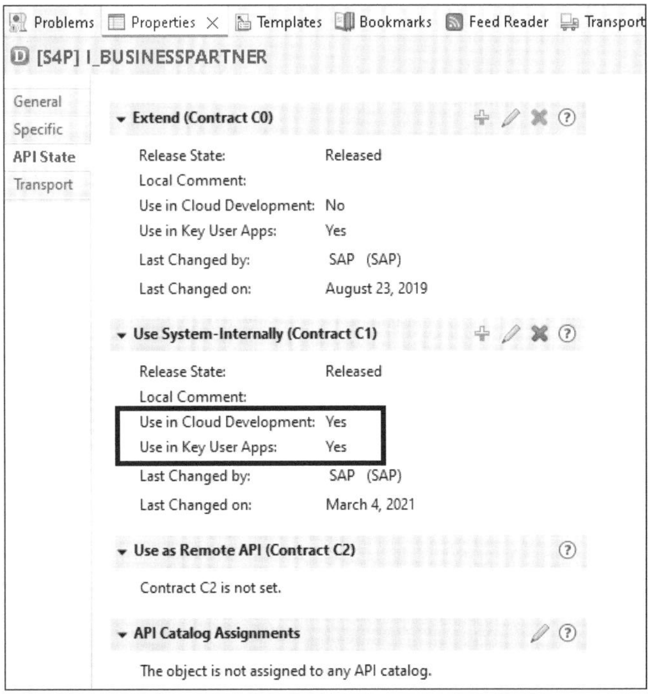

Abbildung 1.7 API-Status in der Sicht »Properties«

Release-Kontrakte

Für die Nutzung in ABAP Cloud ist der sogenannte *C1-Kontrakt* relevant, der ein stabiles Interface zur Nutzung innerhalb des Systems garantiert. Dieser *Release-Kontrakt* vereinbart eine stabile Nutzung und Weiterentwicklung zwischen Objektanbieter und Objektverwender. Der Anbieter kann lediglich kompatible Änderungen am Entwicklungsobjekt durchführen, sodass bestehende Verwender nicht davon betroffen sind. Der Verwender garantiert auf der anderen Seite, dass er ausschließlich über die freigegebenen Objekte mit der angebotenen Komponente kommuniziert und sich nicht auf interne Details verlässt. Die Nutzungsfreigabe für ABAP Cloud erkennen Sie am Kennzeichen **Use in Cloud Development**.

1.5 Entwicklungsumgebung

ADT in ABAP Cloud

ABAP Cloud setzt als Entwicklungsumgebung die ABAP Development Tools (ADT) voraus. Diese Eclipse-basierte Umgebung ist bereits seit 2012 verfügbar und bietet für die klassische ABAP-Entwicklung viele Vorteile gegenüber der SAP-GUI-basierten ABAP Workbench. Zu den Funktionen zählen z. B. umfangreiche Refactoring-Aktionen und Quick Fixes, automatische Syntaxprüfung und die Anzeige von Entwicklungsobjektdokumentation. Für ABAP Cloud sind die ADT aus mehreren Gründen gesetzt: Das SAP GUI ist in SAP S/4HANA Cloud Public Edition und im SAP BTP ABAP Environment nicht verfügbar. Außerdem können viele der in ABAP Cloud genutzten Objekttypen ausschließlich in den ADT gepflegt werden.

Joule in den ADT

Während der Entstehung dieses Buches kam mit Release 2502 ein weiteres ADT-exklusives Feature hinzu. Der KI-Assistent *Joule* kann Ihren Entwicklungsalltag vereinfachen, in dem Sie sich von ihm direkt in den ABAP Development Tools Legacy Code erklären, Code Snippets vorschlagen oder Unit-Tests generieren lassen. Im SAP BTP ABAP Environment und in SAP S/4HANA Public Edition stehen diese Features bereits zur Verfügung – und das ausschließlich in den ABAP Development Tools. Die langfristige Lizenzpolitik zu diesen Funktionen ist bei Erstellung dieses Buches noch nicht bekannt. Aktuelle Informationen zur Lizenzierung und Verfügbarkeit finden Sie in SAP-Hinweis 3571857.

Sollten Sie bislang die ABAP Development Tools noch nicht einsetzen, empfehlen wir Ihnen, den Umstieg darauf jetzt zu wagen. Informationen zu ihrer Installation und zur Verbindung mit Ihrem System finden Sie in Anhang C, »Installation der ABAP Development Tools«.

1.6 Programmiermodell

ABAP RESTful Application Programming Model

Teil des Entwicklungsmodells ABAP Cloud ist auch die Vorgabe eines Programmiermodells. Für transaktionale Anwendungen, Anwendungen, die primär der Erfassung, Änderung und Anzeige von Stamm- und Bewegungsdaten dienen, wird das ABAP RESTful Application Programming Model forciert. Es wird kontinuierlich erweitert und deckt über diverse Facetten die Anforderungen sowohl von Entwicklerinnen und Entwicklern als auch von Anwenderinnen und Anwendern ab. Wir werden an dieser Stelle nur einen kurzen Überblick über dieses Programmiermodell geben. Die einzelnen Bestandteile erläutern wir anhand des Anwendungsbeispiels in Kapitel 2, »Das Anwendungsszenario«.

Code Pushdown mit ABAP CDS

Aus technischer Sicht wird mit dem ABAP RESTful Application Programming Model zunächst der *Code Pushdown* umgesetzt. Dabei geht es um die optimale Nutzung der SAP-HANA-Datenbank, indem Berechnungen möglichst auf der Datenbank erfolgen und die Anzahl an Anfragen reduziert wird. Dies wird mit den dem Programmiermodell zugrunde liegenden *ABAP*

Core Data Services (ABAP CDS) erreicht. Im SAP-Standard unter SAP S/4HANA stehen bereits über das sogenannte *Virtual Data Model* (VDM) umfangreiche CDS-Views bereit, die Sie wiederverwenden können.

Implementierungsszenarien

Das RAP-Framework nimmt Ihnen einen Großteil der Implementierungsarbeit ab. Im sogenannten *Managed Scenario* werden Standardoperationen zur Anlage, Änderung, Löschung oder Auflistung von Business-Objekt-Instanzen generisch vom Framework implementiert und müssen nicht pro Anwendung von Ihnen manuell implementiert werden. Abweichungen von der Standardimplementierung und Erweiterungen lassen sich leicht über *Determinations* (Ermittlungen), *Actions* (Aktionen) und *Validations* (Validierungen) sowie über die deklarative Konfiguration einzelner Komponenten in der Verhaltensdefinition integrieren.

Reicht dies nicht aus, können Teile der RAP-Anwendung *unmanaged* implementiert werden. In diesem Fall ersetzen Sie die Standardlogik durch Ihre eigens implementierte Logik, etwa bei der Nummernvergabe oder der Sperrlogik. Im Extremfall können Sie auch das gesamte Business-Objekt inklusive der Standardoperationen (*Unmanaged Scenario*) komplett selbst implementieren. Dies eignet sich besonders dann, wenn Sie bestehende Anwendungen mit RAP verschalen möchten.

Wie diese unterschiedlichen Anpassungsoptionen aussehen, werden Sie in einigen Kapiteln dieses Buches sehen. Wie eine RAP-basierte Anwendung aufgebaut ist, zeigen wir Ihnen anhand des Anwendungsbeispiels in Kapitel 2, »Das Anwendungsszenario«.

Konsumieren von RAP-Objekten

Das Konsumieren von Business-Objekten, die mit dem ABAP RESTful Application Programming Model entwickelt wurden, ist über mehrere Technologien möglich. Über die verschiedenen Abstraktionsschichten ist die eigentliche Implementierung der Geschäftslogik vollständig unabhängig vom Zugriffsprotokoll. So lässt sich das Business-Objekt per HTTP über die OData-basierte Schnittstelle in lesenden wie schreibenden Szenarien nutzen, als API oder zur Anzeige einer Benutzeroberfläche. Gleichzeitig lässt es sich lokal innerhalb des Systems über die *Entity Manipulation Language* (EML) ansprechen. Damit stellen RAP-Business-Objekte einen zentralen Zugriffspunkt dar, unabhängig vom Nutzungskontext.

Nicht-transaktionale Anwendungen

Für nicht-transaktionale Anwendungsfälle stehen in ABAP Cloud ebenfalls Implementierungsansätze bereit. Über HTTP-Services können Sie z. B. Ihren eigenen Webservice direkt ohne Framework-Unterstützung implementieren. Mit Anwendungsjobs können Sie periodisch auszuführende Aktionen definieren und implementieren.

1.7 Einsatzszenarien für ABAP Cloud

An einigen Stellen haben wir bereits die aktuellen ABAP-basierten Produkte von SAP genannt und Unterschiede erwähnt. In diesem Abschnitt möchten wir sie noch einmal zentral aufgreifen und insbesondere die Bezeichnungen erläutern, die wir in diesem Buch zu ihrer Unterscheidung verwenden.

ABAP-basierte Produkte

Aktuell werden von SAP folgende ABAP-basierte Produkte und damit ABAP-Laufzeitumgebungen angeboten:

- SAP S/4HANA
- SAP S/4HANA Cloud Private Edition
- SAP S/4HANA Cloud Public Edition
- SAP BTP ABAP Environment

Weitere Produkte, wie Branchenlösungen oder Produkte im Analytics- oder Customer-Experience-Umfeld, werden in diesem Buch nicht explizit aufgegriffen. Bei entsprechender Release-Äquivalenz sollten die Inhalte aus diesem Buch allerdings auf diese Produkte übertragbar sein.

SAP S/4HANA

Die klassische ABAP-basierte On-Premise-ERP-Lösung von SAP heißt *SAP S/4HANA*. Ihr Name enthält formal keine Informationen zur Bereitstellung, häufig finden Sie aber die Schreibweise »SAP S/4HANA (On-Premise)«. Es handelt sich dabei um die Weiterentwicklung und das direkte Nachfolgeprodukt von SAP ERP 6.0 auf Basis von SAP NetWeaver, mit der ABAP-Plattform als technischer Grundlage.

Sie sind bei diesem Produkt flexibel hinsichtlich des Betriebs und können diesen selbst verantworten, auch in eigenen Rechenzentren, oder teilweise bis vollständig auslagern. In SAP S/4HANA gibt es keine Einschränkungen hinsichtlich der ABAP-Entwicklung. Sie können weiterhin die klassische ABAP-Entwicklung wie in SAP ERP 6.0 betreiben oder ab SAP S/4HANA 2022 alternativ oder ergänzend ABAP Cloud nutzen. SAP S/4HANA folgt ab dem Release 2023 einem zwei-jährigen Release-Zyklus, sodass das nächste Release SAP S/4HANA 2025 sein wird.

SAP S/4HANA Cloud Public Edition

SAP S/4HANA Cloud ist kein konkreter Produktname. Diese Bezeichnung wird aber oft synonym mit der Produktbezeichnung *SAP S/4HANA Cloud Public Edition* verwendet, ehemals auch bekannt als *SAP S/4HANA Public Cloud*. SAP S/4HANA Cloud Public Edition ist als Gegenstück zu SAP S/4HANA zu sehen, wird ausschließlich als Software as a Service (SaaS) angeboten und weist grundlegende Unterschiede zu SAP S/4HANA auf:

- Der technische Betrieb des Systems wird komplett von SAP verantwortet, inklusive der Updates.

- Das *SAP Fiori Launchpad* ist der zentrale Einstiegspunkt; es ist kein SAP GUI verfügbar.
- Die Konfiguration erfolgt über die *SAP Central Business Configuration*.
- Die Berechtigungsvergabe erfolgt über *Business User* (Anwendungsbenutzer), *Business Roles* (Anwendungsrollen), *Business Catalogs* (Anwendungskataloge) und *IAM-Apps* (Identity and Access Management).
- Zur Erweiterung des Systems stehen die *Key User Extensibility* (Key-User-Erweiterbarkeit) und *Developer Extensibility* (Entwicklererweiterbarkeit) zur Verfügung. Mit beiden Modellen kann in ABAP mit den eingeschränkten ABAP-Sprachversionen entwickelt werden. Klassisches ABAP können Sie auf diesem System nicht verwenden – ABAP Cloud ist das verfügbare Modell.

  Da Sie sich hier ohnehin im Cloud-Umfeld befinden, sind auch andere Technologie-Stacks im Rahmen der *Side by Side Extensibility* (Side-by-Side-Erweiterbarkeit) mit dem SAP Cloud Application Programming Model, SAP Build oder auch dem SAP BTP ABAP Environment direkt für Erweiterungen verfügbar.
- Neue Releases für SAP S/4HANA Cloud Public Edition erscheinen halbjährlich und werden automatisch eingespielt. Wir werden daher in diesem Buch weitgehend auch keine Release-Nummern für dieses Produkt angeben, da keine alten Releases der Cloud-Produkte im Einsatz sein können.

SAP BTP ABAP Environment

Das *SAP BTP ABAP Environment* ist ähnlich wie SAP S/4HANA Cloud Public Edition ein ausschließlich in der Cloud verfügbares Produkt. Es handelt sich dabei um eine *Platform as a Service* (PaaS). Aus Entwicklersicht ist das SAP BTP ABAP Environment vergleichbar mit SAP S/4HANA Cloud Public Edition. Lediglich die betriebswirtschaftlichen Anwendungen sind hier nicht vorhanden, nur die technologische Basis steht zur Verfügung. In dieser Hinsicht können Sie das SAP BTP ABAP Environment auch als Basissystem oder Standalone-ABAP-Plattform sehen.

Historisch war das SAP BTP ABAP Environment die erste ABAP-Laufzeitumgebung in der Cloud. Sie ist auch unter dem Nickname *Steampunk* bekannt. Die ABAP-Laufzeitumgebung in SAP S/4HANA Cloud Public Edition, SAP S/4HANA und SAP S/4HANA Cloud Private Edition wird daher auch *Embedded Steampunk* genannt, da sie direkt im System verfügbar ist. Formal lautet ihre Bezeichnung inzwischen *SAP S/4HANA Cloud ABAP Environment*. Das SAP BTP ABAP Environment wird quartalsweise aktualisiert und erhält damit als erste Umgebung neue Funktionen in der ABAP-Entwicklung.

SAP S/4HANA Cloud Private Edition

SAP S/4HANA Cloud Private Edition, ehemals bekannt als *SAP S/4HANA Private Cloud*, ist aus Entwicklersicht weitgehend ein On-Premise-SAP-S/4HANA-System, das jedoch von SAP oder einem zertifizierten Hosting-Partner betrieben wird. Der Zugriff etwa auf den Mandanten 000 oder auf Betriebssystemebene ist im Vergleich zur On-Premise-Edition von SAP S/4HANA eingeschränkt. Technisch ist diese Version aber sonst nicht von der On-Premise-Version zu unterscheiden. Klassisches ABAP und auch das SAP GUI stehen hier neben ABAP Cloud zur Verfügung.

Produkte aus Entwicklersicht

Aus Entwicklersicht zusammengefasst, ergibt sich, dass SAP S/4HANA und SAP S/4HANA Cloud Private Edition weitgehend ähnlich zu behandeln und hier beide Entwicklungsmodelle anwendbar sind, während in SAP S/4HANA Cloud Public Edition und SAP BTP ABAP Environment nur ABAP Cloud verfügbar ist sowie andere Ansätze bei Berechtigungen, dem Transportwesen und Customizing greifen. Ähnlich, wie die Namensgebung von ABAP Cloud suggerieren könnte, dass dieses Entwicklungsmodell nur in Cloud-Produkten verfügbar ist, könnte auch der Begriff SAP S/4HANA Cloud vermuten lassen, dass SAP S/4HANA Cloud Public Edition und SAP S/4HANA Cloud Private Edition ähnlich sind. Wir werden daher in diesem Buch die Produktnamen immer explizit nennen und nicht abkürzen, damit keine Verwirrung entsteht.

Verfügbare ABAP-Sprachversionen

Die in den Produkten verfügbaren ABAP-Sprachversionen können Sie Tabelle 1.2 entnehmen.

ABAP-Sprachversion/ Produkt	Standard-ABAP	ABAP für Key-User	ABAP für Cloud-Entwicklung
SAP S/4HANA	verfügbar	verfügbar ab 7.57/2022	verfügbar ab 7.57/2022
SAP S/4HANA Cloud Private Edition	verfügbar	verfügbar ab 7.57/2022	verfügbar ab 7.57/2022
SAP S/4HANA Cloud Public Edition	nicht verfügbar	verfügbar	verfügbar
SAP BTP ABAP Environment	nicht verfügbar	verfügbar	verfügbar

Tabelle 1.2 ABAP-Sprachversionen und deren Verfügbarkeit

In den Lösungen SAP S/4HANA und SAP S/4HANA Cloud Private Edition haben Sie demnach die Wahl. Wir empfehlen für Neuentwicklungen jedoch, auch bei diesen Produkten abzuwägen, ob ABAP Cloud für Sie eine sinnvolle Alternative zum klassischen ABAP ist. Die Nutzung des neuen Entwicklungsmodells bietet sich als Gelegenheit an, Ihre Entwicklungen unabhängig von der gewählten Laufzeitumgebung vorzunehmen, da ABAP Cloud in allen Produkten verfügbar ist, und gleichzeitig Best Practices und moderne Technologien zu forcieren. Insbesondere für den Clean-Core-Ansatz ist dies relevant. Es entstehen Ihnen allerdings auch Aufwände bei der Weiterbildung der Entwicklerteams, und Sie haben technologische Einschränkungen zu berücksichtigen. Ein pragmatischer Ansatz ist es, sich zunächst im Rahmen kleinerer Projekte mit flexiblerem Zeitkontext mit dem Entwicklungsmodell vertraut zu machen.

Clean Core

Der Begriff *Clean Core* beschreibt vereinfacht die Idee, keine Erweiterungen oder gar Änderungen am SAP-Standard vorzunehmen, die beim Upgrade zu Problemen führen könnten, da sich der SAP-Standard geändert hat. Ohne solche Anpassungen werden Upgrade-Projekte deutlich vereinfacht. In SAP S/4HANA Cloud Public Edition und SAP BTP ABAP Environment werden die Upgrades automatisch durchgeführt, Clean Core ist somit nicht nur erstrebenswert, sondern im Cloud-Kontext auch notwendig. Dort durchgeführte ABAP-Entwicklungen sind per definitionem immer Clean Core, denn durch ABAP Cloud und die ABAP-Sprachversion **ABAP für Cloud-Entwicklung** sind syntaktisch keine Nutzung oder Anpassung und kein Aufruf von nicht freigegebenen Objekten möglich. Clean Core ist ein umfangreiches Thema, das im Rahmen dieses Buches nur im Kontext von ABAP Cloud Erwähnung findet.

1.8 ABAP-Releases On-Premise und in der Cloud

Verfügbarkeit von Funktionen

Einige in diesem Buch vorgestellte Funktionen oder Techniken sind sehr vom Release abhängig. Sollten Sie die Beispiele auf SAP S/4HANA 2022 oder älter nachprogrammieren, kann es sein, dass einige Funktionen noch nicht verfügbar sind. Gerade in ABAP Cloud, wo pauschal die Nutzung aller älteren APIs per Syntaxprüfung untersagt wurde, muss SAP Stück für Stück Nachfolge-APIs nachliefern. Inzwischen sind viele solcher Nachfolge-APIs verfügbar, aber in der Praxis geht trotzdem oft der Blick in Richtung der Release-Hinweise und der Roadmap.

Auch im ABAP RESTful Application Programming Model kommen immer wieder größere neue Funktionen hinzu. Für das Verständnis der Release-Hinweise ist es von Vorteil, wenn Sie die geänderte Logik bei der Release-Nummer von ABAP verstehen. Diese entspricht den Releases der Softwarekomponente `SAP_BASIS` im System.

[+]

Release-Hinweise und Roadmap

Release-spezifische Informationen zu ABAP finden Sie in der Schlüsselwortdokumentation. Die auf ABAP Cloud ausgelegte Version dieser Dokumentation ist unter folgender URL erreichbar:

http://s-prs.de/v1064800

Informationen zu angekündigten Features finden Sie in der Roadmap zur ABAP-Plattform unter folgender URL:

http://s-prs.de/v1064801

Entwicklung der ABAP-Releases

Wie sich die ABAP-Releases und die Releases der ABAP einsetzenden Produkte bzw. Laufzeitumgebungen in den letzten Jahren entwickelt haben, ist in Abbildung 1.8 grafisch dargestellt.

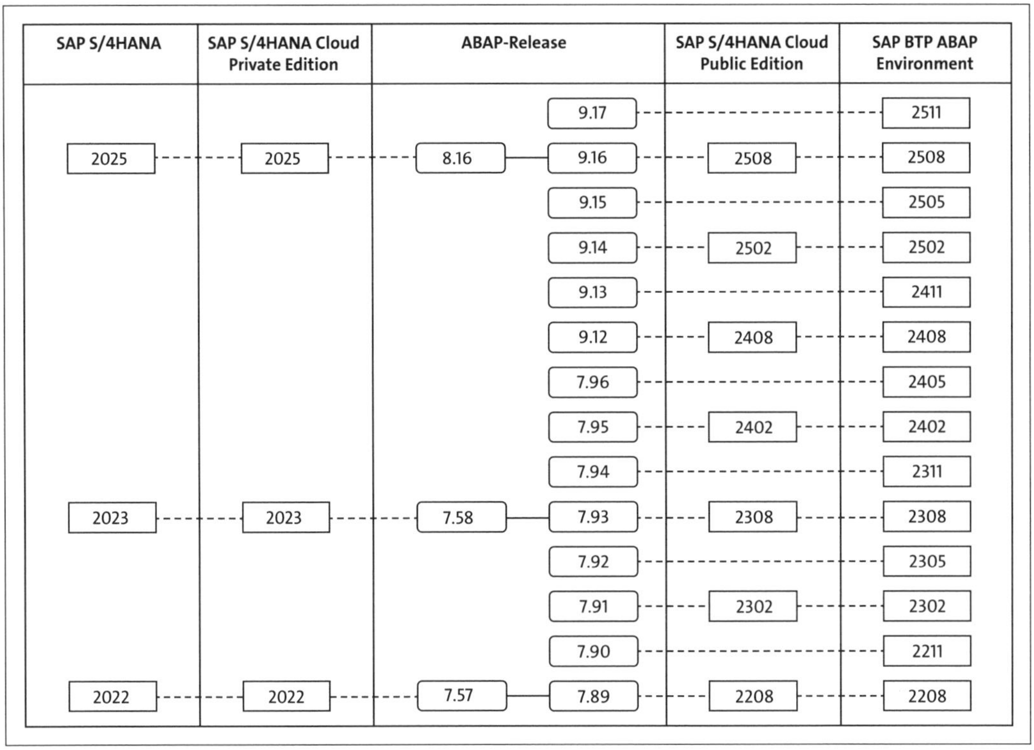

Abbildung 1.8 ABAP-Releases und SAP-Produkte

Aus Abbildung 1.8 geht hervor, welche Release-Zyklen die Produkte haben. Das SAP BTP ABAP Environment mit quartalsweisen Releases wird am häufigsten, SAP S/4HANA und SAP S/4HANA Cloud Private Edition werden mit inzwischen zweijährigem Release-Zyklus am seltensten aktualisiert. Sie nennen das Jahr im Release-Namen, während das SAP BTP ABAP Environment und SAP S/4HANA Cloud Public Edition eine Kombination aus Jahr und Monat verwenden. Die On-Premise- und Private-Cloud-ABAP-Releases folgten bis 2023 noch der Nummerngebung 7.5x, ab 2025 starten deren Release-Nummern mit 8.1x, beginnend bei 8.16. SAP S/4HANA Cloud Public Edition und SAP BTP ABAP Environment nutzten bis zum Release 2405 die Nummerngebung 7.9x (ursprünglich gestartet bei 7.60), ab 2408 fangen diese Release-Nummern mit 9.1x an.

1.9 Einschränkungen abhängig vom Release und der Laufzeitumgebung

Obwohl die Nutzung von ABAP Cloud die Kompatibilität zwischen den verschiedenen Laufzeitumgebungen sicherstellen soll, kann es an manchen Stellen zu Problemen kommen, wenn Sie mehrere Laufzeitumgebungen gleichzeitig unterstützen möchten.

Release-Abweichungen

Entwickeln Sie eine Anwendung im SAP BTP ABAP Environment, könnten Sie dem Funktionsumfang in SAP S/4HANA Cloud Public Edition voraus sein und müssten sich daher auf den dort verfügbaren Funktionsfang beschränken, wenn Sie beide Umgebungen unterstützen möchten. In diesem Fall könnten Sie lediglich ein Quartal voraus sein. In Kombination mit SAP S/4HANA und SAP S/4HANA Cloud Private Edition sieht es schon ganz anders aus. Hier könnten gleich über mehrere Jahre ausgelieferte Features fehlen, selbst wenn das aktuelle Release des Produkts eingesetzt wird.

Release-Stand dieses Buches

Unser Buch wurde auf Basis von SAP S/4HANA 2023 und ABAP 7.58 geschrieben. Diesem Entwicklungsstand ist die Cloud-Laufzeitumgebung etwa schon 1,5 Jahre voraus. Das bedeutet z. B., dass in Kapitel 14, »Umgang mit Excel-Dateien«, für die Excel-Dateiverarbeitung noch keine Möglichkeit bestand, bestehende Excel-Dateien zu bearbeiten, während dies in der Cloud bereits möglich gewesen wäre. Für die Nutzung der Klasse `CL_ABAP_BEHAVIOR_SAVER_FAILED` in Kapitel 7, »Änderungsbelege«, musste erst ein SAP-Hinweis eingespielt werden, damit die Klasse auch für die Nutzung in ABAP Cloud freigegeben ist.

Umgebungsspezifisches Verhalten

Selbst bei äquivalentem ABAP-Release kann es zu Abweichungen oder Inkompatibilitäten kommen, die auf umgebungsspezifisches Verhalten zurückzuführen sind. Für die Berechtigungspflege in SAP S/4HANA Cloud Public Edition und im SAP BTP ABAP Environment werden z. B. IAM-Apps benötigt. Die zugehörigen `SIA`-Objekttypen sind allerdings nur in diesen Umgebungen verfügbar und können in SAP S/4HANA und SAP S/4HANA

Cloud Private Edition nicht gepflegt werden. Ähnlich verhält es sich im Bereich der Connectivity, wo teilweise cloud-spezifische Objekte oder Konfigurationen benötigt werden. Möchten Sie daher für Ihr Produkt mehrere Umgebungen unterstützen, kann es erforderlich sein, Ihre umgebungsspezifischen Objekte separat auszuliefern, obwohl Sie sich an alle Regeln von ABAP Cloud gehalten haben.

1.10 Zusammenfassung

In diesem Kapitel haben wir uns allgemein mit der modernen ABAP-Entwicklung beschäftigt. Sie haben die Rolle von ABAP im aktuellen SAP-Produktportfolio kennengelernt und wissen nun, was ABAP Cloud bedeutet. Sie haben gesehen, in welchen Produkten das Entwicklungsmodell verfügbar oder sogar verpflichtend ist.

Ein zentraler Bestandteil zur Umsetzung von ABAP Cloud ist das Konzept der ABAP-Sprachversionen und der Release-Kontrakte, die über die Syntaxprüfung die Einhaltung eines eingeschränkten Sprachumfangs und einer eingeschränkten Objektverwendung sicherstellen. Die ABAP Development Tools und das ABAP RESTful Application Programming Model sind weitere Hauptbestandteile des Entwicklungsmodells ABAP Cloud.

Schließlich haben Sie in diesem Kapitel eine Übersicht über die ABAP-Releases und die zugehörigen Produkte erhalten und wissen nun, mit welchen Einschränkungen und Hürden Sie rechnen müssen, wenn Sie mehrere Laufzeitumgebungen gleichzeitig unterstützen möchten.

Kapitel 2
Das Anwendungsszenario

In diesem Kapitel lernen Sie die Beispielanwendung kennen, die Sie in diesem Buch begleiten wird. In jedem Kapitel werden wir neue Funktionen ergänzen. In diesem Kapitel stellen wir Ihnen zunächst das Grundgerüst der Anwendung vor.

Als Anwendungsszenario und Grundlage für die Programmierbeispiele dieses Buches haben wir ein Rezeptportal gewählt. Es stellt verschiedene Funktionen zur Verfügung. Mithilfe dieses Anwendungsszenarios werden wir in den folgenden Kapiteln die verschiedene Neuerungen in ABAP Cloud erläutern und deren Einsatz ganz praktisch zeigen.

Aufbau dieses Kapitels

Zunächst beginnen wir in Abschnitt 2.1, »Konzept der Beispielanwendung«, damit, die fachlichen Anforderungen zu beschreiben, die an unser Rezeptportal gestellt werden. Basierend auf diesen Anforderungen, stellen wir anschließend das technische Grundgerüst und die Umsetzung vor. Wir zeigen in Abschnitt 2.2, »Erstellung von Dictionary-Objekten«, wie die Repository-Objekte »Domäne«, »Datenelement« und »Datenbanktabelle« angelegt werden, und erläutern in Abschnitt 2.3, wie daraus eine erste, einfache Anwendung auf Basis des ABAP RESTful Application Programming Models generiert werden kann. In Abschnitt 2.4 erweitern wir diese Anwendung um Assoziationen, über die Zutaten zu einem Rezept hinzugefügt und Reviews geschrieben werden können. Zum Schluss wird das Rezeptportal in Abschnitt 2.5 aus der Sicht der Anwenderinnen und Anwender vorgestellt.

[«]

Nutzung der zugehörigen Beispielanwendung

Alle in diesem Buch verwendeten Programmierbeispiele finden Sie im Download-Material zu diesem Buch unter *www.sap-press.de/6050* sowie in unserem Git-Repository unter *https://github.com/abap-kochbuch/abap-kochbuch*. Die in diesem Kapitel erstellten Objekte befinden sich im Unterpaket `DATAMODEL`.

2.1 Konzept der Beispielanwendung

In diesem Abschnitt stellen wir sowohl das fachliche als auch das technische Konzept unseres Anwendungsbeispiels, eines Rezeptportals, vor.

Anwendungsfalldiagramm

Abbildung 2.1 stellt die Anforderungen eines Rezeptportals in Form eines UML-Anwendungsfalldiagramms (Unified Modeling Language) vor. Dieses Diagramm dient dazu, einen generellen Überblick über die Interaktionsmöglichkeiten zwischen allen Akteuren und dem System zu vermitteln.

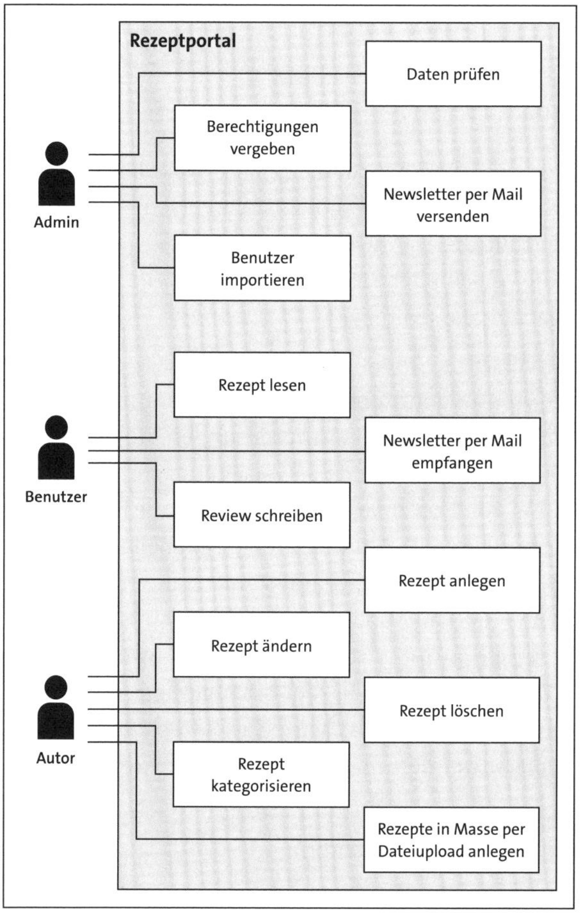

Abbildung 2.1 Anwendungsfalldiagramm zum Rezeptportal

In unserem Anwendungsszenario gibt es drei Akteure (da es sich um Rollenbezeichnungen handelt, verwenden wir hier das generische Maskulinum):

- **Benutzer**

  Dies ist eine Person, die das Rezeptportal als Recherche für neue Inspirationen für Gerichte verwendet.

- **Autor**

  Dies ist ein spezieller Benutzer oder eine Benutzerin, der oder die erweiterte Interaktionsmöglichkeiten hat, etwa das Erstellen von Rezepten mit Zutatenlisten.

- **Admin**

  Dieser Akteur übernimmt technische Aufgaben, damit das Rezeptportal betrieben werden kann.

Der Benutzer verwendet die Anwendung für folgende Aufgaben: Benutzer

- **Rezept lesen**

  Der Benutzer kann die Anleitung und die Zutaten zu einem Gericht lesen.

- **Newsletter per E-Mail erhalten**

  Der Benutzer erhält regelmäßig Mitteilungen darüber, welche Rezepte hinzugefügt wurden.

- **Review schreiben**

  Zu jedem Rezept im Rezeptportal kann der Benutzer eine Bewertung hinterlegen.

Dem Autor sind folgende Anwendungsfälle zugeordnet: Autor

- **Rezept anlegen**

  Der Autor kann ein Rezept mit allen Zutaten und einem Text zum Rezept in das Rezeptportal eintragen.

- **Rezept ändern**

  Hier kann der Autor die Zutaten zu einem Rezept ändern, etwa die Menge einer Zutat variieren oder eine Zutat löschen.

- **Rezept löschen**

  Der Autor kann sein Rezept löschen. Dabei werden auch die zugehörigen Zutaten und Reviews gelöscht.

- **Rezept kategorisieren**

  Ein Autor kann ein Rezept verschiedenen Kategorien zuordnen.

- **Rezepte massenhaft einstellen per Datei-Upload**

  Der Autor hat die Möglichkeit, per Datei-Upload mehrere Rezepte in das Rezeptportal hochzuladen.

Der Admin ist für folgende Anwendungsfälle zuständig: Admin

- **Newsletter per E-Mail versenden**

  Der Admin kann die Rezepte ermitteln, die in einem Newsletter versendet werden sollen.

- **Benutzer importieren**

  Es besteht die Möglichkeit, dass der Admin Benutzer massenhaft importiert.
- **Daten prüfen**

  Der Admin muss in den Datenbanktabellen die Konsistenz der Daten prüfen.
- **Berechtigungen vergeben**

  Der Admin kann bestimmten Benutzern Berechtigungen vergeben, sodass diese mehr oder andere Funktionen als andere Benutzer verwenden können.

Datenmodell

Basierend auf dem Anwendungsfalldiagramm in Abbildung 2.1, wird das technische Konzept zur Umsetzung des Anwendungsszenarios definiert. In Abbildung 2.2 sehen Sie das Datenmodell zum Anwendungsszenario.

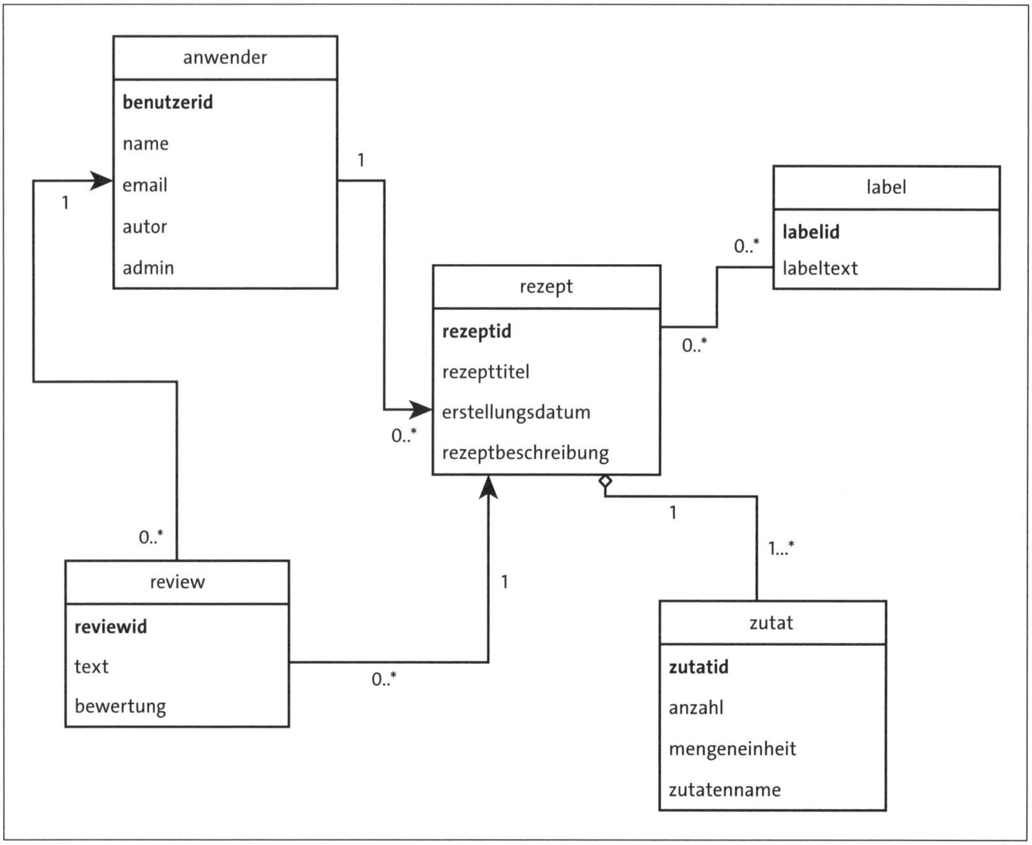

Abbildung 2.2 Datenmodell zum Rezeptportal

In diesem Datenmodell arbeiten wir mit den folgenden Business-Objekten:

- **Anwender**

  Der Anwender ist ein Akteur im System. Er kann ein normaler Benutzer, ein Autor oder ein Admin sein.

- **Rezept**

  Dieses zentrale Objekt repräsentiert eine Schritt-für-Schritt-Anleitung zur Zubereitung eines bestimmten Gerichts. Neben dem Titel des Gerichts beinhaltet es auch die einzelnen Arbeitsanweisungen, um das Gericht zuzubereiten.

- **Zutat**

  Dieses Objekt repräsentiert die Bestandteile eines Rezepts, die zu dessen Umsetzung erforderlich sind. Das Objekt besteht aus der Anzahl, einer Mengeneinheit (z. B. Gramm) und der eigentlichen Zutat (z. B. Mehl).

- **Label**

  Dieses Objekt stellt die Kategorisierung von Rezepten dar. Ein Rezept kann mehreren Labeln zugeordnet werden, etwa den Labeln »Nachspeise« und »vegan«.

- **Review**

  Dieses Objekt repräsentiert das Feedback zu einem Gericht. Ein Benutzer kann Bewertungstexte zu einem Rezept hinterlegen.

[«]

Objekt »Label«

Dem Label werden wir uns ausführlicher in Kapitel 5, »Tabellenpflege mit Business Configuration Maintenance Objects«, widmen. Auf die Anlage der weiteren Objekte gehen wir im Folgenden weiter ein.

2.2 Erstellung von Dictionary-Objekten

In diesem Abschnitt zeigen wir die technische Implementierung der einzelnen Objekte unserer Beispielanwendung im SAP-System, basierend auf dem fachlichen Konzept aus Abschnitt 2.1, »Konzept der Beispielanwendung«.

Rahmenparameter

Für die Anwendung des Rezeptportals gelten die folgenden Rahmenparameter und Namenskonventionen:

- Originalsprache der Objekte: DE
- Technische Bezeichnungen werden auf Englisch vergeben, Kommentare und sprachabhängige Texte auf Deutsch.
- Alle Objektnamen des Anwendungsbeispiels beinhalten das Kürzel ACB.

Erstellung der Dictionary-Objekte

Nachdem Sie unsere Entwicklungsumgebung, die ABAP Development Tools, mit einem SAP-System verbunden haben, können Sie, wie im Folgenden beschrieben, die notwendigen Objekte im *ABAP Dictionary* anlegen. Über diese Objekte wird das Datenmodell im System abgebildet. Dazu legen Sie Domänen, Datenelemente und Datenbanktabellen als globale Repository-Objekte an. Der Vorteil von solchen globalen Repository-Objekten ist, dass sie mehrfach verwendet werden können und nur einmal angelegt werden müssen. So müssen Änderungen an diesen Objekten nur einmal vorgenommen werden, und alle Verwender können davon profitieren.

Paket anlegen

Bevor die Dictionary-Objekte angelegt werden können, muss ein Paket angelegt werden.

1. Wählen Sie dazu Ihr Projekt im Project Explorer mit der rechten Maustaste aus, und wählen Sie aus dem Kontextmenü **New... • ABAP Package** (siehe Abbildung 2.3).

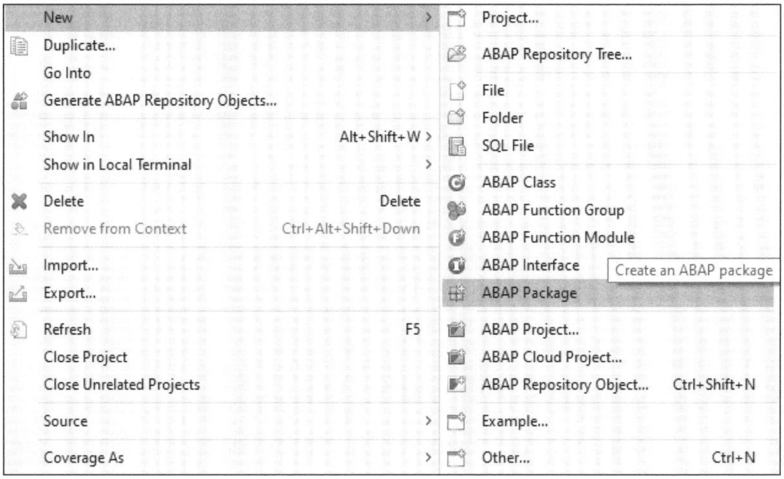

Abbildung 2.3 Paket anlegen

2. Im darauffolgenden Dialog (siehe Abbildung 2.4) definieren Sie die Projekteigenschaften mit den Werten aus Tabelle 2.2.

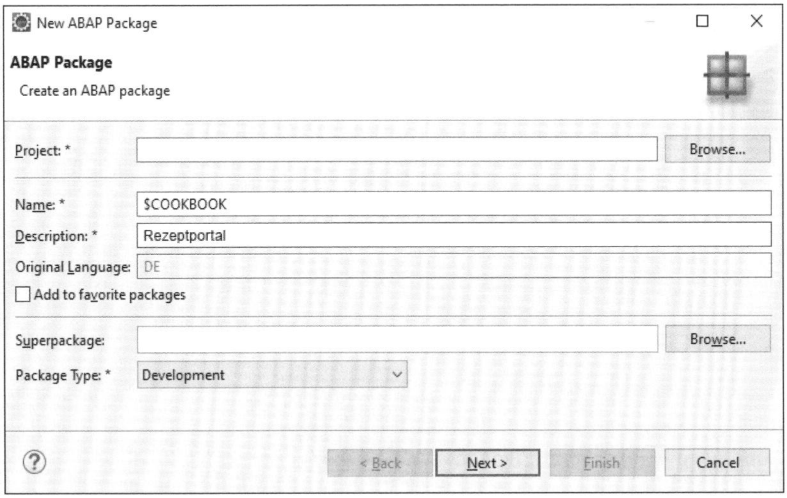

Abbildung 2.4 Eigenschaften eines Pakets

Feld	Beschreibung	Wert
Project	SAP-System	Dieser Wert ist automatisch ausgefüllt.
Name	Name des Pakets	$COOKBOOK
Description	Beschreibung des Pakets	Rezeptportal
Package Type	Pakettyp	Development

Tabelle 2.1 Eigenschaften unseres ABAP-Pakets

3. Die beiden nächsten Dialogfenster bestätigen Sie mit **Next**. Die Angabe des $-Zeichens im Paketnamen kennzeichnet unser Paket als lokales Paket, das keine Transportaufzeichnungen benötigt.

ABAP-Sprachversion

Das Paket $COOKBOOK ist nun angelegt. Es ist jetzt wichtig, den Wert im Feld **Default ABAP Language Version** für dieses Paket in **ABAP for Cloud Development** zu ändern (siehe Abbildung 2.5). Diese Änderung sorgt dafür, dass alle Repository-Objekte innerhalb des Pakets den Regeln der Sprachversion **ABAP für Cloud-Entwicklung** entsprechen müssen.

Das Paket $COOKBOOK wird nun gespeichert. Es muss nicht aktiviert werden. Nun können wir die Repository-Objekte anlegen.

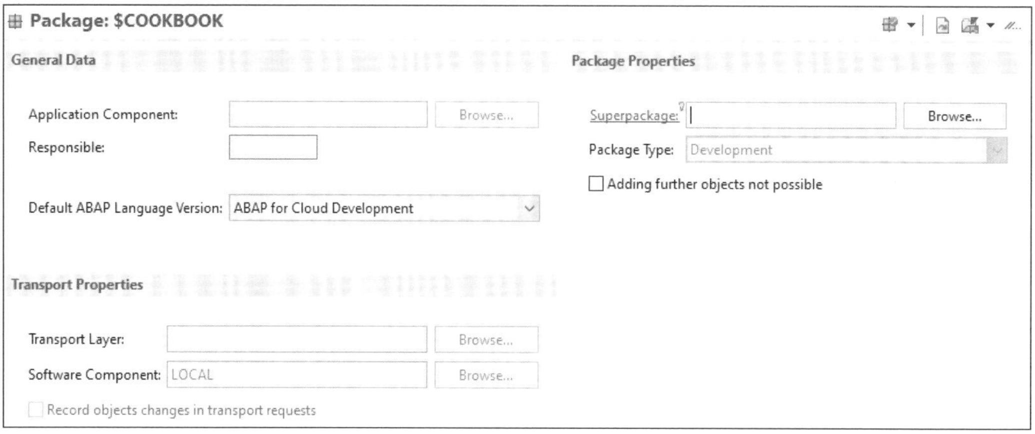

Abbildung 2.5 Angelegtes Paket »$COOKBOOK«

Anlegen einer Domäne

Zunächst erzeugen wir die Domänen für das Anwendungsbeispiel. Das Dictionary-Objekt »Domäne« definiert die technischen und semantischen Eigenschaften von Datentypen. Wir legen hier beispielhaft eine Domäne für das Business-Objekt »Rezept« an. Für die weiteren, im vorangegangenen Abschnitt vorgestellten Objekte können Sie ebenso vorgehen:

1. Klicken Sie in den ABAP Development Tools mit der rechten Maustaste auf das Paket für unsere Anwendung. Wählen Sie im sich daraufhin öffnenden Kontextmenü den Pfad **New • Other ABAP Repository Object** (siehe Abbildung 2.6).

Abbildung 2.6 Domäne über das Kontextmenü anlegen

2. Suchen Sie im sich öffnenden Suchfenster nach dem Begriff »Domain« (engl. für Domäne), und wählen Sie diesen aus der folgenden Liste aus (siehe Abbildung 2.7).

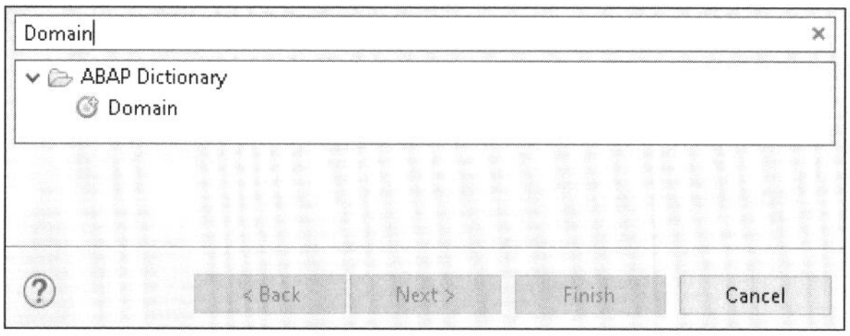

Abbildung 2.7 ABAP-Dictionary-Objekt »Domain« auswählen

3. Daraufhin erscheint das Dialogfenster aus Abbildung 2.8. Geben Sie hier einen passenden Namen und die dazugehörige Beschreibung für die Domäne an. Für unser Beispiel wählen wir den Namen ZACB_RECIPE_ID.

Abbildung 2.8 Pop-up-Fenster zum Anlegen einer Domäne

4. Klicken Sie auf den Button **Next**.
5. Es öffnet sich der **ABAP Dictionary Editor**. Hier können Sie die technischen Eigenschaften der Domäne eingeben (siehe Abbildung 2.9). Machen Sie hier folgende Angaben:
   - **Data Type**: Hier können Sie zwischen 13 verschiedenen elementaren Datentypen wählen. Sie repräsentieren jeweils die Art und Weise der Darstellung von Zahlen (Ganzheitszahlen und Gleitkommadarstellungen), Textfeldern oder Datums- bzw. Zeitangaben.
   - **Length**: Die Länge eines Feldwerts kann entweder fix über den Datentyp vorbelegt sein oder bei Textfeldern manuell angegeben werden.

Abbildung 2.9 Eigenschaften der Domäne

Die beschriebenen semantischen Eigenschaften sind rudimentäre Eigenschaften. Über sie hinaus kann noch vieles mehr in den semantischen Eigenschaften der Domäne angegeben werden, z. B., dass nur Kleinbuchstaben oder nur bestimmte Werte erlaubt sind. Solche Einschränkungen erfolgen durch Festwerte oder über die Angabe einer Tabelle.

6. Haben Sie alle nötigen Angaben gemacht, muss die Domäne noch gesichert werden. Drücken Sie dazu die Tastenkombination [Strg] + [S].
7. Zum Schluss muss die Domäne noch aktiviert werden ([Strg] + [F3]).

Anlegen eines Datenelements

Nach dem Erstellen der Domänen können Sie die *Datenelemente* für unsere Anwendung anlegen. Ein Datenelement ist ebenfalls ein Repository-Objekt und legt die semantische Bedeutung eines Objekts fest. Es wird für Datenbanktabellen oder bei der Definition von Variablen verwendet.

Wir legen hier beispielhaft ein Datenelement an, um es für Felder in einer Datenbanktabelle zu verwenden:

1. Anders als beim Anlegen der Domäne müssen Sie dazu das Kontextmenü zum Eintrag **ABAP Dictionary** innerhalb unserer Paketstruktur aufrufen (siehe Abbildung 2.10). Wählen Sie hier den Pfad **New • Data Element**.

Abbildung 2.10 Datenelement über das Kontextmenü anlegen

2. Im darauffolgenden Dialog (siehe Abbildung 2.11) müssen Sie einen Namen und eine Beschreibung zum Datenelement angeben. Der Name darf maximal 30-stellig sein und kann aus Buchstaben, Zahlen sowie Unterstrichen bestehen. Er muss mit einem Buchstaben oder mit einem Namensraumpräfix eingeleitet werden. Klicken Sie anschließend auf den Button **Next**.

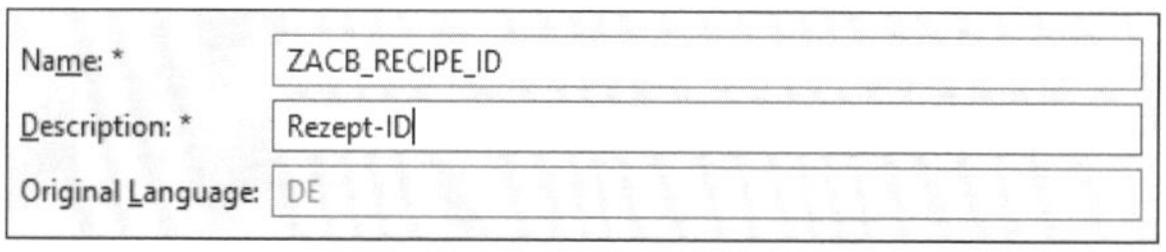

Abbildung 2.11 Anlegen eines Datenelements

3. Im **ABAP Dictionary Editor** geben Sie dann die folgenden Werte ein (siehe Abbildung 2.12):
   - **Category**: Dieses Feld dient zur Angabe der Datentypinformationen.
   - **Type Name**: Hier wird der Name des Datenelements angegeben. Das kann entweder eine von SAP ausgelieferte oder eine zuvor selbst angelegte Domäne sein. In unserem Beispiel geben wir die von uns angelegte Domäne `ZACB_RECIPE_ID` an.

- **Field Labels**: In diesem Bereich werden die Texte angezeigt, die bei Ausgabe des Datenelements auf der Benutzeroberfläche angezeigt werden. Sie sind nach Längen in vier Stufen unterteilt. Für unser Beispiel genügt es, überall den gleichen Wert einzutragen.

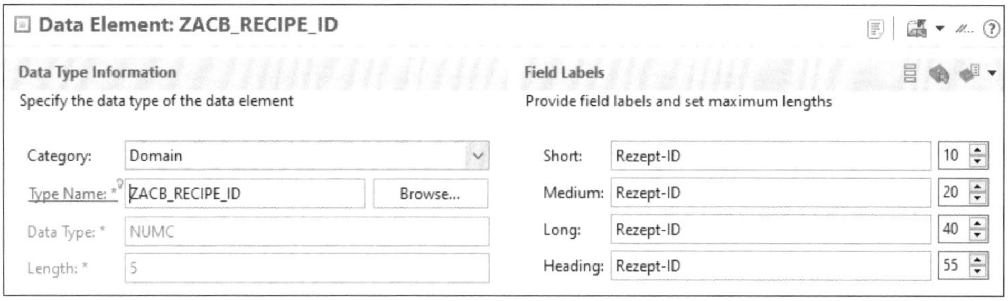

Abbildung 2.12 Technische Eigenschaften eines Datenelements

4. Sichern Sie die das Datenelement, indem Sie die Tastenkombination [Strg] + [S] drücken.
5. Im letzten Schritt muss das Datenelement aktiviert werden (Tastenkombination [Strg] + [F3]).

Anlegen einer Datenbanktabelle

Nachdem die Domäne und das Datenelement angelegt sind, können Sie die Datenbanktabellen für die einzelnen Business-Objekte gemäß dem im vorangegangenen Abschnitt beschriebenen Datenmodell anlegen. Dies zeigen wir Ihnen im Folgenden am Beispiel der Datenbanktabellen für das Rezept.

1. Öffnen Sie das Kontextmenü zum Eintrag **ABAP Dictionary** innerhalb unserer Projektstruktur, und wählen Sie hier folgenden Eintrag: **New • Database Table** (siehe Abbildung 2.13).

Abbildung 2.13 Datenbanktabelle über das Kontextmenü anlegen

2. Im folgenden Dialog geben Sie wieder einen Namen und eine Beschreibung ein. Wählen Sie als Namen für unsere Datenbanktabelle für die Rezepte »ZACB_RECIPE«. Nachdem alle Pflichtfelder gefüllt sind, klicken Sie auf den Button **Next** (siehe Abbildung 2.14).

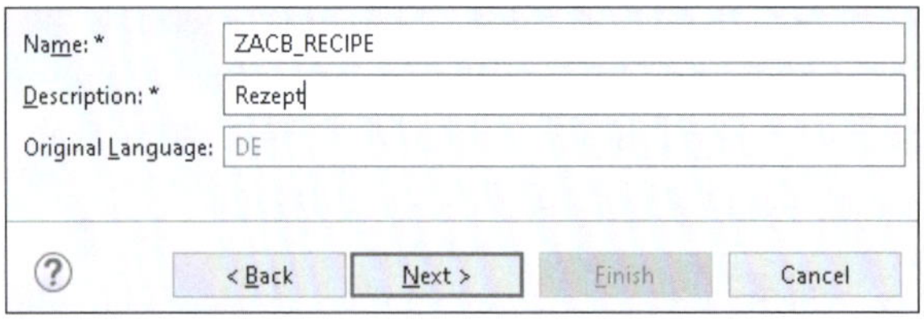

Abbildung 2.14 Anlegen einer Datenbanktabelle

3. Der ABAP Dictionary Editor öffnet sich und generiert bereits eine erste Vorlage für die Datenbanktabelle in Form von Annotationen (siehe Listing 2.1):

```
@EndUserText.label : 'Rezepte'
@AbapCatalog.enhancement.category : #NOT_EXTENSIBLE
@AbapCatalog.tableCategory : #TRANSPARENT
@AbapCatalog.deliveryClass : #A
@AbapCatalog.dataMaintenance : #RESTRICTED
define table zacb_recipe {

  key client : abap.clnt not null;
}
```

Listing 2.1 Generiertes Coding für eine Datenbanktabelle

Eigenschaften der Datenbanktabelle

Der Name der Datenbanktabelle findet sich in folgender Zeile wieder:

```
define table <Tabellenname>
```

Im **ABAP Dictionary Editor** können Sie nun alle weiteren Felder der Datenbanktabelle mit dem passenden Datenelement im folgenden Format hinzufügen:

```
Feld : Datenelement
```

Falls es sich bei einem Tabellenfeld um einen Schlüssel handelt, muss zusätzlich noch das Attribut `Key` ergänzt werden. Im Kopf der Datenbanktabelle können zusätzliche Eigenschaften über *Annotationen* definiert werden (siehe Tabelle 2.2).

Annotation	Beschreibung
`@EndUserText.label`	Beschreibung der Datenbanktabelle
`@AbapCatalog.enhancement.category`	Kann die Tabelle erweitert werden?

Tabelle 2.2 Annotationen für eine Datenbanktabelle

Annotation	Beschreibung
`@AbapCatalog.tableCategory`	Um welche Tabellenkategorie handelt es sich?
`@AbapCatalog.deliveryClass`	Ist es eine Anwendungs- oder Customizing-Tabelle?
`@AbapCatalog.dataMaintenance`	Wie kann die Tabelle geändert werden?

Tabelle 2.2 Annotationen für eine Datenbanktabelle (Forts.)

Nachdem alle Eingaben für die Tabelle gemacht wurden, sieht die Datenbanktabelle `ZACB_RECIPE` so aus wie in Listing 2.2.

```
@EndUserText.label : 'Rezepte'
@AbapCatalog.enhancement.category : #NOT_EXTENSIBLE
@AbapCatalog.tableCategory : #TRANSPARENT
@AbapCatalog.deliveryClass : #A
@AbapCatalog.dataMaintenance : #RESTRICTED
define table zacb_recipe {
  key client          : abap.clnt not null;
  key recipe_id       : zacb_recipe_id not null;
  recipe_name         : zacb_recipe_name;
  recipe_text         : zacb_recipe_text;
}
```

Listing 2.2 Datenbanktabelle »ZACB_RECIPE«

Die Datenbanktabelle muss nur noch gesichert (`Strg` + `S`) und aktiviert (`Strg` + `F3`) werden.

2.3 Generierung einer RAP-Anwendung

Nachdem nun die Dictionary-Objekte angelegt wurden, können Sie eine RAP-Anwendung erzeugen. Dazu wird das Datenmodell der Anwendung über einen OData-Service exponiert, auf dessen Basis bereits eine erste einfache Benutzeroberfläche (User Interface, kurz UI) ausgegeben werden kann.

Nutzung von Generatoren

In den ABAP Development Tools werden einige Generatoren angeboten. Sie helfen Ihnen dabei, Boilerplate-Coding und -Objekte anzulegen, indem Sie Coding-Bausteine auf Basis von Parametern generieren. Damit gelangen Sie bei Neuentwicklungen im Vergleich zur manuellen Objektanlage deutlich schneller ans Ziel. Die Generatoren können allerdings ausschließlich Objekte komplett neu anlegen. Sie können damit keine bestehenden Objekte bearbeiten. Sie können den Generierungsprozess auch nicht auf Basis eines früheren Ergebnisses noch mal neu starten. Prüfen Sie daher die vorgeschlagenen Parameterwerte sorgfältig, um manuelle Nacharbeiten zu vermeiden. Gerade in CDS-Views und im ABAP RESTful Application Programming Model werden viele voneinander abhängige bzw. aufeinander aufbauende Objekte genutzt. Diese nachträglich noch grundlegend zu ändern, umzubenennen oder auch zu löschen, ist schwierig.

2.3.1 OData-Service und virtuelles Datenmodell generieren

OData-UI-Service anlegen

Gehen Sie wie folgt vor, um den OData-Service und das virtuelle Datenmodell Ihrer Anwendung generieren zu lassen:

1. Klicken Sie mit der rechten Maustaste auf die soeben angelegte Datenbanktabelle **ZACB_RECIPE** in der Projektstruktur, und wählen Sie im Kontextmenü den Eintrag **Generate ABAP Repository Objects...** aus (siehe Abbildung 2.15).

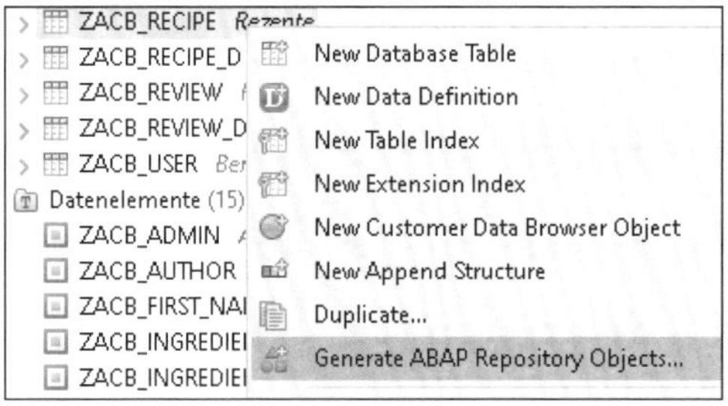

Abbildung 2.15 Kontextmenüeintrag »Generate ABAP Repository Objects« wählen

2. Im sich daraufhin öffnenden Generator markieren Sie den Objekttyp **OData UI Service** und klicken auf **Next** (siehe Abbildung 2.16).
3. Sie erhalten daraufhin die Fehlermeldung aus Abbildung 2.17, die Sie darauf hinweist, dass der Datenbanktabelle zwei Felder mit administrativer Funktion fehlen, über die deren letzte Änderung erfasst wird.

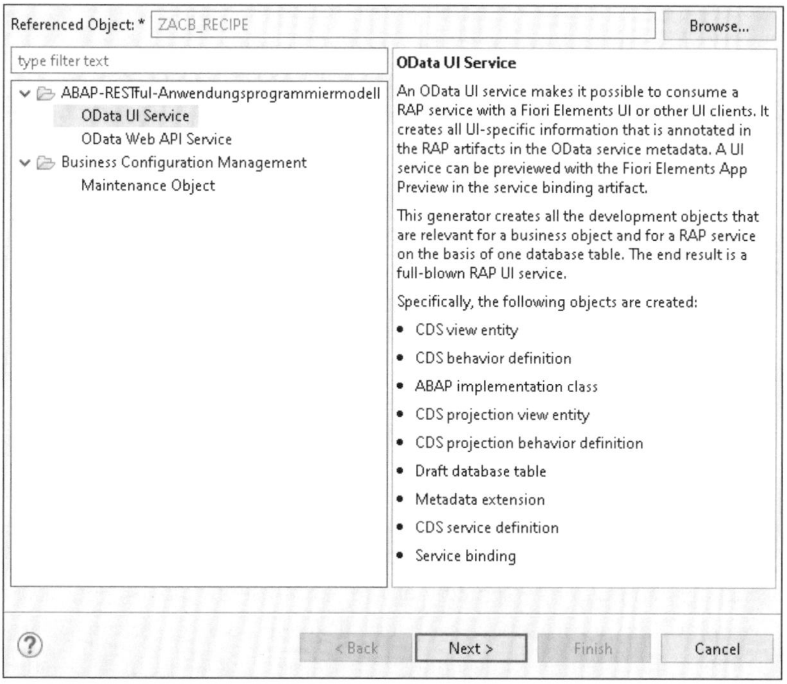

Abbildung 2.16 Pop-up-Fenster des Generators für einen OData-UI-Service

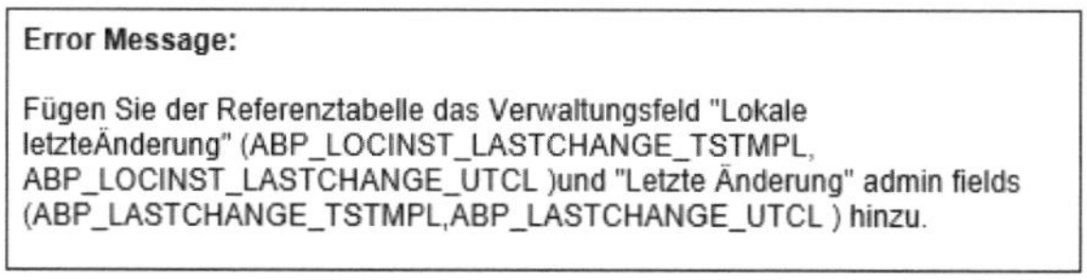

Abbildung 2.17 Fehlermeldung beim Generieren des OData-UI-Services

Diese Felder werden innerhalb einer RAP-Anwendung benötigt und müssen allen zugrunde liegenden Datenbanktabellen hinzugefügt werden. Wenn Sie schon Erfahrung mit RAP-Anwendungen gesammelt haben, können Sie diesen Schritt auch direkt beim Anlegen der Datenbanktabellen erledigen.

In Listing 2.3 erweitern wir die Datenbanktabelle um die besagten Verwaltungsfelder.

```
define table zacb_recipe {

  key client          : abap.clnt not null;
  key recipe_id       : zacb_recipe_id not null;
  recipe_name         : zacb_recipe_name;
  recipe_text         : zacb_recipe_text;
```

```
  created_by              : abp_creation_user;
  created_at              : abp_creation_tstmpl;
  local_last_changed_by   : abp_locinst_lastchange_user;
  local_last_changed_at   : abp_locinst_lastchange_tstmpl;
  last_changed_at         : abp_lastchange_tstmpl;
  last_changed_by         : abp_lastchange_user;

}
```

Listing 2.3 Erweiterung der Datenbanktabelle »ZACB_RECIPE«

4. Aktivieren Sie die erweiterte Datenbanktabelle, und rufen Sie den Generator erneut über die rechte Maustaste auf.
5. Im nächsten Dialogschritt muss hier die Angabe eines Pakets erfolgen. Wählen Sie das Paket unserer Beispielanwendung aus, und bestätigen Sie mit **Next**.
6. Im folgenden Dialogfenster (siehe Abbildung 2.18) werden Ihnen Vorschlagsnamen der verschiedenen Objekte unserer RAP-Anwendung angezeigt, die beim Generieren des OData-UI-Services erzeugt werden. Überprüfen Sie die vorgeschlagenen Namen auf allen im Bereich **RAP Layers** aufgeführten Ebenen, und fahren Sie mit **Next** fort.
7. Geben Sie im nächsten Schritt einen Transportauftrag an. Über den Button **Finish** können Sie anschließend die Generierung der Objekte starten.

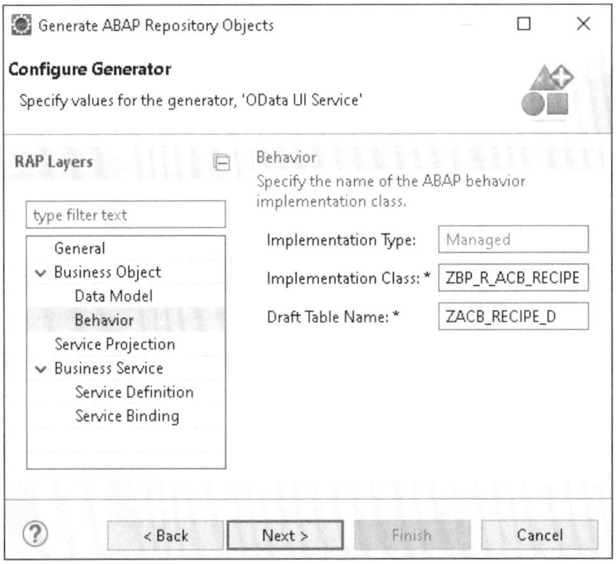

Abbildung 2.18 Vom Generator erzeugte Objekte der RAP-Anwendung

[!]

Benennung der Objekte

Denken Sie daran, die Namen der generierten Objekte zu prüfen. Sie sollten zu den von Ihnen gewählten Konventionen passen. Ist dies nicht der Fall, korrigieren Sie die Namen direkt an dieser Stelle. Eine nachträgliche Korrektur kann zwar noch erfolgen, führt jedoch zu erhöhtem Aufwand.

2.3.2 Generierte CDS-Entitäten der RAP-Anwendung

Erzeugte CDS-Entitäten

Tabelle 2.3 führt die einzelnen Objekte der RAP-Anwendung auf, die über den Generator angelegt werden.

Objektname	Erläuterung
Basisentität ZACB_R_RECIPE	Diese sogenannte *Datendefinition* definiert das Datenmodell der Wurzelentität.
Basisverhaltensdefinition ZACB_R_RECIPE	Diese Verhaltensdefinition (engl. Behavior Definition) beschreibt das standardmäßige transaktionale Verhalten der Basisentität. Diese Verhaltensdefinition kann im Managed Scenario direkt eingesetzt werden und setzt auch das Draft-Konzept des ABAP RESTful Application Programming Models um (siehe auch Abschnitt 1.6, »Programmiermodell«).
Verhaltensklasse ZBP_ACB_R_RECIPE	Diese ABAP-Klasse stellt die Implementierung des in der Verhaltensdefinition definierten Verhaltens bereit.
Draft-Tabelle ZACB_RECIPE_D	Diese Datenbanktabelle dient zur temporären Speicherung der Draft-Daten zur Laufzeit. Sie wird vom RAP-Framework verwaltet.
Projektionsentität ZACB_C_RECIPE	Diese Datendefinition wird verwendet, um das projizierte Datenmodell der Entität zu definieren, das für das aktuelle Szenario relevant ist.
Projektionsverhaltens-definition ZACB_C_RECIPE	Diese Verhaltensdefinition beschreibt das Verhalten der zugrunde liegenden Basisentität.
Metadatenerweiterung ZACB_C_RECIPE	Die *Metadatenerweiterung* wird verwendet, um über CDS-Annotationen die Benutzeroberfläche der Anwendung darzustellen.

Tabelle 2.3 Überblick der generierten Objekte der RAP-Anwendung

Objektname	Erläuterung
Servicedefinition ZACB_UI_RECIPE	Eine *Servicedefinition* wird verwendet, um die relevanten Entitätssets für unseren Service zu definieren und bei Bedarf auch Aliasse bereitzustellen.
Service-Binding ZACB_UI_RECIPE_04	Das *Service-Binding* wird verwendet, um die generierte Servicedefinition als OData-UI-Service verfügbar zu machen.

Tabelle 2.3 Überblick der generierten Objekte der RAP-Anwendung (Forts.)

Beziehungen zwischen den Objekten

Diese Objekte wurden automatisch generiert. In Abbildung 2.19 werden die Beziehungen zwischen den einzelnen Objekten grafisch dargestellt. Alle Objekte liegen uns in Form von CDS-Entitäten vor.

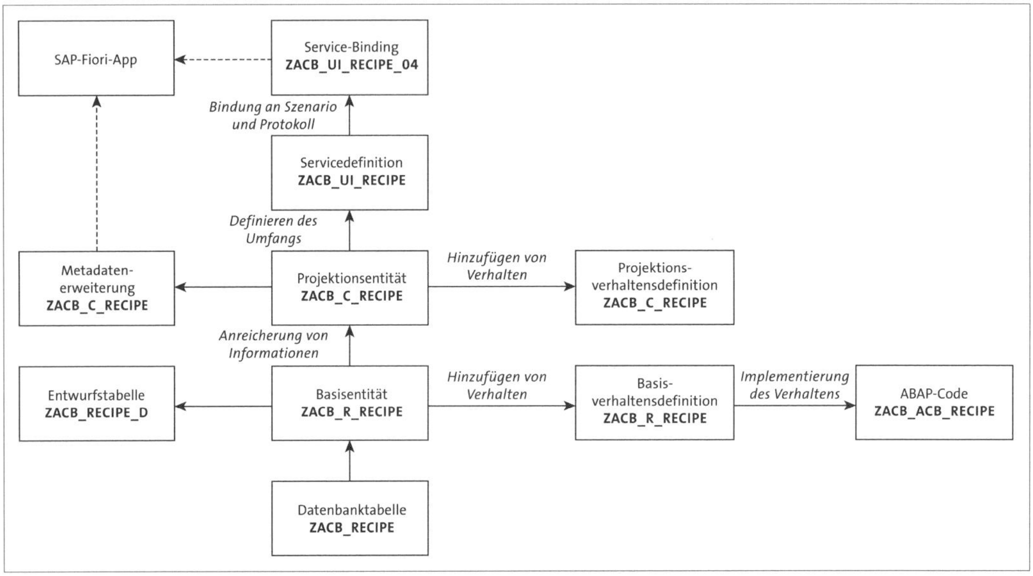

Abbildung 2.19 CDS-Entitätsnamen der generierten Objekte und Beziehungsdiagramm

Basisentität

Die einzelnen CDS-Entitäten können Sie nun einsehen und bei Bedarf erweitern. Wir beginnen mit der Basisentität ZACB_R_RECIPE (siehe Listing 2.4). Dieser *CDS-View* definiert das Business-Objekt »Rezept«. Ein CDS-View ist eine virtuelle Struktur. Er kann verwendet werden, um komplexe und berechnete Daten aus verschiedenen Quellen zu vereinen und in einer einzigen Sicht zusammenzuführen.

```
@AccessControl.authorizationCheck: #CHECK
@EndUserText.label: 'Basisentität Rezept'
define root view entity ZACB_R_Recipe
  as select from zacb_recipe

{
  key recipe_id as RecipeId,
  recipe_name as RecipeName,
  recipe_text as RecipeText,
  @Semantics.user.createdBy: true
  created_by as CreatedBy,
  @Semantics.systemDateTime.createdAt: true
  created_at as CreatedAt,
  @Semantics.user.localInstanceLastChangedBy: true
  local_last_changed_by as LocalLastChangedBy,
  @Semantics.systemDateTime.localInstanceLastChangedAt: true
  local_last_changed_at as LocalLastChangedAt,
  @Semantics.systemDateTime.lastChangedAt: true
  last_changed_at as LastChangedAt,
  @Semantics.user.lastChangedBy: true
  last_changed_by as LastChangedBy,
}
```

Listing 2.4 Basisentität »ZACB_R_RECIPE«

Das CDS-Coding enthält die folgenden Abschnitte: Zunächst wird die Zugriffskontrolle auf den CDS-View beschrieben und das Label angegeben. Anschließend erfolgen die Definition einer Wurzelentität (root view entity) und der Zugriff auf eine Datenbanktabelle, von der die Daten gelesen werden sollen (as select from). Der letzte Teil beschreibt die verfügbaren Daten der Basisentität. Dabei wird angegeben, welche Felder Schlüsselfelder sind (key), und es werden Aliasse für die Feldbezeichner vergeben.

Verhaltensdefinition zur Basisentität

Als Nächstes sehen wir uns die Verhaltensdefinition zur Basisentität an (siehe Listing 2.5). Verhaltensdefinitionen sind ein entscheidender Teil von CDS-Datenmodellen, da sie bestimmen, was mit unseren Daten gemacht werden kann.

```
managed implementation in class zbp_acb_r_recipe unique;
strict ( 2 );
with draft;

define behavior for ZACB_R_Recipe alias Recipe
persistent table zacb_recipe
```

```
draft table zacb_recipe_d
etag master LocalLastChangedAt
total etag LastChangedAt
authorization master ( global )
{
  field ( mandatory : create )
  RecipeId;

  field ( readonly )
  CreatedAt,
  CreatedBy,
  LastChangedAt,
  LocalLastChangedAt,
  LocalLastChangedBy;

  field ( readonly : update )
  RecipeID;

  create;
  update;
  delete;

  draft action Edit;
  draft action Activate optimized;
  draft action Discard;
  draft action Resume;
  draft determine action Prepare;

  mapping for zacb_recipe
    {
      RecipeId           = recipe_id;
      RecipeName         = recipe_name;
      RecipeText         = recipe_text;
      CreatedBy          = created_by;
      CreatedAt          = created_at;
      LocalLastChangedBy = local_last_changed_by;
      LocalLastChangedAt = local_last_changed_at;
      LastChangedAt      = last_changed_at;
      LastChangedBy      = last_changed_by;
    }
}
```

Listing 2.5 Verhaltensdefinition »ZACB_R_RECIPE« zur Basisentität

Bestandteile der Verhaltensdefinition

In der Verhaltensdefinition wird das Verhalten mit der Sprache *Behavior Definition Language* (BDL) definiert. Die Verhaltensdefinition besteht aus folgenden Angaben:

- **Art des Szenarios**

  Die Angabe des Szenarios bestimmt die automatische Verfügbarkeit von Operationen. Im Managed Scenario wird das Methodenverhalten vom Framework bestimmt und kann von Ihnen um eigene Logik ergänzt werden. Im Unmanaged Scenario erfolgt die Methodenimplementierung durch Sie.

- **Strikter Modus (`strict mode`)**

  Im strikten Modus werden zusätzliche Syntaxprüfungen auf Verhaltensdefinitionen angewandt. Veraltete Syntax kann somit nicht verwendet werden, und implizite Operationen müssen explizit deklariert werden. Es wird immer der aktuellste Modus empfohlen (momentan `strict(2)`).

- **Alias (`alias`)**

  Ein *Alias* gibt einen sprechenden Namen für das Business-Objekt an, damit nicht immer der CDS-View-Name verwendet werden muss.

- **Draft-Modus (`with draft`)**

  Der Draft-Modus ist eine Funktion, die es den Endbenutzerinnen und -benutzern ermöglicht, ihre Arbeit an den Entitäten zu beginnen, zu unterbrechen und zu einem späteren Zeitpunkt wieder aufzunehmen, ohne dass diese Daten direkt in der Datenbank gespeichert werden müssen. Wichtige Objekte für diesen Modus sind:

  - **`DraftTable`**: Name der Draft-Tabelle
  - **`Totaletag`**: Zeitstempel für den Draft
  - **`Draftaction`**: Standardaktionen für den Draft

- **Sperre**

  Mit der Information `lock master` wird die Instanz während einer ändernden Aktion gesperrt.

- **ETag**

  Das *ETag* verhindert ein versehentliches Überschreiben bei einer gleichzeitigen Bearbeitung eines Objekts. Die Angabe `etag master <Feldname>` definiert das Feld, in dem dazu ein Zeitstempel gespeichert werden soll.

- **Berechtigungsprüfungen**

  Mit der Definition `authorization master ( instance )` wird die entsprechende Methode in der Implementierung eines tos aufgerufen, in der eine Berechtigungsprüfung durchgeführt wird.

- **Feldeigenschaften** (`field`)

  Die Feldeigenschaften definieren das Verhalten eines Feldes. Dazu werden folgende Anweisungen verwendet:
  - `Field(readonly)`: nur anzeigen
  - `Field(readonly:update)`: nur anzeigen, außer beim Anlegen
  - `Field(mandatory)`: Pflichtfeld
  - `Field(suppress)`: Metadaten nicht anzeigen
  - `Field(numbering:managed)`: automatische Nummernvergabe
- **Standardaktionen**

  Es wird angegeben, welche Standardaktionen implementiert werden sollen. Mögliche Aktionen sind:
  - `CREATE`: Hinzufügen eines Datensatzes
  - `UPDATE`: Aktualisieren eines Datensatzes
  - `DELETE`: Löschen eines Datensatzes
- **Mapping**

  Im Rahmen des Mappings erfolgt eine Zuordnung der Feldnamen der Datenbanktabelle zu denen mit Feldnamen in der CDS-Entität.

Draft-Tabelle

Schauen Sie sich als Nächstes die Draft-Tabelle an (siehe Listing 2.6). Es handelt sich dabei um eine separate Datenbanktabelle für Daten im Entwurfsstadium mit der Struktur der jeweiligen Entität, d. h., die Feldnamen entsprechen denen aus der jeweiligen CDS-Entität.

```
@EndUserText.label : 'Draft Rezept'
@AbapCatalog.enhancement.category : #EXTENSIBLE_ANY
@AbapCatalog.tableCategory : #TRANSPARENT
@AbapCatalog.deliveryClass : #A
@AbapCatalog.dataMaintenance : #RESTRICTED
define table zacb_recipe_d {

  key mandt            : mandt not null;
  key recipeid         : zacb_recipe_id not null;
  recipename           : zacb_recipe_name;
  recipetext           : zacb_recipe_text;
  createdby            : abp_creation_user;
  createdat            : abp_creation_tstmpl;
  locallastchangedby   : abp_locinst_lastchange_user;
  locallastchangedat   : abp_locinst_lastchange_tstmpl;
  lastchangedat        : abp_lastchange_tstmpl;
```

```
  lastchangedby       : abp_locinst_lastchange_user;
  "%admin"            : include sych_bdl_draft_admin_inc;
}
```

Listing 2.6 Draft-Tabelle »ZACB_RECIPE_D«

Neben den Feldern der ursprünglichen Datenbanktabelle enthält die Draft-Tabelle noch die Verwaltungsfelder der Struktur SYCH_BDL_DRAFT_ADMIN_INC.

Projektionsentität

Darüber hinaus wurde der *Projektions-View* ZACB_C_RECIPE angelegt (siehe Listing 2.7). Dieser Projektions-View dient als Verbindung zwischen der Basisentität ZACB_R_RECIPE und der Anwendung. Mithilfe solcher Projektionsentitäten lassen sich die Felder und Funktionen von Anwendungen weiter einschränken, weil möglicherweise nicht der volle Funktionsumfang der Basisentitäten für die Anwendung benötigt wird. Aus einer Basisentität lassen sich somit verschiedene Projektionsentitäten erstellen und der Anwendungsebene zur Verfügung stellen. Im Vergleich zur Basisentität findet sich in unserer Projektionsentität lediglich folgende Ergänzung:

```
provider contract transactional_query
as projection on ZACB_R_Recipe
```

Mithilfe dieses Befehls wird mitgeteilt, dass es sich um eine Projektion der Basisentität ZACB_R_Recipe handelt. Zudem werden das Verhalten der Projektion und das Verhalten verschiedener Funktionen definiert (provider contract, siehe Listing 2.7).

```
@AccessControl.authorizationCheck: #CHECK
@Metadata.allowExtensions: true
@EndUserText.label: 'Projektionsentität Rezept'
@ObjectModel.semanticKey: [ 'RecipeID' ]
define root view entity ZACB_C_Recipe
  provider contract transactional_query
  as projection on ZACB_R_Recipe
{
  key RecipeId,
  RecipeName,
  RecipeText,
  LocalLastChangedAt,
}
```

Listing 2.7 Projektionsentität »ZACB_C_Recipe«

Verhaltensdefinition zur Projektionsentität

Neben der Basisentität mit ihrer Verhaltensdefinition wurde auch eine Verhaltensdefinition `ZACB_C_Recipe` für die Projektionsentität erzeugt (siehe Listing 2.8).

```
projection;
strict ( 2 );
use draft;
define behavior for ZACB_C_Recipe alias Recipe
use etag

{
  use create;
  use update;
  use delete;
  use action Edit;
  use action Activate;
  use action Discard;
  use action Resume;
  use action Prepare;
  use association _Ingredient { create; with draft; }
  use association _Review { create; with draft; }
}
```

Listing 2.8 Verhaltensdefinition zur Projektionsentität

Metadatendefinition

Neben den Basis- und Projektionsentitäten sowie deren Verhaltensdefinitionen wurde eine Metadatenerweiterung generiert. Eine Metadatenerweiterung bildet mithilfe von Annotationen die grafische Oberfläche ab. Es kann hier unter anderem folgende *UI-Annotationen* geben:

- *Facetten*, d. h. Bereiche der Benutzeroberfläche, die mit der Annotation `@UI.facet` definiert werden. Listing 2.9 zeigt ein Beispiel für eine solche Annotation:

  ```
  @UI.facet: [ {
   id: 'idIdentification',
   type: #IDENTIFICATION_REFERENCE,
   label: 'Rezept',
   position: 10
  } ]
  ```

  Listing 2.9 Annotation für eine Facette

- Eine besondere Facette ist die für den Identifikationsbereich, die mit der Annotation `@UI.identification` definiert wird. Felder in diesem Bereich sollen das Objekt identifizieren. Allen Feldern, die hier angezeigt werden sollen, muss diese Annotation (siehe Listing 2.10) zugeordnet werden.

```
@UI.identification: [ {
  position: 10 ,
  label: ''
} ]
RecipeId;
```

Listing 2.10 Annotation für den Identifikationsbereich

- *Allgemeine Feldannotationen* können an unterschiedlichen Stellen eingesetzt werden. Folgende Annotationen sind hier möglich:
  - **Hidden**: Das Feld wird nicht angezeigt und kann auch im Rahmen der Personalisierung nicht hinzugefügt werden.
  - **Position**: Gibt die Reihenfolge der Felder an.
  - **Label**: Gibt die Bezeichnung des Feldes auf der Benutzeroberfläche an.

Servicedefinition

Die ebenfalls generierte Servicedefinition (siehe Listing 2.11) beschreibt, welche CDS-Entitäten eines Datenmodells veröffentlicht werden sollen. Mithilfe eines Aliasnamens können die technischen Namen für den Service nach außen hin durch sprechendere Namen ersetzt werden.

```
@EndUserText.label: 'Rezept'
define service ZACB_UI_RECIPE {
  expose ZACB_C_Recipe     as Recipe;
}
```

Listing 2.11 Servicedefinition

Service-Binding

Basierend auf der Servicedefinition wird das Service-Binding generiert. Auch dieses können Sie sich einmal genauer anschauen. Service-Bindings weisen den zuvor definierten Services ein Protokoll zu. Sie können direkt lokal veröffentlicht werden. Folgende Binding-Typen können gewählt werden:

- **OData 2.0 (V2)** oder **OData 4.0 (V4)**: SAP empfiehlt die Verwendung der Version OData V4. Diese unterstützt alle Funktionen wie die Draft-Funktion.
- **UI**: Überträgt die UI-Annotationen.
- **Web API**: Erstellt einen Webservice ohne UI-Annotationen.
- **InA – UI**: für analytische Datenmodelle
- **SQL – Web API**: Zugriff mit ABAP SQL

2.3.3 Veröffentlichung des OData-Services

Manuelle oder automatische Veröffentlichung

Mit dem generierten Service-Binding wird ein OData-V4-Service zur Verfügung gestellt. Falls dieser den Status **Unpublished** hat, gibt es zwei Möglichkeiten, ihn zu veröffentlichen:

- **Button »Publish«**

  Mit einem Klick auf diesen Button wird der Service automatisch publiziert.

- **Manuelle Aktivierung über Transaktion /IWFND/V4_ADMIN**

  Abhängig von der SAP-S/4HANA-Version kann es vorkommen, dass das automatische Publizieren noch nicht unterstützt wird. Dann ist eine manuelle Aktivierung über Transaktion /IWFND/V4_ADMIN erforderlich.

[»]

OData

Open Data Protocol (OData) ist ein HTTP-basiertes Protokoll für den Datenaustausch zwischen Systemen. OData ermöglicht es Ihnen, Daten anzufordern und in Ressourcen zu schreiben, indem Sie bekannte Operationen wie GET, POST, PUT, DELETE und PATCH verwenden.

Veröffentlichung in Transaktion /IWFND/V4_ADMIN

Um den OData-Service manuell zu veröffentlichen, gehen Sie wie folgt vor:

1. Melden Sie sich am SAP-System an, und rufen Sie Transaktion /IWFND/V4_ADMIN auf. Diese Transaktion ermöglicht das Veröffentlichen von OData-V4-Services.
2. Klicken Sie auf den Button **Servicegruppen publizieren**.
3. Suchen Sie anhand der Felder **Systemalias** und **ServicegruppenID** nach dem zu veröffentlichenden Service. Dabei können Sie auch mit Wildcards arbeiten. Mit einem Klick auf den Button **Servicegruppen abrufen** starten Sie die Suche (siehe Abbildung 2.20).
4. Als Ergebnis werden Ihnen alle den Suchkriterien entsprechenden Servicegruppen angezeigt. In unserem Beispiel enthält diese Liste lediglich einen Eintrag.
5. Markieren Sie den Eintrag mit der passenden **Gruppen-ID**, und klicken Sie auf den Button **Servicegruppen publizieren**.
6. Im darauffolgenden Dialogfenster können Sie die Beschreibung der Servicegruppe noch ändern.
7. Im folgenden Informationsfenster klicken Sie auf ☑ (**Ausführen**) und anschließend auf den Button **Zurück**.

Abbildung 2.20 Suchfilter und Liste aller gefunden Servicegruppen

Der Service ist nun in einer Servicegruppe publiziert und kann verwendet werden.

2.3.4 Anwendung testen

Status »Published«

Mithilfe der Vorschaufunktion der ABAP Development Tools können Sie nun direkt in der Entwicklungsumgebung prüfen, ob die Publizierung des OData-UI-Services erfolgreich war. Rufen Sie dazu das Service-Binding auf. Wird hier im Feld **Local Service Endpoint** der Status **Published** angezeigt (siehe Abbildung 2.21), können Sie eine Vorschau auf die Benutzeroberfläche der SAP-Fiori-App aufrufen.

Abbildung 2.21 Publikationsstatus des Service-Endpunkts im Service-Binding

Vorschau der SAP-Fiori-App

Markieren Sie nun in der Service-Binding-Sicht die passende Entität (hier **Recipe**), und klicken Sie auf den Button **Preview**, um die Vorschau aufzurufen. Die Benutzeroberfläche der generierten SAP-Fiori-App im Vorschaumodus sehen Sie in Abbildung 2.22.

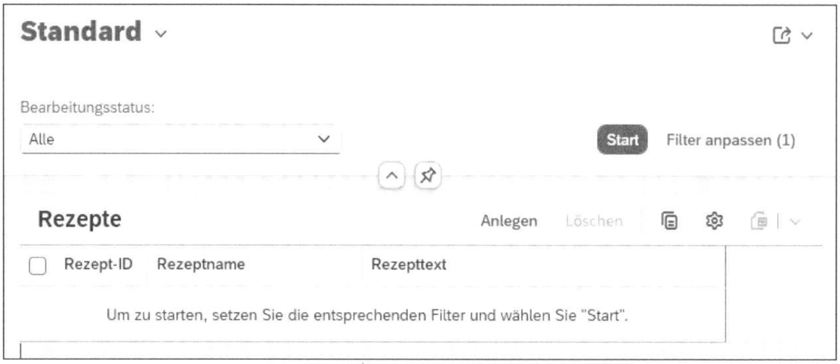

Abbildung 2.22 Vorschaumodus der SAP-Fiori-App

2.4 Erstellung von Assoziationen

Weitere Entitäten hinzufügen

Bevor wir uns im folgenden Abschnitt die Funktionen der generierten App aus Anwendersicht ansehen, müssen wir noch die beiden Entitäten **Zutat** und **Review** hinzufügen und mit der Wurzelentität **Rezept** verknüpfen. Wie Sie dabei vorgehen, wie Sie also eine *Assoziation* zur Wurzelentität anlegen, zeigen wir in diesem Abschnitt anhand der Entität **Zutat**. Für alle weiteren assoziierten Entitäten, in unserem Beispiel für die die Entität **Review**, gehen Sie ebenso vor.

Erstellung einer Datendefinition

Als Erstes müssen Sie eine Basisentität für die assoziierte Entität anlegen. Gehen Sie dazu wie folgt vor:

1. Öffnen Sie das Kontextmenü des Ordners **Datendefinitionen** (siehe Abbildung 2.23), und wählen Sie den Eintrag **New Data Definition**.

Abbildung 2.23 Kontextmenüeintrag »New Data Definition«

2. Im darauffolgenden Dialog geben Sie einen Namen und eine Beschreibung für die Datendefinition an. Wählen Sie für unser Beispiel den Namen »ZACB_R_INGREDIENT«. Im Feld **Referenced Object** geben Sie zudem ein referenziertes Objekt, in unserem Beispiel die Datenbanktabelle für das Objekt **Zutat**, an (siehe Abbildung 2.24). Klicken Sie dann auf **Next**.
3. Im nächsten Schritt wählen Sie einen Transportauftrag aus und bestätigen dies mit **Next**.

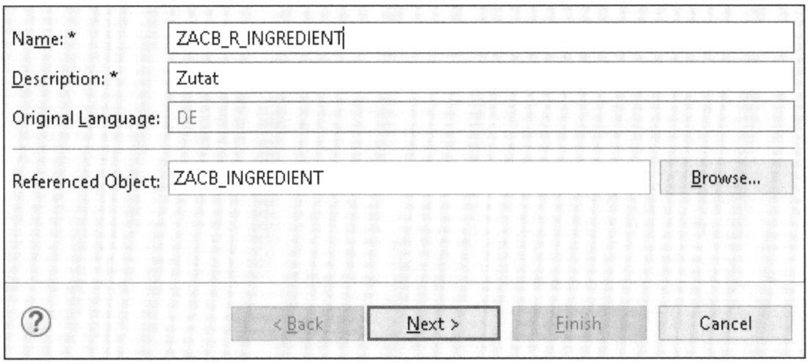

Abbildung 2.24 Anlage der Datendefinition

4. Wählen Sie dann ein Template aus. In unserem Fall möchten wir eine eigene Entität anlegen und wählen daher **defineViewEntity** als Vorlage aus (siehe Abbildung 2.25). Diese Vorlage generiert die wichtigsten Felder für die Datendefinition.

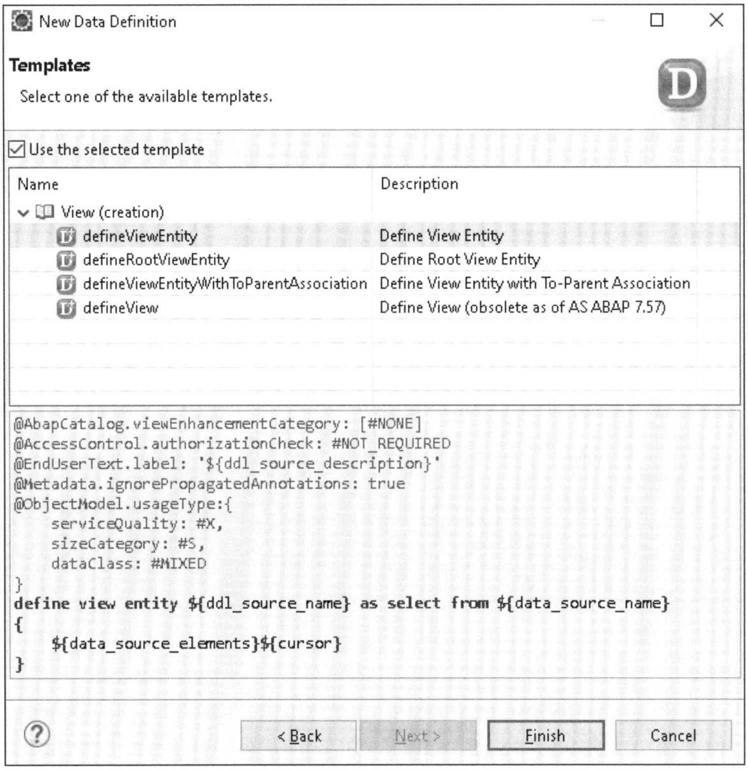

Abbildung 2.25 Template für die Datendefinition auswählen

5. Bestätigen Sie die Auswahl der Vorlage mit dem Button **Finish**.

Basierend auf der Vorlage und dem referenzierten Objekt wird das CDS-Coding aus Listing 2.12 generiert.

```
define view entity ZACB_R_Ingredient select from zacb_ingredient
{
    key recipe_id as RecipeId,
    key ingredient_id as IngredientId,
    name as Name,
    quantity as Quantity,
    unit as Unit,
    created_by as CreatedBy,
    created_at as CreatedAt,
    local_last_changed_by as LocalLastChangedBy,
    local_last_changed_at as LocalLastChangedAt,
    last_changed_at as LastChangedAt,
    last_changed_by as LastChangedBy
}
```

Listing 2.12 Generierte Basisentität »ZACB_R_Ingredient«

Erstellung einer Projektionsentität

Wiederholen Sie nun die Schritte 1–4, um eine Projektionsentität zu erzeugen. Allerdings wählen Sie diesmal kein Template aus (siehe Abbildung 2.26), sondern klicken direkt auf den Button **Finish**.

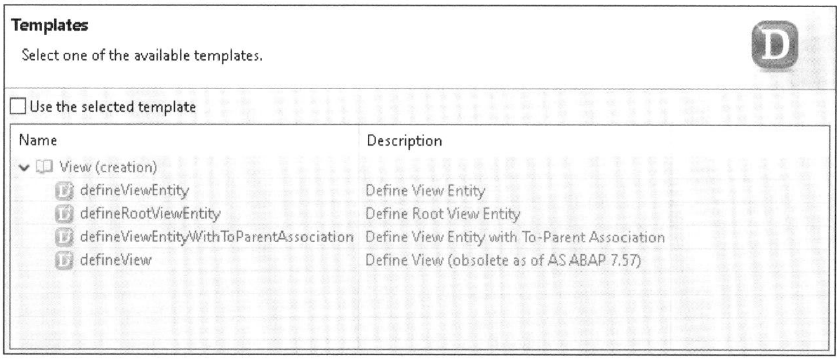

Abbildung 2.26 Kein Template für die Projektionsentität auswählen

Es wird eine leere Datendefinition angelegt. Sie können mithilfe des Musters **defineProjectionView** eine automatische Codeerstellung anstoßen. Geben Sie dazu »defineProje...« in das leere Editorfenster ein. Die Quick-Fix-Funktion der ABAP Development Tools wird Ihnen daraufhin das entsprechende Template vorschlagen (siehe Abbildung 2.27).

Durch die Auswahl des Templates wird das Coding aus Listing 2.13 automatisch generiert.

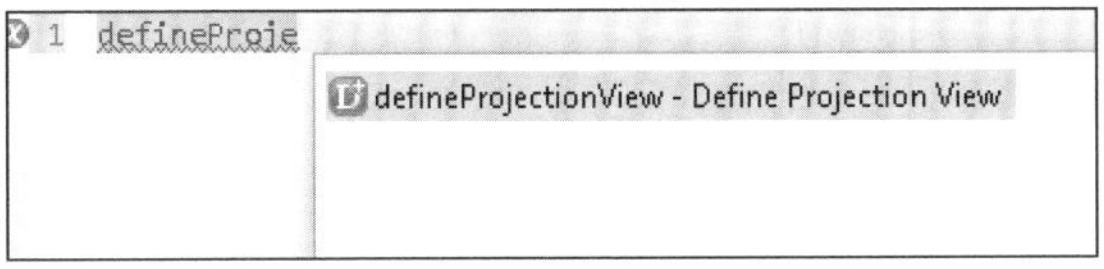

Abbildung 2.27 Codevorlage für einen Projektions-View auswählen

```
@AccessControl.authorizationCheck: #NOT_REQUIRED
@EndUserText.label: 'Zutat'
@Metadata.ignorePropagatedAnnotations: true
define view entity ZACB_C_Ingredient as projection on
  data_source_name
{

}
```

Listing 2.13 Generierter Code für den Projektions-View

Entitätsnamen und Felder ergänzen

Ergänzen Sie hier als data_source_name den Namen der Basisentität. Außerdem geben Sie die Felder der Basisentität an und definieren mit key, bei welchen Feldern es sich um Schlüsselfelder handelt (siehe Listing 2.14).

```
define view entity ZACB_C_Ingredient
  as projection on ZACB_R_Ingredient as Ingredient
{
  key RecipeId,
  key IngredientId,
      Name,
      Quantity,
      Unit,
      LocalLastChangedAt,
      LocalLastChangedBy,
      LastChangedAt,
      LastChangedBy,
}
```

Listing 2.14 Vervollständigter Code der Projektionsentität

Verknüpfung der Basisentitäten

Nun müssen zunächst die beiden Basisentitäten über eine Assoziation miteinander verknüpft werden. Wir erzeugen dazu zunächst eine *Komposition* von der Wurzelentität in Richtung der verknüpften Entität (siehe Listing 2.15). Eine Komposition definiert eine existenzielle Abhängigkeit zwischen zwei Entitäten, wobei die untergeordnete Entität nicht ohne die übergeordnete Entität existieren kann.

```
define root view entity ZACB_R_Recipe
  as select from zacb_recipe
  composition [0..*] of ZACB_R_Ingredient as _Ingredient
{
  key recipe_id             as RecipeId,
      recipe_name           as RecipeName,
...
```

Listing 2.15 Kompositionsverknüpfung angeben

Auf der Ebene der assoziierten Entität ergänzen Sie mit `association to parent` eine Assoziation zur Wurzelentität. So entsteht eine Aufwärtsbeziehung zur Wurzelentität (siehe Listing 2.16).

```
@EndUserText.label: 'CDS-Entität Zutat'
define view entity ZACB_R_Ingredient
  as select from zacb_ingredient
  association to parent ZACB_R_Recipe as _Recipe
    on $projection.RecipeId = _Recipe.RecipeID
{
  key recipe_id     as RecipeId,
  key ingredient_id as IngredientId,
...
```

Listing 2.16 Ergänzung von »association to parent«

Verknüpfung der Projektionsentitäten

Eine Verknüpfung zwischen den beiden Entitäten muss auch auf Ebene der Projektionsentitäten erstellt werden. In der Wurzelentität fügen Sie dazu den Ausdruck `redirected to composition child` hinzu (siehe Listing 2.17).

```
...
define root view entity ZACB_C_Recipe
  provider contract transactional_query
  as projection on ZACB_R_Recipe
{
  ...
      _Ingredient : redirected to composition child
         ZACB_C_Ingredient,
}
```

Listing 2.17 Ergänzung der Verknüpfung zur Kindentität

Eine ähnliche Verknüpfung erfolgt von der assoziierten Entität zur Wurzelentität. Hier geben Sie den Zusatz `redirected to parent` an (siehe

Listing 2.18). Die so definierte Beziehung wird verwendet, um im Service-Binding zwischen den Entitäten zu navigieren.

```
...
define view entity ZACB_C_Ingredient
  as projection on ZACB_R_Ingredient as Ingredient
{
...
      _Recipe : redirected to parent ZACB_C_Recipe
}
```

Listing 2.18 Redirected to Parent

Erweiterung der Verhaltensdefinition

Für jede Entität muss ein Verhalten definiert werden. Dazu erweitern Sie die Verhaltensdefinition, wie in Listing 2.19 gezeigt:

- Assoziationen werden in den Entitäten bekannt gegeben.
- Die Erstellung von Datensätzen der assoziierten Entitäten wie der Zutat erfolgt über die Wurzelentität.
- Das Verhalten von Sperren und Autorisierungen erfolgt über die Wurzelentität.

```
managed implementation in class zbp_acb_r_recipe unique;
strict ( 2 );
with draft;

define behavior for ZACB_R_Recipe alias Recipe
...
  association _Ingredient { create; with draft; }
...
define behavior for ZACB_R_Ingredient alias Ingredient
persistent table zacb_ingredient
lock dependent by _Recipe
authorization dependent by _Recipe
draft table zacb_ingredien_d
{
  update;
  delete;
  field ( readonly ) RecipeId;
  field ( readonly ) IngredientId;
```

```
  association _Recipe { with draft; }
  mapping for zacb_ingredient
    {
   ...
    }
}
```

Listing 2.19 Verknüpfung in der Verhaltensdefinition der Basisentitäten

Diese Assoziationen müssen auch in der Verhaltensdefinition der Projektionsentitäten definiert werden (siehe Listing 2.20).

```
projection;
strict ( 2 );
use draft;
define behavior for ZACB_C_Recipe alias Recipe
...
  use association _Ingredient { create; with draft; }
...
define behavior for ZACB_C_Ingredient alias Ingredients
...
  use association _Recipe { with draft; }
```

Listing 2.20 Verknüpfung in der Verhaltensdefinition der Projektionsentitäten

Erweiterung der Metadatendefinition

Damit die verknüpften Entitäten auch in der SAP-Fiori-App angezeigt werden, muss sowohl die Metadatenerweiterung der Wurzelentität erweitert werden als auch eine eigene Metadatenerweiterung für die Kindentitäten erstellt werden. Die Metadatenerweiterung der Wurzelentität muss dazu um eine Facette ergänzt werden (siehe Listing 2.21).

```
{
id           : 'controlSection',
type         : #LINEITEM_REFERENCE,
position     : 20,
targetElement: '_Ingredient'
},
```

Listing 2.21 Metadatenerweiterung der Wurzelentität

Mithilfe der Annotation `targetElement` wird mitgeteilt, dass in diesem Abschnitt die Metadatenerweiterung der assoziierten Entität aufgerufen und dargestellt werden soll.

Erweiterung der Servicedefinition

Zuletzt muss die Assoziation noch in der Servicedefinition angegeben werden (siehe Listing 2.22).

```
@EndUserText.label: 'Rezept'
define service ZACB_UI_RECIPE {
  expose ZACB_C_Recipe as Recipe;
  expose ZACB_C_Ingredient as Ingredient;
}
```

Listing 2.22 Erweiterung der Servicedefinition

Nachdem alle erstellten und geänderten Entwicklungsartefakte erfolgreich aktiviert wurden, ist die Verknüpfung zwischen den beiden Entitäten im Service-Binding zu erkennen (siehe Abbildung 2.28).

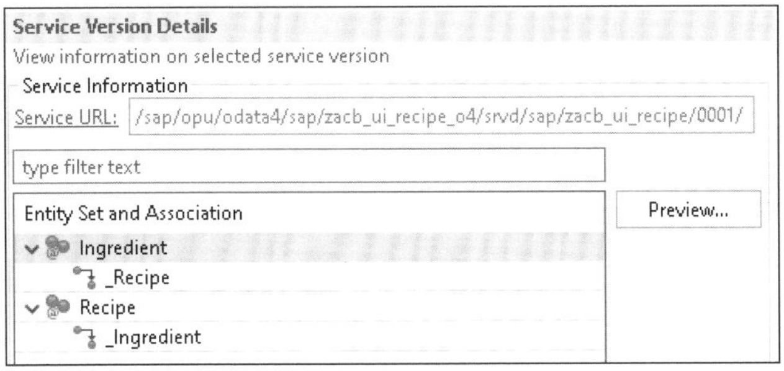

Abbildung 2.28 Service-Binding mit Assoziationen

Wiederholen Sie die hier gezeigten Schritte für alle assoziierten Entitäten.

2.5 Anwendungsszenario aus Anwendersicht

Wir möchten nun die Basisfunktionen unserer SAP-Fiori-App erläutern. Diese Anwendung dient als Basis für alle Funktionen, um die wir die Anwendung in diesem Buch sukzessive erweitern werden. Lassen Sie sich die Anwendung dazu über die Vorschaufunktion des Service-Bindings (Funktion **Preview**) anzeigen.

Listenansicht der Rezepte

Das Rezeptportal wird als SAP-Fiori-App in einem Browser dargestellt. Dabei werden die einzelnen Rezepte in einer Listenansicht ausgegeben. Noch sind in unserer Anwendung keine Rezepte enthalten (siehe Abbildung 2.29).

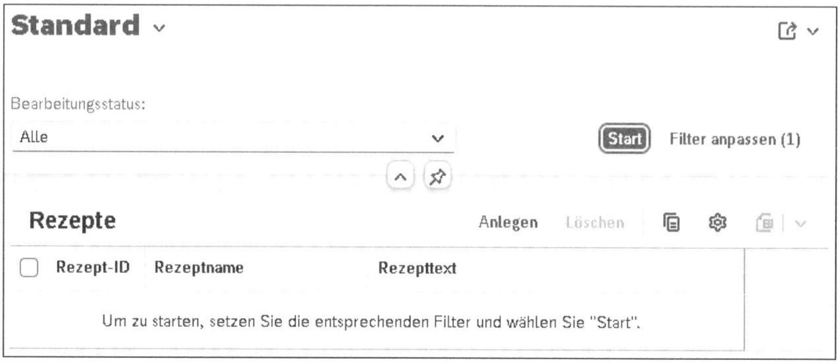

Abbildung 2.29 Startseite des Rezeptportals

Über den Button **Start** werden alle Rezepte des Rezeptportals aus dem SAP-Backend gelesen und in der Liste dargestellt (siehe Abbildung 2.30).

Abbildung 2.30 Darstellung aller Rezepte in der SAP-Fiori-App

Einzelansicht eines Rezepts

Wird ein spezifisches Rezept ausgewählt, gelangt die Anwenderin oder der Anwender zur Einzelansicht dieses Rezepts (siehe Abbildung 2.31). Hier werden Informationen wie der Rezeptname und der Rezepttext sowie alle Zutaten und Reviews in Tabellenform dargestellt.

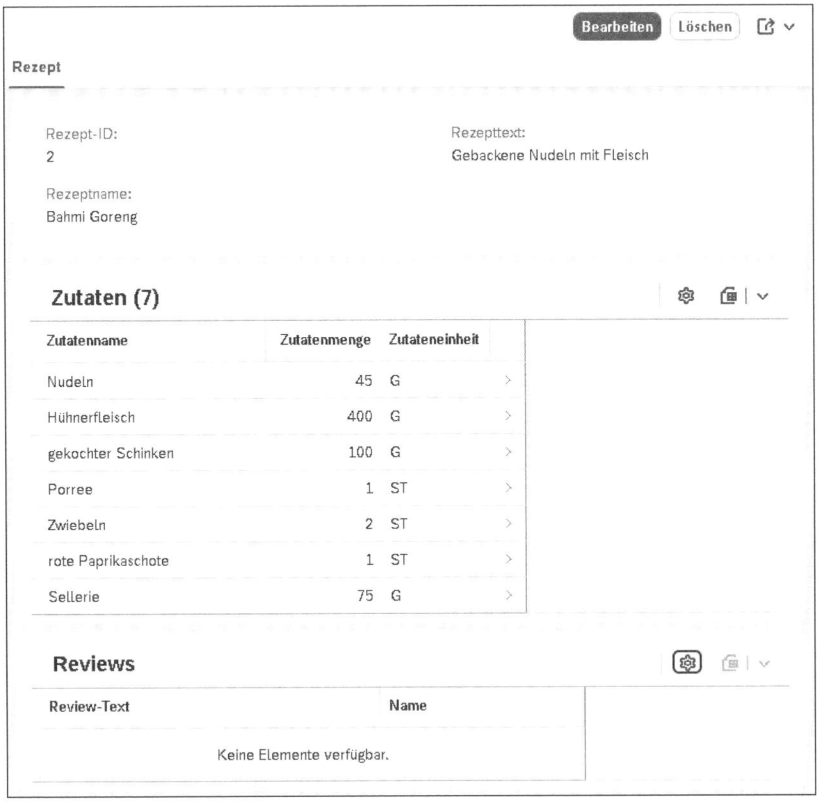

Abbildung 2.31 Einzelansicht eines Rezepts

Rezept hinzufügen

Um ein neues Rezept hinzuzufügen, klickt die Anwenderin oder der Anwender in der Startansicht auf den Button **Anlegen** (siehe Abbildung 2.30). Es erscheint Pop-up-Fenster, in dem eine bis zu fünfstellige Rezept-ID eingegeben werden muss (siehe Abbildung 2.32).

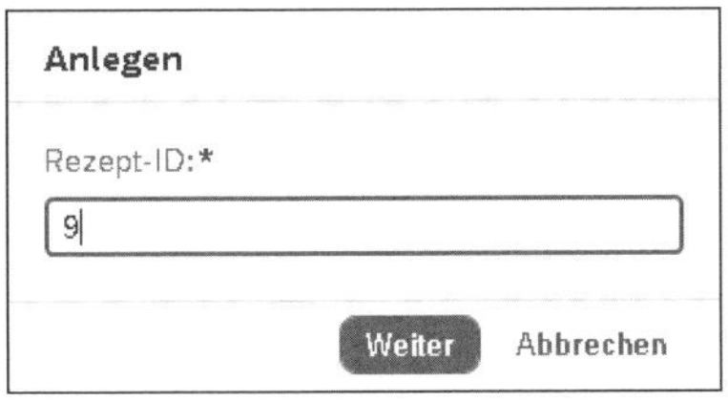

Abbildung 2.32 Angabe einer Rezept-ID

Anschließend müssen ein Name (Feld **Rezeptname**) und eine Zubereitungsanleitung (Feld **Rezepttext**) eingegeben werden (siehe Abbildung 2.33).

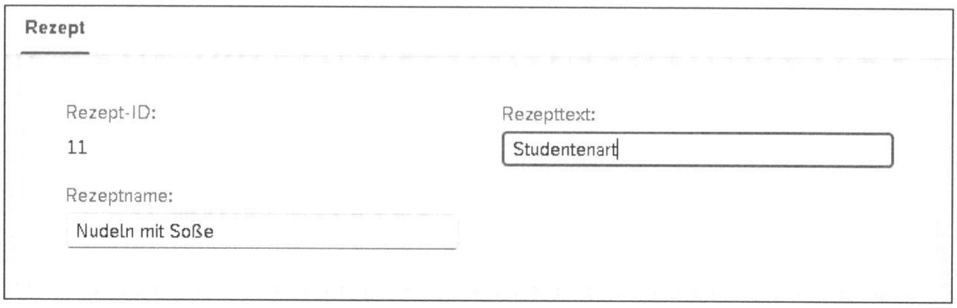

Abbildung 2.33 Eingabe der Rezeptdaten

[»]

Nummernvergabe

In der generierten Anwendung ist eine explizite Nummernvergabe durch die Anwenderinnen und Anwender erforderlich. In Kapitel 9, »Nummernkreisobjekte«, zeigen wir Ihnen, wie Sie dies über eine interne Nummernvergabe verbessern können.

Hinzufügen einer Zutat

Als Nächstes können Sie die Zutaten für das Rezept hinzufügen. Dazu klicken Sie auf den Button **Anlegen**. Es erscheint die Anlegesicht für eine Zutat (siehe Abbildung 2.34). Hier können Sie die erforderlichen Informationen für die Zutat, etwa den Namen und die Menge und Einheit, angeben.

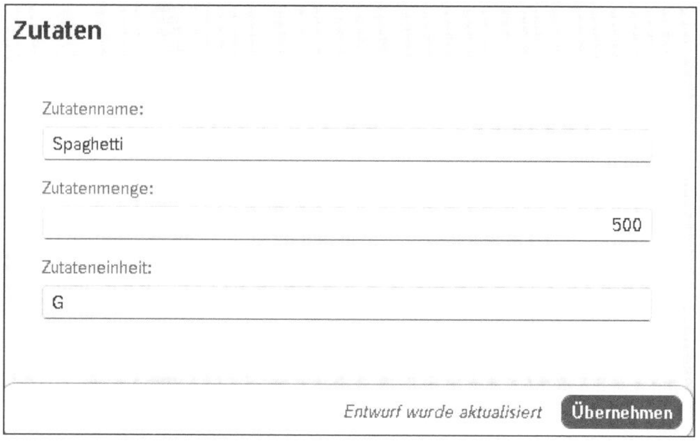

Abbildung 2.34 Eingabe einer Zutat

Nach der Bestätigung Ihrer Eingaben mit dem Button **Übernehmen** wird die Zutat zum Rezept hinzugefügt, aber noch nicht in der Datenbank gespeichert. Die Speicherung der Daten erfolgt, wenn Sie in der Rezeptansicht auf den Button **Anlegen** klicken (siehe Abbildung 2.35).

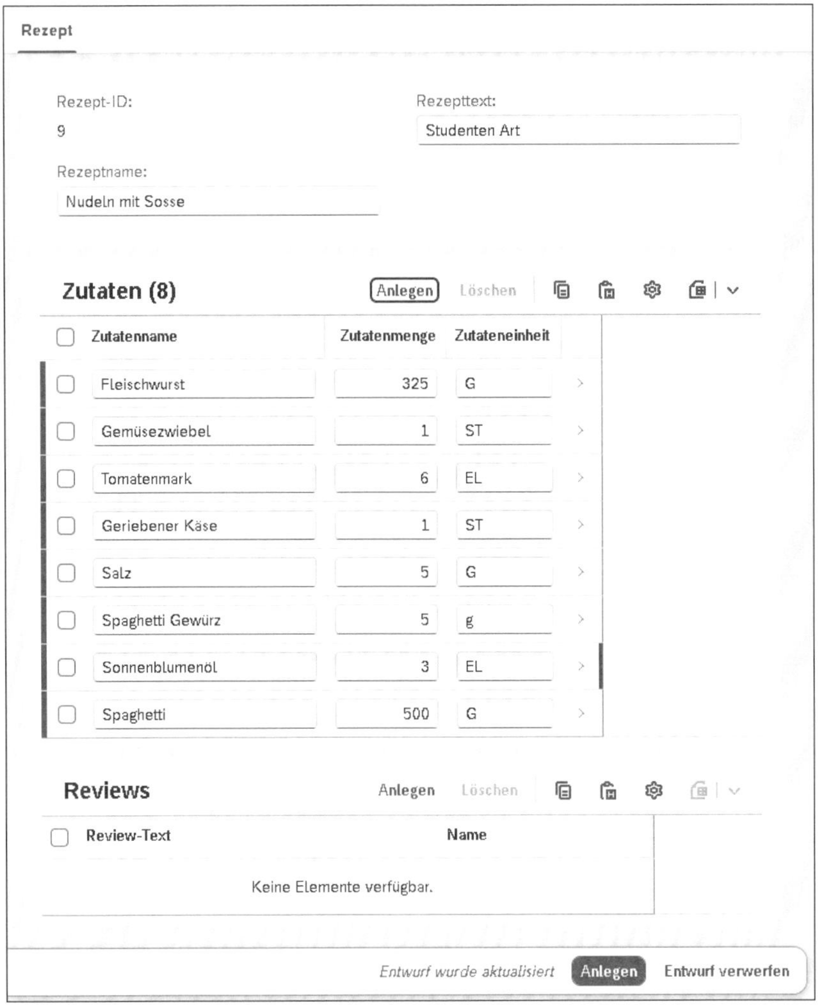

Abbildung 2.35 Rezeptsicht mit Angabe aller Zutaten

2.6 Zusammenfassung

In diesem Kapitel haben wir das Anwendungsbeispiel eines Rezeptportals vorgestellt, das wir für die Beispiele in diesem Buch verwenden. Aus dem Anwendungsfall haben wir die technischen Konzepte der Anwendung abgeleitet. Anschließend wurden die Repository-Objekte »Domäne«, »Datenelement« und »Datenbanktabelle« angelegt.

Basierend auf der Datenbanktabelle für die Rezepte haben wir eine RAP-Anwendung generiert und dann Schritt für Schritt erläutert. Wir sind dabei unter anderem darauf eingegangen, was der Unterschied zwischen CDS-Basisentitäten und Projektionsentitäten ist. Zudem haben wir wichtige Komponenten des ABAP RESTful Application Programming Models wie die Verhaltens- und Metadatendefinition, die Servicedefinition und das Service-Binding vorgestellt.

Für ein Rezeptportal genügt es nicht, Rezeptnamen und Rezepttexte einzugeben. Es müssen sich auch Zutaten pflegen lassen. Dazu haben wir die automatisch generierte Anwendung manuell erweitert. Es ist nun außerdem möglich, Reviews zu einem Rezept hinzuzufügen. Wir haben Ihnen in diesem Zuge gezeigt, wie Beziehungen zwischen mehreren assoziierten CDS-Entitäten und deren Verhaltensdefinitionen aufgebaut werden.

Kapitel 3
Umgang mit Systemfeldern und Laufzeitinformationen

Zur Ermittlung von Laufzeitinformationen gibt es in ABAP Cloud einige neue Zugriffsmöglichkeiten, die in Teilen die Systemfelder ablösen. In diesem Kapitel lernen Sie den Umgang mit diesen neuen APIs kennen und erfahren, wann welche API sinnvoll einzusetzen ist.

In Ihren selbst entwickelten Anwendungen benötigen Sie sehr oft Zugriff auf Informationen, die nur zur Laufzeit vorhanden sind und die Umgebung betreffen, in der Ihr Programm gerade ausgeführt wird. Es kann daher auch von *Informationen der Laufzeitumgebung* gesprochen werden. Die ABAP-Laufzeitumgebung befasst sich mit der Ausführung von Programmen, mit den Verarbeitungsblöcken und mit der Implementierung der ABAP-Anweisungen im zugehörigen ABAP-Kernel.

Informationen zur ABAP-Laufzeitumgebung

Bei den Informationen, die Sie von der ABAP-Laufzeitumgebung erhalten wollen, handelt es sich in der Regel um Antworten auf folgende Fragen:

- Wie lautet die Kennung des aktuell angemeldeten Benutzers?
- Welches Datum und welche Uhrzeit haben wir jetzt?
- Wurde die letzte Anweisung korrekt ausgeführt?
- Welche Meldung wurde von der letzten Anweisung bereitgestellt?
- Wie heißt das aktuelle Programm/die aktuelle Transaktion/die Systemkennung/der Mandant?
- Welches ABAP-Release ist im System installiert?

Globale Variable »sy«

Solche Fragen konnten bislang über die vordefinierte globale Variable `sy` beantwortet werden, die über ihre Komponenten der Struktur `SYST` diverse Laufzeitinformationen bereitstellt. Die einzelnen Komponenten werden auch als *Systemfelder* bezeichnet. Die globale Variable `sy` liefert diese Informationen auch weitgehend weiterhin – `sy-subrc` und weitere Systemfelder sind also nach wie vor auch in ABAP Cloud verfügbar. Auf viele Informationen gibt es jedoch neue Zugriffsmöglichkeiten mit erweitertem Funktionsumfang oder unabhängig von einer globalen Variablen. Diese sind außerdem zeitgemäß implementiert, sodass Entwicklerteams, in denen nicht deutsch gesprochen wird, nicht mehr die Vokabeln DATUM und UZEIT erlernen müssen.

Aufbau dieses Kapitels

In Abschnitt 3.1 geht es um Systemfelder und darum, wie sich diese in ABAP Cloud verhalten. Abschnitt 3.2 liefert Ihnen eine Übersicht der verfügbaren Application Programming Interfaces (APIs) für Laufzeitinformationen, die wir in diesem Kapitel nutzen werden.

Abschnitt 3.3 bis Abschnitt 3.7 gehen auf konkrete Anwendungsfälle ein. In Abschnitt 3.3 starten wir mit dem Abruf von Zeitinformationen. Abschnitt 3.4 greift den Umgang mit Benutzerdaten auf. In Abschnitt 3.5 wird der Zugriff auf technische Laufzeitinformationen beschrieben. In Abschnitt 3.6 lernen Sie, wie Sie mit Meldungen umgehen können. In Abschnitt 3.7 wird der Zugriff auf Systeminformationen thematisiert.

Laufzeitinformationen im Anwendungsbeispiel

In Bezug auf unser Anwendungsbeispiel entwickeln wir in diesem Kapitel eine Anwendung, die Debug-Informationen zum Rezeptportal bereitstellt. Sie soll es im Rahmen einer Fehleranalyse zunächst ermöglichen, herauszufinden, wie der Systemzustand aussieht, um anschließend tiefer einsteigen zu können. Dabei probieren wir diverse Konzepte zur Ermittlung von Laufzeitinformationen aus und geben diese Informationen über die Konsole in einer ABAP-Konsolenanwendung aus.

[»]

Nutzung der Beispielanwendung

Sie können die Anwendung zur Ausgabe von Debug-Informationen selbst mit dem beiliegenden Coding ausführen und sich im Debugger anschauen. Sie finden diese Anwendung im Unterpaket RUNTIME im Download-Material zu diesem Buch. Um sie auszuführen, öffnen Sie die Klasse ZCL_ACB_DEBUG_INFO in den ABAP Development Tools und führen sie als ABAP-Konsolenanwendung mit der Taste [F9] aus.

3.1 Systemfelder in ABAP Cloud

Erlaubter Zugriff auf Systemfelder

Systemfelder stehen in ABAP Cloud nach wie vor zur Verfügung und sind über die vordefinierte globale Variable sy ansprechbar. Syntaktisch ist der Lesezugriff auf alle Komponenten möglich, wenn auch teils mit Warnungen. So lässt sich z. B. weiterhin die Anzahl der von einer ABAP-SQL-Anweisung verarbeiteten Zeilen über das Systemfeld sy-dbcnt abfragen:

```
SELECT FROM zacb_recipe FIELDS COUNT(*).
out->write( |Anzahl Rezepte: { sy-dbcnt NUMBER = USER }| ).
```

Eingeschränkter Zugriff auf Systemfelder

Einige der im klassischen ABAP verfügbaren Systemfelder sind in ABAP Cloud allerdings nicht freigegeben. Ihre Verwendung führt daher zu einer Syntaxwarnung. An dieser Stelle sollten Sie sich daher eine Alternative suchen. Die nicht mehr freigegebenen Systemfelder und mögliche Alternativen stellen wir in den folgenden Abschnitten thematisch gruppiert vor. Zum Beispiel ist der lesende Zugriff auf das Systemdatum über das Systemfeld `sy-datum` in ABAP Cloud nicht freigegeben, wie in Abbildung 3.1 ersichtlich. Alternative Zugriffsmöglichkeiten auf Zeitinformationen finden Sie in Abschnitt 3.3, »Zugriff auf Zeitinformationen«.

```
out->write( |Datum in Systemzeit laut sy-datum: { sy-datum }| ).
out->write( |Uhrzeit in Systemzeit laut sy-uzeit: { sy-uzeit }| ).
Die veraltete Variante von "SY-UZEIT" sollte in der aktuellen ABAP-Sprachversion nicht verwendet werden.
```

Abbildung 3.1 Syntaxwarnung bei Lesezugriff auf nicht in ABAP Cloud freigegebene Systemfelder

Verbotener Schreibzugriff auf Systemfelder

Der Schreibzugriff auf Systemfelder ist in ABAP Cloud komplett verboten und führt zu einem Syntaxfehler. Schreibend auf Systemfelder zuzugreifen, war jedoch auch im klassischen ABAP bereits per Programmierrichtlinie verboten. Es gab jedoch Anwendungsfälle, etwa in älteren Erweiterungstechnologien, in denen über Systemfelder mit dem SAP-Standard kommuniziert wurde. In ABAP Cloud sind diese nicht mehr relevant, weshalb der Schreibzugriff syntaktisch verboten werden konnte.

In Abbildung 3.2 sind ein versuchter Schreibzugriff auf das Systemfeld `sy-datum` und der daraus folgende Syntaxfehler zu sehen. Sollten Sie einen dynamischen Schreibzugriff versuchen, wird er mit dem Laufzeitfehler des Typs `MOVE_TO_LIT_NOTALLOWED_NODATA` unterbunden.

```
" Zeitreise, gestern war schöner
sy-datum = sy-datum - 1. " Syntaxfehler
EN Auf das Feld "SY-DATUM" darf in der aktuellen ABAP-Sprachversion nur lesend zugegriffen werden.
```

Abbildung 3.2 Syntaxfehler bei Schreibzugriff auf Systemfeld

Schreibzugriff auf Systemfelder im Debugger

Der Schreibzugriff auf Systemfelder im Debugger ist zumindest in SAP S/4HANA 2023 mit entsprechender Berechtigung überraschenderweise noch erlaubt. Sollten Sie dieses Mittel zur Analyse von Programmverhalten verwenden wollen, ist dies zumindest aktuell in diesem Release noch möglich. Im SAP BTP ABAP Environment und in SAP S/4HANA Cloud Public Edition erhalten Sie hingegen eine Fehlermeldung.

In ABAP Cloud freigegebene Systemfelder

Die in Tabelle 3.1 aufgelisteten Systemfelder sind in ABAP Cloud ohne Warnungen oder Fehler verwendbar. Für einige möchten Sie vielleicht trotzdem andere Zugriffsmöglichkeiten nutzen, die einen größeren Funktionsumfang haben oder im Testkontext einfacher ersetzbar sind.

Systemfeld	Bedeutung	Hinweis
BATCH	Kennzeichen für Hintergrundverarbeitung	–
DBCNT	Anzahl bearbeiteter Tabellenzeilen nach ABAP-SQL-Anweisung	–
FDPOS	Fundstelle bei Operationen mit zeichen- oder byte-artigen Datentypen	–
INDEX	Schleifenindex	–
LANGU	Sprache der Textumgebung	Alternativen in Abschnitt 3.5
MANDT	Mandantenkennung des aktuellen Mandanten	Erläuterung in Abschnitt 3.5
MSGID	Nachrichtenklasse der letzten Meldung	Alternativen in Abschnitt 3.6
MSGNO	Nachrichtennummer der letzten Meldung	
MSGTY	Nachrichtentyp der letzten Meldung	
MSGV1, MSGV2, MSGV3, MSGV4	Nachrichtenvariablen der letzten Meldung	
SUBRC	Rückgabewert von ABAP-Anweisungen	–
SYSID	Systemkennung des aktuellen Systems	Erläuterung in Abschnitt 3.5
TABIX	Zeilennummer der zuletzt in einer internen Tabelle per primärem oder sekundärem Index angesprochenen Zeile	–
UNAME	Benutzername der aktuellen Benutzersitzung	Alternativen in Abschnitt 3.4

Tabelle 3.1 Freigegebene Systemfelder in ABAP Cloud

Sollte das von Ihnen benötigte Systemfeld nicht in Tabelle 3.1 enthalten oder dort kein Hinweis auf Alternativen angegeben sein, können Sie ABAP-Cloud-konforme Zugriffsmöglichkeiten in den folgenden Abschnitten finden.

3.2 Überblick über die verfügbaren APIs

Speziell für ABAP Cloud werden verschiedene Zugriffsmöglichkeiten auf Laufzeitinformationen in Form von Methoden globaler Klassen bereitgestellt. Diese sind freigegeben und damit upgrade-stabil. Wie Sie APIs, die Sie in ABAP Cloud verwenden können, generell finden, zeigen wir Ihnen in Kapitel 17, »Nutzung von APIs«.

Folgende Klassen sind für uns im Kontext der Laufzeitinformationen insbesondere relevant:

- die Klasse `CL_ABAP_CONTEXT_INFO`
- Klassen und Interfaces der XCO-Bibliothek (Extension Components)
- eingebaute Funktionen wie `utclong_current`

Die Klasse »CL_ABAP_SYST« in ABAP Cloud

Falls Sie mit der Klasse `CL_ABAP_SYST` als Alternative zum direkten Zugriff auf die Systemfelder vertraut sind: Diese können Sie in ABAP Cloud nicht mehr verwenden, da sie nicht freigegeben ist. Die Klasse `CL_ABAP_CONTEXT_INFO` ist als cloud-konformer Nachfolger zu sehen.

Die XCO-Bibliothek

Die *XCO-Bibliothek* ist eine sehr umfangreiche Sammlung von Standardfunktionen der ABAP-Plattform, die über eine standardisierte objektorientierte Abstraktion bereitgestellt werden. In der Cloud Platform Edition der XCO-Bibliothek sind diese Klassen und Interfaces freigegeben und somit in ABAP Cloud nutzbar. Die Bibliothek kann als eine der ersten Anlaufstellen für häufige Problemstellungen gesehen werden. Sie teilt sich in zwei Kategorien auf:

- Die ABAP-Repository-APIs ermöglichen die programmatische Interaktion mit Workbench-Objekten und dem Transportwesen.
- Die zweite Kategorie ist die Standardbibliothek, die diverse technische Themen abdeckt.

Wir werden die XCO-Bibliothek in diesem Kapitel nutzen, um auf Laufzeitinformationen zuzugreifen. Für die Komponenten der XCO-Bibliothek, die Systemfelder betreffen, gibt es mit der Methode `sy` der Klasse `XCO_CP` einen zentralen Einstiegspunkt.

3.3 Zugriff auf Zeitinformationen

Bei der Implementierung transaktionaler Anwendungen benötigen Sie häufig Zugriff auf administrative Daten, wie den Benutzernamen des aktuell angemeldeten Benutzers oder Informationen zum aktuellen Zeitpunkt in Form von Datum, Uhrzeit oder Zeitstempel. Wir beginnen in diesem Abschnitt mit diesen Zeitinformationen. In Bezug auf unser Anwendungsbeispiel benötigt das Rezeptportal für die Anwendungstabellen, etwa die Tabelle für die Rezepte und die Reviews, den Zeitpunkt der Erstellung und den der letzten Änderung von Datensätzen. Damit kann die erste Tabelle z. B. nach den neuesten Rezepten sortiert werden, oder es kann das am längsten nicht aktualisierte Rezept gefunden werden.

Ermittlung von Systemdatum und -uhrzeit

Wie in Abschnitt 3.1, »Systemfelder in ABAP Cloud«, beschrieben, sind die üblichen Kandidaten `sy-datum` und `sy-uzeit` zwar in ABAP Cloud nutzbar, ihre Verwendung wird aber nicht mehr empfohlen. Ähnlich verhält es sich mit `sy-datlo` und `sy-timlo`. Ihre Verwendung erzeugt eine Syntaxwarnung.

UTC-Zeitangaben

Die Systemzeit etwa ist abhängig von einer Konfigurationseinstellung des SAP-Systems. Im SAP BTP ABAP Environment und in SAP S/4HANA Cloud Public Edition haben Sie auf diese Konfiguration keinen Einfluss. Daher sollten Sie in Erwägung ziehen, bei neuen Anwendungen mit UTC-Zeitangaben (Coordinated Universal Time) zu arbeiten und diese bei Darstellung im Frontend in die Zeitzone der Anwenderin oder des Anwenders zu konvertieren.

Als Ersatz für die Systemfelder `sy-datum` und `sy-uzeit` stellt SAP die Klasse `CL_ABAP_CONTEXT_INFO` zur Verfügung. Über die Methoden `get_system_date` und `get_system_time` dieser Klasse können Sie das aktuelle Datum und die aktuelle Uhrzeit erhalten. Allerdings beziehen sich diese Zeitangaben auf die UTC-Zeitzone.

[!]

Zeitzonen in der Klasse »CL_ABAP_CONTEXT_INFO«

Trotz der Methodenbezeichner `get_system_date` und `get_system_time` sowie der Datentypen `syst_datum` und `syst_uzeit` geben die Methoden der Klasse `CL_ABAP_CONTEXT_INFO` keine Zeitinformationen in Systemzeit zurück. Die Ergebnisse beziehen sich immer auf die UTC-Zeitzone. Dieses sonderbare Verhalten ist in den Methodendokumentationen beschrieben, aus denen Abbildung 3.3 einen Ausschnitt zeigt. Die Dokumentation ist jedoch leicht zu übersehen.

In Cloud-Systemen und entsprechenden Neuentwicklungen ist dieses Verhalten sinnvoll, weil die Systemzeit ein Konfigurationsdetail ist, auf das Sie keinen Einfluss haben. Bei Nutzung von ABAP Cloud in SAP S/4HANA und SAP S/4HANA Cloud Private Edition kann es aber zu Inkompatibilitäten kommen, wenn Ihr System nicht UTC als Systemzeitzone verwendet. Ersetzen Sie daher `sy-datum` und `sy-uzeit` in bestehenden Anwendungen oder in Integrationen nicht durch die Methodenaufrufe, ohne die Zeitzone zuvor geprüft zu haben.

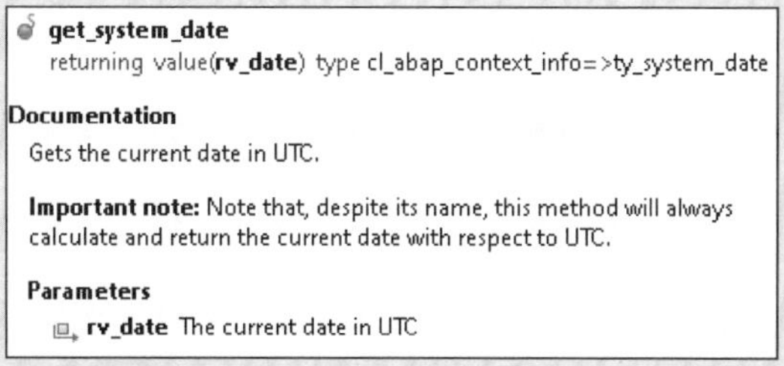

Abbildung 3.3 Methodendokumentation zu »get_system_date«

Technisch erfolgt die Ermittlung der Zeitinformationen über einen Zeitstempel. Anders als bei den Systemfeldern ist daher kein vorheriger Aufruf der Anweisung `GET TIME` notwendig, um aktuelle Daten zu erhalten. Einen exemplarischen Aufruf können Sie Listing 3.1 entnehmen.

```
out->write(
  |Datum in UTC laut cl_abap_context_info: | &&
  |{ cl_abap_context_info=>get_system_date( )
    DATE = USER }|
).
out->write(
  |Uhrzeit in UTC laut cl_abap_context_info: | &&
  |{ cl_abap_context_info=>get_system_time( )
    TIME = USER }|
).
" Datum in UTC laut cl_abap_context_info: 02.03.2025
" Uhrzeit in UTC laut cl_abap_context_info: 13:45:49
```

Listing 3.1 Nutzung der Klasse »CL_ABAP_CONTEXT_INFO« zur Datums- und Uhrzeitermittlung

Ermittlung von Zeitstempeln

Abhängig von Ihrer Anwendung können Sie anstelle der separaten Felder für Datum und Uhrzeit auch ein kombiniertes Feld in Form eines Zeitstempels benötigen. ABAP kennt mehrere Zeitstempelformate, daher sollten Sie genau darauf achten, was für eine Art von Zeitstempel Sie benötigen. Im ABAP RESTful Application Programming Model haben Sie die Wahl zwischen Zeitstempeln mit gepackten Zahlen mit der Domäne `TZNTSTMPL` vom Typ `DEC(21,7)` und dem eingebauten Typ `utclong`. Die gepackten Zahlen, z. B. beim Zeitstempel für die letzte Änderung mit Datenelement `ABP_LASTCHANGE_TSTMPL`, entsprechen dem Format des Datenelements `TIMESTAMPL`. Sie können dieses Datenelement auch in ABAP Cloud klassisch über die Anweisung `GET TIME STAMP` befüllen (siehe Listing 3.2).

```
DATA now TYPE timestampl.
GET TIME STAMP FIELD now.
out->write(
  |Zeitstempel in DEC(21,7) laut GET TIME STAMP: | &&
  |{ now TIMESTAMP = USER TIMEZONE = 'UTC' }| ).
" Zeitstempel in DEC(21,7) laut GET TIME STAMP:
" 02.03.2025 13:45:49,9519390
```

Listing 3.2 Zeitstempelermittlung über »GET TIME STAMP«

Präzisionsunterschiede bei Zeitstempeln

Beachten Sie, dass diese Anweisung den Zeitstempel nicht in der Systemzeitzone, sondern immer in UTC zurückgibt. In der Regel arbeiten Anwendungen, die Zeitstempel verwenden, allerdings sowieso mit UTC, sodass meistens keine Konvertierungslogik erforderlich ist. Sie sollten allerdings darauf achten, welches der beiden Zeitstempelformate für gepackte Zahlen verwendet wird. Neben dem auf 100 Nanosekunden genauen Datenelement `TIMESTAMPL` mit dem Typ `DEC(21,7)` gibt es auch das Datenelement `TIMESTAMP` vom Typ `DEC(15,0)`. Dieses arbeitet nur mit einer sekundengenauen Präzision. Dies betrifft uns hier insofern, dass die Anweisung `GET TIME STAMP` bei Nutzung von Inline-Deklarationen mit dem Zusatz `FIELD DATA(timestamp)` den weniger präzisen Typ verwendet. Sollten Sie diesen Wert anschließend zur Zuweisung eines präziseren Zeitstempels nutzen wollen, würden Daten unnötig verloren gehen.

Zeitstempel mit »utclong_current«

Ein weiterer Nachteil der anweisungsbasierten Ermittlung eines Zeitstempels ist, dass diese Anweisungen nicht in Ausdrücken verwendet werden können. Für einen Einzeiler können Sie stattdessen die eingebaute Funktion `utclong_current` in Kombination mit einer Datentypkonvertierung verwenden. `utclong_current` gibt einen aktuellen Zeitstempel mit dem eingebauten Typ `utclong` zurück (siehe Listing 3.3). Dieser repräsentiert nativ einen Zeitstempel in ABAP, anstatt gepackte Zahlen oder zeichenartige Datentypen zu verwenden. Mit der Klasse `CL_ABAP_TSTMP` können Sie den Zeitstempel z. B. bei Bedarf in den Typ `DEC(21,7)` konvertieren. Das ABAP RESTful Application Programming Model unterstützt `utclong` auch direkt über Reuse-Datenelemente mit dem Suffix `UTCL`, z. B. `ABP_LASTCHANGE_UTCL`.

```
DATA(now_one_line) =
  cl_abap_tstmp=>utclong2tstmp( utclong_current( ) ).
out->write(
  |Zeitstempel in DEC(21,7) laut utclong_current: | &&
  |{ now_one_line TIMESTAMP = USER TIMEZONE = 'UTC' }| ).
```

```
" Zeitstempel in DEC(21,7) laut utclong_current:
" 02.03.2025 13:45:49,9520500
```

Listing 3.3 Zeitstempelermittlung über »utclong_current«

Die XCO-Standardbibliothek

Die XCO-Standardbibliothek stellt ein Modul zur Verfügung, das Funktionen für Zeitinformationen bereitstellt. Dazu zählen sowohl Datums- und Uhrzeitangaben als auch Zeitstempel. Der Umgang mit dieser API ist etwas anspruchsvoller. Dafür ist ihr Funktionsumfang deutlich umfangreicher.

Die XCO-Bibliothek stellt ihre Funktionen über sogenannte *API-Klassen* bereit. Deren Bezeichner fangen nicht mit dem bei Klassen üblichen `CL`-Präfix an, sondern mit `XCO`. Ein anschließendes `CP` steht für »Cloud Platform«. Bei den Klassen, die das Kürzel `CP` in ihrem Namen enthalten, handelt es sich um Wrapper-Klassen, die in ABAP Cloud freigegeben sind und die *Cloud Platform Edition* der XCO-Bibliothek bilden. Es gibt auch eine *Key User Edition*, deren Klassen den Namensbestandteil `KU` enthalten. Für Standard-ABAP sind XCO-Klassen ohne zusätzliche Namenkonvention verfügbar. Mithilfe der *Code Completion* der ABAP Development Tools können Sie die für die gewünschte Funktion benötigten Klassen ganz einfach in der XCO-Bibliothek finden und sich die objektorientiert designte API erschließen.

Systemfelder und Zeitangaben in der XCO-Bibliothek

Ein zentraler Einstiegspunkt für die XCO-Bibliothek aus Sicht der Systemfelder ist das statische Attribut `sy` der globalen Klasse `XCO_CP`. Es ermöglicht einen direkten Zugriff auf für Systemfelder relevante Module der Bibliothek. Über die Code Completion und die *ABAP Element Info*, die Sie in den ABAP Development Tools über das Tastenkürzel [F2] aufrufen können, können Sie sich die API Schritt für Schritt erschließen. Der Einstieg ist in Abbildung 3.4 dargestellt.

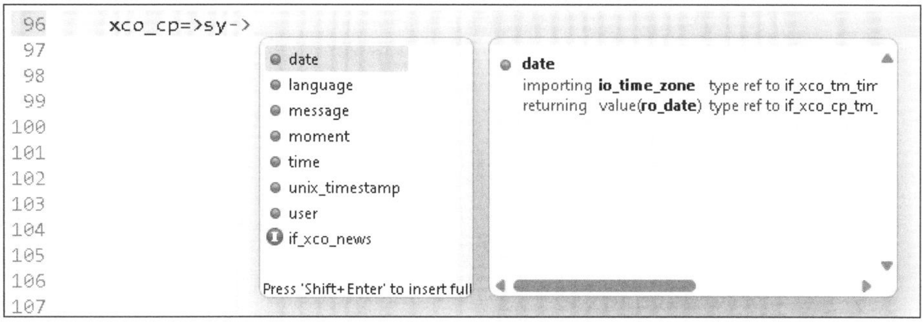

Abbildung 3.4 Code Completion für die für Systemfelder relevanten Module der XCO-Standardbibliothek

Das aktuelle Datum erhalten Sie über den Aufruf der Methode `date`. Diese enthält einen optionalen Parameter für die Zeitzone. Wenn Sie diesen Parameter nicht versorgen, wird standardmäßig die Benutzerzeitzone verwendet. Im Folgenden versorgen wir ihn, um das Datum in der UTC-Zeitzone zu erhalten:

```
DATA(system_date) = xco_cp=>sy->date(
  xco_cp_time=>time_zone->utc ).
```

Die verfügbaren Zeitzonen werden über Attribute einer Factory-Klasse bereitgestellt. In der XCO-Bibliothek ist dies der übliche Weg, um feste Werte typsicher und mit Zusatzfunktionen bereitzustellen. Sie finden diese Zeitzonen in der API-Klasse des jeweiligen Moduls, in unserem Fall handelt es sich um die Klasse XCO_CP_TIME.

Arbeiten mit Datumsobjekten

Das erzeugte Objekt, das wir über das Interface IF_XCO_CP_TM_DATE ansprechen, ermöglicht die weitere Manipulation des Datums über Methoden: etwa über die Methode add oder subtract. Bei solchen Operationen wird das Objekt nicht direkt geändert. Es ist nicht änderbar (englisch *immutable*), sondern es wird eine Kopie des Objekts mit geändertem Zustand zurückgegeben.

Über die Methode as lässt sich das Objekt darüber hinaus in ein Zielformat konvertieren. Die Formate werden ähnlich wie die Zeitzonen über Attribute einer Factory-Klasse bereitgestellt. In Listing 3.4 wird zunächst ein Tag zum erzeugten Datum addiert, und anschließend wird das Datum in unterschiedlichen Formaten ausgegeben. Das ABAP-Format entspricht dabei dem bekannten Format des eingebauten Typs d mit YYYYMMDD als Reihenfolge von Jahr, Monat und Tag.

```
DATA(tomorrow) = system_date->add( iv_day = 1 ).
out->write( |Morgen in UTC laut XCO in...| ).
out->write( |  string: | &&
  tomorrow->as( xco_cp_time=>format->abap )->value ).
out->write( |  ISO 8601: | &&
  tomorrow->as( xco_cp_time=>format->iso_8601_basic
    )->value ).
out->write( |  ISO 8601 erweitert: | &&
  tomorrow->as( xco_cp_time=>format->iso_8601_extended
    )->value ).
" Morgen in UTC laut XCO in ...
"   string: 20250303
"   ISO 8601: 20250303
"   ISO 8601 erweitert: 2025-03-03
```

Listing 3.4 Arbeiten mit XCO-Datumsobjekten

Typkonvertierung in der XCO-Bibliothek

Beachten Sie, dass die as-Methode immer eine String-Instanz zurückgibt, die das Interface IF_XCO_STRING implementiert. Dies kann hilfreich sein, wenn Sie anschließend mit dem Wert als Text arbeiten wollen, da dieses Interface diverse Methoden für Textoperationen bereitstellt. Um direkt mit dem Wert zu arbeiten, müssen Sie daher jedoch zuerst noch auf das Attribut value zugreifen, das selbst vom eingebauten Typ string ist. Sollten Sie anschließend Anweisungen nutzen wollen, die den Typ d benötigen, müssen Sie zusätzlich eine Typkonvertierung durchführen, z. B. mit dem Ausdruck EXACT.

In Listing 3.5 wird der Typ d benötigt, um die benutzerspezifische Datumsaufbereitung in einem String-Template nutzen zu können.

```
DATA(system_date_d) = EXACT d(
  system_date->as( xco_cp_time=>format->abap )->value ).
out->write( |Datum in UTC laut XCO (d): | &&
  |{ system_date_d DATE = USER }| ).
" Datum in UTC laut XCO (d): 02.03.2025
```

Listing 3.5 Typkonvertierung eines XCO-Datums zum Typ »d«

Uhrzeiten in der XCO-Bibliothek

Das Arbeiten mit Uhrzeiten ist auf ähnliche Weise möglich. Über die Methode xco_cp=>sy->time erhalten Sie ein Uhrzeitobjekt, das die aktuelle Uhrzeit repräsentiert, auch hier standardmäßig in der Benutzerzeitzone. Operationen zur Manipulation und Konvertierung bzw. Formatierung werden auf die gleiche Weise wie beim Datum angeboten.

Zeitstempel in der XCO-Bibliothek

Interessant ist die Kombination beider Zeitinformationen, Datum und Uhrzeit, in der XCO-Bibliothek. Sie fasst diesen Zeitstempel über einen Zeitpunkt (englisch *moment*) zusammen, der durch das Interface IF_XCO_CP_TM_MOMENT repräsentiert wird. Technisch erfolgt hier tatsächlich schlicht eine Zusammenfassung über Assoziationen der bereits bekannten Datums- und Uhrzeitobjekte mit zusätzlichen Funktionen. In Listing 3.6 wird eine Instanz zum aktuellen Zeitpunkt in der UTC-Zeitzone erzeugt und in verschiedenen Formaten ausgegeben.

```
DATA(moment) = xco_cp=>sy->moment(
  xco_cp_time=>time_zone->utc ).
out->write( |Zeitstempel in UTC laut XCO (string): | &&
  moment->as( xco_cp_time=>format->abap )->value ).

DATA(now_xco) = EXACT timestamp(
  moment->as( xco_cp_time=>format->abap )->value ).
out->write( |Zeitstempel in UTC laut XCO (timestamp): | &&
```

```
  |{ now_xco TIMESTAMP = USER TIMEZONE = 'UTC' }| ).
out->write( |Zeitstempel in UTC laut XCO (ISO 8601): | &&
  moment->as( xco_cp_time=>format->iso_8601_basic
    )->value ).
out->write(
  |Zeitstempel in UTC laut XCO (ISO 8601 erweitert): | &&
  moment->as( xco_cp_time=>format->iso_8601_extended
    )->value ).
" Zeitstempel in UTC laut XCO (string):
" 20250302134549
" Zeitstempel in UTC laut XCO (timestamp):
" 02.03.2025 13:45:49
" Zeitstempel in UTC laut XCO (ISO 8601):
" 20250302T134549
" Zeitstempel in UTC laut XCO (ISO 8601 erweitert):
" 2025-03-02T13:45:49
```

Listing 3.6 Umgang mit Zeitstempeln über Zeitpunkte in der XCO-Bibliothek

Auch hier ist ersichtlich, dass zur Nutzung von zeitstempelspezifischen Formatierungsoptionen in String-Templates zunächst eine Typkonvertierung zu einem konkreten Zeitstempeldatentyp in ABAP erfolgen muss. Die Formatierungsoption `xco_cp_time=>format->abap` liefert in diesem Fall einen String zurück, der für das gepackte Zahlenformat des Datenelements `TIMESTAMP` vorgesehen ist. Da die Zeitpunkte in der XCO-Bibliothek auf der Zusammensetzung eines Datums- und eines Uhrzeitobjekts basieren, sind sie höchstens sekundengenau. Daher wurde in der Typkonvertierung mit dem Konstruktorausdruck `EXACT` mit dem Datentyp `TIMESTAMP` und nicht `TIMESTAMPL` gearbeitet. Hier verbirgt sich ein Nachteil dieser Zeitstempelrepräsentation. Benötigen Sie präzisere Zeitstempel, sollten Sie eine der zuvor beschriebenen Techniken wählen, etwa die eingebaute Funktion `utclong_current` oder die Anweisung `GET TIME STAMP`.

Vorteile von Zeitstempeln in der XCO-Bibliothek

Die Zeitpunkte der XCO-Bibliothek bieten allerdings auch einige Vorteile, die die anderen Techniken nicht direkt mitbringen. Über die Methode `get_moment` können Sie z. B. aus einem Datums- oder einem Uhrzeitobjekt in der XCO-Bibliothek einen Zeitpunkt erzeugen. Sie müssen dann lediglich die noch fehlenden Angaben ergänzen.

Das Zeitpunkt-Objekt bietet im Vergleich zum Datums- und Uhrzeit-Objekt deutlich mehr Methoden an. Neben den bereits bekannten Manipulationsoptionen werden Vergleichsmethoden bereitgestellt, aber auch Methoden für Intervalle. In Listing 3.7 wird zunächst ein Zeitpunkt aus einem Datum erzeugt und anschließend geprüft, ob morgen um 15 Uhr mehr oder weniger als 24 Stunden in der Zukunft liegt.

```
DATA(tomorrow_3pm) = tomorrow->get_moment(
  iv_hour   =  '15'
  iv_minute =  '00'
  iv_second =  '00' ).
DATA(in_24_hours) = moment->add( iv_hour = '24' ).
DATA(interval) = moment->interval_to( tomorrow_3pm ).
IF interval->contains( in_24_hours ).
  out->write(
    |Bis morgen 15 Uhr sind es mehr als 24h| ).
ELSE.
  out->write(
    |Bis morgen 15 Uhr sind es weniger als 24h| ).
ENDIF.
```

Listing 3.7 Erweiterte Funktionen von Zeitpunkten

Objekte unabhängig von der aktuellen Zeit

Sollten Sie spezifische Zeitpunkt-, Uhrzeit- oder Datumsobjekte ohne Bezug zur aktuellen Systemzeit erzeugen wollen, können Sie die entsprechenden statischen Methoden der Klasse XCO_CP_TIME verwenden.

3.4 Zugriff auf Benutzerdaten

Neben Informationen zum Zeitpunkt von Änderungen oder Neuanlagen von Datensätzen in transaktionalen Anwendungen benötigen Sie in der Regel auch die Information, welcher Benutzer oder welche Benutzerin die Anwendung bedient. In Kombination ergeben diese Daten die Basis für Änderungsbelege und administrative Felder in Datensätzen. Die Zeitinformationen haben wir im vorangegangenen Abschnitt thematisiert. Hier geht es nun um die Ermittlung der Informationen zum angemeldeten Benutzer bzw. zur angemeldeten Benutzerin.

Systemfeld »sy-uname«

In Abschnitt 3.1, »Systemfelder in ABAP Cloud«, haben wir die Systemfelder und deren Verhalten in ABAP Cloud beschrieben. Das für Benutzerinformationen relevante Systemfeld ist sy-uname. Wie bereits erwähnt, ist es für ABAP Cloud freigegeben und lässt sich in gewohnter Weise und direkt nutzen, ohne Syntaxfehler oder eine Syntaxwarnung zu erzeugen.

Klasse »CL_ABAP_CONTEXT_INFO«

Über die Methode get_user_technical_name der Klasse CL_ABAP_CONTEXT_INFO können Sie die Benutzerkennung des aktuell angemeldeten Benutzers oder der aktuell angemeldeten Benutzerin ebenfalls erhalten. Einen direkten Mehrwert bietet ihre Verwendung technisch nicht. Verwenden Sie sie, erfolgt so der Zugriff auf diese Laufzeitinformationen jedoch analog zum Zugriff auf Systemdatum und -uhrzeit. Weitere Informationen zum Benutzerstammsatz sind über die Code Completion der Klasse zugänglich, was Sie im nächsten Abschnitt sehen werden. Außerdem ist der Name der Methode `get_user_technical_name` aussagekräftiger als der des Systemfelds `uname`.

Der Aufruf der entsprechenden Methode ist in Listing 3.8 zu sehen.

```
out->write(
  |Angemeldeter Benutzer laut sy-uname: { sy-uname }| ).
out->write(
  |Angemeldeter Benutzer laut cl_abap_context_info: | &&
  cl_abap_context_info=>get_user_technical_name( ) ).
```

Listing 3.8 Benutzernamenermittlung über »CL_ABAP_CONTEXT_INFO«

Weitere Benutzerinformationen

Sie können außerdem über die Klasse weitere Informationen zum betreffenden Benutzerkonto erhalten, etwa den Alias, den formatierten Namen, die Zeitzone und die Geschäftspartner-ID, wie Listing 3.9 zeigt.

```
out->write( |Alias: | &&
  cl_abap_context_info=>get_user_alias( ) ).
out->write( |Beschreibung: | &&
  cl_abap_context_info=>get_user_description( ) ).
out->write( |Formatierter Name: | &&
  cl_abap_context_info=>get_user_formatted_name( ) ).
out->write( |Zeitzone: | &&
  cl_abap_context_info=>get_user_time_zone( ) ).
out->write( |Geschäftspartner: | &&
  cl_abap_context_info=>get_user_business_partner_id( ) ).
```

Listing 3.9 Abfrage weiterer Benutzerinformationen über die Klasse »CL_ABAP_CONTEXT_INFO«

Bei der Nutzung dieser Klasse sollten Sie allerdings beachten, dass die Methoden `get_user_description` und `get_user_formatted_name` nicht den oder Vor- und Nachnamen eines Benutzers oder einer Benutzerin ermitteln, sondern lediglich die Beschreibung eines technischen Benutzers.

Benutzername über die XCO-Bibliothek

Alternativ können Sie auch die XCO-Bibliothek verwenden. Über das statische Attribut `sy` der Klasse `xco_cp` erhalten Sie einen zentralen Einstiegspunkt in relevante Komponenten der Bibliothek, die für die Benutzerinformationen ähnliche Funktionen wie für die Systemfelder anbieten. Über die

Methode user erhalten Sie eine Instanz einer Klasse zurück, die den aktuell angemeldeten Benutzer oder die aktuell angemeldete Benutzerin repräsentiert. Aktuell steht nur ein einziges Attribut in dem relevanten Interface IF_XCO_CP_USER zur Verfügung: die Benutzerkennung. In unserer Anwendung mit Debug-Informationen möchten wir die Kennung des aktuell angemeldeten Benutzers oder der aktuell angemeldeten Benutzerin ausgeben. Der Aufruf lautet wie folgt:

```
out->write( |Angemeldeter Benutzer laut XCO: | &&
   xco_cp=>sy->user( )->name ).
```

Informationen über weitere Benutzerkonten

Beide APIs, CL_ABAP_CONTEXT_INFO und die XCO-Bibliothek, bieten auch Möglichkeiten, um Informationen über Benutzerkonten herauszufinden, die aktuell nicht angemeldet sind. Listing 3.10 zeigt eine entsprechende Anfrage.

```
out->write( |Spezifische Sprache: | &&
  cl_abap_context_info=>get_user_language_abap_format(
    sy-uname ) ).
out->write( |Benutzerkennung spezifischer User XCO: | &&
  xco_cp_system=>user( sy-uname )->name ).
```

Listing 3.10 Abfrage von Benutzerinformationen mit spezifischer Benutzerkennung

3.5 Zugriff auf technische Informationen der aktuellen Programmausführung

In Ihrer Anwendung möchten Sie in der Regel Umgebungsinformationen zur aktuellen Programmausführung oder zur Aufrufstelle für Protokollierungszwecke abrufen. Diese Umgebungsinformationen können die Beseitigung von Fehlern deutlich erleichtern.

System-ID und Mandantenkennung

Den Anmeldemandanten und die System-ID würden Sie klassisch über die Systemfelder sy-mandt und sy-sysid erhalten. Und überraschenderweise ist dies auch in ABAP Cloud nach wie vor der Ansatz. Die genannten Systemfelder sind freigegeben und auch weitgehend alternativlos. In Cloud-Systemen sind diese beiden Daten nämlich eher weniger relevant.

Aktuelles Programm

Auch den Bezeichner des aktuell ausgeführten Programms erhalten Sie nach wie vor über das Systemfeld sy-repid. Technisch handelt es sich dabei um eine vordefinierte Konstante, auf die Sie weiterhin lesenden Zugriff haben.

Aufrufhierarchie

Zur Fehleranalyse anhand von Protokollen haben Sie vielleicht schon einmal die *Aufrufhierarchie* (engl. *Callstack*) in einem Programm abgerufen, um diese dann fortzuschreiben. Dazu gibt es in Standard-ABAP den Funktionsbaustein SYSTEM_CALLSTACK. In ABAP Cloud ist dieser Funktionsbaustein nicht freigegeben und führt zu einem Syntaxfehler. Über die XCO-Bibliothek haben Sie jedoch einen objektorientiert modellierten Zugriff auf dieselben Informationen.

Den Einstieg bildet hier wieder die Klasse XCO_CP. Diesmal nutzen wir das Attribut current, um Informationen zur aktuellen ABAP-Sitzung zu erhalten. Anschließend wird über die Methode call_stack die Aufrufhierarchie ermittelt.

Sie haben die Möglichkeit, diese Aufrufhierarchie komplett oder ab einer bestimmten Ebene abzufragen. Anschließend können Sie in der Aufrufhierarchie suchen bzw. diese über die Methoden from und to filtern. Das Ergebnis können Sie sich darüber hinaus im ADT-Format aufbereiten lassen. Das ADT-Format ist eine textuelle Darstellung der Aufrufhierarchie, die an die Sicht im ABAP-Debugger der ABAP Development Tools angelehnt ist.

Wir filtern in Listing 3.11 nach Einträgen, die unsere im Anwendungsbeispiel verwendeten Klassennamen enthalten. Die konvertierten Zeilen werden als Objekt zurückgegeben, das das Interface IF_XCO_STRINGS implementiert. Über die Methode join lassen sich die Zeilen in einen String konkatenieren.

```
DATA(callstack) = xco_cp=>current->call_stack->full( ).
callstack = callstack->to->last_occurrence_of(
  xco_cp_call_stack=>line_pattern->method(
    )->where_class_name_matches( 'Z(CL|IF|BP)_ACB_.*' ) ).
out->write(
  callstack->as_text( xco_cp_call_stack=>format->adt( )
    )->get_lines( )->join( |\n| )->value ).
```

Listing 3.11 Ermittlung der Aufrufhierarchie mithilfe der XCO-Bibliothek

Anmeldesprache

Um Anwendungslogik umzusetzen, die Benutzeroberflächenelemente implementiert, möchten Sie die Anmeldesprache des aktuellen Anwenders oder der aktuellen Anwenderin erhalten, um dann Texte sprachabhängig aufbereiten zu können. Auch dazu können Sie weiterhin das in ABAP Cloud freigegebene Systemfeld sy-langu verwenden. Es steht allerdings eine Alternative mit mehr Funktionen zur Verfügung: Über die XCO-Bibliothek können Sie ein Objekt erhalten, das die Anmeldesprache repräsentiert. Dazu rufen Sie die Methode xco_cp=>sy->language auf. Der Rückgabewert ist mit dem Interface IF_XCO_LANGUAGE typisiert, das neben dem technischen Sprachschlüssel aus sy-langu auch einen übersetzten Namen der Sprache und den Sprachschlüssel im ISO-639-Format liefert. Der Zugriff ist in Listing 3.12 exemplarisch dargestellt.

```
DATA(language) = xco_cp=>sy->language( ).
out->write( |Sprache (XCO): { language->get_name( ) } | &&
  |({ language->value }/| &&
  |{ language->as( xco_cp_language=>format->iso_639 ) })|
).
```

Listing 3.12 Abfrage der Anmeldesprache mit Systemfeld und XCO-Bibliothek

Konkrete Instanzen für eine spezifische Sprache können Sie auch über die Methode language der globalen Klasse XCO_CP erzeugen.

3.6 Zugriff auf Meldungen

Nachrichtenklassen in ABAP Cloud

Zur Aufbereitung von Texten werden auch in ABAP Cloud weiterhin *Nachrichtenklassen* verwendet. Für Nachrichtenklassen gibt es einen nativen Editor in den ABAP Development Tools. Sie ermöglichen eine objektübergreifende Textpflege, sind in das Übersetzungskonzept integriert und erlauben die Nutzung von Variablen. Leider bietet der Editor in den ABAP Development Tools bislang keine Unterstützung für Langtexte. In Systemen, in denen das SAP GUI verfügbar ist, wird dazu die SAP-GUI-basierte Pflege geöffnet.

Nachrichten in ABAP-Code

Die Integration von Nachrichten aus Nachrichtenklassen in ABAP erfolgt über die Anweisung MESSAGE. Zusätzlich können Funktionsbausteine und Methoden Nachrichten verwenden, um klassische Ausnahmen anzureichern. Sie können ebenfalls in klassenbasierten Ausnahmen genutzt werden. Der Zugriff erfolgt je nach Technik unterschiedlich, oft aber über die Systemfelder für Nachrichten: sy-msgid, sy-msgno, sy-msgty und sy-msgv1 bis sy-msgv4. Wie in Abschnitt 3.1, »Systemfelder in ABAP Cloud«, beschrieben, sind diese Felder auch in ABAP Cloud verfügbar. Es gibt allerdings eine Alternative in der XCO-Bibliothek, um die Felder gebündelt zu betrachten.

Nachrichten in der XCO-Bibliothek

Über die Methode xco_cp=>sy->message erzeugen Sie ein Nachrichtenobjekt auf Basis der aktuell in den Systemfeldern abgelegten Nachricht. Der Zugriff wird über das Interface IF_XCO_MESSAGE definiert, das einige Methoden zum Umgang mit der Nachricht bereitstellt. In unserer Anwendung mit Debug-Informationen wird geprüft, ob die Datenbanktabellen mit Rezepten gefüllt sind. Wenn das nicht der Fall ist, wird eine klassische Ausnahme mit

Nachrichtenbezug über `MESSAGE … RAISING` ausgelöst. In Listing 3.13 wurde diese Ausnahme mit der vorgestellten Technik behandelt. Dazu erzeugen wir erst ein Nachrichtenobjekt und schreiben den aufbereiteten Text und Typ in das Protokoll. In diesem Fall wird die Nachricht »Tabelle ZACB_RECIPE ist leer (Tipp: Generator ZCL_ACB_DEMO_GENERATOR ausführen)« ausgegeben.

```
check_tables_not_empty(
  EXCEPTIONS
    data_not_generated = 1
    OTHERS             = 2 ).
IF sy-subrc <> 0.
  DATA(message) = xco_cp=>sy->message( ).
  out->write(
    |{ message->get_type( )->value }: | &&
    message->get_text( ) ).
ENDIF.
```

Listing 3.13 Nachrichten mithilfe der XCO-Bibliothek abrufen

[!]

Sprache von Nachrichten

In dem in Listing 3.13 dargestellten Beispiel wird eine Nachricht in einen Text konvertiert und in die Konsolenausgabe geschrieben. Beachten Sie, dass dies ausschließlich in anwendergerichteten Szenarien passieren sollte, da Ihnen andernfalls der Bezug zur Nachricht und damit auch zu den Übersetzungen verloren geht. Erzeugen Sie z. B. ein Protokoll, das von verschiedenen Benutzerinnen und Benutzern in deren jeweiliger Anmeldesprache angezeigt werden soll, ist eine Protokollierung der Nachricht selbst erforderlich. Auf die relevanten Systemfelder können Sie bei Bedarf auch indirekt über das Nachrichtenobjekt zugreifen. Sie werden über das Attribut `value` vom Typ `symsg` bereitgestellt.

3.7 Zugriff auf Systeminformationen

Um dieses Kapitel abzuschließen, schauen wir uns noch den Zugriff auf Informationen zum SAP-System bzw. dessen Installationsdetails an. Es geht dabei um die installierten Softwarekomponenten, deren Releases und Patch Level, Sprachen und Informationen zum Tenant in Cloud-Systemen. In Bezug auf unsere Anwendung mit Debug-Informationen sind diese Daten wichtig, da auf ihrer Basis analysiert werden kann, ob genutzte Funktionen von ABAP oder einer Bibliothek womöglich im konkreten System noch gar nicht verfügbar sind, weshalb es zu Problemen beim Betrieb des Rezeptportals käme.

Tenant-Informationen über die XCO-Bibliothek

Das Attribut `current` der globalen Klasse `XCO_CP` bietet neben Informationen zur Aufrufhierarchie auch Informationen zum Tenant, sofern es sich um ein Cloud-System handelt. Falls das so ist, liefert die Methode `tenant` ein Objekt zurück, das Informationen über Getter-Methoden bereitstellt, z. B. die URL für das SAP Fiori Launchpad des Systems. Andernfalls wird ein Nullpointer zurückgegeben. In Listing 3.14 finden Sie ein Beispiel zur Ausgabe dieser Daten.

```
DATA(tenant) = xco_cp=>current->tenant( ).
IF tenant IS BOUND.
  DATA(ui_url) = tenant->get_url(
    xco_cp_tenant=>url_type->ui ).
  IF ui_url IS BOUND.
    out->write( |  UI URL: | &&
      |{ ui_url->get_protocol( ) }://| &&
      |{ ui_url->get_host( ) }:| &&
      |{ ui_url->get_port( ) }| ).
  ELSE.
    out->write( |  UI URL: nicht verfügbar| ).
  ENDIF.
  out->write( |  ID: | &&
    tenant->get_id( ) ).
  out->write( |  Subaccount ID: | &&
    tenant->get_subaccount_id( )->as_string( ) ).
  out->write( |  Global Account ID: | &&
    tenant->get_global_account_id( )->as_string( ) ).
  out->write( |  GUID: | &&
    tenant->get_guid( )->as(
      xco_cp_uuid=>format->c36 )->value ).
ELSE.
  out->write( |  System ohne Tenant| ).
ENDIF.
```

Listing 3.14 Abfrage von Tenant-Informationen mit der XCO-Bibliothek

Softwarekomponenten in der XCO-Bibliothek

Abhängig von Ihrer Anwendung könnten Sie programmatisch abfragen wollen, ob eine bestimmte Softwarekomponente im System installiert ist und ob diese erweiterbar ist. Diese Informationen lassen sich ebenfalls über die XCO-Bibliothek herausfinden. Die API-Klasse für Softwarekomponenten heißt `XCO_CP_SYSTEM`. Sie stellt eine Methode zum Zugriff auf die Informationen zu den installierten Softwarekomponenten anhand ihres Namens bereit. In Listing 3.15 wird die Erweiterbarkeit der Softwarekomponente SAP_BASIS ermittelt.

```
DATA(basis) =
  xco_cp_system=>software_component->for_name( 'SAP_BASIS' ).
IF basis->get_extendability( )
   = xco_cp_software_component=>extendability->extendable.
  out->write(
    |Softwarekomponente { basis->name } ist erweiterbar| ).
ELSE.
  out->write(
|Softwarekomponente { basis->name } ist nicht erweiterbar| ).
ENDIF.
```

Listing 3.15 Abfrage der Erweiterbarkeit der Softwarekomponente »SAP_BASIS« per XCO-Bibliothek

Releases und Patch Level einer Softwarekomponente können Sie auf diesem Weg aktuell leider nicht herausfinden. Konkret für SAP_BASIS könnten Sie in das nicht freigegebene Systemfeld sy-saprl ausweichen oder in SAP S/4HANA und SAP S/4HANA Cloud Private Edition einen Wrapper um klassische APIs schreiben.

Ermittlung installierter Sprachen

Neben den Softwarekomponenten können Sie außerdem die im System installierten Sprachen abfragen. Dazu bietet sich ebenfalls die XCO-Bibliothek an. Der Einstiegspunkt ist die Methode languages in der bereits bekannten Klasse XCO_CP_SYSTEM. In Listing 3.16 werden die im System installierten Sprachen ermittelt und ausgegeben.

```
LOOP AT xco_cp_system=>languages->installed->get( )
     INTO DATA(language).
  out->write(
    |  { language->as( xco_cp_language=>format->iso_639 ) } |
    && language->get_long_text_description( ) ).
ENDLOOP.
```

Listing 3.16 Abfrage installierter Sprachen mit der XCO-Bibliothek

[»]

Weitere Abfragemöglichkeiten mit der Klasse »XCO_CP_SYSTEM«

Die Klasse XCO_CP_SYSTEM stellt neben den Methoden zur Ermittlung von Softwarekomponenten und Sprachen auch Methoden für Anwendungskomponenten und Namensräume bereit, die hier nicht einzeln aufgegriffen werden.

Ermittlung aller Sprachen über einen CDS-View

Sollten Sie eher Interesse an allen Sprachkürzeln haben, auch denen, die nicht installiert bzw. nicht installierbar sind, können Sie alternativ über den freigegebenen CDS-View `I_Language` gehen. In Listing 3.17 erfolgt die Ausgabe aller im System verfügbaren Sprachen auf Basis dieses Views als Datenquelle. Dabei wird im ABAP-SQL-Befehl direkt die Assoziation zur Texttabelle aufgelöst, um den sprachabhängigen Namen der Sprache in der Anmeldesprache zu erhalten.


```
SELECT FROM I_Language
  FIELDS
    LanguageISOCode,
    \_Text[ ONE TO ONE WHERE Language = @sy-langu
          ]-LanguageName
  ORDER BY LanguageISOCode
  INTO TABLE @DATA(languages).
LOOP AT languages
    ASSIGNING FIELD-SYMBOL(<language>).
  out->write(
    |  { <language>-LanguageISOCode }: | &&
    |{ <language>-LanguageName }| ).
ENDLOOP.
```

Listing 3.17 Abfrage aller Sprachen mit dem CDS-View »I_Language«

3.8 Zusammenfassung

In diesem Kapitel haben Sie den Umgang mit Laufzeitinformationen in ABAP Cloud kennengelernt. Viele der aus dem klassischen ABAP bekannten Techniken funktionieren hier nach wie vor, einige lösen Syntaxwarnungen aus, andere sind gar nicht mehr verfügbar. In ABAP Cloud ist alternativ jedoch bereits eine Reihe von APIs nutzbar, um an die gewünschten Informationen zu kommen.

Aus Sicht von SAP S/4HANA und SAP S/4HANA Cloud Private Edition sind einige der APIs allerdings offenbar eher auf das SAP BTP ABAP Environment und SAP S/4HANA Cloud Public Edition ausgelegt. Dass die System-ID und die Mandantenkennung keine Methoden in der Klasse `CL_ABAP_CONTEXT_INFO` erhalten haben oder dass diese Klasse nicht die Systemzeit zurückgibt, deutet darauf hin, dass die APIs ursprünglich nur für diese Cloud-Umgebungen gestaltet wurden. Für ältere Ansätze, etwa die Klasse `CL_ABAP_SYST`, gelten solche Limitierungen nicht, sie sind aber in ABAP Cloud nicht verfügbar.

Dieses Kapitel ist das erste in diesem Buch, bei dem Sie in Kontakt mit der XCO-Bibliothek gekommen sind. Sie ist die neue Standardbibliothek, und Sie werden ihr daher auch in den folgenden Kapiteln immer wieder begegnen. Der Umgang mit der XCO-Bibliothek erfordert etwas Eingewöhnung, da die API sehr stark objektorientiert gebaut wurde. Selbst Strings sind über Instanzen einer Klasse dargestellt. Aus ABAP-Entwickler-Sicht sind solche Abstraktionen auf niedrigster Ebene doch eher ungewohnt.

Kapitel 4
Tabellenanalyse

Wie können Sie sich in ABAP Cloud die Datensätze einer Datenbanktabelle anschauen, ohne das SAP GUI zu nutzen? Eine Antwort auf diese Frage erhalten Sie in diesem Kapitel.

Die Analyse der Kundendaten im SAP-Backend wurde bisher in der Regel über die SE16-Transaktionsfamilie durchgeführt. Diese Transaktionen stellen die gewohnten Selektionsmasken eines Reports mit Feldern zur Eingabe der Selektionsoptionen bereit und liefern die gewohnte Tabellenausgabe auf Basis des *SAP List Viewers* (siehe Abbildung 4.1).

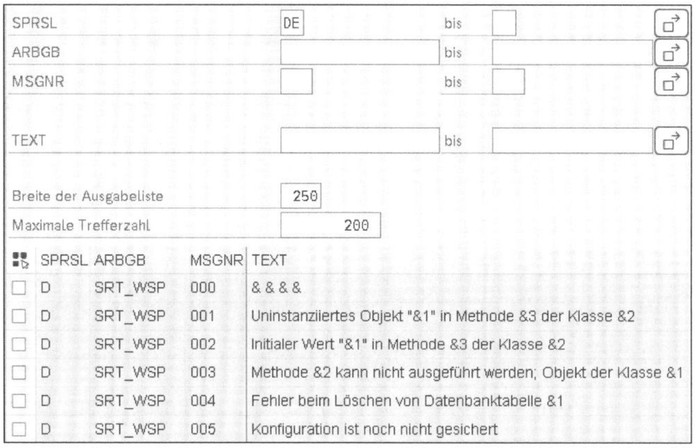

Abbildung 4.1 Ein Selektionsbildschirm der SE16-Transaktionsfamilie

Umstellung auf SAP-Fiori-Benutzeroberflächen

SAP trennt sich jedoch aktuell von den SAP-GUI-Transaktionen und stellt seine Produkte auf SAP-Fiori-Oberflächen um. In SAP S/4HANA Cloud Public Edition können nur noch SAP-Fiori-Oberflächen verwendet werden. Die Entwicklungsumgebung ABAP Development Tools und die Sprachversion **ABAP für Cloud-Entwicklung** bieten daher neue Optionen zur Kundendatenanalyse:

- **Kundendaten-Browser-Objekte (siehe Abschnitt 4.1, »Tabellenanalyse mit dem Kundendaten-Browser«)**

  Diese Option richtet sich primär an Endanwenderinnen und Endanwender zur Datenanalyse.

- **Datenvorschau in den ABAP Development Tools (siehe Abschnitt 4.2, »Tabellenanalyse mit den ABAP Development Tools«)**

  Diese Option richtet sich primär an Entwicklerteams zur Nutzung im Entwicklungsprozess.

Tabellenanalyse in unserem Anwendungsbeispiel

In diesem Kapitel legen wir auf Basis eines CDS-Views ZACB_I_RECIPE_CDBO, der auf der Datenbanktabelle ZACB_RECIPE mit den Rezeptdaten basiert, das Kundendaten-Browser-Objekt ZACB_I_RECIPE_CDBO an. Anhand dieses Objekts erläutern wir die Funktionen des Kundendaten-Browsers. Die Datenbanktabelle ZACB_RECIPE dient uns auch als Grundlage zur Vorstellung der Datenvorschau in den ABAP Development Tools.

> **Nutzung der Beispielanwendung**
>
> Die in diesem Kapitel erstellten Objekte befinden sich in unserer Beispielanwendung im Unterpaket TABLEDISPLAY.

4.1 Tabellenanalyse mit dem Kundendaten-Browser

Ein *Kundendaten-Browser-Objekt* (engl. Customer Data Browser) ermöglicht es, eine Referenztabelle bzw. eine Datendefinition in einem Framework namens *Kundendaten-Browser* darzustellen. Der Kundendaten-Browser ist eine Self-Service-Anwendung, mit der Daten angezeigt werden können, die zu bestimmten CDS-Views gehören, auf die Benutzerinnen und Benutzer gemäß ihrer Berechtigungen im SAP-System zugreifen dürfen.

Anlegen eines Kundendaten-Browser-Objekts

Ein Kundendaten-Browser-Objekt können Sie folgendermaßen anlegen:

1. Markieren Sie in der Projektstruktur in den ABAP Development Tools das Paket, in dem das Objekt angelegt werden soll, und führen Sie einen Rechtsklick aus. Im sich daraufhin öffnenden Kontextmenü wählen Sie **New • Other ABAP Repository Object** (siehe Abbildung 4.2).

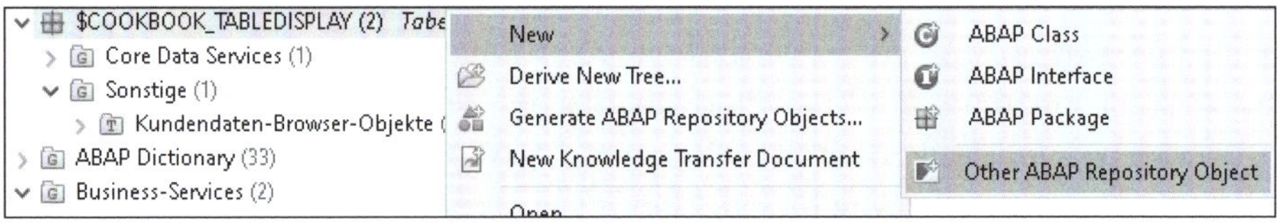

Abbildung 4.2 Kontextmenüeintrag zur Anlage eines anderen ABAP- Repository-Objekts

2. Im sich öffnenden Repository Browser wählen Sie den Eintrag **Customer Data Browser Object** (siehe Abbildung 4.3). Bestätigen Sie Ihre Auswahl mit **Next**.

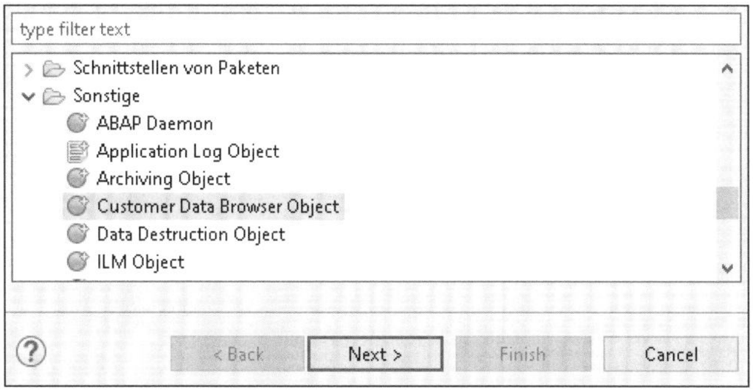

Abbildung 4.3 Anlage eines Kundendaten-Browser-Objekts

3. Im folgenden Bild geben Sie die folgenden Informationen zum neuen Objekt an:
   - **Name**: Der Name für das Kundendaten-Browser-Objekt muss dem des referenzierten Objekts entsprechen, hier also dem unseres CDS-Views.
   - **Description**: Geben Sie hier eine passende Beschreibung zum Kundendaten-Browser-Objekt ein.
   - **Object Type**: In diesem Dropdown-Menü kann der Objekttyp angegeben werden. Dabei wird zwischen folgenden Optionen unterschieden:
   - **Table**: Es kann eine Datenbanktabelle angegeben werden.
   - **Data Definition**: Hier kann ein CDS-View angegeben werden.
   - **Object Name**: Den Objektnamen können Sie direkt eingeben oder über den Button **Browse** nach einem CDS-View oder einer Datenbanktabelle im System suchen.

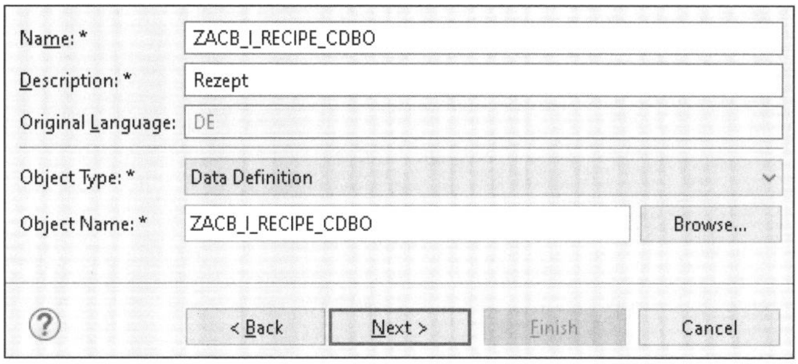

Abbildung 4.4 Parameter eines Kundendaten-Browser-Objekts

Tabelle versus Datendefinition

Auch wenn es an dieser Stelle möglich ist, den Objekttyp **Table** zu wählen, sollte immer der Objekttyp **Data Definition** verwendet werden. SAP empfehlt die Verwendung von Datendefinitionen zum Zugriff auf Datenbanktabellen. Sollte zu einer SAP-Standardtabelle keine Datendefinition existieren, kann eine eigene Datendefinition zu dieser Standardtabelle entwickelt werden. Bei eigenen Datenbanktabellen sollte der Zugriff über eigene Datendefinitionen erfolgen.

Paketzuordnung

Das Objekt, auf das das Kundendaten-Browser-Objekt referenziert, muss im selben Paket liegen. Falls ein Kundendaten-Browser-Objekt zu einer Standarddatendefinition erstellt werden muss, muss vorher eine eigene Datendefinition mit Zugriff auf die Standarddatendefinition entwickelt werden. Diese eigene Datendefinition muss dann dieselbe Paketzuordnung wie das Kundendaten-Browser-Objekt haben.

4. Sind alle Informationen eingegeben, können Sie mit **Next** zum nächsten Schritt des Wizards springen. Geben Sie hier einen Transportauftrag ein, und beenden Sie den Assistenten mit **Finish**.

Das Kundendaten-Browser-Objekt wird nun angelegt (siehe Abbildung 4.5). Aktivieren Sie das angelegte Objekt, um es nutzen zu können.

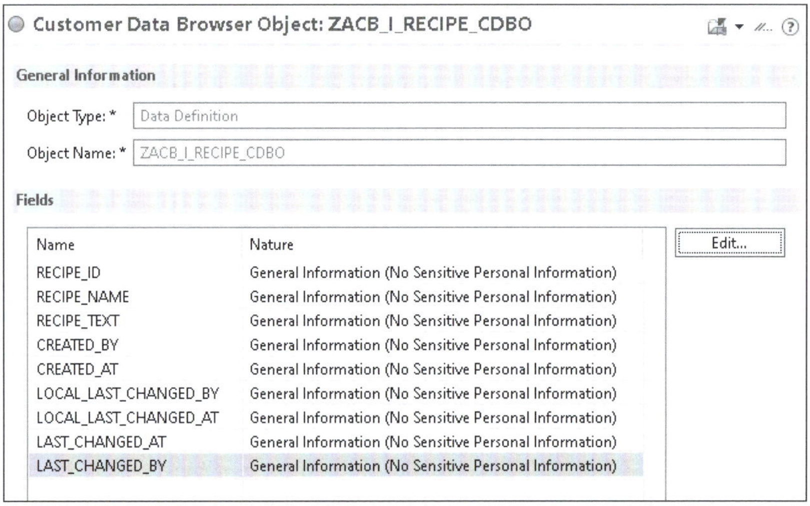

Abbildung 4.5 Angelegtes Kundendaten-Browser-Objekt

Ändern einer Feldeigenschaft

Das vom Assistenten angelegte Objekt können Sie nun an Ihre Bedürfnisse anpassen. In unserem Beispiel werden wir die Rezeptdaten mit den Spalten **Rezept-ID**, **Rezeptname** und **Rezepttext** zur Verfügung stellen:

1. Markieren Sie das Feld, das angepasst werden soll, in unserem Beispiel das Feld **CREATED_BY**, und klicken Sie auf den Button **Edit** (siehe Abbildung 4.5).
2. Das Dialogfenster **Edit Field Details** öffnet sich (siehe Abbildung 4.6).

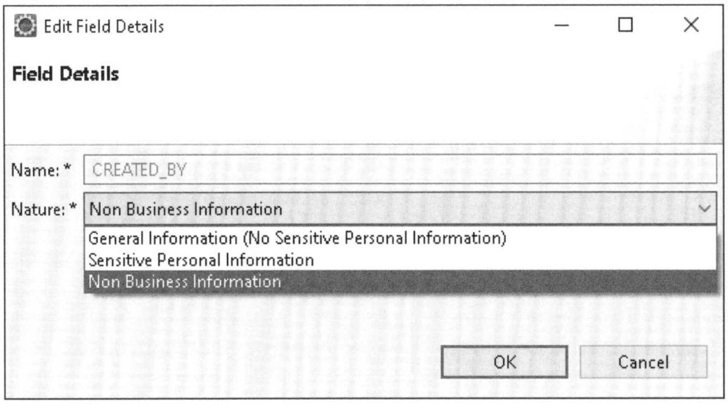

Abbildung 4.6 Dialogfenster »Edit Field Details«

3. Wählen Sie im Dropdown-Menü **Nature** eine Eigenschaft für das Feld **CREATED_BY** aus. Die folgenden Eigenschaften stehen hier zur Auswahl (siehe Abbildung 4.6).
   - **General Information (No Sensitive Personal Information)**: Die Daten dieses Feldes beinhalten keine sensiblen persönlichen Informationen.
   - **Sensitive Personal Information**: Die Daten dieses Feldes beinhalten sensible persönliche Informationen.
   - **Non Business Information**: Die Daten solcher Felder beinhalten keine wichtigen Informationen, und ihre Anzeige kann unterdrückt werden.

   In unserem Beispiel geben wir die Datums- und Personenangaben wie CREATED_BY oder CREATED_AT als **Non Business Information** an. Diese werden dann nicht in der Ausgabe angezeigt.
4. Bestätigen Sie Ihre Auswahl mit **OK**.

Die Änderungen wurden in die Anzeige des Kundendaten-Browser-Objekts übernommen (siehe Abbildung 4.7). Aktivieren Sie das Objekt erneut, damit die Änderungen angewandt werden.

Abbildung 4.7 Übernahme der Feldeigenschaft

Änderungen an der Datendefinition

Tabelle 4.1 stellt dar, wie sich das Verhalten des Kundendaten-Browser-Objekts ändert, wenn Änderungen an der Datendefinition erfolgen.

Änderungen der Datendefinition	Verhalten des Kundendaten-Browser-Objekts
Felder werden hinzugefügt.	Automatische Übernahme der hinzugefügten Feder aus der Datendefinition. Die Felder müssen aber noch klassifiziert werden.
Felder werden gelöscht.	kein automatisches Löschen der Felder
Reihenfolge der Felder wird geändert.	keine Änderung der Reihenfolge

Tabelle 4.1 Verhalten des Kundendaten-Browser-Objekts nach Änderungen in Datendefinition

Das von uns angelegte Kundendaten-Browser-Objekt kann in der SAP-Fiori-App **Kundendaten-Browser** (App-ID F5746) verwendet werden.

[»]

SAP-Fiori-App »Kundendaten-Browser«

Alle Informationen zur besagten SAP-Fiori-App finden Sie in der *SAP Fiori Apps Reference Library* unter *https://fioriappslibrary.hana.ondemand.com/*. Wählen Sie dort **All Apps**, und geben Sie die ID »F5746« in die Suchzeile ein. Auf der Registerkarte **Implementation Information** sind alle Voraussetzungen beschrieben, um die SAP-Fiori-App in Ihrem System verfügbar zu machen. Die SAP-Fiori-App ist, obwohl laut SAP-Website derzeit nur für SAP S/4HANA Cloud Public Edition bereitgestellt, auch für SAP S/4HANA verfügbar.

Anzeige eines Kundendaten-Browser-Objekts

Wenn Ihr System und Ihr Benutzer-Account die technischen Voraussetzungen erfüllen, können Sie die App aufrufen. Dazu starten Sie das SAP Fiori Launchpad und rufen die Kachel **Kundendaten-Browser** auf (siehe Abbildung 4.8).

Abbildung 4.8 Aufruf der SAP-Fiori-App über die Kachel »Kundendaten-Browser«

Den Hinweis, dass auf sensible Daten zugegriffen wird und dies mit den Datenschutzrichtlinien Ihres Unternehmens übereinstimmen muss, können Sie mit **OK** bestätigen. Anschließend werden Ihnen die mit Ihren Benutzerberechtigungen verfügbaren Kundendaten-Browser-Objekte angezeigt (siehe Abbildung 4.9).

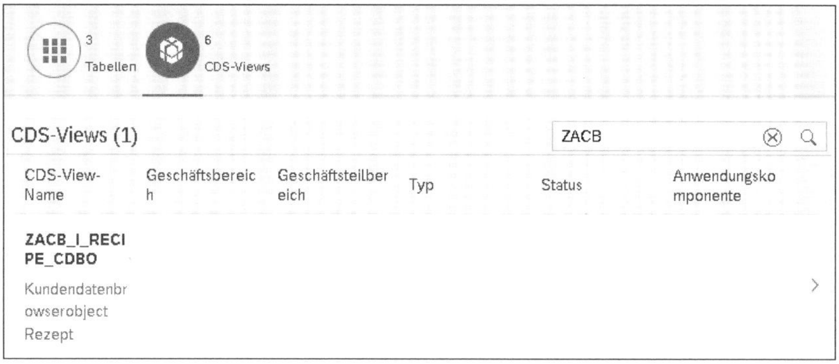

Abbildung 4.9 Anzeige im Kundendaten-Browser

Hier können Sie unser Kundendaten-Browser-Objekt **ZACB_I_RECIPE_CDBO** mit einem Einfachklick auswählen. Daraufhin werden Ihnen die Daten des Kundendaten-Browser-Objekts angezeigt (siehe Abbildung 4.10).

Funktionen eines Kundendaten-Browser-Objekts

Innerhalb der SAP-Fiori-App können Sie folgende Funktionen nutzen:

- **Filtern**

  Mithilfe verschiedener Filter ❶ können die angezeigten Spalten und die Anzahl der angezeigten Datensätze eingeschränkt werden.

- **Suche**

  Über die Suchzeile ❷ kann nach einem bestimmten Begriff gesucht werden, um die Anzeige einzuschränken. Es wird spaltenübergreifend gesucht.

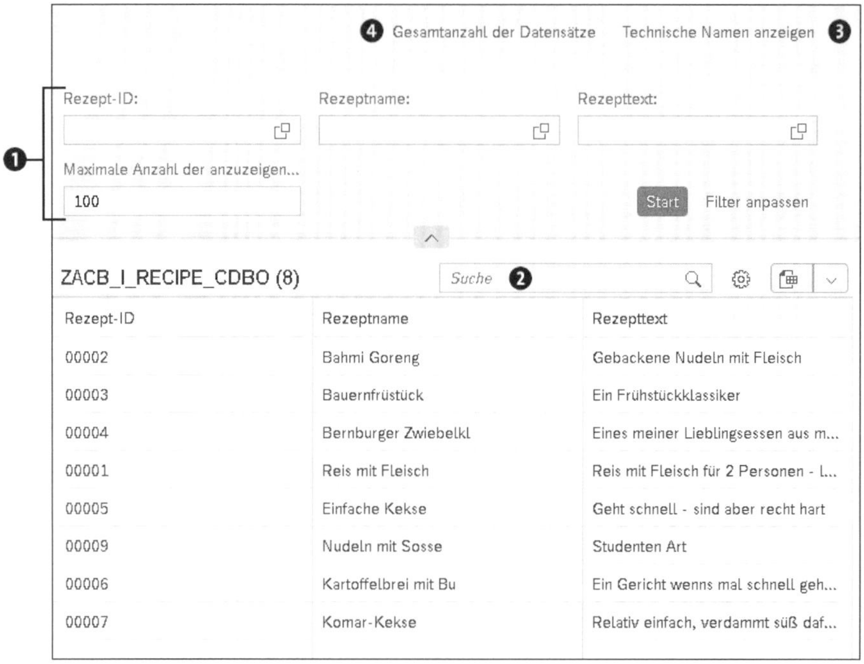

Abbildung 4.10 Anzeige des Kundendaten-Browser-Objekts

- **Spalteneigenschaften**

  Innerhalb der App kann angegeben werden, welche Spalten in welcher Reihenfolge angezeigt werden. Dazu klicken Sie auf den Button (**Einstellungen**). Im darauffolgenden Fenster können Sie die Spalten auswählen, die angezeigt werden sollen, und deren Reihenfolge über die Pfeil-Icons anpassen (siehe Abbildung 4.11). Mit einem Klick auf **OK** werden die Änderungen übernommen und für den eigenen Benutzer direkt angewandt. Die Speicherung der Konfiguration im Variantenmanagement für andere Endanwenderinnen und Endanwender ist momentan noch nicht möglich.

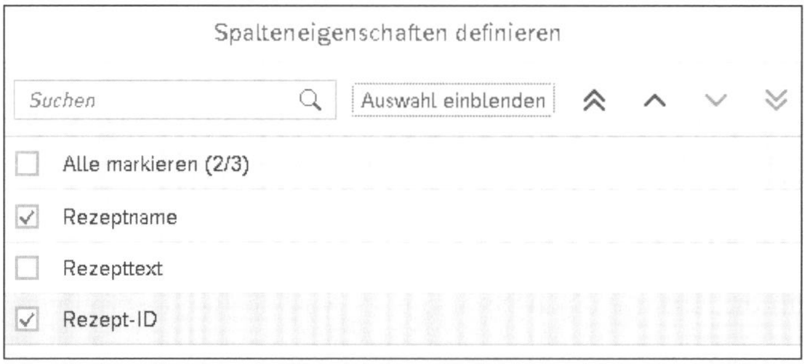

Abbildung 4.11 Spalteneigenschaften definieren

- **Namen anzeigen**

  Mit dieser Funktion können Sie zwischen der Anzeige der technischen Bezeichner und den betriebswirtschaftlichen Feldnamen wechseln. Klicken Sie dazu auf den Button **Technische Namen anzeigen** (❸ in Abbildung 4.10). Werden aktuell die technischen Feldnamen als Spaltenüberschriften angezeigt, heißt dieser Button **Geschäftsnamen anzeigen**.

- **Gesamtanzahl der Datensätze**

  Mit einem Klick auf den Button **Gesamtanzahl der Datensätze** (❹ in Abbildung 4.10) wird die Anzahl der Datensätze aus der Datenquelle ermittelt und ausgegeben.

- **Datenexport**

  Die angezeigten Datensätze können über den **Export**-Button auch exportiert werden, entweder als Microsoft-Excel-Datei oder als CSV-Export. Abbildung 4.12 zeigt eine so erstellte Excel-Datei mit den exportierten Daten.

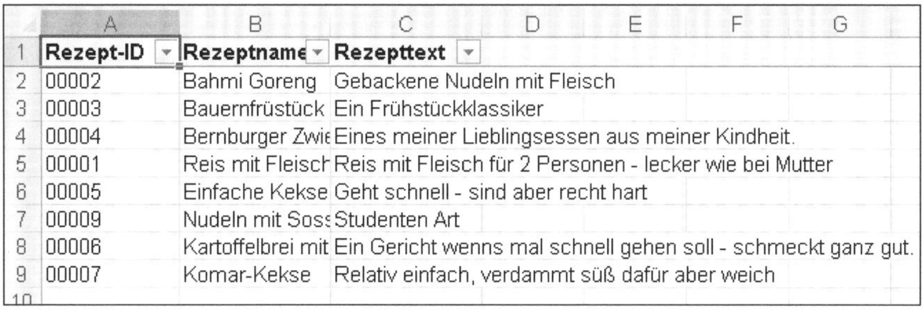

	A	B	C	D	E	F	G
1	Rezept-ID	Rezeptname	Rezepttext				
2	00002	Bahmi Goreng	Gebackene Nudeln mit Fleisch				
3	00003	Bauernfrüstück	Ein Frühstückklassiker				
4	00004	Bernburger Zwie	Eines meiner Lieblingsessen aus meiner Kindheit.				
5	00001	Reis mit Fleisch	Reis mit Fleisch für 2 Personen - lecker wie bei Mutter				
6	00005	Einfache Kekse	Geht schnell - sind aber recht hart				
7	00009	Nudeln mit Soss	Studenten Art				
8	00006	Kartoffelbrei mit	Ein Gericht wenns mal schnell gehen soll - schmeckt ganz gut.				
9	00007	Komar-Kekse	Relativ einfach, verdammt süß dafür aber weich				
10							

Abbildung 4.12 Dateiexport als Excel-Tabelle

4.2 Tabellenanalyse mit den ABAP Development Tools

Die Tabellenanalyse in den ABAP Development Tools bringt ähnliche Funktionen wie die SE16-Transaktionsfamilie mit. Sie zeigt ABAP-Dictionary-Tabellen, Views und CDS-Datendefinitionen an. Sie bietet Funktionen wie das Sortieren und Filtern von Einträgen sowie das Herunterladen der angezeigten Daten.

Anzeige einer Datenbanktabelle

Wir zeigen Ihnen in diesem Abschnitt, wie Sie eine Datenbanktabelle in den ABAP Development Tools anzeigen. Um nach einer solchen Datenquelle im ABAP Repository zu suchen, drücken Sie die Tastenkombination [Strg] + [⇧] + [A] bzw. [Alt] + [F8] oder klicken auf das Icon **(Open ABAP Development Object)**. Im folgenden Fenster können Sie nach dem Namen der Datenquelle suchen (siehe Abbildung 4.13). Markieren Sie die Datenbanktabelle anschließend in der Ergebnisliste, und klicken Sie auf **OK**, oder wählen Sie die Tabelle per Doppelklick aus.

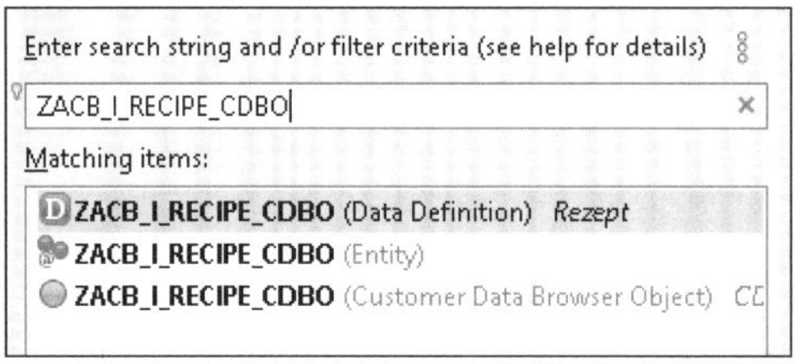

Abbildung 4.13 Suche nach Datenbanktabelle

Datenvorschau aufrufen

Klicken Sie im sich öffnenden Database Editor mit der rechten Maustaste auf den Tabellennamen, und wählen Sie **Open with • Data Preview** im Kontextmenü (siehe Abbildung 4.14), oder drücken Sie die Funktionstaste [F8]. Daraufhin werden Ihnen die Inhalte der Datenbanktabelle wie in Abbildung 4.15 angezeigt.

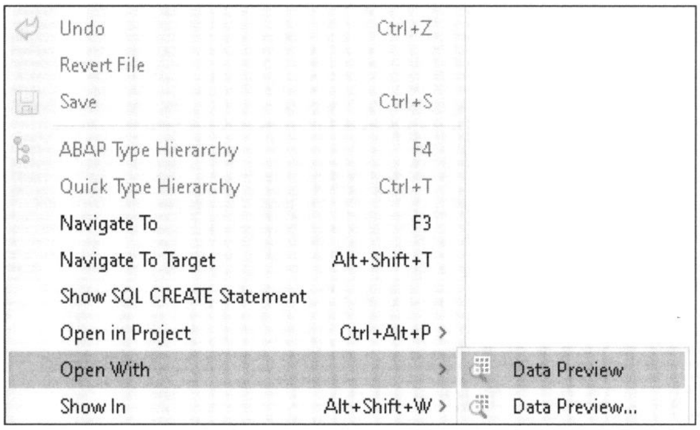

Abbildung 4.14 Datenvorschau über das Kontextmenü öffnen

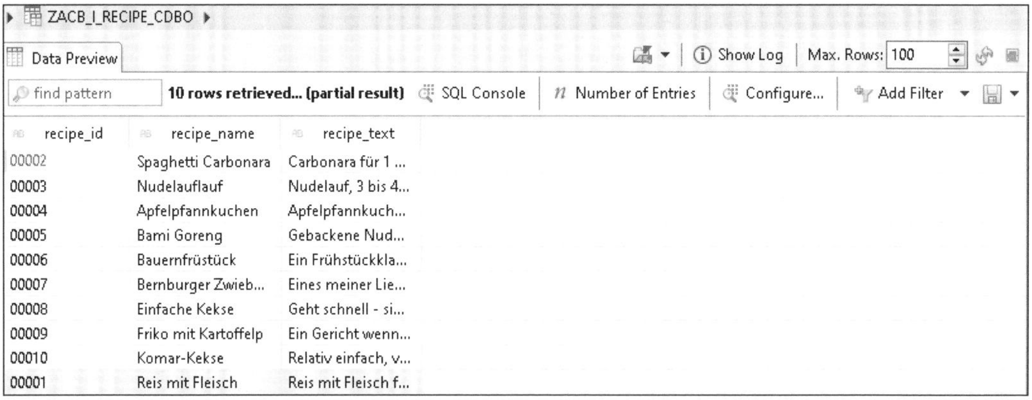

Abbildung 4.15 Tabellenanzeige in der Datenvorschau der ABAP Development Tools

Im rechten oberen Menü gibt es hier verschiedene Funktionen, um mit den Daten zu arbeiten.

Funktionen der Datenvorschau

- Mit der Funktion **Number of Entries** kann die Anzahl der Daten ermittelt werden.
- Die Funktion **Select Columns** ermöglicht es, Spalten ein- und auszublenden. Dabei sind alle Spalten der Tabelle verfügbar (siehe Abbildung 4.16).

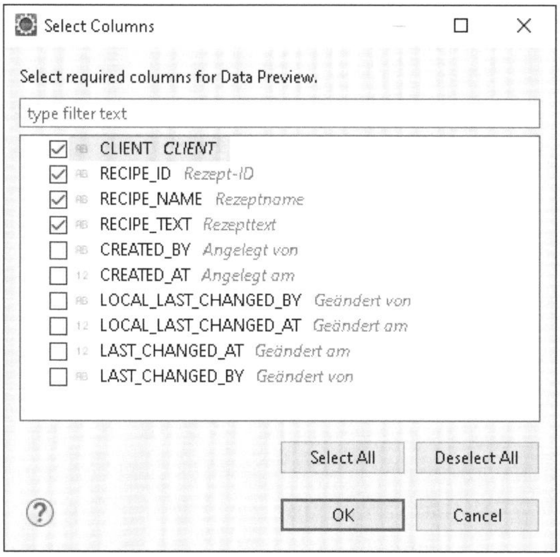

Abbildung 4.16 Funktion »Select Columns«

- Die Funktion **Add Filter** ermöglicht es, die Anzeige auf bestimmte Datensätze einzuschränken. In Abbildung 4.17 filtern wir nach Rezepten, in deren Titel die Zeichenkette »*Keks*« vorkommt.

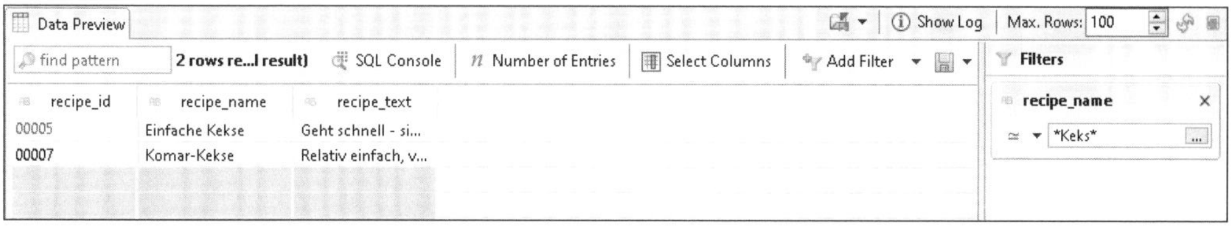

Abbildung 4.17 Funktion »Add Filter«

SQL-Konsole

Neben diesen Funktionen zur Tabellenanzeige gibt es in den ABAP Development Tools noch die *SQL-Konsole*, über die Sie mit SQL-Anweisungen auf eine Datenbanktabelle zugreifen können. Die SQL-Konsole können Sie über das Kontextmenü der Datenbanktabelle über den Pfad **Open With • SQL Console** aufrufen (siehe Abbildung 4.18).

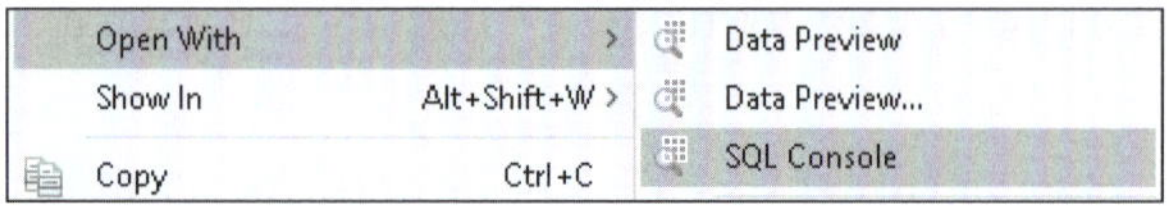

Abbildung 4.18 Kontextmenü der SQL-Konsole

Alternativ finden Sie in der Datenvorschau den Button **SQL Console**, über den Sie die Konsole aufrufen können. Der Vorteil dieser Vorgehensweise ist, dass alle Einstellungen aus der Datenvorschau übernommen werden (siehe Abbildung 4.19).

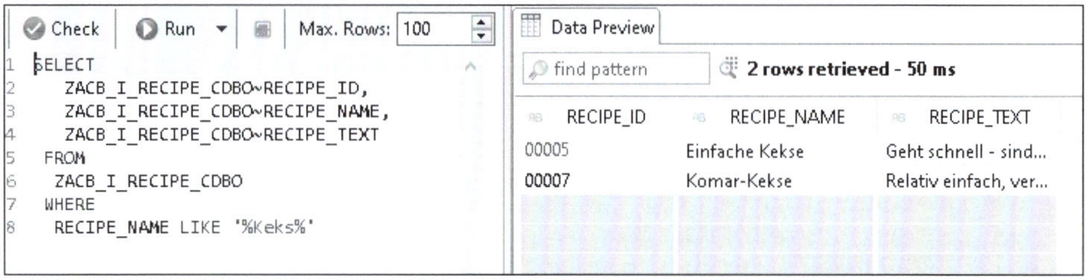

Abbildung 4.19 Übernahme der Einstellungen aus der Datenvorschau

In der SQL-Konsole können jegliche ABAP-SQL-Befehle eingegeben werden. Im Vergleich zu anderen Datenbankanwendungen, z. B. im Vergleich zu Transaktion DBACOCKPIT, kann hier kein natives SQL verwendet werden.

ABAP-Quelltext exportieren

Klicken Sie in der Datenvorschau mit der rechten Maustaste in die Tabelle, kann der Tabelleninhalt als ABAP-Anweisung kopiert werden. Wählen Sie dazu im Kontextmenü den Pfad **Copy All Rows As • ABAP Value Statement** (siehe Abbildung 4.20).

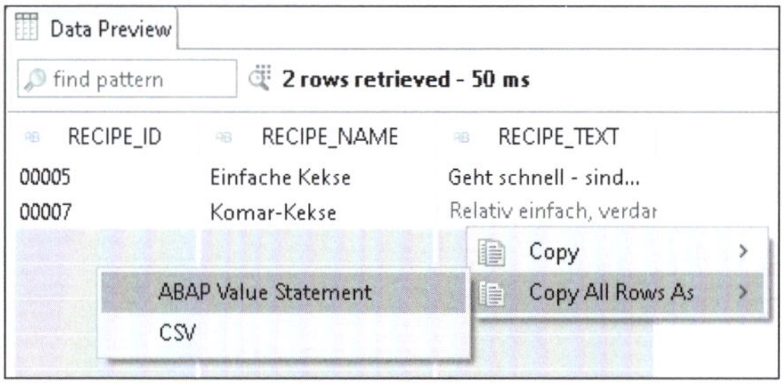

Abbildung 4.20 Kopieren der ABAP-Anweisung

Den exportierten Quelltext können Sie dann als VALUE-Anweisung einem bestehenden ABAP-Programm hinzufügen. Listing 4.1 zeigt die kopierte ABAP-Anweisung.

```
VALUE #(
( RECIPE_ID = '00005' RECIPE_NAME = 'Einfache Kekse' RECIPE_TEXT =
 'Geht schnell - sind aber recht hart' )
( RECIPE_ID = '00007' RECIPE_NAME = 'Komar-Kekse' RECIPE_TEXT =
 'Relativ einfach, verdammt süß, dafür aber weich' )
 )
```

Listing 4.1 Kopierte ABAP-Anweisung

Für die Datenanalyse und das Ausprobieren von SQL-Anweisungen ist die Datenvorschau in den ABAP Development Tools schneller und effektiver als der Kundendaten-Browser. Wenn in den ABAP Development Tools eine Verbindung zu den Produktivsystemen eingerichtet wurde, kann hier auch eine Datenanalyse mithilfe von ABAP SQL in der SQL-Konsole erfolgen.

[!]

Berechtigungen im Produktivsystem

Berücksichtigen Sie bei Ihren Analysen das Berechtigungskonzept des Produktivsystems, und gehen Sie vorsichtig mit dem Berechtigungsobjekt `S_TABU_DIS` um.

4.3 Zusammenfassung

In diesem Kapitel wurde die Tabellenanalyse in ABAP Cloud erläutert. Zukünftig sollte auf die Transaktionsfamilie SE16 verzichtet werden. Wir haben zwei Alternativen zur Tabellenanalyse aufgezeigt. Die erste Alternative ist das neue *Kundendaten-Browser-Objekt*. Dieses Repository-Objekt ermöglicht es Key-Usern, die Daten einer CDS-Datendefinition in einer SAP-Fiori-App darzustellen. Das Objekt kann mithilfe der SAP-Fiori-App **Kundendaten-Browser** dargestellt werden.

Die zweite Alternative zur Darstellung der Daten ist die Tabellenanalyse in den ABAP Development Tools. Dort können die Daten in der Entwicklungsumgebung bereits während des Entwicklungsprozesses angezeigt werden, weshalb sich diese Art der Darstellung auch primär an Entwicklerinnen und Entwickler richtet. Neben der Tabellenanalyse ist auch das Ausprobieren von SQL-Anweisungen in einer SQL-Konsole möglich.

Kapitel 5
Tabellenpflege mit Business Configuration Maintenance Objects

Mithilfe von Business Configuration Maintenance Objects können Sie mit einfachen Mitteln Customizing-Einstellungen für Ihre eigenen Anwendungen zur Verfügung stellen. Im Hintergrund kommen dabei das ABAP RESTful Application Programming Model und SAP Fiori Elements zum Einsatz.

Schon ab einem geringen Komplexitätsgrad stellt sich für fast jede betriebswirtschaftliche Anwendung die Frage nach den Einstellungsmöglichkeiten. Die Anwendung soll abhängig von gewählten Optionen unterschiedlich agieren, ohne dass Entwicklungsaufwand entsteht. Im SAP-Umfeld sprechen wir hier vom *Customizing*. Auch für Eigenentwicklungen wird Customizing gerne bereitgestellt, um Programmabläufe dynamischer zu gestalten oder um die Verantwortung der Konfiguration von Entwicklerteams in Richtung der Anwendungsbetreuung, Beratung oder der Fachbereiche auszulagern, die nicht über Entwicklungskompetenzen verfügen müssen.

Customizing-Werkzeuge in der Entwicklungsumgebung

Da Customizing eine so hohe Relevanz hat, wurden entsprechende Möglichkeiten für die ABAP-Entwicklung schon früh in die Entwicklungsumgebung integriert. Dazu zählten Customizing-Datenbanktabellen, Pflege-Views und Viewcluster, IMG- (Implementation Guide, dt. Einführungsleitfaden) und Customizing-Aktivitäten, die Änderungsprotokollierung und auch der gepufferte Zugriff auf Tabelleninhalte. Insbesondere wäre hier aber der *Tabellenpflegegenerator* zu nennen. Viele dieser Werkzeuge basieren allerdings auf dem SAP GUI oder sind nicht kompatibel mit Cloud-Konzepten. In ABAP Cloud gibt es daher ein modernes Nachfolgekonzept, mit dem Sie Einstellungsmöglichkeiten für Ihre Anwendung einfach und schnell über eine *Business Configuration App* auf der Basis von SAP Fiori verfügbar machen können. Die Einstellungsmöglichkeiten werden dabei über die sogenannten *Business Configuration Maintenance Objects* implementiert, die Sie in diesem Kapitel kennenlernen werden.

Aufbau dieses Kapitels

In Abschnitt 5.1 geben wir Ihnen zunächst einen Überblick über das Konzept der Business Configuration und die relevanten Objekte. Anschließend legen wir in Abschnitt 5.2 und Abschnitt 5.3 schrittweise die relevanten Objekte für unsere Beispielanwendung an. In Abschnitt 5.4 gehen wir auf die Berechtigungsvergabe ein, bevor wir in Abschnitt 5.5 die Handhabung aus der Sicht der Anwenderinnen und Anwender thematisieren. In den darauffolgenden Abschnitten gehen wir auf einige Details ein, etwa die Einstellungsmöglichkeiten im Business Configuration Maintenance Object (siehe Abschnitt 5.6), die Lebenszyklusverwaltung (siehe Abschnitt 5.7) und die Dokumentation der bereitgestellten Konfigurationsmöglichkeiten (siehe Abschnitt 5.8). Dieses umfangreiche Kapitel umfasst viele der hier technisch angebotenen Möglichkeiten, da Customizing auch mit ABAP Cloud weiterhin hohe Relevanz im Entwicklungsalltag besitzt.

Einstellungsmöglichkeiten im Anwendungsszenario

Das Rezeptportal soll die Möglichkeit anbieten, Labels zu Rezepten zu pflegen. Einem Rezept sollen beliebig viele dieser Labels zugeordnet werden können. Rezepte können dann anhand der Labels gesucht und gefiltert werden. Beispiele für solche Labels sind **vegan**, **kostengünstig** oder **Schnellgericht**. Die verfügbaren Labels sind dabei fest definiert und sollen durch die Anwendungsbetreuung in einer Customizing-Tabelle gepflegt werden.

Vorgehen bei der Implementierung

Zur Umsetzung dieser Einstellungsmöglichkeiten muss das Datenmodell erweitert werden. Es werden neue Datenbanktabellen benötigt. Die Customizing-Tabellen `ZACB_LABEL` und `ZACB_LABELT` enthalten die Definitionen von Labels inklusive übersetzbarer Texte. Die Pflege der beiden Tabellen soll mittels Customizing erfolgen. Diese Customizing-Möglichkeit soll ABAP-Cloud-konform implementiert sein und daher mithilfe eines Business Configuration Maintenance Objects umgesetzt werden.

[»]

Nutzung der Beispielanwendung

Die fertig implementierte Business Configuration App finden Sie im beiliegendem Coding im Unterpaket `CONFIG`. Stellen Sie nach der Installation sicher, dass das Service-Binding `ZACB_UI_LABEL_O4` in Ihrem System veröffentlicht ist. Die weiteren Schritte zur Nutzung sind in Abschnitt 5.4, »Berechtigungen vergeben«, und Abschnitt 5.5, »Konfiguration aus Anwendersicht«, beschrieben.

5.1 Überblick über das neue Tabellenpflegekonzept

App »Benutzerdefinierte Business Configurations«

Zur Bereitstellung der Pflegemöglichkeit von Customizing-Tabellen werden bei den Business Configuration Maintenance Objects das ABAP RESTful Application Programming Model und SAP Fiori Elements verwendet, um eine Business Configuration App zu erzeugen. Diese können Anwenderinnen oder Anwender anschließend über die von SAP bereitgestellte SAP-Fiori-App **Benutzerdefinierte Business Configurations** (App-ID F4579) im SAP Fiori Launchpad aufrufen.

Aus Entwicklersicht erfolgt die gesamte Entwicklung im ABAP-Stack. Obwohl eine SAP-Fiori-App erstellt wird, ist kein Absprung in das SAP Business Application Studio erforderlich. Die generierte App ist automatisch im System verfügbar. Es besteht außerdem keine Abhängigkeit zum SAP-Einführungsleitfaden mit Transaktion SPRO, zur SAP-Fiori-App **Implementierungsaktivitäten** (App-ID SIMG) oder zur SAP Central Business Configuration. Optional können Sie jedoch einen Absprung in den Einführungsleitfaden einbauen. Unabhängig vom konkreten SAP-System und dessen Laufzeitumgebung sind der Einstieg in die Business Configuration und die Technik immer gleich, was exakt dem Gedanken von ABAP Cloud entspricht.

RAP-Objekte im Szenario »Business Configuration«

Wie beim ABAP RESTful Application Programming Model üblich, werden diverse Objekte unterschiedlicher Objekttypen benötigt, um die Anwendungslogik zu modellieren und zu implementieren. Hinzu kommen spezifische Objekte für den Anwendungsfall Customizing. Welche Objekte zur Umsetzung der in der Einleitung dieses Kapitels skizzierten Anforderung zur Label-Pflege benötigt werden und wie diese Objekte zueinander in Beziehung stehen, ist in Abbildung 5.1 dargestellt. Die Grafik mag für die Pflege zweier Customizing-Tabellen überraschend komplex scheinen. Das Konstrukt einer Business Configuration App ähnelt aber sehr stark dem normaler RAP-Anwendungen für Anwendungsdaten mit transaktionalem Verhalten. Sie werden sehen, dass Sie nur sehr wenige der dargestellten Objekte manuell anlegen oder anpassen müssen. Ein ABAP-Repository-Objekt-Generator nimmt Ihnen die Fleißarbeit ab. Sie *können* die Objekte allerdings alle anpassen. Es handelt sich um einmal generierte Objekte, die anschließend in Ihrer Obhut liegen und nach Bedarf komplett verändert werden können. Dies hat den Vorteil, dass Sie maximal flexibel sind – es birgt allerdings auch den Nachteil, dass Sie nach der Generierung auf sich allein gestellt sind.

Spezifische Objekttypen

Neu sind hier folgende Objekttypen:

- das Business Configuration Maintenance Object
- das Transportobjekt
- optional ein Knowledge Transfer Document

Vielleicht ist Ihnen auch aufgefallen, dass zusätzliche View-Entitäten mit S-Suffix angelegt werden, die die Verhaltensdefinitionen und zugehörigen Klassen der Verhaltensimplementierung aufweisen. Das S steht hier für das

Entwurfsmuster *Singleton*. Die Singleton-Objekte werden als Klammer verwendet, um einen zentralen Einstiegspunkt in unter Umständen zahlreiche Customizing-Tabellen zu bieten und um die Transportintegration zu implementieren.

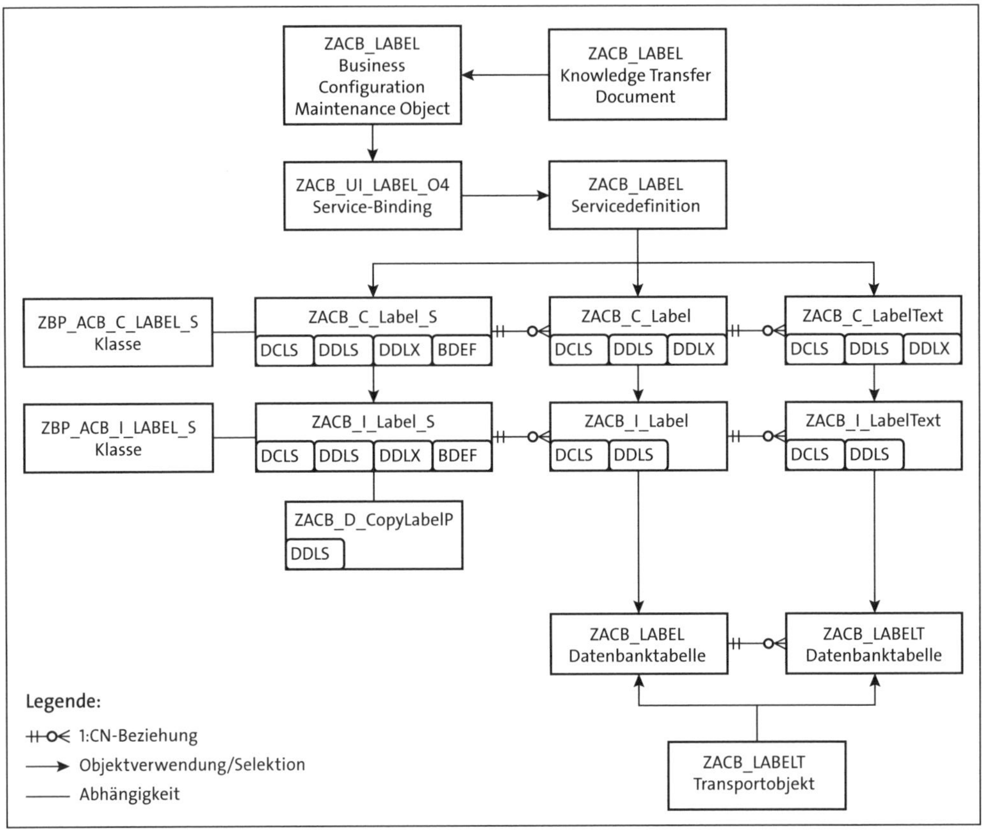

Abbildung 5.1 Übersicht der Objekte und Abhängigkeiten in der Label-Pflege

5.2 Customizing-Tabellen anlegen

Zwei Customizing-Tabellen

Zur Persistierung der Customizing-Einstellungen müssen zunächst die Customizing-Tabellen angelegt werden. In unserem Fall handelt es sich um zwei Tabellen:

- die Primärtabelle für Labels `ZACB_LABEL`
- die Texttabelle `ZACB_LABELT` für die sprachabhängigen Bezeichner

Customizing-Tabellen legen Sie in den ABAP Development Tools genauso an wie normale Datenbanktabellen mit Anwendungsdaten. Dazu wählen Sie zunächst im Kontextmenü des relevanten Pakets den Pfad **New • Other**

Repository Object. Anschließend filtern Sie nach dem Objekttyp **Database Table** oder wählen diesen im Ordner **ABAP Dictionary** aus. Vergeben Sie einen Bezeichner und eine Kurzbeschreibung in Originalsprache. In unserem Beispiel wählen wir den technischen Bezeichner »ZACB_LABEL« und die Kurzbeschreibung »Labels«. Geben Sie abschließend einen Transportauftrag an, und schließen Sie den Anlageassistenten mit **Finish** ab.

Anpassung der Tabellendefinition per Dictionary-DDL

Nach Angabe des Transportauftrags öffnet sich die textbasierte Pflegeoberfläche für Datenbanktabellen. Wir passen die Definition der Felder nun anhand der DDL-Syntax (Data Definition Language) für das ABAP Dictionary an, im Folgenden kurz *Dictionary-DDL-Syntax* genannt. Wir ergänzen das Schlüsselfeld `LABEL_ID` mit dem Typ `ZACB_LABEL_ID` und das Feld `LABEL_COLOR` mit dem Typ `ZACB_LABEL_COLOR`. Außerdem ergänzen wir die administrativen Felder `LAST_CHANGED_AT` mit dem Typ `ABP_LASTCHANGE_TSTMPL` und `LOCAL_LAST_CHANGED_AT` mit dem Typ `ABP_LOCINST_LASTCHANGE_TSTMPL` sowie das Feld `CONFIGDEPRECATIONCODE` mit dem Typ `CONFIG_DEPRECATION_CODE`. Zu diesem Zeitpunkt sieht der Quellcode zur Definition unserer Datenbanktabelle wie in Abbildung 5.2 aus. Dieser Zustand ist noch unfertig, und wir werden die Tabelle weiter anpassen, bevor sie als Customizing-Tabelle genutzt werden kann.

[S4P] ZACB_LABEL

```
@EndUserText.label : 'Labels'
@AbapCatalog.enhancement.category : #NOT_EXTENSIBLE
@AbapCatalog.tableCategory : #TRANSPARENT
@AbapCatalog.deliveryClass : #A
@AbapCatalog.dataMaintenance : #RESTRICTED
define table zacb_label {

  key client              : abap.clnt not null;
  key label_id            : zacb_label_id not null;
  label_color             : zacb_label_color;
  configdeprecationcode   : config_deprecation_code;
  last_changed_at         : abp_lastchange_tstmpl;
  local_last_changed_at   : abp_locinst_lastchange_tstmpl;

}
```

Abbildung 5.2 Zwischenstand der textbasierten Pflege zur Definition von Datenbanktabelle »ZACB_LABEL«

Zeitstempelfelder

Um den ABAP-Repository-Objekt-Generator nutzen zu können, muss die Tabelle einigen technischen Anforderungen genügen. Die beiden Zeitstempel-Felder werden vom später generierten RAP-Business-Objekt benötigt. Das Zeitstempelfeld `LOCAL_LAST_CHANGED_AT` sollte in jeder zugehörigen Customizing-Tabelle enthalten sein. Das Feld `LAST_CHANGED_AT` sollte in der Primärtabelle, hier `ZACB_LABEL`, enthalten sein. Beide Felder werden für die Implementierung des optimistischen Sperrverhaltens benötigt. Das Feld CONFIGDEPRECATIONCODE ist optional. Es wird für die Lebenszyklusverwaltung von Einträgen benötigt, auf die wir in Abschnitt 5.7, »Lebenszyklusverwaltung mit Deprecation«, zurückkommen.

Anlage von Datenelementen

Die beiden Typen ZACB_LABEL_ID und ZACB_LABEL_COLOR existieren noch nicht und sind daher im Editor rot unterstrichen (siehe Abbildung 5.2). Per Vorwärtsnavigation legen wir für diese Typen nun jeweils ein Datenelement an. Positionieren Sie dafür den Cursor auf dem unterschlängelten Codeelement, und öffnen Sie über die Tastenkombination [Strg] + [1] die *Quick Assists* (siehe Abbildung 5.3).

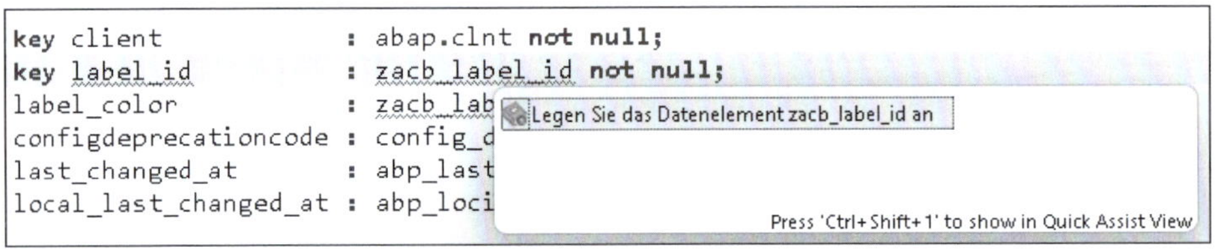

Abbildung 5.3 Quick Assist zur Anlage eines Datenelements

Wählen Sie hier die Option **Legen Sie das Datenelement zacb_label_id an**, und folgen Sie den Schritten des Anlage-Wizards. Sie müssen jeweils einen Bezeichner, das Paket und einen Transportauftrag angeben. Anschließend können Sie die Anlage bestätigen. Daraufhin öffnet sich die Datenelementpflege. Abbildung 5.4 zeigt diese Pflegemaske für das Datenelement ZACB_LABEL_ID.

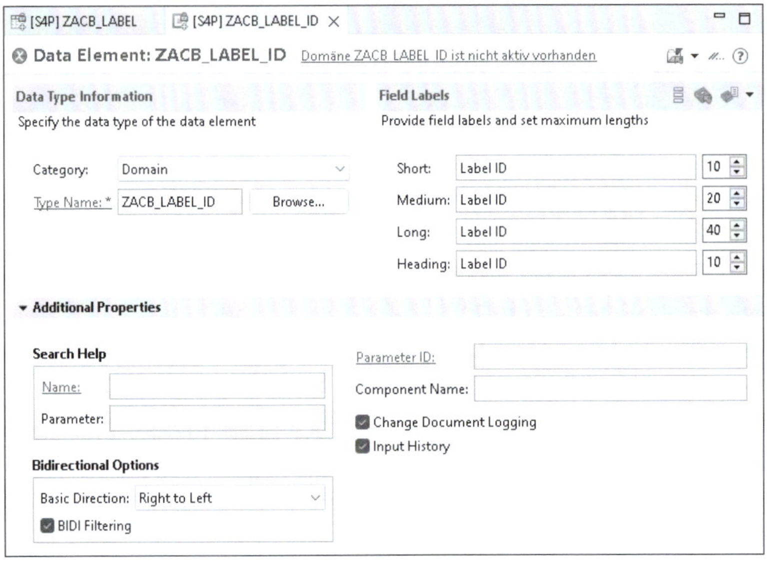

Abbildung 5.4 Einstellungen des Datenelements »ZACB_LABEL_ID«

Nehmen Sie hier und für das Datenelement ZACB_LABEL_COLOR die Einstellungen aus Tabelle 5.1 vor.

Eigenschaft	Werte Datenelement »ZACB_LABEL_ID«	Werte Datenelement »ZACB_LABEL_COLOR«
Category	Domain	Domain
Type Name	ZACB_LABEL_ID	ZACB_LABEL_COLOR
Field Labels	Label-ID	Label-Farbe
Change Document Logging	aktiviert	aktiviert
Input History	aktiviert	aktiviert

Tabelle 5.1 Eigenschaften der angelegten Datenelemente für Label-ID und -Farbe

[+]

Änderungsprotokollierung

Sie sollten die Option **Change Document Logging** bei Datenelementen nur in Ausnahmefällen deaktiviert lassen. Im konkreten Beispiel führt die Aktivierung dazu, dass nachträglich nachvollzogen werden kann, welchem Rezept wann welche Label zugeordnet waren und wer diese Zuordnungen geändert hat. Details zum Schreiben von Änderungsbelegen mit ABAP Cloud finden Sie in Kapitel 7, »Änderungsbelege«.

Anlage von Domänen

Die beiden Datenelemente beziehen sich auf Domänen, die ebenfalls noch nicht existieren. Indem Sie auf **Type Name** klicken, können Sie diese ebenfalls über die Vorwärtsnavigation anlegen. Vergeben Sie für unser Beispiel die in Tabelle 5.2 aufgeführten Eigenschaften.

Eigenschaft	Wert Domäne »ZACB_LABEL_ID«	Wert Domäne »ZACB_LABEL_COLOR«
Data Type	CHAR	CHAR
Length	15	1
Output Length	0 (wird automatisch gefüllt)	0 (wird automatisch gefüllt)
Conversion Routine	(leer)	(leer)
Case-sensitive	nein	nein

Tabelle 5.2 Eigenschaften der angelegten Label-Domänen

Eigenschaft	Wert Domäne »ZACB_LABEL_ID«	Wert Domäne »ZACB_LABEL_COLOR«
Fixed Values	keine	0 = neutral 1 = Rot 2 = Orange 3 = Grün
Value Table	ZACB_LABEL	(leer)

Tabelle 5.2 Eigenschaften der angelegten Label-Domänen (Forts.)

Abbildung 5.5 zeigt die Pflege exemplarisch für die Domäne `ZACB_LABEL_ID`.

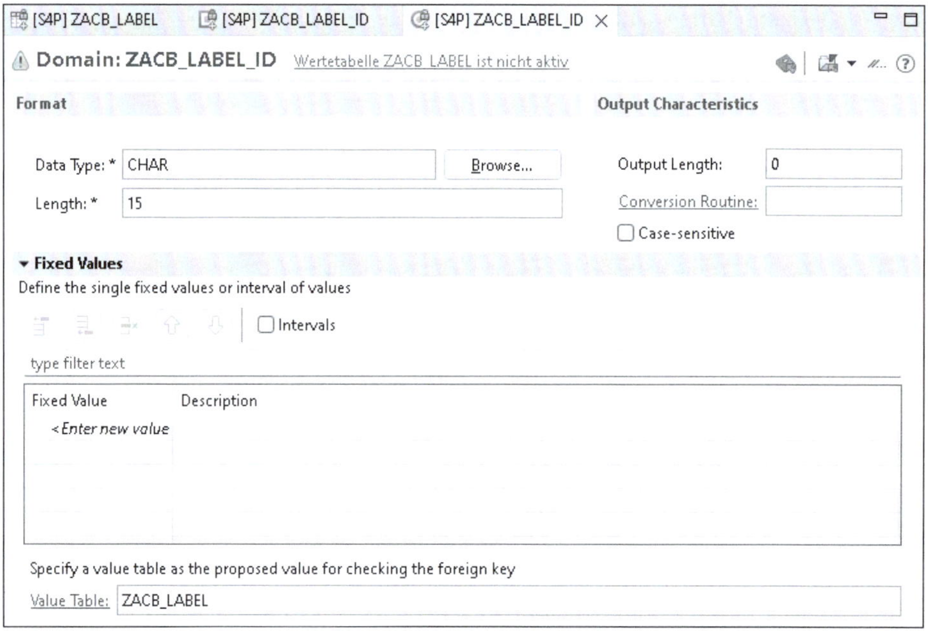

Abbildung 5.5 Einstellungen der Domäne »ZACB_LABEL_ID«

Die Domäne `ZACB_LABEL_ID` soll technische, textartige Schlüssel enthalten, etwa `VEGAN` oder `QUICK_AND_EASY`. Als solche sind sie nicht sprachabhängig und stehen daher, wie in der Softwareentwicklung üblich, hier auf Englisch. Der sprachabhängige, übersetzbare Label-Text wird später in der Texttabelle abgelegt. Die Domäne `ZACB_LABEL_COLOR` soll die Farbgestaltung eines Labels definieren und nutzt dazu die Farbwerte, die in SAPUI5 für Statusfarben zur Verfügung stehen. Über die Annotation `@UI.lineItem.criticality` können diese Farbwerte auch in SAP Fiori Elements verwendet werden.

[«]

Farben in SAP Fiori Elements

Der Anwendungsfall für die Farben ist hier, dass die vergebenen Labels zu den Rezepten visuell hervorstechen. In SAP Fiori Elements gibt es aktuell kein Konzept, um die Farbgebung direkt zu beeinflussen. Dies würde dem Konzept von SAP Fiori Elements in Teilen widersprechen, da die Einhaltung der SAP Fiori Design Guidelines und die Umsetzbarkeit kundenindividueller Themes für alle SAP-Fiori-Apps nicht sichergestellt werden könnten. Im konkreten Fall bedienen wir uns daher als Workaround der Farben, mit denen eine Kritikalität verdeutlicht werden kann, um zumindest einstellen zu können, welche Labels die gleiche Farbe haben, auch wenn die konkrete Farbgebung so nicht garantiert werden kann.

Annotationen für Customizing-Tabellen

Standardgemäß wurde die Datenbanktabelle als Anwendungstabelle mit der Auslieferungsklasse `A` angelegt. Bei unserer Tabelle soll es sich jedoch um eine Customizing-Tabelle handeln. Ändern Sie dazu den Wert der Annotation `@AbapCatalog.deliveryClass` im Quelltexteditor auf `C`. Stellen Sie außerdem sicher, dass Anzeige und Pflege der Tabelle mit Standardwerkzeugen erlaubt sind. Dazu muss die Annotation `@AbapCatalog.dataMaintenance` den Wert `#ALLOWED` haben.

[!]

Anzeige- und Pflegekennzeichen

Das Tabellenpflegekennzeichen auf `#ALLOWED` (**Anzeige/Pflege erlaubt** in Transaktion SE11) zu stellen, mag hier zunächst ungewöhnlich erscheinen. Beim Vorgängerkonzept der Pflege-Views hätten wir die Option `#RESTRICTED` (**Anzeige/Pflege eingeschränkt erlaubt** in Transaktion SE11) gewählt, damit die Customizing-Tabelle ausschließlich über Transaktion SM30 und nur in Kombination mit dem Pflege-View gepflegt werden kann. Der Generator für Business Configuration Maintenance Objects fordert jedoch den Wert `#ALLOWED`, die generierte Business Configuration App hingegen nicht. Wir empfehlen Ihnen daher, den Wert nach der Generierung der App wieder auf `#RESTRICTED` zurückzuändern. Andernfalls ergibt sich in On-Premise-Systemen der unschöne Effekt, dass mit entsprechenden Berechtigungen auch eine direkte Pflege der Tabelle über die Transaktionen SE16 und SE16N möglich ist – unter Umgehung der Konsistenzprüfungen und der Transportpflicht.

Listing 5.1 enthält die fertige Tabellendefinition.

```
@EndUserText.label : 'Labels'
@AbapCatalog.enhancement.category : #NOT_EXTENSIBLE
@AbapCatalog.tableCategory : #TRANSPARENT
@AbapCatalog.deliveryClass : #C
@AbapCatalog.dataMaintenance : #ALLOWED
define table zacb_label {
  key client              : abap.clnt not null;
  key label_id            : zacb_label_id not null;
  label_color             : zacb_label_color;
  configdeprecationcode   : config_deprecation_code;
  last_changed_at         : abp_lastchange_tstmpl;
  local_last_changed_at   : abp_locinst_lastchange_tstmpl;
}
```

Listing 5.1 Definition von Tabelle »ZACB_LABEL«

Technische Einstellungen zur Datenbanktabelle

Abschließend müssen noch die technischen Einstellungen angepasst werden. In den ABAP Development Tools erreichen Sie diese entweder im Kontextmenü des Quelltext-Editors (Option **Open Others • Technische Einstellungen**) oder indem Sie im Repository Explorer die Datenbanktabelle aufklappen und unter **Technische Tabelleneinstellungen** doppelt auf den Namen der Datenbanktabelle klicken.

In unserem Beispiel ändern wir die Datenklasse auf `APPL2` (Organisation und Customizing). Die Standardgrößenkategorie `0` ist bereits passend für die erwartete Anzahl an Einträgen. Die Änderungsprotokollierung sollte hier aktiviert werden, da es sich um eine Customizing-Tabelle handelt. Andernfalls erhalten Sie in Kombination mit der Auslieferungsklasse eine Warnung bzw. müssen sogar mit einem Kurztext begründen, warum die Protokollierung nicht aktiviert wurde.

Pufferungseinstellungen

Zu guter Letzt werden noch die Pufferungseinstellungen geprüft. Da wir wenig Schreib-, aber viele Lesezugriffe erwarten, entscheiden wir uns dafür, die Tabelle komplett zu puffern. Die vollständigen technischen Einstellungen sind in Abbildung 5.6 dargestellt. Im letzten Schritt aktivieren Sie die Tabelle.

Anlage von Texttabellen

Die gezeigten Schritte wiederholen Sie für die Datenbanktabelle `ZACB_LABELT`. Sie enthält die sprachabhängigen Label-Texte und ist somit eine Texttabelle. In diesem Zusammenhang ergeben sich ein paar Abweichungen im Vergleich zur Anlage der Primärtabelle `ZACB_LABEL`:

- Wir müssen ein Schlüsselfeld zur Herstellung der Sprachabhängigkeit ergänzen.
- Wir müssen ein Feld für den sprachabhängigen Label-Bezeichner ergänzen.
- Wir müssen die Fremdschlüsselbeziehung zur Primärtabelle definieren.
- Wir müssen eine sprachabhängige Pufferung der Tabelleneinträge einrichten.

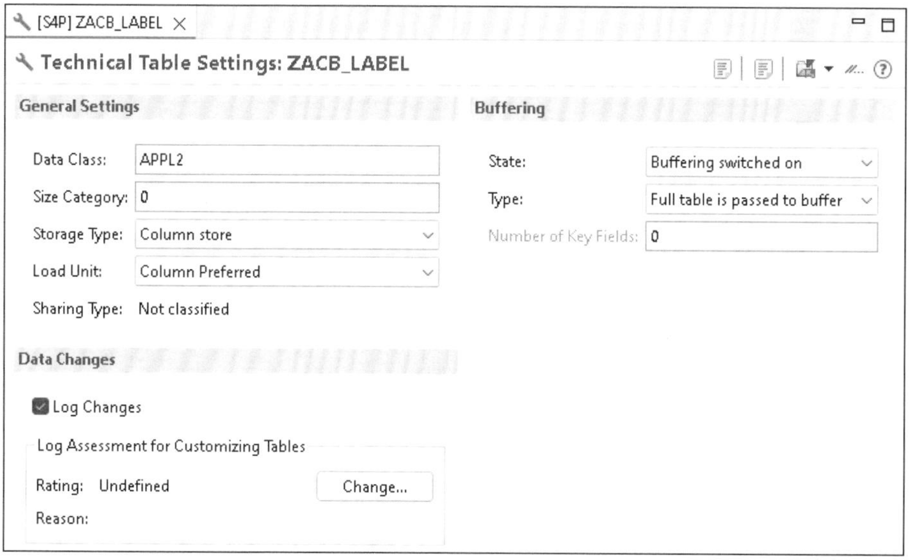

Abbildung 5.6 Technische Einstellungen von Tabelle »ZACB_LABEL«

Sprachabhängiger Primärschlüssel

Wie bei Texttabellen üblich, übernehmen wir alle Primärschlüsselkomponenten der Primärtabelle, hier `CLIENT` und `LABEL_ID`, und ergänzen diese um einen zusätzlichen Sprachschlüssel `LANGUAGE` mit dem Dictionary-Typ `LANG`. Wir ergänzen diesen bewusst an zweiter Stelle direkt nach dem Mandantenfeld `CLIENT`. Dies ermöglicht es uns später, sprachabhängig zu puffern.

Außerdem ergänzen wir das Feld `LABEL_TEXT`, das den sprachabhängigen Bezeichner zu einem Label enthält. Zur Ermöglichung der Concurrency Control ergänzen wir wie in Tabelle `ZACB_LABEL` das Zeitstempelfeld `LOCAL_LAST_CHANGED_AT` mit dem Typ `ABP_LOCINST_LASTCHANGE_TSTMPL`. Das Feld `LAST_CHANGED_AT` müssen wir nicht aufnehmen. Dieses wird nur in der Primärtabelle benötigt.

Texttabellenbeziehung per Fremdschlüssel

Um die Texttabellenbeziehung herzustellen, nutzen Sie im CDS-Quelltext den Zusatz `with foreign key` zu einer Felddefinition. Wir setzen darüber das Feld `LABEL_ID` in der Texttabelle in Beziehung zum gleichlautenden Feld in der Primärtabelle. Der relevante Abschnitt ist in Listing 5.2 zu sehen.

```
key label_id : zacb_label_id not null
  with foreign key [0..*,1] zacb_label
    where label_id = zacb_labelt.label_id;
```

Listing 5.2 Definition einer Fremdschlüsselbeziehung mit Dictionary-DDL-Syntax

Kardinalität von Fremdschlüsseln

Die Kardinalität wird mit [0..*,1] angegeben. Diese ist als [n,m] zu lesen, wobei n für die Fremdschlüsseltabelle steht, hier die Texttabelle ZACB_LABELT, und m für die in Beziehung gesetzte Tabelle, die Prüftabelle, hier ZACB_LABEL, die nach den eckigen Klammern angegeben wird. Mögliche Werte für n, die Fremdschlüsseltabelle, sind in Tabelle 5.3 aufgeführt.

Wert	Bedeutung
1	Zu jedem Eintrag in der Prüftabelle existiert exakt ein zugehöriger Eintrag in der Fremdschlüsseltabelle.
0..1	Zu jedem Eintrag in der Prüftabelle existiert maximal ein zugehöriger Eintrag in der Fremdschlüsseltabelle.
1..*	Zu jedem Eintrag in der Prüftabelle existiert mindestens ein zugehöriger Eintrag in der Fremdschlüsseltabelle.
0..*	Zu jedem Eintrag in der Prüftabelle existieren beliebig viele zugehörige Einträge in der Fremdschlüsseltabelle.

Tabelle 5.3 Mögliche Werte der Kardinalität in einer Fremdschlüsselbeziehung für die Fremdschlüsseltabelle

Mögliche Werte für m, die Prüftabelle, sind in Tabelle 5.4 aufgeführt.

Wert	Bedeutung
1	Zu jedem Eintrag in der Fremdschlüsseltabelle existiert exakt ein zugehöriger Eintrag in der Prüftabelle.
0..1	Zu jedem Eintrag in der Fremdschlüsseltabelle existiert maximal ein zugehöriger Eintrag in der Prüftabelle.

Tabelle 5.4 Mögliche Werte der Kardinalität in einer Fremdschlüsselbeziehung für die Prüftabelle

In unserem Beispiel hat *jeder* Eintrag der Texttabelle ZACB_LABELT *genau einen* zugehörigen Eintrag in der Prüftabelle ZACB_LABEL. Umgekehrt hat *jeder* Eintrag in der Prüftabelle *beliebig viele* zugehörige Einträge in der Texttabelle. Damit ergibt sich die Kardinalität [0..*,1].

[!]

Kardinalität im Vergleich zu Transaktion SE11

Sollten Sie die Pflege der Fremdschlüssel mit der ABAP Workbench bzw. Transaktion SE11 gewohnt sein, ergibt sich hier ein Fallstrick: Die Angabe der Kardinalität beim Zusatz `with foreign key` ist genau invertiert zur Angabe in Transaktion SE11. Um dort die Fremdschlüsseldefinition aus dem Beispiel zu pflegen, würden Sie die Einstellungen aus Abbildung 5.7 vornehmen.

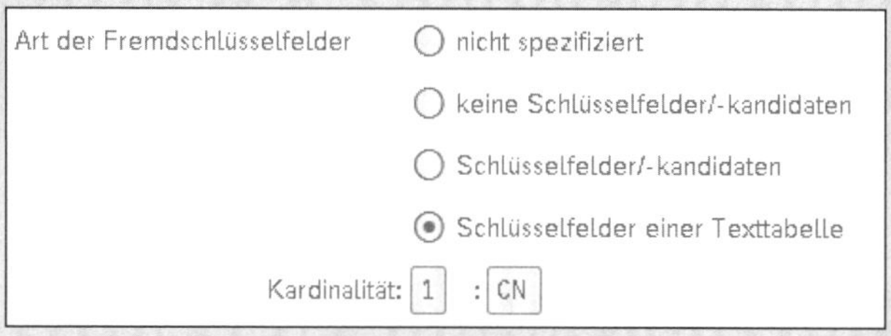

Abbildung 5.7 Semantische Eigenschaften einer Fremdschlüsselbeziehung in Transaktion SE11

In der textbasierten Pflege mit Dictionary-DDL-Syntax hingegen nehmen wir die gleiche Fremdschlüsseldefinition mit den Angaben aus Listing 5.3 vor.

```
@AbapCatalog.foreignKey.keyType : #TEXT_KEY
@AbapCatalog.foreignKey.screenCheck : false
key label_id : zacb_label_id not null
  with foreign key [0..*,1] zacb_label
    where label_id = zacb_labelt.label_id
```

Listing 5.3 Definition der Fremdschlüsselbeziehung mit Dictionary-DDL-Syntax

Die beiden Kardinalitätsangaben `1:CN` aus Transaktion SE11 und `[0..*,1]` aus den ABAP Development Tools führen zum gleichen Ergebnis. Im Zuge der Implementierung der Dictionary-DDL-Syntax hat sich SAP dafür entschieden, die Angabe der Kardinalität auf die von vielen erwartete Reihenfolge zu ändern: Fremdschlüsseltabelle zu Prüftabelle. In Transaktion SE11 war dies immer andersherum. Zusätzlich wurde die Notation der einzelnen Angaben geändert. Diese Umstellung kann etwas Umgewöhnung erfordern.

Art des Fremdschlüssels und Validitätsprüfungen

Wir ergänzen außerdem die Annotation `@AbapCatalog.foreignKey.keyType` und setzen deren Wert auf `#TEXT_KEY`, um die Art des Fremdschlüssels zu spezifizieren. Mit der Annotation `@AbapCatalog.foreignKey.screenCheck` und dem Wert `#FALSE` deaktivieren wir dynpro-basierte Validitätsprüfungen. Dies ist leider erforderlich, weil der Generator von Business Configuration Maintenance Objects mit der aktivierten Option **Add Data Consistency Check** ansonsten eine Fehlermeldung ausgeben würde, da ausschließlich Fremdschlüssel zu Tabellen außerhalb des generierten RAP-Konstrukts geprüft werden können. Dies ist technisch durch die aktivierte Draft-Funktion bedingt.

[!]

Auswirkungen von Fremdschlüsseldefinitionen

Die Funktionsweise von Fremdschlüsselbeziehungen hat sich durch den textbasierten Editor und die Dictionary-DDL-Syntax nicht geändert. Das bedeutet, dass die Definition solcher Beziehungen vorrangig einen Dokumentationszweck erfüllt. Darüber hinaus werden sie teilweise von Tools ausgewertet, wie das klassischerweise bei Pflege-Views oder Sperrobjekten der Fall war. Eine Integration auf Datenbankebene oder in ABAP SQL gibt es hingegen nicht.

Die fertige Definition der Datenbanktabelle ist in Listing 5.4 zu sehen.

```
@EndUserText.label : 'Labels Texte'
@AbapCatalog.enhancement.category : #NOT_EXTENSIBLE
@AbapCatalog.tableCategory : #TRANSPARENT
@AbapCatalog.deliveryClass : #C
@AbapCatalog.dataMaintenance : #ALLOWED
define table zacb_labelt {
  key client            : abap.clnt not null;
  key langu             : abap.lang not null;
  @AbapCatalog.foreignKey.keyType : #TEXT_KEY
  @AbapCatalog.foreignKey.screenCheck : false
  key label_id          : zacb_label_id not null
    with foreign key [0..*,1] zacb_label
      where client = zacb_labelt.client
        and label_id = zacb_labelt.label_id;
  label_text            : zacb_label_text;
  local_last_changed_at : abp_locinst_lastchange_tstmpl;
}
```

Listing 5.4 Definition der Texttabelle »ZACB_LABELT«

Technische Einstellungen für Texttabellen

Zusätzlich nehmen wir noch die technischen Einstellungen vor. Auch bei ZACB_LABELT handelt es sich um eine Tabelle der Datenklasse APPL2, und auch die Größenkategorie 0 passt. Aktivieren Sie die Änderungsprotokollierung und auch die Pufferung. Da es sich hier um eine Texttabelle handelt, entscheiden wir uns für eine generische Pufferung mit zwei Schlüsselfeldern. Dies führt dazu, dass sprachabhängig gepuffert wird. Erfolgt ein Lesezugriff auf die Datenbanktabelle, werden alle Einträge mit passender Kombination aus Mandanten und Sprache in den Tabellenpuffer geladen.

Um diese Funktion nutzen zu können, muss das Schlüsselfeld für die Sprache zwingend direkt nach dem Mandanten angegeben werden. Zusätzlich finden Sie nun in den technischen Einstellungen der Tabelle eine Option für das Übersetzungsverfahren. Dieses sollte bereits automatisch auf den korrekten Wert **Translation using standard translation procedure** für das Standardübersetzungsverfahren gesetzt sein. Die vorgenommenen Einstellungen sind in Abbildung 5.8 zu sehen. Aktivieren Sie die Tabelle abschließend.

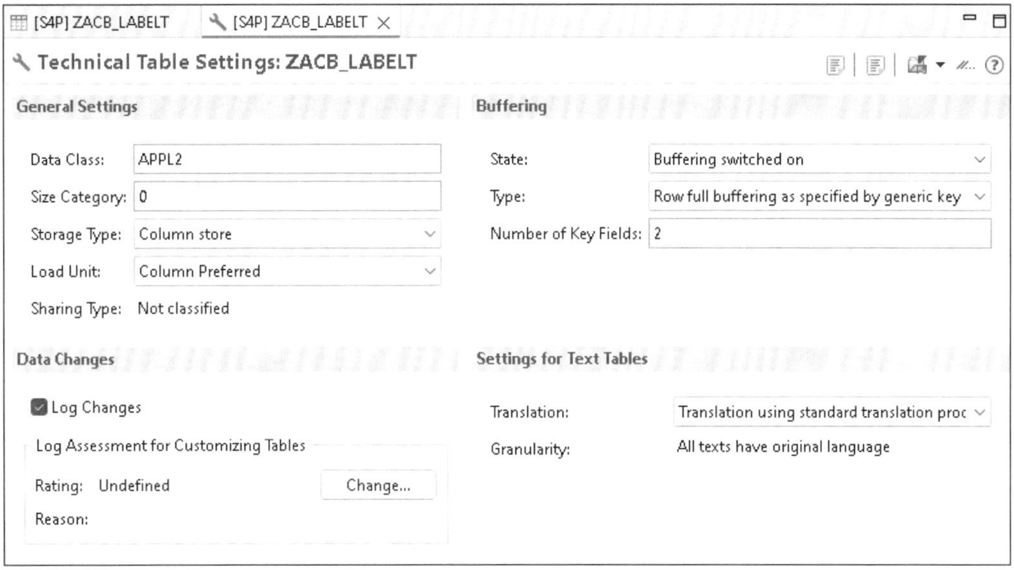

Abbildung 5.8 Technische Einstellungen von Tabelle »ZACB_LABELT«

In diesem Abschnitt haben wir zwei Customizing-Tabellen mit den ABAP Development Tools angelegt. Dazu haben wir den textbasierten Editor mit Dictionary-DDL-Syntax verwendet. Das Ergebnis ist dasselbe wie bei der klassischen Anlage von Customizing-Tabellen über die ABAP Workbench. Im folgenden Abschnitt können wir nun mit der Anlage des Business Configuration Maintenance Objects fortfahren.

5.3 Business Configuration App generieren

Im vorangegangenen Abschnitt wurden die beiden Customizing-Tabellen ZACB_LABEL und ZACB_LABELT angelegt. Darauf aufbauend legen wir nun die notwendigen Objekte zur Bereitstellung der Pflegeoberfläche an. Theoretisch könnten Sie diese manuell anlegen. Praktisch müssen diese Objekte aber einer strengen Struktur folgen und sogar Codeabschnitte enthalten, die Sie vermutlich nicht auswendig runtertippen können. Daher ist die Nutzung des Generators mehr oder weniger Pflicht.

Generierung einer Business Configuration App

Der ABAP-Repository-Objekt-Generator für Maintenance Objects erzeugt eine mit dem ABAP RESTful Application Programming Model implementierte Anwendung inklusive SAP-Fiori-Oberfläche für Sie, die sich automatisch in die SAP-Fiori-App **Benutzerdefinierte Business Configurations** integriert. Dazu werden diverse Entwicklungsobjekte vom System erzeugt, die Sie anschließend bei Bedarf anpassen können. Der Generator nutzt für die RAP-Objekte eine Architektur, die das tabellarische Bearbeiten mehrerer Root-Objekt-Instanzen ermöglicht. Dazu wird ein Singleton-Objekt erzeugt, das den zentralen Einstiegspunkt darstellt.

[+]

Anlage der zugrunde liegenden Objekte

Legen Sie die Customizing-Tabellen im Vorfeld so vollständig wie möglich an, und nutzen Sie den Generator erst am Ende. Es steht keine Funktion zur Verfügung, um die Anwendung infolge von Änderungen an den Tabellen noch einmal »nachzugenerieren«. Mit einer guten Vorarbeit, wie im vorangegangenen Abschnitt beschrieben, geben Sie dem Generator die Chance, Ihnen die meiste Arbeit abzunehmen.

ABAP-Repository-Objekt-Generator starten

Um den Generator zu starten, wählen Sie die primäre Datenbanktabelle im Project Explorer aus und klicken dann im Kontextmenü auf den Eintrag **Generate ABAP Repository Objects...**, wie in Abbildung 5.9 dargestellt. In unserem Beispiel starten wir den Generator für Tabelle ZACB_LABEL.

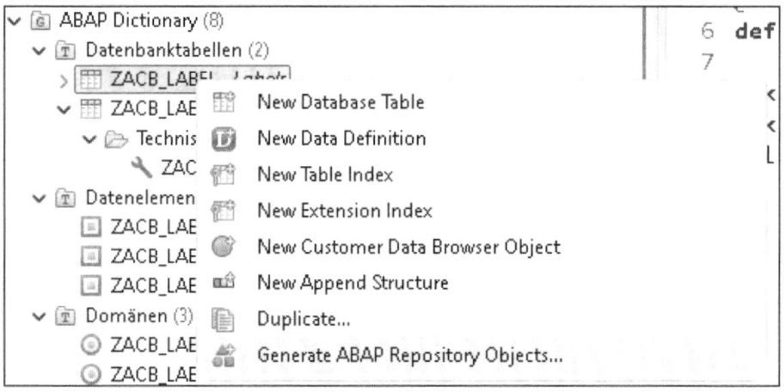

Abbildung 5.9 Generator im Kontextmenü des Project Explorers

Wählen Sie im darauffolgenden Dialogfenster im Ordner **Business Configuration Management** den Generator **Maintenance Object**, und bestätigen Sie Ihre Auswahl mit **Next**, wie in Abbildung 5.10 dargestellt.

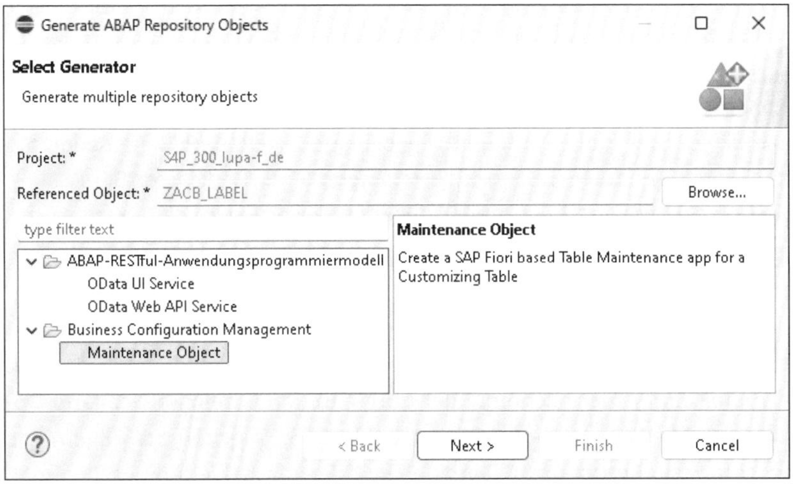

Abbildung 5.10 Generator-Auswahl in den ABAP Development Tools

Parameter des Generators

Im nächsten Schritt wählen Sie das Paket aus, in dem die Objekte angelegt werden sollen. Nach erneutem Bestätigen mit **Next** werden Sie nach den Parametern für den Generierungsprozess gefragt. Das Einstiegsbild sehen Sie in Abbildung 5.11. Das System schlägt Standardwerte für die diversen Parameter vor. In unserem Beispiel wurde die Texttabelle ZACB_LABELT über die Fremdschlüsselbeziehung automatisch erkannt.

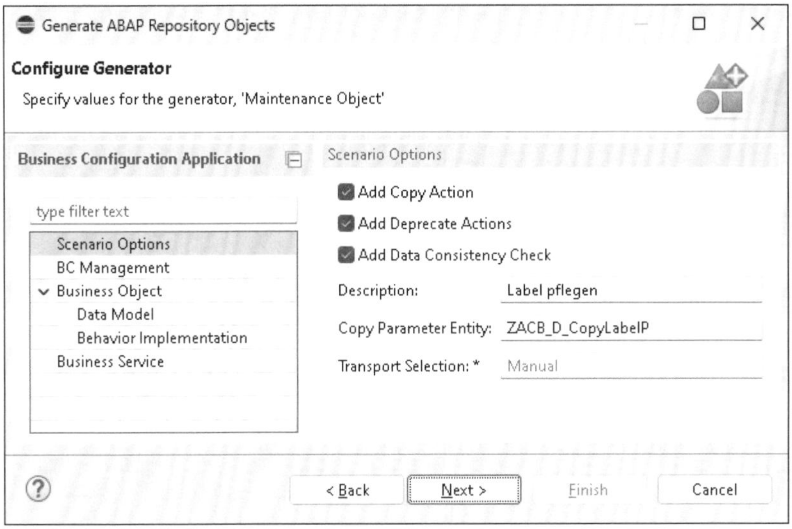

Abbildung 5.11 Parametrisierung im Generator für Maintenance Objects

[»]

Beachtung von Namenskonventionen bei der Nutzung von Generatoren

Die in den Generierungsdialogen vorgeschlagenen Parameterwerte müssen nicht zwangsläufig den für Sie gültigen Entwicklungsrichtlinien entsprechen. Sie versuchen den Namenskonventionen für das ABAP RESTful Application Programming Model so weit wie möglich zu folgen. Dies geht allerdings nicht immer auf, und gegebenenfalls gelten bei Ihnen andere Konventionen. Prüfen Sie daher die Parameterwerte, und passen Sie sie an, wo es notwendig ist. In unserem konkreten Beispiel wäre das von uns für alle Entwicklungsobjekte vorgesehene ACB-Präfix in diversen Vorschlagswerten des Generators nicht berücksichtigt worden.

Die möglichen Optionen sind sehr umfangreich. Wir gehen die einzelnen Parameter daher hier nacheinander durch. In den Bereichen **Scenario Options** und **BC-Management** (siehe Abbildung 5.12) geben Sie allgemeine Parameter an, die die grundlegende Generierung betreffen. Dazu zählen insbesondere die Bezeichner für das Business Configuration Maintenance Object und das Transportobjekt.

Transportobjekt

Ein Transportobjekt muss nicht verpflichtend angegeben werden. Ohne eine explizite Angabe wird der Transport der vorgenommenen Customizing-Einstellungen über den Objekttyp TABU gelöst. Wir empfehlen jedoch die Nutzung eines eigenen Transportobjekts. Über ein solches Objekt besteht z. B. die Möglichkeit, die Pflege in Produktivsystemen im Falle von laufenden Einstellungen zu erlauben. Der Bezeichner des später angelegten Transportobjekts entspricht nicht exakt dem im Dialog angegebenen Parameter, sondern es wird noch ein T angehängt.

Funktionsumfang der Business Configuration App

Im Bereich **Scenario Options** werden weitere Optionen angeboten, um den Funktionsumfang der generierten Business Configuration App zu erweitern:

- **Optionen »Add Copy Action« und »Copy Parameter Entity«**

  Über diese Option wird eine Aktion zum Duplizieren von bestehenden Einträgen generiert und in der App angeboten. Zur Darstellung eines Pop-up-Fensters zur Angabe des Schlüssels der Kopie wird eine weitere Entität generiert. Die Aktion selbst wird als Factory Action in der Verhaltensdefinition der Singleton-Entität angelegt und in der Projektionsverhaltensdefinition verwendet.

- **Option »Add Deprecate Action«**

  Über diese Option kann der Lebenszyklus einzelner Einträge verwaltet werden. Auf diese Funktion gehen wir in Abschnitt 5.7, »Lebenszyklusverwaltung mit Deprecation«, detaillierter ein.

- **Option »Add Data Consistency Check«**

  Über diese Option können Konsistenzprüfungen für Domänenfestwerte und Fremdschlüsselangaben generiert werden. Die Fremdschlüssel beziehen sich dabei auf Tabellen außerhalb des eigenen RAP-Konstrukts, etwa Mengeneinheiten oder Währungsschlüssel.

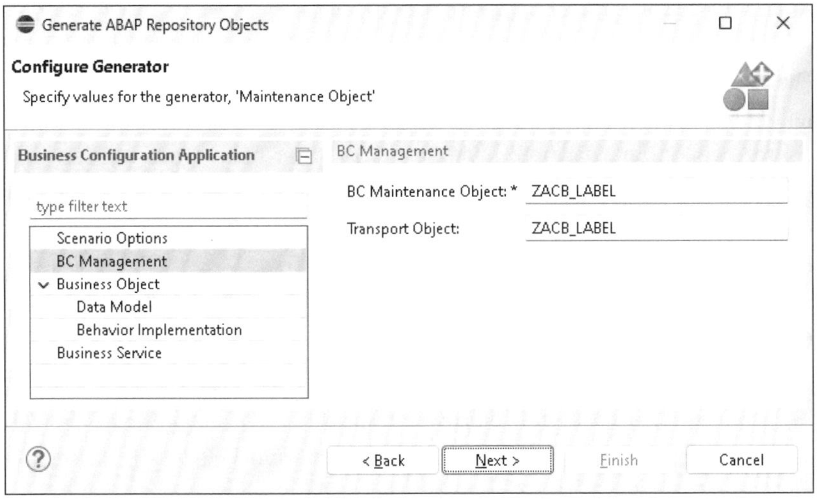

Abbildung 5.12 Bereiche »Scenario Options« und »BC Management« in den Generator-Parametern

Die genannten Optionen aktivieren wir für unser Beispiel alle.

Parameter zur Customizing-Tabelle

In Abbildung 5.13 sind die Parameter dargestellt, die die Customizing-Tabelle betreffen, bei uns ist dies Tabelle ZACB_LABEL. Da wir über das Kontextmenü dieser Tabelle in den Generator eingestiegen sind, wird ihr Name direkt in das Feld **Table Name** eingetragen. Der Wert ist nicht änderbar. Das generierte RAP-Konstrukt ist automatisch draft-enabled, d. h., es unterstützt das in Abschnitt 2.3.2, »Generierte CDS-Entitäten der RAP-Anwendung«, beschriebene Draft-Konzept. Im Feld **Draft Table Name** geben Sie die Draft-Tabelle an, die der Generator anlegen wird. Wir wählen dafür den Namen »ZACB_LABEL_D«.

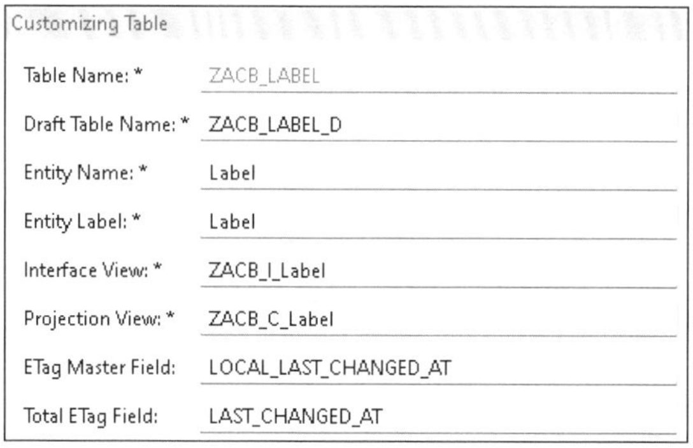

Abbildung 5.13 Parameter der Customizing-Tabelle

Die weiteren Parameter passen wir so an, dass unser Präfix ACB für alle Objekte dieses Buches in den jeweiligen Bezeichnern enthalten ist. Außerdem achten wir darauf, dass die Objekte im Singular bezeichnet werden und dass die sprachabhängigen Texte auf Deutsch sind. Das Feld **ETag Master Field** wurde automatisch auf den Wert LOCAL_LAST_CHANGED_AT gesetzt. Ebenso wurde im Feld **Total ETag Field** der Wert LAST_CHANGED_AT gesetzt. Der Generator kann diese Felder automatisch anhand der Datenelemente der beiden Felder in der Tabelle ableiten und korrekt vorbelegen.

Parameter zur Texttabelle

Es folgen die Parameter für die Texttabelle (siehe Abbildung 5.14). Der Generator hat die hier gezeigten Werte automatisch über die gepflegte Fremdschlüsselbeziehung ermittelt und die Parameter vorbelegt. Wir passen sie auf Basis der gleichen Überlegungen wie bei der Primärtabelle an.

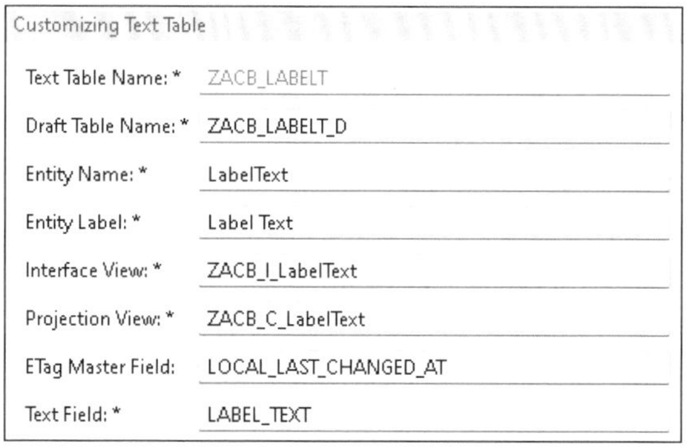

Abbildung 5.14 Parameter der Texttabelle

[»]

Release-Abhängigkeiten im Generator

Im SAP BTP ABAP Environment und in SAP S/4HANA Cloud Public Edition steht bereits eine neuere Version des Generators für Business Configuration Maintenance Objects zur Verfügung. Dieser erlaubt es nun auch, mehr als eine Text- und eine Primärtabelle anzugeben.

Singleton-Entität

Die Angaben im Bereich **Business Object • Data Model** werden mit einigen Parametern zur Singleton-Entität abgeschlossen, die als Klammer für die Objekte der Business Configuration App dient. Die hier von uns gewählten Werte können Sie Abbildung 5.15 entnehmen.

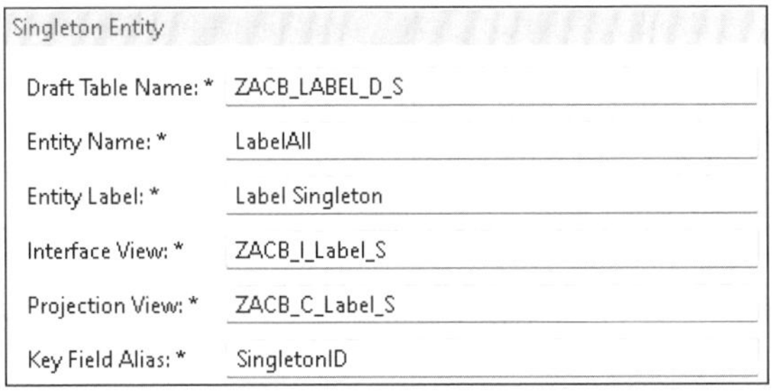

Abbildung 5.15 Parameter der Singleton-Entität

Verhaltens-implementierung

Im nächsten Bereich **Business Object • Behavior Implementation** finden sich die Parameter zur Implementierung des generierten Business-Objekts, also der Business Configuration App. Hier geben Sie die Namen der ABAP-Klassen an, die zur Implementierung verwendet werden, einmal für die Verhaltensimplementierung im Feld **Implementation Class** und einmal für die Verhaltensimplementierungsprojektion im Feld **Projection Implementation Class**. Die für unser Beispiel gewählten Klassenbezeichner sehen Sie in Abbildung 5.16.

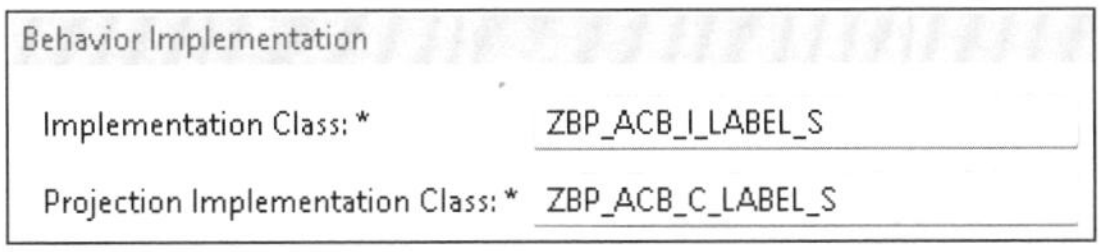

Abbildung 5.16 Parameter zur Verhaltensimplementierung im Bereich »Behavior Implementation«

Business Service

Abschließend nehmen Sie noch die Einstellungen im Bereich **Business Service** vor. Dazu geben Sie die Namen der Servicedefinition und des Service-Bindings an. Wir haben die hier vorgeschlagenen Namen für unser Beispiel wie üblich leicht angepasst (siehe Abbildung 5.17). Der Bezeichner der Servicedefinition enthält keine speziellen Namensbestandteile, da die Servicedefinition für verschiedene Szenarien, etwa APIs oder Benutzeroberflächen, wiederverwendbar sein soll. Das Service-Binding hingegen ist spezifisch für einen OData-V4-basierten UI-Service und enthält daher zusätzlich die Bestandteile UI und 04 im Bezeichner.

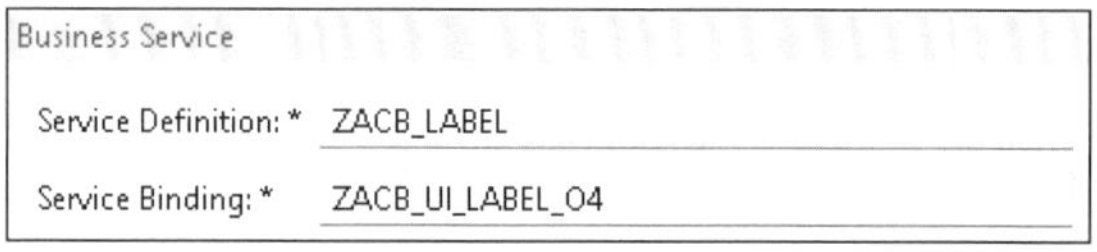

Abbildung 5.17 Parameter des Business Service

Generierungsvorschlag

Mit **Next** können Sie nun mit der Generierung fortfahren. Beachten Sie dabei, dass die Objekte nach abgeschlossener Generierung nicht mehr so einfach umbenannt werden können. Prüfen Sie daher noch einmal, ob alle Bezeichner korrekt angegeben wurden. Sie erhalten nun einen Generierungsvorschlag, der für unser Beispiel in Abbildung 5.18 zu sehen ist.

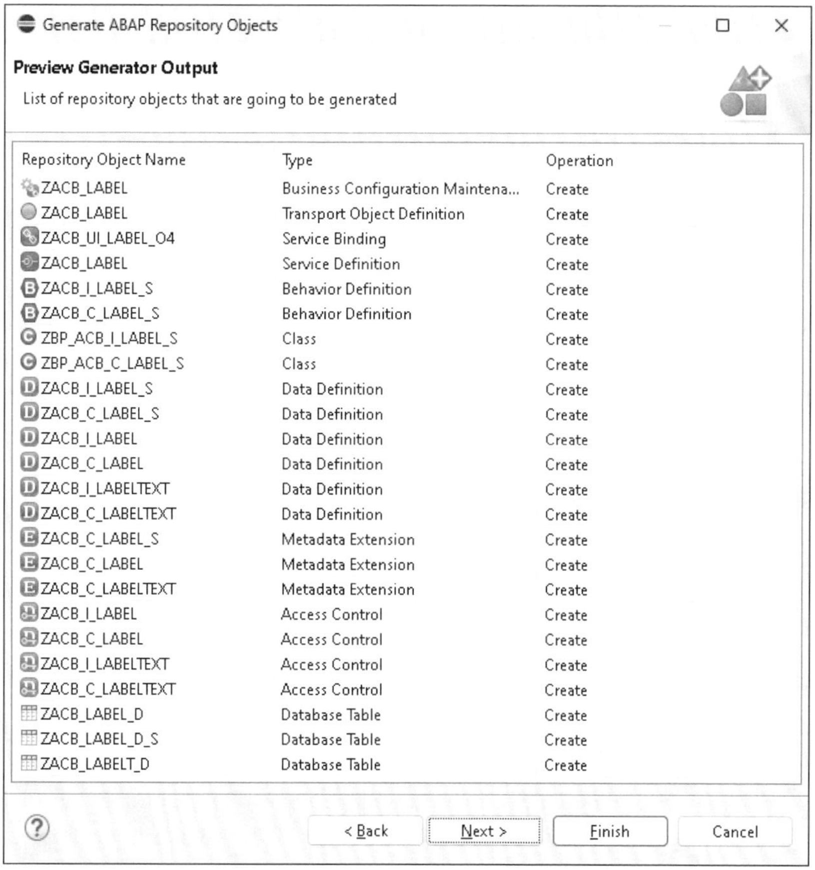

Abbildung 5.18 Generierungsvorschlag des Generators für Business Configuration Maintenance Objects

Der Vorschlag enthält die diversen RAP- und CDS-Objekte sowie die Draft-Tabellen, um die Pflegeanwendung, die Business Configuration App, bereitzustellen. Die Ausgabe ähnelt auch stark der des regulären Generators von RAP-Anwendungen. Als zusätzliche Objekte finden sich hier das Business Configuration Maintenance Object und das Transportobjekt, die speziell für den Anwendungsfall der Pflege von Customizing-Tabellen relevant sind.

Abschluss der Generierung

Nach einem weiteren Klick auf **Next** geben Sie noch einen Workbench-Transport an, mit dem die generierten Objekte transportiert werden sollen, und bestätigen die Generierung mit **Finish**. Das System legt die Objekte nun im eingangs ausgewählten Paket anhand der spezifizierten Parameter an. Anschließend finden Sie die neu angelegten Objekte im Project Explorer und werden automatisch zur Pflege des Business Configuration Maintenance Objects geleitet.

Bevor wir uns in Abschnitt 5.6, »Einstellungen im Business Configuration Maintenance Object«, die dort möglichen Einstellungen anschauen, beschäftigen wir uns in den folgenden Abschnitten zunächst mit der Bereitstellung und Nutzung der generierten Anwendung. Dazu muss im letzten Schritt nach der Generierung der Business Configuration App noch das Service-Binding publiziert werden.

Publizierung des Service-Bindings

Um das Service-Binding zu publizieren, müssen Sie dieses zunächst öffnen. Dazu können Sie in der automatisch geöffneten Pflegemaske für das Business Configuration Maintenance Object den Link **Service Binding** anklicken. Alternativ finden Sie das Service-Binding auch im Project Explorer im Zielpaket der Generierung unter dem Pfad **Business-Services • Service-Bindings**.

In unserem Beispiel heißt das Binding `ZACB_UI_LABEL_04`. Klicken Sie in der Service-Binding-Pflege auf den Button **Publish**. Anschließend sollte sich der Wert im Feld **Local Service Endpoint** von **Unpublished** auf **Published** ändern, und unter **Service Version Details** sollten die Endpunkte des Services angezeigt werden, wie in Abbildung 5.19 dargestellt.

[«]

Publizieren von Service-Bindings mit dem Binding-Typ »OData V4«

Abhängig von Ihrem Release und der Systemkonfiguration können Sie in SAP S/4HANA oder SAP S/4HANA Cloud Private Edition beim Publizieren eines Service-Bindings mit dem Binding-Typ **OData V4**, wie es hier vom Generator vorgenommen wurde, eine generische Fehlermeldung erhalten. In diesem Fall ist das Publizieren des Service-Bindings über die ABAP Development Tools nicht möglich. Nutzen Sie dann Transaktion /IWFND/V4_ADMIN (siehe Abschnitt 2.3.3, »Veröffentlichung des OData-Services«).

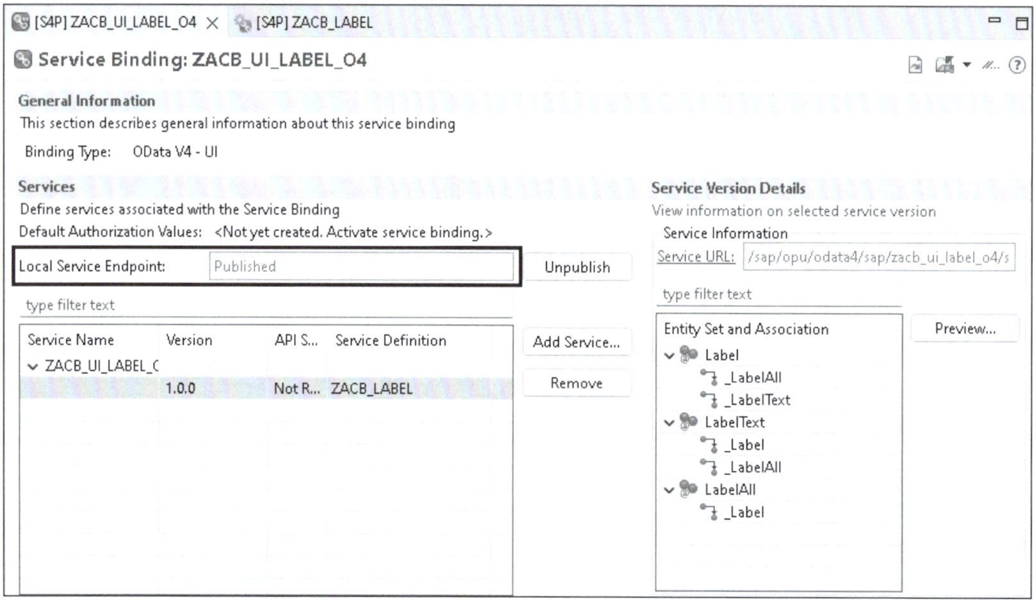

Abbildung 5.19 Pflege des veröffentlichten Service-Bindings

Zurücksetzen des Anzeige- und Pflegekennzeichens

Wie in Abschnitt 5.2, »Customizing-Tabellen anlegen«, beschrieben, mussten zur Nutzung des Maintenance-Object-Generators Anzeige und Pflege mithilfe der Annotation `@AbapCatalog.dataMaintenance` und dem Wert `#ALLOWED` uneingeschränkt erlaubt werden. Da die Generierung der App nun abgeschlossen ist, können Sie den Wert nun zurück auf `#RESTRICTED` setzen.

Die mindestens notwendigen Entwicklungsschritte zur Pflege einer Customizing-Tabelle mit zugehöriger Texttabelle haben wir nun vorgenommen. Im folgenden Abschnitt gehen wir auf die Berechtigungsvergabe ein, um die entwickelte Business Configuration App anschließend aufrufen zu können.

5.4 Berechtigungen vergeben

Berechtigungen in On-Premise-Lösungen und in der Cloud

Zur Nutzung der generierten Business Configuration App benötigen Sie bzw. die Anwenderinnen und Anwender der App entsprechende Berechtigungen. An dieser Stelle gibt es einige Unterschiede zwischen SAP S/4HANA und SAP S/4HANA Cloud Private Edition auf der einen und SAP S/4HANA Cloud Public Edition und dem SAP BTP ABAP Environment auf der anderen Seite. In den Public-Cloud-Systemen erfolgt die Berechtigungsvergabe über das *Identity and Access Management* (IAM) während in On-

Premise-Lösungen und in der Private Cloud klassisch mit PFCG-basierten Rollen gearbeitet wird.

In diesem Abschnitt beschreiben wir die Integration der Business Configuration App in das SAP-Berechtigungskonzept aus der Sicht des Entwicklungsteams und für On-Premise- und Private-Cloud-Systeme.

Pflege der Berechtigungsvorschlagswerte

Zunächst soll es überhaupt möglich sein, Berechtigungen für unsere Business Configuration App zu vergeben. Um dies für die Verantwortlichen in der Berechtigungsadministration zu vereinfachen, sollten Sie *Berechtigungsvorschlagswerte* pflegen. Dazu öffnen Sie Transaktion SU24 und wählen im Einstiegsbild in der Dropdown-Liste **Auswahl nach** den Eintrag **Anwendungstypen** und bei **Typ der Anwendung** den Eintrag **SAP Gateway OData V4 Backend Service Group & Assignments** (siehe Abbildung 5.20). Geben Sie außerdem den technischen Bezeichner »ZACB_UI_LABEL_O4« unseres Service-Bindings im Feld **Objektname** ein. Führen Sie die Transaktion anschließend aus.

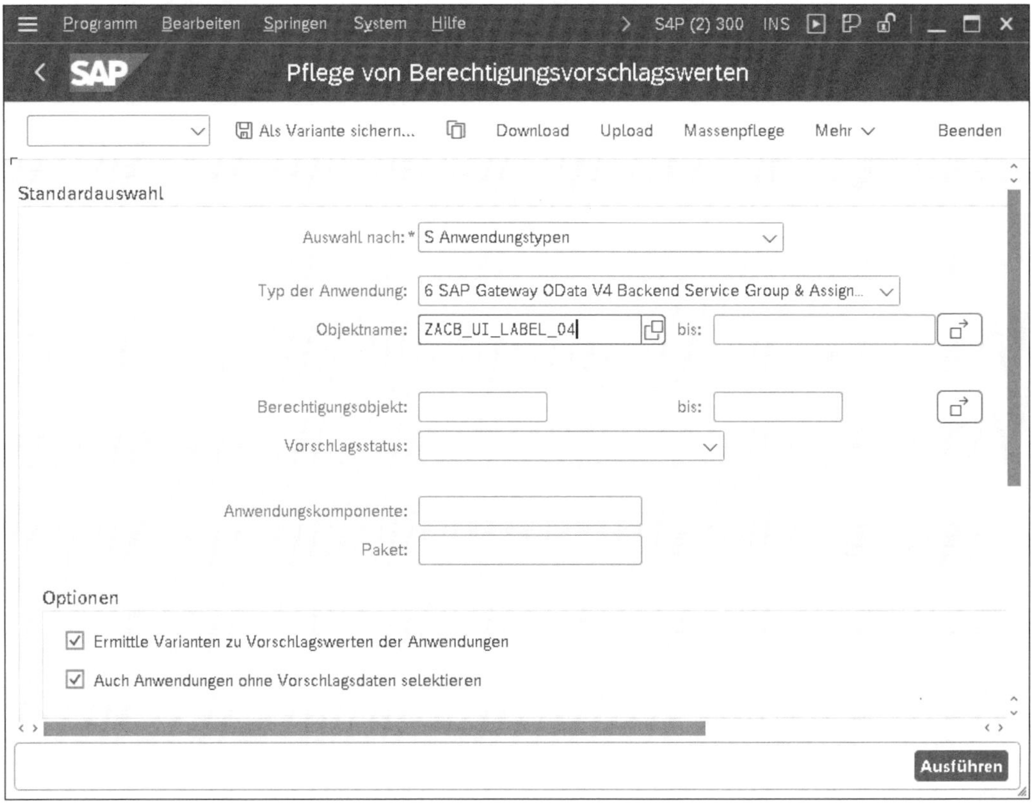

Abbildung 5.20 Selektionsbild in Transaktion SU24

Im linken Bildbereich finden Sie nun das ausgewählte Service-Binding, im rechten Bereich pflegen Sie die Berechtigungsvorschlagswerte. Hier ergänzen wir nun die von unserer Business Configuration App verwendeten Berechtigungsobjekte mit Vorschlagswerten. Falls Sie in der generierten RAP-Anwendung abweichende Berechtigungsobjekte implementiert haben, verwenden Sie diese. Andernfalls wird standardmäßig das Berechtigungsobjekt `S_TABU_NAM` verwendet.

Wechseln Sie in den Änderungsmodus, wählen Sie **Objekt • Ergänze Objekte (manuell)**, und geben Sie das Berechtigungsobjekt an. Bestätigen Sie das Dialogfenster, und ergänzen Sie den Interface-View der Primärtabelle im Feld `TABLE` in den Vorschlagswerten des hinzugefügten Berechtigungsobjekts. In unserem Beispiel ist dies der Interface-View `ZACB_I_LABEL`. Setzen Sie außerdem die Vorschlagswerte für die Aktivität auf `02` (Ändern), `03` (Anzeigen) und `08` (Änderungsbelege anzeigen). Nach dem Speichern sollten Sie das Bild aus Abbildung 5.21 erhalten.

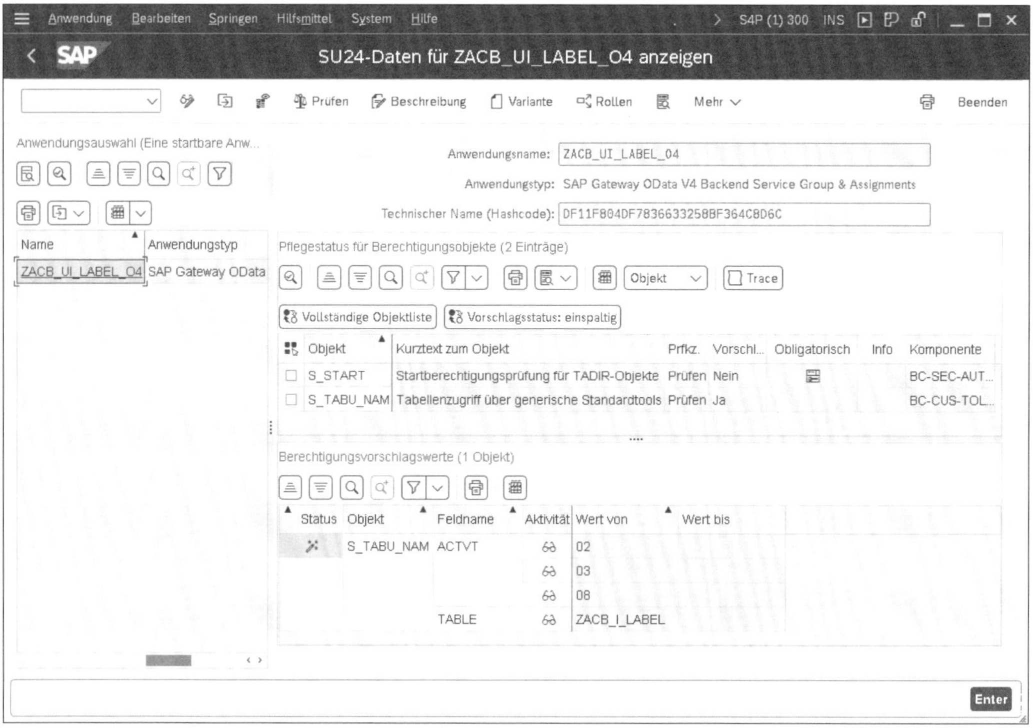

Abbildung 5.21 Pflege der Berechtigungsvorschlagsdaten in Transaktion SU24

Implementierungsdetails der Berechtigungsprüfung

Welche Views Sie hier für das Feld `TABLE` ergänzen müssen und um welches Berechtigungsobjekt es sich konkret handelt, können Sie den zugehörigen DCL-Sourcen entnehmen. Sie finden diese in Ihrem Paket unter **Core Data**

Services • Zugriffskontrollen. In unserem Beispiel enthält ausschließlich die DCL-Source für den Interface-View ZACB_I_Label einen pfcg_auth-Zusatz und damit einen Verweis auf ein Berechtigungsobjekt, hier S_TABU_NAM. Alle weiteren DCL-Sourcen nutzen das Prinzip der Vererbung, um ihre Berechtigungseinschränkungen vom Interface-View ZACB_I_Label zu übernehmen, wie aus Listing 5.5 hervorgeht.


```
@MappingRole: true
define role ZACB_I_Label {
  grant select on ZACB_I_Label
  where ( ) = ASPECT pfcg_auth (
    'S_TABU_NAM', ACTVT = '03', TABLE = 'ZACB_I_LABEL' );
}
@MappingRole: true
define role ZACB_I_LabelText {
  grant select on ZACB_I_LabelText
  where INHERITING CONDITIONS FROM ENTITY ZACB_I_Label;
}
```

Listing 5.5 Berechtigungseinschränkungen in den DCL-Sourcen »ZACB_I_Label« und »ZACB_I_LabelText«

Eine zweite Stelle, an der Sie die Implementierung des Berechtigungskonzepts finden können, ist die Implementierungsklasse der Verhaltensdefinition. Die Methode get_global_authorizations der lokalen Handler-Klasse prüft ebenfalls das genannte Berechtigungsobjekt, wie in Listing 5.6 dargestellt.

```
CLASS lhc_zacb_i_label_s DEFINITION FINAL
  INHERITING FROM cl_abap_behavior_handler.
  PRIVATE SECTION.
    METHODS:
      ...
      get_global_authorizations FOR GLOBAL AUTHORIZATION
        IMPORTING
           REQUEST requested_authorizations FOR LabelAll
        RESULT result.
ENDCLASS.
CLASS lhc_zacb_i_label_s IMPLEMENTATION.
  METHOD get_global_authorizations.
    AUTHORITY-CHECK OBJECT 'S_TABU_NAM'
      ID 'TABLE' FIELD 'ZACB_I_LABEL'
      ID 'ACTVT' FIELD '02'.
```

```
    ...
  ENDMETHOD.
ENDCLASS.
```

Listing 5.6 Methode »get_global_authorizations« in der lokalen Handler-Klasse

Dies wären daher auch genau die beiden Stellen, an denen Sie abweichende Berechtigungslogik implementieren könnten.

Erstellung der Rolle und zugehöriger Objekte

An diesem Punkt endet oft die Zuständigkeit des Entwicklungsteams, und die Berechtigungsadministration übernimmt. Diese muss sich bei der Umsetzung eines Berechtigungskonzepts oft an unternehmensspezifische Vorgaben und Namenskonventionen halten. Die Folgeschritte werden daher an dieser Stelle nicht mehr detailliert vorgestellt. Folgende Aufgaben sind noch zu erledigen:

1. **Anlage oder Ergänzung einer Rolle**

   Es muss eine neue Rolle in Transaktion PFCG angelegt oder eine bestehende erweitert werden. Diese nimmt über einen TADIR-Service des Typs **SAP Gateway OData V4 Backend Service Group & Assignments** Bezug auf das Service-Binding und übernimmt Ihre gepflegten Vorschlagswerte. Sofern keine andere Rolle die betreffende Berechtigung vergibt, muss die besagte Rolle außerdem die Berechtigung für die SAP-Fiori-basierten Apps zur Business Configuration enthalten. Dies geschieht im zweiten Schritt über die Aufnahme eines Business Catalogs. Außerdem sollten die entsprechenden Kacheln den Anwenderinnen und Anwendern zur Verfügung gestellt werden. Dafür bietet es sich an, den ausgelieferten Bereich `SAP_BASIS_SP_BPC` in die Rolle aufzunehmen.

2. **Anlage eines Business Catalogs**

   In SAP S/4HANA 2023 FPS01 steht leider kein von SAP ausgelieferter Business Catalog für Business Configuration zur Verfügung. Es muss daher ein eigener angelegt werden, der Bezug zum technischen Katalog `SAP_BASIS_TCR_T` nimmt. Die relevanten Apps können dem Bereich `SAP_BASIS_SP_BPC` entnommen werden.

3. **Zuweisung der Rolle zur Benutzerin oder zum Benutzer**

   Abschließend muss die erstellte Rolle den Benutzerinnen und Benutzern zugewiesen werden.

5.5 Konfiguration aus Anwendersicht

Business Configuration im SAP Fiori Launchpad

Mit den in Abschnitt 5.4, »Berechtigungen vergeben«, beschriebenen Berechtigungen können Sie Ihre Business Configuration App aufrufen. Dazu öffnen Sie das SAP Fiori Launchpad Ihres Systems und wählen den Bereich **Business Process Configuration**. Alternativ können Sie auch über den App Finder direkt in die in diesem Bereich enthaltenen Apps einsteigen. Der betreffende Bereich ist in Abbildung 5.22 dargestellt.

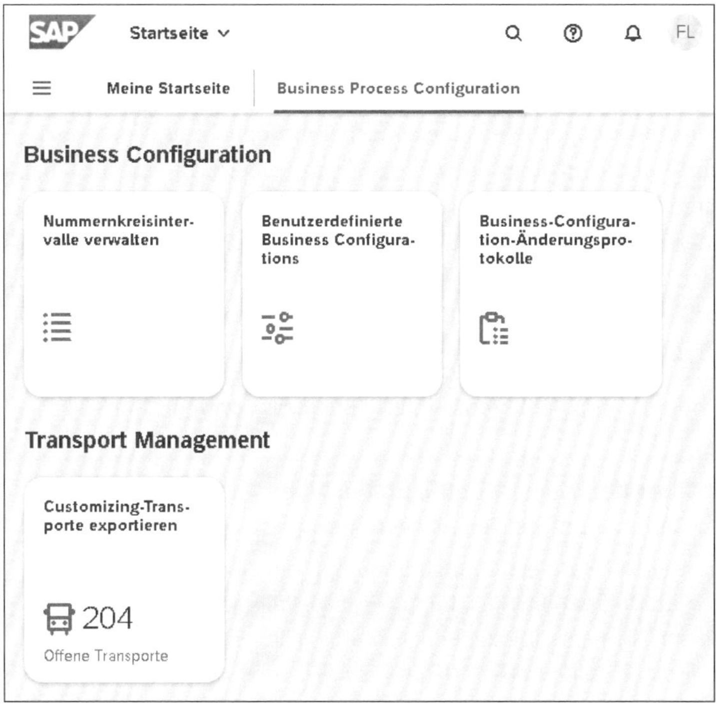

Abbildung 5.22 Bereich »Business Process Configuration« im SAP Fiori Launchpad

Abschnitte des Launchpad-Bereichs

In SAP S/4HANA 2023 FPS01 enthält der Bereich zwei Abschnitte:

- Der für uns zunächst primär relevante Abschnitt **Business Configuration** enthält drei Kacheln:
  - Über die Kachel **Nummernkreisintervalle verwalten** können Sie genau dies tun und neue Intervalle in Nummernkreisobjekten definieren oder bestehende bearbeiten. Details zu Nummernkreisobjekten erfahren Sie in Kapitel 9. Die Verwaltung von Nummernkreisintervallen ist im Kontext der Business Configuration insofern relevant, als Sie in diversen Customizing-Einstellungen Nummernkreisintervalle zuordnen müssen.

- Die nächste Kachel **Benutzerdefinierte Business Configurations** ermöglicht den Einstieg in die einzelnen Business Configuration Apps. Mit dieser App werden wir uns im Folgenden zunächst beschäftigen. Einen alternativen Einstieg in diese App finden Sie im SAP-Referenz-IMG über Transaktion SPRO oder über die SAP-Fiori-App **Implementierungsaktivitäten**. Folgen Sie hier dem Pfad **Custom Konfiguration • Custom Business Configurations**.
- Über die Kachel **Business-Configuration-Änderungsprotokolle** können Sie die Änderungsprotokolle aufrufen und nachvollziehen, wer wann was in den Einstellungen geändert hat.

- Der zweite Abschnitt **Transport Management** enthält die Kachel **Customizing-Transporte exportieren**. Diese Kachel ermöglicht es, Customizing-Transporte und -Aufgaben über die SAP-Fiori-Oberfläche anzulegen, zu bearbeiten und freizugeben. Um diese Einstellungen vorzunehmen, muss man sich nicht am SAP GUI oder in den ABAP Development Tools anmelden. Die notwendigen Aktivitäten inklusive Transportanlage und Freigabe können alle über den Bereich **Business Process Configuration** im SAP Fiori Launchpad erledigt werden.

Rufen Sie nun die App **Benutzerdefinierte Business Configurations** auf.

[»]

Bereitstellung der Business Configuration über die App »Benutzerdefinierte Business Configurations«

Da es sich bei der Business Configuration App um eine Anwendung handelt, die mithilfe des ABAP RESTful Application Programming Models und von SAP Fiori Elements implementiert wurde, können Sie sie theoretisch auch über die Vorschau des Service-Bindings in den ABAP Development Tools aufrufen. Technisch ist dies allerdings weder erforderlich noch sinnvoll. Das Business Configuration Maintenance Object integriert die Business Configuration App automatisch in die SAP-Fiori-App **Benutzerdefinierte Business Configurations** und bietet dort diverse Einstellungen zur Konfiguration an, die Sie sonst nur beim Aufruf über das SAP Business Application Studio vorgefunden hätten. Ihre App ist automatisch im System verfügbar und muss nicht erst über das SAP Business Application Studio deployt werden.

Benutzerdefinierte Business Configurations

Nach dem Start der App sehen Sie das in Abbildung 5.23 dargestellte Einstiegsbild. Sie können hier die gewünschte Business Configuration auswählen und in das Detailbild verzweigen. Sollten Sie den gesuchten Eintrag nicht direkt finden, können Sie zusätzliche Spalten über die Einstellungen (⚙) einblenden oder mit der Volltextsuche und den Filteroptionen arbeiten.

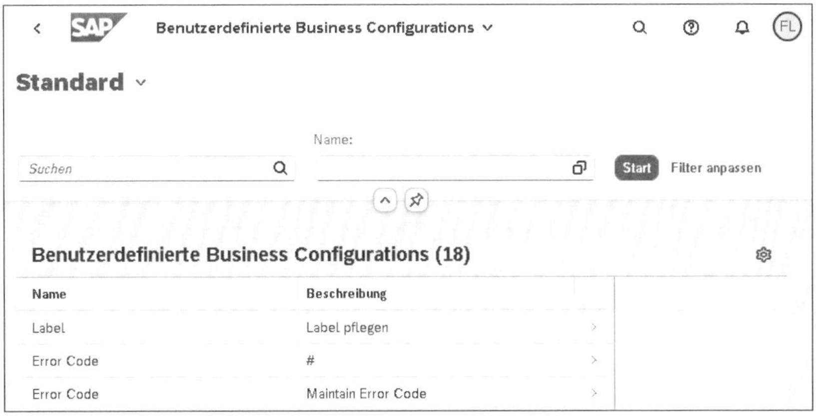

Abbildung 5.23 Einstiegsbild der App »Benutzerdefinierte Business Configurations«

Wählen Sie unsere in Abschnitt 5.3, »Business Configuration App generieren«, angelegte Business Configuration **Label** aus. Damit werden Sie in unsere Business Configuration App umgeleitet. Sie startet mit einer tabellarischen Auflistung der Labels, die in Abbildung 5.24 dargestellt ist. Als Layout für das Einstiegsbild wird der List Report Floorplan von SAP Fiori Elements verwendet.

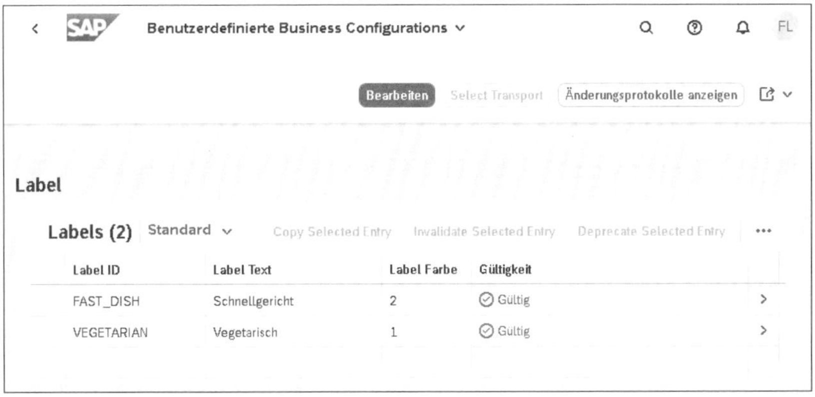

Abbildung 5.24 List Report unserer Business Configuration App

In Abbildung 5.24 wurden bereits zwei Labels gepflegt. Diese werden mit ihren Feldern in einer Tabelle angezeigt. In der Header Toolbar über dieser Tabelle finden Sie die üblichen Funktionen, um in den Bearbeitungsmodus zu wechseln, die App als Favoriten zu markieren oder einen Link zur App per E-Mail zu verschicken. Letztere sind über das Teilen-Symbol (☐) erreichbar. Neu sind hier die Funktionen **Select Transport** und **Änderungsprotokolle anzeigen**, die wir gleich nutzen werden.

Anlage eines neuen Datensatzes

Wir möchten nun ein weiteres Label namens **Kostengünstig** anlegen. Dazu wechseln Sie über den Button **Bearbeiten** in den Bearbeitungsmodus. Die Felder in der Tabelle sind nun eingabebereit, und Sie können in der leeren Zeile einen neuen Eintrag ergänzen. Anschließend bestätigen Sie Ihre Eingaben mit [↵]. Die Tabelle sortiert sich daraufhin automatisch um, um den neuen Eintrag zu berücksichtigen. Dieser Zustand ist in Abbildung 5.25 zu sehen.

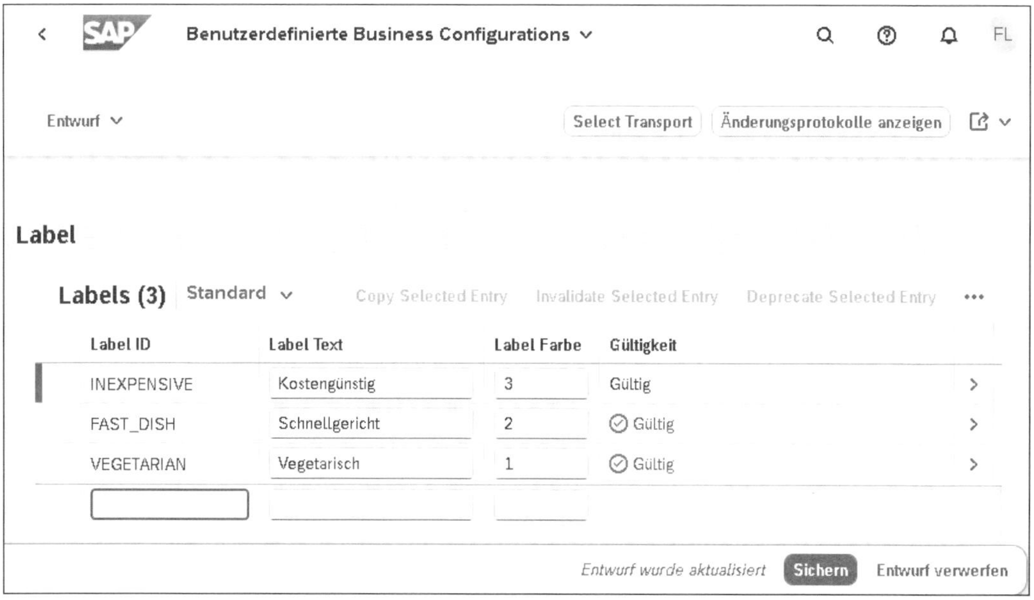

Abbildung 5.25 Änderungsmodus in einer Business Configuration App

An dieser Stelle ist auch ersichtlich, dass Änderungen automatisch als Entwurf gespeichert werden. Die generierte Business Configuration App ist automatisch *draft-enabled*, d. h., sie unterstützt das Draft-Konzept des ABAP RESTful Application Programming Models.

Object Page

Neben der tabellarischen Übersicht steht auch eine Object Page zur Einzelsatzpflege zur Verfügung. Über das Pfeilsymbol neben einem Eintrag navigieren Sie in diese Detailansicht, die in Abbildung 5.26 dargestellt ist. Die Object Page bietet hier ergänzend die Funktion, die sprachabhängigen Texte, hier den Label-Text, in weiteren Sprachen als der Anmeldesprache zu pflegen.

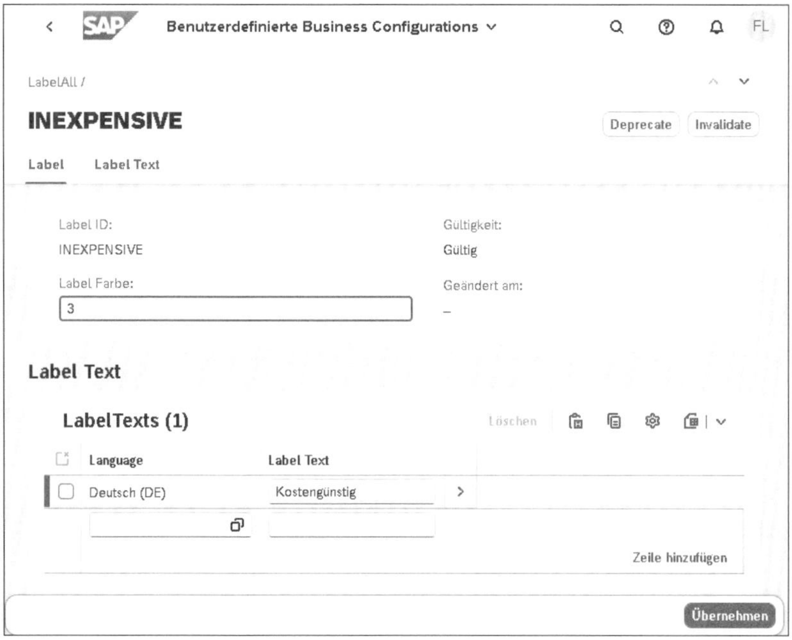

Abbildung 5.26 Object Page in einer Business Configuration App

Transport-anbindung

Um den neuen Eintrag aktiv zu sichern, müssen Sie zunächst einen Customizing-Transport auswählen. Diese Auswahl nehmen Sie mithilfe des Buttons **Select Transport** vor. Sie können ausschließlich bestehende Customizing-Transporte auswählen, an denen Sie beteiligt sind. Abweichend von der Pflege mit klassischen Pflege-Views muss die Anlage des Customizing-Transports zuvor bereits erfolgt sein. Sie können dies z. B. über die ebenfalls im Bereich **Business Process Configuration** bereitgestellte App **Customizing-Transporte exportieren** (App-ID F5069) erledigen und anschließend Ihren Transport im hier beschriebenen Pop-up-Fenster auswählen (siehe Abbildung 5.27).

Abbildung 5.27 Auswahl des Customizing-Transportauftrags

Der gewählte Transportauftrag wird Ihnen nun im Kopfbereich der Anwendung angezeigt. Zum Speichern klicken Sie unten rechts auf den Button **Sichern** oder nutzen die Tastenkombination `Strg` + `S`. Der Entwurf wird anschließend aktiv gesichert, die zugehörigen aktiven Datenbanktabellen werden aktualisiert und die Einträge aus den Draft-Tabellen entfernt. Dabei werden die Einträge auch in den gewählten Transportauftrag übernommen, um sie in Folgesysteme transportieren zu können. Abschließend finden Sie sich im Einstiegsbild der App wieder. Sie befinden sich wieder im Anzeigemodus, und die Tabelle wurde aktualisiert. Den Customizing-Transport könnten Sie nun über die App **Customizing-Transporte exportieren** freigeben.

[»]

Release-Abhängigkeit der Transportauswahl

Der genaue Prozess zur Auswahl des Customizing-Transports in der Business Configuration App ist release-abhängig. Im hier genutzten System, SAP S/4HANA 2023, muss die Auswahl vor dem Sichern über den Button **Select Transport** erfolgen. Andernfalls erhalten Sie zwei Fehlermeldungen. In den Public-Cloud-Umgebungen wurde der Prozess bereits weiter ausgestaltet, sodass Sie bei Nichtangabe eines Transports automatisch in die Transportauswahl weitergeleitet werden.

Nachvollziehen von Änderungen

Um nachzuvollziehen, welche Einstellungen wann und von wem geändert wurden, können Sie das Änderungsprotokoll aufrufen. In Ihrer Business Configuration App finden Sie dazu oben neben der Transportauswahl und der Funktion zum Wechsel zwischen Anzeige- und Änderungsmodus den Button **Änderungsprotokolle anzeigen**. Nach dem Klick auf diesen Button werden Ihnen die Datenbanktabellen, die in der aktuellen Anwendung gepflegt werden können, in einem Pop-up-Fenster angezeigt. Nach Auswahl der Tabelle springen Sie in die SAP-Fiori-App **Business-Configuration-Änderungsprotokolle** (App-ID F4327) ab. Die ausgewählte Tabelle wird dabei in dieser App direkt ausgewählt. Im Einstiegsbild sehen Sie die Anzahl an verfügbaren Protokollen in einer Tabelle (siehe Abbildung 5.28).

Abbildung 5.28 Einstiegsbild der Änderungsprotokollanzeige

Änderungsprotokolleinträge

Nach Auswahl der gewünschten Tabelle werden Ihnen alle Änderungen einer Tabelle auf Einzelsatz- und Feldebene angezeigt. Für die Texttabelle der Labels ist diese Änderungsübersicht in Abbildung 5.29 dargestellt.

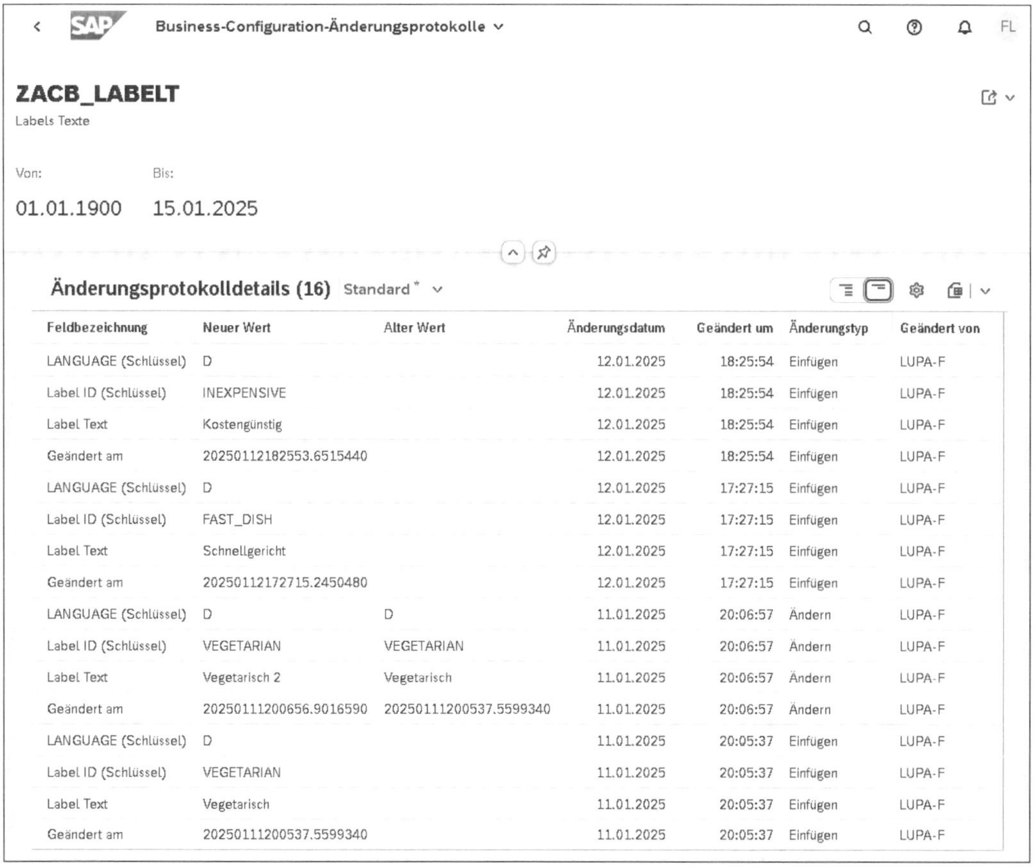

Feldbezeichnung	Neuer Wert	Alter Wert	Änderungsdatum	Geändert um	Änderungstyp	Geändert von
LANGUAGE (Schlüssel)	D		12.01.2025	18:25:54	Einfügen	LUPA-F
Label ID (Schlüssel)	INEXPENSIVE		12.01.2025	18:25:54	Einfügen	LUPA-F
Label Text	Kostengünstig		12.01.2025	18:25:54	Einfügen	LUPA-F
Geändert am	20250112182553.6515440		12.01.2025	18:25:54	Einfügen	LUPA-F
LANGUAGE (Schlüssel)	D		12.01.2025	17:27:15	Einfügen	LUPA-F
Label ID (Schlüssel)	FAST_DISH		12.01.2025	17:27:15	Einfügen	LUPA-F
Label Text	Schnellgericht		12.01.2025	17:27:15	Einfügen	LUPA-F
Geändert am	20250112172715.2450480		12.01.2025	17:27:15	Einfügen	LUPA-F
LANGUAGE (Schlüssel)	D	D	11.01.2025	20:06:57	Ändern	LUPA-F
Label ID (Schlüssel)	VEGETARIAN	VEGETARIAN	11.01.2025	20:06:57	Ändern	LUPA-F
Label Text	Vegetarisch 2	Vegetarisch	11.01.2025	20:06:57	Ändern	LUPA-F
Geändert am	20250111200656.9016590	20250111200537.5599340	11.01.2025	20:06:57	Ändern	LUPA-F
LANGUAGE (Schlüssel)	D		11.01.2025	20:05:37	Einfügen	LUPA-F
Label ID (Schlüssel)	VEGETARIAN		11.01.2025	20:05:37	Einfügen	LUPA-F
Label Text	Vegetarisch		11.01.2025	20:05:37	Einfügen	LUPA-F
Geändert am	20250111200537.5599340		11.01.2025	20:05:37	Einfügen	LUPA-F

Abbildung 5.29 Tabellarische Übersicht der Änderungsprotokolleinträge

Im konkreten Fall könnten Sie hier nachvollziehen, dass der deutsche Label-Text für das Label mit dem technischen Bezeichner VEGETARIAN von »Vegetarisch« auf »Vegetarisch 2« geändert wurde. Achten Sie dazu auf den Änderungstyp und die in der Feldbezeichnung mit dem Zusatz »(Schlüssel)« markierten Zeilen. Anhand der Änderungsuhrzeit lassen sich in der Tabelle Gruppen erkennen.

Als alternativen Einstiegspunkt können Sie auch direkt die App **Business-Configuration-Änderungsprotokolle** öffnen und dort manuell die Datenbanktabellen eintragen, zu denen Sie sich die Protokolle ansehen möchten. Diese App finden Sie im Bereich **Business Process Configuration**.

5.6 Einstellungen im Business Configuration Maintenance Object

In den vorangegangenen Abschnitten haben wir zunächst die Customizing-Tabellen mit den zugehörigen Datenelementen und Domänen angelegt. Anschließend wurden über den Maintenance Object Generator diverse Objekte im System angelegt, um die Business Configuration App zu implementieren. Danach haben wir die Berechtigungen für diese App vergeben und sie abschließend aus der Sicht der Anwenderinnen und Anwender getestet.

Anpassung der Standardeinstellungen

Bislang haben wir überall weitgehend die Standardeinstellungen verwendet, die auch bereits zu einem akzeptablen Ergebnis führten. Es gibt jedoch verschiedene Stellen, an denen diese Standardeinstellungen angepasst werden können. Viele davon finden sich im Pflegedialog des Business Configuration Maintenance Objects, der in Abbildung 5.30 dargestellt ist. Auf einige dieser Einstellungen und deren Auswirkungen gehen wir in diesem Abschnitt ein.

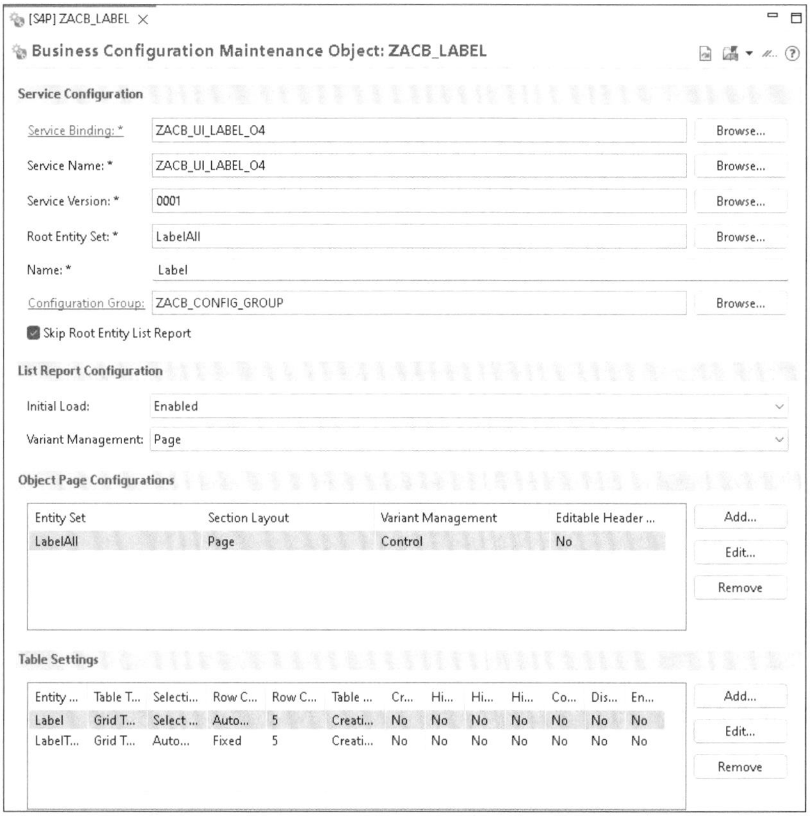

Abbildung 5.30 Pflegedialog des Business Configuration Maintenance Objects

Konfigurationsgruppen

In den Einstellungen des Business Configuration Maintenance Objects finden Sie ein Feld **Configuration Group**. Darüber können Sie zusammengehörige Business Configuration Maintenance Objects gruppieren. So können die Anwenderinnen und Anwender nach ihrer Gruppe filtern oder sortieren.

In unserem Beispiel haben wir eine Konfigurationsgruppe **ABAP-Kochbuch** definiert und zugeordnet. Die Einträge in der Tabelle zur Auswahl der Business Configuration in der App **Benutzerdefinierte Business Configurations** können infolgedessen nach dieser Gruppe gefiltert werden, wie in Abbildung 5.31 dargestellt.

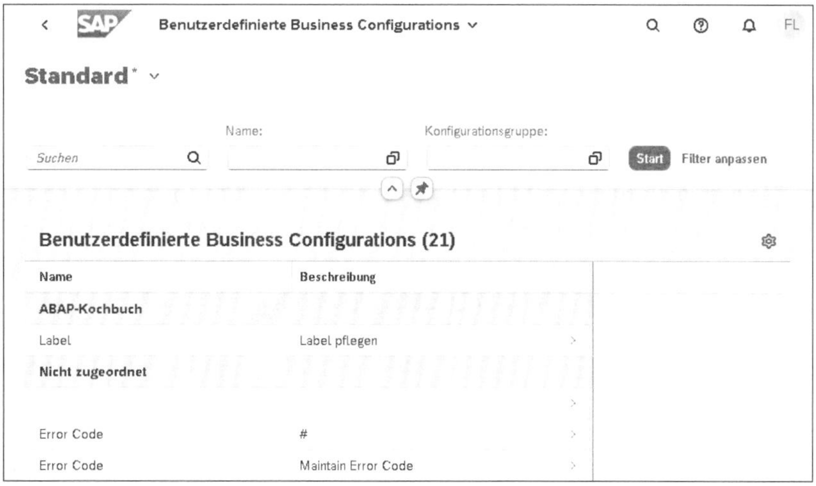

Abbildung 5.31 Gruppierung nach Konfigurationsgruppe in der App »Benutzerdefinierte Business Configurations«

Filter anpassen

Über den Button **Filter anpassen** können Sie die Konfigurationsgruppe in die Filter aufnehmen. Beachten Sie, dass es aktuell keine Wertehilfe für die Konfigurationsgruppen gibt. Über die Einstellungen (⚙) zur Tabelle lässt sich die Registerkarte **Gruppieren** öffnen. Darüber können Sie die Konfigurationsgruppe aufnehmen, um die Tabelle anzuzeigen, wie in Abbildung 5.31 dargestellt.

Zuordnung über Datenelemente

Um Ihr Business Configuration Maintenance Object zu einer Konfigurationsgruppe zuzuordnen, tragen Sie im entsprechenden Feld ein Datenelement ein. Der Objekttyp **Datenelement** wird hier etwas missbraucht, um eine Zuordnung mit übersetzbarem Text zu definieren. Das Datenelement kann z. B. dann den eingebauten Dictionary-Typ `CHAR` der Länge 1 besitzen, denn es wird technisch nie zur Typisierung verwendet.

Auch die vier verschiedenen Texte werden nicht genutzt. Der den Anwenderinnen und Anwendern präsentierte Text zur Konfigurationsgruppe ist überraschenderweise die Datenelementbeschreibung aus dem **Properties**-View.

Verwenden Sie keine Standarddatenelemente wieder, sondern legen Sie eigene für die Konfigurationsgruppen an. Diese sollten dann in derselben Softwarekomponente wie die zugehörigen Business Configuration Maintenance Objects liegen, damit sie in ABAP Cloud ohne Freigabe verwendet werden können.

Weitere Einstellungsmöglichkeiten

In den weiteren Einstellungen des Business Configuration Maintenance Objects können Sie das Seitenlayout, die Object Pages und den Tabellenaufbau sowie die angebotenen Buttons und das Verhalten beim Hinzufügen von Einträgen anpassen. Dabei handelt es sich weitgehend um Optionen für die SAP-Fiori-Oberfläche, die bei der Entwicklung normaler RAP-Anwendungen für Anwendungsdaten im SAP Business Application Studio eingerichtet würden. Steht eine gewünschte Funktion nicht zur Verfügung, können Sie diese daher möglicherweise über SAP-Fiori-Elements-Annotationen in den Metadatenerweiterungen oder den Projektions-Views des generierten RAP-Konstrukts aktivieren.

5.7 Lebenszyklusverwaltung mit Deprecation

Deprecation

Der ABAP-Repository-Objekt-Generator für Business Configuration Maintenance Objects unterstützt die Option, Aktionen für die *Deprecation* von Einträgen zu generieren, sie also als veraltet zu kennzeichnen. Dabei geht es um die Lebenszyklusverwaltung von Customizing-Einstellungen. Obsolete Einstellungen können damit als solche markiert werden.

Das Konzept sieht eine dreistufige Abstufung der Gültigkeiten über die in Tabelle 5.5 aufgeführten Werte vor.

Wert	Gültigkeit
(Leerzeichen)	gültig
`W`	veraltet (deprecated)
`E`	nicht mehr gültig (invalid)

Tabelle 5.5 Werte der Domäne »CONFIG_DEPRECATION_CODE«

Ein gültiger Eintrag steht in allen Anwendungen zur Verfügung. Nicht mehr gültige Einträge erzeugen bei Fremdschlüsselprüfungen eine Warnung.

Veraltete Einträge erzeugen bei Fremdschlüsselprüfungen eine Fehlermeldung und können dann nicht mehr verwendet werden.

Wenn Sie die Deprecation-Funktion verwenden, wird automatisch die Löschfunktion entfernt. Technisch steht diese dann in der RAP-Entität nur noch als interne Aktion zur Verfügung. Von den Anwenderinnen und Anwendern wird erwartet, dass sie Einträge nicht löschen, sondern als ungültig oder veraltet kennzeichnen. Merken können Sie sich die technischen Werte einfach über das Systemverhalten. `E` steht für Error und `W` für Warning.

Deprecation-Funktion in der App

In Ihrer Business Configuration App äußert sich die Deprecation-Funktion in den neuen Buttons **Deprecate** und **Invalidate** im List Report und auf der Object Page. Klicken Sie z. B. auf den Button **Deprecate**, erhalten Sie eine Meldung, die Sie über die Auswirkungen informiert (siehe Abbildung 5.32). Dies ist besonders hilfreich, weil in einigen Release-Ständen noch keine Übersetzungen ausgeliefert wurden, sodass die Button-Bezeichner hier auf Englisch sind.

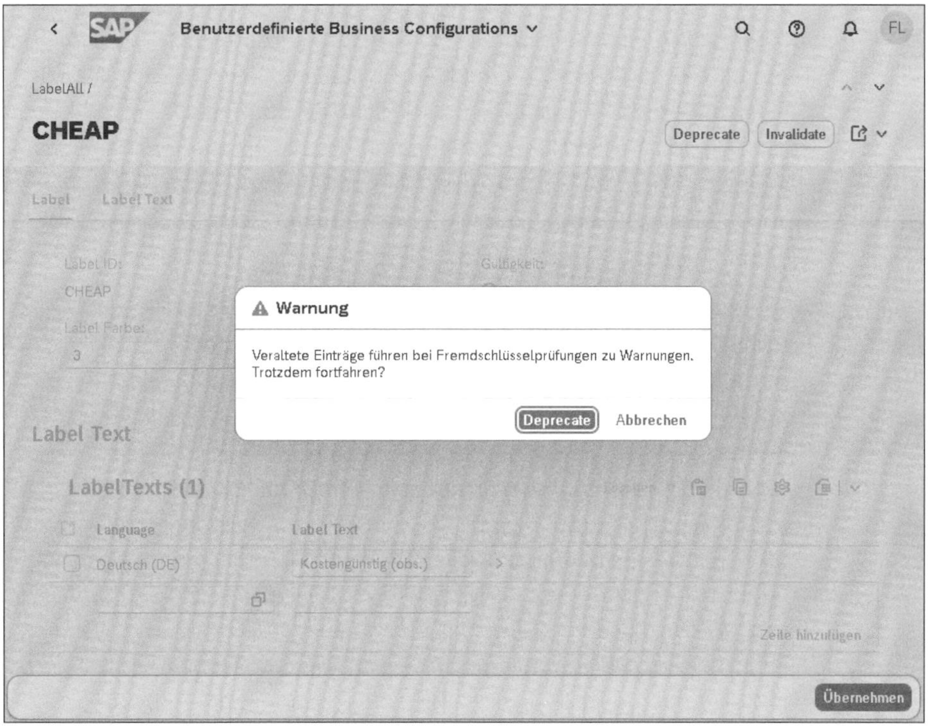

Abbildung 5.32 Warnung bei Setzen des Status »Veraltet«

Anzeige der Gültigkeit

In der Übersichtstabelle können Sie den Gültigkeitsstatus inklusive eines entsprechenden Icons ganz einfach erkennen (siehe Abbildung 5.33).

Abbildung 5.33 Gültigkeitsstatus in der Übersichtstabelle einer Business Configuration App

Aktivierung der Deprecation-Funktion

Um die beschriebene Funktion in der Business Configuration App zu aktivieren, hatten wir in Abschnitt 5.2, »Customizing-Tabellen anlegen«, das Feld `CONFIGDEPRECATIONCODE` mit dem Datenelement `CONFIG_DEPRECATION_CODE` als Datentyp in Tabelle `ZACB_LABEL` aufgenommen. Dieses Feld muss exakt den genannten Namen tragen und das beschriebene Datenelement nutzen. In Abschnitt 5.3, »Business Configuration App generieren«, haben wir dann das Häkchen bei der Option **Add Deprecate Actions** gesetzt. Alles Weitere übernahm der Generator.

[+]

Aktivierung der Löschfunktion bei aktiver Deprecation

Der ABAP-Repository-Objekt-Generator für Business Configuration Maintenance Objects hat die Löschfunktion anwenderseitig deaktiviert, da wir uns für die Option **Add Deprecate Actions** entschieden haben. Der Generator dient allerdings nur dazu, die Objekte und das dahinterliegende Coding als Vorlage zu erzeugen. Sollten Sie Deprecation und Löschung gleichzeitig verwenden wollen, können Sie das Verhalten manuell anpassen. Dazu entfernen Sie in der Verhaltensdefinition der Root-Entität den `internal`-Zusatz bei der Standardoperation `delete` und ergänzen `use delete;` in der Projektionsverhaltensdefinition. Diese Anpassungen können Sie Listing 5.7 entnehmen.

```
define behavior for ZACB_I_Label alias Label
...
{
  ...
  update( features : global );
```

```
// internal delete;
  delete;
  ...
}
define behavior for ZACB_C_Label alias Label
{
  ...
  use update( augment );
  use delete;
  ...
}
```

Listing 5.7 Anpassung der Verhaltensdefinition und Projektionsverhaltensdefinition zur Nutzung der Standardoperation »delete« bei aktiver Deprecation

5.8 Dokumentation von Business Configuration Maintenance Objects

Je nach Komplexität der in Ihrer Business Configuration App bereitgestellten Einstellungsmöglichkeiten kann es sinnvoll sein, eine Dokumentation anzubieten. Diese sollten die Anwenderinnen und Anwender der App möglichst auch direkt in der App finden, anstatt parallel auf anderen Plattformen danach suchen zu müssen. Eine solche Dokumentation können Sie mithilfe von *Knowledge Transfer Documents* mit Markdown-Syntax in der App bereitstellen.

Anlage des Knowledge Transfer Documents

Knowledge Transfer Documents werden detailliert in Kapitel 15, »Dokumentation von Entwicklungsobjekten«, behandelt. Daher fassen wir hier nur kurz zusammen, wie sich diese Dokumente in einer Business Configuration App verhalten. Im ersten Schritt legen Sie ein neues Knowledge Transfer Document mit Bezug zum Business Configuration Object an.

1. Klicken Sie dazu mit der rechten Maustaste auf das Business Configuration Maintenance Object im Project Explorer, und wählen Sie im Kontextmenü die Option **New Knowledge Transfer Document** (siehe Abbildung 5.34).
2. Vergeben Sie anschließend einen Bezeichner. Dieser kann dem Bezeichner des Objekts entsprechen, das dokumentiert wird. Wir entscheiden uns daher hier für den Bezeichner `ZACB_LABEL`.
3. Das Paket wird automatisch ermittelt und kann nicht von dem des dokumentierten Objekts abweichen.

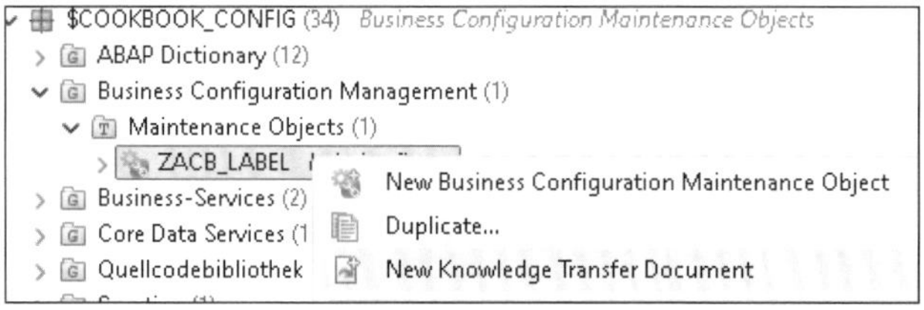

Abbildung 5.34 Anlage eines Knowledge Transfer Documents mit Bezug zum Business Configuration Maintenance Object

4. Geben Sie abschließend einen Transportauftrag an, und bestätigen Sie die Anlage des Knowledge Transfer Documents mit **Finish**.

Nach der Anlage werden Sie in den markdown-basierten Texteditor geleitet, in dem Sie den Text Ihrer Dokumentation pflegen können. Die Syntax und den Funktionsumfang des Editors stellen wir ebenfalls in Kapitel 15, »Dokumentation von Entwicklungsobjekten«, vor.

Anzeige in der Business Configuration App

Sobald ein aktives Knowledge Transfer Document zu einem Business Maintenance Configuration Object einer Business Configuration App existiert, wird ein zusätzlicher Button **Dokumentation anzeigen** in der App angezeigt. Über diesen Button können die Anwenderinnen und Anwender die von Ihnen angelegte Dokumentation aufrufen. Diese wird vom Webbrowser visuell aufbereitet in einem Pop-up-Fenster dargestellt, wie Sie in Abbildung 5.35 sehen.

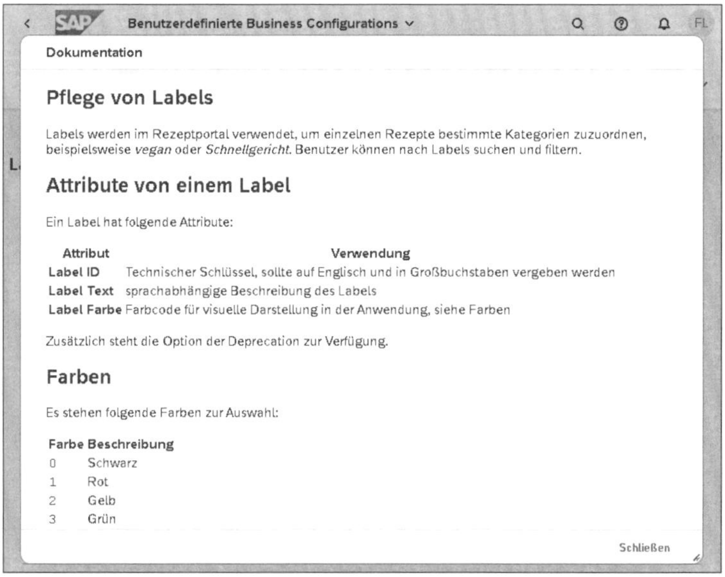

Abbildung 5.35 Anzeige eines Knowledge Transfer Documents in einer Business Configuration App

5.9 Zusammenfassung

In diesem Kapitel haben Sie das Business Configuration Maintenance Object als Möglichkeit kennengelernt, Pflegedialoge für Customizing-Tabellen bereitzustellen. Dazu haben wir einen ABAP-Repository-Objekt-Generator verwendet und die generierte Anwendung anschließend an unsere Bedürfnisse angepasst. Sie haben einige Detailfunktionen wie Deprecation und die Bereitstellung von Dokumentation kennengelernt.

Die erstellte Anwendung ist, bis auf die automatische Integration in die App **Benutzerdefinierte Business Configurations**, weitgehend eine normale RAP-Anwendung. Als solche können Sie sie flexibel erweitern. Der Generator erzeugt jedoch bereits eine komplexere RAP-Anwendung mit Integration in das Transportwesen, Validierungen und zusätzlichen Aktionen. Die generierten Implementierungsklassen weisen bereits einige Zeilen an Boilerplate-Coding auf, das für Einsteigerinnen und Einsteiger schwierig nachzuvollziehen ist. Hier wäre es wünschenswert, das generierte Coding minimieren und den Großteil der Funktionen über die Verhaltensdefinition deklarativ beschreiben zu können. Zusätzlich scheint die generierte Anwendung zumindest in einem Aspekt stark auf die Public-Cloud-Umgebungen ausgelegt: Für SAP S/4HANA und SAP S/4HANA Cloud Private Edition wäre eine Unterstützung des Werts `#RESTRICTED` für das Anzeige- und Pflegekennzeichen durch den Generator sehr wünschenswert, da die klassischen generischen Tabellenpflegewerkzeuge das Pflegekonzept sonst unter Umständen umgehen könnten, wenn Sie das Kennzeichen nach der Generierung nicht noch mal ändern.

Was Ihnen vielleicht auch nicht entgangen ist, sind die teilweise englischen Texte auf der Benutzeroberfläche. Noch nicht alle generierten UI-Elemente haben deutsche Übersetzungen. Abhängig von Ihrer Originalsprache müssen Sie daher gegebenenfalls manuell die Bezeichner z. B. in der CDS-Metadatenerweiterung anpassen.

Es gibt darüber hinaus noch einige weitere Funktionen, die in diesem Kapitel nicht angesprochen werden konnten. Sie können die generierte Business Configuration App z. B. in SAP S/4HANA und SAP S/4HANA Cloud Private Edition in den Einführungsleitfaden, Transaktion SPRO, einhängen. Auch ein Kopieren aus oder Hochladen von Excel-Dateien ist release-abhängig verfügbar.

Kapitel 6

Anwendungsprotokolle

Das Anwendungsprotokoll zur Protokollierung von geschäftsprozessrelevanten Vorgängen hat in ABAP Cloud eine neue objektorientierte API erhalten. In diesem Kapitel lernen Sie den Umgang mit den relevanten Klassen anhand unseres Anwendungsbeispiels kennen.

Anwendungsprotokolle sind eine sehr beliebte Lösung, um Informationen zu einer konkreten Programmausführung zur Laufzeit zu protokollieren. Die dafür im SAP-Standard bereitgestellte Funktion wird auch *Anwendungslog* oder auf Englisch *Application Log* genannt. Der Funktionsumfang der Komponente ist sehr groß und wurde bereits häufig in anderen Büchern zum Thema beschrieben.

Klassische Funktionsbausteine

Ein Nachteil der Anwendungsprotokolle war immer die klassischerweise über Funktionsbausteine bereitgestellte API. Über diese Funktionsbausteine mit BAL-Präfix, wie `BAL_LOG_CREATE` und `BAL_LOG_MSG_ADD`, können ein Protokoll erzeugt und ein Protokolleintrag hinzugefügt werden. Dieser kann abschließend mit dem Funktionsbaustein `BAL_DB_SAVE` in der Datenbank persistiert werden. Technisch bedingt, nehmen die Aufrufe dieser Funktionsbausteine bei der Implementierung viele Zeilen Code in Anspruch und lenken schon allein durch ihren hohen Zeilenanteil visuell von der eigentlichen Geschäftslogik ab. In vielen Codebases finden sich daher objektorientierte Wrapper um die alten Funktionsbausteine, um das Problem mittels Methodenaufrufen und eines Objekts, das das konkrete Protokoll repräsentiert, zu lösen. Auch im SAP-Standard fanden sich bereits solche Klassen in diversen Modulen. In der Open-Source-Community erfreuen sich entsprechende Protokollierungsbibliotheken großer Beliebtheit.

Die BALI-API

In ABAP Cloud wird eine neue objektorientierte API im SAP-Standard angeboten. Die Objekte dieser API tragen das Präfix `BALI`, daher werden sie zusammengefasst im Folgenden *BALI-API* genannt. Den Umgang mit dieser neuen API lernen Sie in diesem Kapitel.

Aufbau des Kapitels

In Abschnitt 6.1 führen wir Sie kurz in die Einbettung des Anwendungsprotokolls in unser Anwendungsbeispiel ein. In Abschnitt 6.2 schaffen wir die Grundlage für die Protokollerstellung, indem wir Anwendungsprotokollobjekte anlegen. In Abschnitt 6.3 erhalten Sie einen Überblick über die bereitgestellte API. In Abschnitt 6.4 erlernen Sie die Techniken zum Hinzufügen von Protokolleinträgen. Abschnitt 6.5 zeigt, wie Sie Ihre erzeugten Protokolle auch persistieren können. In Abschnitt 6.6 zeigen wir Ihnen schließlich noch die Anzeige der Protokolle aus der Sicht der Anwenderinnen und Anwender.

6.1 Anwendungsprotokoll für das Anwendungsbeispiel

Szenario: Benutzerdatenimport

Im Folgenden beschreiben wir Schritt für Schritt, wie die Protokollierung beim Import von Benutzerdaten in die Anwendung im Kontext unseres Rezeptportals implementiert wird. Es geht dabei um den Massenimport von Benutzerstammsätzen inklusive Vor- und Nachnamen, E-Mail-Adressen sowie Autoren- und Adminkennzeichen anhand eines Textformats. Dazu wird ein HTTP-Service im SAP-System bereitgestellt, der in der Payload der eingehenden HTTP-Requests die Benutzerdaten im CSV-Format entgegennimmt, die Daten in das interne Format konvertiert und anschließend in der Benutzerdatenbanktabelle persistiert. Dies ist ein typisches Szenario, da insbesondere bei Langläuferprozessen, in Schnittstellenszenarien oder generell in der Hintergrundverarbeitung Protokolle benötigt werden, weil keine Anwenderin oder kein Anwender zur Interaktion zur Verfügung steht und die durchgeführten Aktionen auch nachträglich nachvollziehbar sein müssen. Ein ähnliches Beispiel, das ebenfalls das Anwendungsprotokoll nutzt, dieses aber nicht inhaltlich aufgreift, finden Sie in Kapitel 10, »Hintergrundverarbeitung«, zu den Anwendungsjobs.

Architektur

Die Importkomponente der Anwendung existiert bereits und ist im HTTP-Handler sehr einfach direkt implementiert, um das Beispiel für dieses Buch möglichst einfach zu halten. Sauberer wäre eine Trennung der HTTP-Protokollebene und der Anwendungslogik über verschiedene Objekte.

Implementierung der Anwendung

Den Einstiegspunkt in die Anwendung bildet die Klasse `ZCL_ACB_USER_IMPORT_HANDLER`, die das Interface `IF_HTTP_SERVICE_EXTENSION` implementiert und über den HTTP-Service `ZACB_USER_IMPORT` im System registriert ist. HTTP-Services sind das ABAP-Cloud-konforme Nachfolgekonzept von eigens implementierten SICF-Knoten.

Eingehende Anfragen werden in der Methode `handle_request` entgegengenommen. Im Normalfall wird ein Erfolgstext im Body zusammen mit dem Response Code 201, »Created«, zurückgegeben. Kommt es zu einem internen Fehler, wird stattdessen nur der Response Code 500, »Internal Server Error«, zurückgegeben. Kommt es zu einem Importfehler wegen fehlender oder falscher Daten, wird ein Response Code 400, »Bad Request«, zusammen mit einer Fehlermeldung zurückgegeben.

Listing 6.1 zeigt die Implementierung der Methode `handle_request`.

Methode »handle_request«


```
METHOD if_http_service_extension~handle_request.
  DATA(parameters) = request->get_form_fields( ).
  DATA(delimiter) = VALUE #(
    parameters[ name = 'delimiter' ]-value OPTIONAL ).
  DATA(drop_users) = VALUE #(
    parameters[ name = 'drop-users' ]-value OPTIONAL ).
  response->set_content_type( 'text/plain; charset=utf-8' ).

  CASE request->get_content_type( ).
    WHEN 'application/csv'.
      IF delimiter IS INITIAL.
        response->set_status(
          if_web_http_status=>bad_request ).
        response->set_text(
          |Parameter DELIMITER (Trennzeichen) wurde| &&
          | nicht übergeben| ).
        RETURN.
      ENDIF.

      DATA(users) = convert_csv_to_users(
        csv       = request->get_text( )
        delimiter = delimiter ).

      IF users IS INITIAL.
        response->set_status(
          if_web_http_status=>bad_request ).
        response->set_text(
          |Benutzerdaten konnten nicht konvertiert werden| ).
        RETURN.
      ENDIF.

      IF to_lower( drop_users ) = 'true'.
        DELETE FROM zacb_user.
      ENDIF.

      MODIFY zacb_user FROM TABLE @users.
      IF sy-subrc <> 0.
        ROLLBACK WORK.
```

```
        response->set_status(
          if_web_http_status=>internal_server_error ).
        RETURN.
      ENDIF.

      DATA(modified_entries) = sy-dbcnt.
      response->set_status( if_web_http_status=>created ).
      response->set_text(
        |{ modified_entries NUMBER = USER } | &&
        |Benutzerstammsätze wurden erfolgreich angepasst| ).

      COMMIT WORK.

    WHEN OTHERS.
      response->set_status(
        if_web_http_status=>bad_request ).
      response->set_text(
        |Content Type nicht unterstützt| ).
      RETURN.
  ENDCASE.
ENDMETHOD.
```

Listing 6.1 Implementierung der Methode »handle_request«

[!]

Vereinfachte Implementierung

In diesem Kapitel wird ein HTTP-Service als Beispiel verwendet, da dieser im Gegensatz zu ABAP-Konsolenanwendungen eine einfache Parametrisierung erlaubt, ohne eine komplette RAP-Anwendung zu benötigen. Die Implementierung dieses HTTP-Services haben wir hier aus Darstellungszwecken vereinfacht. Sie erfüllt die Anforderungen von produktiven Webservices nicht. Zum Beispiel fehlt eine CSRF-Token-Validierung, um gegen *Cross Site Request Forgery* geschützt zu sein. Ein Beispiel für die Implementierung einer solchen Validierung finden Sie in Listing 6.2.

```
METHOD if_http_service_extension~handle_request.
  CHECK cl_http_service_utility=>handle_csrf(
    request = request
    response = response ).
  ...
ENDMETHOD.
```

Listing 6.2 CSRF-Token-Validierung in HTTP-Handler-Klassen

Anwendersicht auf den Prozess

Die Benutzerdatenimportschnittstelle wird in unserem Fall von einem API-Aufrufer verwendet. Sie können sich aber auch vorstellen, dass vor der Schicht der Web-API ein SAP-Fiori-Frontend z. B. mit einer Excel-Upload-Funktion implementiert wurde, das tatsächlich von einem Endanwender oder einer Endanwenderin benutzt wird. Aufruf und Antwort können Sie im SAP Gateway Client, Transaktion /IWFND/GW_CLIENT, nachvollziehen (siehe Abbildung 6.1).

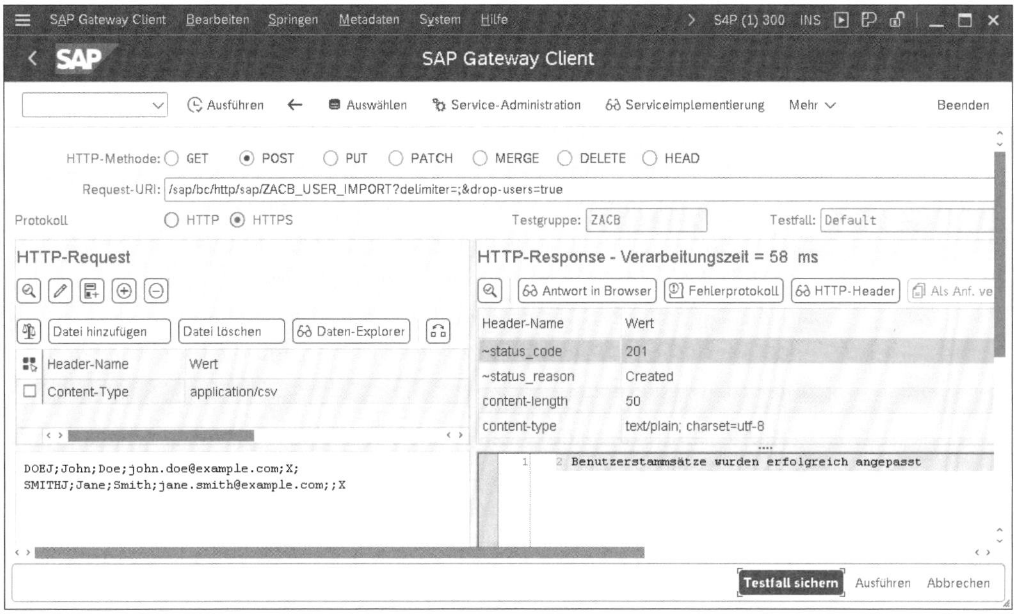

Abbildung 6.1 SAP Gateway Client mit Anfrage und Antwort eines Benutzerdatenimports

Problemstellung

Die aktuelle Implementierung erfüllt die Kernanforderung des Benutzerdatenimports aus einer Datei. Es fehlt jedoch die Nachvollziehbarkeit für Anwendungsbetreuung, Administration oder auch die Anwenderinnen und Anwender. Aktuell ist nicht nachvollziehbar, wann und von wem die API aufgerufen wurde. Es ist nicht möglich, im Detail herauszufinden, warum ein Import von Benutzerdaten nicht funktioniert hat. Zur Fehleranalyse muss direkt mit Debugging eingestiegen werden. Diese Probleme gilt es nun, mit einer Protokollierungsfunktion zu lösen.

[«]

Nutzung der Beispielanwendung

Die vollständig um die Protokollierung erweiterte Benutzerdatenimportanwendung finden Sie im beiliegenden Coding im Unterpaket LOG. Sie können den HTTP-Service ZACB_USER_IMPORT selbst aufrufen oder die Klasse

ZCL_ACB_USER_IMPORT_DEMO in den ABAP Development Tools mit vorgefertigten Werten über die Funktionstaste [F9] oder den Kontextmenüeintrag **Run As • ABAP Application (Console)** als Konsolenanwendung starten. Über einen vorab gesetzten Haltepunkt in der Methode if_http_service_extension~handle_request der Klasse ZCL_ACB_USER_IMPORT_HANDLER können Sie die einzelnen Ergänzungen, die in den folgenden Abschnitten implementiert werden, im Debugger nachvollziehen.

6.2 Pflege von Anwendungsprotokollobjekten und -unterobjekten

Repository-Objekttyp »APLO«

Um die Protokollierung im Anwendungsprotokoll zu ergänzen, muss zunächst eine Ablagemöglichkeit geschaffen werden, mit der die zu erzeugenden Protokolle im System technisch organisiert werden. Dazu verwenden Sie die sogenannten *Anwendungsprotokollobjekte*. Optional können Sie auch *Anwendungsprotokollunterobjekte* nutzen, um die Protokolle feingranular zu gruppieren.

In ABAP Cloud wurde eine Möglichkeit geschaffen, um diese Objekte nativ in den ABAP Development Tools zu pflegen. Sie werden über den eigenen Repository-Objekttyp APLO beschrieben. Damit erfolgt eine direkte Integration in den üblichen Lebenszyklus von Repository-Objekten mit Objektkatalogeintrag, Paketzuordnung, Versionierung und Workbench-Transportanbindung. Anwendungsprotokollobjekte und -unterobjekte sind nicht neu, wurden vor ABAP Cloud allerdings losgelöst von der Entwicklungsumgebung in Transaktion SLGO gepflegt. Die in dieser Transaktion gepflegten Objekte sind in ABAP Cloud nicht nutzbar. Wir empfehlen Ihnen daher, das neue Konzept zu verwenden. Details zu den Unterschieden erfahren Sie am Ende dieses Abschnitts.

Anlage eines Anwendungsprotokollobjekts

Wir möchten ein Anwendungsprotokollobjekt anlegen, das die Benutzerdatenverwaltung unseres Rezeptportals protokolliert. Der Teilprozess des Benutzerdatenimports soll über ein Anwendungsprotokollunterobjekt abgebildet werden. Gehen Sie wie folgt vor, um das Anwendungsprotokollobjekt anzulegen:

1. Wählen Sie im Kontextmenü unseres Pakets den Pfad **New • Other • Repository Object** und im anschließenden Pop-up-Fenster **Sonstige • Application Log Object** (siehe Abbildung 6.2). Bestätigen Sie mit **Next**.

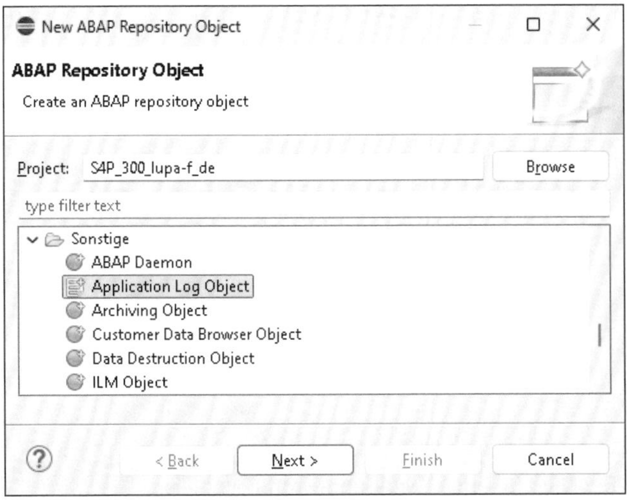

Abbildung 6.2 Objekttypauswahl »Application Log Object«

2. Vergeben Sie einen technischen Bezeichner sowie eine Beschreibung in Originalsprache (siehe Abbildung 6.3). Das ausgewählte Paket ist im Feld **Package** bereits vorbelegt.
3. Bestätigen Sie mit **Next**, und wählen Sie abschließend einen Transportauftrag aus. Beenden Sie den Dialog mit **Finish**.

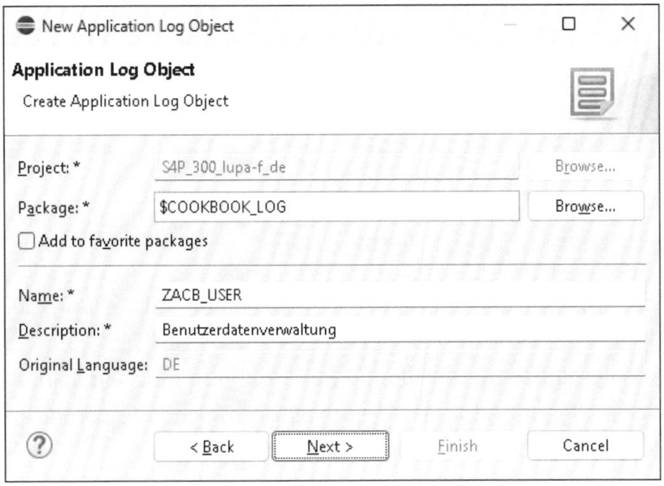

Abbildung 6.3 Anlagedialogfenster für ein Anwendungsprotokollobjekt

Nach Abschluss des Dialogs öffnet sich die Pflegemaske für das neue Anwendungsprotokollobjekt (siehe Abbildung 6.4). Die von Ihnen vergebene

Beschreibung finden Sie in der **Properties**-Sicht in den ABAP Development Tools wieder. Das Anwendungsprotokollobjekt könnte so bereits verwendet werden.

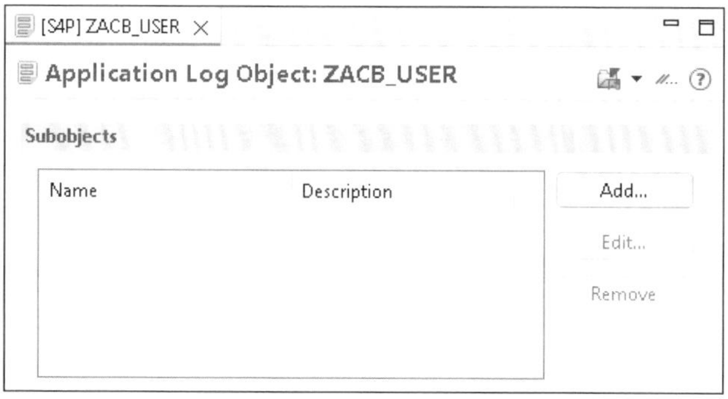

Abbildung 6.4 Pflegebild für ein Anwendungsprotokollobjekt

Anlage eines Anwendungsprotokollunterobjekts

Wir möchten außerdem ein Anwendungsprotokollunterobjekt für den Benutzerdatenimport anlegen, um die Protokolle weiter zu verfeinern:

1. Klicken Sie dazu im Pflegedialog auf den Button **Add**.
2. Es öffnet sich ein Dialogfenster zum Hinzufügen eines Unterobjekts (siehe Abbildung 6.5).

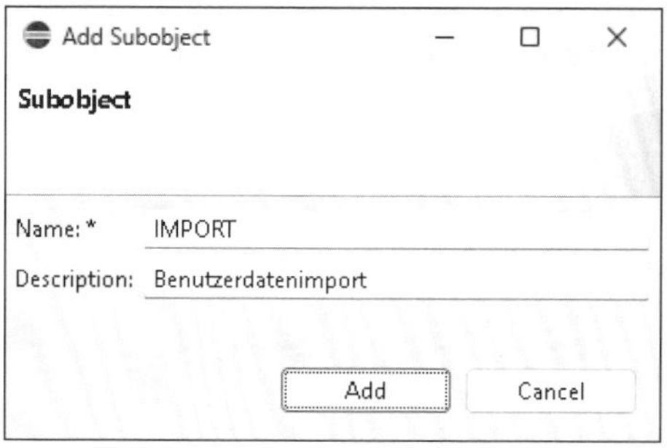

Abbildung 6.5 Anlagedialogfenster für ein Anwendungsprotokollunterobjekt

3. Vergeben Sie einen Namen und eine Beschreibung in Originalsprache, und bestätigen Sie mit **Add...**. Der Name ist spezifisch pro Anwendungsprotokollobjekt und benötigt kein Namensraumpräfix.
4. Das Unterobjekt wird nun in der Tabelle **Subobjects** angezeigt (siehe Abbildung 6.6).
5. Speichern Sie die Änderung anschließend über den **Speichern**-Button () oben links, oder nutzen Sie das Tastenkürzel `Strg` + `S`.

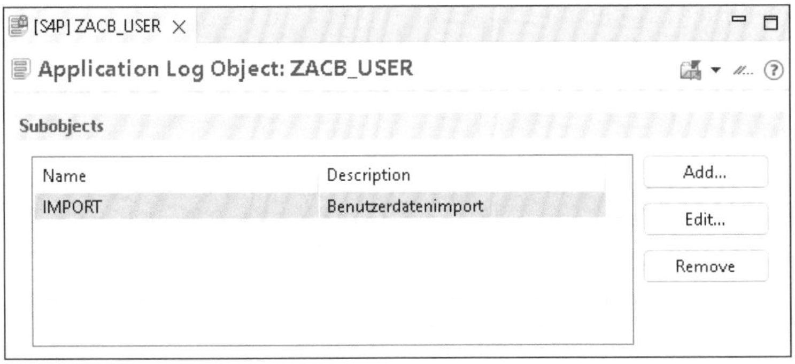

Abbildung 6.6 Pflegebild für ein Anwendungsprotokollobjekt mit einem Anwendungsprotokollunterobjekt

Anwendungsprotokollobjekte müssen nicht aktiviert werden und sind sofort nach dem Speichern verwendbar. Über die Buttons **Edit...** und **Remove** könnten Sie das Unterobjekt noch nachträglich ändern oder löschen. Beachten Sie, dass im System oder in Folgesystemen noch keine relevanten Protokolle mit Bezug zu dem Objekt oder Unterobjekt angelegt worden sein sollten, wenn Sie nachträglich technische Bezeichner ändern oder (Unter-)Objekte löschen.

Textbasierte Pflege

In den ABAP Development Tools steht außerdem ein alternativer textbasierter Editor zur Verfügung. Sie erreichen ihn über den Pfad **Open With • Source Editor** im Kontextmenü zum Anwendungsprotokollobjekt im Project Explorer. In Abbildung 6.7 ist das von uns angelegte Objekt in diesem Editor dargestellt.

```
{
  "formatVersion": "1",
  "header": {
    "description": "Benutzerdatenverwaltung",
    "originalLanguage": "de",
    "abapLanguageVersion": "cloudDevelopment"
  },
  "subobjects": [
    {
      "name": "IMPORT",
      "description": "Benutzerdatenimport"
    }
  ]
}
```

Abbildung 6.7 Quelltextbasierte Pflege von Anwendungsprotokollobjekten und -unterobjekten

Sie können hier ausschließlich die Unterobjekte im JSON-Format bearbeiten. Zu den einzelnen Attributen wie `name` und `description` wird eine Autovervollständigung über die Tastenkombination `Strg` + Leertaste angeboten.

Pflege über Transaktion SLGO

Klassischerweise erfolgte die Pflege von Anwendungsprotokollobjekten und -unterobjekten über ein in Transaktion SLGO aufrufbares Pflege-Viewcluster. Dafür galten jedoch schon immer einige Einschränkungen bzw. war folgendes Verhalten zu berücksichtigen:

- Die Einstellungen werden als mandantenunabhängiges Customizing behandelt und als solches im Transportwesen berücksichtigt.
- Die Objekte haben kein Originalsystem und sind nicht regulär Teil einer Softwareauslieferung.
- Es gibt kein technisch geprüftes Namensraumkonzept für die Anwendungsprotokollobjekte.

Über den in diesem Kapitel gezeigten neuen Weg, Anwendungsprotokollobjekte in den ABAP Development Tools anhand des Repository-Objekttyps `APLO` zu pflegen, lösen sich diese Probleme. Per Transaktion SLGO angelegte Objekte können nicht in ABAP Cloud verwendet werden. Über die ABAP Development Tools angelegte Objekte können hingegen in allen ABAP-Sprachversionen genutzt werden. Es ist daher unbedingt zu empfehlen, auf die neue Pflegemöglichkeit umzusteigen, wenn zuvor Transaktion SLGO verwendet wurde. In den ABAP Development Tools angelegte Anwendungsprotokollobjekte werden schreibgeschützt in Transaktion SLGO angezeigt, sodass Sie dort eine komplette Übersicht haben. Sie können dort gepflegte Objekte manuell migrieren, indem Sie sie in Transaktion SLGO löschen und in den ABAP Development Tools mit gleicher Namensgebung neu anlegen. Details dazu erfahren Sie auch im Langtext der Einstiegsmeldung der Transaktion.

6.3 Die BALI-API

Nachdem wir ein neues Anwendungsprotokollobjekt angelegt haben, können die ersten Protokolle geschrieben werden. Die neue API für das Anwendungsprotokoll wird über Objekte angeboten, deren Bezeichner das Kürzel `BALI` enthalten. In diesem Abschnitt geben wir Ihnen zunächst eine Übersicht über diese Objekte.

Designzeit-API

Die API teilt sich in zwei Bereiche auf, die Designzeit- und die Laufzeit-API. Über die Komponenten der Designzeit-API lassen sich die in Abschnitt 6.2

angelegten Anwendungsprotokollobjekte und -unterobjekte programmatisch pflegen. Dabei wird auch das Transportwesen berücksichtigt. Designzeit bedeutet hier, dass die API den Entwicklungsprozess unterstützt.

Sie können die API aufrufen, indem Sie sich über die Methode `cl_bali_object_handler=>get_instance` eine Instanz beschaffen und anschließend über die Methoden des Interfaces `IF_BALI_OBJECT_HANDLER` die Objekte anlegen, ändern oder löschen. Es gibt jedoch nur wenig Anwendungsfälle für eine programmatische Pflege dieser Objekte. Daher wird die Designzeit-API hier nicht detaillierter behandelt.

Laufzeit-API

Die Laufzeit-API stellt Klassen und Interfaces bereit, um zur Laufzeit mit Anwendungsprotokollen zu arbeiten. In dem Klassendiagramm in Abbildung 6.8 finden Sie zunächst eine Übersicht der relevanten Objekte.

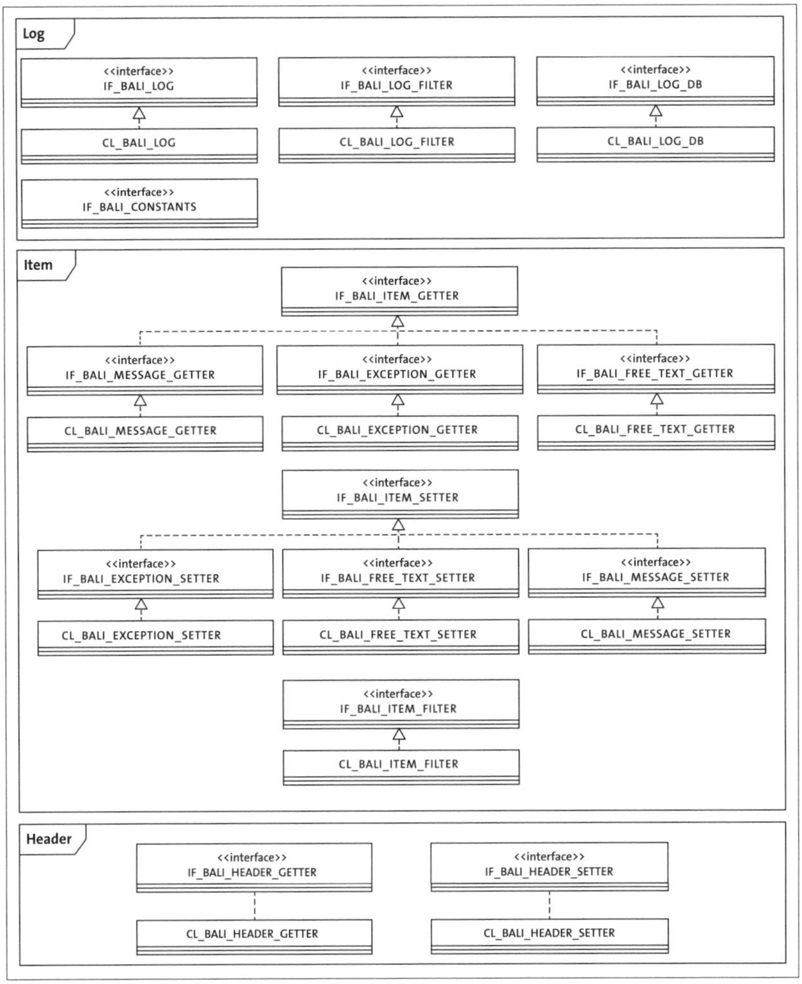

Abbildung 6.8 Übersicht der Laufzeit-API des Anwendungsprotokolls

Grob zusammengefasst, können Sie hier zwischen Objekten mit dem Setter-Suffix, die Werte setzen, Objekten mit Getter-Suffix, die Werte lesen, sowie Filter-Möglichkeiten auf Protokolleintrag- und Protokollkopfebene unterscheiden. Wie Sie die Klassen und Interfaces verwenden, erfahren Sie in den folgenden Abschnitten.

6.4 Erstellung eines Protokolls

Ein konkretes Protokoll wird über das Interface `IF_BALI_LOG` beschrieben. Die Instanz der Klasse, die das Interface implementiert, repräsentiert zur Laufzeit des Programms den Protokollinhalt, der schließlich persistiert werden kann. Sie erhalten diese Instanz über die statischen Methoden `create` und `create_with_header` der Klasse `CL_BALI_LOG`.

Integration in den Benutzerdatenimport

In unserer Benutzerdatenimportanwendung ergänzen wir den Aufruf der Factory-Methode `create_with_header` an geeigneter Stelle. Die Verantwortung über die Protokollierung sollte weit oben in der Aufrufhierarchie liegen, um an einer zentralen Stelle entscheiden zu können, welcher Detaillierungsgrad sinnvoll ist und wo und wann Protokolle gespeichert werden, die im Verlauf der Anwendungsausführung angereichert wurden. Dieser Aspekt ist vergleichbar mit dem Transaktionshandling per `COMMIT WORK` und `ROLLBACK WORK`, das ebenfalls nur an einer zentralen Stelle möglichst weit oben in der Aufrufhierarchie erfolgen sollte, um unerwünschte Seiteneffekte zu vermeiden.

Instanziierung des Anwendungsprotokolls

Wir entscheiden uns daher dafür, die Instanz des Anwendungsprotokolls direkt am Anfang in der Methode `handle_request` zu erzeugen. Dazu nehmen wir einige Anpassungen vor. Diese sind in Listing 6.3 zu sehen.

```
CLASS zcl_acb_user_import_handler DEFINITION
  PUBLIC FINAL
  CREATE PUBLIC.
  ...
  PRIVATE SECTION.
    DATA log TYPE REF TO if_bali_log. ❶
    ...
ENDCLASS.
METHOD if_http_service_extension~handle_request.
  TRY.
      log = cl_bali_log=>create_with_header(
        cl_bali_header_setter=>create(
          object      = 'ZACB_USER'
          subobject   = 'IMPORT' ) ). ❷
```

```
      DATA(parameters) = request->get_form_fields( ).
      ...
      COMMIT WORK.
    CATCH cx_bali_runtime INTO DATA(bali_error). ❸
      RAISE SHORTDUMP bali_error.
  ENDTRY.
ENDMETHOD.
```

Listing 6.3 Um die Erzeugung einer Protokollinstanz erweiterte Import-Handler-Klasse

Durchgeführte Änderungen

Im Detail wurden in Listing 6.3 folgende Anpassungen an der Import-Handler-Klasse ZCL_ACB_USER_IMPORT_HANDLER vorgenommen:

❶ Ergänzung des Attributs »log« mit Bezug zum Interface »IF_BALI_LOG«

Wir haben uns dafür entschieden, ein Attribut log für das Protokoll aufzunehmen. Dies führt dazu, dass das Protokoll auch von anderen Methoden der Klasse direkt verwendet werden kann, ohne es über Parameter durchreichen zu müssen. Ob diese Option oder die der Parameterübergabe genutzt wird, ist eine Designentscheidung im Einzelfall.

❷ Initialisierung von »log« in der Methode »handle_request«

Über die Methode create_with_header der Klasse CL_BALI_LOG wird eine neue Instanz erzeugt und dem Attribut log zugewiesen. Da wir in der Anwendung auch das Anwendungsprotokoll in der Datenbank speichern und nicht nur zur Laufzeit halten wollen, wird die Methode create_with_header anstelle der Methode create verwendet. Die Klasse CL_BALI_HEADER_SETTER bietet die create-Methode an, um den obligatorischen header-Parameter zu versorgen.

An dieser Stelle wird der Bezug zu unserem in Abschnitt 6.2, »Pflege von Anwendungsprotokollobjekten und -unterobjekten«, erstellten Anwendungsprotokollobjekt und -unterobjekt hergestellt. Zur einfacheren Sichtbarkeit wurden die Bezeichner ZACB_USER und IMPORT hier als Literale übergeben. In der Praxis wären Konstanten an dieser Stelle angebracht. Optional lässt sich über den Parameter external_id eine externe Identifikation des Protokolls angeben, die z. B. in der Suche verwendet werden kann.

❸ Behandlung der Ausnahme »CX_BALI_RUNTIME«

Die Laufzeit-APIs des Anwendungsprotokolls können die Ausnahme CX_BALI_RUNTIME bzw. deren Unterklassen auslösen. Entsprechend sollte diese Ausnahme berücksichtigt werden. Die Klasse CX_BALI_RUNTIME erbt von der Klasse `CX_STATIC_CHECK`. Es erscheinen daher Syntaxwarnungen, falls die Ausnahme nicht berücksichtigt wurde, und ohne behandelnden `CATCH`-Block oder `RAISING`-Deklaration droht die Konvertierung in eine `CX_SY_NO_HANDLER`-Ausnahme mit anschließendem Laufzeitfehler. Interne Fehler in der Protokollierung sind allerdings gar nicht so einfach zu behandeln. Wo üblicherweise Fehler protokolliert würden, steht nun kein Protokoll zur Verfügung, in dem protokolliert werden könnte.

Für unsere konkrete Implementierung in der Anwendung haben wir die Entscheidung getroffen, dass eine Ausführung ohne vollständiges Protokoll nicht akzeptabel ist. Daher wird im Fehlerfall über den Befehl `RAISE SHORTDUMP` ein Laufzeitfehler inklusive eines impliziten Rollbacks der Logical Unit of Work (LUW) ausgelöst.

Nachdem Sie diese drei Anpassungen vorgenommen haben, steht das Protokoll über das Attribut `log` in der Klasse zur Verfügung und kann zur Erzeugung von Protokolleinträgen verwendet werden. Das Speichern des Protokolls in der Datenbank wurde hier noch nicht implementiert. Dies wird in Abschnitt 6.5 gezeigt.

[»]

Behandlung interner Fehler

Fehlerbehandlung ist ein komplexes Thema, das hier nur angeschnitten wird. In diesem Kapitel ist vorrangig die Protokollierung von Fehlern der Ansatz der Wahl. Bei internen Fehlern wäre allerdings auch der Abbruch des Workprozesses mit einem Laufzeitfehler eine valide Option.

Fehler zu verschlucken, führt zu Folgeproblemen und erfordert eine schwierige nachträgliche Ursachenforschung. Endanwenderinnen und Endanwender können mit internen Fehlermeldungen wie etwa einem Datenbank-Deadlock oder technischen Problemen bei der Anwendungsprotokollerstellung in der Regel nichts anfangen. Hier kann also auch das bewusste Auslösen eines Kurzdumps per `RAISE SHORTDUMP` sinnvoll sein. So hat die Systemadministration die Chance, das Fehlerszenario im Rahmen des Monitorings mitzubekommen und geeignete Schritte einzuleiten.

6.4.1 Freitextmeldungen hinzufügen

Nach Erzeugung des Protokollobjekts können nun Protokolleinträge hinzugefügt werden. Die Laufzeit-API des Anwendungsprotokolls stellt dazu verschiedene Methoden und Setter-Klassen bereit, die Sie nutzen können, um Texte, Meldungen und Ausnahmen in das Protokoll zu schreiben.

Hinzufügen von Protokolleinträgen

Die einfachste Form von Protokolleinträgen sind Freitextmeldungen. Dabei handelt es sich um textartige Variablen oder Literale, die Sie dem Protokoll hinzufügen können. Um einen neuen Protokolleintrag zu erzeugen, rufen Sie die Methode `add_item` Ihres erzeugten Protokollobjekts auf. Diese ist im Interface `IF_BALI_LOG` definiert und nimmt ein *Item*, also einen Protokolleintrag, in Form eines Objekts entgegen, das das Interface `IF_BALI_ITEM_SETTER` implementiert. Zur Erzeugung eines Protokolleintrags verwenden Sie eine der angebotenen Setter-Klassen. Für Freitextmeldungen ist dies die Klasse `CL_BALI_FREE_TEXT_SETTER`.

Hinzufügen von Freitextmeldungen

Wir erweitern nun die Anwendung um die Protokollierung von Freitextmeldungen. Sinnvoll sind immer Start- und Stoppmeldungen, um nachvollziehen zu können, wann der Prozess gestartet ist und wann er ordnungsgemäß beendet wurde. Mit folgendem Code wird eine solche Startmeldung ergänzt:

```
log->add_item( cl_bali_free_text_setter=>create(
  'Starte Benutzerdatenimport' ) ).
```

Beachten Sie, dass der Meldungstext maximal 200 Zeichen lang sein darf. Alles darüber Hinausgehende wird abgeschnitten.

Schweregrad von Meldungen

Neben dem hier als Literal übergebenen Meldungstext unterstützt die Methode `create` der Klasse `CL_BALI_FREE_TEXT_SETTER` einen weiteren, optionalen Parameter: `severity`. Über diesen können Sie den *Schweregrad* der Meldung spezifizieren. Ohne eine solche Angabe wird die Meldung als *Statusmeldung* interpretiert.

Technisch handelt es sich bei den verschiedenen Schweregraden um die klassischen Nachrichtentypen der `MESSAGE`-Anweisung. Eine Statusmeldung entspricht dabei dem Nachrichtentyp `S`. Passende Konstanten können Sie dem Interface `IF_BALI_CONSTANTS` entnehmen. Sie sind jeweils an dem Präfix `c_severity` zu erkennen. Die verfügbaren Konstanten im Interface `IF_BALI_CONSTANTS` und die zugehörigen Nachrichtentypen sind in Tabelle 6.1 aufgeführt.

Konstante	Nachrichtentyp
C_SEVERITY_STATUS	S
C_SEVERITY_INFORMATION	I
C_SEVERITY_WARNING	W

Tabelle 6.1 Konstanten für Schweregrade von Meldungen

Konstante	Nachrichtentyp
C_SEVERITY_ERROR	E
C_SEVERITY_TERMINATION	A
C_SEVERITY_EXIT	X

Tabelle 6.1 Konstanten für Schweregrade von Meldungen (Forts.)

Freitextmeldung im Fehlerfall

Wenn wir nun eine Freitextmeldung im Fehlerfall ergänzen, übersteuern wir den Standardschweregrad »Status« mit »Fehler«. Wir ergänzen eine Validierung der HTTP-Methode und schreiben bei Verstoß einen Eintrag als Fehler in das Protokoll (siehe Listing 6.4).

```
IF request->get_method( ) <> 'POST'.
  response->set_status(
    if_web_http_status=>bad_request ).
  log->add_item( cl_bali_free_text_setter=>create(
    severity = if_bali_constants=>c_severity_error
    text     = |Nicht unterstützte HTTP-Methode | &&
               |{ request->get_method( ) } erkannt| ) ).
ENDIF.
```

Listing 6.4 Freitextmeldung als Fehler

[!]

Vermeidung von Freitextmeldungen

Freitextmeldungen können mit wenig Aufwand implementiert werden. Im Beispiel unserer Fehlermeldung wurden über String Templates auch direkt dynamische Anteile in den Meldungstext übernommen. Dies ist sehr komfortabel. Dennoch sollten Freitextmeldungen nur in Ausnahmefällen verwendet werden. Sie können nicht übersetzt werden, sind nicht wiederverwendbar und können auch nicht über den Verwendungsnachweis aufgefunden werden. Auch die Verwendung von Textelementen hilft bei der Übersetzbarkeit nicht, da im Protokoll nur die Meldung in der Anmeldesprache des ausführenden Prozesses gesichert wird. Wer sich das Protokoll anschaut, muss dann mit dieser Sprache zurechtkommen und kann sie nicht wechseln, obwohl vielleicht sogar Übersetzungsarbeit gemacht wurde.

All dies sind Probleme, die mit wenig Mehraufwand über Nachrichtenklassen gelöst werden. Darum geht es im nächsten Abschnitt.

6.4.2 Nachrichten aus Nachrichtenklassen hinzufügen

Nachrichtenklassen sind auch in ABAP Cloud das Mittel der Wahl, um mithilfe von Platzhaltern übersetzbare, wiederverwendbare Texte zur Verwendung in der Anwendung abzulegen. Im Entwicklungskontext ist ergänzend insbesondere die native Unterstützung im klassenbasierten Ausnahmekonzept zu erwähnen. In den ABAP Development Tools steht ein eigener Editor zur Pflege von Nachrichtenklassen zur Verfügung.

Einschränkungen bei Nachrichtenklassen in Cloud-Systemen

Die Pflege von Nachrichtenlangtexten wird in ABAP Cloud derzeit noch nicht unterstützt. Im SAP BTP ABAP Environment und in SAP S/4HANA Cloud Public Edition können nur bestehende Langtexte angezeigt werden. Es können jedoch keine neuen Langtexte angelegt oder bestehende geändert werden. Das liegt an der SAP-GUI-Abhängigkeit der Langtextpflege.

Anlage einer Nachrichtenklasse

Um die Nachrichten der Benutzerdatenverwaltung zentral und übersetzbar abzulegen, erstellen wir eine neue Nachrichtenklasse:

1. Dazu klicken Sie mit der rechten Maustaste auf das Paket, in dem Sie die Nachrichtenklassen anlegen möchten, und wählen im Kontextmenü **New • Other Repository Object** aus.
2. Wählen Sie anschließend im Dialogfenster im Ordner **Texte** den Objekttyp **Message Class** aus (siehe Abbildung 6.9).

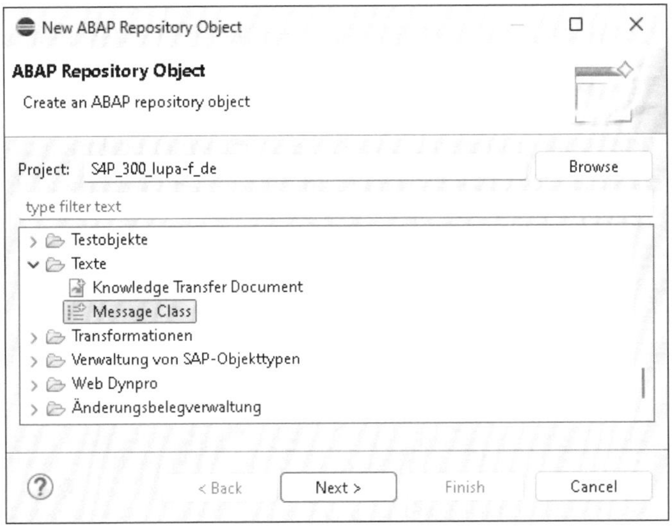

Abbildung 6.9 Objekttypauswahl »Message Class«

3. Bestätigen Sie mit **Next**, und entscheiden Sie sich für einen Namen und eine Beschreibung in Originalsprache. Das Paket ist bereits vorbelegt. Wir entscheiden uns für den Namen »ZACB_USER« und die Beschreibung »Benutzerdatenverwaltung« (siehe Abbildung 6.10).

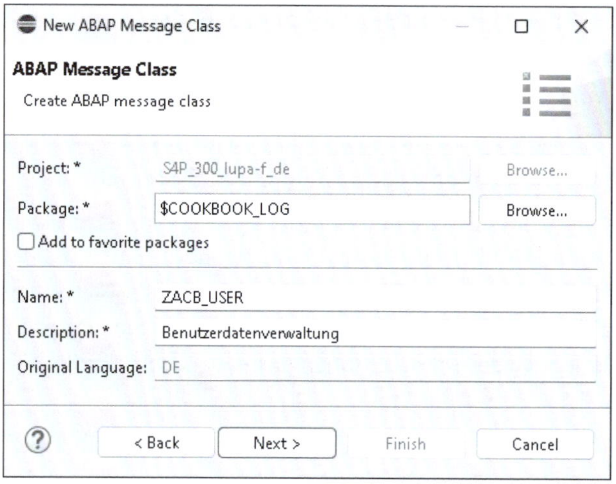

Abbildung 6.10 Anlagedialogfenster für eine Nachrichtenklasse

4. Bestätigen Sie erneut mit **Next**. Wählen Sie abschließend einen Transportauftrag aus, und bestätigen Sie mit **Finish**.

Pflege von Nachrichten

Es öffnet sich automatisch die Pflegemaske der Nachrichtenklasse. Hier können Sie Nachrichten mit dreistelliger numerischer ID und einem Kurztext pflegen. Wir ergänzen eine Nachricht zum Abschluss des Benutzerdatenimports und eine Nachricht, die eine Erfolgsmeldung mit der Anzahl der angepassten Benutzerstammsätze enthält (siehe Abbildung 6.11). Die zweite Meldung enthält mit &1 einen variablen Nachrichtenbestandteil. Abschließend speichern Sie Ihre Änderungen, indem Sie das Tastenkürzel Strg + S nutzen.

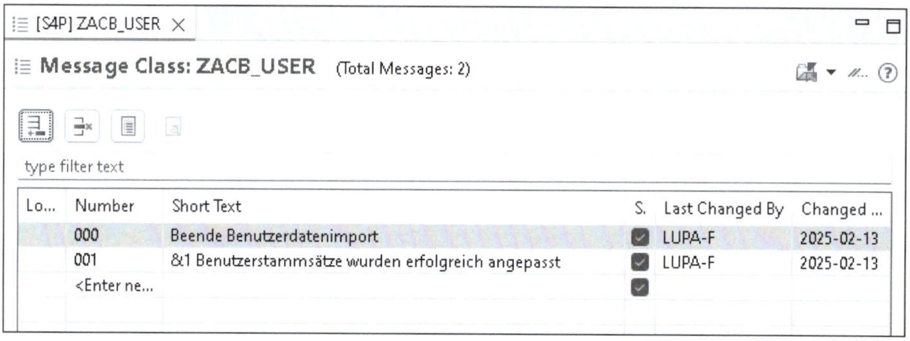

Abbildung 6.11 Pflege von Nachrichten in einer Nachrichtenklasse

Hinzufügen von Nachrichten im Anwendungsprotokoll

Die angelegten Nachrichten nutzen wir nun in der Anwendung, indem wir sie dem Protokoll hinzufügen. Ganz ähnlich wie bei den Freitextmeldungen verwenden Sie dazu die Methode `add_item` des Protokollobjekts und eine Setter-Klasse. Die Setter-Klasse für Nachrichten heißt `CL_BALI_MESSAGE_SETTER`. Im Gegensatz zur Klasse `CL_BALI_FREE_TEXT_SETTER` bietet sie mehrere statische Methoden zur Erzeugung eines Protokolleintrags an:

- **Methode »create«**

  Die Methode `create` nimmt die notwendigen Parameter (Nachrichtenklasse und Nachrichtennummer) sowie optional Nachrichtenvariablen direkt über Formalparameter entgegen. Sie eignet sich gut, wenn diese Daten bereits in einer Variablen stehen.

- **Methode »create_from_sy«**

  Die Methode `create_from_sy` definiert keine Importing-Parameter. Sie liest die Daten zur Nachrichtenklasse aus den Systemfeldern aus (`sy-msgid`, `sy-msgno`, `sy-msgty` und `sy-msgv1` bis `sy-msgv4`). Diese Methode eignet sich entsprechend immer dann, wenn vor der Protokollierung die Systemfelder in der Anweisung über eine ABAP-Anweisung oder den Aufruf einer Prozedur mit klassischem Ausnahmekonzept gesetzt wurden.

- **Methode »create_from_bapiret2«**

  Die Methode `create_from_bapiret2` nimmt ein strukturiertes Datenobjekt mit dem Dictionary-Strukturtyp `BAPIRET2` entgegen. Ein solches Objekt wird sehr häufig in BAPIs oder auch anderen Funktionsbausteinen verwendet.

[+]

Protokollierung von BAPI-Protokollen

Um die Zeilen einer internen Tabelle vom Typ `BAPIRET2` einem Protokoll hinzuzufügen, können Sie die Methode `add_messages_from_bapirettab` verwenden, die nicht in der Setter-Klasse, sondern direkt im Protokollobjekt (`IF_BALI_LOG`) angeboten wird.

Verwendungsnachweis bei Nachrichten

In der Regel werden Sie sich zwischen den Methoden `create` und `create_from_sy` entscheiden müssen. Wir empfehlen Ihnen, nach Möglichkeit die Methode `create_from_sy` zu nutzen, insbesondere dann, wenn Sie die Nachricht selbst definieren und sie nicht nur entgegennehmen und protokollieren. Bei Übergabe der Nachrichtenklasse und Nachrichtennummer als Literal kann vom System kein Bezug zwischen der Coding-Zeile und der Nachricht hergestellt werden. Sie verlieren also an dieser Stelle unnötigerweise den Verwendungsnachweis, der gerade bei Nachrichten so hilfreich sein kann.

Nachricht per »MESSAGE«-Anweisung

Um den Verwendungsnachweis nicht zu verlieren, nutzen wir die MESSAGE-Anweisung in Kombination mit der Methode create_from_sy. Über den Zusatz INTO der MESSAGE-Anweisung können Sie eine Dummy-Variable angeben und damit die Ablaufsteuerung durch Nachrichtentypen deaktivieren, aber trotzdem die Systemvariablen setzen:

```
MESSAGE s000(zacb_user) INTO DATA(dummy).
log->add_item( cl_bali_message_setter=>create_from_sy( ) ).
```

Ein kleiner Nachteil dieser Technik ist, dass verpflichtend eine Variable angegeben werden muss, die vom Programm anderweitig nicht verwendet wird. Entsprechend kann diese dann in Prüfungen des ABAP Test Cockpits als ungenutzte Variable bemängelt werden. Über das ##NEEDED-Pragma können Sie solche False Positives unterbinden.

Die Inline-Deklaration, hier von der Variablen dummy, ist zwangsläufig nur einmal mit dem Bezeichner im aktuellen Gültigkeitsbereich möglich. Bei mehreren Verwendungen dieser Technik bietet sich daher der Quick Fix in den ABAP Development Tools an, um die Variable klassisch über eine explizite Deklaration wiederverwendbar zu deklarieren (siehe Abbildung 6.12).

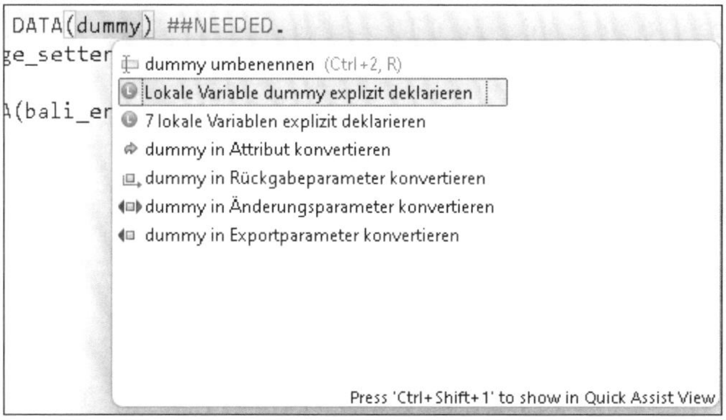

Abbildung 6.12 Quick Fix in den ABAP Development Tools zum Refactoring einer Inline-Deklaration zu einer expliziten Deklaration

Nachrichten mit Variablen

Genauso gut funktioniert die Protokollierung von Nachrichten mit Variablen. Die Erfolgsmeldung enthält in unserem Beispiel die Anzahl bearbeiteter Benutzerstammsätze. Bislang wurde die Meldung über ein String-Template erzeugt und war weder wiederverwendbar noch übersetzbar. Wir stellen diese nun auf die von uns angelegte zweite Nachricht in der Nachrichtenklasse um (siehe Listing 6.5).

```
DATA(modified_entries) = sy-dbcnt.
response->set_status( if_web_http_status=>created ).
```

```
MESSAGE s001(zacb_user)
  WITH modified_entries
  INTO DATA(success_message).
log->add_item( cl_bali_message_setter=>create_from_sy( ) ).
response->set_text( success_message ).
```

Listing 6.5 Hinzufügen einer Nachricht mit Variable zum Anwendungsprotokoll

Im konkreten Fall wird die Zielvariable in der MESSAGE-Anweisung sogar verwendet, da der aufbereitete Text dem API-Aufrufer im HTTP-Body zurückgegeben wird.

6.4.3 Meldungen aus Ausnahmeklassen hinzufügen

In modernen ABAP-Anwendungen werden Fehler *über klassenbasierte Ausnahmen* kommuniziert. Über die Technik können alle Informationen zu einem Fehler in der Instanz einer Ausnahmeklasse gesammelt und durch die Aufrufhierarchie mit eigenem Kontrollfluss für den Fehlerfall durchgereicht werden. Im Gegensatz zum klassischen Ausnahmekonzept, das Sie mit der Technik aus Abschnitt 6.4.2, »Nachrichten aus Nachrichtenklassen hinzufügen«, bereits im Anwendungsprotokoll berücksichtigen konnten, erhalten Sie bei klassenbasierten Ausnahmen Objektinstanzen, die Sie protokollieren möchten. Auch dazu wird eine Setter-Klasse mit der Methode add_item angeboten. Die Klasse heißt CL_BALI_EXCEPTION_SETTER.

Auslösen von klassenbasierten Ausnahmen

In unserem Beispiel möchten wir Fehler in der Methode convert_csv_to_users über eine Ausnahmeklasse abbilden. Eine passende Ausnahmeklasse ZCX_ACB_USER_CONVERSION_ERROR haben wir bereits vorab angelegt. In der Implementierung werden aktuell schon Prüfungen auf Fehlerszenarien durchgeführt, allerdings wird die Methode im Fehlerfall lediglich über die Anweisung RETURN mit initialem Rückgabewert vorzeitig beendet. Dies ändern wir nun und lösen die Ausnahme per RAISE EXCEPTION aus. Außerdem nehmen wir sie in die Signatur der Methode auf, da sie vom Typ CX_STATIC_CHECK ist. Diese Anpassungen können Sie Listing 6.6 entnehmen.

```
METHODS convert_csv_to_users
  IMPORTING csv           TYPE string
            delimiter     TYPE string
  RETURNING VALUE(result) TYPE users
  RAISING   zcx_acb_user_conversion_error.

METHOD convert_csv_to_users.
  IF delimiter IS INITIAL.
```

```
      RAISE EXCEPTION NEW zcx_acb_user_conversion_error(
        textid =
zcx_acb_user_conversion_error=>delimiter_not_specified ).
  ENDIF.
  DATA(text) = csv.

  REPLACE ALL OCCURRENCES OF
    cl_abap_char_utilities=>cr_lf(1)
          IN text WITH ''.
  SPLIT text AT |\n| INTO TABLE DATA(lines).

  LOOP AT lines ASSIGNING FIELD-SYMBOL(<line>).
    TRY.
        SPLIT <line> AT delimiter INTO TABLE DATA(fields).

        INSERT VALUE #(
          username   = EXACT #( fields[ 1 ] )
          first_name =
            EXACT #( VALUE #( fields[ 2 ] OPTIONAL ) )
          last_name  =
            EXACT #( VALUE #( fields[ 3 ] OPTIONAL ) )
          ...
        ) INTO TABLE result.
      CATCH cx_sy_itab_line_not_found
            cx_sy_conversion_error INTO DATA(format_error).
        RAISE EXCEPTION TYPE zcx_acb_user_conversion_error
              MESSAGE e004(zacb_user)
              EXPORTING previous = format_error.
    ENDTRY.
  ENDLOOP.
ENDMETHOD.
```

Listing 6.6 Anpassung der Methode »convert_csv_to_users«

Behandlung klassenbasierter Ausnahmen

In unserer Methode handle_request muss nun die Ausnahme ZCX_ACB_USER_CONVERSION_ERROR der Methode convert_csv_to_users behandelt werden. Wir ergänzen dazu eine TRY-Kontrollstruktur mit einem CATCH-Block für die Ausnahme. Der TRY-Block enthält bewusst nicht nur den Methodenaufruf, sondern auch die restliche Verarbeitungslogik, die im Erfolgsfall, also wenn die Ausnahme nicht ausgelöst wird, durchlaufen werden soll. Im Fehlerfall hingegen soll sie übersprungen werden, was sich gemäß Listing 6.7 abbilden lässt.

```
TRY.
    CASE request->get_content_type( ).
      WHEN 'application/csv'.
        ...
        DATA(users) = convert_csv_to_users(
          csv       = request->get_text( )
          delimiter = delimiter ).
        ...
        MESSAGE s001(zacb_user)
          WITH modified_entries INTO DATA(success_message).
        log->add_item(
          cl_bali_message_setter=>create_from_sy( ) ).
        response->set_text( success_message ).
        COMMIT WORK.
        ...
    ENDCASE.
  CATCH zcx_acb_user_conversion_error
    INTO DATA(conversion_error).

    ROLLBACK WORK.

    log->add_item( cl_bali_exception_setter=>create(
      severity  = if_bali_constants=>c_severity_error
      exception = conversion_error ) ).

    response->set_status( if_web_http_status=>bad_request ).
    response->set_text( conversion_error->get_text( ) ).
ENDTRY.
MESSAGE s000(zacb_user) INTO DATA(dummy) ##NEEDED.
log->add_item( cl_bali_message_setter=>create_from_sy( ) ).
```

Listing 6.7 Hinzufügen eines Ausnahmeobjekts zum Anwendungsprotokoll

In Listing 6.7 sehen Sie die hinzugefügte Ausnahmebehandlung. Die Instanz der Ausnahmeklasse wird in die Variable `conversion_error` geschrieben und anschließend dem Protokoll hinzugefügt. Zur Protokollierung klassenbasierter Ausnahmen verwenden Sie die statische Methode `create` der Setter-Klasse `CL_BALI_EXCEPTION_SETTER`. Das so erzeugte Objekt kann wie andere Protokolleinträge über die Methode `add_item` dem Protokoll hinzugefügt werden. Außerdem versorgen wir den Parameter `severity`, damit der Fehler auch als solcher im Protokoll berücksichtigt wird. Überraschenderweise werden auch Ausnahmen standardmäßig als Status-/Erfolgsmeldung (Typ S) protokolliert.

[»]

Schachtelung von »TRY«-Kontrollstrukturen

In Listing 6.7 wurde bequemerweise ausgelassen, dass um die ergänzende TRY-Kontrollstruktur herum bereits die bestehende TRY-Kontrollstruktur zur Behandlung von CX_BALI_RUNTIME_ERROR existiert. Gewöhnlich würden Sie diese äußere Struktur um einen weiteren CATCH-Block erweitern, sich die innere sparen und so leichtgewichtig alle Ausnahmen gleichartig behandeln können. Dies klappt leider in unserem Fall nicht. In den CATCH-Blöcken wollen wir ja gerade die Ausnahmen protokollieren. Die Protokollierung selbst kann aber die Ausnahme CX_BALI_RUNTIME_ERROR auslösen und hat dann keinen umgebenden TRY-Block mehr, um sie zu behandeln. Sie würden eine Syntaxwarnung erhalten.

Dieses Beispiel bleibt daher mit den ineinandergeschalteten Kontrollstrukturen nicht ganz zufriedenstellend. In der Praxis könnten Sie Teilfunktionen in Methoden auslagern und sich nur auf oberster Ebene um die internen Fehler der Protokollierung kümmern, um dies zu vermeiden.

6.5 Speichern eines Protokolls

Nachdem Sie über diverse Techniken Protokolleinträge erzeugt und der Protokollinstanz hinzugefügt haben, möchten Sie diese Einträge wahrscheinlich auch persistieren. Dies passiert nicht automatisch. Es gibt auch Anwendungsfälle, bei denen Sie gar keine Persistenz vorsehen, z. B. weil Sie das Protokoll den Anwenderinnen und Anwendern direkt anzeigen möchten. In der Regel macht die Persistierung aber Sinn.

Bezug zum Anwendungsprotokollobjekt

Wir haben das spätere Speichern bereits bei der Erzeugung des Protokolls vorbereitet. Dort wurde ein optionaler Header mitgegeben, der den Bezug zum Anwendungsprotokollobjekt und optional dem -unterobjekt herstellt (siehe Listing 6.8). Beachten Sie, dass sich bei Nutzung der ABAP-Sprachversion **ABAP für Cloud-Entwicklung** das im Parameter object übergebene Anwendungsprotokollobjekt in derselben Softwarekomponente wie die Protokollierungslogik befinden oder es für die externe Verwendung über einen Release-Kontrakt freigegeben worden sein muss.

```
log = cl_bali_log=>create_with_header(
  cl_bali_header_setter=>create(
    object      = 'ZACB_USER'
    subobject   = 'IMPORT' ) ).
```

Listing 6.8 Erzeugung der Protokollinstanz mit Bezug zum Anwendungsprotokoll

Speichern per »save«

Um ein so vorbereitetes Protokoll in der Datenbank zu persistieren, verwenden Sie die Klasse `CL_BALI_LOG_DB`. Sie enthält die statische Methode `get_instance`, die Ihnen ein Objekt zurückgibt, das das Interface `IF_BALI_LOG_DB` implementiert. Das Interface definiert diverse Methoden, um Protokolle von der Datenbank zu lesen, sie darin zu speichern, sie zu löschen oder auch Sperren zu setzen und freizugeben (siehe Abbildung 6.13).

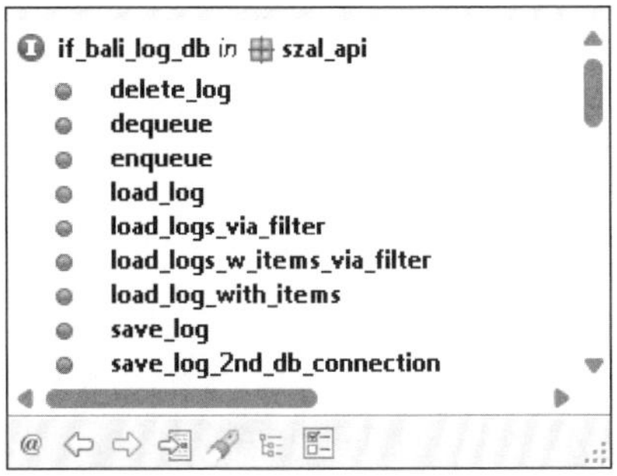

Abbildung 6.13 Methoden im Interface »IF_BALI_LOG_DB«

Wir möchten das Protokoll lediglich speichern und verwenden daher die Methode `save_log`. Ihr übergeben Sie Ihr Objekt vom Typ `IF_BALI_LOG`. Je nach Kontext sollten Sie anschließend ein `COMMIT WORK` auslösen, wenn dies nicht vom umliegenden Framework oder dem erweiterten SAP-Standard übernommen wird (siehe Listing 6.9).

```
TRY.
    ...
    MESSAGE s000(zacb_user) INTO DATA(dummy) ##NEEDED.
    log->add_item(
      cl_bali_message_setter=>create_from_sy( ) ).

    cl_bali_log_db=>get_instance( )->save_log( log ).
    COMMIT WORK.
  CATCH cx_bali_runtime INTO DATA(bali_error).
    RAISE SHORTDUMP bali_error.
ENDTRY.
```

Listing 6.9 Speichern eines Anwendungsprotokolls

Über diesen Weg können Sie auch entscheiden, ob die Protokolle im Falle einer Rückabwicklung mit `ROLLBACK WORK` nicht gespeichert werden sollen oder ob sie selbst in diesem Fall verfügbar sein sollen. Die alternative Methode ist genau für diesen Fall da. `save_log_2nd_db_connection` verwendet eine Serviceverbindung zur Datenbank und ist somit unabhängig von der regulären LUW. Die Methode entspricht der Versorgung der Parameter `i_2th_connection` und `i_2th_connect_commit` des klassischen Funktionsbausteins `BAL_DB_SAVE`. Im Kontext von ABAP Cloud ist dies besonders hilfreich, weil Serviceverbindungen zur Datenbank in der ABAP-Sprachversion **ABAP für Cloud-Entwicklung** nicht erlaubt sind. So lassen sich z. B. in Fehlerfällen in RAP-Anwendungen Details zur Ursache protokollieren, obwohl das Framework einen Rollback auslöst.

6.6 Protokolle anzeigen

SAP-Fiori-Apps zur Protokollanzeige

Zur Anzeige der Protokolle aus Administrationssicht können Sie die SAP-Fiori-App **Anwendungsprotokolle** (App-ID F1487) nutzen. Sie bietet einen mit der klassischen Transaktion SLG1 vergleichbaren Funktionsumfang mit Filterkriterien und Detailansicht (siehe Abbildung 6.14 und Abbildung 6.15) und ermöglicht die generische Einsicht in alle Anwendungsprotokollobjekte, zu deren Anzeige Sie berechtigt sind.

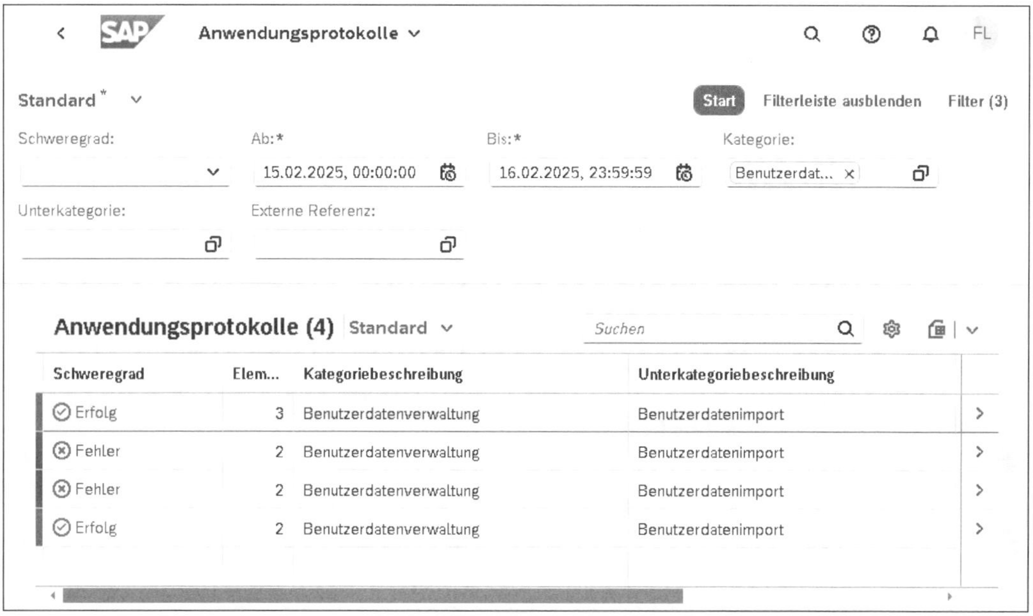

Abbildung 6.14 Protokollübersicht in der App »Anwendungsprotokolle«

Abbildung 6.15 Protokolldetails in der App »Anwendungsprotokolle«

In unserem Anwendungsbeispiel wurde damit die Problemstellung der fehlenden Nachvollziehbarkeit gelöst. Sämtliche Aufrufe der API inklusive möglicher Fehlermeldungen sind zentral in der App ersichtlich.

Integration in eigene SAP-Fiori-Apps

Neben dieser eher administrativen Anzeige werden in der *SAP Fiori Reuse Library* auch wiederverwendbare Komponenten zur Integration der Anwendungsprotokollanzeige in Ihre eigenen SAP-Fiori-Apps angeboten. Es werden sowohl Freestyle Apps als auch Apps auf Basis von SAP Fiori Elements mit OData V2 oder OData V4 unterstützt. Details dazu finden Sie über den Bibliotheksnamen `sap.nw.core.applogs.lib.reuse`, die App-ID F1488 oder im SAP Help Portal unter der URL *http://s-prs.de/v1064805*.

Protokollanzeige in Transaktion SLG1

Die erzeugten Anwendungsprotokolle werden über die neue API auch in die klassischen Datenbanktabellen persistiert. Die in diesem Kapitel vorgestellten Klassen dienen lediglich als ABAP-Cloud-fähiger Wrapper. Somit finden sich die Daten nach wie vor in den Datenbanktabellen `BALHDR` und `BALDAT` wieder, und in SAP S/4HANA und SAP S/4HANA Cloud Private Edition kann auch die klassische Transaktion SLG1 genutzt werden, um die Protokolle anzuzeigen (siehe Abbildung 6.16).

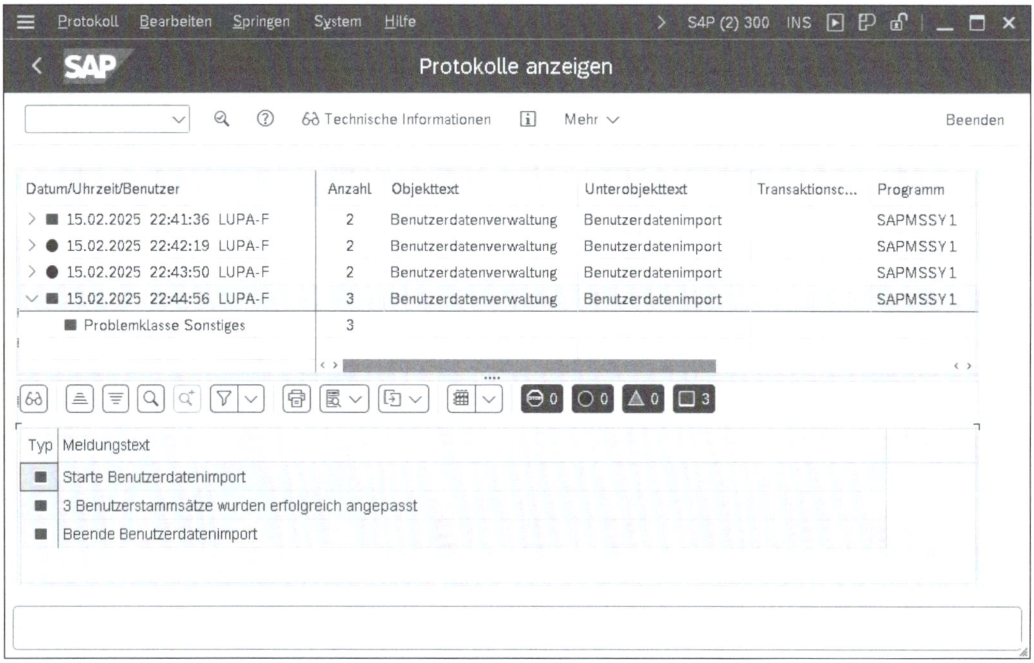

Abbildung 6.16 Protokollanzeige in Transaktion SLG1

6.7 Zusammenfassung

Funktionsumfang der BALI-API

In diesem Kapitel haben Sie den Umgang mit der BALI-API kennengelernt, um Anwendungsprotokolle zu schreiben. Die API ist freigegeben und in ABAP Cloud nutzbar. Der Funktionsumfang ist bereits recht groß und deckt die meisten Anwendungsfälle ab. Selbst einige Nischenthemen, die wir hier nicht behandelt haben, etwa der Kontext oder der Detaillierungsgrad, wurden von SAP umgesetzt. Es werden auch umfangreiche Möglichkeiten zum programmatischen Lesen von Protokollen inklusive Filtern angeboten. Selbst Anwendungsprotokollobjekte und -unterobjekte können Sie programmatisch erzeugen, sollte dies einmal notwendig sein.

Umgang mit dem Protokoll als Objekt

Die Handhabung des Protokollobjekts, das über das Interface `IF_BALI_LOG` typisiert ist, kann hingegen etwas ungewohnt sein und an manchen Stellen auch Workarounds erfordern. In unserem kleinen Beispiel wurde bereits ersichtlich, dass die Ausnahme `CX_BALI_RUNTIME` umständlich zu bedienen sein kann. Dass diese vom Typ `CX_STATIC_CHECK` ist und somit jede Nutzerin und jeden Nutzer der Protokollierungs-API zwingt, sie in einem lokalen `CATCH`-Block zu behandeln, ist überraschend und umständlich. Die Protokollierung ist ein Implementierungsdetail, das nach außen hin in der Regel nicht sichtbar sein sollte. So müssen Sie bei Verwendung der API an jeder Stelle neu entscheiden, ob Sie mit der Ausführung fortfahren oder die Anwendung komplett beenden möchten. Diese Freiheit ist generell zu begrüßen, jedoch würde eine einmalige dahingehende Entscheidung bei Erstellung der Instanz den Anwenderinnen und Anwendern viel Arbeit abnehmen, zumal die Ausnahme offenbar pauschal jeder Methode der API hinzugefügt wurde und gar nicht immer ausgelöst wird. Protokollieren Sie z. B. eine Nachricht einer Nachrichtenklasse mit der Klasse `CL_BALI_MESSAGE_SETTER`, prüft diese Klasse nicht die Existenz der übergebenen Nachricht.

Kapitel 7
Änderungsbelege

Über Änderungsbelegobjekte können auch in ABAP Cloud Änderungen an Anwendungsdaten einfach protokolliert werden. In diesem Kapitel lernen Sie den neuen klassenbasierten Aufruf kennen.

Nachverfolgbarkeit von Änderungen

In fast jeder betriebswirtlichen transaktionalen Anwendung besteht die Notwendigkeit, Änderungen nachverfolgen zu können. Wer hat ein spezielles Kennzeichen im Kundenstammsatz hinterlegt, das nun zu Problemen führt? Wann wurde diese Änderung durchgeführt? Welcher Wert war vorher hinterlegt? Das Nachvollziehen solcher Änderungen kann sogar regulatorisch erforderlich sein.

Um diese und ähnliche Fragen beantworten zu können, gibt es in der ABAP-Entwicklung schon lange das Konzept der *Änderungsbelege*. Über ein Änderungsbelegobjekt können Sie mit Bezug zu den relevanten Datenbanktabellen definieren, wie die zu protokollierenden Daten aussehen. Anschließend generieren Sie einen Funktionsbaustein und rufen diesen an geeigneter Stelle in Ihrer Anwendung auf. Selbst für die Anzeige der Änderungsbelege im SAP GUI gibt es wiederverwendbare Funktionsbausteine.

Klassenbasierte API

In modernen ABAP-basierten Anwendungen, die mit dem ABAP RESTful Application Programming Model und SAP Fiori Elements entwickelt werden, stellen sich weiterhin die gleichen Fragen. Funktionsbausteine und SAP GUI sind hingegen nicht mehr zeitgemäß. In diesem Kapitel lernen Sie den Umgang mit der neuen klassenbasierten API für Änderungsbelege kennen und erfahren, wie Sie diese in Ihre RAP-Business-Objekte integrieren können.

Aufbau dieses Kapitels

In Abschnitt 7.1 wird als technische Grundlage ein Änderungsbelegobjekt angelegt. Anschließend implementieren wir in Abschnitt 7.2 den Aufruf der Änderungsbelegfortschreibung in einer kleinen Anwendung innerhalb unseres Anwendungsszenarios. Abschnitt 7.3 stellt ein komplexeres Szenario mit der Integration von Änderungsbelegen in RAP-basierte Anwendungen vor. In Abschnitt 7.4 greifen wir kurz die Anzeige von Änderungsbelegen auf.

[»]

Unterschied zwischen Änderungsbelegen, Änderungsprotokollierung und dem Anwendungsprotokoll

An dieser Stelle wird ausdrücklich die Technik zur Protokollierung von Änderungen bei Anwendungsdaten thematisiert. Diese Stamm- und Bewegungsdaten ändern sich oft und direkt im jeweiligen System. Die in der ABAP-Plattform bereitgestellte Lösung zur Nachverfolgung von Änderungen umfasst die Änderungsbelegobjekte und darüber erzeugte Änderungsbelege.

Eine technisch anders implementierte Lösung existiert für Customizing-Änderungen. Bei Customizing-Tabellen können Sie in den technischen Einstellungen die Änderungsprotokollierung aktivieren. In diesem Fall werden Änderungen automatisch in der Datenbanktabelle `DBTABLOG` protokolliert. Diese Technik ist für das Customizing vorgesehen und nicht für Anwendungsdaten, da sie einen Performance-Nachteil mit sich bringt und die Daten schwieriger programmatisch auswertbar sind. Details zur Änderungsprotokollierung im Customizing erfahren Sie auch in Kapitel 5, »Tabellenpflege mit Business Configuration Maintenance Objects«.

Auch das Anwendungsprotokoll aus Kapitel 6 stellt eine Protokollierungstechnik dar. Dort geht es aber nicht um Änderungen an Daten, sondern um die Protokollierung von Prozessschritten, Entscheidungen im Programmablauf sowie Meldungen.

Änderungsbelege für unser Anwendungsbeispiel

In Bezug auf unser Rezeptportal wird in diesem Kapitel die Änderungsbelegfortschreibung für die Rezepte und deren Zutaten implementiert. Bislang erfolgte keine Protokollierung von Änderungen. Lediglich administrative Daten wie der Anlagezeitpunkt, der anlegende Benutzer oder die anlegende Benutzerin, der letzte Änderungszeitpunkt und der letzte ändernde Benutzer bzw. die letzte ändernde Benutzerin werden bisher gespeichert. Um diese Lücke zu schließen, erweitern wir in Abschnitt 7.3, »Änderungsbelegfortschreibung mit dem ABAP RESTful Application Programming Model«, die Implementierung unseres RAP-Business-Objekts. Zuvor implementieren wir in Abschnitt 7.2, »Protokollierung über die generierte Klasse aufrufen«, in einem einfacheren Beispiel ein Programm, das die Mengeneinheiten bei Zutaten aktualisiert bzw. technisch migriert.

[»]

Nutzung der Beispielanwendung

Die Entwicklungsobjekte für dieses Kapitel finden Sie im Unterpaket `CHANGEDOCUMENTS`. Die Integration in das RAP-Business-Objekt »Rezept« ist in der zugehörigen Verhaltensdefinition und -implementierung im Unterpaket `DATAMODEL` zu finden. Sie können außerdem die Demoanwendung

ZCL_ACB_UNIT_UPDATER in den ABAP Development Tools als ABAP-Konsolenanwendung mit der [F9]-Taste ausführen und im Debugger betrachten. Sie führt eine Mengeneinheitenänderung durch und nimmt sie anschließend wieder zurück, um reproduzierbar zu bleiben.

7.1 Änderungsbelegobjekte in den ABAP Development Tools pflegen

Anlage des Änderungsbelegobjekts

Zunächst legen Sie ein neues Änderungsbelegobjekt an. Dieses definiert das Format der zu protokollierenden Änderungen auf Basis von Datenbanktabellendefinitionen oder Strukturtypen:

1. Klicken Sie dazu in den ABAP Development Tools mit der rechten Maustaste auf das gewünschte Paket, und wählen Sie im Kontextmenü den Pfad **New • Other Repository Object**.
2. Im daraufhin erscheinenden Dialogfenster wählen Sie den Eintrag **Change Document Object** im Ordner **Änderungsbelegverwaltung** aus.
3. In den nächsten Schritten vergeben Sie einen technischen Bezeichner und die Beschreibung. Wir entscheiden uns hier für den Bezeichner »ZACB_RECIPE« und die Beschreibung »Rezept« (siehe Abbildung 7.1).
4. Abschließend wählen Sie einen Transportauftrag aus und beenden den Anlageassistenten mit **Finish**.

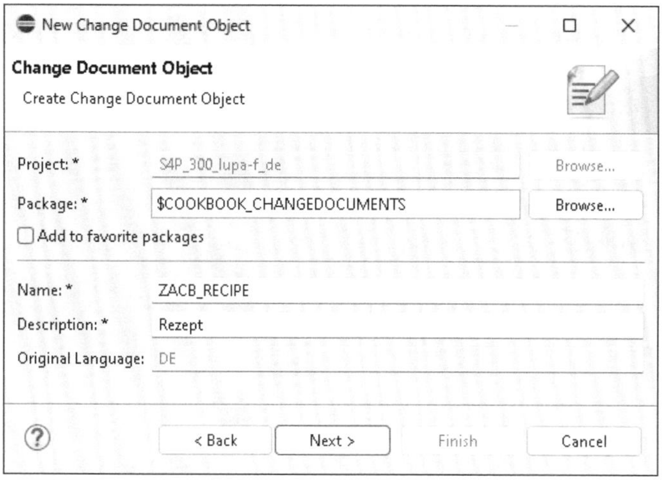

Abbildung 7.1 Anlage eines Änderungsbelegobjekts

Pflege des Änderungsbelegobjekts

Es öffnet sich nun automatisch die Pflegeansicht für das neue Änderungsbelegobjekt (siehe Abbildung 7.2). Sollten Sie mit der SAP-GUI-basierten

Pflege von Änderungsbelegobjekten in Transaktion SCDO vertraut sein, mag die Oberfläche an dieser Stelle zunächst ungewohnt wirken. Sie wurde allerdings im Vergleich stark vereinfacht und intuitiver gestaltet.

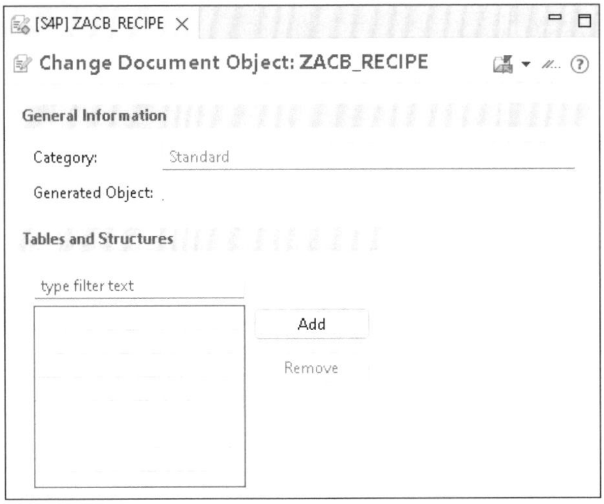

Abbildung 7.2 Pflegeoberfläche für ein Änderungsbelegobjekt

Datenbanktabellen oder Strukturtypen hinzufügen

Über den Button **Add** fügen Sie Datenbanktabellen oder Strukturtypen hinzu. Sie definieren den Aufbau der zu protokollierenden Änderungen und auch die Parameter im späteren Methodenaufruf. Nach dem Klick auf den Button **Add** wird auf der rechten Seite ein Formular zur Angabe der notwendigen Parameter für die Tabelle bzw. die Struktur angezeigt (siehe Abbildung 7.3). Wir entscheiden uns hier für Tabelle ZACB_RECIPE. Das Feld **Reference Table** füllen wir nicht. Sollte Ihre Tabelle bzw. Ihre Struktur Felder mit Mengeneinheiten- oder Währungsreferenzen in eine andere Tabelle bzw. Struktur enthalten, wäre diese hier anzugeben.

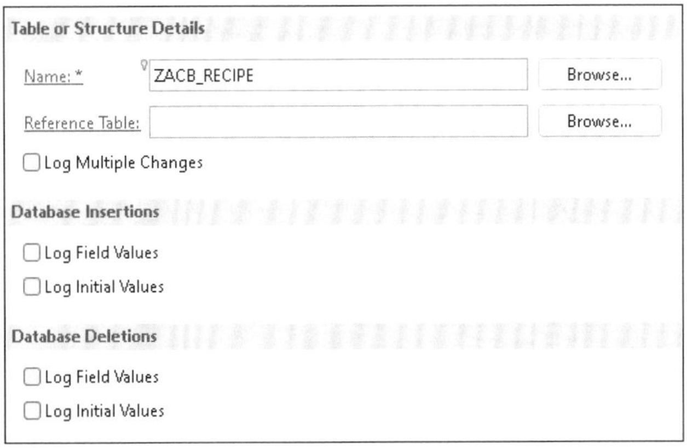

Abbildung 7.3 Hinzufügen einer Tabelle zu einem Änderungsbelegobjekt

Pro Tabelle oder Struktur kann festgelegt werden, ob beim Schreiben von Änderungsbelegen mehrere Einträge erwartet werden oder nur einer. Davon abhängig werden die Parameter in der generierten API typisiert. Bei Kopftabellen ergibt ein einzelner Eintrag mehr Sinn, wir entscheiden uns daher hier gegen die Option **Log Multiple Changes**.

Die zusätzlichen Optionen für **Database Insertions** und **Database Deletions** aktivieren wir nicht. Sie würden es ermöglichen, bei Anlage oder Löschung eines Datensatzes auch die einzelnen Felder dieses Datensatzes zu protokollieren. Dies ist in der Regel nicht erforderlich, weil die Daten anderweitig schon protokolliert wurden. Die Werte vor der Löschung und die Werte bei Neuanlage sind über die Einzelfeldprotokollierung bei Änderung bereits nachvollziehbar, wenn auch etwas umständlicher.

Wir wiederholen diesen Prozess und fügen Tabelle `ZACB_INGREDIENT` hinzu. Sie ist unsere Positionstabelle mit den Zutaten zu einem Rezeptkopfsatz. Es ist daher sinnvoll, sie im selben Änderungsbelegobjekt zu protokollieren. Abweichend von Tabelle `ZACB_RECIPE` aktivieren wir für diese Tabelle die Checkbox **Log Multiple Changes**, da bei Änderungsfortschreibung mehrere Einträge für diese Tabelle zu erwarten sind.

Aktivierung des Änderungsbelegobjekts

Abschließend aktivieren Sie das Änderungsbelegobjekt über die Tastenkombination `Strg` + `F3` oder den **Activate**-Button (). Die Pflegemaske sollte anschließend aussehen, wie in Abbildung 7.4 dargestellt.

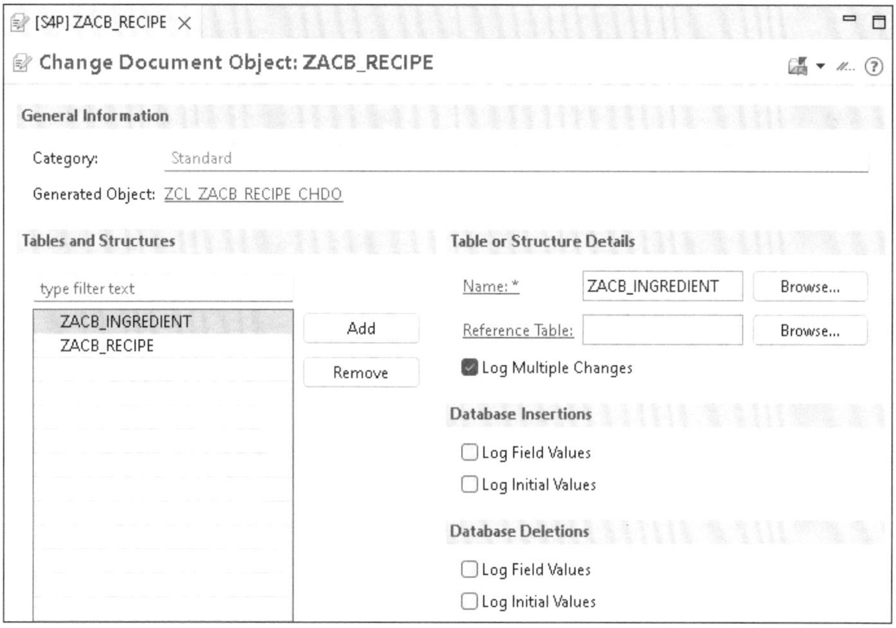

Abbildung 7.4 Pflegemaske eines Änderungsbelegobjekts nach Aktivierung

Unter **Generated Object** finden Sie den Namen der generierten Klasse, die als API zum Fortschreiben von Änderungen anhand dieses Änderungsbelegobjekts dient.

[!]

Abweichender Funktionsumfang in den ABAP Development Tools und Transaktion SCDO

Die Möglichkeiten der Änderungsbelegobjektpflege in den ABAP Development Tools und in Transaktion SCDO im SAP GUI unterscheiden sich leicht. Während die Pflege in den ABAP Development Tools immer eine Klasse als API generiert, werden Sie in der SAP-GUI-Transaktion vor die Wahl gestellt, ob Sie eine Klasse oder einen Funktionsbaustein generieren möchten. Je nach Anwendungsszenario kann auch der Funktionsbaustein sinnvoll sein, da dieser verbuchungsfähig ist.

Aktivierung der Änderungsbelegrelevanz

Als Voraussetzung für die Fortschreibung von Änderungsbelegen müssen die in dem Änderungsbelegobjekt angegebenen Tabellen bzw. Strukturen Datenelemente verwenden, die als relevant für die Änderungsprotokollierung markiert wurden. In den ABAP Development Tools finden Sie das entsprechende Kennzeichen mit der Bezeichnung **Change Document Logging** in der Datenelementpflege im aufklappbaren Bereich **Additional Properties** (siehe Abbildung 7.5).

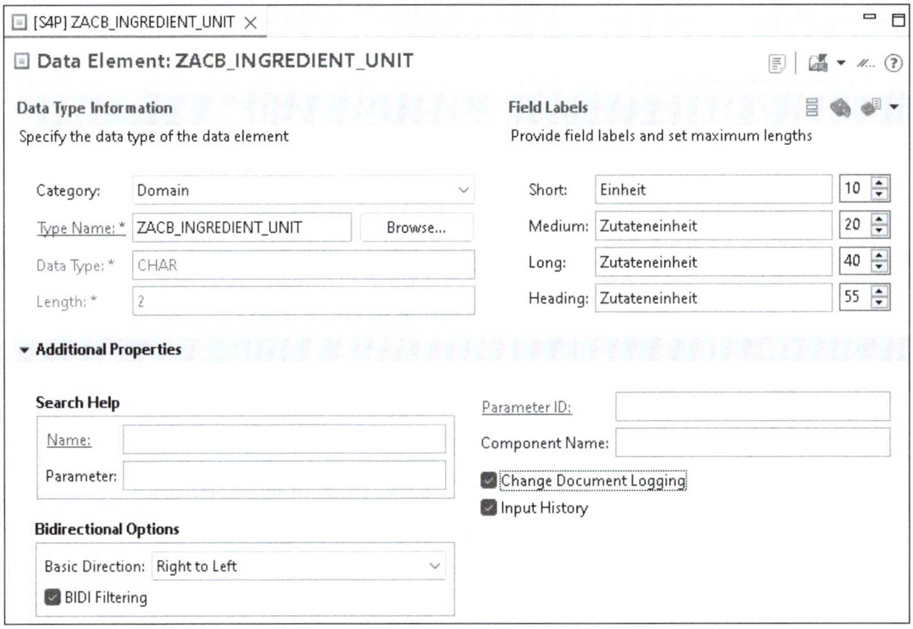

Abbildung 7.5 Kennzeichen für Änderungsbelegfortschreibung im Datenelement

Wir empfehlen Ihnen, dieses Kennzeichen in der Regel zu aktivieren, da die meisten Datenelemente geschäftsrelevante Daten definieren, deren Änderungen protokolliert werden sollten. Eine Ausnahme bilden lediglich technische Daten, wie z. B. Hash-Werte. Beachten Sie, dass auf Basis von Änderungsbelegen auch Folgeprozesse mithilfe von Änderungszeigern ausgelöst werden können.

7.2 Protokollierung über die generierte Klasse aufrufen

Generierte Klasse

Bei Aktivierung des Änderungsbelegobjekts wird vom System eine globale Klasse erzeugt. Sie folgt der Namenskonvention `<Namensraum>CL_<Änderungsbelegobjekt>_CHDO` und wird automatisch im gleichen Paket wie das Änderungsbelegobjekt angelegt. In der Objektpflege können Sie auch direkt per Klick auf den Objektnamen zur globalen Klasse navigieren.

[!]

Anpassung generierter Objekte

Die globale Klasse enthält ausschließlich generiertes Coding und wird bei Änderung des Änderungsbelegobjekts überschrieben. Es handelt sich dabei nicht um eine Vorlage wie bei den durch einen ABAP-Repository-Objekt-Generator erzeugten Objekten. Sie sollten diese Klasse daher nicht manuell ändern, da Ihre Änderungen andernfalls verloren gehen werden.

Methode »write«

Die generierte Klasse enthält eine statische Methode `write`. Über diese Methode können Sie Änderungsbelege erzeugen. Zusätzlich sind einige relevante Typdefinitionen enthalten sowie der Name des Änderungsbelegobjekts als schreibgeschützte statische Variable. Den Aufbau der generierten Klasse können Sie Abbildung 7.6 entnehmen.

Anwendung zur Mengeneinheitsaktualisierung

Zum Fortschreiben von Änderungen über das Änderungsbelegobjekt rufen Sie die Methode `write` an geeigneter Stelle auf. Für den einfachen Aufruf implementieren wir hier zunächst ein Beispielprogramm, das bei einigen Zutaten die Mengeneinheit anpasst. Hintergrund ist hier eine technische Umstellung der Schlüssel der Mengeneinheiten. Das entwickelte Programm kümmert sich zunächst datenbanknah darum, die alten Einheitswerte in die neuen zu konvertieren.

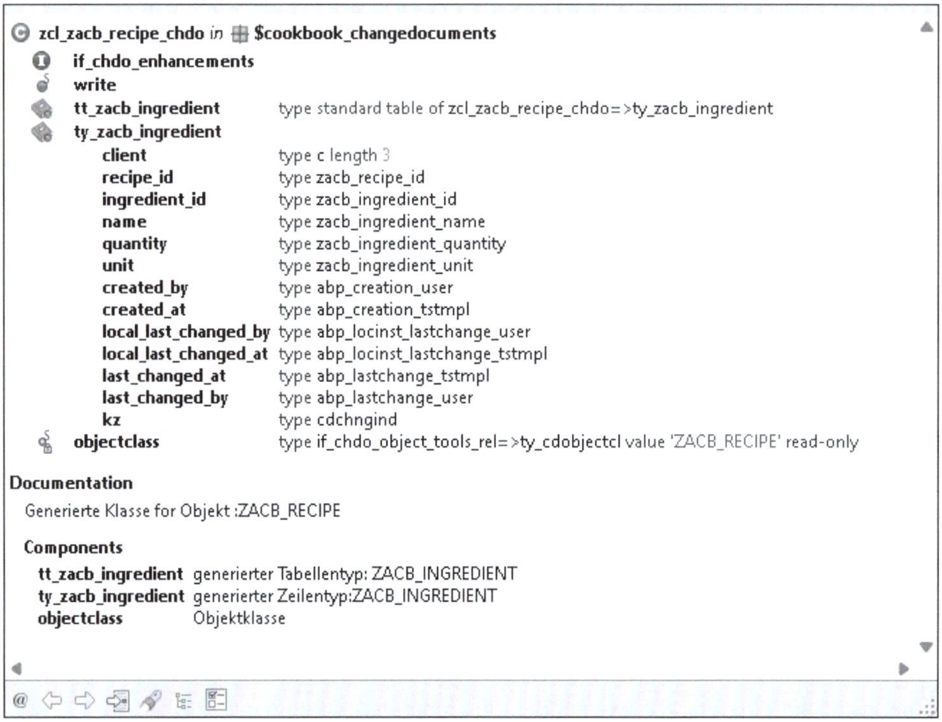

Abbildung 7.6 ABAP-Element-Info zur generierten Klasse des Änderungsbelegobjekts

Ermittlung der Datensätze

Im ersten Schritt werden die zu ändernden Zutatendatensätze ermittelt (siehe Listing 7.1). Dies erfolgt anhand einer Range-Tabelle, die als Filter auf Basis eine Mapping-Tabelle dient.

```
DATA(mapping) = VALUE unit_mapping_tab(
  ( old_unit = 'G' new_unit = 'GR' ) ).
DATA(unit_filter) = get_old_unit_rnge_from_mapping(
  mapping ).
SELECT FROM zacb_ingredient
  FIELDS DISTINCT recipe_id
  WHERE unit IN @unit_filter
  ORDER BY recipe_id
  INTO TABLE @DATA(recipes_to_update).
out->write(
  |Es wurden { lines( recipes_to_update ) NUMBER = USER }| &&
  | zu aktualisierende Rezepte gefunden| ).
```

Listing 7.1 Datenselektion zur Zutatenaktualisierung

Einzelsatzverarbeitung

Anschließend erfolgt die Verarbeitung der einzelnen Datensätze über eine Schleife. Wir haben uns hier für eine Einzelsatzverarbeitung mit dem Aufbau aus Listing 7.2 entschieden.

```
LOOP AT recipes_to_update ASSIGNING FIELD-SYMBOL(<recipe>).
  TRY.
      out->write(
        |Bearbeite Rezept { <recipe>-recipe_id }| ).
      " Datenselektion
      ...
      " Datenbearbeitung
      ...
      " Update in der Datenbank
      ...
      COMMIT WORK.
    CATCH lcx_error INTO DATA(error).
      ROLLBACK WORK.
      out->write( error->get_text( ) ).
  ENDTRY.
ENDLOOP.
```

Listing 7.2 Einzelsatzverarbeitung der Zutatenaktualisierung

Wie Sie sehen können, wurden innerhalb der Schleife eine Behandlung klassenbasierter Ausnahmen implementiert und eine lokale Ausnahmeklasse `LCX_ERROR` im `CATCH`-Block angegeben. Diese Kontrollstruktur bietet sich an, da so die Logical Unit of Work (LUW) pro Einzelsatz abgegrenzt und unabhängig vom konkreten Fehlerfall mit einem `COMMIT WORK` oder `ROLLBACK WORK` abgeschlossen werden kann. Mögliche Fehlerfälle sind Sperrkonflikte, Fehler beim Speichern auf der Datenbank oder Fehler in der Datenvalidierung. Über die lokale Ausnahmeklasse können alle über die Kontrollstruktur gleichermaßen behandelt werden, anstatt klassenbasierte Ausnahmen und Return-Codes über das Systemfeld `sy-subrc` bunt mit `IF`-Blöcken mischen zu müssen.

Datenselektion

Pro ermitteltem Rezept werden zunächst die zu migrierenden Zutaten gelesen. Der Rezeptkopfsatz wird ebenfalls von der Datenbank gelesen. Beides wird benötigt, denn im Kopfsatz finden sich administrative Daten zur letzten Änderung, die zusammen mit den Mengeneinheiten in der Zutatenposition geändert werden sollen. Die Selektion der Daten im Zustand vor der Änderung ist zwingend erforderlich, da die Änderungsbelegfortschreibung den alten Zustand nicht selbst ermitteln kann. Dieser muss von Ihnen mitgegeben werden. Passend dazu erhalten die Bezeichner der Variablen daher ein old-Suffix. Sollte der alte Zustand nicht in der Datenbank gefunden werden, ist es während der Programmausführung zu parallelen Änderungen gekommen. In diesem Fall wird das Rezept übersprungen. Die komplette Selektionslogik können Sie Listing 7.3 entnehmen.

```
SELECT SINGLE FROM zacb_recipe
  FIELDS *
  WHERE recipe_id  = @<recipe>-recipe_id
  INTO @DATA(recipe_old).
SELECT FROM zacb_ingredient
  FIELDS *
  WHERE recipe_id  = @<recipe>-recipe_id
    AND unit       IN @unit_filter
  ORDER BY PRIMARY KEY
  INTO TABLE @DATA(ingredients_old).
IF recipe_old IS INITIAL OR ingredients_old IS INITIAL.
  cl_message_helper=>set_msg_vars_for_clike(
    |Überspringe Rezept, es gab parallele Änderungen| ).
  RAISE EXCEPTION TYPE lcx_error USING MESSAGE.
ENDIF.
```

Listing 7.3 Datenselektion in der Einzelsatzverarbeitung

Datenbearbeitung

Die selektierten Daten werden anschließend in neue Variablen mit new-Suffix kopiert und dann aktualisiert. Dazu werden im Kopfsatz die administrativen Felder für Änderungen überschrieben, und die eigentliche Änderung der Mengeneinheiten wird in den relevanten Positionen durchgeführt (siehe Listing 7.4).

```
DATA(recipe_new) = VALUE #( BASE recipe_old
  last_changed_by =
    cl_abap_context_info=>get_user_technical_name( )
  last_changed_at =
    cl_abap_tstmp=>utclong2tstmp( utclong_current( ) ) ).
DATA(ingredients_new) = ingredients_old.
LOOP AT ingredients_new ASSIGNING FIELD-SYMBOL(<ingredient>).
  <ingredient>-unit                  =
    mapping[ old_unit = <ingredient>-unit ]-new_unit.
  <ingredient>-last_changed_by       =
    cl_abap_context_info=>get_user_technical_name( ).
  <ingredient>-last_changed_at       =
    cl_abap_tstmp=>utclong2tstmp( utclong_current( ) ).
  <ingredient>-local_last_changed_by =
    <ingredient>-last_changed_by.
```

```
  <ingredient>-local_last_changed_at =
    <ingredient>-last_changed_at.
ENDLOOP.
```

Listing 7.4 Aktualisierung der Rezept- und Zutatendaten

Update in der Datenbank

Die geänderten Daten können nun mithilfe des UPDATE-Befehls an die Datenbank übertragen werden (siehe Listing 7.5). Die Anwendung führt eine technische Migration durch und umgeht daher an dieser Stelle bewusst die RAP-Fassade des Business-Objekts »Rezept«. Dies vereinfacht hier die Darstellung. In der Praxis sollte dieser Ansatz eine Ausnahme sein, und die Integration der Änderungsbelegfortschreibung sollte zentral im RAP-Business-Objekt erfolgen, wie in Abschnitt 7.3, »Änderungsbelegfortschreibung mit dem ABAP RESTful Application Programming Model«, beschrieben.

```
UPDATE zacb_recipe FROM @recipe_new.
IF sy-subrc <> 0.
  cl_message_helper=>set_msg_vars_for_clike(
    |Fehler bei Update auf ZACB_RECIPE: { sy-subrc }| ).
  RAISE EXCEPTION TYPE lcx_error USING MESSAGE.
ENDIF.

UPDATE zacb_ingredient FROM TABLE @ingredients_new.
IF sy-subrc <> 0.
  cl_message_helper=>set_msg_vars_for_clike(
    |Fehler bei Update auf ZACB_INGREDIENT: { sy-subrc }| ).
  RAISE EXCEPTION TYPE lcx_error USING MESSAGE.
ENDIF.

COMMIT WORK.
```

Listing 7.5 Update der Datenbanktabellen

Aufruf der Methode »write«

Um nun die Änderungsbelegfortschreibung zu implementieren, ergänzen wir an geeigneter Stelle den Aufruf der Methode write aus der generierten Klasse – in unserem Fall trägt sie den Namen ZCL_ZACB_RECIPE_CHDO. Die geeignete Stelle findet sich genau zwischen der letzten schreibenden Datenbankinteraktion mit UPDATE und dem Abschluss der Transaktion mit COMMIT WORK. Dadurch werden die Änderungsbelege in die LUW aufgenommen und nur gebündelt mit den zugehörigen Änderungen gesichert. Umgekehrt werden die Änderungen an den Anwendungsdaten nicht durchgeführt, wenn die Änderungsbelegfortschreibung fehlschlägt. Den kompletten Aufruf können Sie Listing 7.6 entnehmen, das wir im Folgenden noch detaillierter erklären.

```
DATA(object_id) = EXACT
  if_chdo_object_tools_rel=>ty_cdobjectv(
    sy-mandt && <recipe>-recipe_id ).

zcl_zacb_recipe_chdo=>write(
  objectid            = object_id
  utime               =
    cl_abap_context_info=>get_system_time( )
  udate               =
    cl_abap_context_info=>get_system_date( )
  username            = EXACT #(
    cl_abap_context_info=>get_user_technical_name( ) )
  o_zacb_recipe       = recipe_old
  n_zacb_recipe       = recipe_new
  upd_zacb_recipe     = 'U'
  xzacb_ingredient    = CORRESPONDING #( ingredients_new )
  yzacb_ingredient    = CORRESPONDING #( ingredients_old )
  upd_zacb_ingredient = 'U' ).

COMMIT WORK.
```

Listing 7.6 Aufruf der Methode »write«

Objekt-ID

Zur Identifikation des von der Änderung betroffenen Objekts müssen Sie zunächst eine Objekt-ID definieren. Üblicherweise handelt es sich dabei um die Konkatenation des Primärschlüssels aus der Primärtabelle des jeweiligen Geschäftsobjekts, in unserem Fall um den Mandanten und die Rezept-ID. In Listing 7.6 wird zunächst diese Objekt-ID zugewiesen. Das Datenelement `CDOBJECTTV` ist in ABAP Cloud nicht freigegeben, daher erfolgt die Typisierung indirekt über den Typ `IF_CHDO_OBJECT_TOOLS_REL=>TY_CDOBJECTTV`.

[!]

Objekt-ID bei Änderungsbelegen

Sollten Sie eine Integration an ein bestehendes Business-Objekt im SAP-Standard implementieren, orientieren Sie sich an der Objekt-ID-Definition, die dort gewählt wurde. Manche Objekte lassen den Mandanten in der Objekt-ID aus (z. B. `BUPA_BUP` für den Geschäftspartner), während andere ihn verwenden (z. B. `BELEG` für Buchhaltungsbelege).

Parameter der Methode »write«

Anschließend folgt der Aufruf der statischen Methode `write` in der vom Änderungsbelegobjekt generierten Klasse `ZCL_ZACB_RECIPE_CHDO`. Die Methodensignatur enthält viele Parameter, einige davon auch optional oder mit

Default-Werten. Die Bedeutung der einzelnen Parameter ist in Tabelle 7.1 beschrieben.

Parameter	Bedeutung
objectid	Schlüssel des von der Änderung betroffenen Objekts (Primärtabelle)
utime, udate	Änderungsdatum und Uhrzeit in Systemzeit (z. B. über die Klasse CL_ABAP_CONTEXT_INFO abfragbar)
username	ändernder Benutzer (z. B. über die Klasse CL_ABAP_CONTEXT_INFO abfragbar)
object_change_indicator	Änderungskennzeichen für die Art der Änderung (siehe Tabelle 7.2)
o_<Tabelle>	alte Daten einer Tabelle mit Einzelsatzübergabe
n_<Tabelle>	neue Daten einer Tabelle mit Einzelsatzübergabe
x<Tabelle>	neue Daten einer Tabelle mit Übergabe mehrerer Datensätze
y<Tabelle>	alte Daten einer Tabelle mit Übergabe mehrerer Datensätze
upd_<Tabelle>	Änderungskennzeichen einer Tabelle

Tabelle 7.1 Parameter der Methode »write«

Weitere optionale Parameter sind für geplante Änderungen und die Deaktivierung von Änderungszeigern bestimmt. Bei Texttabellen bzw. Langtexten werden zusätzliche Parameter angeboten, um diese gesondert zu behandeln. Die Signatur der Methode `write` kann aufgrund dieser Fülle an Parametern zunächst etwas abschreckend wirken. In den meisten Fällen können Sie aber einfach folgende Regeln anwenden:

- Übergeben Sie Objekt-ID, Änderungsdatum, -uhrzeit und Benutzernamen wie beschrieben.
- Übergeben Sie alle Tabellen, an denen Sie Änderungen vorgenommen haben, inklusive alter und neuer Daten über die Parameter `o_<Tabelle>`, `n_<Tabelle>`, `y<Tabelle>` und `x<Tabelle>`.
- Nutzen Sie den Wert `U` für das Änderungskennzeichen von Tabellen `upd_<Tabelle>` für die übergebenen Tabellen. Die Änderungsbelegfortschreibung ist schlau genug, um `o_<Tabelle>` und `n_<Tabelle>` bzw. `y<Tabelle>`

und x<Tabelle> miteinander zu vergleichen, um Änderungen von Neuanlagen zu unterscheiden.

- Die Tabellen y<Tabelle> und x<Tabelle> enthalten zusätzlich eine Komponente kz zur Kennzeichnung von Änderungen auf Zeilenebene. In der Regel müssen Sie dieses Feld nicht füllen, und die Art der Änderung wird automatisch abgeleitet. Lediglich in Sonderfällen, etwa wenn Sie innerhalb derselben LUW einen Datensatz löschen und mit identischem Schlüssel neu anlegen, wäre es relevant. Im Codebeispiel aus Listing 7.6 wird der CORRESPONDING-Konstruktorausdruck verwendet, um den Parameter passend zu versorgen.

Änderungskennzeichen

Die möglichen Änderungskennzeichen können Sie Tabelle 7.2 entnehmen.

Wert	Bedeutung
I	Einfügen
J	Einfügen (Einzelfelddokumentation)
U	Änderung
D	Löschen
E	Löschen (Einzelfelddokumentation)

Tabelle 7.2 Bedeutung der Änderungskennzeichen

Fehlerbehandlung

Die Methode kann eine klassenbasierte Ausnahme vom Typ CX_CHDO_WRITE_ERROR auslösen. Diese sollten Sie behandeln, damit nicht versehentlich Änderungen ohne Protokollierung vorgenommen werden. Wir passen daher den CATCH-Block geringfügig an (siehe Listing 7.7).

```
LOOP AT recipes_to_update ASSIGNING FIELD-SYMBOL(<recipe>).
  TRY.
      ...
      zcl_zacb_recipe_chdo=>write( ... ).
      COMMIT WORK.
    CATCH cx_chdo_write_error
          lcx_error INTO DATA(error).
      ROLLBACK WORK.
      out->write( error->get_text( ) ).
  ENDTRY.
ENDLOOP.
```

Listing 7.7 Fehlerbehandlung bei Änderungsbelegfortschreibung

Anschließend sollten Ihre Änderungsbelege fortgeschrieben werden. Vergessen Sie nicht, dies auch zu testen. Gerne werden die Kennzeichen am Datenelement oder die Übergabe von Änderungskennzeichen vergessen. Die Anzeige von Änderungsbelegen wird in Abschnitt 7.4 beschrieben.

7.3 Änderungsbelegfortschreibung mit dem ABAP RESTful Application Programming Model

Aufrufpunkte der Änderungsbelegfortschreibung

Im vorangegangenen Abschnitt haben wir eine Anwendung implementiert, die eine technische Migration der Mengeneinheiten datenbanknah durchführt. In diesem einfachen Beispiel wurden die Änderungsbelege direkt nach den Datenbankoperationen geschrieben. In der Praxis wäre dies für eben solche technischen Migrationen oder Massendatenverarbeitungen eine Ausnahme. Technisch sollte die Änderungsbelegerstellung zentral bei der Implementierung Ihres Business-Objekts liegen. Abhängig vom verwendeten Programmiermodell liegt sie an unterschiedlichen Stellen. In diesem Abschnitt beschäftigen wir uns mit der Integration in das ABAP RESTful Application Programming Model, dem aktuellen Programmiermodell in ABAP Cloud.

Mengeneinheitsaktualisierung

In Anwendungen, die auf diesem Programmiermodell basieren, soll das RAP-Business-Objekt für die Konsumierung innerhalb und außerhalb des Systems nur eine API bieten. Es wird daher auch oft von einer *RAP-Fassade* gesprochen, die Details der Persistenzschicht oder auch der Protokollierung gegenüber dem API-User verbirgt.

Wir nehmen in Bezug auf unser Anwendungsbeispiel im Folgenden dieselbe Änderung der Mengeneinheiten vor wie im vorangegangenen Abschnitt – allerdings in anderer Richtung, damit die Anwendung zu Testzwecken ausführbar bleibt und der Ursprungszustand immer wiederhergestellt wird. Dazu verwenden wir dieses Mal CDS-Views (Core Data Services) und EML-Anweisungen (Entity Manipulation Language).

Ermittlung der Datensätze per CDS-View

Die Datenselektion erfolgt zunächst sehr ähnlich wie im letzten Beispiel. Anstatt direkt aus den Datenbanktabellen zu selektieren, verwenden wir dieses Mal jedoch einen View der RAP-Anwendung, um die zu ändernden Rezepte zu ermitteln (siehe Listing 7.8).

```
DATA unit_updates TYPE TABLE FOR UPDATE ZACB_R_Ingredient.

DATA(mapping) = VALUE unit_mapping_tab(
  ( old_unit = 'GR' new_unit = 'G' ) ).
```

```
DATA(unit_filter) = get_old_unit_rnge_from_mapping(
  mapping ).

SELECT FROM ZACB_R_Ingredient
  FIELDS DISTINCT RecipeId
  WHERE Unit IN @unit_filter
  ORDER BY RecipeId
  INTO TABLE @DATA(recipes_to_update).
```

Listing 7.8 Ermittlung der zu ändernde Rezepte per CDS-View

[»]

Selektion und EML-Anweisungen ohne Interface-View

Zur Vereinfachung des Anwendungsbeispiels wird hier direkt mit der Root-Entität ZACB_R_Ingredient unseres Business-Objekts »Rezept« gearbeitet, die eigentlich nicht für Selektionen und EML-Anweisungen außerhalb der Implementierung der Verhaltensdefinition vorgesehen ist. Erwägen Sie in Ihren Anwendungen, Interface-Views als Projektion anzulegen, die freigegeben werden können und einen stabilen Einstiegspunkt in Ihre RAP-Anwendung von außen definieren.

Leseoperation per »READ ENTITIES«

Nach Ermittlung der zu verändernden Datensätze lesen wir diese in ihrem aktuellen Zustand anhand ihrer Schlüssel über die Anweisung READ ENTITIES. Sie ist Teil des EML-Sprachumfangs (siehe Listing 7.9). Sie ermöglicht einen Zugriff auf RAP-Business-Objekte innerhalb des Systems.

```
READ ENTITIES OF ZACB_R_Recipe
  ENTITY Recipe BY \_Ingredient
  FIELDS ( Unit )
  WITH CORRESPONDING #( recipes_to_update )
  RESULT DATA(ingredients).
```

Listing 7.9 Leseoperation per »READ ENTITIES«

RAP-Business-Objekte wurden multi-instanz-fähig designt. Daher können wir abweichend von der Implementierung aus dem vorangegangenen Abschnitt unsere ermittelten Rezept-IDs direkt an die Anweisung übergeben und müssen sie nicht in einer Schleife aufrufen. Über eine Read-by-Assoziation können wir die Werte der untergeordneten Entität Ingredient erhalten, obwohl wir Schlüsselwerte für Recipe angeben. Im Rückgabewert ingredients sind die Schlüsselwerte sowie das mit der Anweisung FIELDS angeforderte Feld Unit gefüllt (siehe Abbildung 7.7).

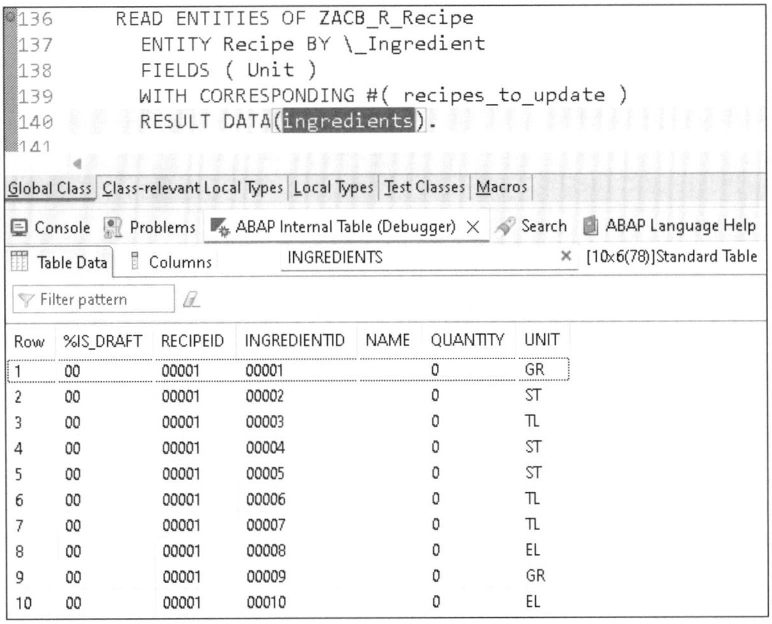

Abbildung 7.7 Rückgabe der Anweisung »READ ENTITIES« im Debugger

Schreiboperation per »MODIFY ENTITIES«

Wir möchten nun einige der zurückerhaltenen Zutaten aktualisieren und deren Mengeneinheiten ändern. Die Aktualisierung per EML erfolgt über die Anweisung `MODIFY ENTITIES`. Sie benötigt eine spezielle interne Tabelle, die zusätzliche Felder, z. B. eine Struktur zur Markierung geänderter Komponenten, enthält. Eine solche interne Tabelle wird über den speziellen Zusatz `TABLE FOR UPDATE` deklariert. Über den `CORRESPONDING`-Konstruktorausdruck können wir die gelesenen Daten in die neue Tabelle übernehmen und anschließend unsere Änderungen durchführen. Abgeschlossen werden die Änderungen über die Anweisung `COMMIT ENTITIES` (siehe Listing 7.10).

```
DATA unit_updates TYPE TABLE FOR UPDATE ZACB_R_Ingredient.
unit_updates = CORRESPONDING #( ingredients ).

LOOP AT unit_updates ASSIGNING FIELD-SYMBOL(<update>)
  WHERE Unit IN unit_filter.
  <update>-Unit =
    mapping[ old_unit = <update>-Unit ]-new_unit.
ENDLOOP.

MODIFY ENTITIES OF ZACB_R_Recipe
  ENTITY Ingredient
```

```
  UPDATE FIELDS ( Unit )
  WITH unit_updates
  REPORTED DATA(reported)
  FAILED DATA(failed).

IF failed IS NOT INITIAL.
  ROLLBACK ENTITIES.
ELSE.
  COMMIT ENTITIES RESPONSE OF ZACB_R_Recipe
    REPORTED DATA(reported_late)
    FAILED DATA(failed_late).
  ...
ENDIF.
```

Listing 7.10 Schreiboperation per »MODIFY ENTITIES«

Die Managed-Implementierung des RAP-Business-Objekts ändert nach der Ausführung nun die Daten in den darunterliegenden Datenbanktabellen. Zusätzlich verhindern implementierte Validierungen und die Sperrbehandlung mögliche Inkonsistenzen. Bislang wurden allerdings noch keine Änderungsbelege geschrieben.

[»]

Release-abhängige Integration von Änderungsbelegen

Die im Folgenden erläuterten Schritte zur manuellen Integration der Änderungsbelegfortschreibung in RAP-Anwendungen sind sehr aufwendig und fehleranfällig. Spät in der Entwicklung des ABAP RESTful Application Programming Models plante SAP, eine native Integration bereitzustellen, die ohne Implementierungsaufwand Änderungsbelege erzeugt. Diese ist allerdings in SAP S/4HANA 2023 noch nicht verfügbar. Zum Zeitpunkt der Erstellung dieses Buches war das entsprechende Roadmap Item auf SAP S/4HANA 2025 bzw. SAP S/4HANA Cloud Private Edition 2025 sowie auf SAP BTP ABAP Environment 2602 bzw. SAP S/4HANA Cloud Public Edition 2602 terminiert. Die geplanten Neuerungen umfassen eine Anweisung in der Verhaltensdefinition mit Bezug zum Änderungsbelegobjekt, ein Quick Fix zur Erzeugung eines passenden Änderungsbelegobjekts sowie eine SAP-Fiori-Elements-Darstellung der Änderungsbelege.

Additional Save

Zur Fortschreibung zusätzlicher Daten neben den eigentlichen Anwendungsdaten bietet das ABAP RESTful Application Programming Model den *Additional Save* an. Ergänzen Sie dazu zunächst die Anweisung `with additional save` in der Verhaltensdefinition Ihres Business-Objekts für die Entitäten, für die Sie Änderungsbelege fortschreiben möchten. Wir ergänzen diese entsprechend in der Verhaltensdefinition ZACB_R_Recipe für unsere Business-Objekte (siehe Listing 7.11).

```
define behavior for ZACB_R_Recipe alias Recipe
persistent table zacb_recipe
draft table zacb_recipe_d
with additional save
...
define behavior for ZACB_R_Ingredient alias Ingredient
persistent table zacb_ingredient
draft table zacb_ingredien_d
with additional save
...
```

Listing 7.11 Aktivierung des Additional Save in der Verhaltensdefinition

Implementierung der Methode »save_modified«

Die ergänzten Anweisungen werden automatisch von der Syntaxprüfung mit einer Warnung versehen, dass noch keine Implementierung der Methode save_modified existiert. Mit der Tastenkombination [Strg] + [1] können Sie einen Quick Fix auswählen, um diese Methode automatisch anzulegen (siehe Abbildung 7.8).

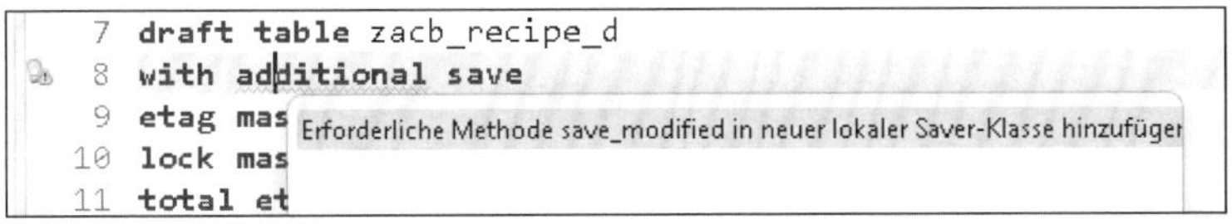

Abbildung 7.8 Quick Fix zur Anlage der Methode »save_modified«

Sie werden anschließend automatisch in das Local Types Include weitergeleitet, wo eine lokale Saver-Klasse angelegt wurde, die von der Klasse CL_ABAP_BEHAVIOR_SAVER erbt und eine leere Methodenimplementierung der redefinierten Methode save_modified bereitstellt. Wir passen diese direkt an. Um die Änderungsbelegfortschreibung und die Persistenz der Anwendungsdaten transaktionssicher zu koppeln, muss bei einem Fehler in der Methode write die gesamte LUW rückabgewickelt werden. Um dies in der Methode save_modified durchführen zu können, ändern wir die Basisklasse auf CL_ABAP_BEHAVIOR_SAVER_FAILED. Der angepasste Klassenaufbau ist in Listing 7.12 zu sehen.

```
CLASS lsc_zacb_r_recipe DEFINITION
  INHERITING FROM cl_abap_behavior_saver_failed.
  PROTECTED SECTION.
    METHODS save_modified REDEFINITION.
ENDCLASS.
```

```
CLASS lsc_zacb_r_recipe IMPLEMENTATION.
  METHOD save_modified.
  ENDMETHOD.
ENDCLASS.
```

Listing 7.12 Aufbau der lokalen Saver-Klasse

Über die Parameter `create`, `update` und `delete` erhalten Sie jeweils interne Tabellen mit den Änderungen an den mit `with additional save` markierten Entitäten. Über den Parameter `reported` können Meldungen zurückgegeben werden. Der über die Änderung der Basisklasse hinzugewonnene Parameter `failed` ermöglicht es, einen Abbruch zu erzwingen.

Implementierung der Methode »write«

Es ist nun Ihre Aufgabe, die über diese Parameter bereitgestellten Änderungen in das datenbanknahe Format der Änderungsbelegobjekte zu konvertieren, sie mit zusätzlichen Daten anzureichern und die früheren Daten zu ermitteln, um anschließend die Methode `write` Ihres Änderungsbelegobjekts korrekt für die Anlage, Änderung und das Löschen von Instanzen Ihres Business-Objekts inklusive untergeordneter Positionstabellen aufzurufen. Diese Implementierung ist so umfangreich, dass ihr vollständiges Abdrucken den Umfang dieses Kapitels sprengen würde. Sie liegt daher in vollständiger Form den Beispielobjekten im Download-Material bei. Sie finden sie im Local Types Include der Klasse `ZBP_ACB_R_RECIPE` in der lokalen Klasse `LSC_ZACB_R_RECIPE`.

Im Folgenden geben wir lediglich ein paar Tipps zur Implementierung:

- Über den Zusatz `MAPPING FROM ENTITY` des `CORRESPONDING`-Konstruktorausdrucks können Sie den Abgleich der Bezeichner automatisch durchführen und zwischen Pascal- und Snake-Case konvertieren:

  ```
  recipe_new = CORRESPONDING #(
    <create_recipe> MAPPING FROM ENTITY  )
  ```

- Über den Zusatz `MAPPING FROM ENTITY USING CONTROL` können Sie die Kontrollstrukturen berücksichtigen, sodass nur geänderte Felder in das Zieldatenobjekt transferiert werden:

  ```
  <change>-recipe_new = CORRESPONDING #(
    BASE ( <change>-recipe_old )
    <update_recipe> MAPPING FROM ENTITY USING CONTROL )
  ```

- Die Anweisung `with additional save` bietet einen Zusatz `with full data` an. Bei dessen Verwendung werden alle Felder an die Methode `save_modified` übergeben, nicht nur die geänderten Felder. Dies kann Sie bei der Implementierung unterstützen.

- Durch die Änderung der Basisklasse auf `CL_ABAP_BEHAVIOR_SAVER_FAILED` können Sie in Fehlerfällen abbrechen, indem Sie den Parameter `failed` versorgen.

7.4 Änderungsbelege anzeigen

Die geschriebenen Änderungsbelege können Sie in SAP S/4HANA und SAP S/4HANA Cloud Private Edition klassisch über Transaktion RSSCD100 anzeigen (siehe Abbildung 7.9). Technisch ist hier lediglich ein Wrapper um die alten Funktionsbausteine implementiert worden, sodass die Daten auch nach wie vor in den Datenbanktabellen `CDHDR` und `CDPOS` gespeichert werden.

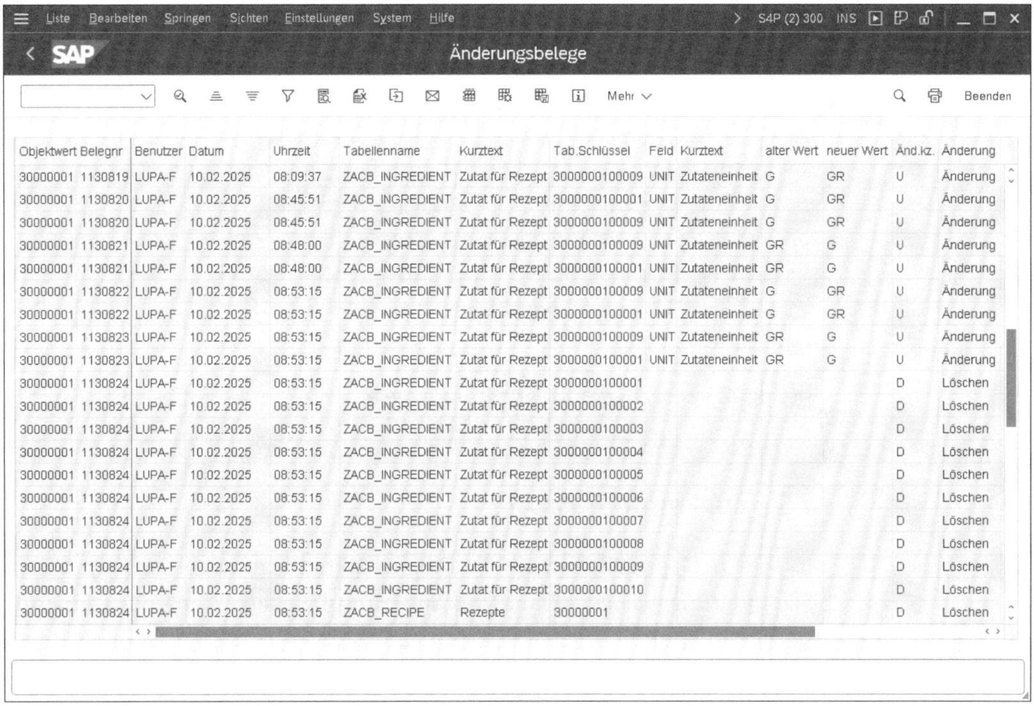

Objektwert	Belegnr	Benutzer	Datum	Uhrzeit	Tabellenname	Kurztext	Tab.Schlüssel	Feld	Kurztext	alter Wert	neuer Wert	Änd.kz.	Änderung
30000001	1130819	LUPA-F	10.02.2025	08:09:37	ZACB_INGREDIENT	Zutat für Rezept	3000000100009	UNIT	Zutateneinheit	G	GR	U	Änderung
30000001	1130820	LUPA-F	10.02.2025	08:45:51	ZACB_INGREDIENT	Zutat für Rezept	3000000100001	UNIT	Zutateneinheit	G	GR	U	Änderung
30000001	1130820	LUPA-F	10.02.2025	08:45:51	ZACB_INGREDIENT	Zutat für Rezept	3000000100009	UNIT	Zutateneinheit	G	GR	U	Änderung
30000001	1130821	LUPA-F	10.02.2025	08:48:00	ZACB_INGREDIENT	Zutat für Rezept	3000000100009	UNIT	Zutateneinheit	GR	G	U	Änderung
30000001	1130821	LUPA-F	10.02.2025	08:48:00	ZACB_INGREDIENT	Zutat für Rezept	3000000100001	UNIT	Zutateneinheit	GR	G	U	Änderung
30000001	1130822	LUPA-F	10.02.2025	08:53:15	ZACB_INGREDIENT	Zutat für Rezept	3000000100009	UNIT	Zutateneinheit	G	GR	U	Änderung
30000001	1130822	LUPA-F	10.02.2025	08:53:15	ZACB_INGREDIENT	Zutat für Rezept	3000000100001	UNIT	Zutateneinheit	G	GR	U	Änderung
30000001	1130823	LUPA-F	10.02.2025	08:53:15	ZACB_INGREDIENT	Zutat für Rezept	3000000100009	UNIT	Zutateneinheit	GR	G	U	Änderung
30000001	1130823	LUPA-F	10.02.2025	08:53:15	ZACB_INGREDIENT	Zutat für Rezept	3000000100001	UNIT	Zutateneinheit	GR	G	U	Änderung
30000001	1130824	LUPA-F	10.02.2025	08:53:15	ZACB_INGREDIENT	Zutat für Rezept	3000000100001					D	Löschen
30000001	1130824	LUPA-F	10.02.2025	08:53:15	ZACB_INGREDIENT	Zutat für Rezept	3000000100002					D	Löschen
30000001	1130824	LUPA-F	10.02.2025	08:53:15	ZACB_INGREDIENT	Zutat für Rezept	3000000100003					D	Löschen
30000001	1130824	LUPA-F	10.02.2025	08:53:15	ZACB_INGREDIENT	Zutat für Rezept	3000000100004					D	Löschen
30000001	1130824	LUPA-F	10.02.2025	08:53:15	ZACB_INGREDIENT	Zutat für Rezept	3000000100005					D	Löschen
30000001	1130824	LUPA-F	10.02.2025	08:53:15	ZACB_INGREDIENT	Zutat für Rezept	3000000100006					D	Löschen
30000001	1130824	LUPA-F	10.02.2025	08:53:15	ZACB_INGREDIENT	Zutat für Rezept	3000000100007					D	Löschen
30000001	1130824	LUPA-F	10.02.2025	08:53:15	ZACB_INGREDIENT	Zutat für Rezept	3000000100008					D	Löschen
30000001	1130824	LUPA-F	10.02.2025	08:53:15	ZACB_INGREDIENT	Zutat für Rezept	3000000100009					D	Löschen
30000001	1130824	LUPA-F	10.02.2025	08:53:15	ZACB_INGREDIENT	Zutat für Rezept	3000000100010					D	Löschen
30000001	1130824	LUPA-F	10.02.2025	08:53:15	ZACB_RECIPE	Rezepte	30000001					D	Löschen

Abbildung 7.9 Anzeige von Änderungsbelegen in Transaktion RSSCD100

Wiederverwendbare Komponente

Eine vergleichbare SAP-Fiori-App existiert nicht. Es wird eine wiederverwendbare Komponente `sap.nw.core.changedocs.lib.reuse.changedocscomponent` in der SAP Fiori Reuse Library angeboten, die Sie in eine eigene SAP-Fiori-App integrieren können.

[»]

Release-abhängige Integration von Änderungsbelegen
Mit der angekündigten nativen Integration von Änderungsbelegen in RAP-Business-Objekte soll es zukünftig möglich sein, Änderungsbelege direkt über SAP Fiori Elements und Annotationen in der Metadatenerweiterung in Ihre Apps einzubinden.

Programmatische Auswertung von Änderungsbelegen

Ein alternativer Ansatz ist die programmatische Auswertung von Änderungsbelegen. Dazu wird die Klasse `CL_CHDO_READ_TOOLS` bereitgestellt. In Listing 7.13 werden die Änderungen des aktuellen Tages selektiert und ausgegeben.

```
TRY.
    cl_chdo_read_tools=>changedocument_read(
      EXPORTING
        i_objectclass    = zcl_zacb_recipe_chdo=>objectclass
        i_date_of_change =
          cl_abap_context_info=>get_system_date( )
      IMPORTING
        et_cdredadd_tab  = DATA(change_document_lines) ).
    out->write( change_document_lines ).
  CATCH cx_chdo_read_error INTO DATA(error).
    out->write( error->get_text( ) ).
ENDTRY.
```

Listing 7.13 Lesezugriff auf Änderungsbelege

7.5 Zusammenfassung

In diesem Kapitel haben Sie die Möglichkeiten kennengelernt, mit denen Sie Änderungsbelege anhand von Änderungsbelegobjekten im System fortschreiben können. Die generierte Klasse stellt eine nach etwas Eingewöhnung einfache Methode zur Verfügung, die Ihnen manuelle Abgleiche von alten und neuen Daten abnimmt und die Belege erzeugt. Im komplexeren Szenario der Implementierung eines RAP-Objekts ist diese einfache Methode deutlich schwieriger zu versorgen, da generisch alle Arten und Kombinationen von Änderungen an den darunterliegenden Tabellen berücksichtigt werden müssen. Die von SAP angekündigte native Integration sollte dies in zukünftigen Releases deutlich vereinfachen.

Kapitel 8
Sperrobjekte

Eine SAP-Datenbank wird von vielen Benutzerinnen und Benutzern sowie Programmen gleichzeitig benutzt. Dabei kommt es häufig zu Konflikten, wenn Transaktionen auf denselben Datenbankobjekten durchgeführt werden.

Um Konflikte beim gleichzeitigen Zugriff auf Datenbankobjekte zu verhindern, werden Sperrverfahren eingesetzt. Sperrverfahren folgen dem *ACID-Prinzip*, wonach eine Datenbanktransaktion unteilbar (Atomicity) und von anderen Transaktionen isoliert ist (Isolation). Nach Abschluss der Transaktion sind die Daten in einem konsistenten Zustand (Consistency), und die Änderungen bestehen dauerhaft (Durability).

Aufbau dieses Kapitels

In diesem Kapitel stellen wir in Abschnitt 8.1 zunächst das allgemeine Konzept von Sperrverfahren vor. Anschließend beschreiben wir in Abschnitt 8.2, wie die Sperrverfahren in ABAP Cloud umgesetzt werden. In Abschnitt 8.3 zeigen wir Ihnen, wie Sperrobjekte in ABAP Cloud angelegt werden können. Bevor in Abschnitt 8.5 die Integration der Sperrverfahren in unser Anwendungsbeispiel des Rezeptportals erläutert wird, stellen wir in Abschnitt 8.4 die neue API für Sperren in ABAP Cloud vor.

Gleichzeitiges Bearbeiten von Rezepten

Für dieses Kapitel erweitern wir unser Anwendungsszenario so, dass ein gleichzeitiges Bearbeiten von Einträgen im Rezeptportal nicht mehr möglich ist. Dazu erstellen wir ein Sperrobjekt basierend auf der Datenbanktabelle `ZACB_RECIPE`. Neben der Standardintegration dieses Sperrobjekts durch das RAP-Framework erläutern wir auf dieser Basis ein mögliches Sperrverfahren im Unmanaged Scenario.

[«]

Nutzung der Beispielanwendung

Die in diesem Kapitel erstellten Objekte befinden sich im Unterpaket `LOCK`.

8.1 Sperrverfahren im Datenbankumfeld

Lost-Update-Anomalie

Abbildung 8.1 stellt dar, welche Probleme ohne Sperren in unserer Datenbanktabelle für die Zutaten auftreten würden.

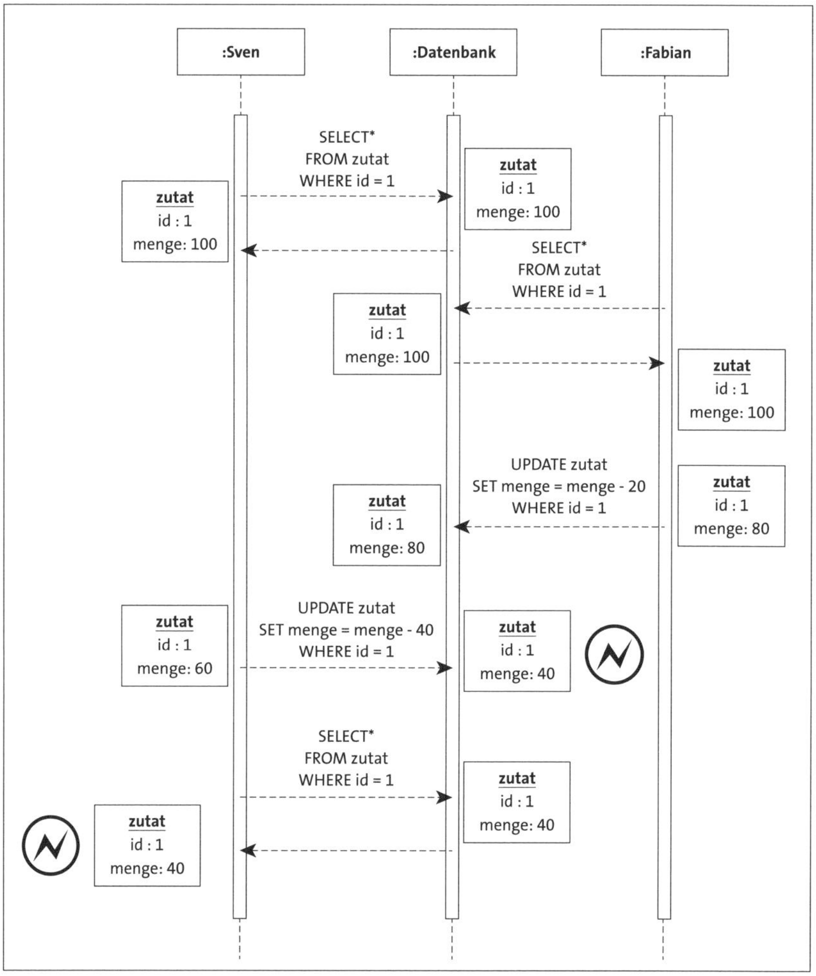

Abbildung 8.1 Die Lost-Update-Anomalie in unserem Anwendungsbeispiel

Das Diagramm zeigt die folgende Situation:

1. Sven liest die Zutatenmenge mit dem Wert 100.
2. Fabian liest die Zutatenmenge, ändert die Menge von 100 auf 80 und speichert seine Änderungen.
3. Svens Transaktion läuft derweil weiter. Er denkt, die Zutatenmenge betrüge weiterhin 100. Er zieht eine Menge von 40 ab und geht deshalb davon aus, dass die neue Zutatenmenge 60 beträgt.

4. Da Fabians Änderung gespeichert wurde, wird von der gespeicherten Menge 80 eine Menge von 40 Zutaten abgezogen. Somit wird die in der Datenbank gespeicherte Menge auf den Wert 40 reduziert.

Damit eine solche sogenannte *Lost-Update-Anomalie* nicht vorkommt, gibt es Sperren für eine Datenbank. Dadurch werden Teile einer Datenbank für eine Transaktion reserviert. Es gibt zwei verschiedene Sperransätze, das *pessimistische* und das *optimistische Sperrverfahren*.

Pessimistisches Sperrverfahren

Dieses Sperrverfahren stellt vor Beginn einer Transaktion sicher, dass kein Konflikt entstehen kann. Erst nach Abschluss der Transaktion wird die Sperre aufgehoben. Dieses Sperrverfahren ist bezogen auf unser Beispiel in Abbildung 8.2 dargestellt. Das Ziel der pessimistischen Sperre besteht darin, Konflikte durch die Verwendung von Sperren zu vermeiden.

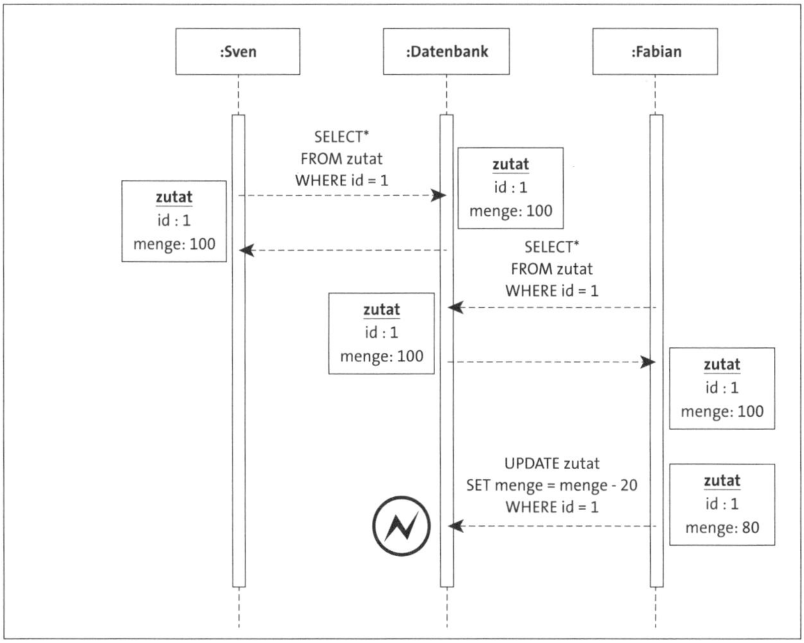

Abbildung 8.2 Pessimistische Sperre in unserem Rezeptportal

Sowohl Sven als auch Fabian erhalten beim Lesen eine *Lesesperre* (gemeinsam genutzte Sperre) für die betreffende Zeile der Zutatentabelle. Da sowohl Sven als auch Fabian die Lesesperre für den Zutatendatensatz mit der ID 1 besitzen, kann keiner von beiden die Zutatenmenge ändern, bis einer von ihnen die Lesesperre freigibt, indem er die Bearbeitung des Datensatzes abschließt. Dies liegt daran, dass ein Schreibvorgang den Erwerb einer Schreibsperre (exklusiv) erfordert und Lesesperren die Schreibsperren verhindern. Aus diesem Grund wird Fabians Aktualisierung blockiert, bis Sven die gemeinsame Sperre freigibt.

Optimistisches Sperrverfahren

Beim optimistischen Sperrverfahren wird dagegen angenommen, dass es keinen Konflikt bei der Ausführung gibt, und alle Änderungen werden durchgeführt. Erst beim Festschreiben wird die Gültigkeit der Transaktion geprüft und bei Konflikten zurückgenommen.

Das optimistische Sperrverfahren (siehe Abbildung 8.3) lässt Konflikte zu, muss diese aber zum Zeitpunkt des Schreibens erkennen.

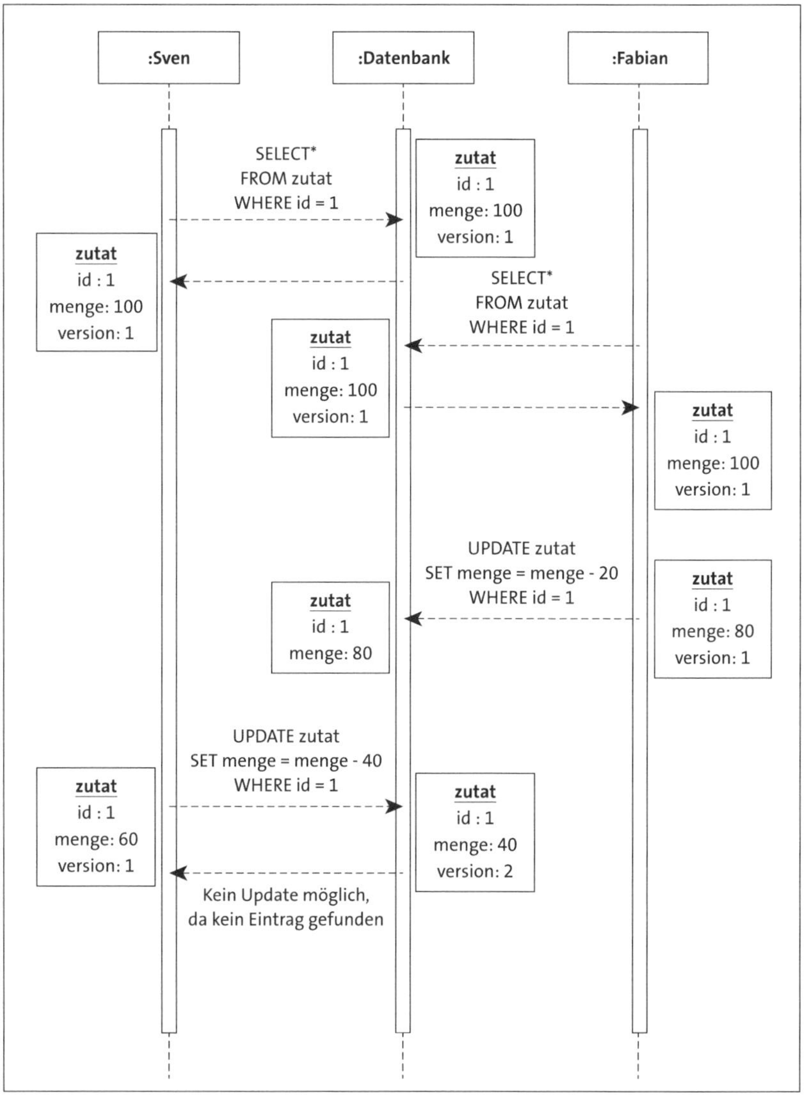

Abbildung 8.3 Optimistische Sperre in unserem Rezeptportal

Dazu verwendet die Datenbank einen Sperrmechanismus. In unserem Beispiel stellen wir diesen Sperrmechanismus mit einer Versionsspalte nach. Dieser Sperrmechanismus wird jedes Mal ausgeführt, wenn eine UPDATE- oder DELETE-Anweisung ausgeführt wird. Außerdem dient er zum gleichzeitigen Abgleich bei einer parallelen Modifikationsoperation.

Beim Lesen des Zutatendatensatzes lesen beide Benutzer die aktuelle Version dieses Datensatzes. Wenn Fabian jedoch die Zutatenmenge ändert, ändert er auch die Version des Datensatzes von 1 auf 2. Wenn Sven anschließend die Zutatenmenge ändern möchte, stimmt seine UPDATE-Anweisung mit keinem Datensatz überein, da der Wert in der Versionsspalte nicht mehr 1, sondern 2 ist. Der Mechanismus teilt dies mit, und die UPDATE-Operation wird zurückgesetzt. Das spätere Update wird also verhindert, indem die nachfolgenden Transaktionen, die mit Statusdaten arbeiten, zurückgesetzt werden.

8.2 Sperren auf der ABAP-Plattform

Auch in SAP-Anwendungen wird mit Sperren gearbeitet. Das System setzt im Verlauf einer Anwendung eine Datenbanksperre, wobei die Datenbanksperren so kurz wie möglich gehalten werden. Eine SAP-Sperre kann über mehrere Datenbank-LUWs hinweg bestehen. Dagegen besteht eine Datenbanksperre nur während einer Datenbank-LUW, in der die im SAP-System vorgenommenen Änderungen tatsächlich verbucht werden.

[«]

Logical Unit of Work (LUW)

Die kleinste Einheit, in der etwas auf der Datenbank fortgeschrieben wird, nennt sich *Datenbank-LUW*. LUW steht hier für *Logical Unit of Work*. Eine logisch zusammenhängende Einheit, deren Änderungen innerhalb einer einzigen Datenbank-LUW ausgeführt werden, wird als *SAP-LUW* bezeichnet.

Sperrserver

Die Verwaltung der Sperren auf der ABAP-Plattform übernimmt der *Sperrserver* (ENQUEUE-Server). Der Sperrserver nimmt die Sperren entgegen und prüft anhand der *Sperrtabelle*, die alle aktiven Sperren speichert, ob die Sperranforderung mit einer schon gesetzten Sperre kollidiert. Wenn sie in der Sperrtabelle bereits vorkommt, wird die Anforderung zurückgewiesen. Ansonsten wird die Sperre gesetzt und nimmt den entsprechenden Eintrag in der Sperrtabelle vor.

Sperrobjekte im SAP-System

Damit Sie diese Mechanismen für Ihre kundeneigenen Anwendungen verwenden können, bietet die ABAP-Plattform *Sperrobjekte* an. In einem Sperrobjekt werden diejenigen Tabellen mit ihren Schlüsselfeldern angegeben, in denen Datensätze mit einem Sperrauftrag gesperrt werden sollen.

Im einfachsten Fall besteht ein Sperrobjekt aus genau einer Tabelle, und das *Sperrargument* dieser Tabelle ist der Primärschlüssel dieser Tabelle. Das Sperrargument besteht aus den Schlüsselfeldern der zu sperrenden Datenbanktabelle. Es können auch mehrere Tabellen in ein Sperrobjekt einfließen. Mit einer Sperranforderung kann dann nicht nur ein Satz aus einer Tabelle, sondern ein ganzes logisches Objekt gesperrt werden. In unserem Beispiel kann das ein Rezept mit seinen Zutaten sein.

8.3 Verwendung von Sperrobjekten

Erzeugung eines Sperrobjekts

Um ein Sperrobjekt im System zu erzeugen, müssen folgende Schritte durchgeführt werden:

1. Klicken Sie mit der rechten Maustaste auf das Paket, und wählen Sie **New • Other ABAP Repository Menü** im Kontextmenü.
2. Im darauffolgenden Dialogfenster (siehe Abbildung 8.4) suchen Sie über die Stichwortsuche nach dem ABAP-Dictionary-Objekt **Lock Object** (Sperrobjekt). Wählen Sie es aus, und klicken Sie auf **Next**.

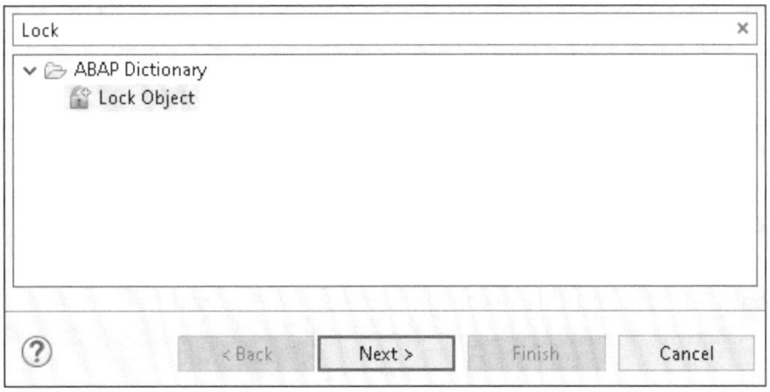

Abbildung 8.4 Suche nach dem Sperrobjekt

3. Geben Sie einen passenden Namen (in unserem Beispiel »EZACB_RECIPE«) und eine Beschreibung ein. Geben Sie im Feld **Primary Table** den Namen der Datenbanktabelle ein, für die ein Sperrobjekt angelegt werden soll (siehe Abbildung 8.5).

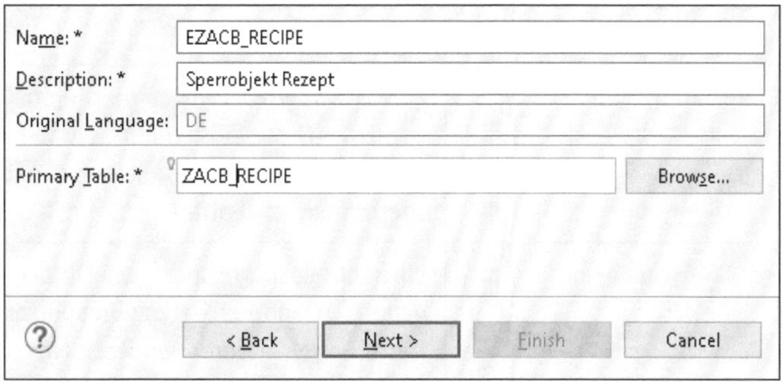

Abbildung 8.5 Anlegen eines Sperrobjekts

Name und Länge von Sperrobjekten

Die Namen von Sperrobjekten müssen im Kundennamensraum immer mit EY* oder EZ* anfangen. Der Name darf eine maximale Länge von 16 Zeichen haben.

4. Schließen Sie das Dialogfenster mit **Next**. Daraufhin wird das Sperrobjekt erzeugt.
5. Bevor das Objekt aktiviert werden kann, muss der Sperrmodus (**Lock Mode**) definiert werden (siehe Abbildung 8.6). In Tabelle 8.1 sind die gängigsten Sperrmodi beschrieben. Für unser Beispiel verwenden wir eine Schreibsperre.

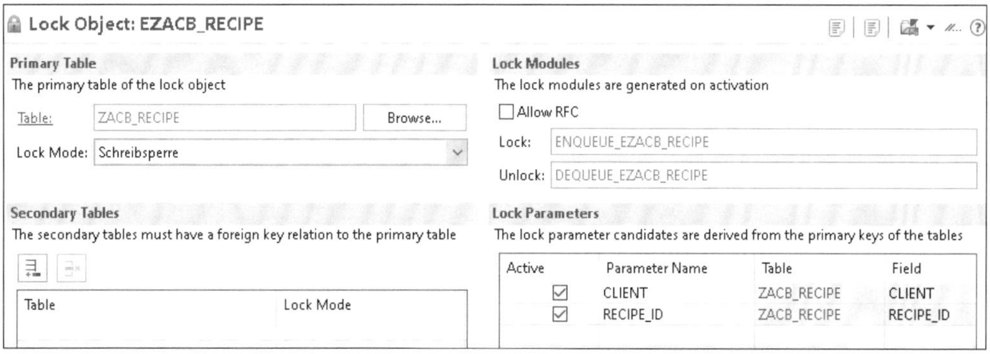

Abbildung 8.6 Erzeugung des Sperrobjekts

Sperrmodus	Beschreibung
Lesesperre (S = Shared)	Eine Lesesperre kann von mehreren Benutzern gesetzt werden. Ist eine Lesesperre gesetzt, wird keine Schreibsperre mehr akzeptiert.
Schreibsperre (E = Exclusive)	Eine Schreibsperre sperrt das Objekt gegen alle anderen Arten von Sperranforderungen anderer Benutzer. Nur derselbe Benutzer kann eine zusätzliche Sperre anfordern.
Optimistische Sperre (O = Optimistic)	Diese Sperre verhält sich zunächst wie eine Lesesperre und kann dann in eine Schreibsperre umgewandelt werden.

Tabelle 8.1 Die gängigsten Sperrmodi

6. Achten Sie darüber hinaus auf folgende Einstellungen:
   - **Allow RFC**: Wenn dieses Kennzeichen aktiviert ist, sind die generierten Funktionsbausteine RFC-fähig, d. h., sie können über das Protokoll *Remote Function Call* von anderen Systemen aufgerufen werden (nicht in SAP S/4HANA Cloud Public Edition verwendbar). Für unser Beispiel verzichten wir darauf.
   - **Secondary Tables**: Es können zusätzliche Tabellen mit Fremdschlüsselbeziehung hinzugefügt werden. Auch dies ist für unser Beispiel nicht nötig.

Aktivieren Sie nun das Sperrobjekt. Daraufhin werden die Funktionsbausteine generiert. Das generierte Sperrobjekt kann nun verwendet werden.

8.4 API für Sperrobjekte

Nach der Aktivierung des Sperrobjekts erzeugt das System automatisch die Funktionsbausteine zum Setzen und Freigeben der Sperren. Die direkte Verwendung dieser Funktionsbausteine ist in ABAP Cloud jedoch nicht mehr erlaubt. Die Funktionsbausteine wurden daher hier als generelle API umgesetzt. Mithilfe dieser API können Sperren gesetzt und freigegeben werden.

Mögliche API-Aufrufe

Im Folgenden stellen wir Ihnen die Aufrufe der APIs vor, um folgende Aktionen auszuführen:

- Sperrobjekt instanziieren
- Setzen einer Sperre
- Freigeben einer Sperre
- Freigeben aller Sperren

Sperrobjekte instanziieren

Die API wird über verschiedene ABAP-Klassen bereitgestellt. Mithilfe der Methode GET_INSTANCE der Klasse CL_ABAP_LOCK_OBJECT ist es möglich, ein Sperrobjekt zu instanziieren, um weitere Operationen auf das Sperrobjekt durchzuführen. Listing 8.1 zeigt die Implementierung dieser Methode für unser Anwendungsbeispiel.


```
TRY.
    DATA(lock) = cl_abap_lock_object_factory=>get_instance(
      iv_name = 'EZACB_RECIPE' ).
  CATCH cx_abap_lock_failure
    INTO DATA(exception).
    RAISE SHORTDUMP exception.
ENDTRY.
```

Listing 8.1 Methode »GET_INSTANCE«

Als Parameter wird der Name des Sperrobjekts (IV_NAME) übergeben, und als Rückgabewert wird das Sperrobjekt als instanziiertes Objekt vom Typ IF_ABAP_LOCK_OBJECT zurückgegeben. Neben dem Parameter kann die Methode eine Fehlerklasse (CX_ABAP_LOCK_FAILURE) auswerfen, falls es das zu instanziierende Sperrobjekt nicht gibt.

Setzen einer Sperre

Nachdem das Sperrobjekt erzeugt wurde, kann ein Sperreintrag erzeugt werden. Dazu wird die Methode ENQUEUE des Objekts IF_ABAP_LOCK_OBJECT implementiert. Listing 8.2 zeigt das entsprechende Coding für unser Beispiel.

```
TRY.
    lock->enqueue(
      it_parameter  = VALUE #(
        ( name       = 'RECIPE_ID'
          value      = REF #( '12345' ) )
    )
      it_table_mode = VALUE #(
        ( table_name = 'ZACB_RECIPE'
          mode       =
```

```
        if_abap_lock_object=>cs_mode-write_lock ) )
    ).
  CATCH cx_abap_foreign_lock cx_abap_lock_failure
    INTO DATA(exception).
    RAISE SHORTDUMP exception.
ENDTRY.
```

Listing 8.2 Methode »ENQUEUE«

Wir übergeben der Methode eine Tabelle mit Werten, die gesperrt werden sollen (IT_PARAMETER). Außerdem können wir einen Sperrmodus (IT_TABLE_MODE) mitgeben. Er gibt an, ob ein anderer Sperrmodus vergeben werden soll, als im Sperrobjekt initial eingetragen wurde.

Zudem kann ein Parameter mitgegeben werden, der angibt, wem die Sperre gehört (_SCOPE). Es können folgende Werte mitgegeben werden:

- _SCOPE=1: Die Sperre gehört nur dem Dialogeigentümer.
- _SCOPE=2: Die Sperre gehört nur dem Verbuchungseigentümer.
- _SCOPE=3: Die Sperre gehört beiden.

Der letzte Parameter (_WAIT) kann mitgegeben werden, um zu prüfen, ob ein Sperrversuch eine gewisse Zeit lang wiederholt werden kann. Wenn er nicht mitgegeben wird, wird der Sperrversuch nach dem ersten Fehlschlag abgebrochen.

Neben den Parametern können folgende Fehlerklassen verwendet werden:

- CX_ABAP_FOREIGN_LOCK: Dieser Fehler wird ausgegeben, wenn es schon eine Sperre auf den Eintrag gibt.
- CX_ABAP_LOCK_FAILURE: Dies tritt auf, wenn es einen anderen Fehler gibt, etwa dass es den zu sperrenden Eintrag nicht gibt und somit keine Sperre gesetzt werden kann.

Freigeben einer Sperre

Nachdem die Sperre gesetzt wurde, kann die Sperre mit der Methode DEQUEUE wieder aufgehoben werden. Normalerweise wird eine Sperre durch die SAP-LUW wieder aufgehoben (siehe Listing 8.3).

```
TRY.
    lock->dequeue(
      it_parameter  = VALUE #(
        ( name        = 'RECIPE_ID'
          value       = REF #( '12345' ) )
    )
      it_table_mode = VALUE #(
        ( table_name = 'ZACB_RECIPE'
```

```
        mode        =
      if_abap_lock_object=>cs_mode-write_lock ) )
  ).
CATCH cx_abap_foreign_lock  cx_abap_lock_failure
  INTO DATA(exception).
  RAISE SHORTDUMP exception.
ENDTRY.
```

Listing 8.3 Methode »DEQUEUE«

Die Methode besitzt ebenfalls den Parameter _SCOPE, den Sperrmodus und eine Tabelle, die angibt, zu welchen Einträgen die Sperren aufgehoben werden sollen. Die Methode besitzt allerdings nicht den Parameter _WAIT, dafür den Parameter _SYNCHRONOUS. Darüber kann festgestellt werden, ob die Sperren synchron oder asynchron aufgehoben werden sollen.

Als Fehlerklasse verwendet die Methode die Klasse CX_ABAP_LOCK_FAILURE. Dieser Fehler tritt auf, wenn es einen internen Fehler gibt, etwa dass kein Entsperrfunktionsbaustein für das Sperrobjekt existiert.

Freigeben aller Sperren

Neben diesen drei Hauptmethoden gibt es noch die Methode DEQUEUE_ALL der Klasse CL_ABAP_LOCK_OBJECT_FACTORY. Diese Methode dient dazu, alle Sperren der aktuellen LUW aufzuheben. Sie sollte nur im Notfall verwendet werden und würde wie folgt implementiert:

```
cl_abap_lock_object_factory=>dequeue_all(
  _synchronous = if_abap_lock_object=>cs_synchronous-yes ).
```

Als einziger Übergabeparameter wird angegeben, ob die Sperren synchron oder, falls kein Wert übergeben wird, asynchron aufgehoben werden sollen.

Konstanten

Neben diesen Methoden bietet die Methode, wie Sie bereits in verschiedenen Codeabschnitten in den vorangegangenen Listings gesehen haben, über das Interface IF_ABAP_LOCK_OBJECT Konstanten zur Verwendung an. Die gängigsten Konstanten sind in Tabelle 8.2 aufgelistet.

Struktur	Element	Bedeutung
CS_MODE	WRITE_LOCK	Schreibsperre
CS_MODE	SHARED_LOCK	Lesesperre
CS_MODE	OPTIMISTIC_LOCK	optimistische Sperre
CS_SYNCHRONOUS	YES	synchron

Tabelle 8.2 Konstanten im Interface »IF_ABAP_LOCK_OBJECT«

Struktur	Element	Bedeutung
CS_SYNCHRONOUS	NO	asynchron
CS_WAIT	YES	Sperre erneut durchführen
CS_WAIT	NO	Sperre nicht erneut durchführen

Tabelle 8.2 Konstanten im Interface »IF_ABAP_LOCK_OBJECT« (Forts.)

Sie haben damit die verschiedenen Methoden der API für Sperrobjekte kennengelernt. Damit setzen wir im Folgenden sowohl das pessimistische als auch das optimistische Sperrverfahren einmal um.

Pessimistisches Sperrverfahren

Listing 8.4 zeigt die Umsetzung des pessimistisches Sperrverfahrens.

```
TRY.
    DATA(lock) = cl_abap_lock_object_factory=>get_instance(
      iv_name = 'EZACB_RECIPE' ).

    lock->enqueue(
      it_parameter  = VALUE #(
        ( name       = 'RECIPE_ID'
          value      = REF #( '12345' ) )
    )
      it_table_mode = VALUE #(
        ( table_name = 'ZACB_RECIPE'
          mode       =
        if_abap_lock_object=>cs_mode-exclusive_lock ) )
    ).

    "Änderungsoperation auf DB

  CATCH cx_abap_foreign_lock cx_abap_lock_failure
    INTO DATA(pessimistic_exception).
    RAISE SHORTDUMP pessimistic_exception.
ENDTRY.
```

Listing 8.4 Umsetzung des pessimistischen Sperrverfahrens

Als Erstes instanziieren wir das Sperrobjekt EZACB_RECIPE und setzen eine exklusive Sperre (if_abap_lock_object=>cs_mode-exclusive_) auf das Rezept mit der ID 12345. Nachdem dieses Coding ausgeführt wurde, wird eine Sperre in der Sperrtabelle gesetzt. Dass die Sperre gesetzt ist, kann in Transaktion SM12 in der Spalte **Modus** anhand des Werts **E** überprüft werden (siehe Abbildung 8.7). Alternativ zu Transaktion SM12 kann die Sperre auch in der SAP-Fiori-App **Benutzersitzungen pflegen** (App-ID F6049) überprüft werden.

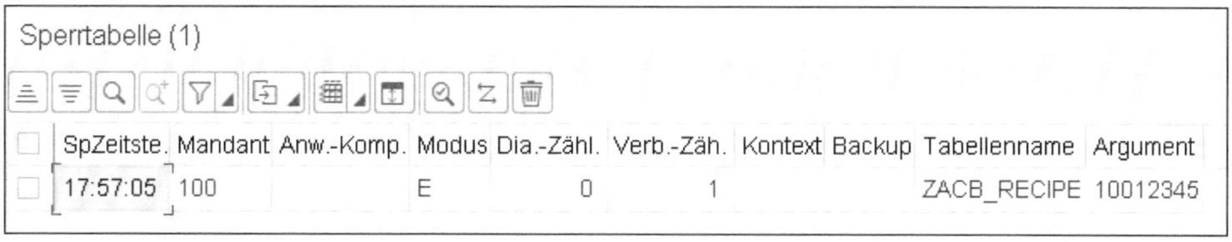

Sperrtabelle (1)

SpZeitste.	Mandant	Anw.-Komp.	Modus	Dia.-Zähl.	Verb.-Zäh.	Kontext	Backup	Tabellenname	Argument
17:57:05	100		E	0	1			ZACB_RECIPE	10012345

Abbildung 8.7 Überprüfen der exklusiven Sperre in Transaktion SM12

Sperrargument

Das Sperrargument in der Spalte **Argument** setzt sich aus Mandant und Schlüssel zusammen. Zudem ist im Sperreintrag der Tabellenname enthalten.

[«]

SAP-Fiori-App »Benutzersitzungen pflegen«

Informationen zur SAP-Fiori-App **Benutzersitzungen pflegen** (**Maintain User Sessions**, App-ID F6049) finden Sie in der SAP Fiori Apps Reference Library unter *http://s-prs.de/v1064806*. Dort wählen Sie zunächst Ihr Release aus. Dann finden Sie auf der Registerkarte **Implementation Information** alle Informationen zur Konfiguration der SAP-Fiori-App in Ihrem System, z. B. dazu, welche Standardrollen zur Verfügung stehen und welche OData-Services aktiviert werden müssen.

Die exklusive Sperre wird durch die SAP-LUW automatisch aufgehoben. Es wird dann kein Eintrag mehr in Transaktion SM12 angezeigt (siehe Abbildung 8.8).

Sperrtabelle (0)

SpZeitst...	Mandant	Anw.-Komp.	Modus	Dia.-Zä...	Verb.-Zä...	Kontext	Backup	Tabellenname	Argument

Abbildung 8.8 Aufhebung der exklusiven Sperre in Transaktion SM12

Optimistisches Sperrverfahren

Das optimistische Sperrverfahren wird in Listing 8.5 umgesetzt:

```
TRY.
    DATA(lock) = cl_abap_lock_object_factory=>get_instance(
      iv_name = 'EZACB_RECIPE' ).

    " Leseoperation auf DB
    lock->enqueue(
```

```
      it_parameter  = VALUE #(
        ( name        = 'RECIPE_ID'
          value       = REF #( '12345' ) )
    )
      it_table_mode = VALUE #(
        ( table_name = 'ZACB_RECIPE'
          mode        =
                      if_abap_lock_object=>cs_mode-optimistic_lock ) )
    ).

    " Änderung auf DB durchführen
    lock->enqueue(
      it_parameter  = VALUE #(
        ( name        = 'RECIPE_ID'
          value       = REF #( '12345' ) )
    )
      it_table_mode = VALUE #(
        ( table_name = 'ZACB_RECIPE'
          mode        =
             if_abap_lock_object=>cs_mode-promote_optimistic_lock ) )
    ).

    "Änderungsoperation auf DB
  CATCH cx_abap_foreign_lock cx_abap_lock_failure
    INTO DATA(optimistic_exception).
    RAISE SHORTDUMP optimistic_exception.
ENDTRY.
```

Listing 8.5 Umsetzung des optimistischen Sperrverfahrens

Diesmal wird nicht sofort nach dem Instanziieren des Sperrobjekts eine exklusive Sperre (`if_abap_lock_object=>cs_mode-exclusive`) gesetzt, sondern eine optimistische Sperre (`if_abap_lock_object=>cs_mode-optimistic_lock`). In der Sperrtabelle in Transaktion SM12 ist in der Spalte **Modus** der Wert **O** gesetzt (siehe Abbildung 8.9).

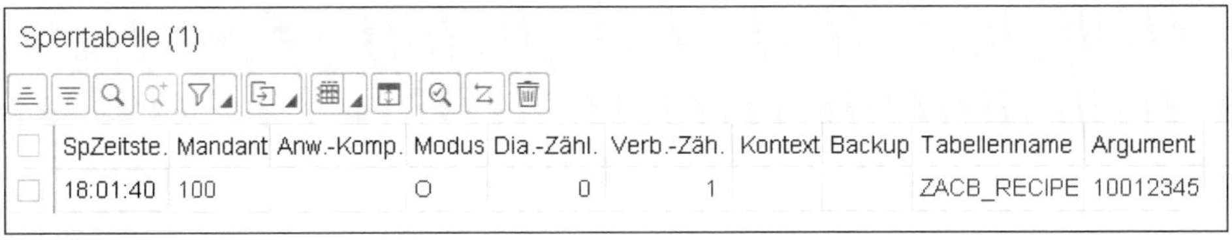
Sperrtabelle (1)

SpZeitste.	Mandant	Anw.-Komp.	Modus	Dia.-Zähl.	Verb.-Zäh.	Kontext	Backup	Tabellenname	Argument
18:01:40	100		O	0	1			ZACB_RECIPE	10012345

Abbildung 8.9 Setzen der optimistischen Sperre in einer Sperrtabelle

Anschließend wird die optimistische Sperre in eine exklusive Sperre umgewandelt (`if_abap_lock_object=>cs_mode-promote_optimistic_lock`). Dies erkennt man in der Sperrtabelle an dem Wert **E** in der Spalte **Modus** (siehe Abbildung 8.10). Zum Schluss wird die Sperre durch die SAP-LUW wieder aufgehoben.

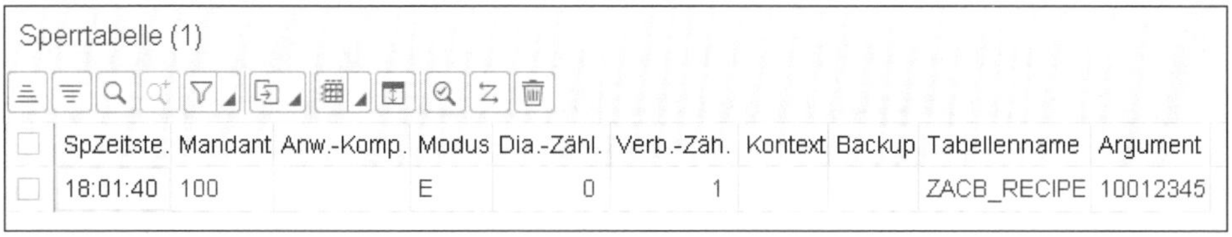
Sperrtabelle (1)

SpZeitste.	Mandant	Anw.-Komp.	Modus	Dia.-Zähl.	Verb.-Zäh.	Kontext	Backup	Tabellenname	Argument
18:01:40	100		E	0	1			ZACB_RECIPE	10012345

Abbildung 8.10 Umgewandelte Sperre in der Sperrtabelle

8.5 Integration in das Anwendungsbeispiel

Wir zeigen Ihnen in diesem Abschnitt zunächst, wie das Sperrverhalten standardmäßig in unsere SAP-Fiori-App integriert wird.

Automatisches Sperrverfahren im RAP-Framework

Um das automatische Sperrverfahren des RAP-Frameworks zu verwenden, müssen Sie in der Wurzelentität (`ZR_ACB_RECIPE`) die Annotation `lock master` angeben (siehe Listing 8.6).

```
define behavior for ZR_ACB_RECIPE alias Recipe
persistent table zacb_recipe
draft table ZACB_RECIPE_D
etag master LocalLastChangedAt
lock master
total etag LastChangedAt
authorization master( global )
```

Listing 8.6 Ergänzung im Lock Master

Die abhängigen Entitäten benötigen darüber hinaus die Annotation `lock dependent` sowie die Angabe, von welcher Entität die Sperre abhängig ist (`by _RECIPE`). Die assoziierten Entitäten werden dazu wie folgt ergänzt:

```
define behavior for ZR_ACB_INGREDIENT alias Ingredient
persistent table zacb_ingredient
lock dependent by _Recipe
```

Sperreintrag

In der Sperrtabelle sehen Sie, dass es eine exklusive Sperre für das Rezept gibt (siehe Abbildung 8.11).

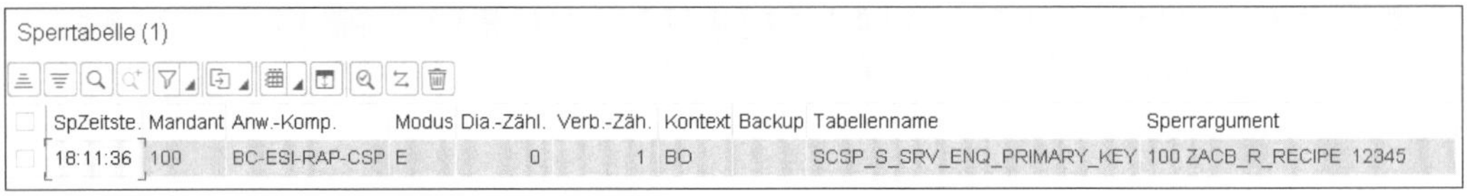

Abbildung 8.11 Anzeige der Sperrtabelle in Transaktion SM12

Wie Sie in Abbildung 8.11 sehen, sieht der Sperreintrag hier jedoch anders aus, als im vorangegangenen Abschnitt für die Implementierung der Sperre über die Sperrobjekt-API dargestellt. Das Sperrargument setzt sich aus dem Mandanten, der Entität und dem Schlüssel zusammen. Zudem unterscheiden sich die Werte des Tabellennamens und des Kontextes von den Werten eines normalen Sperreintrags. Dies liegt an der automatischen Sperrimplementierung im RAP-Framework. Falls nun zwei Benutzerinnen oder Benutzer gleichzeitig ein Rezept bearbeiten wollen, erhalten sie die Fehlermeldung aus Abbildung 8.12.

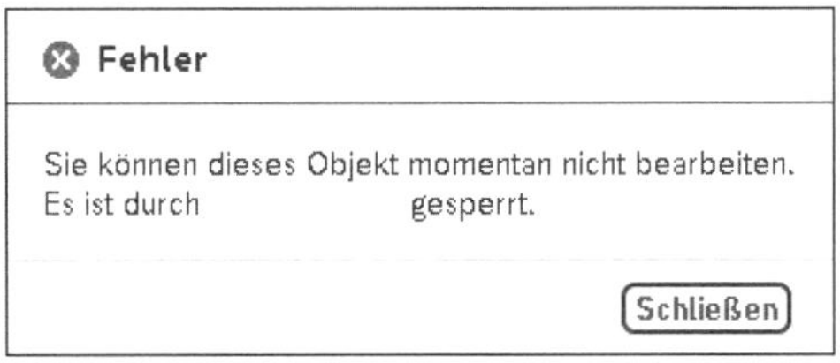

Abbildung 8.12 Fehlermeldung zu einem gesperrten Eintrag

Eigene Sperrlogik in RAP-Anwendung

Dies ist das Standardverhalten für Sperren einer RAP-Anwendung im Managed Scenario. Wenn Sie nicht das vordefinierte Szenario für Sperren verwenden möchten, sondern z. B. das Sperren von mandantenunabhängigen Tabellen, können Sie im Unmanaged Scenario eine Sperre selbst entwickeln. In diesem Fall muss das Sperrverhalten selbst implementiert werden. Auch dies zeigen wir hier für unser Anwendungsbeispiel.

Als Erstes fügen Sie den Zusatz `unmanaged` zum Befehl `lock master` hinzu:

```
lock master unmanaged
```

In der Verhaltensdefinition wird nun eine Warnung angezeigt, dass die Methode `FOR LOCK` für das Szenario `lock master unmanaged` implementiert werden muss (siehe Abbildung 8.13).

Mit einem Doppelklick auf die Methode wird die Methode automatisch in der Klasse für die Verhaltensdefinition erstellt. Diese Methode wird automatisch vom Framework aufgerufen, bevor ein Änderungsvorgang, z. B. eine Aktualisierung, aufgerufen wird.

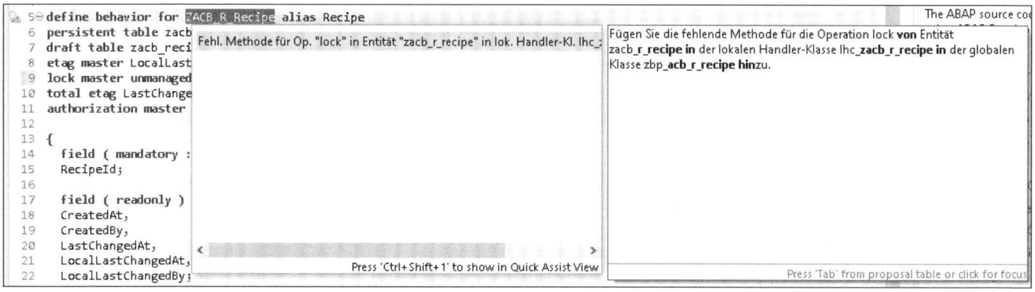

Abbildung 8.13 Mitteilung der ABAP Development Tools zur Methode »FOR LOCK«

Die Methodendefinition der vordefinierten Methode `FOR LOCK` in der Verhaltensdefinition lautet wie folgt:

Definition der Methode »FOR LOCK«

```
METHODS lock FOR LOCK
  IMPORTING keys FOR LOCK recipe.
```

Die Methode `lock` stellt dazu implizite `CHANGING`-Parameter bereit:

- Der Parameter `failed` wird verwendet, um die Ursachen zu protokollieren, wenn eine Sperre fehlschlägt.
- Der Parameter `reported` wird verwendet, um Nachrichten über die Fehlerursache zu speichern.

Die Methodenimplementierung in Listing 8.7 zeigt eine Möglichkeit, wie das Sperrverhalten im Unmanaged Szenario entwickelt werden kann.

Methodenimplementierung

```
TRY.
    DATA(lock) = cl_abap_lock_object_factory=>get_instance(
        iv_name = 'EZACB_RECIPE' ).

    LOOP AT keys ASSIGNING FIELD-SYMBOL(<recipe>).
      TRY.
          lock->enqueue(
              it_parameter  = VALUE #( (
                name = 'RECIPE_ID'
                value = REF #( <recipe>-recipeid ) ) )
          ).
        CATCH cx_abap_foreign_lock INTO DATA(foreign_lock).
          APPEND VALUE #( recipeid =
             <recipe>-recipeid ) TO failed-recipe.
          APPEND VALUE #( recipeid =
             <recipe>-recipeid
```

```
                    %msg = new_message(
                        id = 'ZACB_COMMON'
                            number = '000'
                            v1 = <recipe>-recipeid
                            v2 = foreign_lock->user_name
                            severity = CONV #( 'E' ) )
            ) TO reported-recipe.
        ENDTRY.
      ENDLOOP.

  CATCH cx_abap_lock_failure INTO DATA(exception).
    RAISE SHORTDUMP exception.
ENDTRY.
```

Listing 8.7 Methodenimplementierung »FOR LOCK«

Logik der eigenen Sperrimplementierung

Um eine Sperre im Coding (Listing 8.7) zu setzen, wird zunächst das Sperrobjekt `EZACB_RECIPE` instanziiert. Dies erfolgt mit der Methode `GET_INSTANCE` der Klasse `CL_ABAP_LOCK_FACTORY_OBJECT`. Anschließend wird die Methode `ENQUEUE` vom Sperrobjekt aufgerufen, und es wird der Wert des Schlüsselfelds zum Ausführen der Sperre mitgegeben. Wenn die Instanz bereits gesperrt ist, wird ein Kurzdump (`CX_ABAP_FOREIGN_LOCK`) ausgelöst. Innerhalb des Abfangblocks dieses Kurzdumps kann eine individuelle Fehlermeldung entwickelt werden, die angezeigt werden soll.

Anwendung der eigenen Sperrlogik

Wir werden nun prüfen, wie sich die Implementierung auf das Verhalten der SAP-Fiori-App und der Sperrtabelle auswirkt. Die Sperrtabelle in Transaktion SM12 enthält nun einen Eintrag einer exklusiven Sperre (siehe Abbildung 8.14). Wie Sie erkennen, sind hier wieder der Tabellenname und das Argument aus Mandant und Schlüsselfeld hinterlegt.

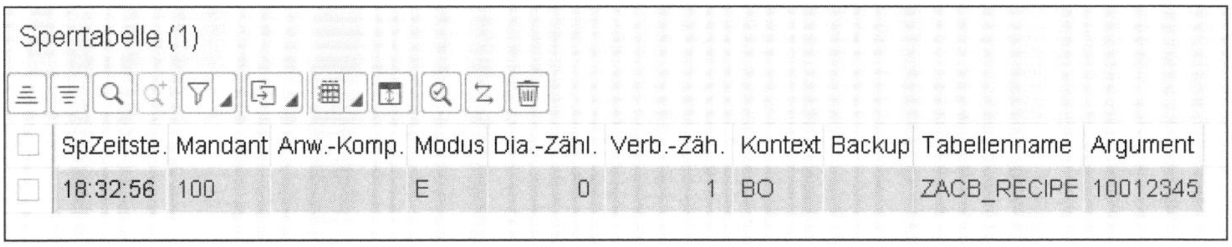
Sperrtabelle (1)

SpZeitste.	Mandant	Anw.-Komp.	Modus	Dia.-Zähl.	Verb.-Zäh.	Kontext	Backup	Tabellenname	Argument
18:32:56	100		E	0	1	BO		ZACB_RECIPE	10012345

Abbildung 8.14 Anzeige der Sperrtabelle zur eigenen Sperrlogik

Bei einer gleichzeitigen Bearbeitung wird nun die Fehlermeldung aus Abbildung 8.15 ausgegeben. Diese haben wir selbst in der Methode `lock` als Wert des Parameters `reported` hinzugefügt (siehe Listing 8.7).

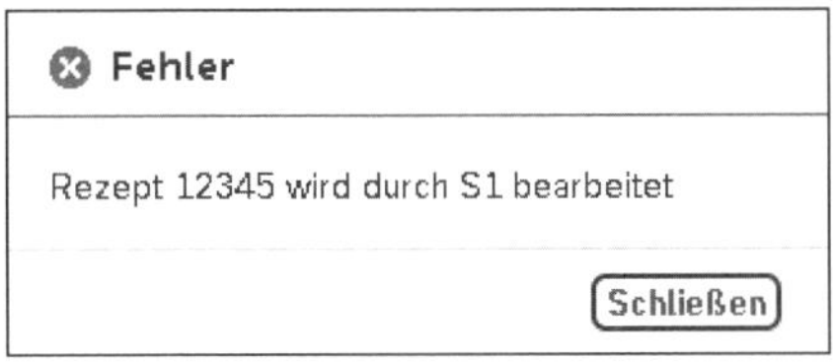

Abbildung 8.15 Fehlermeldung im Unmanaged Scenario

8.6 Zusammenfassung

In diesem Kapitel wurde das Thema Sperrobjekte behandelt. Zunächst haben wir das allgemeine Problem des Sperrens in Datenbanken erläutert. Sperren sind wichtig, damit die Datenbanken einen konsistenten Zustand haben. Datenbanken kennen verschiedene Sperrverfahren. Beim pessimistischen Sperrverfahren wird sofort eine exklusive Sperre angefordert, sobald ein Datensatz gelesen wird. Andere Programme, die mit diesem Datensatz arbeiten, bekommen sofort eine Fehlermeldung, obwohl noch keine zu ändernde Datenbankoperation durchgeführt wurde. Im Gegensatz dazu setzt die optimistische Sperre eine exklusive Sperre auf den Datensatz, kurz bevor eine zu ändernde Datenbankoperation notwendig ist.

Anders als bei älteren Sprachversionen ist es in ABAP Cloud nicht mehr erlaubt, die passenden `ENQUEUE`- und `DEQUEUE`-Funktionsbausteine aufzurufen. Sie wurden durch verschiedene Klassen der API für Sperrobjekte ersetzt. Tabelle 8.3 zeigt noch einmal zusammenfassend die wichtigsten Methoden der durch diese API bereitgestellten Klassen.

Klasse	Methode	Beschreibung
`CL_ABAP_LOCK_OBJECT_FACTORY`	`GET_INSTANCE`	Instanziieren des Sperrobjekts
`IF_ABAP_LOCK_OBJECT`	`ENQUEUE`	Sperren des Datensatz es mit dem Sperrobjekt
`IF_ABAP_LOCK_OBJECT`	`DEQUEUE`	Entsperren des Datensatzes mit dem Sperrobjekt
`CL_ABAP_LOCK_OBJECT_FACTORY`	`DEQUEUE_ALL`	Entsperren aller möglichen Sperren einer LUW

Tabelle 8.3 Verfügbare Klassen der API für Sperrobjekte

Mithilfe dieser Methoden haben wir die Umsetzung der optimistischen und pessimistischen Sperrverfahren in ABAP Cloud vorgestellt. Zudem haben wir die Integration eines Sperrmechanismus in unser Anwendungsszenario erläutert. Das ABAP RESTful Application Programming Model bietet im Managed Scenario ein automatisches Sperrverfahren an. Mit den Annotationen `lock master` und `lock dependent` sind Sperren ohne eigenes Coding automatisch verfügbar. Als Letztes haben wir gezeigt, dass es möglich ist, ein selbst geschriebenes Sperrverfahren zu implementieren. Dazu bietet das ABAP RESTful Application Programming Model die Methode `FOR LOCK` an. Sie kann redefiniert werden, wenn der Lock Master `unmanaged` ist.

Kapitel 9
Nummernkreisobjekte

Kennen Sie das? Sie speichern einen Datensatz und erhalten eine Fehlermeldung, dass die Nummer schon vergeben ist. Sie wundern sich darüber und prüfen den Sachverhalt. Sie stellen fest, dass immer wieder dieselbe Nummer verwendet wird. In diesem Kapitel erfahren Sie, warum Sie dieses Problem in ABAP Cloud nicht mehr haben.

Häufig wird im SAP-Umfeld von *Nummernkreisen* gesprochen. Darunter verstehen verschiedene Personen jedoch häufig unterschiedliche Dinge. Die eine meint damit das Nummernkreisobjekt, die andere den Nummernstand und die nächste das Nummernkreisintervall. Im Kontext der Nummernkreisobjekte ist es daher wichtig, genau zu erläutern, welche Funktion gemeint ist.

Ein Nummernkreis dient dazu, einzelnen Datenbankeinträgen zu betriebswirtschaftlichen Objekten eindeutige Nummern (wie Finanzbelege) zu vergeben. Zudem können Sie mit Nummernkreisen gesetzliche Vorgaben wie lückenlose und fortlaufende Nummerierungen erfüllen. In diesem Kapitel erfahren Sie Wissenswertes über das Thema Nummernkreise.

Aufbau des Kapitels

In Abschnitt 9.1 lernen Sie die Grundlagen zu diesem Thema kennen. In Abschnitt 9.2 zeigen wir Ihnen, wie Sie ein Nummernkreisobjekt in den ABAP Development Tools anlegen und über eine SAP-Fiori-App pflegen können. In Abschnitt 9.3 stellen wir Ihnen die neue API vor, die ABAP Cloud für Nummernkreise bereitstellt. In Abschnitt 9.4 erläutern wir die verschiedenen Möglichkeiten der Nummernvergabe im ABAP RESTful Application Programming Model.

Automatische Nummernvergabe für das Rezeptportal

Bisher ist es in unserem Rezeptportal nur möglich, Datensätze zu erstellen und dabei manuell eine Nummer zu vergeben. Dies wird mit diesem Kapitel geändert. Wir integrieren die automatische Nummernvergabe in das Anwendungsbeispiel. Dazu erstellen wir basierend auf der Domäne `ZACB_RECIPE_ID` ein Nummernkreisobjekt. Anschließend implementieren wir drei verschiedene Arten einer Nummernvergabe für unser Anwendungsszenario.

[»]

Nutzung der Beispielanwendung

Die in diesem Kapitel erstellten Objekte befinden sich im Unterpaket NUMBER.

9.1 Nummernkreise in SAP-Systemen

Wie bereits in der Einleitung dieses Kapitels erwähnt, versteht jeder etwas anderes darunter, wenn von Nummernkreisen die Rede ist. In diesem Abschnitt wollen wir daher die verschiedenen Begriffe definieren und in Beziehung zueinander setzen.

Nummernkreise, -objekte und -intervalle

Ein *Nummernkreis* dient dazu, einzelnen Datenbankeinträgen zu betriebswirtschaftlichen Objekten eine Nummer zu vergeben. Um einem betriebswirtschaftlichen Objekt einen Nummernkreis zuordnen zu können, muss vorher ein technisches *Nummernkreisobjekt* definiert werden. Der Umfang eines Nummernkreises wird durch das *Nummernkreisintervall* bestimmt. Ein Intervall wird durch die Felder **Von-Nummer** und **Bis-Nummer** abgegrenzt.

Nummernvergabe

Die Vergabe der Nummern aus dem Nummernkreis wird vom SAP-System übernommen (interne Vergabe), kann aber auch durch die Anwenderin oder den Anwender erfolgen (externe Vergabe).

[!]

Begriff »Nummer«

Der Begriff *Nummer* ist eigentlich nicht ganz korrekt. Ein Nummernkreis kann sowohl Nummern als auch Sonderzeichen und Buchstaben enthalten.

9.2 Pflege eines Nummernkreises

In diesem Abschnitt zeigen wir Ihnen, wie ein Nummernkreis erstellt und gepflegt werden kann. Um einen Nummernkreis anlegen zu können, brauchen Sie im ersten Schritt eine Domäne, die den Datentyp bestimmt. Wie Sie eine Domäne in den ABAP Development Tools anlegen, haben wir in Abschnitt 2.2, »Erstellung von Dictionary-Objekten«, beschrieben. Beachten Sie dabei, dass nur die Datentypen NUMC oder CHAR für Nummernkreise ausgewählt werden dürfen. Andernfalls können Sie keinen Nummernkreis für die Domäne anlegen. Nachdem die Domäne angelegt ist, kann sie als Vorlage für ein Nummernkreisobjekt genutzt werden. Wir verwenden als Grundlage für unser Nummernkreisobjekt die Domäne ZACB_RECIPE_ID. Diese ist vom Datentyp NUMC. Mithilfe dieser Domäne können wir über das Nummernkreisobjekt die Nummern für neue Rezepte ermitteln.

Anlegen eines Nummernkreisobjekts

Ein Nummernkreisobjekt kann mithilfe der ABAP Development Tools wie folgt erstellt werden:

1. Öffnen Sie per Rechtsklick das Kontextmenü unseres Pakets, und wählen Sie **New • Other ABAP Repository Object**.
2. Suchen Sie nach dem Objekttyp **Number Range Object** (Nummernkreisobjekt), markieren Sie ihn, und klicken Sie auf **Next** (siehe Abbildung 9.1).

Abbildung 9.1 Anlageassistent »Number Range Object« öffnen

3. Im nächsten Fenster können Sie folgende Informationen eingeben (siehe Abbildung 9.2):
   - **Name**: Der Name darf eine maximale Länge von elf Zeichen haben. Für unser Beispiel wählen wir »ZACP_RECIP«.
   - **Description**: Geben Sie hier eine passende Beschreibung zum Nummernkreisobjekt ein.

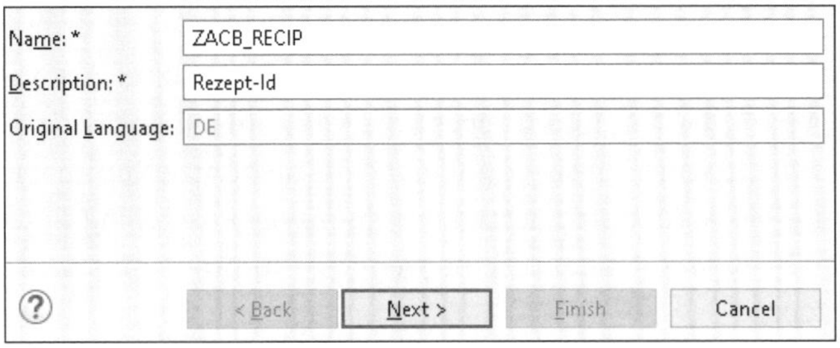

Abbildung 9.2 Anlegen eines Nummernkreisobjekts

4. Anschließend bestätigen Sie mit **Next** und können dann noch einen Transportauftrag auswählen. Beenden Sie den Assistenten mit **Finish**.

Das Nummernkreisobjekt wurde nun angelegt (siehe Abbildung 9.3).

Abbildung 9.3 Angelegtes Nummernkreisobjekt

Eigenschaften des Nummernkreisobjekts

Im Pflegedialog aus Abbildung 9.3 können Sie weitere Informationen zum Nummernkreisobjekt angeben:

- **Number Length Domain**: Hier geben Sie die zuvor angelegte Domäne aus dem ABAP Dictionary an. Diese muss vom Typ `NUMC` oder `CHAR` sein und eine Länge von 1 bis 20 Zeichen haben.
- **Percent Warning**: Diese Zahl gibt an, ab welchem Prozentsatz noch nicht vergebener Nummern pro Intervall eine Warnung bei der Nummernvergabe ausgegeben wird.
- **Until Year**: Beim Aktivieren dieses Kennzeichens besteht die Möglichkeit,zusätzlich nach Geschäftsjahren zu differenzieren. Voraussetzung ist, dass die Anwendungstabelle das Geschäftsjahr als Schlüsselfeld bereitstellt. Dabei wird das angegebene Geschäftsjahr als zeitliche Obergrenze angesehen.
- **Rolling**: Wenn die Nummern eines Intervalls aufgebraucht sind, wird standardmäßig von vorne begonnen und die niedrigste Nummer erneut vergeben. Dies kann durch Setzen des Kennzeichens **Rolling** unterbunden werden. Es werden dann keine weiteren Nummern aus dem Intervall vergeben.

Nachdem Sie alle Einstellungen vorgenommen haben, aktivieren Sie das Nummernkreisobjekt.

Pflege des Nummernkreisintervalls

Nachdem das Nummernkreisobjekt angelegt wurde, muss das Nummernkreisintervall für das Nummernkreisobjekt gepflegt werden. Dazu können

Sie die SAP-Fiori-App **Nummernkreisintervalle verwalten** (App-ID F4290) verwenden.

SAP-Fiori-App »Nummernkreisintervalle verwalten«

Alle Informationen zur SAP-Fiori-App **Nummernkreisintervalle verwalten** (**Number Range Interval**) finden Sie in der SAP Fiori Apps Reference Library unter *http://s-prs.de/1064807*. Auf der Registerkarte **Implementation Information** sind alle Voraussetzungen aufgeführt, um diese SAP-Fiori-App in Ihrem System verfügbar zu machen.

Gehen Sie bei der Pflege wie folgt vor:

1. Um die Anwendung zu starten, muss zunächst das SAP Fiori Launchpad gestartet werden.
2. Rufen Sie dort die Kachel **Nummernkreisintervalle verwalten** auf (siehe Abbildung 9.4).

Abbildung 9.4 Kachel zur SAP-Fiori-App »Nummernkreisintervalle verwalten«

3. In der Übersicht wählen Sie nun das zuvor erzeugte Nummernkreisobjekt **ZACB_RECIP** aus (siehe Abbildung 9.5).

Abbildung 9.5 Übersicht der Nummernkreisobjekte

4. Sie gelangen zur Einzelansicht des Nummernkreisobjekts. Dort werden die Informationen zum Nummernkreisobjekt dargestellt, wie in Abbildung 9.6 gezeigt.

Abbildung 9.6 Nummernkreisobjekt über Klasse angelegt

5. Klicken Sie hier auf den Button **Anlegen**, um ein neues Nummernkreisintervall anzulegen.
6. In der Anlagesicht pflegen Sie folgende Werte (siehe Abbildung 9.7):
   - **Intervallnummer**: Geben Sie hier eine eindeutige Identifikationsnummer an.
   - **Untergrenze/Obergrenze**: Hier definieren Sie das Intervall, in dem die Nummern liegen dürfen.

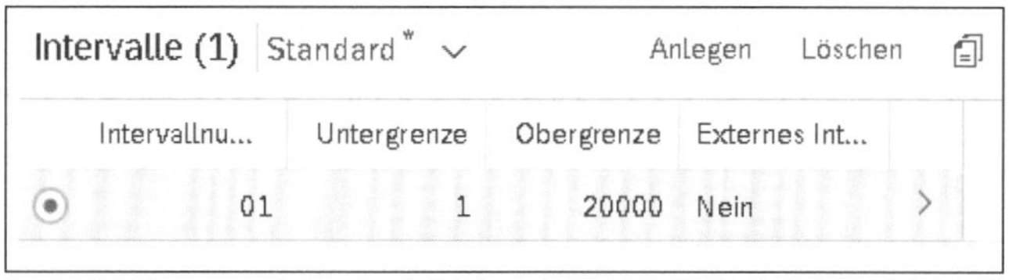

Abbildung 9.7 Pflege eines Nummernkreisintervalls

7. Außerdem können Sie zwischen folgenden Arten der Nummernvergabe wählen:
   - *Intern*: Bei der internen Nummernvergabe wird die nächste freie fortlaufende Nummer ermittelt, die in dem entsprechenden Intervall liegt.

- *Extern*: Bei der externen Nummernvergabe vergibt der Benutzer oder die Benutzerin bzw. ein externes System die Nummer. Die Nummer muss im entsprechenden Nummernkreisintervall liegen. Es wird nicht geprüft, ob diese Nummer bereits verwendet wurde.

8. Nach einem Klick auf den Button **Anlegen** wird das Nummernkreisintervall erzeugt.

Nach dem Speichern werden in der entsprechenden Zeile der Tabelle **Intervalle** alle wichtigen Informationen zum Nummernkreisintervall, wie der aktuelle Nummernstand, die Auslastung und die Verwendung einer externen Nummernvergabe, dargestellt. Mit einem Klick in die Zeile wechseln Sie in den Änderungsmodus (siehe Abbildung 9.8).

Abbildung 9.8 Gespeichertes Nummernkreisintervall

Im Änderungsmodus können Sie über den Button **Nummernstand ändern** auch den aktuellen Wert aktualisieren (siehe Abbildung 9.9).

Abbildung 9.9 »Nummernstand ändern«

9.3 API für Nummernkreisobjekte

Im vorangegangenen Abschnitt haben wir die manuelle Pflege eines Nummernkreises gezeigt. In diesem Abschnitt stellen wir Ihnen als Alternative eine neue API vor, die in ABAP Cloud verfügbar ist. Diese neue API ist objektorientiert und stellt verschiedene Klassen bereit. In den bereitgestellten Methoden werden technisch allerdings noch die alten Funktionsbausteine verwendet.

Klassen und Methoden

Tabelle 9.1 stellt die wichtigsten Klassen und Methoden der API dar.

Funktion	Klasse	Methode
Nummernkreisobjekt anlegen	CL_NUMBERRANGE_OBJECTS	CREATE
Nummernkreisobjekt ändern	CL_NUMBERRANGE_OBJECTS	CHANGE
Nummernkreisobjekt löschen	CL_NUMBERRANGE_OBJECTS	DELETE
Nummernkreisintervall anlegen	CL_NUMBERRANGE_INTERVALS	CREATE
Nummernkreisintervall ändern	CL_NUMBERRANGE_INTERVALS	CHANGE
Nummernkreisintervall löschen	CL_NUMBERRANGE_INTERVALS	DELETE
Aktuelle Nummer lesen	CL_NUMBERRANGE_RUNTIME	NUMBER_GET
Attribute eines Nummernkreis-objekts lesen	CL_NUMBERRANGE_OBJECTS	READ

Tabelle 9.1 Wichtige Klassen und Methoden der API für Nummernkreisobjekte

Lesen eines Nummernkreis-objekts

Wir sehen uns die Verwendung der Methoden READ und NUMBER_GET der Klassen CL_NUMBERRANGE_OBJECTS und CL_NUMBERRANGE_RUNTIME im Folgenden an. Die erste Methode, die wir hier vorstellen, ist die READ-Methode der Klasse CL_NUMBERRANGE_OBJECTS. Diese Methode kann verwendet werden, um Attribute des Nummernkreisobjekts und seiner Intervalle zu lesen. Listing 9.1 zeigt eine mögliche Implementierung dieser Methode, über die wir die Eigenschaften des Nummernkreisobjekts auslesen.

```
TRY.
  cl_numberrange_objects=>read(
            EXPORTING
              language        = cl_abap_context_info=>
                   get_user_language_abap_format( ).
              object          = 'ZACB_RECIPE'
            IMPORTING
              attributes      = DATA(attributes)
              interval_exists = DATA(interval_exists)
              obj_text        = DATA(obj_text)
          ).
  CATCH cx_nr_object_not_found cx_number_ranges INTO
```

```
    DATA(exception).
  RAISE SHORTDUMP exception.
ENDTRY.
```

Listing 9.1 Methode »READ« – Lesen von Attributen eines Nummernkreises

Um die Attribute eines Nummernkreisobjekts zu lesen, wird die statische Methode READ der Klasse CL_NUMBERRANGE_OBJECT aufgerufen. Als Importparameter kann das Nummernkreisobjekt (OBJECT) mitgegeben werden, in dem die Attribute gelesen werden sollen. Zusätzlich wird die Sprache (LANGUAGE) mitgegeben, da auch die Texte zurückgegeben werden. Diese werden sprachabhängig in dem Nummernkreisobjekt gespeichert und müssen daher auch sprachabhängig gelesen werden. Als Rückgabewerte werden, wie gerade beschrieben, die Objekttexte (OBJ_TEXT) zurückgeliefert. In der Struktur ATTRIBUTES sind die in Tabelle 9.2 aufgeführten Attribute eines Nummernkreisobjekts vorhanden.

Attribut	Beschreibung
OBJECT	der Name des Nummernkreisobjekts
DTELSOBJ	das Datenelement des möglichen Objekttyps
YEARIND	Ist das Nummernkreisobjekt geschäftsjahrabhängig?
DOMLEN	die Länge der zugrunde liegenden Domäne
PERCENTAGE	die Prozentzahl, ab wann eine Warnung ausgegeben wird, dass das Nummernkreisintervall eng wird
CODE	obsolet für ABAP Cloud
BUFFER	der Puffertyp für die Nummernzuweisung
NOIVBUFFER	die Anzahl der Nummern im Puffer
NRSWAP	Mitteilung, ob die Nummernvergabe am Ende eines Intervalls wieder von vorne anfangen soll
NRCHECKASCII	obsolet für ABAP Cloud

Tabelle 9.2 Attribute eines Nummernkreisobjekts

Nummer holen

Um neue Nummern aus einem Intervall abzurufen, kann die Klasse CL_NUMBERRANGE_RUNTIME verwendet werden. In dieser Klasse gibt es die statische Methode NUMBER_GET. Diese Methode ermittelt die nächste Nummer. Für unsere Anwendung möchten wir nun die nächste freie Nummer für ein neues Rezept abrufen. Dazu kann das Coding aus Listing 9.2 verwendet werden.

```
TRY.
    cl_numberrange_runtime=>number_get(
  EXPORTING nr_range_nr       = '01'
            object            = 'ZACB_RECIP'
            quantity          = 1
  IMPORTING number            = DATA(number)
            returned_quantity = DATA(returned_quantity)
            returncode        = DATA(rcode) ).

  CATCH cx_nr_object_not_found cx_number_ranges INTO DATA(exception).
    RAISE SHORTDUMP exception.
ENDTRY.
```

Listing 9.2 Methode »NUMBER_GET«

In Listing 9.2 sehen Sie, wie die Methode aufgerufen werden kann. Als Importparameter müssen das Nummernkreisintervall (NR_RANGE_NR) sowie der Name des Nummernkreisobjekts (OBJECT) mitgegeben werden. Ein weiterer wichtiger Importparameter ist die Anzahl der Nummern (QUANTITY), die benötigt werden. Falls der Parameter QUANTITY nicht angegeben wird, wird standmäßig eine 1 mitgegeben. Als Rückgabe erhält man die Nummern, die aus dem angegebenen Nummernkreisintervall gezogen wurden (NUMBER), sowie die Anzahl der Nummern (RETURNED_QUANTITY). Wichtig ist, dass die Nummern einen generischen Datentyp haben. Dieser muss wie folgt noch zum richtigen Datenelement konvertiert werden:

```
DATA: number_recipe TYPE zacb_recipe_id.
number_recipe = number.
```

Nachdem Sie die Methode NUMBER_GET ausgeführt haben und die Nummer in unser Datenelement konvertiert wurde, können wir sie verwenden. Im Nummernkreisintervall ist nun zu erkennen, dass der Nummernstand erhöht worden ist.

[»]

Weitere verfügbare Klassen

In der Klasse CL_NUMBERRANGE_RUNTIME gibt es noch zwei weitere Methoden. Die erste Methode ist NUMBER_CHECK. Diese Methode kann verwendet werden, um zu prüfen, ob ein Nummernkreisintervall eine externe Nummernvergabe umsetzt. Die zweite Methode ist GET_NUMBER_STATUS. Mit dieser Methode kann der aktuelle Nummernstand aus dem Nummernkreis ermittelt werden.

9.4 Nummernvergabe im ABAP RESTful Application Programming Model

In den vorangegangenen Abschnitten haben wir das Konzept der Nummernkreisobjekte und die API zur Verwendung von Nummernkreisobjekten vorgestellt. Nun kommen wir zur Integration in unser Anwendungsszenario, also in die RAP-Anwendung für das Rezeptportal.

Nummernvergabe in RAP-Anwendungen

Das ABAP RESTful Application Model verfolgt bei der Nummernvergabe ein etwas anderes Konzept, als von der klassischen ABAP-Programmierung gewohnt. In RAP-Anwendungen bedeutet Nummernvergabe, dass Werte für den Primärschlüssel einer Entität vergeben werden. Für unser Anwendungsbeispiel werden wir je eine Nummer für neue Rezepte, für neue Zutaten und für neue Reviews ermitteln. Der Primärschlüssel kann aus einem oder mehreren Feldern bestehen. Wenn Sie eine RAP-Anwendung entwickeln, müssen Sie sich daher die zentrale Frage stellen, wann und wer die Nummerierung durchführen soll. Dazu haben Sie folgende Optionen:

- **Early Numbering**

  Beim Early Numbering erfolgt die Nummernvergabe so früh wie möglich, d. h., der Primärschlüssel wird mit einer Nummer versorgt, sobald die Methode `create` ausgeführt wurde.
- **Late Numbering**

  Beim Late Numbering erfolgt die Nummernvergabe so spät wie möglich, meistens kurz bevor die Daten gesichert werden.

Neben diesen beiden Optionen, wann die Nummernvergabe erfolgen soll, gibt es noch die folgenden Optionen hinsichtlich der Frage, wer die Nummern vergibt:

- **External Numbering**

  Eine Nummer wird von außen mitgegeben.
- **Managed Numbering**

  Ein Universally Unique Identifier (UUID) wird während der `create`-Anfrage vom RAP-Framework automatisch vergeben.
- **Unmanaged Numbering**

  Es wird im Rahmen der Entwicklung eine eigene Logik implementiert.

Basierend auf den vorgestellten Optionen ergeben sich die in Tabelle 9.3 aufgeführten Möglichkeiten, wann die Nummern wie vergeben werden können.

Wer/Wann	Early Numbering	Late Numbering
External	ja	nein
Managed	ja	ja
Unmanaged	ja	ja

Tabelle 9.3 Mögliche Kombinationen der Optionen

Für unser Anwendungsszenario werden wir die folgenden drei Szenarien vorstellen:

- Unmanaged Early Numbering für die Rezepte
- External Early Numbering für die Zutaten
- Managed Early Numbering für die Reviews

9.4.1 Unmanaged Early Numbering

Wir werden nun für die Entität **Rezept** ein Unmanaged Early Numbering implementieren.

Verhaltensdefinition

Die erste Erweiterung, die vorgenommen werden muss, um die frühe Nummernvergabe zu realisieren, ist eine Anpassung der Verhaltensdefinition `ZACB_R_Ingredient`. Ergänzen Sie hier den Zusatz `early numbering`. Gleichzeitig ist es nun notwendig, für das Schlüsselfeld `RecipeID` die Eigenschaft `readonly` zu setzen, damit die Benutzerin oder der Benutzer darin keine Eingabe mehr machen kann (siehe Listing 9.3).

```
define behavior for ZACB_R_Recipe alias Recipe
persistent table zacb_recipe
draft table zacb_recipe_d
with additional save
etag master LocalLastChangedAt
lock master unmanaged
total etag LastChangedAt
authorization master ( global )
early numbering
{
```

```
field ( readonly )
CreatedAt,
CreatedBy,
LastChangedAt,
LocalLastChangedAt,
LocalLastChangedBy;

field ( readonly )
RecipeID;
```

Listing 9.3 Erweiterung der Verhaltensdefinition um die Angaben zum Unmanaged Early Numbering

Methode »earlynumbering_create«

Nach der Aktivierung der Verhaltensdefinition teilt uns der Editor mit, dass wir die Methode `earlynumbering` für den Zusatz `create` implementieren sollen (siehe Abbildung 9.10).

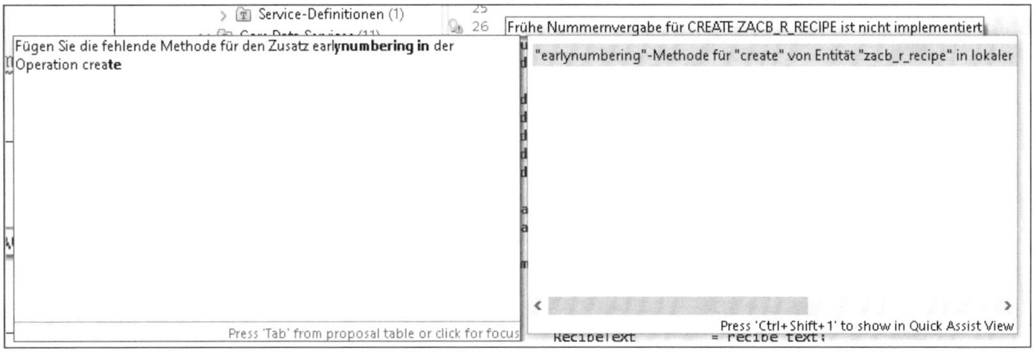

Abbildung 9.10 Hinweis auf die Notwendigkeit der Implementierung der Methode »earlynumbering_create«

Wählen Sie diesen Eintrag aus. Daraufhin werden die Methodendefinition sowie eine Vorlage für die Methodenimplementierung zur Klasse der Verhaltensdefinition hinzugefügt. Folgende Methodendefinition wurde generiert:

```
earlynumbering_create FOR NUMBERING
  IMPORTING entities FOR CREATE Recipe.
```

Die Signatur der `earlynumbering`-Methode besitzt folgende Parameter:

- `IMPORTING`-Parameter-Entitäten:

  Umfasst alle Entitäten, für die Schlüssel zugewiesen werden müssen.
- Implizite `CHANGING`-Parameter:
  - `mapped`: Wird verwendet, um Mapping-Informationen bereitzustellen.

- failed: Wird verwendet, um den Datensatz zu identifizieren, in dem ein Fehler aufgetreten ist.
- reported: Wird verwendet, um im Fehlerfall Nachrichten zurückzugeben.

Implementierung der Methode

Nun muss die Methode earlynumbering_create implementiert werden. Listing 9.4 zeigt die Implementierung für unser Anwendungsbeispiel:

```
METHOD earlynumbering_create.
  DATA recipe_id_max TYPE zacb_recipe_id.
  DATA entity TYPE STRUCTURE FOR CREATE zacb_r_recipe.
  TRY.
    LOOP AT entities INTO entity
    WHERE recipeid IS NOT INITIAL.
      APPEND CORRESPONDING #( entity )
      TO mapped-recipe.
    ENDLOOP.
  DATA(entities_wo_recipeid) = entities.
  DELETE entities_wo_recipeid
  WHERE recipeid IS NOT INITIAL.
    IF entities_wo_recipeid IS NOT INITIAL.
      cl_numberrange_runtime=>number_get(
        EXPORTING nr_range_nr  = '01'
                  Object    = 'ZACB_RECIP'
                  Quantity = CONV # ( lines( entities_wo_recipeid ) )
        IMPORTING number = DATA(number_range_key)
          returncode = DATA(number_range_return_code)
          returned_quantity = DATA(number_range_returned_quantity) ).
    ENDIF.
      recipe_id_max = number_range_key -
        number_range_returned_quantity.
      LOOP AT entities INTO entity.
        recipe_id_max += 1.
        entity-recipeid = recipe_id_max.
        APPEND VALUE #( %cid      = entity-%cid
                        %key      = entity-%key
                        %is_draft = entity-%is_draft )
               TO mapped-recipe.
      ENDLOOP.
      CATCH cx_number_ranges INTO DATA(error).
        LOOP AT entities INTO entity.
          APPEND VALUE #( %cid      = entity-%cid
                          %key      = entity-%key
```

```
                          %is_draft = entity-%is_draft
                          %msg      = error )
             TO reported-recipe.
      APPEND VALUE #( %cid       = entity-%cid
                        %key       = entity-%key
                        %is_draft = entity-%is_draft )
             TO failed-recipe.
    ENDLOOP.
  ENDTRY.
ENDMETHOD.
```

Listing 9.4 Implementierung der Methode »earlynumbering_create«

Zunächst muss geprüft werden, ob für eine Rezept-Entität keine ID gesetzt wurde. Diese Prüfung ist erforderlich, wenn für die Entität das Draft-Verfahren angewandt wird, was in unserem Beispiel der Fall ist. Wurde keine Rezept-ID vergeben, entfernen wir alle Instanzen mit einer gesetzten Rezept-ID aus dem Importparameter `entities`. Anschließend holen wir uns neue Nummern für die neuen Entitäten und speichern diese in der internen Tabelle `number_range_key`.

Das Nummernkreisobjekt `ZACB_RECIP` wird von allen Benutzerinnen und Benutzern verwendet. Wenn ein Eintrag nicht gespeichert, sondern schon im Entwurfsmodus verworfen wird, entstehen Lücken bei der Nummernvergabe. Dann werden die ermittelten neuen Nummern den Entitäten zugewiesen. Sollten innerhalb der Implementierung Fehler auftreten, werden diese ebenfalls bearbeitet.

Test der Anwendung

Nachdem wir diese Änderungen vorgenommen haben, sehen wir uns das Verhalten in der Anwendung einmal genauer an.

1. Rufen Sie unsere Anwendung auf, und klicken Sie auf **Anlegen**, um ein neues Rezept hinzuzufügen (siehe Abbildung 9.11).

Abbildung 9.11 Anlegen eines Datensatzes

2. Die Werte für den neuen Datensatz können Sie nun in dem Anlegefenster eingeben. Sie sehen, dass bereits eine Rezept-ID erzeugt wurde (siehe

Abbildung 9.12). Nach Eingabe der Rezeptdaten klicken Sie auf den Button **Anlegen**.

Abbildung 9.12 Unmanaged Early Numbering beim Anlegen eines neuen Rezepts

3. Kehren Sie zurück in die Übersicht des Rezepts. Der Datensatz besitzt immer noch eine Rezept-ID. Er ist aber noch nicht in der Datenbank gespeichert. Erst nach einem Klick auf **Sichern** wird der Datensatz in der Datenbank gespeichert.

[»]

Unmanaged Late Numbering

Die Implementierung des Szenarios Unmanaged Late Numbering erfolgt auf ähnliche Weise. Dabei wird anstelle des Zusatzes `early numbering` der Zusatz `late numbering` auf Entitätsebene definiert. Zusätzlich müssen die Schlüsselfelder auf `readonly` gesetzt werden. Die Implementierung erfolgt in einer `adjust_numbers`-Methode, die im Zuge der Speicherung aufgerufen wird. Die erzeugte Nummer muss über den Export-Parameter `mapped` dem internen temporären Schlüssel zugeordnet werden.

9.4.2 External Early Numbering

Manuelle Nummernvergabe

Die nächste Option für die Nummernvergabe, die wir etwas ausführlicher vorstellen wollen, ist das External Early Numbering. Dabei werden die Nummern von außen frühzeitig vergeben, z. B. durch die Anwenderin oder den Anwender. Dies ist das Standardszenario einer generierten RAP-Anwendung. In unserem Fall verwenden wir es für die Vergabe der Zutaten-ID.

Standardverhalten testen

Um dieses Standardverhalten zu testen, rufen Sie unsere Beispielanwendung auf. Fügen Sie dann über den Button **Anlegen** eine neue Zutat zu einem Rezept hinzu (siehe Abbildung 9.13).

Abbildung 9.13 Beispielanwendung – neue Zutat hinzufügen

Im Dialogfenster zur Anlage einer Zutat ist die Zutaten-ID eine Pflichtangabe und wird über ein Pop-up-Fenster gepflegt (siehe Abbildung 9.14).

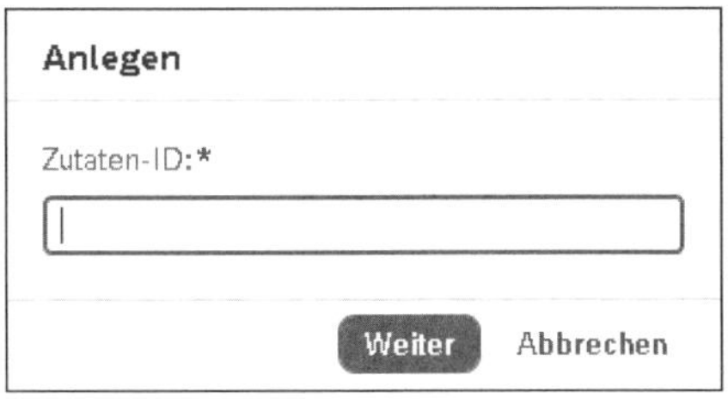

Abbildung 9.14 Manuelle Angabe einer Zutaten-ID

Die angegebene Zutaten-ID wird direkt verwendet und ist für diesen Eintrag reserviert (siehe Abbildung 9.15). Nachdem Sie alle weiteren Informationen zu dieser Zutat eingegeben haben, klicken Sie auf den Button **Anlegen**.

Abbildung 9.15 Verwendung der ID im Zutatendatensatz

Nach dem Speichern des Datensatzes wird die Nummer, die wir eingegeben haben, für diesen Datensatz verwendet und in der Datenbank gespeichert (siehe Abbildung 9.16).

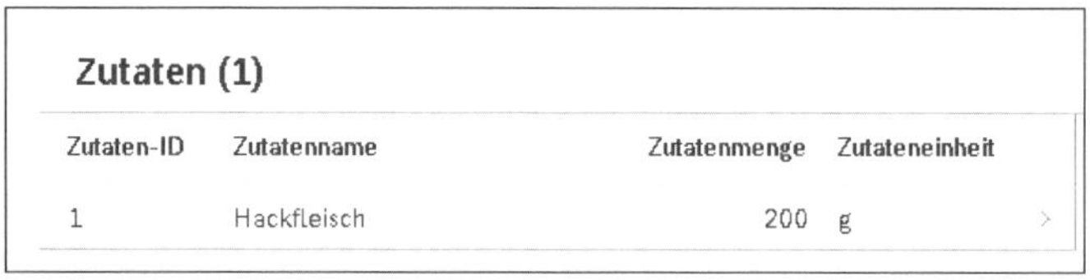

Abbildung 9.16 Speicherung der Zutaten-ID

Haben Sie allerdings eine Nummer eingegeben, die schon verwendet wurde, werden Sie darauf automatisch hingewiesen (siehe Abbildung 9.17).

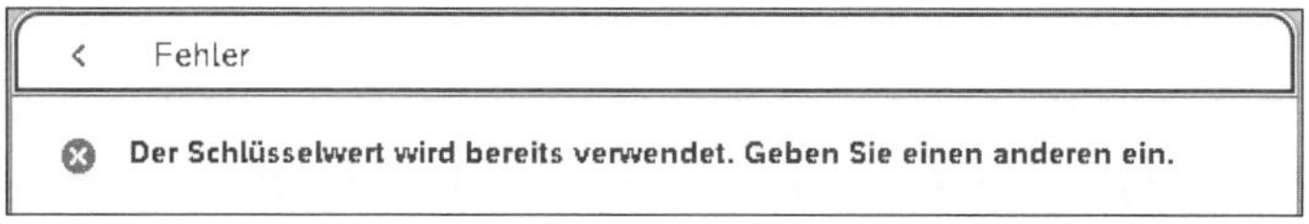

Abbildung 9.17 Meldung bei doppelt verwendeten Schlüsselwerten

Auch wenn Sie einen Schlüsselwert angeben, der länger als erlaubt ist, erhalten Sie eine entsprechende Meldung (siehe Abbildung 9.18).

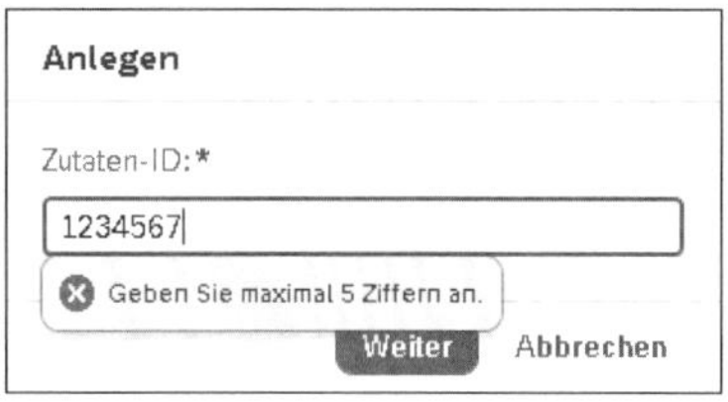

Abbildung 9.18 Meldung bei Überschreitung der maximalen Feldlänge

9.4.3 Managed Early Numbering

Verhaltensdefinition

Das dritte Szenario ist die automatische Vergabe einer Review-ID durch das RAP-Framework mithilfe von Managed Early Numbering. Um das Verhalten zu implementieren, müssen Sie zunächst die Verhaltensdefinition `ZACB_R_Review` für die Entität **Review** um den Zusatz `field ( numbering : managed ) ReviewId;` erweitern (siehe Listing 9.5). Über diesem Zusatz wird dem RAP-Framework mitgeteilt, dass es sich um die automatische Nummernvergabe kümmern soll.

```
define behavior for ZACB_R_Review alias Review
…
{
…
  field ( readonly ) RecipeId;
  field ( readonly ) ReviewId;
  field ( numbering : managed ) ReviewId;
```

```
  association _Recipe { with draft; }
  mapping for zacb_review
```

Listing 9.5 Erweiterung Verhaltensdefinition

Nach dieser Ergänzung teilt Ihnen der Editor mit, dass das Feld `ReviewId` zum Typ `ABP_BEHV_PID` kompatibel sein muss (siehe Abbildung 9.19).

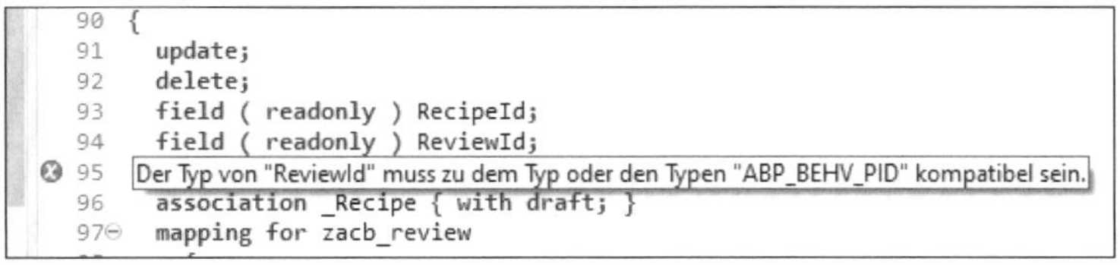

Abbildung 9.19 Mitteilung des Editors zum verwendeten Datentyp

Damit das der Fall ist, muss das Feld sowohl in der Datenbanktabelle als auch in der Draft-Tabelle einem Typ zugewiesen werden, der kompatibel ist. Die entsprechende Erweiterung der Tabellendefinitionen sehen Sie in Listing 9.6. Wir verwenden hier den Typ `SYSUUID_X16`.

```
define table zacb_review {
  key client          : abap.clnt not null;
  key review_id       : sysuuid_x16 not null;
...
define table zacb_review_d {

  key client        : abap.clnt not null;
  key reviewid      : sysuuid_x16 not null;
```

Listing 9.6 Erweiterung der Datenbanktabellen um den Typ »SYSUUID_X16«

Nach der anschließenden Aktivierung der beiden Tabellen verschwindet die Fehlermeldung im Editor der Verhaltensdefinition, und diese kann aktiviert werden.

Tabellenumsetzung

Nach der Änderung des Feldes in der Datenbanktabelle muss die Datenbank umgesetzt werden. Dies geschieht mithilfe der Quick-Fix-Funktion in den ABAP Development Tools oder in Transaktion SE14. Bei einer Tabellenumsetzung werden vorhandene Datenbankinhalte auf die modifizierte Tabelle angepasst.

Test der Anwendung

Nach der erfolgreichen Aktivierung der Verhaltensdefinition können Sie das Verhalten der automatischen Nummernvergabe in unserer SAP-Fiori-

App überprüfen. Im Bearbeitungsmodus der Rezept-Detailansicht können Sie einen neuen Review über den Button **Anlegen** hinzufügen. Bei der Anlage des Reviews wird automatisch eine Nummer im UUID-Format erzeugt und dem Review schon vor dem Speichern zugewiesen (siehe Abbildung 9.20).

Abbildung 9.20 Vergabe einer UUID durch die SAP-Fiori-App

Universally Unique Identifier (UUID)

Eine UUID ist eine 128-Bit-Zahl, die zur individuellen Identifizierung von Daten verwendet wird. Sie ist so konzipiert, dass sie weltweit einzigartig ist. So wird das Risiko einer versehentlichen Duplizierung minimiert.

Übernehmen Sie den Review über den Button **Übernehmen**. Nach dem Speichern des Rezepts wird der Review mit seiner UUID übernommen, und der Datensatz wird in der Datenbank gespeichert (siehe Abbildung 9.21).

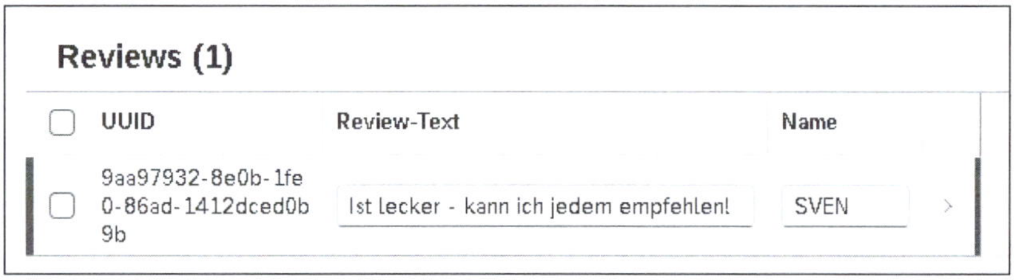

Abbildung 9.21 Speicherung der UUID in der SAP-Fiori-App

9.5 Zusammenfassung

In diesem Kapitel haben wir erläutert, welche Objekte im Kontext von Nummernkreisen existieren. Dabei wurden folgende Objekte vorgestellt:

- Nummernkreisobjekt
- Nummernkreisintervall
- Nummernstand

Sie haben außerdem erfahren, wie Sie ein Nummernkreisobjekt in den ABAP Development Tools anlegen können. Zudem haben Sie die neue SAP-Fiori-App kennengelernt, um Nummernkreisintervalle und Nummernstände zu bearbeiten.

Wir haben Ihnen auch die neue API für Nummernkreise vorgestellt. Anstatt wie in früheren ABAP-Versionen Funktionsbausteine zu nutzen, können Sie damit nun Klassen verwenden, um mit Nummernkreisen zu arbeiten.

Sie haben auch gelernt, wie Nummernkreise im Umfeld des ABAP RESTful Application Programming Models umgesetzt werden. Hier gibt es verschiedene Optionen für eine frühe und späte bzw. eine vom RAP-Framework verwaltete oder nicht verwaltete Nummernvergabe.

Kapitel 10
Hintergrundverarbeitung

Sie führen ein Programm im Dialog aus, und es kommt zu einem Fehler, weil Sie die maximale Dialogzeit überschritten haben. In einem solchen Fall ist Ihr Programm zu laufzeitintensiv. Eine Lösung wäre es, das Programm im Hintergrund auszuführen. In diesem Kapitel erfahren Sie, wie Sie in ABAP Cloud Programme im Hintergrund einplanen und automatisiert ausführen können.

Die *Hintergrundverarbeitung* ermöglicht es, dass das System ohne manuelles Zutun automatisch Aufgaben erledigt. Die dazu verwendeten *Hintergrundjobs* können einmalig oder wiederkehrend ausgeführt werden, z. B. jeden Mittwoch um Mitternacht. Dadurch können ressourcenintensive Verarbeitungen auf die Nachtzeiten verlagert werden, wenn wenig bis keine Benutzerinnen und Benutzer am System angemeldet sind. Dank der Hintergrundverarbeitung werden die Dialogprozesse nicht belastet. Im Hintergrund laufende Reports unterliegen zudem nicht den Laufzeitbeschränkungen der Dialogmodi.

Bisher kennen Sie im klassischen ABAP den folgenden Ablauf, um einen Job auszuführen:

1. Entwicklung eines Programms mit Selektionsbild
2. Erzeugung einer Selektionsvariante für das zuvor entwickelte Programm
3. Definition eines Jobablaufs in Transaktion SM36
4. Definition der Zeitpunkte für den Job (ebenfalls in Transaktion SM36)
5. Ausführung des Programms in einem Hintergrundprozess (Batch-Prozess)
6. Ermittlung des Jobzustands und Ausgabe in einem Protokoll über Transaktion SM37

In diesem Kapitel erfahren Sie, wie Sie solche Jobs in ABAP Cloud entwickeln, einplanen und überwachen können. Sie lernen den Nachfolger der Hintergrundjobs, die sogenannten *Anwendungsjobs*, kennen.

Hintergrundverarbeitung für unser Beispiel

In diesem Kapitel implementieren wir die erste vorbereitende Maßnahme für die Anforderung, Newsletter zu neuen Rezepten per E-Mail zu versenden. Dazu entwickeln wir eine Logik, wie ein Hintergrundjob erstellt werden kann, und planen dessen Ausführung ein. In Kapitel 11, »E-Mail-Versand«, wird dann die von diesem Job ausgeführte Logik entwickelt, um einen Newsletter zu den neuen Rezepten zu erzeugen.

[»]

Nutzung der Beispielanwendung

Die in diesem Kapitel vorgestellten Objekte befinden sich im Unterpaket `JOB`.

10.1 Entwicklung einer Ausführungslogik

Klassen anstelle von Programmen

Bisher war es so, dass Sie ein Repository-Objekt mit dem Objekttyp `PROG` (für Programm) entwickelt haben, wenn Sie Logik zur Verarbeitung im Hintergrund ausführen wollten. Mit ABAP Cloud müssen Sie die Logik für das Programm in einer Klasse entwickeln. Dies liegt daran, dass der Objekttyp `PROG` nicht mehr verfügbar ist und die Ausführungslogik aufgrund der Nichtverfügbarkeit des SAP GUI nicht mehr in Selektionsbildern und -varianten abgebildet werden kann.

Anlegen einer Ausführungsklasse

Wir legen daher nun eine Klasse in den ABAP Development Tools an, um unseren Job mit Parametern auszustatten, die als Einstiegspunkte für die Ausführung und die eigentliche Funktion dienen.

1. Klicken Sie im Kontextmenü des Pakets auf **New • ABAP Class**.
2. Im sich öffnenden Dialogfenster geben Sie die folgenden Werte ein (siehe Abbildung 10.1):
   - **Name**: Geben Sie hier einen eindeutigen Namen für die Klasse ein. Für unser Beispiel wählen wir »ZCL_ACB_DET_RECIPE«.
   - **Description**: Geben Sie hier eine passende Beschreibung für die Klasse ein.
   - **Interfaces**: Diese müssen über den Button **Browse...** manuell ausgewählt werden:
   - `IF_APJ_DT_EXEC_OBJECT`: Mithilfe dieses Interfaces können die Parameter definiert werden.
   - `IF_APJ_RT_EXEC_OBJECT`: Dieses Interface dient als Ausgangspunkt für die Hintergrundverarbeitung.
3. Anschließend können Sie auf den Button **Next** klicken.

Abbildung 10.1 Parameter für neue Klasse definieren

4. Wählen Sie einen Transportauftrag aus, und beenden Sie die Bearbeitung mit **Finish**.

Die Klasse wird nun angelegt. Dabei wird der Code aus Listing 10.1 erzeugt.

Generierte Klasse

```
CLASS zcl_acb_recipe_background DEFINITION
  PUBLIC
  FINAL
  CREATE PUBLIC.

  PUBLIC SECTION.

    INTERFACES if_apj_dt_exec_object.
    INTERFACES if_apj_rt_exec_object.
  PROTECTED SECTION.
  PRIVATE SECTION.
ENDCLASS.
CLASS zcl_acb_recipe_background IMPLEMENTATION.

  METHOD if_apj_dt_exec_object~get_parameters.
  ENDMETHOD.

  METHOD if_apj_rt_exec_object~execute.
  ENDMETHOD.
ENDCLASS.
```

Listing 10.1 Generiertes Coding für die Ausführungslogik

Methode »GET_PARAMETERS«

Den generierten Code können Sie nun bearbeiten. Zunächst ergänzen wir die Programmlogik um zwei Parameter, damit wir das klassische Selektionsbild nachbauen können (siehe Listing 10.2). Dazu wird die Methode GET_PARAMETERS ausgeprägt:

```
METHODS get_parameters
  EXPORTING
    !et_parameter_def TYPE tt_templ_def
    !et_parameter_val TYPE tt_templ_val.
```

Listing 10.2 Erweiterung der Programmlogik um Parameter

Die beiden Parameter dienen folgenden Zwecken:

- ET_PARAMETER_DEF

  Dieser Parameter dient dazu, das Aussehen der Eingabemöglichkeiten und deren Verhalten zu definieren.

- ET_PARAMETER_VAL

  Dieser Parameter dient dazu, die Eingabemöglichkeiten mit Werten vorzubelegen.

Parameter »ET_PARAMETER_DEF«

Zunächst definieren wir in Listing 10.3 die Eingabemöglichkeiten in ET_PARAMETER_DEF.

```
et_parameter_def = VALUE #(
        changeable_ind = abap_true
        (
        datatype      = 'C'
        selname       = para_lastdays
        kind          = if_apj_dt_exec_object=>parameter
        param_text    = 'Ermittlungstage'
        length        = 2
        mandatory_ind = abap_true )
        (
        datatype      = 'C'
        selname       = para_lastfourweeks
        kind          = if_apj_dt_exec_object=>parameter
        param_text    = 'Letzte 4 Wochen'
        length        = 1
        checkbox_ind  = abap_true ) ).
```

Listing 10.3 Erweiterung der Ausführungslogik um eine Parametervorbelegung

In Listing 10.3 erkennen Sie, dass zwei Parameter erzeugt werden, PARA_LASTDAYS mit der Länge 2 und PARA_LASTFOURWEEKS mit der Länge 1. Sie sind beide vom Datentyp CHAR und änderbar. Der Parameter PARA_LASTFOURWEEKS wird auf der Benutzeroberfläche als Checkbox dargestellt.

Tabelle 10.2 zeigt die möglichen Felder zur Definition von Parametern.

Felder	Beschreibung
SELNAME	Name des Feldes (maximal acht Stellen)
KIND	Das Feld ist ein Parameter oder eine Selektionsoption. ■ Parameter: if_apj_dt_exec_object=>parameter ■ Selektionsoption: if_apj_dt_exec_object=>select_option
PARAM_TEXT	Anzeigename des Parameters
DATATYPE	Grundtyp des Feldes
LENGTH	maximale Eingabelänge des Feldes in der Anzeigemaske
DECIMALS	Anzahl der Kommastellen, falls der Datentyp Dezimal ist
LOWERCASE_IND	Unterstützung von Groß- und Kleinschreibung durch das Eingabefeld
CHECKBOX_IND	Anzeige des Feldes als Checkbox (ABAP_TRUE)
RADIO_GROUP_IND	Anzeige des Feldes als Radiobutton (ABAP_TRUE)
RADIO_GROUP_ID	alle Felder in einer Radiobutton-Gruppe
MANDATORY_IND	Eingabefeld ist ein Pflichtfeld (ABAP_TRUE).

Tabelle 10.1 Mögliche Elemente zur Parameterdefinition

Parameter »ET_PARAMETER_VAL«

Auch die Werte von ET_PARAMETER_VAL belegen wir in Listing 10.4 mit Werten vor.

```
et_parameter_val = VALUE #(
                     sign    = 'I'
                     option = 'EQ' (
                     selname = para_lastfourweeks
                     low     = abap_true ) ).
```

Listing 10.4 Definition der Parameterwerte

Wir möchten, dass die Checkbox PARA_LASTFOURWEEKS standardmäßig markiert ist. Der Parameter PARA_DAYS wird mit keinem Wert vorbelegt.

Tabelle 10.2 zeigt die möglichen Felder für die Parameterwerte.

Felder	Beschreibung
SIGN	Einschluss (I) oder Ausschluss (E) in der Gesamtergebnismenge
OPTION	Bedingung in Form von Vergleichsoperatoren, z. B. EQ
SELNAME	Name, für den die Werte gesetzt werden sollen
LOW	Wert für PARAMETER oder untere Intervallgrenze für SELECT-OPTIONS
HIGH	obere Intervallgrenze der SELECT-OPTIONS

Tabelle 10.2 Mögliche Elemente für Parameterwerte

Ausführungslogik in der Methode »EXECUTE«

Nun ergänzen wir die Ausführungsklasse um den wichtigsten Bestandteil der Ausführungslogik in der Methode EXECUTE, wie in Listing 10.5 gezeigt.

```
METHOD if_apj_rt_exec_object~execute.
  DATA days TYPE zacb_days.
  DATA test TYPE abap_bool.

  LOOP AT it_parameters INTO DATA(parameter).
    CASE parameter-selname.
      WHEN para_lastfourweeks.
        days = fourweeks.
      WHEN para_lastdays.
          days = parameter-low.
    ENDCASE.
  ENDLOOP.

  DATA(det_date) = EXACT timestamp(   xco_cp=>sy->moment(
    xco_cp_time=>time_zone->utc
      )->subtract( iv_day = CONV #( days )
      )->as( xco_cp_time=>format->abap
      )->value ).
      SELECT FROM zacb_recipe
        FIELDS *
          WHERE created_at > @det_date
          INTO TABLE @DATA(recipes).
        ...
ENDMETHOD.
```

Listing 10.5 Methode »EXECUTE«

Im ersten Schritt parsen wir die Parameter, die im Importparameter IT_PARAMETERS enthalten sind. Nun können wir die Inhalte der Tabelle parsen und auf die verschiedenen Felder verteilen. Wir haben damit alle Inhalte auf Variablen verteilt und können mit der eigentlichen Implementierungslogik beginnen. Mit dieser Logik werden, basierend auf dem Ermittlungstag, die Rezepte ermittelt, die in den letzten x Tagen erstellt wurden.

[«]

Zweiter Teil der Ausführungslogik für den Newsletter-Versand

Die hier beschriebene Ausführungslogik ist der erste Schritt. Der zweite Schritt wird in Kapitel 11, »E-Mail-Versand«, beschrieben. Dort wird, basierend auf den ausgewählten neu angelegten Rezepten, eine E-Mail als Newsletter versendet.

10.2 Erstellung von Anwendungsjobs

In den folgenden Abschnitten erläutern wir, wie aus dieser Ausführungsklasse ein Hintergrundjob wird. Dazu werden Sie folgende Objekte kennenlernen:

- Anwendungsjobkatalogeintrag
- Anwendungsjobvorlage
- Anwendungsjob

Abbildung 10.2 stellt das Zusammenspiel dieser Objekte grafisch dar.

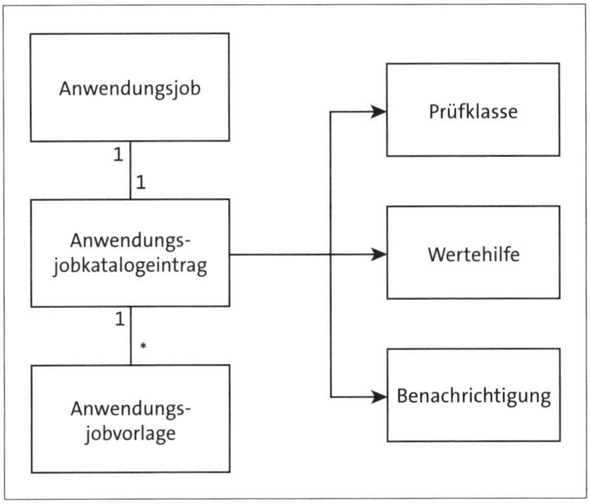

Abbildung 10.2 Objekte für Anwendungsjobs

Anwendungsjob-katalogeintrag

Nachdem die Ausführungsklasse erstellt wurde, kann der *Anwendungsjobkatalogeintrag* angelegt werden. Ein Anwendungsjobkatalogeintrag enthält die Informationen, die für die Planung und Ausführung eines Anwendungsjobs erforderlich sind. Der Eintrag im Anwendungsjobkatalog enthält den Namen der Klasse, die die Geschäftslogik implementiert, sowie Informationen zur Darstellung von Auswahlfeldern. Darüber hinaus definiert der Anwendungsjobkatalogeintrag weitere Einstellungen, die bei der Planung und Ausführung des Anwendungsjobs verwendet werden.

10.2.1 Anlegen eines Anwendungsjobkatalogeintrags

Katalogeintrag anlegen

Um einen Anwendungsjobkatalogeintrag zu erzeugen, sind folgende Schritte notwendig:

1. Klicken Sie mit der rechten Maustaste auf das Paket im Project Explorer, und wählen Sie im Kontextmenü den Pfad **New • Other ABAP Repository Object**.
2. Im folgenden Dialogfenster wählen Sie den Eintrag **Application Job Catalog Entry** aus (siehe Abbildung 10.3).

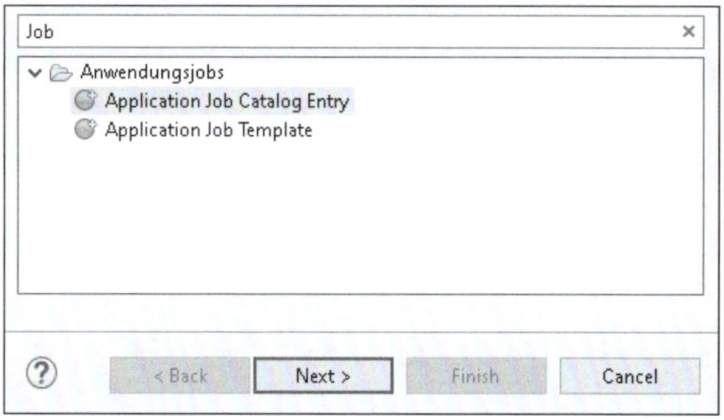

Abbildung 10.3 Auswahl des Objekttyps »Application Job Catalog Entry«

3. Im darauffolgenden Dialogfenster nehmen Sie die folgenden Einstellungen für den Anwendungsjobkatalogeintrag vor (siehe Abbildung 10.4):
   - **Name**: Geben Sie hier einen eindeutigen Namen an. Für unser Beispiel wählen wir »ZACB_DET_RECIPE«.
   - **Description**: Geben Sie hier eine passende Beschreibung an.
   - **Class with Execute Method**: Wählen Sie hier die Ausführungsklasse für den Job aus, die wir in Abschnitt 10.1, »Entwicklung einer Ausführungslogik«, angelegt haben.

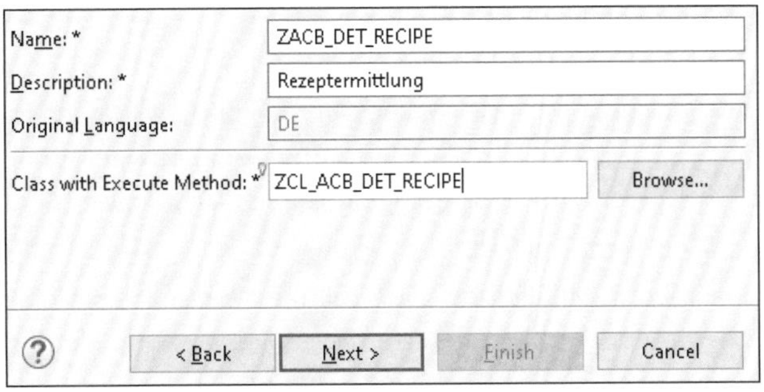

Abbildung 10.4 Einstellungen für den Anwendungsjobkatalogeintrag

4. Bestätigen Sie Ihre Eingaben mit **Next**.
5. Sie können nun noch einen Transportauftrag auswählen und den Dialog dann mit **Finish** beenden.

Der Anwendungsjobkatalogeintrag wird nun angelegt. Abbildung 10.5 zeigt den Pflegedialog.

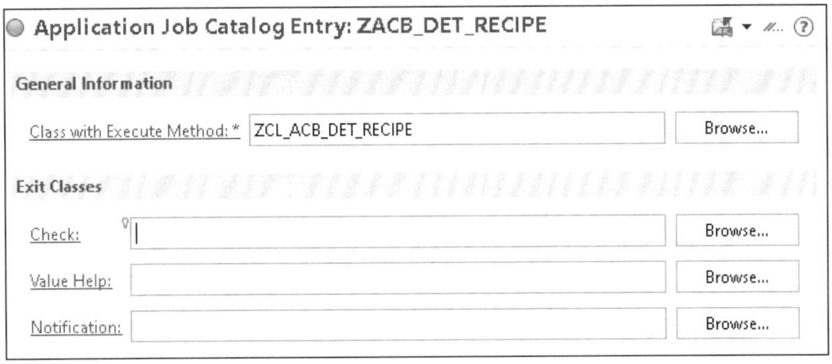

Abbildung 10.5 Angelegter Anwendungsjobkatalogeintrag

Exit-Klassen

Für den Anwendungsjobkatalogeintrag können drei verschiedene Exit-Klassen zur Verfügung gestellt werden:

- **Check**: Die Exit-Klasse für Prüfungen erläutern wir in Abschnitt 10.3, »Prüfungen«.
- **Value Help**: Mehr über die Exit-Klasse für die Wertehilfe erfahren Sie im folgenden Informationskasten.
- **Notification**: Die Exit-Klasse für Benachrichtigungen erläutern wir in Kapitel 11, »E-Mail-Versand«.

[!]

Wertehilfen

Zum Zeitpunkt der Drucklegung dieses Buches wurden die Exit-Klassen für Wertehilfen in SAP S/4HANA 2023 noch nicht unterstützt, obwohl für sie bereits ein Feld im Anwendungsjobkatalogeintrag verfügbar war (siehe Abbildung 10.5).

Ab SAP S/4HANA Cloud Public Edition 2502 soll die Wertehilfe erstmals verfügbar sein. Weitere Informationen dazu finden Sie in einem Blogbeitrag in der SAP Community (siehe *http://s-prs.de/v1064807*).

[»]

Benachrichtigungen

Auf das Thema Benachrichtigungen gehen wir in Kapitel 11, »E-Mail-Versand«, näher ein. Dort zeigen wir Ihnen, wie bei Fehlern innerhalb eines Anwendungsjobs Benachrichtigungen per E-Mail versendet werden können.

10.2.2 Anlegen einer Anwendungsjobvorlage

Anwendungsjobvorlage

Basierend auf dem Anwendungsjobkatalogeintrag muss als Nächstes eine *Anwendungsjobvorlage* angelegt werden. Eine Anwendungsjobvorlage enthält Werte für einige oder alle Auswahlfelder. Sie kann als eine Variante eines Anwendungsjobkatalogeintrags betrachtet werden. Ein Anwendungsjobkatalogeintrag kann mehr als eine Anwendungsjobvorlage enthalten. Durch das Einplanen einer Anwendungsjobvorlage wird dann ein Anwendungsjob erstellt.

Anlegen der Jobvorlage

Um eine Anwendungsjobvorlage zu erzeugen, sind folgende Schritte notwendig:

1. Rufen Sie das Kontextmenü des Pakets auf, und wählen Sie **New • Other ABAP Repository Object** aus.
2. Im folgenden Dialogfenster wählen Sie den Objekttyp **Application Job Template** aus. Bestätigen Sie mit **Next**, um zum nächsten Dialogfenster zu kommen.
3. Geben Sie hier die folgenden Informationen an:
   - **Name**: Geben Sie hier einen eindeutigen Namen für die Jobvorlage ein. Für unser Beispiel wählen wir »ZACB_DET_RECIPE«.
   - **Description**: Geben Sie hier eine passende Beschreibung ein.
   - **Job Catalog Entry**: Hier geben Sie das referenzierte Objekt an, für das die Jobvorlage angelegt werden soll. In unserem Beispiel ist das der zuvor angelegte Jobkatalogeintrag `ZABC_DET_RECIPE`.

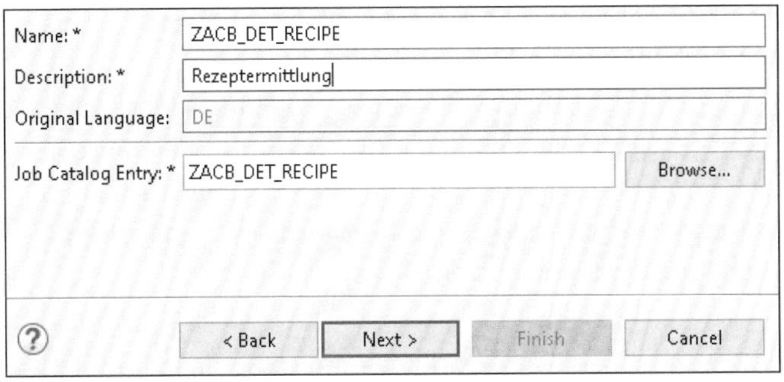

Abbildung 10.6 Informationen zur Anwendungsjobvorlage eingeben

4. Bestätigen Sie Ihre Eingaben mit **Next**.
5. Im darauffolgenden Schritt können Sie noch einen Transportauftrag auswählen. Anschließend kann der Assistent mit **Finish** beendet werden.

Nun wurde die Anwendungsjobvorlage angelegt und mit den Selektionsdaten aus der Ausführungsklasse vorbelegt (siehe Abbildung 10.7).

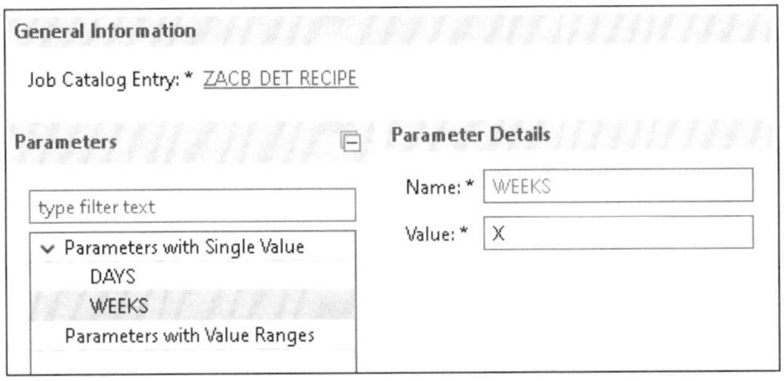

Abbildung 10.7 Angelegte Anwendungsjobvorlage

10.2.3 Anlegen eines Anwendungsjobs

SAP-Fiori-App »Anwendungsjobs«

Um einen Anwendungsjob ausführen zu können, muss dieser zuvor noch konfiguriert werden. Dazu verwenden Sie die SAP-Fiori-App **Anwendungsjobs** (App-ID F1240). Öffnen Sie dazu das SAP Fiori Launchpad, und starten Sie die App über die entsprechende Kachel (siehe Abbildung 10.8).

Abbildung 10.8 Kachel zum Aufruf der SAP-Fiori-App »Anwendungsjobs«

[»]

SAP-Fiori-App »Anwendungsjobs«

Alle wichtigen Informationen zur SAP-Fiori-App **Anwendungsjobs (Application Jobs**, App-ID F1240) finden Sie in der SAP Fiori Apps Reference Library unter *http://s-prs.de/v1064808*. Dort erfahren Sie unter anderem, welcher OData-Service und welche Rollen für die in Ihrem System verfügbare Version konfiguriert werden müssen.

Übersicht der Anwendungsjobs

Die App startet mit einer Übersicht der Anwendungsjobs (siehe Abbildung 10.9). Dort werden alle Jobs mit ihren Status, Namen und Zeiten aufgelistet.

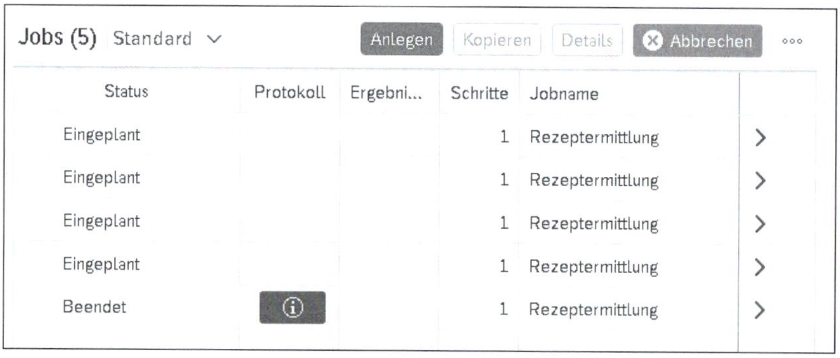

Abbildung 10.9 Übersicht der Anwendungsjobs

Anwendungsjob anlegen

Um hier einen neuen Anwendungsjob anzulegen, gehen Sie wie folgt vor:

1. Klicken Sie auf den Button **Anlegen**.
2. Es öffnet sich ein Anlageassistent (siehe Abbildung 10.10), in dem Sie zunächst folgende Eingaben vornehmen müssen:
   - **Jobvorlage**: Der Name der Jobvorlage kann manuell eingegeben oder aus der Wertehilfe ausgesucht werden. Wählen Sie hier die in Abschnitt 10.2.2 angelegte Anwendungsjobvorlage aus.
   - **Jobname**: Der Jobname wird automatisch aus dem Namen der Jobvorlage ermittelt. Er kann manuell überschrieben werden.
3. Klicken Sie nun auf den Button **Schritt 2**.
4. Im nächsten Fenster (siehe Abbildung 10.11) konfigurieren Sie die Einplanungsoptionen. Der Anwendungsjob kann als Einzellauf oder als Wiederholungsmuster eingeplant werden.

Abbildung 10.10 Angabe der Anwendungsjobvorlage

Abbildung 10.11 Einplanungsoptionen

5. Da wir unseren Newsletter regelmäßig verwenden wollen, definieren wir ein Wiederholungsmuster. Klicken Sie dazu auf den Button **Wiederholungsmuster definieren**. Folgende Einstellungen können hier vorgenommen werden (siehe Abbildung 10.12):
   - **Sofort starten**: Hier geben Sie an, ob der Job sofort oder erst zu einem bestimmten Zeitpunkt gestartet werden soll.

- **Startzeit des Jobs (lokale Zeit)**: Hier können das Startdatum und die Uhrzeit definiert werden. Sie können auch auswählen, zu welcher Zeitzone das Startdatum und die Startzeit gehören. Aus der zuvor definierten Zeit und Zeitzone wird die lokale Zeit Ihres SAP-Benutzers berechnet und angezeigt.
- **Wiederholungsmuster**: Hier kann das Wiederholungsmuster definiert werden. Die Optionen reichen von **Monatlich** bis zu **Minütlich**. Sobald eine Option abweichend vom Einzellauf ausgewählt wurde, kann auch ein festes Intervall angegeben werden, z. B. alle fünf Minuten.
- **Am arbeitsfreien Tag**: Falls es sich beim Ausführungstermin um einen arbeitsfreien Tag handelt, kann angegeben werden, wie damit umgegangen werden soll. Hier kann z. B. ausgewählt werden, ob der Job am nächsten oder vorangegangenen Arbeitstag durchgeführt werden soll.
- **Kalender**: Mithilfe des Kalenders kann ermittelt werden, ob es sich um einen Arbeitstag oder einen freien Tag, etwa einen Samstag oder Feiertag, handelt.

Für unser Anwendungsbeispiel wählen wir aus, dass der Job sofort gestartet werden soll. Zudem soll er jeden Tag einmal ausgeführt werden.

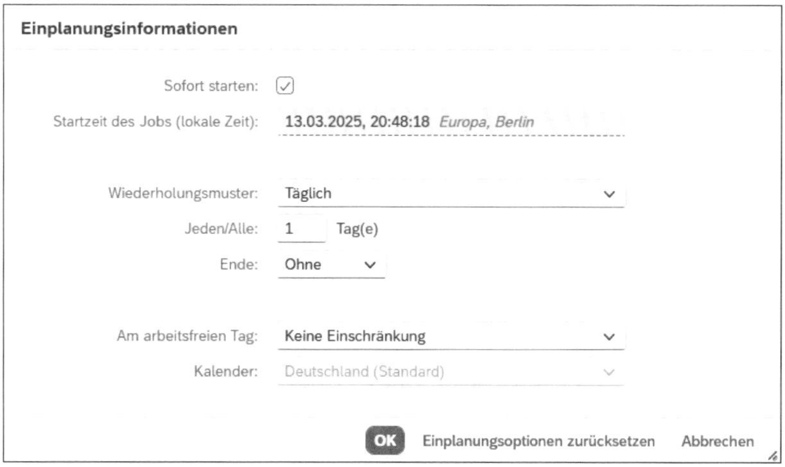

Abbildung 10.12 Wiederholungsmuster definieren

6. Sobald das Wiederholungsmuster definiert ist, können Sie Ihre Eingaben mit dem Button **OK** bestätigen. Klicken Sie anschließend auf den Button **Schritt 3**, um fortzufahren (siehe Abbildung 10.13).

Abbildung 10.13 Übersicht der gewählten Einplanungsoptionen und des Wiederholungsmusters

7. In Schritt 3 können optional die in der Ausführungsklasse definierten Parameter mit den gesetzten Werten geprüft werden (siehe Abbildung 10.14). Die Parameterwerte können manuell überschrieben oder ergänzt werden.

Abbildung 10.14 Überprüfung der Parameter (optional)

8. Nun können Sie den Anwendungsjob über den Button **Einplanen** einplanen.

Eingeplanter Anwendungsjob

Der Anwendungsjob wird Ihnen daraufhin mit den gewählten Einplanungsoptionen in der App **Anwendungsjobs** (App-ID F1240) angezeigt (siehe Abbildung 10.15).

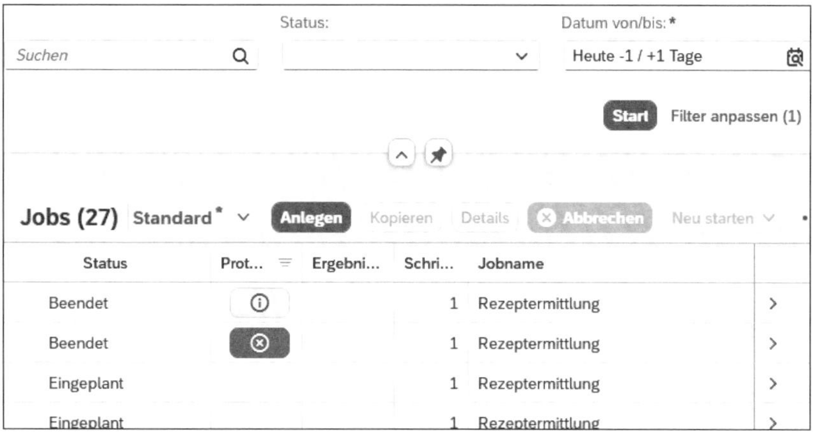

Abbildung 10.15 Anwendungsjobübersicht nach der Einplanung

Protokoll der Jobausführung

Wurde der Job ausgeführt, können Sie über einen Klick auf den entsprechenden Eintrag mit dem Status **Beendet** in die Detailsicht wechseln (siehe Abbildung 10.16).

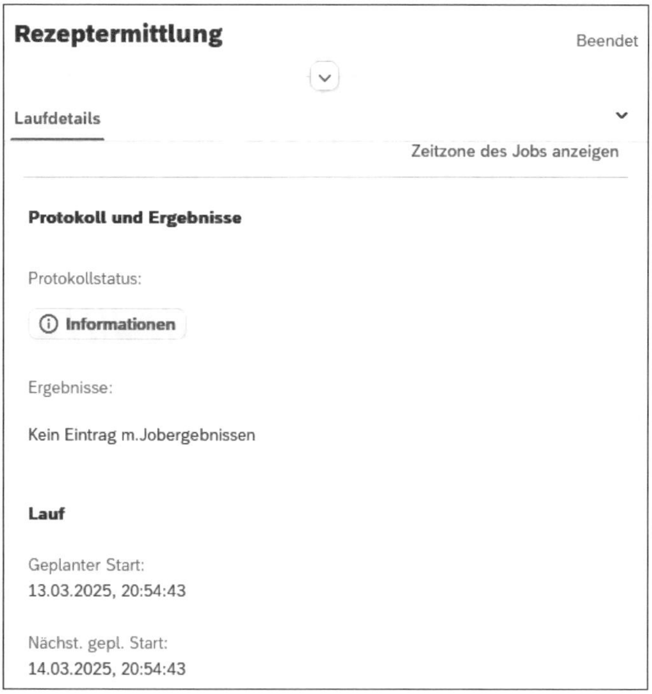

Abbildung 10.16 Detailsicht des ausgeführten Anwendungsjobs

Zusätzlich können Sie sich über den Button **Informationen** im Bereich **Protokollstatus** das Ausgabeprotokoll anzeigen lassen.

10.3 Prüfungen

Validierung der Eingabeparameter

Mithilfe von Prüfungen können die Anwendungsjobs robuster gemacht und die verschiedenen Funktionen besser genutzt werden. Die Prüfungen kümmern sich um die Validierung der Eingabeparameter und geben Ihnen eine Rückmeldung in Form von Meldungen.

Die Prüfungen können auf zwei Wegen implementiert werden:

- Hinterlegen einer bestehenden Klasse
- Neuanlage einer Prüfklasse

Anlage einer Prüfklasse

Wir zeigen Ihnen im Folgenden die Anlage einer Prüfklasse. Sie ist für unser Beispiel nötig, weil es noch keine bestehende Klasse mit entsprechender Logik gibt. Klicken Sie dazu in der Pflegesicht des Anwendungsjobkatalogeintrags auf den Link **Check** (siehe Abbildung 10.17).

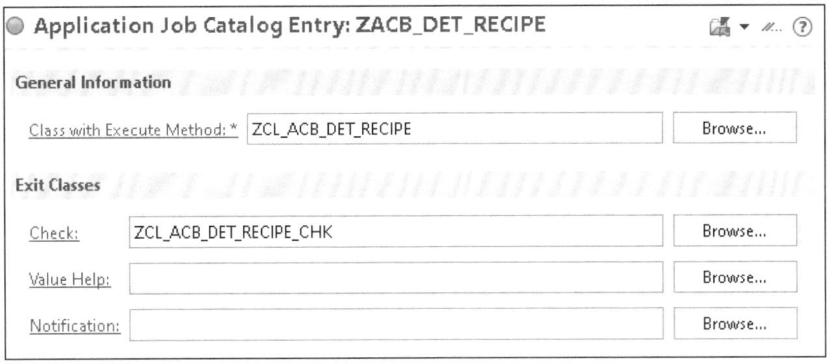

Abbildung 10.17 Prüfklasse über den Anwendungskatalogeintrag anlegen

Methode »CHECK_AND_ADJUST«

Die Methode `CHECK_AND_ADJUST` unserer Prüfklasse kümmert sich um die Prüfung der Eingaben und kann Meldungen ausgeben, die auf Probleme hinweisen. Zudem können die Eingaben des Benutzers oder der Benutzerin überschrieben oder korrigiert werden. Als Übergabeparameter erhält man den Jobkatalognamen, die Parameter und den Benutzernamen. Listing 10.6 zeigt die Implementierung dieser Methode.

```
METHOD if_apj_jt_check_20~check_and_adjust.
  DATA det_days TYPE zacb_days.
  det_days = ct_value[ KEY param parameter_name =
    zcl_acb_det_recipe=>para_lastdays ]-low.
```

```
  IF det_days <> initial.
    ev_successful = abap_true.
  ELSE.
    INSERT VALUE #( id         = 'ZACB_JOB'
                    type       = 'E'
                    number     = '001'
                    message_v1 = det_days )
    INTO TABLE et_msg.
  ENDIF.
ENDMETHOD.
```

Listing 10.6 Implementierung der Methode »CHECK_AND_ADJUST«

Die Methode liest zunächst den Parameter PARA_LASTDAYS aus. Ist dessen Wert initial oder keine Zahl, wird eine Fehlermeldung zurückgegeben. Es ist wichtig, dass der Parameter ev_successful auf den Wert abap_true gesetzt wird. So wird mitgeteilt, dass die Prüfung erfolgreich war.

Wir geben nun beispielhaft den Wert 0 ein und erhalten eine Fehlermeldung, da der Wert initial ist (siehe Abbildung 10.18).

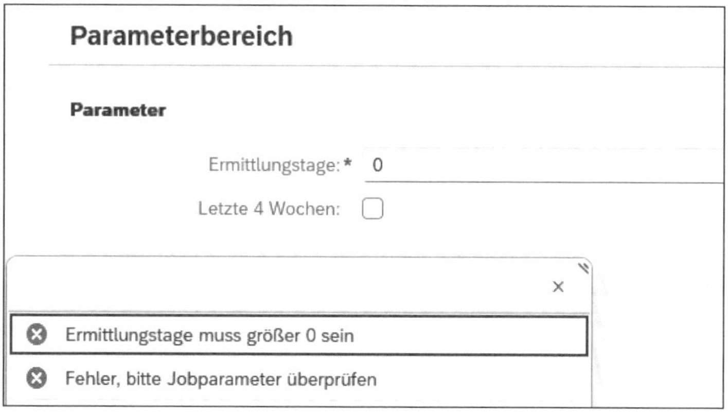

Abbildung 10.18 Testen der Methode »CHECK_AND_ADJUST«

Methode »INITIALIZE«

Die nächste Methode ist INITIALIZE. Sie wird nur einmal aufgerufen, sobald die Parameter zum ersten Mal für die Anzeige geladen werden. Es ist möglich, Default-Werte aus der Jobvorlage zu überschreiben. Die Methode hat die gleichen Parameter wie CHECK_AND_ADJUST. Zusätzlich können die gesetzten Parameterwerte in der Variablen CT_VALUE geändert werden.

```
METHOD if_apj_jt_check_20~initialize.
  TRY.
    ct_value[ KEY param parameter_name = zcl_acb_det_recipe=>
      para_lastdays ]-low = '28'.
```

```
  CATCH cx_sy_itab_line_not_found.
  INSERT VALUE #( parameter_name = zcl_acb_det_recipe=>para_lastdays
    sign = 'I' option = 'EQ'
    low = '28' )
    INTO TABLE ct_value.
  ENDTRY.
ENDMETHOD
```

Listing 10.7 Implementierung der Methode »INITIALIZE«

In Listing 10.7 ist erkennbar, dass der Parameter PARA_LASTDAYS mit dem Wert 28 vorbelegt wird. Beim Starten des Jobs wird demzufolge der Default-Wert des Parameters **Ermittlungstage** auf 28 gesetzt (siehe Abbildung 10.19).

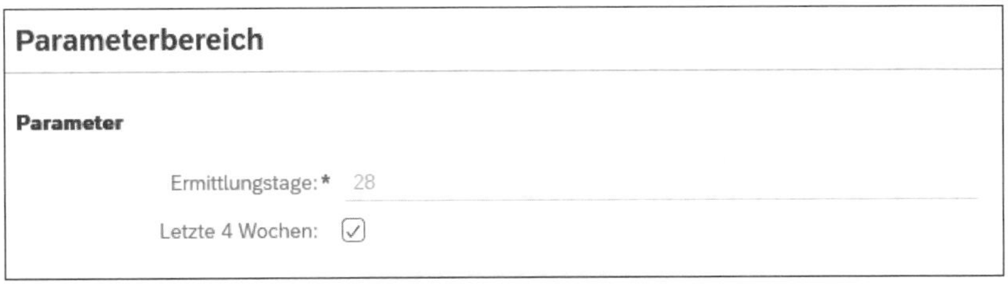

Abbildung 10.19 Testen der Methode »INITIALIZE«

Methode »CHECK_AUTHORIZATIONS«

Eine weitere Methode ist CHECK_AUTHORIZATIONS. In dieser Methode können Berechtigungsprüfungen durchgeführt werden. In Listing 10.8 definieren wir die Prüfung, ob der ausführende Benutzer oder die ausführende Benutzerin Admin ist.

```
METHOD if_apj_jt_check_20~check_authorizations.
  SELECT SINGLE FROM zacb_user
  FIELDS *
  WHERE username = @iv_username AND admin = @abap_true
  INTO @DATA(user).

  IF user IS INITIAL.
    INSERT VALUE #( id = 'ZACB_JOB' type = 'E' number = '000'
      message_v1 = iv_username )
    INTO TABLE et_msg.
  ELSE.
    ev_successful = abap_true.
  ENDIF.
ENDMETHOD.
```

Listing 10.8 Implementierung der Methode »CHECK_AUTHORIZATIONS«

Ist man laut dieser Methode berechtigt, den Job auszuführen, ist es wichtig, den Parameter ev_successful auf den Wert abap_true zu setzen. Ist das nicht der Fall, wird beim Test der Jobausführung eine entsprechende Fehlermeldung ausgegeben (siehe Abbildung 10.20).

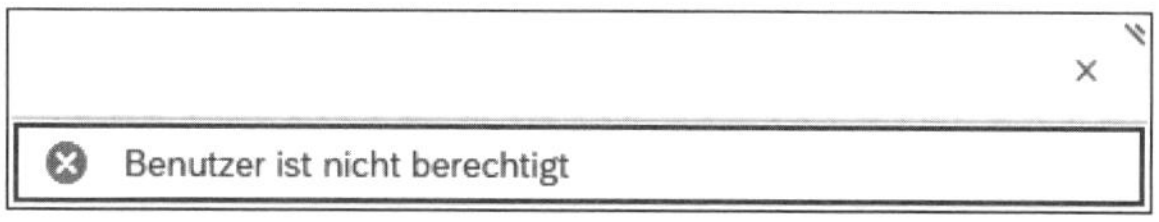

Abbildung 10.20 Testen der Methode »CHECK_AUTHORIZATIONS«

Methode »CHECK_START_CONDITIONS«

Die Methode CHECK_START_CONDITIONS überprüft die Startbedingungen des Jobs. Mit dieser Methode können die Einplanungskriterien überprüft werden. Mit der Implementierung in Listing 10.9 wird geprüft, ob im Parameter IS_SCHEDULE_INFO eine wiederkehrende Einplanung vorgesehen ist (periodic_granularity IS NOT INITIAL). Andernfalls ist der Parameter gesetzt, und der Anwendungsjob gibt eine Fehlermeldung aus. Zudem müssen wir den Parameter ev_incorrect auf abap_true setzen, sodass die Methode weiß, dass die Einplanung nicht erlaubt ist.

```
METHOD if_apj_jt_check_20~check_start_condition.
  IF is_schedule_info-periodic_granularity IS INITIAL.
    INSERT VALUE #( id = 'ZACB_JOB' type = 'E' number = '002' )
    INTO TABLE et_msg.
    ev_incorrect = abap_true.
  ELSE.
    ev_incorrect = abap_false.
  ENDIF.
ENDMETHOD.
```

Listing 10.9 Implementierung der Methode »CHECK_START_CONDITIONS«

Bei Prüfung des Anwendungsjobs werden nun entsprechende Meldungen ausgegeben, wenn der Job kein Wiederholungsmuster besitzt (siehe Abbildung 10.21).

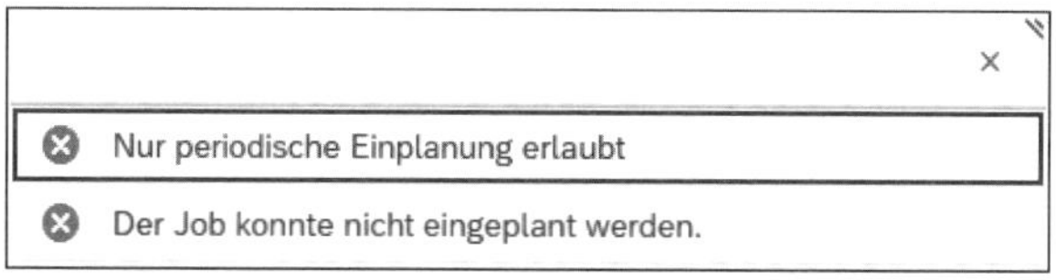

Abbildung 10.21 Testen der Methode »CHECK_START_CONDITIONS«

»GET_DYNAMIC_PROPERTIES«

Mithilfe der Methode GET_DYNAMIC_PROPERTIES ist es möglich, dynamisch Parameter in der Anwendung zu ändern. Dabei können die Sichtbarkeit

(HIDDEN) und die Bearbeitbarkeit (READ_ONLY) der Parameter geändert werden. In der Implementierung in Listing 10.10 wird der Parameter PARA_LASTFOURWEEKS gelesen. Ist dieser Parameter gesetzt, kann der Parameter PARA_LASTDAYS nicht bearbeitet werden. Ist der Parameter TEST nicht gesetzt, ist der Parameter DATE wieder eingabebereit.

```
METHOD if_apj_jt_check_20~get_dynamic_properties.
  IF it_value[ KEY param parameter_name =
      zcl_acb_det_recipe=>para_lastfourweeks ]-low = abap_true.
    INSERT VALUE #( job_parameter_name =
      zcl_acb_det_recipe=>para_lastdays read_only_ind = abap_true )
    INTO TABLE rts_dynamic_property.
  ELSE.
    INSERT VALUE #( job_parameter_name =
      zcl_acb_det_recipe=>para_lastdays read_only_ind = abap_false )
    INTO TABLE rts_dynamic_property.
  ENDIF.
ENDMETHOD.
```

Listing 10.10 Implementierung der Methode »GET_DYNAMIC_PROPERTIES«

Beim Einplanen des Jobs tritt nun folgendes Verhalten auf: Ist das Häkchen beim Kennzeichen **Letzte 4 Wochen** gesetzt, kann das Feld **Ermittlungstage** nicht bearbeitet werden (siehe Abbildung 10.22). Ist das Häkchen beim Kennzeichen **Letzte 4 Wochen** nicht gesetzt und wird der Button **Prüfen** angeklickt, kann das Feld **Ermittlungstage** jetzt mit Inhalt gefüllt werden.

Abbildung 10.22 Testen der Methode »GET_DYNAMIC_PROPERTIES«

Weitere Methoden

Neben den beschriebenen Methoden gibt es noch folgende Methoden:

- CHECK_AND_ADJUST_PARAMETER

  Wird aufgerufen, wenn der Benutzer oder die Benutzerin Parameter ändert. Dann können die Werte geprüft und gegebenenfalls angepasst werden.

- ADJUST_READ_ONLY

  Ermöglicht die Anpassung von Werten für Felder, die auf »nur Anzeige« geschaltet sind.

- ADJUST_HIDDEN

  Ermöglicht die Anpassung von Werten für Felder, die ausgeblendet sind.

10.4 Protokollierung

Während der Ausführung eines Jobs werden verschiedene Informationen gesammelt. Diese können an die Benutzerinnen und Benutzer weitergegeben werden, sofern eine Ausgabe dieser Meldungen notwendig ist. Für diese Ausgabe ist es notwendig, Nachrichten zu erzeugen. Diese Nachrichten werden mithilfe des Anwendungsprotokolls erzeugt.

[»]

Anwendungsprotokoll

Weiterführende Informationen zum Anwendungsprotokoll erhalten Sie in Kapitel 6.

Anwendungsprotokollobjekt

Um entsprechende Nachrichten zu verwenden, muss als Erstes ein Anwendungsprotokollobjekt erzeugt werden. Legen Sie das entsprechende Objekt in den ABAP Development Tools an, wie in Abschnitt 6.2, »Pflege von Anwendungsprotokollobjekten und -unterobjekten«, beschrieben.

Ausführungsklasse erweitern

Im nächsten Schritt erweitern wir die in Abschnitt 10.1, »Entwicklung einer Ausführungslogik«, angelegte Ausführungsklasse ZCL_ACB_DET_RECIPE. Wir definieren eine neue Methode, die Meldungen erstellt und dem Anwendungsprotokoll hinzufügt. In der Ausführungsmethode if_apj_rt_exec_object~execute erzeugen wir ein Protokollobjekt, fügen einige Meldungen hinzu und speichern das Protokoll in der Datenbank (siehe Listing 10.11).

```
DATA(log) = cl_bali_log=>create( ).
DATA(lo_header) = cl_bali_header_setter=>
    create( object      = 'ZACB_JOB_LOG'
            subobject   = 'JOB'
            external_id =
...
cl_system_uuid=>create_uuid_c32_static( ) ).
log->set_header( lo_header ).
...
log_messages( severity = if_bali_constants=>c_severity_status
      message_text     = 'Start' ).
...
cl_bali_log_db=>get_instance( )->save_log( log = log
                assign_to_current_appl_job = abap_true ).
```

Listing 10.11 Erweiterung der Ausführungsmethode »EXECUTE«

[!]

Zuordnung des Anwendungsprotokolls zum Anwendungsjob

Bei der Speicherung des Jobs muss das Kennzeichen `assign_to_current_appl_job` auf den Wert `abap_true` gesetzt werden. So wird das Anwendungsprotokoll zum laufenden Anwendungsjob gespeichert.

Anwendungsjob ausführen

Der Anwendungsjob wird nun erneut ausgeführt. Nach dem Lauf ist in der Spalte **Protokoll** nun eine entsprechende Identifikation zur Statusanzeige hinterlegt (siehe Abbildung 10.23). Diese dient auch zur Navigation.

Abbildung 10.23 Anzeige des Anwendungsprotokolls im Anwendungsjob

Wenn Sie auf den Button in der Spalte **Protokoll** klicken, gelangen Sie zur Anzeige des Anwendungsprotokolls. Hier können Sie noch nach Meldungstexten und dem Schweregrad der Meldung filtern (siehe Abbildung 10.24). Der Gesamtstatus des Jobs wird durch den höchsten Schweregrad der zu diesem Job ausgegebenen Nachrichten bestimmt.

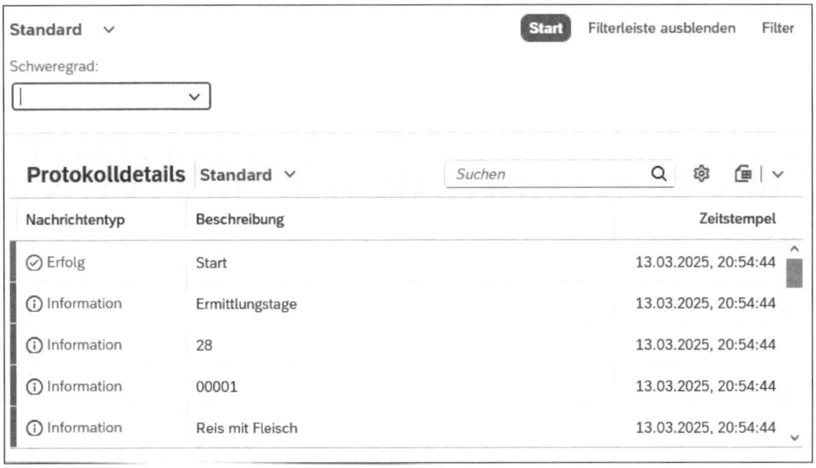

Abbildung 10.24 Anzeige des Anwendungsprotokolls

10.5 Zusammenfassung

In diesem Kapitel haben Sie gelernt, wie Anwendungsjobs in ABAP Cloud entwickelt und eingeplant werden.

Sie haben erfahren, wie ein Anwendungsjob mit seinen Parametern und Werten konfiguriert werden kann. Bei der Jobeinplanung haben Sie die Möglichkeit, zusätzliche Klassen für Prüfungen, Wertehilfen (derzeit noch nicht in SAP S/4HANA 2023 verfügbar) und Benachrichtigungen zu ergänzen. Zusätzlich haben Sie die Protokollierung für Anwendungsjobs kennengelernt.

[»]

Angekündigte Weiterentwicklung der Anwendungsjobs

Ab SAP S/4HANA Cloud Public Edition 2411 steht eine neue Version der Anwendungsjobs zur Erstellung von Hintergrundjobs zur Verfügung – Anwendungsjobs V2. Weitere Informationen dazu finden Sie im SAP Help Portal unter der URL *http://s-prs.de/1064809*.

Neue API für Anwendungsjobs

Anwendungsjobs sind ein wichtiger Bestandteil eines SAP-Systems. Sie können im Hintergrund zeitintensive Aufgaben erledigen. Momentan werden Anwendungsjobs ständig weiterentwickelt. Während wir dieses Buch schrieben, wurde von SAP eine neue API für Anwendungsjobs vorgestellt. Sie bieten auch die Unterstützung von Wertehilfen an. Zudem können die Parameter damit bereits beim Anlegen des Anwendungsjobkatalogs per Dialogfenster erstellt und eingestellt werden. Außerdem gibt es damit eine Möglichkeit, Anwendungsjobs zu debuggen.

Tabelle 10.3 zeigt die Unterschiede zwischen der Hintergrundverarbeitung im klassischen ABAP und in ABAP Cloud.

Aspekt	Klassisches ABAP	ABAP Cloud
Programmlogik	klassisches ABAP-Programm	ABAP-Klasse implementiert das Interface `IF_APJ_RT_EXEC_OBJECT`.
Definition von Parametern	Definition von Parametern als Selektionsbild im Programm und anschließend Speicherung der Variante	Parameter werden in der Implementierungsklasse durch Implementierung des Interfaces `IF_API_DT_EXEC_OBJECT` und anschließendes Füllen der Anwendungsjobvorlage definiert.

Tabelle 10.3 Vergleich der Hintergrundverarbeitung in klassischem ABAP und in ABAP Cloud

Aspekt	Klassisches ABAP	ABAP Cloud
Job-einplanung	Transaktion SM36 (Jobdefinition)	SAP-Fiori-App **Anwendungsjob pflegen** (App-ID F1240)
Jobübersicht	Transaktion SM37 (Jobübersicht)	SAP-Fiori-App **Anwendungsjob pflegen** (App-ID F1240)

Tabelle 10.3 Vergleich der Hintergrundverarbeitung in klassischem ABAP und in ABAP Cloud (Forts.)

11

Kapitel 11
E-Mail-Versand

Sie möchten anderen Mitarbeitenden wichtige Informationen aus dem SAP-System zukommen lassen, zu denen diese keinen Zugang haben? Früher hätte man dafür Schriftträger verwendet, heute ist das bekannteste Medium die elektronische Post – die E-Mail.

E-Mails gelten seit Langem als eines der effektivsten Mittel für die Kommunikation im beruflichen Umfeld. Sie können innerhalb von Sekunden an Empfängerinnen und Empfänger überall auf der Welt verschickt werden. Zudem können mit E-Mails auch mehrere Personen gleichzeitig erreicht und Informationen schnell weitergeleitet werden. E-Mails sind außerdem eine zuverlässige Kommunikationsmethode.

Im SAP-System können z. B. Bestellungen oder Fehlerreports automatisch per E-Mail versendet werden. Wo früher noch die Klasse `CL_DOCUMENT_BCS` oder der Transaktionscode SOST verwendet wurde, werden nun die Klasse `CL_BCS_MAIL_MESSAGE` und eine neue SAP-Fiori-App zur Überwachung des E-Mail-Versands eingesetzt. In ABAP Cloud wurde außerdem die komplette API für E-Mails überarbeitet.

Aufbau dieses Kapitels

In diesem Kapitel erfahren Sie in Abschnitt 11.1 zunächst, wie Sie die Konfiguration für diese API vornehmen können. Außerdem erläutern wir in Abschnitt 11.2, wie Sie einfache formatierte E-Mails und E-Mails mit Anhang erstellen. Darüber hinaus erklären wir in Abschnitt 11.3 die Integration in den in Kapitel 10, »Hintergrundverarbeitung«, erstellten Anwendungsjob zum automatischen Versand per E-Mail.

[«]

Wussten Sie eigentlich ...

... dass Königin Elizabeth II am 26.3.1976 die erste königliche Person war, die eine E-Mail sendete? Dies geschah während des Besuchs eines Telekommunikationszentrums. Die E-Mail wurde innerhalb von ARPANET versendet – dem Vorgänger des aktuellen Internets.

Erweiterung des Anwendungsjobs

In diesem Kapitel erläutern wir anhand der Klasse `ZCL_ACB_MAIL_DEMO`, wie E-Mails in ABAP Cloud versendet werden können. Den Anwendungsjob aus Kapitel 10 erweitern wir darüber hinaus um zwei Funktionen:

- Erweiterung der Ausführungslogik um den Versand eines Newsletters
- Benachrichtigungen bei einem Fehler während der Ausführung des Jobs

Damit Sie sowohl das Beispiel aus Kapitel 10, »Hintergrundverarbeitung«, als auch die Erweiterung aus diesem Kapitel eigenständig ausprobieren können, kopieren Sie für dieses Kapitel den Anwendungsjob aus Kapitel 10 und erweitern ihn um die genannten Anforderungen.

Nutzung der Beispielanwendung

Die in diesem Kapitel erstellten Objekte befinden sich im Ordner `MAIL`.

11.1 Konfiguration und Überwachung des E-Mail-Versands

E-Mail-Konfiguration

Um die neue ABAP Cloud API für E-Mails nutzen zu können, müssen einige Einstellungen für E-Mails vorgenommen werden. Früher wurde dazu Transaktion SCOT genutzt. Die Konfiguration der E-Mail-Einstellungen für die neue API in der SAP-S/4HANA-On-Premise-Lösung erfolgt nicht mehr über diese Transaktion, sondern über Transaktion SBCS_MAIL_CONFIG-SMTP. Abbildung 11.1 zeigt das Einstiegsbild dieser Transaktion.

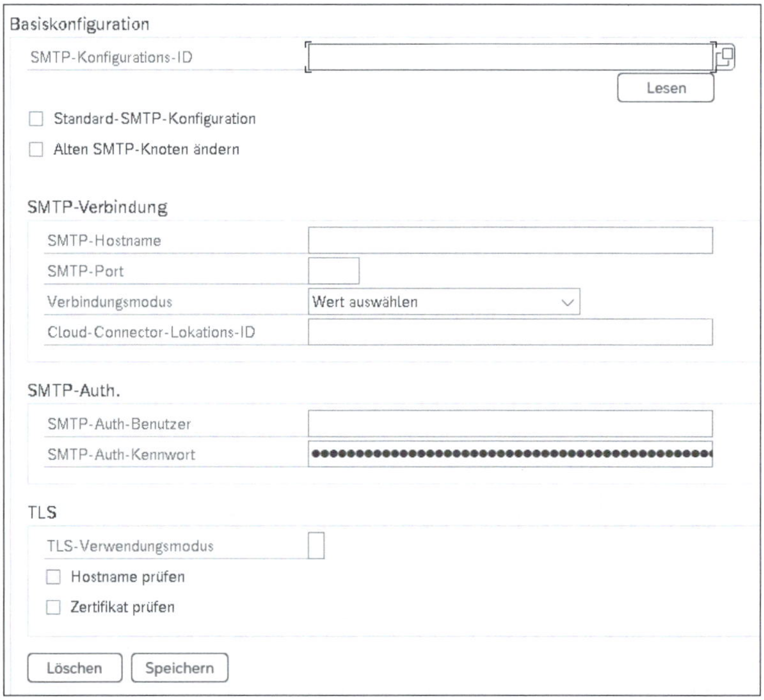

Abbildung 11.1 E-Mail-Konfiguration in Transaktion SBCS_MAIL_CONFIGSMTP

Hier müssen alle Informationen zum Mailserver angegeben werden. Denken Sie daran, Ihre Änderungen über die Buttons **Lesen/Löschen** und **Speichern** zu bestätigen. Ansonsten wird die Konfiguration nicht gespeichert.

[!]

Netzwerkfreischaltung

Nehmen Sie diese Einstellungen in Absprache mit Ihrer Systemadministration vor. Es müssen gegebenenfalls Firewall-Freischaltungen zwischen dem SAP-System und dem Mailserver eingerichtet werden. Zudem kann es sein, dass im SAP-System die Zertifikate des Mailservers hinterlegt werden müssen. Eine wichtige Hilfe kann dabei der E-Mail-Trace sein. Mithilfe dieses Traces wird der Sendeprozess detailliert protokolliert.

E-Mail-Überwachung

Um die Konfiguration zu testen, wechseln Sie zur Anwendung für die E-Mail-Überwachung. Auch die Überwachung findet nicht mehr in Transaktion SOST statt, sondern in der SAP-Fiori-App **E-Mail-Übertragungen überwachen** (App-ID F5442).

[«]

SAP-Fiori-App »E-Mail-Übertragung überwachen«

Informationen zur SAP-Fiori-App **E-Mail-Übertragungen überwachen** (**Monitor Email Transmission**, App-ID F5442) finden Sie in der SAP Fiori Apps Reference Library unter *http://s-prs.de/v1064802*. Dort wählen Sie zunächst Ihr Release aus. Auf der Registerkarte **Implementation Information** finden Sie alle Informationen zur Konfiguration der SAP-Fiori-App in Ihrem System und erfahren z. B., welche Standardrollen zur Verfügung stehen und welche OData-Services aktiviert werden müssen.

In der SAP-Fiori-App werden alle E-Mails angezeigt, die über die neue API in ABAP Cloud versendet wurden. Dabei werden wichtige Informationen wie Status, Betreff oder Erzeugungsdatum abgebildet (siehe Abbildung 11.2). Im Gegensatz zu Transaktion SOST sind Inhalte und Anhänge nicht verfügbar.

Test-E-Mail

Neben der Übersicht haben Sie auch die Möglichkeit, eine Test-E-Mail zu senden. Dazu sind folgende Schritte notwendig:

1. Klicken Sie auf den Button **Test-E-Mail senden** rechts über der E-Mail-Übersicht.
2. Im darauffolgenden Pop-up-Fenster wählen Sie einen Empfänger oder eine Empfängerin aus.
3. Klicken Sie auf **Test-E-Mail senden**. Bei richtiger E-Mail-Konfiguration wird nun eine Test-E-Mail versendet.

Die Test-E-Mail befindet sich nun im Postfach des Empfängers oder der Empfängerin. Sie enthält einen Betreff, den E-Mail-Inhalt (Body) und einen Anhang (siehe Abbildung 11.3).

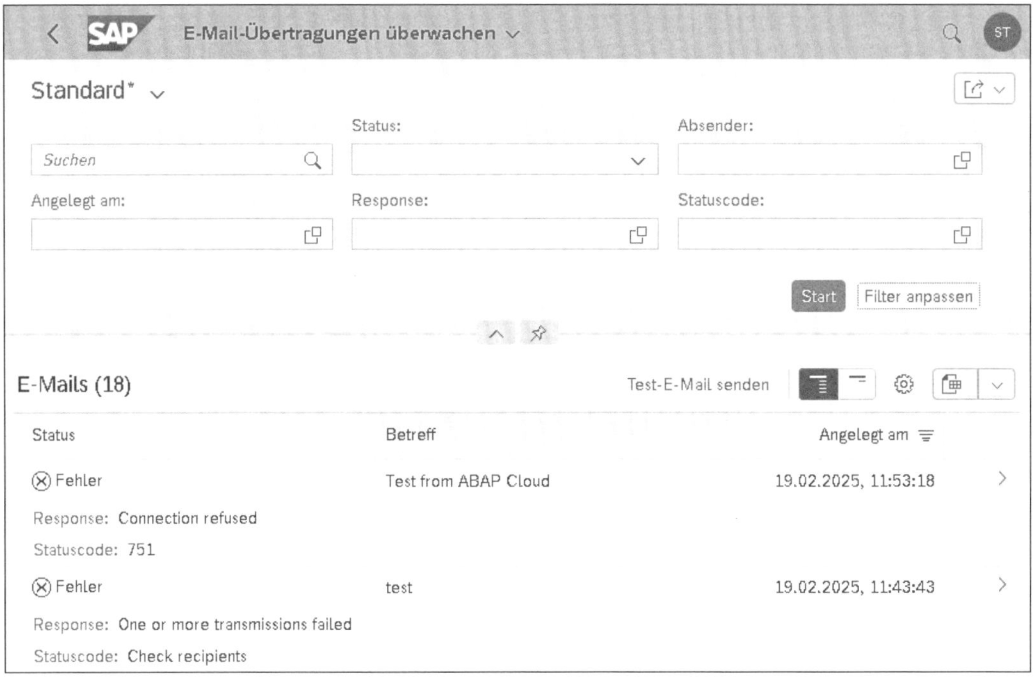

Abbildung 11.2 SAP-Fiori-App »E-Mail-Übertragungen überwachen«

Abbildung 11.3 Empfangene Test-E-Mail

Aufbau einer E-Mail

Am Beispiel dieser Test-E-Mail lassen sich kurz die wichtigsten Bestandteile einer Standard-E-Mail zeigen. Den Aufbau einer E-Mail erkennen Sie in Abbildung 11.4:

❶ Der *Header* einer Mail gibt Auskunft über den Weg einer Nachricht. Er bietet Hinweise auf die Empfängerinnen und Empfänger. Außerdem enthält er den Betreff der E-Mail.

❷ Darunter befindet sich optional der *Anhang* (Attachment) der E-Mail. Er kann jegliche Art von Dateien wie Bilder oder Dokumente beinhalten.

❸ Der Body einer E-Mail enthält den eigentlichen Text der E-Mail. Er kann aus einem Klartext oder einem formatierten Text (z. B. HTML) bestehen.

Der *E-Mail-Footer* unter dem Body enthält ebenfalls Text, z. B. Hinweise oder Werbung.

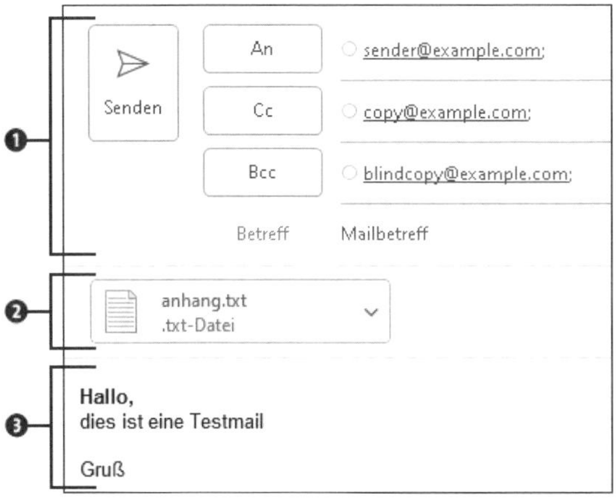

Abbildung 11.4 Aufbau einer E-Mail

11.2 ABAP Cloud API für den E-Mail-Versand

API-Klassen

Kommen wir nun zur neuen API für E-Mails in ABAP Cloud. Die Hauptklasse dieser API für die Erstellung und das Senden von E-Mails ist die Klasse `CL_BCS_MAIL_MESSAGE`. Um Texte formatiert darzustellen und Anhänge hinzuzufügen, werden die Klassen `CL_BCS_MAIL_TEXTPART` und `CL_BCS_MAIL_BINARYPART` verwendet. In diesem Abschnitt zeigen wir Ihnen die Verwendung dieser Klassen und ihrer Methoden, um eine E-Mail zu versenden. Dazu zeigen wir Ihnen drei aufeinander aufbauende Beispiele:

- Versenden einer einfachen E-Mail
- Versenden einer formatierten E-Mail
- Versenden einer formatierten E-Mail mit einem Anhang

Versand einer einfachen E-Mail

Um eine einfache, nicht formatierte E-Mail zu versenden, können Sie die Methode `SEND_TEXT_MAIL` der Klasse `CL_BCS_MAIL_MESSAGE` in einer eigenen

Methode implementieren, wie in Listing 11.1 gezeigt. Unsere Beispielimplementierung finden Sie im Download-Material in unserer Klasse ZCL_ACB_MAIL_DEMO mit der Methode SEND_NORMAL_MAIL.

```
METHOD send_text_mail.
  DATA content TYPE  string.
  TRY.
      DATA(mail) = cl_bcs_mail_message=>create_instance( ).

      mail->set_sender( address ).

      mail->add_recipient(
           iv_address = address
           iv_copy    = cl_bcs_mail_message=>to ).
      mail->add_recipient(
           iv_address = address
           iv_copy    = cl_bcs_mail_message=>cc ).

      mail->set_subject(
           'Test neuer API - Textbeispiel' ).

      content = 'Das ist ein normaler Text.
      mail->set_main(
           cl_bcs_mail_textpart=>create_instance(
           iv_content          = content
           iv_content_type     = 'text/plain' ) ).

      mail->send( IMPORTING
           et_status      = DATA(status)
           ev_mail_status = DATA(mail_status) ).

      out->write( 'Test: Sende normale Methode' ).
      out->write( status ).
      out->write( |Status der Mails: { mail_status }| ).

    CATCH cx_bcs_mail INTO DATA(exception).
      out->write( exception->get_text( ) ).
  ENDTRY.
ENDMETHOD.
```

Listing 11.1 Senden einer einfachen E-Mail

In Listing 11.1 sehen Sie den Programmablauf, um eine E-Mail zu versenden:

1. Zunächst wird die Klasse CL_BCS_MAIL_MESSAGE instanziiert.
2. Anschließend wird eine Senderadresse über die Methode set_sender hinzugefügt.
3. Als Nächstes werden die Empfängeradressen (iv_address) mit der Methode add_recipient hinzugefügt. Es kann zusätzlich angegeben werden, um welche Empfangsart es sich handelt (iv_copy). Die möglichen Empfangsarten sind in Tabelle 11.1 aufgeführt.

Konstante	Empfangsart
cl_bcs_mail_message=>to	direkter Ansprechpartner bzw. direkte Ansprechpartnerin
cl_bcs_mail_message=>cc	CC steht für Carbon Copy und ermöglicht den Versand einer Kopie an jemanden, der nicht der Hauptempfänger oder die Hauptempfängerin einer E-Mail ist.
cl_bcs_mail_message=>bcc	BCC steht für Blind Carbon Copy. Die anderen Adressatinnen und Adressaten sehen nicht, dass die aufgeführten Empfängerinnen und Empfänger die E-Mail empfangen haben.

Tabelle 11.1 Mögliche Empfangsarten und Konstanten

4. Als Nächstes muss der Betreff der E-Mail angegeben werden (Methode set_subject).
5. Dann wird der eigentliche Inhalt der E-Mail im Body mitgegeben. Zunächst wird der Inhaltstext zugewiesen (content = Test.). Mit der Methode set_main wird der Inhalt mitgeteilt. Es wird auch mitgeteilt, um welche Art von Text es sich handelt. In diesem Fall ist es ein einfacher Text (cl_bcs_mail_textpart=>create_text_plain(iv_content = content)).
6. Um die E-Mail zu versenden, muss noch die Methode send ausgeführt werden. Als Ergebnis erhalten Sie nach dem Versenden der E-Mail den Übertragungsstatus pro Empfangsadresse (et_status) sowie den allgemeinen Status (ev_status).
7. Falls es zu einem Fehler in einer der vorgestellten Methoden kommt, wird die Fehlerklasse CX_BCS_MAIL geworfen.

Als Ergebnis befindet sich nun die in Abbildung 11.5 gezeigte E-Mail im Postfach der Empfängerinnen und Empfänger.

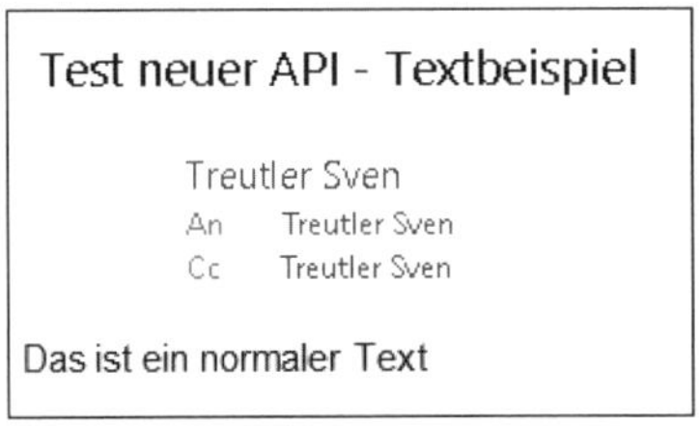

Abbildung 11.5 Empfangene E-Mail mit Textbeispiel

Versand einer formatierten E-Mail

Damit eine E-Mail optisch ansprechender dargestellt wird, kann sie mit HTML-Code formatiert werden. Listing 11.2 zeigt dazu die Implementierung der Methode SEND_FORMAT_MAIL.

```
METHOD send_format_mail.
  DATA content TYPE  string.
  TRY.
      DATA(mail) = cl_bcs_mail_message=>create_instance( ).

      mail->set_sender( address ).

      mail->add_recipient(
        iv_address = address
        iv_copy    = cl_bcs_mail_message=>to ).
      mail->add_recipient(
        iv_address = address
        iv_copy    = cl_bcs_mail_message=>cc ).

      mail->set_subject(
           'Test neuer API - Beispielformatierung' ).
      content = '<h1>Hallo,</h1>' &&
                '<p>ich habe eine Formatierung.</p>' &&
                '<p><strong>Schönen Tag noch</strong></p>'.
      mail->set_main( cl_bcs_mail_textpart=>create_text_html(
           iv_content = content ) ).

      mail->send( IMPORTING
           et_status      = DATA(status)
           ev_mail_status = DATA(mail_status) ).

      out->write( 'Test: Sende Formatierung' ).
      out->write( status ).
      out->write( |Status der Mails: { mail_status }| ).
```

```
    CATCH cx_bcs_mail INTO DATA(exception).
      out->write( exception->get_text( ) ).
  ENDTRY.
ENDMETHOD.
```

Listing 11.2 Beispiel einer E-Mail-Formatierung

Als Inhalt der E-Mail wird dazu HTML-Code übergeben (content). Diesmal muss auch die Methode CREATE_TEXT_HTML der Klasse CL_BCS_MAIL_TEXTPART aufgerufen werden, da ein HTML-Inhalt mitgegeben wird. Das Ergebnis sehen Sie in Abbildung 11.6.

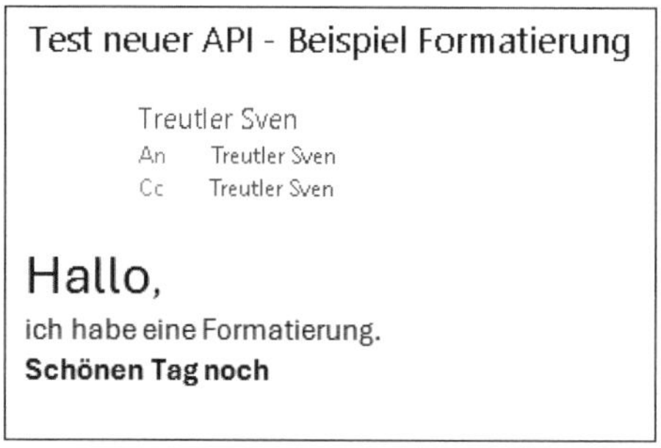

Abbildung 11.6 Beispiel einer formatierten E-Mail

Versand einer E-Mail mit Anhang

Um eine Datei an die E-Mail anzuhängen, bietet die neue API folgende Möglichkeiten:

- **Einfacher Textinhalt als Anhang (MIME-Typ »text«/»plain«)**

  Damit eine Textdatei an die E-Mail angehängt wird, kann ebenfalls die Klasse CL_BCS_MAIL_TEXTPART verwendet werden. Sie bietet für Textdateien die Methode CREATE_TEXT_PLAIN an. Ihr müssen der Inhalt und der Dateiname des Anhangs übergeben werden. Listing 11.3 zeigt, wie diese Methode aufgerufen werden muss:

  ```
  mail->add_attachment( cl_bcs_mail_textpart=>create_text_plain(
             iv_content      = 'Textanhang'
             iv_filename     = 'TestAnhangText.txt' ) ).
  ```

  Listing 11.3 Einfache Textdatei als Anhang übergeben

- **Textinhalt als Anhang**

  Um eine Datei zu senden, die einen anderen MIME-Typ als text/plain hat, kann die Methode create_instance der Klasse CL_BCS_MAIL_TEXTPART aufgerufen werden. Dabei muss neben dem Textinhalt (iv_content_type) und dem Dateinamen (iv_filename) auch der MIME-Typ (iv_content_type) mitgegeben werden (siehe Listing 11.4).

```
mail->add_attachment( cl_bcs_mail_textpart=>create_instance(
  iv_content = '<mail><an>Sven</an><von>Fabian</von>' &&
               '<inhalt>Meine XML-Datei!</inhalt></mail>'
  iv_content_type = 'text/xml'
  iv_filename     = 'TestAnhangXml.xml'
) ).
```

Listing 11.4 Textinhalt als Anhang übergeben

[»]

MIME-Typ

Ein *MIME-Typ* besteht aus dem Medientyp und dem Subtyp. Diese Angaben werden mit einem Schrägstrich voneinander getrennt. Der Medientyp gibt die Gruppe der Datei an, z. B. `text` für Textdatei oder `image` für Bild.

Tabelle 11.2 führt einige der gängigsten MIME-Typen auf.

MIME-Typ	Dateityp
text/plain/html	HTML-Dateien
application/pdf	PDF-Dateien
image/jpeg	JPEG-Dateien
text/plain	reine Textdateien
video/mpeg	MPEG-Dateien

Tabelle 11.2 Gängige MIME-Typen

- **Binärdateien als Anhang**

  Binärdateien sind Dateien, die nicht im Textformat gespeichert werden und durch ein anderes externes Programm interpretiert werden müssen. Anders als beim Übergeben von Textinhalt als Anhang wird dazu die Klasse `CL_BCS_MAIL_BINARYPART` verwendet. Der Methode `CREATE_INSTANCE` wird der binäre Inhalt (`iv_content_type`), der Dateiname (`iv_filename`) und der MIME-Typ (`iv_content_type`) mitgegeben.

```
mail->add_attachment( cl_bcs_mail_binarypart=>create_instance(
  iv_content = pdfcontent
  iv_content_type = 'application/pdf'
  iv_filename = 'Testpdf.pdf'
) ).
```

Listing 11.5 Binärdatei als PDF übergeben

Nachdem das Beispiel-Coding ausgeführt wurde, wird eine E-Mail mit Anhängen versendet, und die empfangenden Personen können diese Dateien mit dem Beispielinhalt öffnen (siehe Abbildung 11.7).

Abbildung 11.7 E-Mail mit Anhang

Validierung von E-Mail-Adressen

Eine weitere wichtige Methode dient zur Validierung von E-Mail-Adressen. Die Klasse CL_MAIL_ADDRESS prüft, ob eine E-Mail-Adresse syntaktisch korrekt ist. Listing 11.6 zeigt ein Beispiel für eine solche Validierung.

```
TRY.
        DATA mail_address TYPE cl_mail_address=>ty_address_string.
        mail_address = 'test@example.com'.

        DATA(mail_check) = cl_mail_address=>create_instance(
          iv_address_string = mail_address ).

        DATA(address_valid) = mail_check->validate( ).

        out->write( |E-Mail-Adresse { mail_address
          } ist gültig: { address_valid }| ).

        mail_address ='test-example.com'.

        mail_check = cl_mail_address=>create_instance(
          iv_address_string = mail_address ).

        address_valid = mail_check->validate( ).

        out->write( |E-Mail-Adresse { mail_address
          } ist gültig: { address_valid }| ).
```

```
    CATCH cx_bcs_mail INTO DATA(exception).
      out->write( exception->get_text( ) ).
  ENDTRY.
```

Listing 11.6 Codebeispiel zur Validierung einer E-Mail-Adresse

Zunächst wird eine Instanz der Klasse CL_MAIL_ADDRESS erzeugt. Dabei wird die Methode CREATE_INSTANCE mit der zu validierenden E-Mail-Adresse (iv_address_string) übergeben. Anschließend wird die Methode VALIDATE verwendet. Sie gibt die Information zurück, ob eine E-Mail-Adresse syntaktisch gültig ist oder nicht (siehe Abbildung 11.8).

```
E-Mail-Adresse test@example.com ist gültig: X
E-Mail-Adresse test-example.com ist gültig:
```

Abbildung 11.8 Ausgabe des Beispiel-Codings

11.3 Integration des Newsletter-Versands in das Rezeptportal

E-Mail als Newsletter versenden

Für unser Rezeptportal soll der Versand eines Newsletters per E-Mail umgesetzt werden. In diesem Newsletter werden die Namen der Rezepte übermittelt, die in den vergangenen Tagen neu eingestellt wurden. Die Anzahl der Tage, nachdem eine neue E-Mail versendet wird, ist im System hinterlegt.

11.3.1 Erstellung eines Anwendungsjobs

Um dieses Anforderungsszenario umzusetzen, wird ein Job erstellt. Dazu werden zunächst alle benötigten Objekte für einen Anwendungsjob erstellt. Diese Objekte sind in Tabelle 11.3 aufgeführt.

Objekt	Beschreibung
ZCL_ACB_NEWSLETTER	Ausführungsklasse Anwendungsjob
ZCL_ACB_NEWSLETTER_CHK	Prüfklasse Anwendungsjob
ZACB_NEWSLETTER	Anwendungsjobkatalogeintrag
ZACB_NEWSLETTER	Anwendungsjobvorlage
ZACB_NEWSLETTER	Anwendungsprotokoll

Tabelle 11.3 Erzeugte Objekte für Anwendungsjob

[«]

Anwendungsjob aus Kapitel 10, »Hintergrundverarbeitung«

Wie Sie einen Anwendungsjob erstellen und verwenden, haben wir in Kapitel 10 beschrieben. Kopieren Sie die dort entwickelte Ausführungslogik für dieses Szenario in einen neuen Anwendungsjob.

Ausführungslogik erweitern

Erweitern Sie nun die Ausführungsmethode (EXECUTE) der Ausführungsklasse des Anwendungsjobs, wie in Listing 11.7 gezeigt.

```
METHOD if_apj_rt_exec_object~execute.
  ...
      log = cl_bali_log=>create( ).

      DATA(newsletter) = NEW zcl_acb_mail_newsletter(
                                  days ).
      newsletter->send(  ).
...
ENDMETHOD.
```

Listing 11.7 Methode »if_apj_rt_exec_object~execute«

In diesem Anwendungsjob wird ausgewertet, für welchen Zeitraum die erstellten Rezepte ermittelt und per Newsletter versendet werden sollen. Das Ergebnis wird an die Klasse ZCL_ACB_MAIL_NEWSLETTER übergeben. Falls bei der Ausführung dieser Klasse ein Fehler auftritt, wird dieser abgefangen.

Ermittlung von Daten innerhalb des Anwendungsjobs

Innerhalb der Klasse ZCL_ACB_MAIL_NEWSLETTER erfolgt zunächst die Ermittlung der Rezepte (siehe Listing 11.8).

```
METHOD constructor.
  days = det_days.
  det_recipes( ).
ENDMETHOD.

METHOD det_recipes.
  DATA(det_date) = EXACT timestamp(
    xco_cp=>sy->moment( xco_cp_time=>time_zone->utc )
      ->(subtract( iv_day = CONV #( days ) )
      ->as( xco_cp_time=>format->abap )
      ->value ).

  SELECT FROM zacb_recipe
    FIELDS *
    WHERE created_at > @det_date
```

```
    INTO TABLE @recipes.

  IF sy-subrc <> 0.
    RAISE EXCEPTION NEW zcx_acb_newsletter_error( ).
  ENDIF.
ENDMETHOD.
```

Listing 11.8 Ermittlung der Rezepte in Klasse »ZCL_ACB_MAIL_NEWSLETTER«

Versand der formatierten E-Mail mit Anhang

Im Anschluss werden alle Informationen wie Sender, der formatierte HTML-Inhalt und die Anhänge zu der E-Mail hinzugefügt und dann versendet (siehe Listing 11.9).

```
METHOD send.
  mail = cl_bcs_mail_message=>create_instance( ).
  add_sender( ).
  add_recipients(  ).
  add_content( ).
  add_attachment( ).
  mail->send( ).
ENDMETHOD.
```

Listing 11.9 Erzeugung einer Newsletter-E-Mail

Die empfangene E-Mail samt Anhang ist in Abbildung 11.9 dargestellt.

Abbildung 11.9 Beispiel für eine Newsletter-E-Mail

11.3.2 E-Mail mit Fehlermeldung

Benachrichtigungsklasse

Wenn der Job im System abbricht, gibt es eine Möglichkeit, um die Admins über den Abbruch zu informieren. Wie bereits in Abschnitt 10.2.1, »Anlegen eines Anwendungsjobkatalogeintrags«, erläutert, kann im Jobkatalog neben der Ausführungsklasse und der Prüfungsklasse auch eine Benachrichtigungsklasse hinterlegt werden (siehe Abbildung 11.10).

Abbildung 11.10 Anwendungsjobkatalogeintrag

Als Klasse für Benachrichtigungen können Sie entweder eine bestehende Klasse angeben, oder Sie legen mit einem Klick auf den Link **Notification** eine neue Klasse an. Daraufhin öffnet sich der Anlegeassistent für Klassen (siehe Abbildung 11.11).

Abbildung 11.11 Anlegeassistent für Klassen

Nennen Sie die Klasse für unser Beispiel `ZCL_ABC_NEWSLETTER_NOTIF`. Das Interface `IF_APJ_RT_JOB_NOTIF_EXIT` muss manuell hinzugefügt werden. Klicken Sie dazu auf den Button **Add**. Schließen Sie den Anlageassistenten anschließend mit einem Klick auf **Finish** ab. Die Klasse ist nun angelegt und im Jobkatalog eingetragen.

Listing 11.10 zeigt das automatisch erzeugte Coding.

```
CLASS zcl_acb_newsletter_notif DEFINITION
  PUBLIC
  FINAL
  CREATE PUBLIC.
  PUBLIC SECTION.
    INTERFACES if_apj_rt_job_notif_exit.
  PROTECTED SECTION.
  PRIVATE SECTION.
ENDCLASS.
CLASS zcl_acb_newsletter_notif IMPLEMENTATION.
  METHOD if_apj_rt_job_notif_exit~notify_jt_end.
  ENDMETHOD.

  METHOD if_apj_rt_job_notif_exit~notify_jt_start.
  ENDMETHOD.
ENDCLASS.
```

Listing 11.10 Generiertes Coding für die Benachrichtigungsklasse »ZCL_ACB_NEWSLETTER_NOTIF«

Methoden der Benachrichtigungsklasse

Wie in Listing 11.10 zu sehen ist, können hier grundsätzlich zwei Methoden implementiert werden:

- NOTIFY_JT_START

  Diese Methode wird aktuell noch nicht unterstützt. Diesen Hinweis finden Sie in der Outline der Klasse (siehe Abbildung 11.12).

  Abbildung 11.12 Nichtausführung der Methode »NOTIFY_JT_START«

- NOTIFY_JT_END

  Diese Methode wird ausgeführt, wenn in der Ausführungsklasse des Anwendungsjobkatalogs in der Methode EXECUTE ein Fehler ausgelöst wird. Der Jobstatus wird dann automatisch auf »Fehler« gestellt und der Exit für Benachrichtigungen aufgerufen. Um eine Ausnahme innerhalb der Methode auszulösen, muss die Anweisung RAISE EXCEPTION NEW cx_apj_rt_content( ). ausgeführt werden. Mithilfe der Methode NOTIFY_JT_END werden die in Tabelle 11.4 aufgeführten Informationen zum Job übergeben.

Parameter	Beschreibung
IS_JOB_INFO	allgemeine Informationen zum Job wie Jobname oder Jobläufe
IV_JOB_CATALOG_ENTRY_NAME	Jobkatalogname
IV_JOB_TEMPLATE_NAME	Jobvorlagenname
IV_STEP_STATUS	Status des Schritts
IV_JOB_STATUS	Status des Jobs

Tabelle 11.4 Parameter der Methode »NOTIFY_JT_END«

Die Methode NOTIFY_JT_END enthält demnach die in Listing 11.11 gezeigte Logik.

```
METHOD if_apj_rt_job_notif_exit~notify_jt_end.
  DATA(mail) = cl_bcs_mail_message=>create_instance( ).

  mail->set_sender( 'error@example.com' ).
  mail->add_recipient( 'test@example.com' ).

  mail->set_subject( CONV #( | Jobfehler | ) ).

  mail->set_main( cl_bcs_mail_textpart=>create_text_plain(
     iv_content = | Der Job { is_job_info-job_name
     } hat einen Fehler. Bitte prüfen | ) ).

  mail->send( ).
ENDMETHOD.
```

Listing 11.11 Implementierung der Methode »NOTIFY_JT_END«

Wie in Listing 11.11 zu sehen ist, wurde folgende Logik entwickelt, um eine Benachrichtigungs-E-Mail aus dem System zu senden. Zunächst wird die Klasse CL_BCS_MAIL_MESSAGE instanziiert. Anschließend werden Sender (set_sender) und Empfänger (set_recipient) sowie ein Betreff (set_subject) hinzugefügt. Dann wird der eigentliche Inhalt der E-Mail mit der Methode set_content ergänzt. Im letzten Schritt wird die E-Mail mit den zuvor ergänzten Informationen versendet (mail->send).

Ausführungslogik erweitern

Um nun eine Ausnahme für die Ausführung der Benachrichtigungsklasse auszulösen, muss das Coding aus Listing 11.7 für die Ausführungsmethode EXECUTE um die Ausnahmeklasse CX_APJ_RT_CONTENT erweitert werden.

```
CATCH   cx_bali_runtime
        cx_uuid_error
        cx_bcs_mail
        zcx_acb_newsletter_error
    INTO DATA(error).
  RAISE EXCEPTION TYPE cx_apj_rt_content
    MESSAGE ID 'ZACB_NEWSLETTER' NUMBER 003
    WITH error->get_text( ).
  ENDTRY.
```

Listing 11.12 Erweiterung um die Ausnahme »CX_APJ_RT_CONTENT«

Sobald der Job abbricht, wird somit die in Abbildung 11.13 gezeigte E-Mail versendet.

Abbildung 11.13 Benachrichtigungs-E-Mail bei einem Fehler in der Jobausführung

11.4 Zusammenfassung

In diesem Kapitel haben wir Ihnen gezeigt, wie das Thema E-Mail-Versand in ABAP Cloud behandelt wird. Dabei haben wir Ihnen die neue Konfigurationstransaktion SBCS_MAIL_CONFIGSMTP und die neuen Möglichkeiten, mit der SAP-Fiori-App **E-Mail-Übertragungen überwachen** (App-ID F5442) den E-Mail-Versand zu überwachen, vorgestellt.

Als Nächstes haben Sie die neue E-Mail-API kennengelernt. In ABAP Cloud gibt es nun eine zentrale Klasse, die die Adressaten- und Senderdaten sowie die Inhalte zu einer E-Mail hinzufügen kann. Mithilfe der Klasse `CL_BCS_MAIL_TEXTPART` können Textdateien als Anhang ergänzt werden, während die Klasse `CL_BCS_MAIL_BINARYPART` Binärdateien hinzufügt. Außerdem können mit der Klasse `CL_MAIL_ADDRESS` die E-Mail-Adressen validiert werden.

Zum Schluss erfolgte die Integration des E-Mail-Versands in einen Anwendungsjob, um einen Newsletter-Versand für unser Rezeptportal zu realisieren. Dabei haben wir zum einen erklärt, wie eine E-Mail aus einem Anwendungsjob heraus versendet werden kann. Darüber hinaus haben wir das Thema der Benachrichtigungen aus Kapitel 10, »Hintergrundverarbeitung«, noch einmal aufgegriffen und näher erläutert. Wir haben in diesem Kontext gezeigt, wie eine E-Mail erzeugt werden kann, die über einen Fehler in der Ausführung des Anwendungsjobs informiert.

Tabelle 11.5 vergleicht die Verwaltung und Ausführung des E-Mail-Versands in klassischem ABAP und in ABAP Cloud.

Thema	Klassisches ABAP	ABAP Cloud
E-Mail-Konfiguration	Transaktion SCOT	Transaktion SBCS_MAIL_CONFIGSMTP
E-Mail-Überwachung	Transaktion SOST	**E-Mail-Übertragungen überwachen** (App-ID F5442)
E-Mail-API	Funktionsbausteine: ■ SO_NEW_DOCUMENT_ATT_SEND_API1 ■ SO_NEW_DOCUMENT_SEND_API1 Klassen: ■ CL_BCS ■ CL_DOCUMENT_BCS ■ CL_CAM_ADDRESS_BCS	Klassen: ■ CL_BCS_MAIL_MESSAGE ■ CL_BCS_MAIL_TEXTPART ■ CL_BCS_MAIL_BINARYPART

Tabelle 11.5 E-Mail-Versand in klassischem ABAP und modernem ABAP

Kapitel 12
Parallelisierung von Anwendungslogik

Um die Performance zu optimieren, kann Anwendungslogik anhand mehrerer Workprozesse parallelisiert werden. Dazu steht in ABAP Cloud eine spezielle Klasse zur Verfügung. In diesem Kapitel lernen Sie den Umgang mit dieser Klasse am Beispiel des Rezeptportals sowie den technischen Hintergrund kennen.

Hintergrundverarbeitung

In Kapitel 10, »Hintergrundverarbeitung«, haben Sie einen ersten Einblick in die Anwendungsjobs bekommen. Als Nachfolger der klassischen Hintergrundjobs erlauben sie in ABAP Cloud die Ausführung von Programmen ohne aktive Benutzerinteraktion. Sie ermöglichen sowohl eine periodische Einplanung als auch das Status-Monitoring und die Protokollauswertung. Anwendungsjobs sind eine von mehreren Optionen in ABAP Cloud, eine Hintergrundverarbeitung zu implementieren, wenn z. B. ein Prozess automatisch zeitgesteuert ausgeführt werden soll oder zu lange dauert, um die Anwenderinnen und Anwender einen bestimmten Status abwarten zu lassen.

Parallelisierung

Ein alternativer Ansatz, um einen Prozess mit langer Laufzeit in die Hintergrundverarbeitung zu verschieben, ist es, die Laufzeit zu verkürzen. Neben den üblichen Performance-Optimierungsmaßnahmen ist die Parallelisierung von Anwendungslogik und somit die Aufteilung auf mehrere gleichzeitig laufende Workprozesse eine weitere Option.

Natürlich lässt sich dieser Ansatz auch mit Techniken der Hintergrundverarbeitung kombinieren. Klassischerweise wurden dazu in der ABAP-Entwicklung RFC-fähige Funktionsbausteine (RFC = Remote Function Call) in diversen Ausprägungen und teilweise unter Nutzung von Frameworks verwendet. In ABAP Cloud gibt es eine kapselnde Klasse, die die Implementierung deutlich vereinfacht und es Ihnen erlaubt, komplett im objektorientierten Kontext zu bleiben, anstatt eine Funktionsgruppe anlegen zu müssen.

Aufbau dieses Kapitels

In Abschnitt 12.1 erläutern wir zunächst einige grundlegende Konzepte der Parallelisierung, bevor wir in Abschnitt 12.2, »Die Klasse ›CL_ABAP_PARALLEL‹«, die konkrete klassenbasierte API in ABAP Cloud beschreiben. In Abschnitt 12.3, »Refactoring des Anwendungsbeispiels«, werden wir zunächst das bislang vorliegende Coding unseres Anwendungsbeispiels überarbeiten, um eine technische Grundlage zu schaffen, bevor wir in Abschnitt 12.3.1, »Implementierung des Interfaces ›IF_ABAP_PARALLEL‹«, die Parallelisierungslogik am Beispiel des Rezeptportals implementieren. In Abschnitt 12.3.2, »Ablauf und Debugging von parallelen Prozessen«, werden dann das Laufzeitverhalten und das Debugging parallelisierter Anwendungen beschrieben.

Verbesserung des Benutzerdatenimports

In Kapitel 6 haben wir Ihnen das Anwendungsprotokoll am Beispiel des Benutzerdatenimports vorgestellt. Ein HTTP-Service nahm Massendaten für Benutzerstammsätze im CSV-Format entgegen und verarbeitete diese. Dazu gab es eine Konvertierungsmethode, die den Inhalt einer CSV-Datei in das Format der Datenbanktabelle `ZACB_USER` konvertierte. Wir nehmen nun an, dass diese Logik nicht ausreichend performant ist, und möchten die Performance mittels Parallelisierung verbessern.

[!]

Nachteile von Parallelisierung

Das Beispiel in diesem Kapitel ist konstruiert, um die Technik der Parallelisierung zeigen zu können. Tatsächlich wird die parallelisierte Anwendungslogik bei dem Volumen an Benutzerdaten in unserem Beispiel im Endeffekt langsamer laufen als die bisherige sequenzielle Verarbeitung mit ihrer vergleichsweise einfachen Verarbeitungslogik. Parallelisierung geht stets mit Overhead und Performance-Einbußen für die Serialisierung und Deserialisierung der Daten einher. Nutzen Sie Parallelisierung daher ausschließlich in Szenarien, in denen keine anderen Performance-Parameter mehr optimierbar sind, und seien Sie sich der Nachteile bewusst, die Sie dabei in Kauf nehmen.

[»]

Nutzung der Beispielanwendung

Im Download-Material finden Sie die Objekte, die in diesem Kapitel erstellt werden, im Unterpaket `PARALLEL`. Sie können in den ABAP Development Tools mit der Funktionstaste [F9] eine Demoanwendung über die Klasse `ZCL_ACB_USER_CONVERSION_DEMO` ausführen und sich zuvor in der Methode `main` einen Breakpoint setzen, um diese Anwendung im Debugger zu analysieren. Die parallelisierte Logik ist ausschließlich über die Demoklasse ausführbar und nicht aktiv in den HTTP-Handler der Benutzerdatenimportkomponente eingebunden, damit diese Komponente das Beispiel aus Kapitel 6, »Anwendungsprotokolle«, weiterhin beschreibt.

12.1 Parallelisierung auf der ABAP-Plattform

Um Ihnen das Verständnis der folgenden Ausführungen zu erleichtern, greifen wir in diesem Abschnitt zunächst einige relevante Begriffe im Kontext der Parallelisierung auf.

Threads

In vielen anderen Programmiersprachen ist Parallelisierung ein essenzieller Sprachbestandteil. Daher sind Sie vielleicht mit dem Begriff *Thread* vertraut, der in der ABAP-Entwicklung keine Relevanz hat. Dabei geht es um die parallele Ausführung von Anweisungen innerhalb eines Prozesses. Threads teilen sich somit auch den Speicherbereich, inklusive des Speicherbereichs lokaler Variablen. Es besteht daher die Problematik, Anwendungen *thread-sicher* zu machen, damit die Anwendungslogik die parallele Ausführung berücksichtigt. Es handelt sich um ein komplexes Problem in der Softwareentwicklung, das in ABAP zum Glück gar nicht besteht: ABAP unterstützt keine Parallelisierung mit Threads.

(Work-)Prozesse

Die ABAP-Plattform bietet als Parallelisierungstechnik stattdessen parallel ablaufende Prozesse an. Mehrere *Workprozesse* führen dabei gleichzeitig separat voneinander Verarbeitungslogik aus. Sie nutzen dafür jeweils eigene Speicherbereiche mit voneinander getrennten Lebenszyklen der Variablen. Ist ein Prozess mit seiner Teilaufgabe fertig, gibt er das Teilergebnis zurück an den aufrufenden Prozess. Solche Teilergebnisse können Datenobjekte oder auch nur ein Status sein. Der Aufrufer sammelt die Teilergebnisse aller gestarteten Prozesse und erhofft sich einen Performance-Gewinn im Vergleich zur sequenziellen Ausführung.

Tasks

Um einen zweiten Prozess zu starten, werden in klassischem ABAP RFC-fähige Funktionsbausteine verwendet. Über die Syntax `CALL FUNCTION ... STARTING NEW TASK` können Sie einen zweiten Prozess per asynchronem RFC (aRFC) starten, der parallel zu Ihrem aktuellen Prozess ausgeführt wird. Über `RECEIVE RESULTS FROM FUNCTION` und `WAIT FOR` können Sie die Ergebnisse des parallelen Prozesses abfragen oder auf seine Beendigung warten.

Ein solcher aktiver, konkreter Workprozess kann für unsere Zwecke als *Task* bezeichnet werden. Workprozesse existieren unabhängig davon, ob sie gerade mit der Ausführung eines Programms beschäftigt sind. Daher eignet sich der Begriff *Task* für einen Prozess in Ausführung. Beim Aufruf benennen Sie diesen sogar mit einem frei wählbaren Bezeichner. Die Syntax zum Starten von Tasks und zur Interaktion mit Tasks müssen Sie sich nicht merken, denn genau diese Syntax verschalt die Klasse `CL_ABAP_PARALLEL` und macht damit die beschriebene Funktion auch in ABAP Cloud verfügbar.

12.2 Die Klasse »CL_ABAP_PARALLEL«

Ihr Einstiegspunkt in die Parallelisierung ist die globale Klasse CL_ABAP_PARALLEL. Sie bietet diverse Methoden an, um parallele Prozesse zu starten, auf Sie zu warten und sie zu beenden. Eine Übersicht können Sie der Dokumentation der Klasse entnehmen, die Sie in den ABAP Development Tools über die Funktionstaste [F2] anhand der ABAP-Element-Info aufrufen können (siehe Abbildung 12.1).

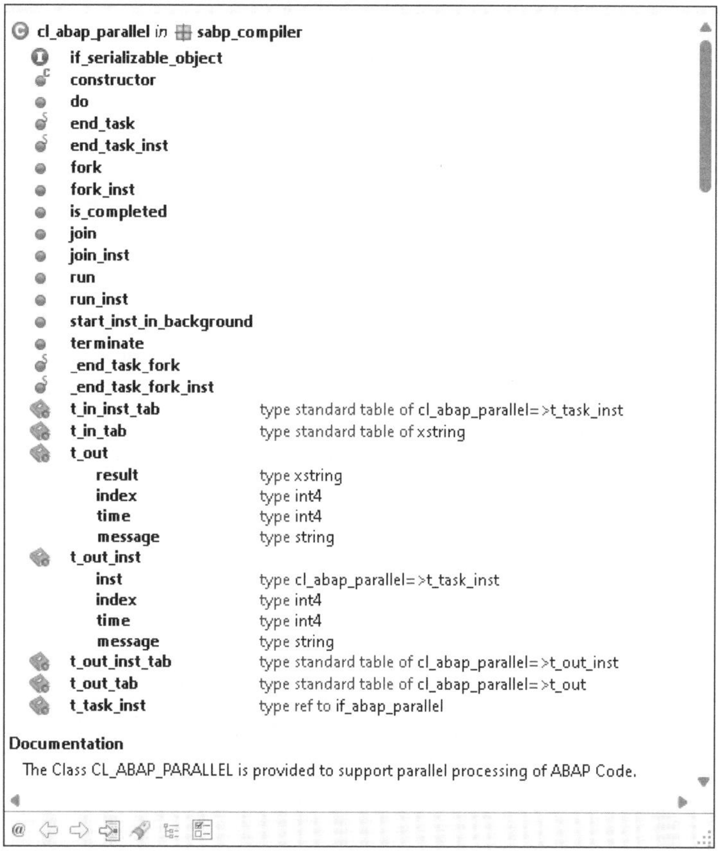

Abbildung 12.1 Dokumentation der Klasse »CL_ABAP_PARALLEL«

API für die Parallelisierung

Technisch bietet die Klasse keine Funktionen an, die Sie nicht bereits über RFC-fähige Funktionsbausteine hätten implementieren können. Für die Verwendung dieser Klasse sprechen allerdings einige schlagkräftige Argumente. Im Gegensatz zu bisherigen Techniken ist sie in ABAP Cloud verfügbar und kapselt die mitunter sehr schwer korrekt zu verwendenden Funktionsbausteine mittels Methoden in einer vergleichsweise schlanken API. Auch wenn die Klassendefinition zunächst umfangreich erscheinen mag, werden Sie im Rahmen der Parallelisierung wahrscheinlich nur mit einem Bruchteil der verfügbaren Funktionen aktiv zu tun haben.

Erzeugung der Instanz

Die von Ihnen nutzbaren Methoden der Klasse sind Instanzmethoden. Um sie aufzurufen, instanziieren Sie zuvor die Klasse direkt über ihren Konstruktor. Dieser bietet einige optionale Parameter an, die der Konfiguration dienen (siehe Tabelle 12.1).

Parameter	Verwendung
P_NUM_TASKS	maximale Anzahl an gleichzeitigen Tasks
P_TIMEOUT	maximale Laufzeit eines Tasks in Sekunden
P_PERCENTAGE	maximaler Prozentsatz an belegbaren Workprozessen
P_NUM_PROCESSES	obsolet, verwenden Sie P_NUM_TASKS
P_LOCAL_SERVER	ausschließlich den Applikationsserver des Aufrufers verwenden
P_ABORT_ON_ERROR	alle gestarteten Tasks beenden, wenn ein Task aufgrund eines Fehler abgebrochen wird
P_KEEPING_TASKS	Sessions der Tasks nicht nach Abschluss löschen (siehe auch Methode terminate)

Tabelle 12.1 Parameter des Konstruktors der Klasse »CL_ABAP_PARALLEL«

Instanzmethoden von »CL_ABAP_PARALLEL«

Sobald Sie eine Instanz erzeugt haben, können Sie die folgenden Instanzmethoden verwenden:

- **Methode »run«**

  Die Methode run startet eine Parallelverarbeitung und wartet, bis alle Tasks beendet sind oder das Timeout erreicht wird.

- **Methode »fork«**

  Die Methode fork startet eine Parallelverarbeitung und lässt den aktuellen Prozess anschließend regulär weiterlaufen. Über is_completed können Sie abfragen, ob die Parallelverarbeitung abgeschlossen wurde. Über join können Sie die Ergebnisse erhalten oder auch synchron auf die Beendigung warten, wenn die Parallelverarbeitung noch nicht abgeschlossen wurde.

- **Methode »join«**

  Die Methode join lässt Sie die Ergebnisse einer über fork gestarteten Parallelverarbeitung erhalten oder auf diese Parallelverarbeitung synchron warten, bis sie abgeschlossen ist.

- **Methode »is_completed«**

  Die Methode `is_completed` ermöglicht Ihnen die Abfrage, ob eine per `fork` gestartete Parallelverarbeitung mittlerweile abgeschlossen wurde.

- **Methode »terminate«**

  Die Methode `terminate` erlaubt Ihnen die Beendigung von parallel gestarteten Prozessen bzw. von deren Sessions. Haben Sie die Parallelisierung mit der Methode `fork` gestartet, können Sie sie so vorzeitig beenden. Sollten Sie den Parameter `p_keeping_tasks` verwendet haben, können Sie über diese Methode die Sessions löschen.

Eine noch nicht genannte Methode ist `start_inst_in_background`. Diese wird hier bewusst ausgelassen, da sie Background RFC (bgRFC) verwendet – eine Technik, die in ABAP Cloud nicht verfügbar ist.

Parallelverarbeitung mit »run«

Zum besseren Verständnis sind in den folgendem Sequenzdiagrammen die Unterschiede zwischen den Methoden `run` und `fork` dargestellt. Zunächst zeigt Abbildung 12.2 die parallele Ausführung mit `run`. Sie startet drei parallele Prozesse und wartet anschließend auf deren Beendigung.

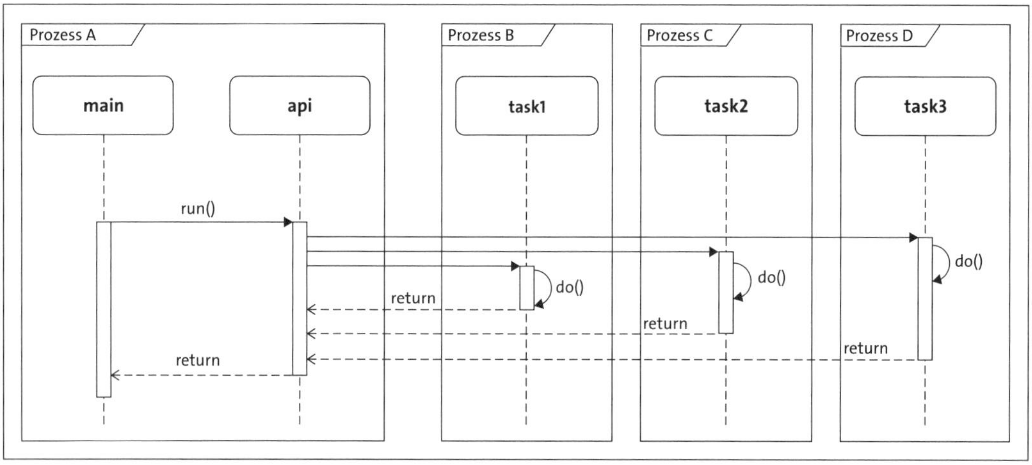

Abbildung 12.2 Ablauf der Methode »run« in der Klasse »CL_ABAP_PARALLEL«

Parallelverarbeitung mit »fork«

Möchten Sie hingegen im Hauptprozess weitere Anweisungen durchlaufen, während die parallel gestarteten Prozesse noch verarbeitet werden, bietet sich die Methode `fork` an. In Abbildung 12.3 wird in diesem Zeitraum eine Methode `calculate` aufgerufen. Über die Methode `join` können Sie nach getaner Arbeit im Hauptprozess dann auf die weiteren Prozesse warten bzw. deren Teilergebnisse erhalten. Über die Methode `is_completed` können Sie abfragen, ob die Parallelverarbeitung bereits abgeschlossen ist.

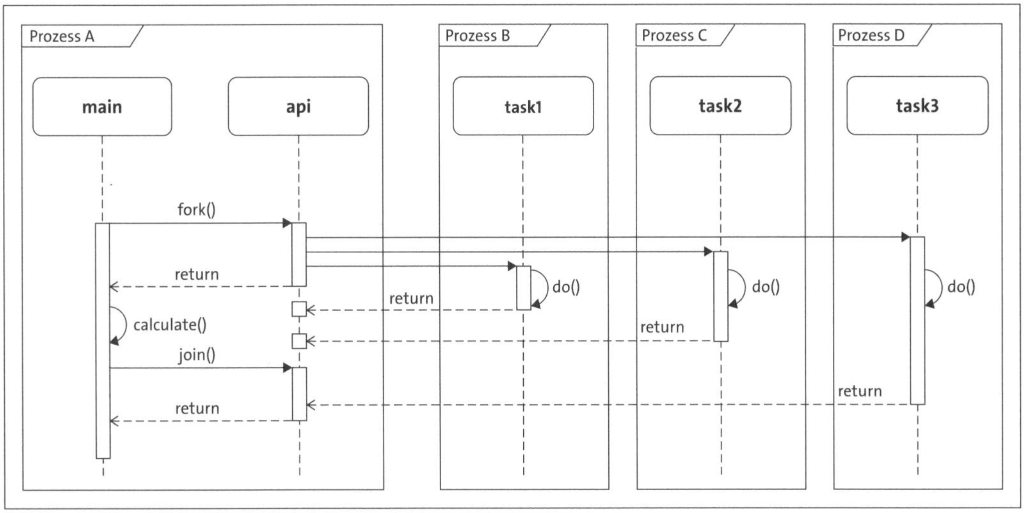

Abbildung 12.3 Ablauf der Methoden »fork« und »join« in der Klasse »CL_ABAP_PARALLEL«

12

Basisklasse oder Interface

Die Methoden `run`, `fork` und `join` gibt es in zwei Ausprägungen: regulär und mit dem Suffix `_inst`. Sie haben zwei Möglichkeiten, die Logik zu implementieren, die parallel ausgeführt werden soll:

- **»CL_ABAP_PARALLEL« als Basisklasse**

  Die erste Möglichkeit ist die Implementierung einer Klasse, die von der Klasse `CL_ABAP_PARALLEL` erbt. In der erbenden Klasse redefinieren Sie die Methode `do` und implementieren dort die zu parallelisierende Logik. Anschließend verwenden Sie die Methoden `run`, `fork` und `join` Ihrer bereits erzeugten Instanz der Klasse `CL_ABAP_PARALLEL`.

- **Implementierung des Interfaces »IF_ABAP_PARALLEL«**

  Alternativ erstellen Sie eine Klasse, die das Interface `IF_ABAP_PARALLEL` implementiert, und implementieren dort die Methode `do`. Anschließend verwenden Sie die Methoden `run_inst`, `fork_inst` und `join_inst` Ihrer bereits erzeugten Instanz der Klasse `CL_ABAP_PARALLEL`.

Wir werden uns im Folgenden auf die zweite Variante, die Implementierung des Interfaces, beschränken. Die beiden Ansätze haben jeweils Vor- und Nachteile. Ein entscheidender Vorteil der Interface-Variante ist, dass Sie die Daten, die Sie im parallelen Prozess benötigen, direkt über Attribute Ihrer Klasse definieren können. Bei der Variante mit der Basisklasse müssen Sie sich selbst darum kümmern, die benötigten Daten zu serialisieren und zu deserialisieren. Die Interface-Variante ist daher für uns einfacher zu realisieren. In der Praxis könnte die im Standard bereitgestellte Serialisierung langsamer sein als eine selbst von Ihnen implementierte Serialisierung bei Nutzung der Vererbungsvariante.

12.3 Refactoring des Anwendungsbeispiels

Bislang ist die Konvertierungslogik für Benutzerstammdaten direkt in der Handler-Klasse `ZCL_ACB_USER_IMPORT_HANDLER` in Form der privaten Methode `convert_csv_to_users` implementiert. Im Zuge der Einführung von Parallelisierung gestalten wir die bestehende Logik in diesem Abschnitt zunächst so um, dass später einfach zwischen sequenzieller und paralleler Ausführung entschieden werden kann, ohne die Komplexität in der Handler-Klasse zu erhöhen. Das zu parallelisierende Coding muss ohnehin in einer eigenen Klasse implementiert oder zumindest von dort aus aufgerufen werden. Daher lohnt sich eine vorangegangene Auslagerung der Logik.

Auslagerung der Konvertierungslogik

Wir definieren zunächst ein neues Interface, das einen Konvertierungsalgorithmus beschreibt. Das Interface nennen wir `ZIF_ACB_USER_CONVERTER`. Es enthält die Definition der Methode `convert_csv_to_users`, die zuvor direkt in der Handler-Klasse definiert und implementiert war (siehe Listing 12.1).

```
INTERFACE zif_acb_user_converter PUBLIC.
  TYPES users TYPE SORTED TABLE OF zacb_user
              WITH UNIQUE KEY username.
  METHODS convert_csv_to_users
    IMPORTING csv           TYPE string
              delimiter     TYPE string
    RETURNING VALUE(result) TYPE users
    RAISING   zcx_acb_user_conversion_error.
ENDINTERFACE.
```

Listing 12.1 Definition des Interfaces »ZIF_ACB_USER_CONVERTER«

Implementierungsklasse anlegen

Zur Implementierung legen wir die globale Klasse `ZCL_ACB_USER_CONVERTER` an und implementieren in dieser Klasse das zuvor angelegte Interface. Die Implementierung der Methode `convert_csv_to_users` verschieben wir aus der Handler-Klasse in die neu angelegte Klasse – nun mit Bezug zu der im Interface definierten Methode (siehe Listing 12.2).

```
CLASS zcl_acb_user_converter DEFINITION
  PUBLIC FINAL
  CREATE PUBLIC.
  PUBLIC SECTION.
```

```
    INTERFACES zif_acb_user_converter.
ENDCLASS.

CLASS zcl_acb_user_converter IMPLEMENTATION.
  METHOD zif_acb_user_converter~convert_csv_to_users.
    ...
    SPLIT text AT |\n| INTO TABLE DATA(lines).
    LOOP AT lines ASSIGNING FIELD-SYMBOL(<line>).
      TRY.
          SPLIT <line> AT delimiter INTO TABLE DATA(fields).
          INSERT VALUE #( username   = EXACT #( fields[ 1 ] )
                          first_name = EXACT #(
                            VALUE #( fields[ 2 ] OPTIONAL ) )
                          last_name = EXACT #(
                            VALUE #( fields[ 3 ] OPTIONAL ) )
                          ...
               ) INTO TABLE result.
        CATCH cx_sy_itab_line_not_found
              cx_sy_conversion_error INTO DATA(format_error).
          RAISE EXCEPTION TYPE zcx_acb_user_conversion_error
                MESSAGE e004(zacb_user)
                EXPORTING previous = format_error.
      ENDTRY.
    ENDLOOP.
  ENDMETHOD.
ENDCLASS.
```

Listing 12.2 Implementierung der Klasse »ZCL_ACB_USER_CONVERTER«

Anschließend ändern wir den Aufruf in der Handler-Klasse ZCL_ACB_USER_IMPORT_HANDLER so ab, wie in Listing 12.3 gezeigt.

```
METHOD if_http_service_extension~handle_request.
  ...
  DATA converter TYPE zif_acb_user_converter.
  ...
  converter = NEW zcl_acb_user_converter( ).
  ...
  DATA(users) = converter->convert_csv_to_users(
    csv       = request->get_text( )
    delimiter = delimiter ).
  ...
ENDMETHOD.
```

Listing 12.3 Angepasster Aufruf der Konvertierungslogik aus der Handler-Klasse

Damit das Beispiel-Coding dieses Kapitels nicht mit dem aus Kapitel 6, »Anwendungsprotokolle«, kollidiert, beschränken wir uns im Folgenden auf die Darstellung der Anpassung in Listing 12.3. In den mitgelieferten Beispielobjekten findet der Aufruf ausschließlich über die Demo-Klasse `ZCL_ACB_USER_CONVERSION_DEMO` statt.

Angepasste Architektur nach dem Refactoring

Es ergibt sich damit die in Abbildung 12.4 dargestellte Architektur.

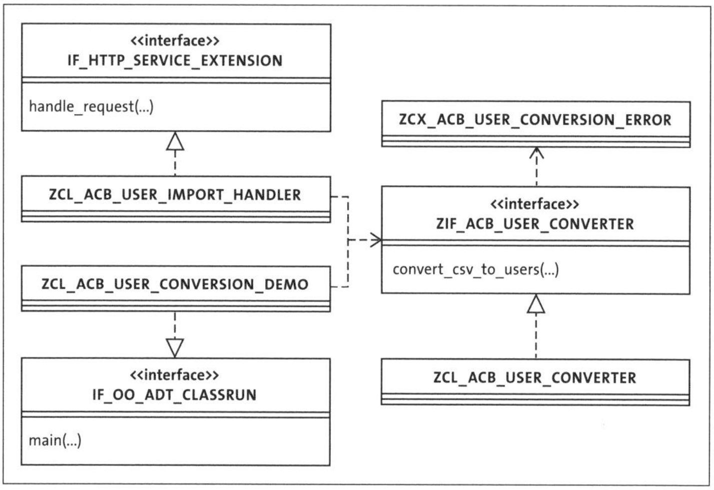

Abbildung 12.4 Architektur des Benutzerdatenimports nach dem Refactoring

12.3.1 Implementierung des Interfaces »IF_ABAP_PARALLEL«

Anlage einer Task-Klasse

Wir entscheiden uns, die Benutzerdatenkonvertierung in unserem Anwendungsbeispiel zu parallelisieren. Um Coding zu implementieren, das parallel ausgeführt werden kann, legen Sie eine neue Klasse an. Wir entscheiden uns dabei für den Bezeichner `ZCL_ACB_USER_CONVERSION_TASK`. Das `TASK`-Suffix wählen wir, da die Implementierung den Einstiegspunkt eines parallel laufenden Prozesses darstellt. In der Klasse implementieren wir das Interface `IF_ABAP_PARALLEL` mit der Methode `do` (siehe Listing 12.4).

```
CLASS zcl_acb_user_conversion_task DEFINITION
  PUBLIC FINAL
  CREATE PUBLIC.
  PUBLIC SECTION.
    INTERFACES if_abap_parallel.
ENDCLASS.

CLASS zcl_acb_user_conversion_task IMPLEMENTATION.
  METHOD if_abap_parallel~do.
    " TODO
```

```
  ENDMETHOD.
ENDCLASS.
```

Listing 12.4 Implementierung des Interfaces »IF_ABAP_PARALLEL«

Übergabe von Parametern

Die Methode do hat keine Parameter. Um die notwendigen Daten aus dem aufrufenden Prozess zu übergeben, werden bei der Parallelisierungsvariante mit dem Interface IF_ABAP_PARALLEL Attribute verwendet. Wir werden später beim Aufruf der API Instanzen unserer Klasse ZCL_ACB_USER_CONVERSION_TASK erzeugen, die wir direkt parametrisieren. Technisch gesehen, können diese Instanzen nicht in andere Prozesse transferiert werden. Daher erfolgen eine Serialisierung der Instanz mit ihren Attributwerten in ein Textformat und eine Deserialisierung aus dem Textformat in ein Objekt im gestarteten Prozess. Sie müssen sich um diese Konvertierung nicht kümmern, da sie von der API für Sie übernommen wird. Sie können einfach die Parameter in Ihrer Klasse ergänzen, die Sie zur Implementierung der Methode do benötigen. In der anderen Richtung nehmen Sie auch das Ergebnis der Parallelausführung über die Objektinstanz entgegen. Es bietet sich daher an, eine Methode wie get_result zu ergänzen.

12

[!]

Einschränkung durch »CALL TRANSFORMATION ID«

Die API nutzt zur Serialisierung und Deserialisierung Ihres Objekts die im Standard ausgelieferte Transformation ID. Um diese Transformation nutzen zu können, müssen Klassen das Interface IF_SERIALIZABLE_OBJECT implementieren. In unserem Fall ist dies bereits automatisch der Fall, denn IF_ABAP_PARALLEL umfasst das Interface IF_SERIALIZABLE_OBJECT. Durch die Implementierung dieses sogenannten *Tag-Interfaces* greifen einige strengere Regeln. Zum Beispiel können keine Objekte als Attribute an den zweiten Prozess übergeben werden, die nicht selbst auch das Interface implementieren.

Konvertierungsparameter übergeben

Um die Konvertierung durchzuführen, benötigen wir die Benutzerdaten im CSV-Format und das Trennzeichen, den Delimiter, der die nächste Zelle einleitet. Wir ergänzen dazu Attribute und einen Konstruktor, um diese bei der Instanziierung initialisieren zu können. Außerdem ergänzen wir eine Methode get_result, die das in einem weiteren Attribut gespeicherte Ergebnis zurückliefert – inklusive möglicher Fehler. Die angepasste Klasse finden Sie in Listing 12.5.

```
CLASS zcl_acb_user_conversion_task DEFINITION
  PUBLIC FINAL
  CREATE PUBLIC.
```

```
  PUBLIC SECTION.
    INTERFACES if_abap_parallel.
    METHODS constructor IMPORTING csv       TYPE string
                                  delimiter TYPE string.
    METHODS get_result
      RETURNING VALUE(result) TYPE
        zif_acb_user_converter=>users
      RAISING   zcx_acb_user_conversion_error.
  PRIVATE SECTION.
    DATA csv               TYPE string.
    DATA delimiter         TYPE string.
    DATA conversion_result TYPE
      zif_acb_user_converter=>users.
    DATA conversion_error TYPE REF TO
      zcx_acb_user_conversion_error.
ENDCLASS.

CLASS zcl_acb_user_conversion_task IMPLEMENTATION.
  METHOD constructor.
    me->csv       = csv.
    me->delimiter = delimiter.
  ENDMETHOD.
  METHOD get_result.
    IF conversion_error IS BOUND.
      RAISE EXCEPTION conversion_error.
    ENDIF.
    RETURN conversion_result.
  ENDMETHOD.
  ...
ENDCLASS.
```

Listing 12.5 Ergänzung von Parametern und Methoden in der Task-Klasse

Implementierung der Methode »do«

Nun fehlt nur noch die Implementierung der eigentlichen Logik. Wir möchten diese nicht duplizieren. Daher rufen wir in der Methode do lediglich die bestehende Klasse ZCL_ACB_USER_CONVERTER auf, übergeben die Parameter aus den Attributen, nehmen das Ergebnis entgegen und schreiben es in weitere Attribute (siehe Listing 12.6).

```
METHOD if_abap_parallel~do.
  TRY.
      conversion_result = NEW zcl_acb_user_converter(
        )->zif_acb_user_converter~convert_csv_to_users(
          csv       = csv
```

```
        delimiter = delimiter ).
    CATCH zcx_acb_user_conversion_error
      INTO conversion_error ##NO_HANDLER.
  ENDTRY.
ENDMETHOD.
```

Listing 12.6 Implementierung der Methode »do«

Päckchenbildung

Technisch haben wir nun die Möglichkeit geschaffen, die Benutzerdatenkonvertierung beliebig oft parallel auszuführen. Im nächsten Schritt müssen wir das nun sinnvoll tun und »Päckchen« bilden, sodass jeder Parallelprozess eine Teilaufgabe der Konvertierung zugewiesen bekommt. Wir möchten also nicht mehr die ganze CSV-Datei sequenziell verarbeiten, sondern sie in kleinere Päckchen aufteilen und diese parallel verarbeiten. Beim CSV-Dateiformat ist dies grundsätzlich einfach möglich, da jede Zeile für sich steht und keine Kontextinformationen von anderen Zeilen benötigt werden.

Für diese Päckchenbildung erstellen wir eine zweite Implementierung des Interfaces `ZIF_ACB_USER_CONVERTER` mit dem Namen `ZCL_ACB_USER_CONV_PARALLEL`. Diese führt nicht mehr direkt die Konvertierungslogik aus, sondern teilt die übergebene Datei auf und startet die Parallelprozesse mit ihren Teilaufgaben. Sobald diese beendet wurden, sammelt sie die Teilergebnisse und führt sie zu einem Gesamtergebnis zusammen.

Verschalung von Parallelisierung

Für den Aufrufer ist all dies nicht ersichtlich. Durch das Interface wird die Parallelisierung zu einem Implementierungsdetail, das sich in der Klasse `ZCL_ACB_USER_CONV_PARALLEL` verbirgt. Die sequenzielle Implementierung ist nach wie vor und unverändert in der Klasse `ZCL_ACB_USER_CONVERTER` verfügbar und wird sogar einfach in den parallelen Prozessen wiederverwendet.

Gruppierung von Zeilen

Wir gehen die Implementierung der Klasse `ZCL_ACB_USER_CONV_PARALLEL` im Folgenden kleinschrittig durch. Die Methode `convert_csv_to_users` startet mit der Päckchenbildung. Wir möchten jedem parallelen Prozess einige Zeilen der CSV-Daten zur Konvertierung übergeben. Daher teilen wir zunächst die CSV-Variable anhand des Zeilenumbruchs in Zeilen auf (siehe Listing 12.7). Wir harmonisieren vorab zusätzlich mögliche unterschiedliche Zeilenumbrüche.

```
DATA(text) = csv.
REPLACE ALL OCCURRENCES OF
  cl_abap_char_utilities=>cr_lf(1)
```

```
        IN text WITH ''.
SPLIT csv AT |\n| INTO TABLE DATA(lines).
```

Listing 12.7 Aufteilung der CSV-Datei in Zeilen

Anschließend führen wir die Zeilen wieder in Gruppen zusammen (siehe Listing 12.8). Diese werden in der internen Tabelle groups gesammelt. Wir entscheiden uns für zehn Zeilen pro Prozess. Dieser Wert ist primär aus Darstellungsgründen gewählt und wäre für eine produktive Anwendung viel zu klein, um einen Performance-Gewinn durch Parallelisierung zu erzielen.

```
DATA groups TYPE string_table.
FIELD-SYMBOLS <group> TYPE string.
LOOP AT lines ASSIGNING FIELD-SYMBOL(<line>).
  IF sy-tabix = 1 OR sy-tabix MOD 10 = 0.
    INSERT <line> INTO TABLE groups
           ASSIGNING <group>.
  ELSE.
    <group> &&= |\n{ <line> }|.
  ENDIF.
ENDLOOP.
```

Listing 12.8 Gruppierung von Zeilen

Erzeugung der Task-Instanzen

Unsere Parameter stehen damit fest, und die Päckchen wurden gebildet. Wir erzeugen nun Instanzen unserer Klasse ZCL_ACB_USER_CONVERSION_TASK und übergeben die Parameter, die die Teilaufgaben bilden. Die Klasse CL_ABAP_PARALLEL erwartet später eine interne Tabelle mit den Instanzen vom Typ IF_ABAP_PARALLEL und stellt einen entsprechenden Tabellentyp bereit. Es bietet sich an dieser Stelle ein VALUE-Konstruktorausdruck an, um aus der bestehenden internen Tabelle mit den Zeilengruppen eine interne Tabelle von Objekten zu machen (siehe Listing 12.9).

```
DATA(tasks) = VALUE cl_abap_parallel=>t_in_inst_tab(
  FOR g IN groups
  ( NEW zcl_acb_user_conversion_task(
      csv       = g
      delimiter = delimiter ) ) ).
```

Listing 12.9 Erzeugung der Task-Instanzen

Aufruf der Parallelisierung

Damit haben wir alle Voraussetzungen geschaffen, um die Benutzerdatenkonvertierung zu starten. Wir nutzen die in Abschnitt 12.1, »Parallelisierung auf der ABAP-Plattform«, vorgestellte API und instanziieren die Klasse

CL_ABAP_PARALLEL. Wir entscheiden uns, auf die parallel gestarteten Prozesse zu warten, und wählen deshalb die Methode run_inst. Es werden also keine weiteren Methodenaufrufe der Klasse benötigt. Daher sparen wir uns auch die Zuweisung der erzeugten Instanz zu einer lokalen Variablen.

Wir übergeben den Parameter p_num_tasks und begrenzen die maximale Anzahl an Tasks in unserem Beispiel auf drei. Wir rufen die Instanzmethode run_inst auf und übergeben über den Parameter p_in_tab unsere erzeugten und parametrisierten Task-Instanzen. Die Ergebnisse der Verarbeitung nehmen wir über den EXPORTING-Parameter p_out_tab entgegen (siehe Listing 12.10).

```
NEW cl_abap_parallel( p_num_tasks = 3
  )->run_inst(
    EXPORTING p_in_tab  = tasks
    IMPORTING p_out_tab = DATA(processing_results) ).
```

Listing 12.10 Start der Parallelisierung über die Methode »run_inst«

Verarbeitung der Teilergebnisse

Die Methode run_inst wartet synchron darauf, dass alle gestarteten Prozesse ihre Arbeit beendet haben oder auf Basis des Timeouts oder sonstiger technischer Probleme abgebrochen wurden. Wir können daher in der nächsten Anweisung die Teilergebnisse verarbeiten und dem Aufrufer als Gesamtergebnis bereitstellen.

Die Variable processing_results ist als in der Klasse CL_ABAP_PARALLEL definierter Strukturtyp typisiert. Sie enthält die Komponenten INST, INDEX, TIME und MESSAGE:

- INST enthält eine Objektreferenz auf die Instanz unserer Task-Klasse, sofern die Verarbeitung erfolgreich war.
- INDEX identifiziert den Task in Bezug zur Eingabetabelle p_in_tab.
- TIME enthält die Anzahl an Sekunden, die der Task zur Ausführung benötigt hat.
- MESSAGE erhält die Fehlermeldung, wenn der Task nicht regulär beendet wurde.

Wir iterieren über die Ergebnistabelle und fragen ab, ob die Task-Instanz verfügbar ist. Falls nicht, werfen wir eine Ausnahme. Falls doch, verschaffen wir uns über einen Downcast Zugriff auf den konkreten Typ unserer Task-Klasse und ergänzen das Teilergebnis des Tasks zu unserem Gesamtergebnis, indem wir die Methode get_result aufrufen und das Ergebnis zur result-Variablen hinzufügen. Sollte die Benutzerdatenkonvertierung im parallelen Prozess eine Ausnahme ausgelöst haben, wird diese von der Methode get_result ausgelöst und automatisch hochpropagiert, da sie in der

Signatur der aktuellen Methode enthalten ist. Diese Implementierung finden Sie in Listing 12.11.

```
LOOP AT processing_results
    ASSIGNING FIELD-SYMBOL(<task>).
  IF <task>-inst IS NOT BOUND.
    IF <task>-message IS NOT INITIAL.
      cl_message_helper=>set_msg_vars_for_clike(
        <task>-message ).
      RAISE EXCEPTION TYPE zcx_acb_user_conversion_error
        USING MESSAGE.
    ELSE.
      RAISE EXCEPTION NEW zcx_acb_user_conversion_error( ).
    ENDIF.
  ENDIF.
  DATA(task) = CAST zcl_acb_user_conversion_task(
    <task>-inst ).
  INSERT LINES OF task->get_result( ) INTO TABLE result.
ENDLOOP.
```

Listing 12.11 Verarbeitung der Teilergebnisse der Tasks

Einordnung in die Architektur

Damit ist die Implementierung abgeschlossen. Wir haben uns in die bestehende Architektur eingehängt und die Parallelausführung ermöglicht. Die angepasste Architektur sehen Sie in Abbildung 12.5.

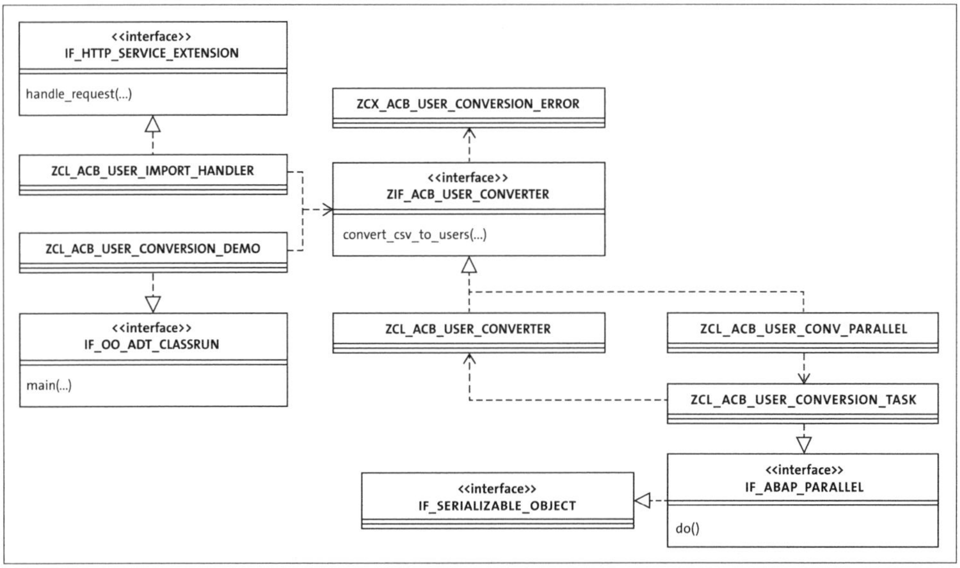

Abbildung 12.5 Integration der Parallelisierung in die Architektur des Benutzerdatenimports

Im nächsten Abschnitt werden wir uns die parallelisierte Anwendung zur Laufzeit anschauen.

12.3.2 Ablauf und Debugging von parallelen Prozessen

Das Debugging von Anwendungen, die Parallelisierung nutzen, kann sich etwas schwierig gestalten, da Sie gleichzeitig mehrere Sitzungen debuggen. Zum Glück bieten die ABAP Development Tools die Möglichkeit, komfortabel in einem Fenster zu erledigen, was im »neuen Debugger« üblicherweise die maximale Anzahl an SAP-GUI-Fenstern sprengte.

Ablauf der Benutzerdatenkonvertierung

Der Ablauf der Benutzerdatenkonvertierung sieht bei Nutzung der Parallelisierung nun wie folgt aus (siehe Abbildung 12.6).

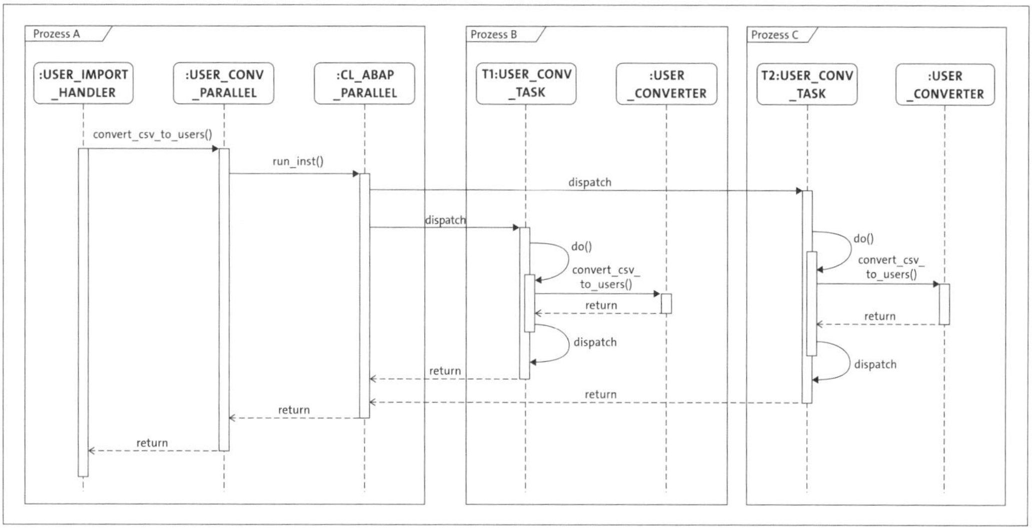

Abbildung 12.6 Sequenzdiagramm des parallelisierten Ablaufs der Benutzerdatenkonvertierung

Ausführung im Debugger

In unserem Beispiel werden in der Klasse ZCL_ACB_USER_CONVERSION_DEMO 43 Datensätze im CSV-Format an den Konverter übergeben. Dieser bildet Päckchen mit jeweils zehn Datensätzen und maximal drei Prozessen. Daher werden insgesamt fünf Prozesse gestartet. Nach Ausführung der ersten drei Prozesse rücken zwei weitere nach, sobald die ersten ihre Arbeit beendet haben. Sie können diesen Ablauf einfach über einen Breakpoint in der Methode do der Klasse ZCL_ACB_USER_CONVERSION_TASK nachvollziehen. Die Sessions 2, 3 und 4 sind die parallel gestarteten Prozesse, während Session 1 wartet, bis alle beendet sind (siehe Abbildung 12.7).

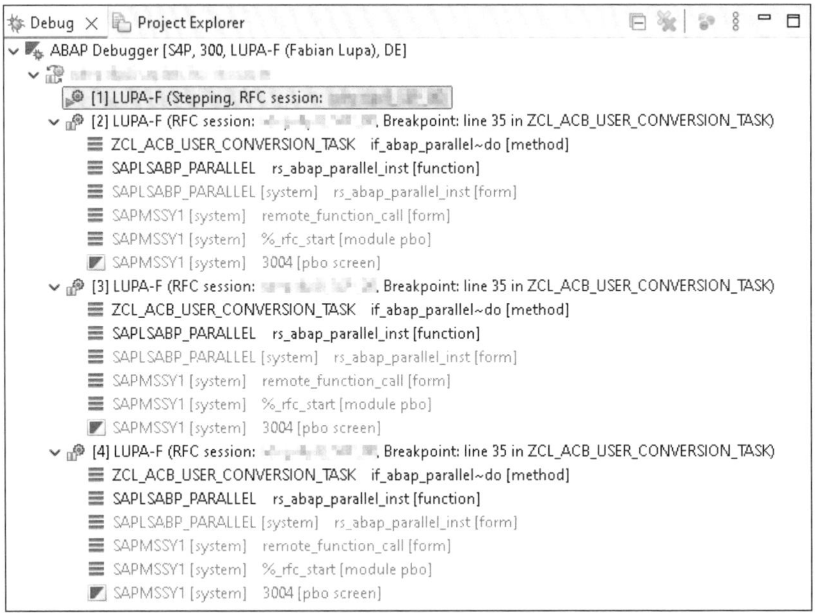

Abbildung 12.7 Debugging mehrerer ABAP-Sessions in den ABAP Development Tools

Nach Abschluss von Session 2, 3 oder 4 rückt Session 5 nach, anschließend Session 6. Sind alle Sessions beendet, wird die Ausführung in Session 1 fortgesetzt (siehe Abbildung 12.8).

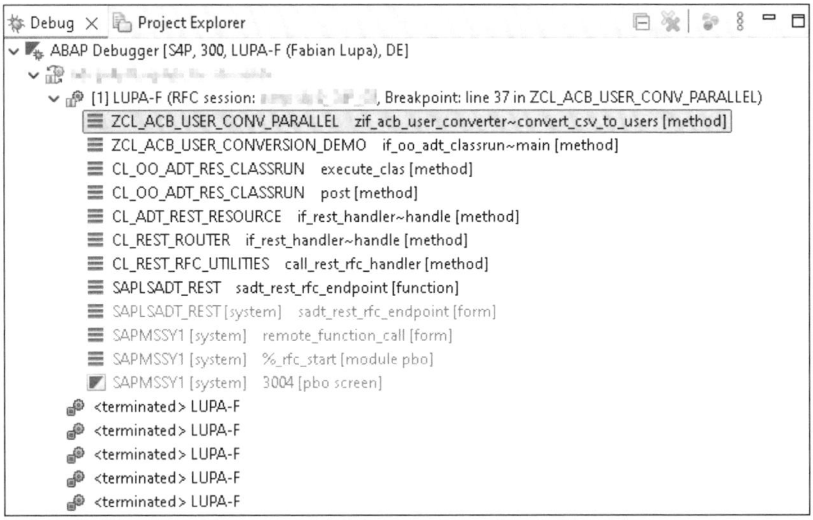

Abbildung 12.8 Fortsetzung der aufrufenden Session nach Abschluss der parallelen Prozesse

Dort findet die Verarbeitung der Teilergebnisse statt. In Abbildung 12.9 sehen Sie den Zustand im Debugger vor Beendigung der Methode.

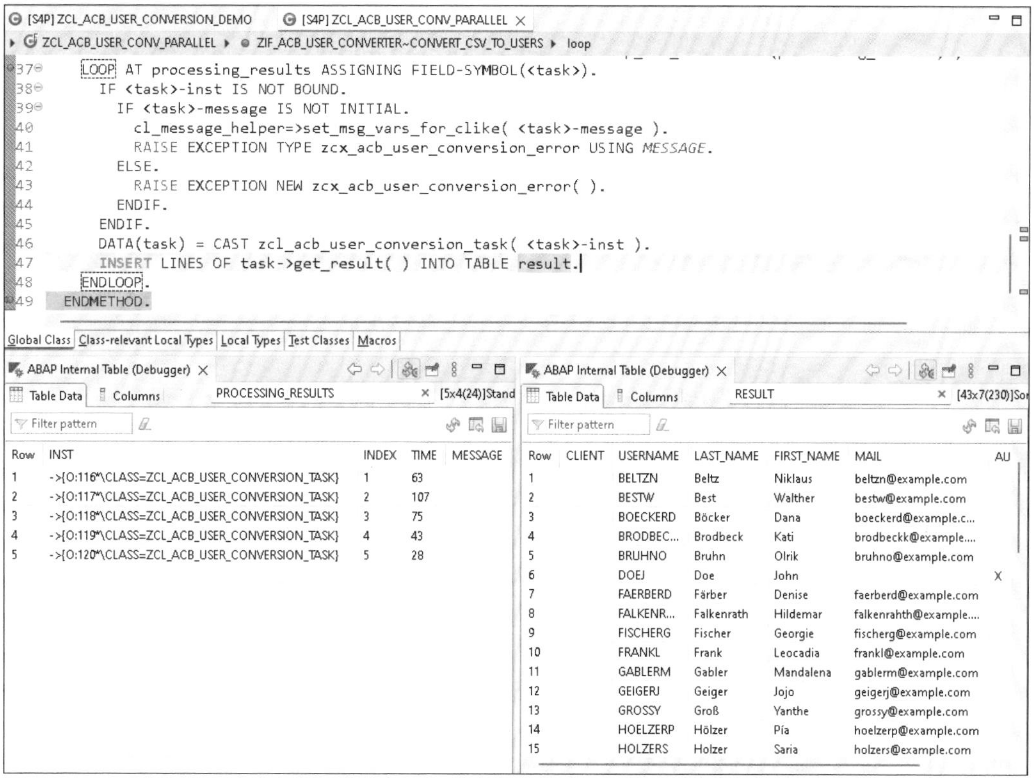

Abbildung 12.9 Teilergebnisverarbeitung im Debugger

Unten werden die Inhalte der internen Tabellen `processing_results` und `result` angezeigt. Beachten Sie, dass die Reihenfolge, in der die Prozesse beendet werden, nicht feststeht. In Tabelle `processing_results` können Sie sehen, dass Tasks mit niedrigerem Index später beendet wurden und dass es keine Korrelation gibt. Achten Sie daher darauf, dass Ihre Implementierung nicht davon abhängt, dass die Prozesse in einer bestimmten Reihenfolge gestartet oder beendet werden. Sie würden sich ansonsten eine sogenannte *Race Condition* einfangen, die sehr schwierig zu debuggen ist, da die Analyse im Debugger selbst sowie die Konfiguration und Auslastung des jeweiligen Systems zu einer anderen Reihenfolge führen können.

[+]

Option zur sequenziellen Verarbeitung

Um die Fehleranalyse zu vereinfachen, empfehlen wir Ihnen, in Ihrer Implementierung eine Möglichkeit vorzusehen, die Parallelisierung zu deaktivieren und das Coding sequenziell auszuführen. Diese Möglichkeit kann als Customizing-Option bereitgestellt werden oder auch schlicht eine Variable im Coding sein, die im Debugger des Entwicklungssystems mit entsprechenden Berechtigungen geändert werden kann. In unserem Beispiel wurde der Anwenderin oder dem Anwender diese Auswahl über zwei verschiedene Interface-Implementierungen angeboten.

Die Klasse `CL_ABAP_PARALLEL` bietet auch dafür bereits eine vorgesehene Funktion an. In den Methoden `run`, `run_inst`, `fork` und `fork_inst` ist der optionale Parameter `p_debug` definiert, der die sequenzielle Verarbeitung erzwingt.

12.4 Zusammenfassung

Klasse »CL_ABAP_PARALLEL«

In diesem Kapitel haben Sie den Umgang mit der Klasse `CL_ABAP_PARALLEL` sowie dem zugehörigen Interface `IF_ABAP_PARALLEL` kennengelernt. Das Ziel deren Nutzung es, die Performance durch die Parallelisierung von Teilaufgaben über mehrere Workprozesse zu optimieren. Wir haben Ihnen den technischen Hintergrund erläutert und erklärt, wie sich Parallelisierung in die Architektur Ihrer Anwendung integrieren lässt. Abschließend haben wir das Laufzeitverhalten und den Umgang mit dem Debugger in diesem Kontext gezeigt.

Technisch ist diese Möglichkeit hochinteressant, da Parallelisierung eine Disziplin der Softwareentwicklung ist, die in der ABAP-Entwicklung nicht oft eingesetzt wird. Die Klasse `CL_ABAP_PARALLEL` vereinfacht die Handhabung stark.

Kosten der Parallelisierung

Wir möchten jedoch, wie bereits in der Einleitung geschehen, noch einmal darauf hinweisen, dass Parallelisierung nicht ohne Kosten daherkommt. Neben dem Implementierungsaufwand sollten Sie Folgendes berücksichtigen:

- Die parallelen Prozesse erben keine Sperren, wie es bei Verbuchungsprozessen der Fall wäre. Je nach Szenario können Sperrkonflikte entstehen, die die Parallelisierung unmöglich machen.
- Es gibt keine prozessübergreifende Logical Unit of Work (LUW). Jeder Prozess kann nur für sich transaktional auf der Datenbank agieren.
- Parallelisierung kann sich auf die Auslastung des Systems auswirken. Wenn ein Benutzer oder eine Benutzerin in einer hochgradig parallelisierten Anwendung plötzlich zehn Workprozesse gleichzeitig in An-

spruch nimmt, kann dies zu Lasten anderer Benutzerinnen und Benutzer oder zu Lasten der Reaktionsgeschwindigkeit des Systems gehen.

- Die Ausführungsreihenfolge und die Verarbeitungsgeschwindigkeit der parallelen Prozesse sind nicht vorhersehbar. Sie sollten darauf achten, dass diese Prozesse nicht versehentlich auf Teilergebnisse anderer Prozesse aufsetzen, wodurch Sie Race Conditions einführen würden.
- Die Fehleranalyse und das Debugging werden erschwert.

Nutzen Sie daher das Konzept der Parallelisierung nur dann, wenn alle anderen Ansätze der Performance-Optimierung bereits ausgeschöpft sind.

Kapitel 13

Datei-Upload

Sie kennen es bestimmt: Anwenderinnen und Anwender speichern ihre Daten gerne und möchten diese Daten dann ins SAP-System hochladen, um sie dort verarbeiten zu können.

Wie bereits in Kapitel 1, »Einführung in die moderne ABAP-Entwicklung«, angesprochen, ist es in ABAP Cloud nicht mehr möglich, mit den Anweisungen `OPEN DATASET`/`CLOSE DATASET` zu arbeiten. Das Hochladen großer Dateien – etwa Bilder oder Excel-Dateien – ist aber eine gängige Geschäftsanforderung. Das ABAP RESTful Application Programming Model unterstützt dazu *OData-Streams*. Damit ist es möglich, die Verwaltung von großen Dateien (Large Objects (LOB)) zu aktivieren. Auf dieser Basis können Endanwenderinnen und Endanwender externe Dateien in verschiedenen Dateiformaten wie etwa PDF, Microsoft Excel oder verschiedenen Bildformaten hochladen. So wird eine Medienverwaltung ermöglicht.

In diesem Kapitel erläutern wir, wie diese Dateien in RAP-Anwendungen hochgeladen und in den Anwendungen dargestellt werden können. In Kapitel 14 gehen wir auf den Umgang mit Dateien anhand des Beispiels von Excel-Dateien ein.

Upload von Bildern zu Reviews

In Abschnitt 13.1 erweitern wir unser Rezeptportal, sodass Bilder zu Reviews hinzugefügt werden können. Dazu werden wir die Entität *Review* um die Fähigkeit zur Speicherung von Dateien erweitern. Zu einem Review kann so ein Bild von einem selbst gekochten Gericht hochgeladen und angezeigt werden. In diesem Zuge erläutern wir auch die grundlegenden Optionen zur Darstellung von Bildern in RAP-Anwendungen.

[«]

Nutzung der Beispielanwendung

Die in diesem Kapitel vorgestellten Objekte befinden sich im Unterpaket `DATAMODEL`. Für dieses Kapitel werden die vorhandenen Objekte erweitert und keine neuen erstellt.

13.1 Erweiterung des Anwendungsbeispiels um die Option des Datei-Uploads

In diesem Abschnitt erläutern wir, wie das Business-Objekt »Review« um die Möglichkeit eines Datei-Uploads erweitert wird. Dazu müssen zunächst die aktive Datenbanktabelle und anschließend die darauf aufsetzenden CDS-Entitäten erweitert werden. Daraufhin erweitern wir das Mapping innerhalb der Verhaltensdefinition. Zuletzt ergänzen wir die Metadatenerweiterung entsprechend.

Erweiterung der Datenbanktabelle

Im ersten Schritt ergänzen wir die Definition unserer Datenbanktabelle `ZACB_REVIEW` für die Review-Daten, wie in Listing 13.1 gezeigt. Wir fügen hier die Felder `attachment`, `mimetype` und `filename` hinzu.

```
define table zacb_review {
  key client            : abap.clnt not null;
  key review_id         : sysuuid_x16 not null;
...
  attachment            : abap.rawstring(0);
  mimetype              : abap.char(128);
  filename              : abap.char(128);
}
```

Listing 13.1 Erweiterung der Datenbanktabelle »ZACB_REVIEW« für den Datei-Upload

Die Länge der hinzugefügten Felder ist fest definiert.

- `attachment`: Dieses Feld enthält die binären Daten der Datei in einem `RAWSTRING`-Format.
- `filename`: In diesem Feld wird der Name der Datei gespeichert.
- `mimetype`: Dieses Feld bildet den Inhaltstyp der hochgeladenen Datei. Keine Datei kann ohne MIME-Typ existieren und umgekehrt.

[»]

MIME-Typ

Ein *MIME-Typ* besteht aus dem Medientyp und dem Subtyp. Diese Angaben werden mit einem Schrägstrich voneinander getrennt. Der Medientyp gibt die Gruppe der Datei an, z. B. `text` für Textdatei oder `image` für Bild.

Tabelle 13.1 führt einige der gängigsten MIME-Typen auf.

MIME-Typ	Dateityp
text/plain/html	HTML-Dateien
application/pdf	PDF-Dateien
image/jpeg	JPEG-Dateien
text/plain	reine Textdateien
video/mpeg	MPEG-Dateien

Tabelle 13.1 Gängige MIME-Typen

Erweiterung der Draft-Tabelle

Die zur Datenbanktabelle gehörige Draft-Tabelle ZACB_REVIEW_D erweitern wir um die gleichen Felder (siehe Listing 13.2).

```
define table zacb_review_d {

  key client          : abap.clnt not null;
  key reviewid        : sysuuid_x16 not null;
...
  attachment          : abap.rawstring(0);
  mimetype            : abap.char(128);
  filename            : abap.char(128);
  "%admin"            : include sych_bdl_draft_admin_inc;
}
```

Listing 13.2 Erweiterung der Draft-Tabelle »ZACB_REVIEW_D« für den Datei-Upload

Erweiterung der Basisentität

Nun müssen wir diese Felder einmal in allen relevanten CDS-Entitäten unseres Datenmodells hinzufügen. Als Erstes fügen wir die Felder in unserer Basisentität ZACB_R_REVIEW hinzu (siehe Listing 13.3).

```
define view entity ZACB_R_Review
  as select from zacb_review
  association to parent ZACB_R_Recipe as _Recipe
    on $projection.RecipeId = _Recipe.RecipeId
{
  key review_id           as ReviewId,
      recipe_id           as RecipeId,
...
      created_at          as CreatedAt,
      attachment          as Attachment,
      mimetype            as Mimetype,
```

```
        filename                  as Filename,
        _Recipe
}
```

Listing 13.3 Erweiterung der Basisentität »ZACB_R_REVIEW«

Erweiterung der Projektionsentität

Anschließend erweitern wir auch die Projektionsentität ZACB_C_Review entsprechend, um die Erweiterung der Felder zu vervollständigen (siehe Listing 13.4).

```
@EndUserText.label: 'Projektionsentität Review'
@AccessControl.authorizationCheck: #NOT_REQUIRED
@Metadata.allowExtensions: true
define view entity ZACB_C_Review
  as projection on ZACB_R_Review as Review
{
  key ReviewId,
      RecipeId,
      Reviewtext,
...
      Attachment,
      Filename,
      Mimetype,
      _Recipe : redirected to parent ZACB_C_Recipe
}
```

Listing 13.4 Erweiterung der Projektionsentität

Erweiterung der Verhaltensdefinition

Zudem müssen wir in der Verhaltensdefinition ZACB_R_REVIEW noch das Mapping ergänzen, damit die Felder auch in der Datenbanktabelle gespeichert werden (siehe Listing 13.5).

```
define behavior for ZACB_R_Review alias Review
...
{
...
  mapping for zacb_review
    {
      ReviewId            = review_id;
...
      CreatedAt           = created_at;
      CreatedBy           = created_by;
      Attachment          = attachment;
      Filename            = filename;
      Mimetype            = mimetype;
```

```
    }
}
```

Listing 13.5 Erweiterung des Mappings in der Verhaltensdefinition

Ergänzung der Metadatenerweiterung

Auch in der Metadatenerweiterung ZACB_C_REVIEW müssen die Felder noch eingetragen werden, um sie in unserer SAP-Fiori-App abbilden zu können (siehe Listing 13.6). Dabei werden die Felder mimetype und filename als HIDDEN annotiert. Nur das Feld attachment wird auf der Benutzeroberfläche angezeigt. Der Test Rezeptbild wird mithilfe der Annotation label hinzugefügt.

```
@Metadata.layer: #CORE
@UI: {
  headerInfo: {
    typeName: 'Review',
    typeNamePlural: 'Reviews'
  }
}
annotate view ZACB_C_Review with
{
...
  @UI.lineItem: [ {
    position: 40 ,
    importance: #MEDIUM,
    label: 'Rezeptbild'
  } ]
  @UI.identification: [ {
    position: 40 ,
    label: 'Rezeptbild'
  } ]
  Attachment;

  @UI.hidden: true
  Mimetype;

  @UI.hidden: true
  Filename;

}
```

Listing 13.6 Erweiterung der Metadatendefinition

Anwendung testen

Nun können wir unsere SAP-Fiori-App starten, um uns das Ergebnis anzuschauen. Sie sehen es in Abbildung 13.1.

Abbildung 13.1 Datei-Upload

Auf der Benutzeroberfläche wird hier das Feld **Rezeptbild** angezeigt, das als normales Textfeld zur Verfügung steht. Um es als Upload-Dialog verfügbar zu machen, müssen noch weitere Annotationen zu den Feldern hinzugefügt werden.

Anzeige als Datei-Upload-Feld

Das Feld `Mimetype` muss noch um die Annotation `@Semantic.mimeType: true` ergänzt werden. Mit dieser Annotation wird der SAP-Fiori-App mitgeteilt, dass das Feld nun für Dateitypen verwendet werden kann. Zusätzlich muss das Feld `Attachment` in der Annotation `@Semantics.largeObject` um die Angabe erweitert werden, dass es sich um einen Datei-Upload handelt. Diese Annotationen sind in Listing 13.7 fett hervorgehoben.

```
define view entity ZACB_R_Review
  as select from zacb_review
  association to parent ZACB_R_Recipe as _Recipe
      on $projection.RecipeId = _Recipe.RecipeId
{
  key review_id              as ReviewId,
      recipe_id              as RecipeId,
...
      created_at             as CreatedAt,
      @Semantics.largeObject: {
       mimeType : 'Mimetype',
       fileName : 'Filename',
       contentDispositionPreference: #INLINE
      }
      attachment             as Attachment,
      @Semantics.mimeType: true
      mimetype               as Mimetype,
      filename               as Filename, _Recipe
}
```

Listing 13.7 Erweiterung der Basisentität »ZACB_R_REVIEW« um semantische Annotationen

Anwendung erneut testen

Rufen Sie nun erneut die SAP-Fiori-App auf, werden unterhalb des Labels **Rezeptbild** zwei Icons angezeigt (siehe Abbildung 13.2).

Abbildung 13.2 SAP-Fiori-App mit Icon zum Datei-Upload

Folgende Operationen sind über diese Icons im Bearbeitungsmodus möglich:

- Datei hochladen mit dem Icon (**Datei hochladen**)
- Datei löschen mit dem Icon (**Datei löschen**)

13

Virenscanner einrichten

Beim erstmaligen Verwenden des Datei-Uploads kann es sein, dass Sie das Viren-Scan-Profil /IWBEP/V4/ODATA_UPLOAD einrichten müssen. Weitere Informationen zur Einrichtung des Viren-Scan-Profils finden Sie in der SAP-Dokumentation unter: *http://s-prs.de/v1064803*.

Nachdem Sie eine Datei hochgeladen haben, wird der Dateiname in der Anwendung angezeigt (siehe Abbildung 13.3).

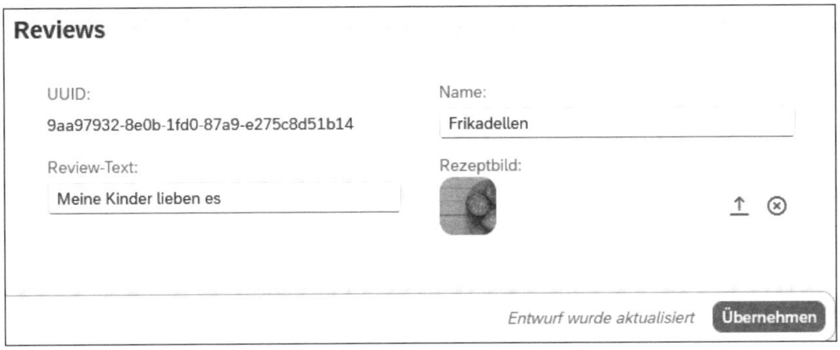

Abbildung 13.3 Anzeige des Dateinamens nach dem Upload

Klicken Sie auf den Button **Übernehmen**, erfolgt eine Speicherung des Datensatzes in der Datenbank. Wenn Sie nun in der Datenbanktabelle `ZACB_RECIPE` den Datensatz prüfen (wie Sie das über die ABAP Development Tools machen, erfahren Sie in Abschnitt 4.2, »Tabellenanalyse mit den ABAP Development Tools«), sehen Sie, dass der Dateiname, der Mime-Typ und der binäre Dateiinhalt dort gespeichert sind (siehe Abbildung 13.4).

ReviewId	RecipeId	Reviewtext	Mimetype	Filename
9AA979328E0B1EEFBDE7454	00001	Sehr lecker!		
9AA979328E0B1EEFBDE7...	00001	Ich nehme deutli...		
9AA979328E0B1EEFBDE7...	00001	Die Schnitzel soll...		
9AA979328E0B1EEFBDE7...	00002	Mehr Salz		
9AA979328E0B1EEFBDE7...	00003	Meersalz?		
9AA979328E0B1EEFBDE7...	00004	Das Wenden ist ...		
9AA979328E0B1EEFBDEC...	00009	Meinen Kinder li...	image/jpeg	mein_nachkochen.jpg

Abbildung 13.4 Datenspeicherung in Datenbanktabelle »ZACB_RECIPE«

Anzeige der Bilder

Bereits in Listing 13.7 haben wir die Annotation `@Semantics.largeObject.contentDispositionPreference` in der Basisentität ergänzt. Allerdings sind wir bisher noch nicht darauf eingegangen, was diese Annotation bedeutet. Sie teilt der SAP-Fiori-App mit, was mit der Datei passiert, wenn auf den Dateinamen geklickt wird. Folgende Werte können für diese Annotation angegeben werden:

- `#INLINE`: Die Datei wird in einem neuen Tab im Browser angezeigt.
- `#ATTACHMENT`: Die Datei wird heruntergeladen und kann mit einem Bildprogramm Ihrer Wahl geöffnet werden.

Neben diesen beiden genannten Optionen können Sie die Bilder auch direkt anzeigen lassen. Dazu zeigen wir Ihnen im Folgenden eine Möglichkeit zur direkten Anzeige innerhalb einer Tabelle.

Bilder in Tabellen

Um Bilder in Tabellen darzustellen, etwa in unserer Review-Übersichtstabelle, ist es notwendig, das Feld `attachment`, das als Bild dargestellt werden soll, um die Annotation `@Semantics.imageUrl: true` zu erweitern (siehe Listing 13.8).

```
define view entity ZACB_R_Review
  as select from zacb_review
  association to parent ZACB_R_Recipe as _Recipe
    on $projection.RecipeId = _Recipe.RecipeId
{
  key review_id             as ReviewId,
      recipe_id             as RecipeId,
...
      created_at            as CreatedAt,
      @Semantics.largeObject: {
       mimeType : 'Mimetype',
```

```
        fileName : 'Filename',
        contentDispositionPreference: #INLINE
      }
      @Semantics.imageUrl: true
      attachment             as Attachment,
      @Semantics.mimeType: true
      mimetype               as Mimetype,
      filename               as Filename, _Recipe
}
```

Listing 13.8 Erweiterung der Verhaltensdefinition um die Annotation »@Semantics.imageUrl«, um die Datei als Bild darzustellen

Abbildung 13.5 zeigt die entsprechende Ausgabe im List Report für die Reviews.

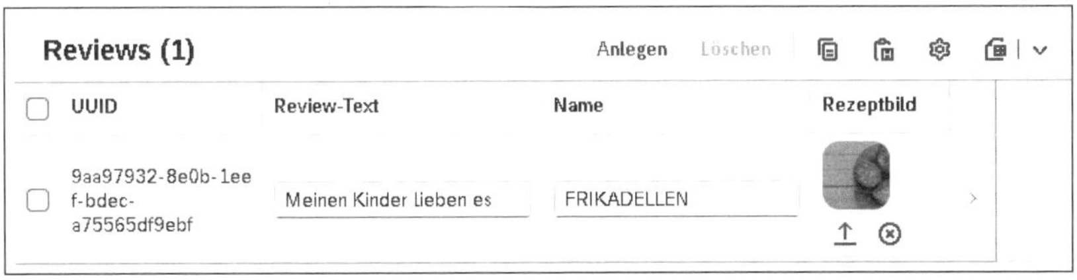

Abbildung 13.5 Bild direkt anzeigen lassen

[+]

Annotationen in RAP-Anwendungen

SAP bietet eine sogenannte *Showcase App*, um die verschiedenen Annotationen vorzustellen, die in RAP-Anwendungen verwendet werden können. Diese ist in GitHub unter der URL *http://s-prs.de/v1064804* zu finden.

Einschränkung der Dateitypen

Eine weitere Einstellung, die Sie vornehmen können, ist eine Einschränkung der erlaubten Dateien. Diese Einschränkung ist mit der Annotation `@Semantics.largeObject.acceptableMimeTypes` definierbar. Wir erlauben für unseren Datei-Upload nur alle Bildformate (siehe Listing 13.9).

```
define view entity ZACB_R_Review
...
      @Semantics.largeObject: {
        mimeType : 'Mimetype',
        fileName : 'Filename',
        contentDispositionPreference: #INLINE,
```

```
        acceptableMimeTypes: [ 'image/*' ]
      }
```

Listing 13.9 Annotation zur Einschränkung des Dateityps

Mit dem Wert `'image/*'` werden alle Bildformate erlaubt. Möchten Sie die Auswahl weiter auf ein bestimmtes Bildformat einschränken, können Sie z. B. `image/png` angeben. Wenn Sie nun ein anderes Dateiformat in der App hochladen möchten, wird eine entsprechende Fehlermeldung angezeigt (siehe Abbildung 13.6).

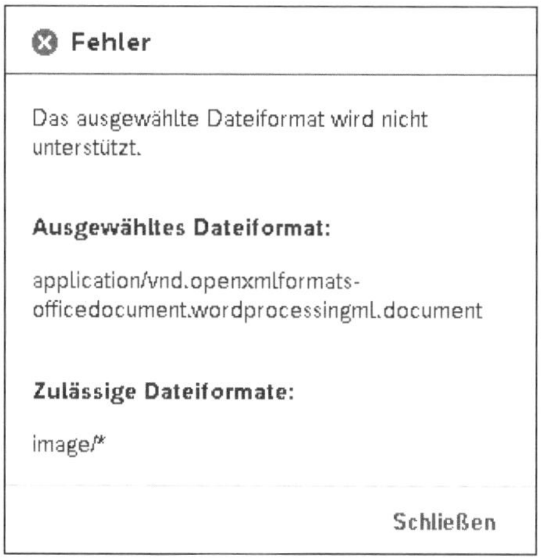

Abbildung 13.6 Fehlermeldung: falsches Dateiformat

13.2 Zusammenfassung

In diesem Kapitel haben Sie gelernt, wie Sie eine Möglichkeit zum Hochladen von Dateien und zur Speicherung dieser Dateien in Datenbanktabellen in RAP-Anwendungen anbieten können. Um diese am Beispiel des Rezeptportals zu zeigen, wurden zunächst die Datenbanktabellen und die Entitäten um die drei Felder für den Dateinamen, den MIME-Typ und den binären Inhalt der Datei ergänzt.

Anschließend haben wir die Optionen für die Darstellung der Upload-Möglichkeit und die Anzeige der Dateien besprochen. Sie haben gelernt, wie die Dateien mithilfe von Annotationen unterschiedlich dargestellt werden können.

Im folgenden Kapitel zeigen wir Ihnen, wie Sie mit den hochgeladenen Dateien weiterarbeiten können, wenn es sich um Excel-Dateien handelt.

Kapitel 14

Umgang mit Excel-Dateien

Zum Erstellen und Lesen von Excel-Dateien stehen Ihnen in der klassischen ABAP-Entwicklung viele Möglichkeiten zur Verfügung. In ABAP Cloud ist mit der XCO-Bibliothek eine weitere hinzugekommen. Sie lernen in diesem Kapitel den Umgang mit dieser Bibliothek kennen. Dabei werden sowohl lesende als auch schreibende Szenarien aufgegriffen.

Unabhängig davon, wie sich die ABAP-Entwicklung, das SAP-Produktportfolio oder die Weltwirtschaftslage entwickeln – eine Konstante bleibt: Die Frage »Kann ich das auch als Excel-Datei haben?« wird wohl nie ausbleiben.

Die Integration von Office-Dokumenten hat eine lange Historie in der ABAP-Plattform. Aus den betriebswirtschaftlich motivierten Anwendungen ist insbesondere der Export von Daten als Excel-Dateien nicht wegzudenken. Entsprechend viele unterschiedliche Lösungsansätze mit verschiedenen technologischen Grundlagen gibt es für diese Aufgabe. Ein Running Gag der SAP Community ist der »erste Excel-Post der Woche«, in dem einmal wieder eine dieser Techniken in einem Blogbeitrag aufgegriffen wird.

Unterschiedliche APIs

In ABAP bieten sich Ihnen viele Möglichkeiten, um mit Excel-Dateien zu arbeiten. Diese haben jeweils ihre Vor- und Nachteile. Hier seien nur einige genannt:

- Über *Object Linking and Embedding* (OLE) können Sie die von den Anwenderinnen und Anwendern installierten Office-Anwendungen mit eigenen ABAP-Anweisungen programmatisch ansprechen.
- Mit Klassen des ALV-Objektmodells (SAP List Viewer) können Sie interne Tabellen einfach in Excel-Dateien konvertieren.
- Über das Open-Source-Projekt abap2xlsx können Sie umfangreiche Excel-Funktionen verwenden.

Zudem gibt es auch auf UI-Ebene Möglichkeiten über die SAPUI5-Bibliotheken, etwa den *UI5 Spreadsheet Importer*. Und auch OData bietet Optionen: Microsoft Excel kann OData-Services direkt als externe Datenquelle konsumieren. Über den Parameter `$format=xlsx` oder einen passenden

HTTP-Header können bei den unterstützten OData-Services direkt Excel-Dateien über SAP Gateway erzeugt werden.

Bewertungskriterien

Bei Ihrer Auswahl der geeigneten Technologie sollten Sie auf einige Kriterien achten: Soll die Excel-Datei in einem Hintergrundjob erzeugt werden können? Soll der Inhalt beliebig gestaltbar sein, oder handelt es sich nur um eine interne Tabelle, die ausgegeben werden soll? Sollen Daten ausgegeben, gelesen oder geändert werden?

Excel-Dateien in ABAP Cloud

In diesem Kapitel lernen Sie eine weitere Möglichkeit der Excel-Anbindung kennen. In der XCO-Bibliothek (Extension Components) findet sich ein Modul, das sich konkret mit XLSX-Dateien befasst. Im Gegensatz zu vielen anderen Möglichkeiten ist diese in ABAP Cloud nutzbar, da die zugehörigen Objekte für diese Nutzung freigegeben sind.

Der Funktionsumfang und die Einschränkungen weichen bei den verschiedenen Techniken voneinander ab. Wägen Sie daher in Ihrem Projekt auf Basis der von Ihnen verwendeten Technologien ab, welche Variante die beste ist. Sollte die Entwicklung mit ABAP Cloud beschlossene Sache sein, haben Sie aktuell keine Alternative zur XCO-Bibliothek, abgesehen von Entwicklungen im SAPUI5-Frontend oder von Tier-3-Wrappern um klassische APIs in SAP S/4HANA und SAP S/4HANA Cloud Private Edition.

Aufbau dieses Kapitels

Abschnitt 14.1 befasst sich mit der programmatischen Erstellung neuer Excel-Dateien. In Abschnitt 14.2 werden bereits vorliegende Excel-Dateien ausgelesen und verarbeitet.

[»]

Excel-Formate und -Anwendungen

In diesem Kapitel wird ausschließlich das Excel-Format mit der Dateiendung **.xlsx** für Tabellenkalkulationen thematisiert. Dateien in diesem Format lassen sich auch in anderen Anwendungen als Microsoft Excel bearbeiten. Der Einfachheit halber verwenden wir zusammenfassend den gebräuchlichen Begriff *Excel-Datei*. Sollten Sie mit XLS-Dateien arbeiten müssen (Excel-97-2003-Arbeitsmappen), können Sie die hier vorgestellten Techniken nicht einsetzen. Ebenfalls wird hier nicht der Umgang mit CSV-Dateien thematisiert. Diese lassen sich zwar in Excel öffnen und bearbeiten, es handelt sich aber um ein reines Textformat, das mit Excel selbst nichts zu tun hat.

Massenänderung von Rezepten

In Bezug auf unser Rezeptportal wird in diesem Kapitel die Massenänderung von Rezepten und deren Zutaten als Anwendungsbeispiel verwendet. Wir haben dafür vorbereitend bereits eine SAP-Fiori-App mithilfe von SAP

Fiori Elements und dem ABAP RESTful Application Programming Model entwickelt, die Sie in Abbildung 14.1 und Abbildung 14.2 sehen.

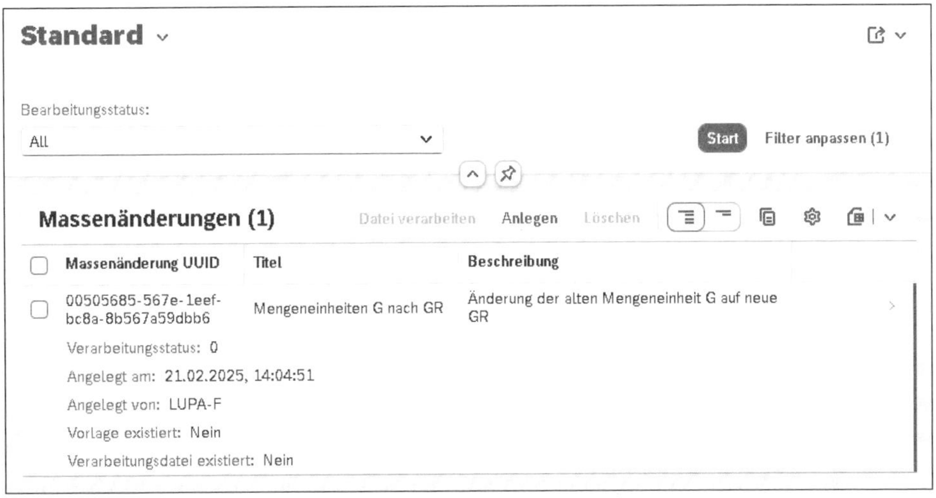

Abbildung 14.1 List Report der Massenänderungen-App

14

Abbildung 14.2 Object Page der Massenänderungen-App

Ablauf der Massenänderung

Diese App bietet die Anlage einer Massenänderung an. Im ersten Schritt sollen die Anwenderinnen und Anwender eine Excel-Datei als Vorlage herunterladen können. Diese enthält die aktuellen Daten zu Rezepten und Zutaten auf zwei Tabellenblättern. Die Anwenderinnen und Anwender können dann die Datei bearbeiten und die bearbeitete Datei anschließend erneut in der App hochladen und verarbeiten. Das System aktualisiert im Rahmen dieser Verarbeitung die Datensätze in den Datenbanktabellen auf Basis der hochgeladenen Datei. Die technischen Voraussetzungen für den Datei-Upload und -Download wurden bereits geschaffen. Details dazu können Sie Kapitel 13, »Datei-Upload«, entnehmen. In diesem Kapitel geht es nun darum, die Aktionen zur Generierung der Vorlage und zur Verarbeitung der geänderten Daten mithilfe der in der XCO-Bibliothek bereitgestellten API für Excel-Dateien zu implementieren.

Architektur der App

Die SAP-Fiori-App zur Massenänderung nutzt das ABAP RESTful Application Programming Model und SAP Fiori Elements. Sie weist daher eine sehr ähnliche Architektur wie die primären Bestandteile des Rezeptportals auf, die wir in Kapitel 2, »Das Anwendungsszenario«, beschrieben haben. Die Basis der Massenänderungs-App bildet die Datenbanktabelle `ZACB_MASSC`, die Massenänderungen enthält. Eine Massenänderung besteht aus einer Beschreibung, der Vorlagedatei und der bearbeiteten Datei sowie einem Verarbeitungsstatus. Die Root-Entität `ZACB_R_MassChange` enthält im Zusammenspiel mit der implementierenden Klasse `ZBP_ACB_R_MASS_CHANGE` die Geschäftslogik zur Durchführung von Massenänderungen an Rezepten und Zutaten. Eine Übersicht der relevanten Entwicklungsobjekte gibt Ihnen Abbildung 14.3.

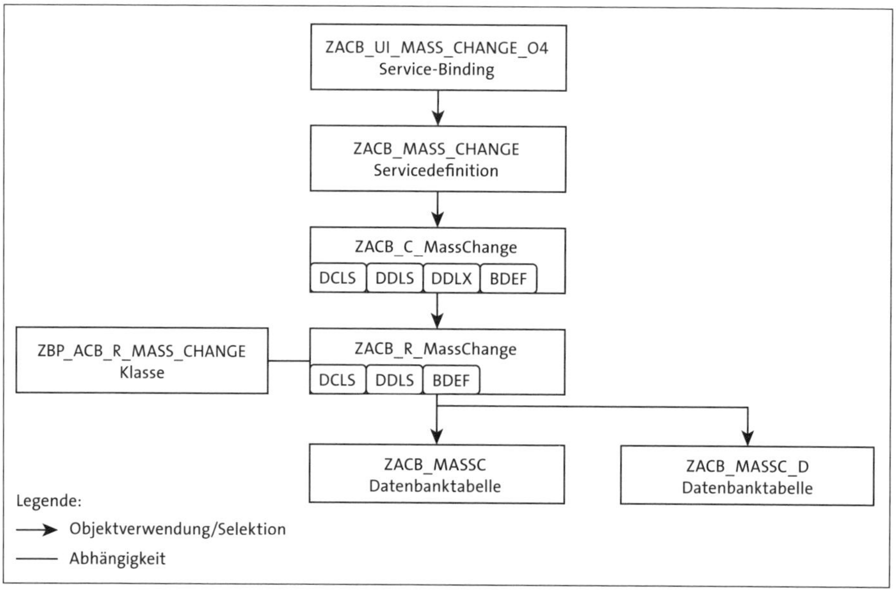

Abbildung 14.3 Architektur der SAP-Fiori-App für Massenänderungen im Rezeptportal

Nutzung der Beispielanwendung

Die RAP-basierte SAP-Fiori-App zur Massenänderung von Rezepten und Zutaten können Sie als Preview-App über das Service-Binding ZACB_UI_MASS_CHANGE_04 aufrufen. Dazu öffnen Sie in den ABAP Development Tools mit der Tastenkombination [Strg] + [⇧] + [A] das Dialogfenster **Open ABAP Development Object** und tragen den Namen des Service-Bindings »ZACB_UI_MASS_CHANGE_04« ein. Wählen Sie den einen Treffer aus, der Ihnen in der Liste angezeigt wird. Stellen Sie sicher, dass das Binding in Ihrem System publiziert ist. Wählen Sie anschließend auf der rechten Seite das Entity Set **MassChange** aus, und klicken Sie auf den Button **Preview...**. Alle Objekte aus diesem Kapitel finden Sie im Download-Material im Unterpaket EXCEL.

14.1 Erstellen einer Excel-Datei

In der SAP-Fiori-App zur Massenänderung muss die Anwenderin oder der Anwender zunächst eine neue Massenänderung anlegen. In diesem Objekt werden die zu ändernden Datensätze spezifiziert und beschrieben, bevor die Anpassung der Datensätze ausgeführt werden kann.

Zur einfacheren Handhabung soll eine Vorlage heruntergeladen werden können. Diese soll Rezepte und deren Zutaten in einem einfach bedienbaren Excel-Format bereitstellen. Die Anwenderin oder der Anwender soll diese Vorlage anschließend anpassen und wieder hochladen können. Zur Generierung dieser Datei wurde im RAP-Business-Objekt »Massenänderung« eine Aktion definiert und im SAP-Fiori-Frontend neben der Download-Möglichkeit der Datei in Form des Buttons **Vorlage generieren** positioniert (siehe Abbildung 14.4).

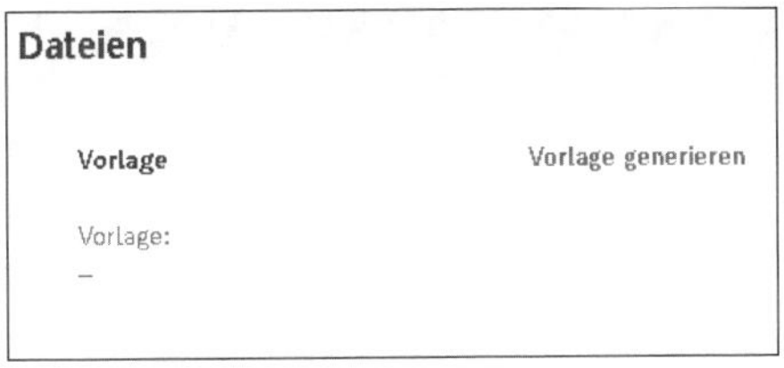

Abbildung 14.4 Aktion »Vorlage generieren« in der SAP-Fiori-App

14.1.1 Anlage der Aktion

Aktion zur Vorlagengenerierung

Aktionen ermöglichen Ihnen im ABAP RESTful Application Programming Model die Bereitstellung von Operationen am Business-Objekt, die nicht über die Standard-CRUD-Aktionen Create, Read, Update und Delete abgedeckt werden. In unserem Beispiel soll die Aktion eine Excel-Datei erzeugen und an der aktuellen Instanz des Business-Objekts »Massenänderung« zum Download bereitstellen. Definiert wurde diese Aktion namens `generateTemplate` wie folgt in der Verhaltensdefinition `ZACB_R_MASSCHANGE`:

```
action ( features : instance )
  generateTemplate result [1] $self;
```

Mithilfe der über die Tastenkombination [Strg] + [1] erreichbaren Quick-Fix-Funktion **Methode für Aktion in lokaler Klasse hinzufügen** wurde anschließend damit begonnen, die Aktion in der lokalen Handler-Klasse `LHC_MASSCHANGE` zu implementieren (siehe Listing 14.1).

```
CLASS lhc_masschange DEFINITION
  INHERITING FROM cl_abap_behavior_handler.
  PRIVATE SECTION.
    ...
    METHODS generateTemplate FOR MODIFY
      IMPORTING keys
      FOR ACTION MassChange~generateTemplate
      RESULT result.
ENDCLASS.
CLASS lhc_masschange IMPLEMENTATION.
  METHOD generateTemplate.
    " TODO
  ENDMETHOD.
ENDCLASS.
```

Listing 14.1 Implementierung der Aktion »generateTemplate«

Wir möchten in der Implementierung dieser Aktion eine Excel-Datei erzeugen und im Objekt »Massenänderung« speichern. Sie soll alle Rezepte und Zutaten enthalten. Wir fokussieren uns zunächst auf die Handhabung der Excel-Datei und integrieren diese am Ende dieses Abschnitts in die Implementierung der Aktion.

14.1.2 Anlage des Excel-Dokuments

API-Klasse »XCO_CP_XLSX«

Den Einstiegspunkt in das XLSX-Modul der XCO-Bibliothek bildet die API-Klasse `XCO_CP_XLSX`. In dem Modul werden alle relevanten Klassen- und Interface-Bezeichner mit dem Namensbestandteil `XLSX` versehen. Details zum Umgang mit API-Klassen und zu Konzepten der XCO-Bibliothek erfahren Sie in Kapitel 3, »Umgang mit Systemfeldern und Laufzeitinformationen«.

Die genannte API-Klasse bietet zwei statische Attribute an: `coordinate` und `document`. Wir möchten eine neue Excel-Datei erzeugen und navigieren daher über das Attribut `document` tiefer in die API für Dokumente. Mit dem Attribut `coordinate` werden wir uns später in diesem Abschnitt noch befassen.

Attribut »document«

Die hinter dem Attribut `document` liegende Instanz bietet zwei Methoden zum Erhalt eines Dokumentenobjekts an:

- **Methode »empty«**

  Diese Methode liefert Ihnen eine Referenz auf ein leeres Dokument zurück.

- **Methode »for_file_content«**

  Diese Methode erwartet den Inhalt einer Excel-Datei als Binärstring. Sie erstellt ein Dokumentenobjekt anhand der übergebenen Daten und liefert Ihnen eine Referenz darauf zurück.

14

Wir entscheiden uns hier zunächst für die Nutzung der Methode `empty`. Das Auslesen von Dateien mit der Methode `for_file_content` beschreiben wir anschließend in Abschnitt 14.2, »Auslesen einer Excel-Datei«. Das zurückgegebene Objekt erwartet die Auswahl einer Zugriffsart. Es wird nur der Schreibzugriff angeboten, was bei einem leeren Dokument Sinn ergibt. Wir rufen daher direkt die nächste Methode namens `write_access` auf.

```
DATA(document) = xco_cp_xlsx=>document->empty(
  )->write_access( ).
```

Wie in der XCO-Bibliothek üblich, wird auch im XLSX-Modul viel mit der Verkettung von Methodenaufrufen und Attributszugriffen gearbeitet.

14.1.3 Anlage der Arbeitsmappe

Zugriff auf Dokumente, Arbeitsmappen und Arbeitsblätter

Die schreibende Sicht auf das Dokument, die über das Interface `IF_XCO_XLSX_WA_WORKBOOK` repräsentiert wird, ermöglicht die weitere Navigation über zwei Methoden:

- Über die Methode `get_file_content` können wir den Inhalt der von uns zusammengebauten Excel-Datei als Binärstring erhalten. Diese Methode werden wir ganz am Ende aufrufen.

- Jetzt führt uns erst einmal die Methode get_workbook weiter. Sie gibt eine Repräsentation der Arbeitsmappe (englisch *workbook*) zurück, die selbst Arbeitsblätter (englisch *worksheets*) enthält.

Ein mit der Methode empty angelegtes Dokumentenobjekt enthält bereits automatisch ein Arbeitsblatt. Dieses können wir über die Methode at_position mit dem Parameter 1 erreichen:

```
DATA(sheet) = document->get_workbook(
  )->worksheet->at_position( 1 ).
```

Standardmäßig trägt das Arbeitsblatt den Namen »Sheet1«. Bei uns soll das erste Arbeitsblatt die Rezepte enthalten. Daher benennen wir es um. Sie können Arbeitsblätter über die Methode set_name umbenennen:

```
sheet->set_name( 'Rezepte' ).
```

14.1.4 Schreiben der Rezeptdaten in das Arbeitsblatt

Schreibzugriff auf ein Arbeitsblatt

Zum Einstieg in den Schreibzugriff auf die Zellen eines Arbeitsblatts können Sie die Methode select des Arbeitsblattobjekts verwenden. Sie ermöglicht den Zugriff auf viele Zellen gleichzeitig, die Sie über ein *Selektionsmuster* auswählen. Sie können sich ein Selektionsmuster wie eine Markierung von Spalten und Zeilen im Arbeitsblatt vorstellen. In unserem Beispiel möchten wir einfach von Zelle A2 startend alle Rezeptdatensätze in das Arbeitsblatt einfügen. Die ersten Zeilen möchten wir mit einer Kopfzeile versehen, die die Spaltenbezeichner enthält.

Selektionsmuster

Wir erzeugen daher zunächst ein Selektionsmuster. Die API-Klasse XCO_CP_XLSX_SELECTION stellt über das Attribut pattern_builder eine Instanz zur Verfügung, die es Ihnen über das Builder-Entwurfsmuster ermöglicht, ein Selektionsmuster zu erzeugen. Wir erzeugen ein solches Muster für die Zellen ab Zeile 2 (siehe Listing 14.2).

```
DATA(from_second_row) =
  xco_cp_xlsx_selection=>pattern_builder
    ->simple_from_to(
    )->from_row(
      xco_cp_xlsx=>coordinate->for_numeric_value( 2 )
    )->get_pattern( ).
```

Listing 14.2 Erzeugung eines Selektionsmusters

Koordinaten

Wie Sie sehen können, erfolgte die Angabe der Zeile 2 nicht direkt über ein elementares Datenobjekt, sondern über ein *Koordinatenobjekt*. Über die mit dem Attribut `xco_cp_xlsx=>coordinate` angebotene Factory-Klasse können Sie für eine Spalte (mit der Methode `get_alphabetic_value`) oder für eine Zeile (mit der Methode `get_numeric_value`) ein Koordinatenobjekt erhalten, das wir hier für das Selektionsmuster benötigen.

Zeilenweiser Schreibzugriff auf eine Selektion

Das Selektionsmuster übergeben Sie an die Methode `select` und erhalten ein *Selektionsobjekt* zurück. Dieses bietet aktuell lediglich eine Methode an, um auf Basis der Selektion zeilenweise Zellen mit Inhalten zu füllen. Diese Methode heißt `row_stream`. Wir rufen sie direkt mit auf:

```
DATA(stream) = sheet->select( from_second_row
  )->row_stream( ).
```

Je nach Anwendungsfall können Sie sich Zwischenvariablen über die Verkettung von Aufrufen weitgehend sparen.

Der auf diese Weise erhaltene *Row Stream* bietet über das Attribut `operation` Schreibzugriffe an, bislang allerdings lediglich einen Schreibzugriff zur Übertragung von Daten aus einer internen Tabelle anhand der Methode `write_from`. Wir nutzen diesen Schreibzugriff, um die Daten aus unserer Datenbanktabelle `ZACB_RECIPE` zu übertragen. Wir entscheiden uns für einen indirekten Zugriff über die CDS-Entität `ZACB_R_Recipe` und übergeben die interne Tabelle an die Methode `write_from`. Sie erwartet die interne Tabelle als Datenreferenz, daher nutzen wir den Konstruktorausdruck mit dem Referenzierungsoperator `REF`. Abschließend führen wir auf dem Objekt, das wir zurückerhalten und das die Schreiboperation beschreibt, die Methode `execute` aus, um die Operation tatsächlich auszuführen. Das vollständige Coding zur Ausführung der Schreiboperation sehen Sie in Listing 14.3.

```
DATA(stream) = sheet->select( from_second_row
  )->row_stream( ).

SELECT FROM ZACB_R_Recipe
  FIELDS RecipeId, RecipeName, RecipeText
  ORDER BY PRIMARY KEY
  INTO TABLE @DATA(recipes).

stream->operation->write_from( REF #( recipes )
  )->execute( ).
```

Listing 14.3 Ausführung einer Schreiboperation auf einem Row Stream

14

14.1.5 Ergänzung der Kopfzeile

Das Dokument enthält nun auf dem ersten Arbeitsblatt ab Zeile 2 unsere Rezeptdaten. Bevor wir es als Datei an das Business-Objekt »Massenänderung« anfügen, möchten wir noch die Kopfzeile des Dokuments füllen. Dieser Schreibzugriff ist ein anderer Anwendungsfall als der zeilenweise Schreibzugriff auf das Arbeitsblatt. Wir wissen, dass lediglich eine Zeile beschrieben werden soll, und haben keine interne Tabelle parat. Daher verwenden wir einen zellenweisen Zugriff.

Zellenweiser Zugriff per Cursor

Der zellenweise Zugriff erfolgt über einen *Cursor*. Diesen können Sie sich wie das Anklicken einer Zelle oder die Navigation über Pfeiltasten im Arbeitsblatt vorstellen. Das Arbeitsblattobjekt bietet die Methode `cursor` an, um genau so einen Cursor zu erzeugen. Wir rufen sie für die Zelle A1 auf und nutzen dazu die bereits bekannten Koordinatenobjekte (siehe Listing 14.4).

```
DATA(cursor) = sheet->cursor(
  io_column =
    xco_cp_xlsx=>coordinate->for_alphabetic_value( 'A' )
  io_row    =
    xco_cp_xlsx=>coordinate->for_numeric_value( 1 )
).
```

Listing 14.4 Erstellen eines Cursors

Der Cursor bietet über die Methode `get_cell` und das dahinterliegende Attribut `value` einen direkten Schreibzugriff auf die Zelle an. Wir nutzen diesen, um der ersten Spalte eine Überschrift per Literal zuzuweisen:

```
cursor->get_cell( )->value->write_from( 'Rezept-ID' ).
```

Cursor umpositionieren

Über die Methoden `move_up`, `move_right`, `move_down` und `move_left` können Sie den Cursor anschließend umpositionieren. Die Methoden enthalten jeweils einen optionalen Parameter, um die Anzahl an Zellen anzugeben, um die Sie sich in der angegebenen Richtung fortbewegen möchten. Ohne Übergabe des Parameters erfolgt die Umpositionierung des Cursors um genau eine Zelle. Wir bewegen den Cursor eine Zelle nach rechts und vergeben die Überschrift für die zweite Spalte. Die `move_*`-Methoden geben jeweils die Instanz des Cursors als `RETURNING`-Parameter zurück, sodass der nächste Schreibzugriff direkt per Verkettung erfolgen kann:

```
cursor->move_right( )->get_cell(
  )->value->write_from( 'Rezeptname' ).
```

Dynamische Ermittlung der Kopfzeile

Für die Kopfzeile bietet sich eine generische Implementierung an, die auf Basis der in der darunterliegenden Zeile dargestellten internen Tabelle die Zellen mit ihren Bezeichnern füllt. Diese Implementierung bietet sich gerade mit Blick auf das noch ausstehende zweite Arbeitsblatt mit den Zutaten an.

Die Ihnen vielleicht aus der klassischen ABAP-Programmierung bekannten *Run Time Type Services* (RTTS) als Möglichkeit, Typinformationen zur Laufzeit zu erhalten oder Datentypen zur Laufzeit zu erzeugen und zu verwenden, sind auch in ABAP Cloud verfügbar. Eine Ermittlung der technischen Bezeichner der Komponenten des Zeilentyps der internen Tabelle ist damit einfach möglich (siehe Listing 14.5).

```
DATA(descriptor) = CAST cl_abap_structdescr(
  CAST cl_abap_tabledescr(
    cl_abap_typedescr=>describe_by_data( recipes )
  )->get_table_line_type( ) ).
LOOP AT descriptor->get_components( )
     ASSIGNING FIELD-SYMBOL(<component>).
  cursor->get_cell( )->value->write_from( <component>-name ).
  cursor->move_right( ).
ENDLOOP.
```

Listing 14.5 Dynamische Ermittlung der Kopfzeile

Einschränkungen in ABAP Cloud und in temporären Paketen

Der Zugriff auf die Datenelementtexte hingegen gestaltet sich schwierig. Die Methode `get_ddic_field` der Klasse `CL_ABAP_ELEMDESCR` ist in ABAP Cloud nicht nutzbar, da der Strukturtyp des Ergebnisses `DFIES` nicht freigegeben ist. Konkret für unser Beispiel lässt sich aber auch nicht die ABAP Repository API der XCO-Bibliothek verwenden, da wir uns für Auslieferungszwecke dazu entschieden haben, das Rezeptportal in temporären Paketen zu entwickeln. Die XCO-Bibliothek erlaubt keinen Zugriff auf solche Objekte und filtert auf Basis der Softwarekomponente. Wir belassen es daher für unsere Zwecke bei den technischen Bezeichnern.

14.1.6 Hinzufügen eines weiteren Arbeitsblatts

Arbeitsblatt für die Zutaten

In einem zweiten Arbeitsblatt möchten wir die Zutaten ausgeben. Um ein weiteres Arbeitsblatt zu ergänzen, rufen Sie die Methode `add_new_sheet` des Dokumentenobjekts auf:

```
sheet = document->get_workbook(
  )->add_new_sheet( 'Zutaten' ).
```

Generische Füllung von Arbeitsblättern

Im Parameter iv_name der Methode können Sie direkt den Namen des Arbeitsblatts mitversorgen. Da in unserem Beispiel die Logik zum Füllen des Zutatenarbeitsblatts identisch ist mit der des Rezeptarbeitsblatts, lagern wir diese Funktion in eine Methode aus. Die Logik zur Befüllung der beiden Arbeitsblätter sehen Sie in Listing 14.6.

```
CLASS lhc_masschange DEFINITION
  INHERITING FROM cl_abap_behavior_handler
  PRIVATE SECTION.
    ...
    METHODS add_table_to_worksheet
      IMPORTING !table TYPE STANDARD TABLE
                sheet  TYPE REF TO if_xco_xlsx_wa_worksheet.
ENDCLASS.

CLASS lhc_masschange IMPLEMENTATION.
  ...
  METHOD add_table_to_worksheet.
    DATA(from_second_row) =
      xco_cp_xlsx_selection=>pattern_builder->simple_from_to(
        )->from_row(
          xco_cp_xlsx=>coordinate->for_numeric_value( 2 )
        )->get_pattern( ).
    DATA(stream) = sheet->select( from_second_row
      )->row_stream( ).
    stream->operation->write_from( REF #( table )
      )->execute( ).

    DATA(cursor) = sheet->cursor(
      io_column =
        xco_cp_xlsx=>coordinate->for_alphabetic_value( 'A' )
      io_row    =
        xco_cp_xlsx=>coordinate->for_numeric_value( 1 ) ).

    DATA(descriptor) = CAST cl_abap_structdescr(
      CAST cl_abap_tabledescr(
        cl_abap_typedescr=>describe_by_data( table )
      )->get_table_line_type( ) ).
    LOOP AT descriptor->get_components( )
         ASSIGNING FIELD-SYMBOL(<component>).
      cursor->get_cell( )->value->write_from(
        <component>-name ).
```

```
      cursor->move_right( ).
    ENDLOOP.
  ENDMETHOD.
ENDCLASS.
```

Listing 14.6 Generisches Füllen eines Arbeitsblatts mit eigener Methode

14.1.7 Excel-Datei speichern

Speichern als Datei

Unsere Arbeitsmappe ist damit fertiggestellt. Wir müssen sie noch speichern, um sie den Anwenderinnen und Anwendern zur Verfügung zu stellen. Der Begriff »Speichern« ist an dieser Stelle weit ausgelegt. Die API ermöglicht lediglich die Erzeugung eines Binärstrings. Dazu rufen Sie die Methode `get_file_content` Ihres Dokumentenobjekts auf. Sie liefert Ihnen die gesamte Excel-Datei als Binärstring zurück, mit dem Sie je nach Kontext weiterarbeiten können.

Bei der klassischen Bereitstellung von Excel-Dokumenten im SAP GUI wäre nun ein Download auf das Frontend oder eine Ablage im Dateisystem des Applikationsservers an der Reihe. Im Kontext von ABAP Cloud und unserer RAP-Anwendung speichern wir den Dateiinhalt in einer Datenbanktabelle. Details zur Handhabung von Dateien in ABAP Cloud haben Sie bereits in Kapitel 13, »Datei-Upload«, erfahren. Hier hatten wir die Bilddaten in einer Datenbanktabelle gespeichert.

Abschluss der Aktionsimplementierung

Wir bearbeiten daher nun per EML die in der Implementierung der Aktion angesprochenen Business-Objekt-Instanzen und speichern die erzeugte Datei im Feld `TemplateFileContent` ab. Zusätzlich setzen wir die Felder `TemplateFileMimetype` und `TemplateFilename`, die vom RAP-Framework und von SAP Fiori Elements benötigt werden. Der MIME-Typ für eine Excel-Datei im XLSX-Format ist `application/vnd.openxmlformats-officedocument.spreadsheetml.sheet`.

In unserem Fall dürfen alle Instanzen dieselbe Datei erhalten. Dies begründet sich damit, dass die Datei nicht anhand von Parametern der Massenänderungsinstanz abhängt. In der Regel würden Sie die Bearbeitung hier spezifisch pro Instanz in einer Schleife durchführen. Ein Beispiel dafür werden Sie in Abschnitt 14.2, »Auslesen einer Excel-Datei«, sehen.

Abschließend müssen wir per `READ ENTITIES` den aktualisierten Zustand auslesen und dem Aufrufer zurückgeben. Den noch fehlenden Teil der Aktionsimplementierung in der Methode `generateTemplate` finden Sie in Listing 14.7.

```
...
DATA(content) = document->get_file_content( ).

MODIFY ENTITIES OF ZACB_R_MassChange IN LOCAL MODE
       ENTITY MassChange
       UPDATE FIELDS ( TemplateFileContent
                       TemplateFileMimetype
                       TemplateFilename
                       ProcessingStatus ) WITH VALUE #(
           FOR k IN keys
           ( %tky                  = k-%tky
             TemplateFileContent  = content
             TemplateFileMimetype =
               'application/vnd.openxmlformats-' &&
               'officedocument.spreadsheetml.sheet'
             TemplateFilename     = 'template.xlsx'
             ProcessingStatus     = '1' ) )
       REPORTED reported
       FAILED failed
       MAPPED mapped.

READ ENTITIES OF ZACB_R_MassChange IN LOCAL MODE
     ENTITY MassChange
     ALL FIELDS WITH CORRESPONDING #( keys )
     RESULT DATA(mass_changes).
result = VALUE #( FOR mass_change IN mass_changes
                  ( %tky   = mass_change-%tky
                    %param = mass_change ) ).
```

Listing 14.7 Speichern der Datei per EML

14.1.8 Test der Anwendung

Download der Datei in der SAP-Fiori-App

Damit ist die Implementierung der Vorlagengenerierung abgeschlossen. In der SAP-Fiori-App wird nun nach dem Klick auf den Button **Vorlage generieren** die Aktion ausgelöst, die Excel-Datei generiert, in der Datenbanktabelle abgelegt und anschließend den Anwenderinnen und Anwendern zum Download bereitgestellt (siehe Abbildung 14.5).

Den Inhalt unserer erzeugten Excel-Datei können Sie in Abbildung 14.6 sehen.

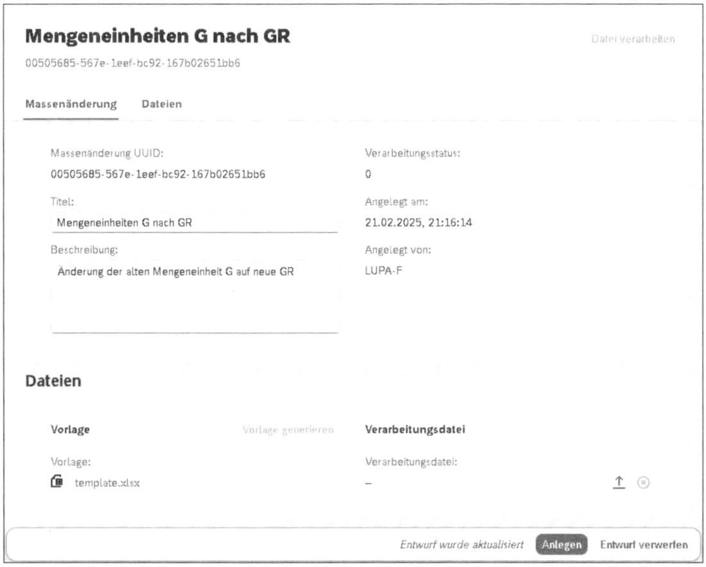

Abbildung 14.5 Object Page der Massenänderung nach Generierung der Vorlage

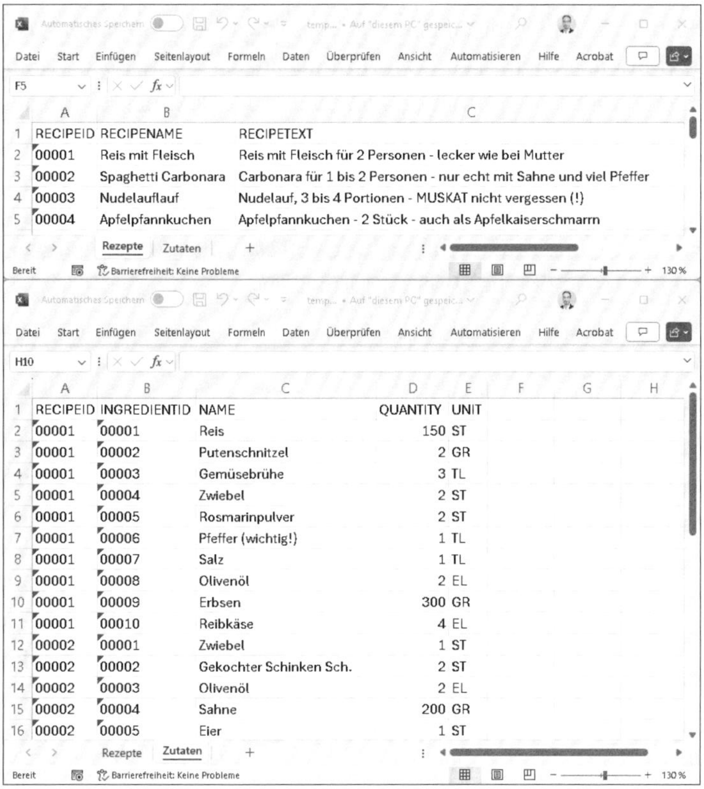

Abbildung 14.6 Inhalt der generierten Excel-Vorlage

Konvertierung von Werten

Bei der Übertragung der Werte aus den ABAP-Variablen in die Zellen des Arbeitsblatts findet eine Konvertierung oder auch *Transformation* statt. Der Transformationsalgorithmus kann beim Schreiben per Cursor mit der Methode `set_transformation` am Zellobjekt und beim Schreiben über eine interne Tabelle über die Methode `set_value_transformation` vor Aufruf der Methode `execute` angegeben werden (siehe Listing 14.8).

```
stream->operation->write_from( REF #( table )
  )->set_value_transformation(
  xco_cp_xlsx_write_access=>value_transformation->best_effort
  )->execute( ).
...
cursor->get_cell( )->value->set_transformation(
  xco_cp_xlsx_write_access=>value_transformation->best_effort
  )->write_from( <component>-name ).
```

Listing 14.8 Angabe des Transformationsalgorithmus

Die möglichen Algorithmen werden über eine Factory im Attribut `value_transformation` der API-Klasse `XCO_CP_XLSX_WRITE_ACCESS` bereitgestellt. Für schreibende Zugriffe gibt es bislang nur die *Best Effort Transformation*. Diese greift auch implizit, wenn kein Algorithmus angegeben wurde. Details zum Verhalten dieser Transformation können Sie der Dokumentation des Interfaces `IF_XCO_XLSX_WA_VT_BEST_EFFORT` entnehmen. Die Transformationsimplementierung kümmert sich z. B. um den Aufruf von Konvertierungs-Exits für Sprachschlüssel und Maßeinheiten, um die Konvertierung für boolesche Werte und um die Darstellung von Datums- und Uhrzeitwerten im numerischen Excel-spezifischen Format.

Einschränkungen der Best Effort Transformation

Es gibt allerdings Einschränkungen bei dieser Art der Transformation. Die Konvertierung boolescher Werte von `X` nach `1` und von <Leerzeichen> nach `0` erfolgt ausschließlich für den Typ `abap_bool` aus der Typgruppe `ABAP`, nicht aber für das Datenelement `abap_boolean`. Außerdem werden einige Datentypen gar nicht unterstützt. In unserem Beispiel wäre die Spalte **Menge** im Arbeitsblatt **Zutaten** leer. Die Menge einer Zutat wird im Anwendungsbeispiel über den Dictionary-Typ `INT2` beschrieben. Dieser wird vom Algorithmus nicht unterstützt, und die Spalte wäre somit in der Excel-Datei leer. Um diese Problematik zu umgehen, ohne nachträglich den Datentyp zu ändern, haben wir in der Datenselektion einen `CAST`-Ausdruck verwendet (siehe Listing 14.9).

```
SELECT FROM ZACB_R_Ingredient
  FIELDS RecipeId,
         IngredientId,
```

```
        Name,
        CAST( Quantity AS INT4 ) AS Quantity,
        Unit
  ORDER BY PRIMARY KEY
  INTO TABLE @DATA(ingredients).
add_table_to_worksheet( table = ingredients
                        sheet = sheet ).
```

Listing 14.9 »CAST«-Ausdruck im »SELECT«-Befehl

14.2 Auslesen einer Excel-Datei

Aktion zum Verarbeiten einer Datei

Im letzten Abschnitt wurde eine Excel-Datei mit den Daten aller Rezepte und Zutaten erzeugt. Die Anwenderinnen und Anwender des Rezeptportals können diese als Vorlage herunterladen und bearbeiten. Im nächsten Schritt in unserem Anwendungsbeispiel lädt jemand die von ihm bearbeitete Datei hoch und klickt auf den Button **Datei verarbeiten**.

14.2.1 Anlage der Aktion

Die zugehörige Aktion im RAP-Business-Objekt »Massenänderung« heißt `processFile` und wird wie folgt in der Verhaltensdefinition definiert:

```
action ( features : instance ) processFile result [1] $self;
```

Sie ruft die Methode `processFile` der lokalen Handler-Klasse `LHC_MASSCHANGE` auf, die es nun zu implementieren gilt (siehe Abschnitt 14.1.2, »Anlage des Excel-Dokuments«). Sie soll die von der Anwenderin oder dem Anwender bearbeitete Datei auslesen und die gewünschten Änderungen an den Daten per EML vornehmen.

```
CLASS lhc_masschange DEFINITION
  INHERITING FROM cl_abap_behavior_handler.
  PRIVATE SECTION.
    ...
    METHODS processFile FOR MODIFY
      IMPORTING keys
      FOR ACTION MassChange~processFile
      RESULT result.
ENDCLASS.
CLASS lhc_masschange IMPLEMENTATION.
  ...
  METHOD processFile.
```

```
    " TODO
  ENDMETHOD.
ENDCLASS.
```

Listing 14.10 Implementierung der Aktion »processFile«

14.2.2 Erzeugung des Dokumentenobjekts

Einzelverarbeitung der Dateien

Wir fokussieren uns zunächst wieder auf die Handhabung der Excel-Dateien mit der XCO-Bibliothek und greifen die Integration in die Aktion des RAP-Business-Objekts später auf. Wir legen dazu zunächst eine separate Methode in der Private Section der Handler-Klasse `LHC_MASSCHANGE` an, die sich um die Verarbeitung einer konkreten Datei kümmert. Diese Methode heißt `process_single_file` und hat folgende Signatur:

```
METHODS process_single_file
  IMPORTING file_content TYPE xstring
  RAISING   lcx_processing_error.
```

Sie übernimmt demnach einfach den Dateiinhalt als Binärstring und verarbeitet ihn. Im Fehlerfall löst sie eine lokal definierte klassenbasierte Ausnahme aus.

Lesezugriff

Die Ausgangssituation zum Auslesen von Excel-Dateien ist, dass Sie den Dateiinhalt als Binärstring vorliegen haben. Um die Beschaffung dieses Binärstrings müssen Sie sich selbst vorab kümmern. In unserem Fall wurde der Dateiinhalt vom Aufrufer der Methode vorab per `READ ENTITIES` ausgelesen. Zum Auslesen der Datei verwenden Sie wieder die API-Klasse `XCO_CP_XLSX` mit dem Attribut `document`. Dieses Mal wählen Sie nicht die Methode `empty` als Einstiegspunkt, sondern die Methode `for_file_content`. Dieser Methode können Sie den Binärstring übergeben, um den Lesezugriff auf das Excel-Dokument zu erhalten:

```
DATA(document) = xco_cp_xlsx=>document->for_file_content(
  file_content )->read_access( ).
```

Ähnlich wie bei Anlage eines neuen Excel-Dokuments geben Sie zum Einstieg eine Zugriffsart an. Über die Methode `read_access` erhalten Sie ein Dokumentenobjekt zurück, das für den Lesezugriff ausgelegt ist.

[»]

Schreibzugriff auf bestehende Dateien

An der gleichen Stelle wie der Lesezugriff ist auch der Schreibzugriff auf eingelesene Excel-Dateien verortet. Zur Änderung einer bestehenden Datei rufen Sie die Methode write_access auf. In SAP S/4HANA 2023 ist diese Methode allerdings noch nicht verfügbar. Daher wird das Ändern von Excel-Dateien in diesem Kapitel nicht thematisiert.

Der weitere Umgang mit der API für den Lesezugriff ist sehr ähnlich, wie für den Schreibzugriff in Abschnitt 14.1, »Erstellen einer Excel-Datei«, beschrieben. Sie werden daher viele Methoden und Zugriffsmuster wiedererkennen. Technisch handelt es sich oft aber um andere Klassen und Interfaces. Diese sind jeweils spezifisch für die Zugriffsart. Beim Schreibzugriff erhielten Sie z. B. ein Dokumentenobjekt vom Typ IF_XCO_XLSX_WA_DOCUMENT. Nun beim Lesezugriff lautet der Typ IF_XCO_XLSX_RA_DOCUMENT. Die Namensbestandteile WA und RA unterscheiden hier zwischen »Write Access« und »Read Access«.

14.2.3 Lesen eines Arbeitsblatts

Lesezugriff auf ein Arbeitsblatt

Über die Methode get_workbook können Sie anschließend wieder in die Arbeitsmappe navigieren. Im Gegensatz zur Neuanlage sollte die Mappe nun bereits Arbeitsblätter enthalten. Über die Methoden at_position und for_name können Sie eine Instanz des Arbeitsblattobjekts erhalten.

Wir möchten spezifisch nach einem Arbeitsblatt mit dem Titel »Rezepte« suchen, da dieses auch in unserer Vorlage so benannt war, und wählen daher die Methode for_name (siehe Listing 14.11). Wir stellen anschließend über die Methode exists sicher, dass das Arbeitsblatt in der Arbeitsmappe existiert.

```
DATA(sheet) = document->get_workbook(
  )->worksheet->for_name( 'Rezepte' ).
IF NOT sheet->exists( ).
  cl_message_helper=>set_msg_vars_for_clike(
    |Arbeitsblatt "Rezepte" existiert nicht| ).
  RAISE EXCEPTION TYPE lcx_processing_error USING MESSAGE.
ENDIF.
```

Listing 14.11 Erhalt eines bestehenden Arbeitsblatts

[!]

Validierung von Benutzereingaben

Beim Auslesen einer bestehenden Excel-Datei müssen Sie sich aktiv um die Eingabevalidierung kümmern. Die Prüfung, ob das genannte Arbeitsblatt überhaupt existiert, ist dabei das Geringste. Es könnten in der Datei auch

Makros oder JavaScript-Bestandteile für einen Angriff versteckt worden sein, die im Excel-Client einer anderen Anwenderin oder eines anderen Anwenders ausgeführt werden, weil Sie sie ungeprüft in die Datenbank übernommen haben. Ergänzen Sie daher geeignete Validierungsprüfungen bei der Verarbeitung von externen Daten.

14.2.4 Lesen der Kopfzeile

Interpretation der Kopfzeile per Cursor

Zur Verarbeitung der Daten müssen wir zunächst den Aufbau kennen. Eine Möglichkeit wäre, anzunehmen, dass die Anwenderin oder der Anwender den Spaltenaufbau in dem Arbeitsblatt nicht angepasst hat – dies birgt aber natürlich Risiken. In der Praxis sollten Sie für eine Massenpflege wie die hier dargestellte umfangreiche Prüfungen implementieren, damit nicht versehentlich oder gar absichtlich Inkonsistenzen entstehen. Wir beschränken uns aus Darstellungsgründen auf den Fall, dass durch die Anwenderin oder den Anwender vielleicht die Reihenfolge der Spalten in der Datei im Vergleich zur Vorlage angepasst wurde. Daher möchten wir die Kopfzeile auslesen und anhand der dort dargestellten technischen Bezeichner die Spalten interpretieren.

Da wir für diese Interpretation nur zellenweise die Kopfzeile lesen, verwenden wir wieder einen Cursor (siehe Listing 14.12) und starten in der Zelle A1.

```
DATA(cursor) = sheet->cursor(
  io_column =
    xco_cp_xlsx=>coordinate->for_alphabetic_value( 'A' )
  io_row    =
    xco_cp_xlsx=>coordinate->for_numeric_value( 1 ) ).
```

Listing 14.12 Erstellen eines Cursors

Anschließend bewegen wir uns anhand des Cursors nach rechts durch die Kopfzeile und analysieren die Zelleninhalte. Wir interpretieren diesen Inhalt als Komponente einer View-Entität und bauen dynamisch einen Strukturtyp auf. Dies ermöglicht es uns später, die weiteren Zeilen in Masse und typsicher einer passenden internen Tabelle zuzuweisen. Über die Methode `has_cell` können Sie abfragen, ob der Cursor auf eine valide Zelle zeigt. Über die Methodenverkettung `get_cell( )->has_value( )` können Sie abfragen, ob die Zelle einen Wert enthält. Über `get_value( )->write_to( )` können Sie den Wert per Referenz in ein Zieldatenobjekt schreiben. Wir navigieren so lange nach rechts, bis eine leere Zelle erreicht ist. Die gesamte Interpretationslogik finden Sie in Listing 14.13.

```
DATA components    TYPE cl_abap_structdescr=>component_table.
DATA column_header TYPE string.

WHILE cursor->has_cell( ) AND
      cursor->get_cell( )->has_value( ).
  cursor->get_cell( )->get_value( )->write_to(
    REF #( column_header ) ).
  IF column_header IS INITIAL.
    EXIT.
  ENDIF.

  cl_abap_typedescr=>describe_by_name(
    EXPORTING p_name         =
      |ZACB_R_Recipe-{ column_header }|
    RECEIVING p_descr_ref    = DATA(column_descriptor)
    EXCEPTIONS type_not_found = 1
               OTHERS         = 2 ).
  IF sy-subrc <> 0.
    cl_message_helper=>set_msg_vars_for_clike(
      |Feld { column_header } unbekannt| ).
    RAISE EXCEPTION TYPE lcx_processing_error USING MESSAGE.
  ENDIF.

  APPEND VALUE #( name = column_header
                  type = CAST #( column_descriptor ) )
         TO components.

  cursor->move_right( ).
ENDWHILE.
```

Listing 14.13 Interpretation der Kopfzeile per Cursor

Abschließend erzeugen wir per *Run Time Type Creation* (RTTC) eine interne Tabelle unseres analysierten Typs und haben damit ein Zieldatenobjekt geschaffen, in das wir im nächsten Schritt die weiteren Zeilen des Arbeitsblatts einlesen können (siehe Listing 14.14).

```
DATA recipes TYPE REF TO data.
DATA(table_descriptor) = cl_abap_tabledescr=>get(
  cl_abap_structdescr=>get( components ) ).
CREATE DATA recipes TYPE HANDLE table_descriptor.
```

Listing 14.14 Dynamische Erzeugung der internen Tabelle für die Rezeptdaten per RTTC

14.2.5 Einlesen in eine interne Tabelle

Zeilenweiser Lesezugriff auf eine Selektion

Zum Einlesen von Zeilen in eine interne Tabelle können Sie analog zum Schreibzugriff den zeilenweisen Lesezugriff auf eine Selektion verwenden. Dazu wird wieder ein Selektionsmuster benötigt. Zum Transfer in das Zieldatenobjekt – bei uns die zur Laufzeit erzeugte interne Tabelle hinter der Datenreferenz `recipe` – verwenden Sie die Methode `write_to` (siehe Listing 14.15).

```
DATA(from_second_row) =
  xco_cp_xlsx_selection=>pattern_builder->simple_from_to(
    )->from_row(
      xco_cp_xlsx=>coordinate->for_numeric_value( 2 )
    )->get_pattern( ).
sheet->select( from_second_row )->row_stream(
  )->operation->write_to( recipes )->execute( ).
```

Listing 14.15 Ausführung einer Leseoperation auf einen Row Stream

Die interne Tabelle enthält anschließend alle Zeilen ab der Arbeitsblattkoordinate A2 in der Breite, wie sie der strukturierte Zeilentyp der internen Tabelle hergibt.

Zutaten auslesen

Wir wiederholen das Coding für das zweite Tabellenblatt mit den Zutaten (siehe Listing 14.16). Es bietet sich an, Teile der Logik auszulagern, daher verlagern wir die Kopfzeilenanalyse und die Erzeugung des Zieldatenobjekts in eine eigene Methode `create_table_for_sheet`.

```
sheet = document->get_workbook( )->worksheet->for_name(
  'Zutaten' ).
IF NOT sheet->exists( ).
  cl_message_helper=>set_msg_vars_for_clike(
    |Arbeitsblatt "Zutaten" existiert nicht| ).
  RAISE EXCEPTION TYPE lcx_processing_error USING MESSAGE.
ENDIF.

DATA(ingredients) = create_table_for_sheet(
```

```
  view_entity = 'ZACB_R_Ingredient'
  sheet       = sheet ).

sheet->select( from_second_row )->row_stream(
  )->operation->write_to( ingredients )->execute( ).
```

Listing 14.16 Auslesen der Zutatendaten

Konvertierung von Werten

Ähnlich wie beim Schreibzugriff erfolgt auch lesend eine Konvertierung der Zellwerte. Im Gegensatz zum Schreibzugriff stehen beim Lesezugriff allerdings neben der Best Effort Transformation noch weitere zur Auswahl. In der API-Klasse XCO_CP_XLSX_READ_ACCESS werden über die Factory hinter dem Attribut value_transformation folgende Implementierungen angeboten:

- **Identity Transformation**

  Es erfolgt keine Konvertierung. Der Zellwert wird unverändert übernommen und in das Datenobjekt geschrieben.
- **String Value Transformation**

  Alle Zeilen werden als String interpretiert. Als Zieldatenobjekt sollte daher auch der Typ string gewählt werden. Diese Implementierung bietet sich an, wenn die Analyse auf den konkreten Typ in ABAP implementiert werden soll.
- **Best Effort Transformation**

  Diese Implementierung ist bereits vom Schreibzugriff her bekannt. Sie konvertiert Sprachschlüssel und Maßeinheiten anhand der zugehörigen Konvertierungsexits sowie Datums- und Uhrzeitwerte anhand der Excel-spezifischen numerischen Aufbereitung. Sie sieht eine Sonderbehandlung für den Typ abap_bool vor. Zieldatenobjekte mit nicht unterstützen Datentypen werden analog der Identity Transformation behandelt.

Die Transformationsimplementierung können Sie über die Methode set_value_transformation beim Zellwertobjekt oder beim Schreiboperationsobjekt des Row Streams auswählen. Ohne Aufruf der Methode wird die Best Effort Transformation genutzt.

14.2.6 Ausführung der Massenänderung

Ausführung der Massenänderung

Als Ergebnis haben wir zwei Variablen, recipes und ingredients. Sie enthalten jeweils eine Referenz auf eine interne Tabelle mit den eingelesenen Daten. Die Komponenten der Zeilentypen dieser internen Tabellen haben bereits Bezeichner, die denen unser zugehörigen RAP-Objekte entsprechen. Wir können daher direkt einen EML-Befehl absetzen, der die gewünschten Änderungen an Rezepten und Zutaten zusammen mit allen weiteren notwendigen Aktivitäten, wie der Änderungsbelegfortschreibung, durchführt (siehe Listing 14.17).

```
MODIFY ENTITIES OF ZACB_R_Recipe
       ENTITY Recipe
       UPDATE FIELDS ( RecipeName RecipeText )
       WITH CORRESPONDING #( recipes->* )
       ENTITY Ingredient
       UPDATE FIELDS ( Name Quantity Unit )
       WITH CORRESPONDING #( ingredients->* )
       FAILED DATA(failed).
IF failed IS NOT INITIAL.
  cl_message_helper=>set_msg_vars_for_clike(
    |Fehler bei Massenänderung| ).
  RAISE EXCEPTION TYPE lcx_processing_error USING MESSAGE.
ENDIF.
```

Listing 14.17 Massenänderung per »MODIFY ENTITIES«

An dieser Stelle gehen wir davon aus, dass die Felder **Rezeptname**, **Rezepttext**, **Zutatenname**, **Zutatenmenge** und **Zutateneinheit** in der Excel-Tabelle mit korrektem Spaltenbezeichner vorhanden waren. Andernfalls würden diese Felder als initial interpretiert und über die EML-Anweisung geleert. Lediglich den Fall, dass die Anwenderin oder der Anwender Spalten umsortiert, haben wir berücksichtigt. In einer produktiven Anwendung wären hier noch weitere Vorkehrungen zu treffen.

Integration in die Aktionsimplementierung

Die Verarbeitung muss nun lediglich noch in die Aktion `processFile` unseres RAP-Business-Objekts integriert werden. Dazu ergänzen wir den Aufruf unserer Methode `process_single_file` und das umliegende Handling der Aktionsimplementierung. Für die Multi-Instanz-Fähigkeit müssen zunächst alle angesprochenen Instanzen gelesen und dann in einer Schleife behandelt werden.

Wir setzen im Erfolgsfall den Verarbeitungsstatus auf den Wert `3` (Verarbeitung abgeschlossen), geben eine Erfolgsmeldung aus und setzen in der Ergebnisvariablen den aktualisierten Zustand der Instanzen. Im Fehlerfall setzen wir für die Instanz der Massenänderung eine Fehlermeldung und markieren diese als fehlerhaft verarbeitet.

Die gesamte Implementierung der Methode finden Sie in Listing 14.18.

```
METHOD processFile.
  READ ENTITIES OF ZACB_R_MassChange IN LOCAL MODE
       ENTITY MassChange
       FIELDS ( ProcessingFileContent )
       WITH CORRESPONDING #( keys )
       RESULT DATA(mass_changes).

  LOOP AT mass_changes ASSIGNING FIELD-SYMBOL(<mass_change>).
    TRY.
        process_single_file(
          <mass_change>-ProcessingFileContent ).
        INSERT VALUE #(
          %tky = <mass_change>-%tky
          %msg = new_message_with_text(
            severity = if_abap_behv_message=>severity-success
            text     = |Massenänderung wurde | &&
                       |erfolgreich durchgeführt| ) )
               INTO TABLE reported-masschange.
        MODIFY ENTITIES OF ZACB_R_MassChange IN LOCAL MODE
               ENTITY MassChange
               UPDATE FIELDS ( ProcessingStatus )
               WITH VALUE #(
               ( %tky             = <mass_change>-%tky
                 ProcessingStatus = '3' ) ).
      CATCH lcx_processing_error INTO DATA(error).
        INSERT VALUE #(
          %tky = <mass_change>-%tky
          %msg = new_message_with_text(
            severity = if_abap_behv_message=>severity-error
            text     = error->get_text( ) ) )
               INTO TABLE reported-MassChange.
        INSERT VALUE #(
          %tky        = <mass_change>-%tky
          %fail-cause = if_abap_behv=>cause-unspecific )
               INTO TABLE failed-MassChange.
    ENDTRY.
  ENDLOOP.

  READ ENTITIES OF ZACB_R_MassChange IN LOCAL MODE
       ENTITY MassChange
```

```
      ALL FIELDS
      WITH CORRESPONDING #( keys )
      RESULT mass_changes.
  result = VALUE #( FOR mass_change IN mass_changes
                    ( %tky   = mass_change-%tky
                      %param = mass_change ) ).
ENDMETHOD.
```

Listing 14.18 Fertiggestellte Implementierung der Aktion »processFile«

14.2.7 Test der Anwendung

Darstellung in der SAP-Fiori-App

Unsere Implementierung ist damit abgeschlossen. In der SAP-Fiori-App wird nach Abschluss der Verarbeitung eine Erfolgsmeldung angezeigt (siehe Abbildung 14.7).

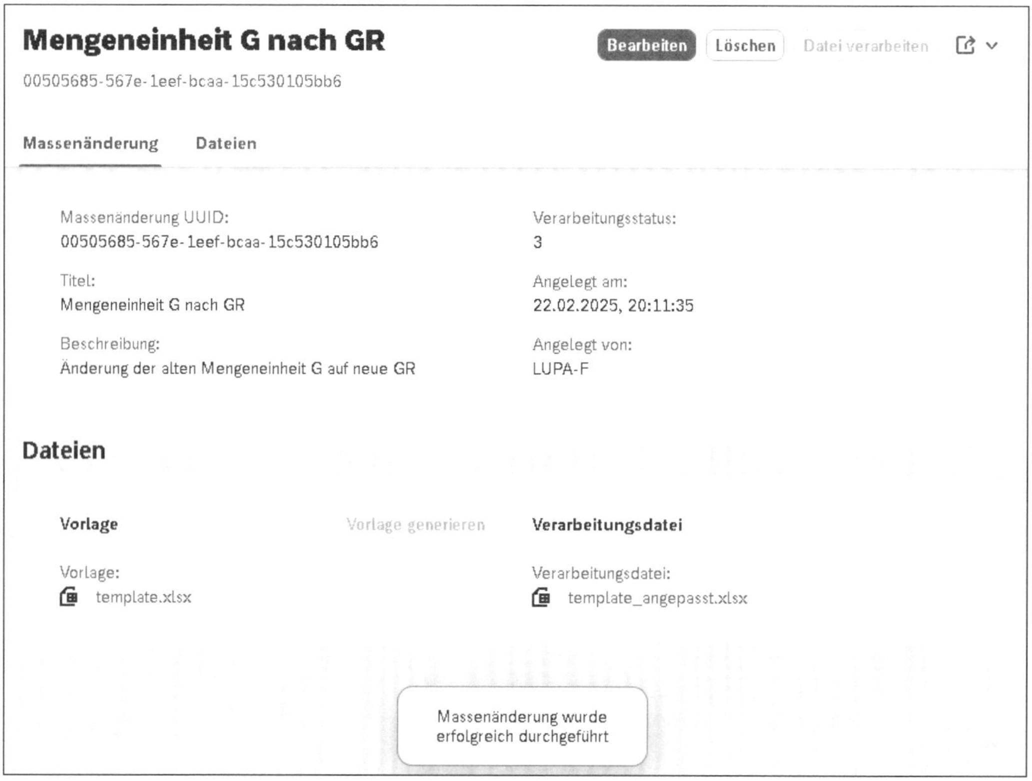

Abbildung 14.7 Erfolgreiche Massenänderung in der SAP-Fiori-App

Die Rezepte und Zutaten wurden auf Basis der angepassten Datei geändert. Im Fehlerfall wird eine Fehlermeldung angezeigt (siehe Abbildung 14.8).

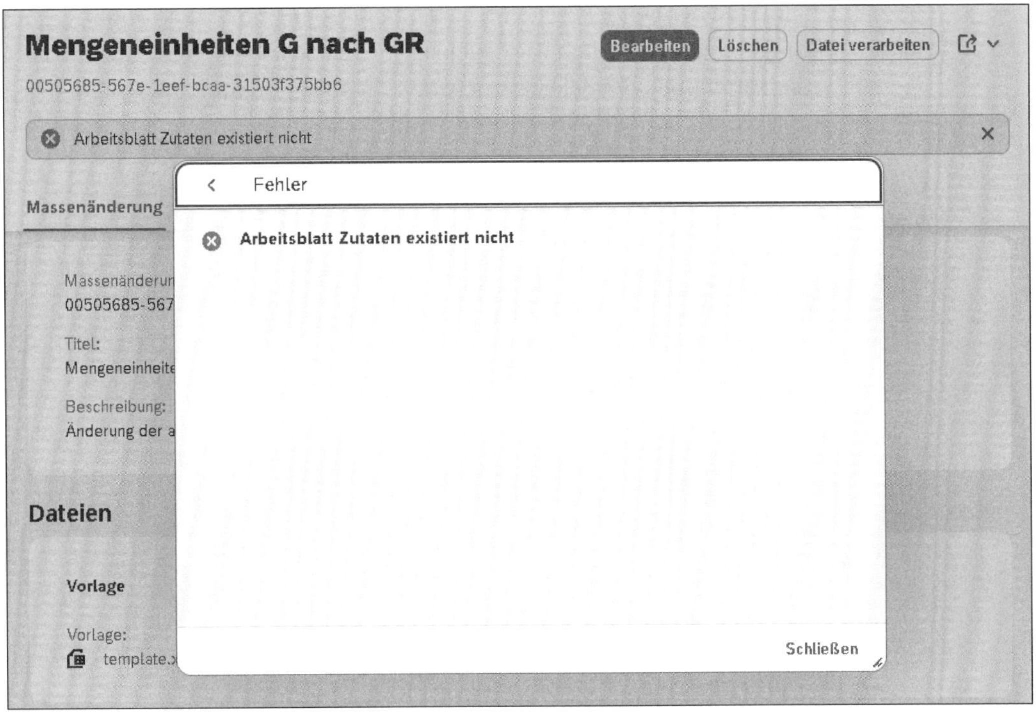

Abbildung 14.8 Anzeige einer Fehlermeldung in der SAP-Fiori-App

14.3 Zusammenfassung

In diesem Kapitel haben Sie die neue ABAP-Cloud-fähige API zur Erstellung und zum Auslesen von Excel-Dateien kennengelernt. Diese Komponente der XCO-Bibliothek benötigt für den Umgang mit den diversen Klassen, Interfaces und Methoden etwas an Eingewöhnung. Ist diese aber erfolgt, können mit vergleichsweise einfachen Mitteln Excel-Dateien erzeugt werden. Die Integration in das Konzept des Datei-Uploads und Datei-Downloads mit SAP Fiori Elements und dem ABAP RESTful Application Programming Model ist nahtlos, da die API lediglich auf Binärstrings aufsetzt bzw. diese erzeugt. Die im Beispiel entwickelte App stellt bereits einen umfangreichen Funktionsumfang zur Verfügung und wäre sehr einfach erweiterbar. Wenige der gezeigten Funktionen sind spezifisch auf Rezepte oder Zutaten ausgelegt. Die meisten Implementierungsanteile könnten ohne große Anpassungen an jeden fachlichen Hintergrund angepasst werden.

Einige Funktionen fehlen allerdings auch noch. In SAP S/4HANA 2023 ist etwa die Bearbeitung von Excel-Dateien noch nicht möglich, im SAP BTP ABAP Environment und in SAP S/4HANA Cloud Public Edition steht diese

Funktion bereits zur Verfügung. Ebenfalls bislang nur in den Public-Cloud-Umgebungen besteht die Möglichkeit, Zellen zu formatieren, z. B. ihre Hintergrundfarbe oder Schriftart. Die API für Excel-Dokumente befindet sich noch in der aktiven Entwicklung, weshalb ihr Funktionsumfang weiter anwachsen wird.

Kapitel 15
Dokumentation von Entwicklungsobjekten

Kennen Sie das? Sie bearbeiten einen Fehler in einem Programm, das Sie vor 15 Jahren erstellt haben, über das Sie aber rein gar nichts mehr wissen. Auf eine Entwicklerdokumentation haben Sie damals verzichtet, weil Sie dachten, der Programmcode sei selbsterklärend. Dieses Kapitel erklärt, wie Sie die leidige Dokumentation von Entwicklungsobjekten in ABAP Cloud erledigen können.

In vielen Projekten fehlt es an Budget, weshalb auf scheinbar unnötige Zeitfresser verzichtet wird. Darunter fällt häufig auch die Dokumentation der Entwicklungen.

Dokumentation in den Kommentaren

Im Code gibt es zwei verschiedene Arten von Kommentaren, um die Entwicklungen zu dokumentieren:

- *Dokumentierende Kommentare* halten sich an gewisse Formatierungskonventionen, damit aus diesen Kommentaren automatisch eine Dokumentation erstellt werden kann.
- *Erklärende Kommentare* sind Kommentare, die erläutern, welche Besonderheiten, Hacks oder Probleme existieren.

Generell gilt, dass so wenig wie möglich kommentiert werden sollte, aber so viel wie nötig. Neben den Kommentaren zur Dokumentation sollten schon die Namen der Entwicklungsobjekte, etwa der Klassen oder Methoden, Aufschluss darüber geben, was deren Absicht ist. Wenn eine Methode z. B. die Aufgabe hat, Benutzerdaten von einer Datenbank zu laden, sollte sie sinnvollerweise `loadUser` heißen und nicht bloß `selectData`.

In diesem Kapitel konzentrieren wir uns auf die dokumentierenden Kommentare, die in der ABAP-Welt eingesetzt werden können. Dazu erläutern wir in Abschnitt 15.1 zunächst das Konzept der *ABAP-Doc-Kommentare*, die vor allem für die objektorientierte Entwicklung verwendet werden. Anschließend stellen wir in Abschnitt 15.2 das *Knowledge Transfer Document* vor, das vor allem für die neuen Entwicklungsobjekte im ABAP RESTful Application Programming Model eingesetzt wird.

Dokumentation der Rezeptportalanwendung

In diesem Kapitel legen wir eine neue Beispielklasse ZCL_ACB_RECIPE an, die wir um ABAP-Doc-Kommentare erweitern. Diese Klasse verwenden wir, um den Umgang mit ABAP-Doc-Kommentaren zu zeigen. Zudem legen wir einen neuen CDS-View ZACB_I_RECIPE_DOCU an. Für diesen CDS-View wird ein Knowledge Transfer Document erstellt.

[»]

Nutzung der zugehörigen Beispielanwendung

Die in diesem Kapitel vorgestellten Objekte befinden sich im Unterpaket DOCUMENTATION.

15.1 ABAP Doc

ABAP Doc ermöglicht die Dokumentation von ABAP-Objekten auf der Grundlage spezieller Kommentare. Es können damit globale Objekte wie Klassen und Interfaces sowie deren Methoden und Attribute dokumentiert werden. Außerdem kann zu lokalen Objekten wie lokalen Variablen eine ABAP-Doc-Dokumentation existieren. In einer Entwicklungsumgebung wie den ABAP Development Tools wird der Inhalt von ABAP-Doc-Kommentaren ausgewertet, nach HTML konvertiert und anschließend auf geeignete Weise dargestellt.

ABAP-Doc-Kommentar

Ein ABAP-Doc-Kommentar wird mit der Zeichenfolge "! eingeleitet:

```
"! Beschreibung der Zutaten
```

View »ABAP Element Info«

Die erstellte Dokumentation kann in den ABAP Development Tools im View **ABAP Element Info** dargestellt werden. Diesen können Sie aufrufen, indem Sie auf ein mit ABAP Doc dokumentiertes Objekt klicken und die Taste F2 drücken. Es erscheint ein Pop-up-Fenster, in dem alle Informationen, die dokumentiert wurden, angezeigt werden (siehe Abbildung 15.1).

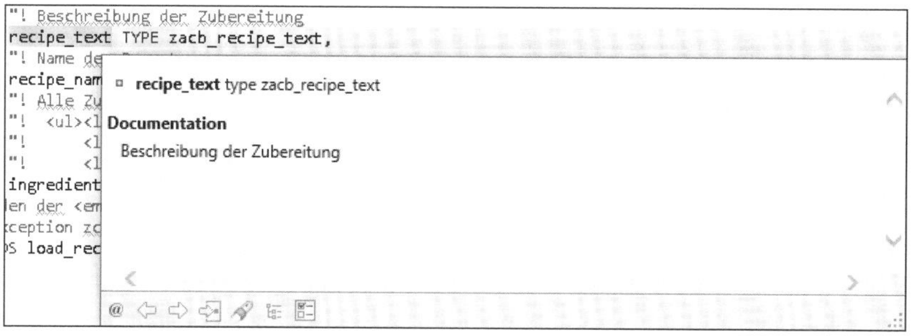

Abbildung 15.1 View »ABAP Element Info«

Mehrzeiliger Kommentar

Um mehrere Zeilen für die Dokumentation von Quellcode zu verwenden, muss jede Zeile mit "! beginnen:

```
"! Laden der Rezeptinformationen anhand
"! der Rezept-ID in Tabelle ZACB_RECIPE
```

Formatierung zur Ausgabe

Tabelle 15.1 führt die verschiedenen Tags auf, die zur Formatierung der Ausgabe von ABAP-Doc-Kommentaren verwendet werden können.

Formatierungsoption	Tag
Zeilenumbruch	` ` oder ` </br>`
Absatz	`<p>...</p>`
hervorgehobener Text	`<em>...</em>`
stark hervorgehobener Text	`<strong>...</strong>`
unsortierte Listen	`<ul><li>...</li></ul>`
sortierte Listen	`<ol><li>...</li></ol>`

Überschriften	`<h1>...</h1>`
	`<h2>...</h2>`
	`<h3>...</h3>`

Tabelle 15.1 Formatierungsoptionen für ABAP-Doc-Kommentare

Die Anwendung dieser Formatierungsoptionen zeigen wir beispielhaft in Listing 15.1.

```
"! Alle Zutaten für das Rezeptbeispiel
"!  <ul><li>Menge: 100</li>
"!      <li>Einheit: g</li>
"!      <li>Name: Mehl</li></ul>
   ingredients TYPE TABLE OF zacb_ingredient.
"! Laden der <em>Rezeptinformationen</em> anhand der
"! Rezept-ID in Tabelle <strong>ZACB_RECIPE</strong>
METHODS load_recipe RAISING zcx_acb_recipe_not_found.
```

Listing 15.1 Formatierungsoptionen für ABAP-Doc-Kommentare

Im View **ABAP Element Info** werden diese Formatierungen optisch umgesetzt (siehe Abbildung 15.2).

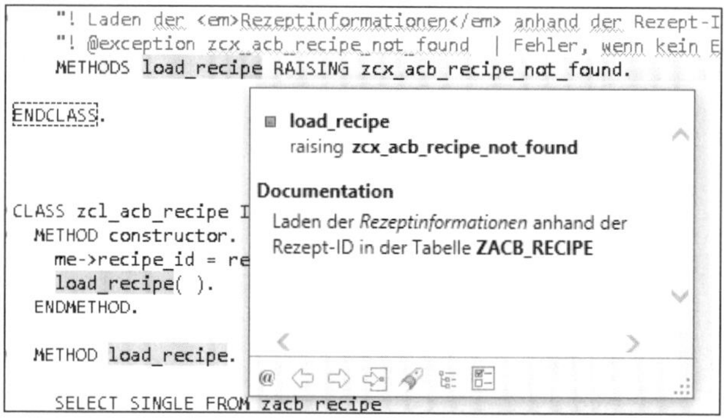

Abbildung 15.2 Darstellung der Formatierungsoptionen im View »ABAP Element Info«

Parameter und Ausnahmen

Für Methoden, Ereignisse, Funktionsbausteine und Unterprogramme können die Parameter und Ausnahmen dokumentiert werden. Tabelle 15.2 zeigt die Syntax, die für Parameter und Ausnahmen verwendet wird.

Dokumentation für	Syntax
Parameter	@parameter <parameter name> | <parameter dokumentation>
klassenbasierte Ausnahmen	@raising <ausnahme name> | <ausnahme dokumentation>
klassische Ausnahmen	@exception <ausnahme name> | <ausnahme dokumentation>

Tabelle 15.2 Dokumentation für Parameter und Ausnahmen

Listing 15.2 zeigt ein Beispiel für die Dokumentation von Parametern und Ausnahmen.

```
"! @parameter recipe_id | Übergabe einer Rezept-ID
"! @raising zcx_acb_recipe_not_found | Fehler, wenn kein
"! Eintrag zur Rezept-ID gefunden werden kann.
METHODS constructor IMPORTING recipe_id
  TYPE zacb_recipe_id RAISING zcx_acb_recipe_not_found.
```

Listing 15.2 ABAP-Doc-Kommentar für einen Parameter und eine Ausnahme

Aus diesem ABAP-Doc-Kommentar ergibt sich die in Abbildung 15.3 gezeigte Darstellung im View **ABAP Element Info**.

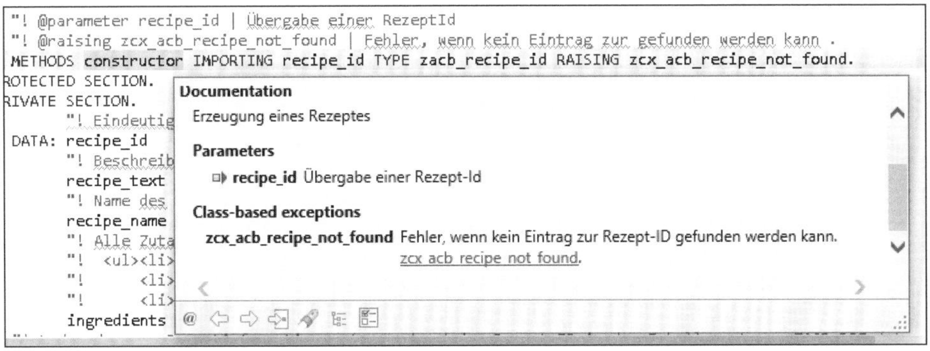

Abbildung 15.3 Ausgabe der ABAP-Doc-Kommentare für Parameter und Ausnahmen

Kurztextbeschreibungen einbinden

ABAP Doc und die klassischen Kurztextbeschreibungen können auch miteinander verbunden werden. Dies wird durch das Attribut "shorttext" ermöglicht. Eine Kurztextbeschreibung sieht in ABAP Doc wie folgt aus:

```
"! <p class="shorttext">Klasse für Rezepte</p>
```


Wenn nun zusätzlich das Attribut "synchronized" hinzugefügt wird, können Kurztextbeschreibungen und ABAP-Doc-Kommentare synchronisiert werden:

```
"! <p class="shorttext synchronized">Klasse für Rezepte</p>
```

Abbildung 15.4 zeigt die Verbindung zwischen dem ABAP-Doc-Kommentar und der Beschreibung für die Klasse ZCL_ACB_RECIPE im Editor und in der Projektstruktur.

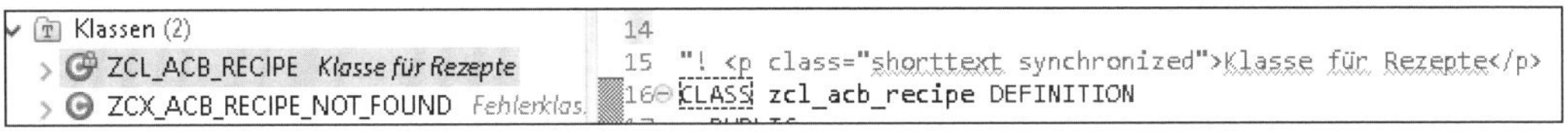

Abbildung 15.4 Verknüpfung der Texte

> **Länge von Kurztextbeschreibungen**
>
> Die Länge der Beschreibung ist limitiert auf die Länge für Kurztextbeschreibungen des jeweiligen Repository-Objekts.

Bestehende Beschreibungen importieren

Es ist möglich, ABAP Doc aus bestehenden Beschreibungen von globalen Klassen und Schnittstellen zu generieren. Zum Importieren von Beschreibungen in Klassen oder Interfaces öffnen Sie einfach das Entwicklungsobjekt und wählen in der Menüleiste den Eintrag **Source • Import ABAP Doc**

from Descriptions (siehe Abbildung 15.5). Die importierten Texte sind automatisch synchronisiert.

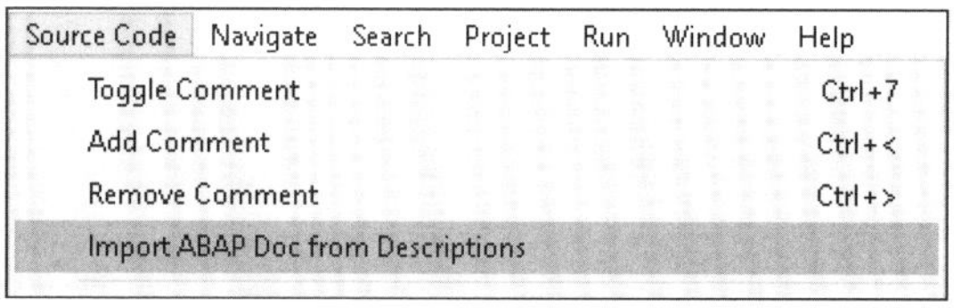

Abbildung 15.5 Import von Beschreibungen nach ABAP Doc

Attribut "lang"

Die importierten Texte weisen zudem das Attribut "lang" auf:

```
"! <p class="shorttext synchronized lang="de">Klasse für Rezepte</p>
```

Dieses Attribut zeigt die Hauptsprache des Entwicklungsobjekts an. Es ist nicht möglich, noch andere Sprachen hinzuzufügen. Der Editor würde in diesem Fall eine Warnung anzeigen.

Attribut »synchronized«

Das Attribut synchronized sollte verwendet werden, wenn im Unternehmen nicht nur die ABAP Development Tools, sondern auch noch die ABAP Workbench genutzt wird.

Verweis auf andere Repository-Objekte

Ein ABAP-Doc-Kommentar kann auch einen Verweis auf andere Repository-Objekte enthalten:

```
... {@link [[[kind:]name.]...][kind:]name} ...
```

Hinter @link kann dazu in geschweiften Klammern eine Pfadangabe zu einem Repository-Objekt angegeben werden, wodurch auf dessen Dokumentation verwiesen wird. Danach stehen folgende Attribute:

- Name: Hier wird der Name eines Repository-Objekts angegeben.
- Kind: Hier wird die Art des Repository-Objekts angegeben.

Im Folgenden sehen Sie ein Beispiel für einen Verweis auf die Dokumentation der Ausnahmeklasse ZCX_ACB_RECIPE_NOT_FOUND:

```
"! Fehler, wenn kein Eintrag zur Rezept-ID gefunden werden kann
"! {@link ZCX_ACB_RECIPE_NOT_FOUND}
```

Wenn nun mit der Funktionstaste F2 der View **ABAP Element Info** aufgerufen wird, wird dieser Verweis angezeigt (siehe Abbildung 15.6).

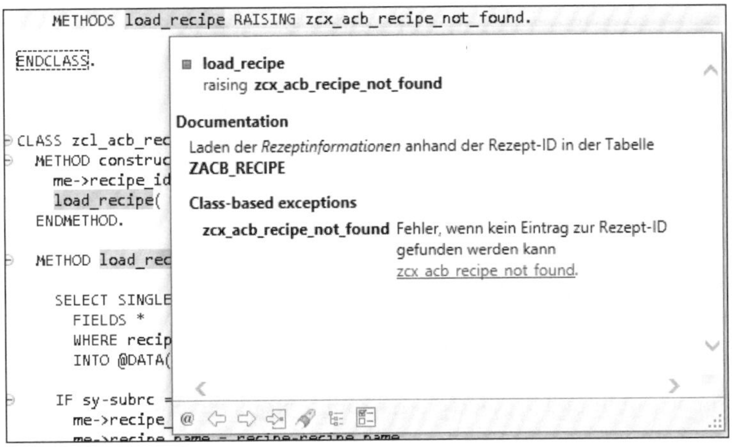

Abbildung 15.6 Darstellung des Verweises

In den ABAP Development Tools ist es möglich, ABAP-Doc-Dokumentation zu Klassen und Interfaces in HTML-Dateien zu exportieren. Dazu gehen Sie wie folgt vor:

Dokumentation exportieren

15

1. Im Project Explorer wählen Sie ein Paket, eine Klasse oder ein Interface aus. Wählen Sie im Kontextmenü den Eintrag **Export...** (siehe Abbildung 15.7). Alternativ können Sie auch **File • Export** in der Menüleiste wählen.

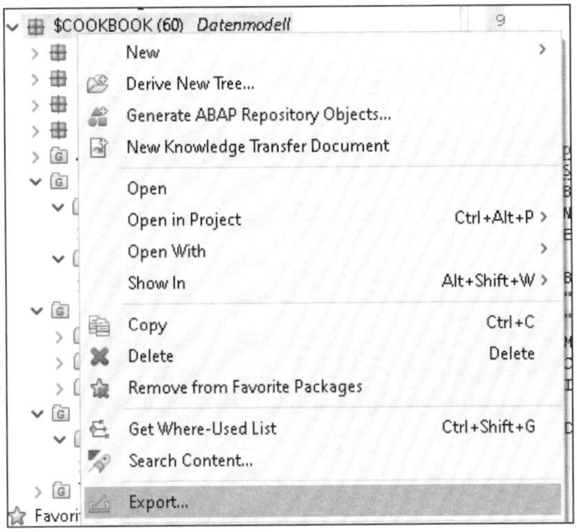

Abbildung 15.7 Kontextmenüeintrag »Export...«

2. Im sich daraufhin öffnenden Assistenten wählen Sie unter **ABAP** den Eintrag **ABAP Doc** (siehe Abbildung 15.8).

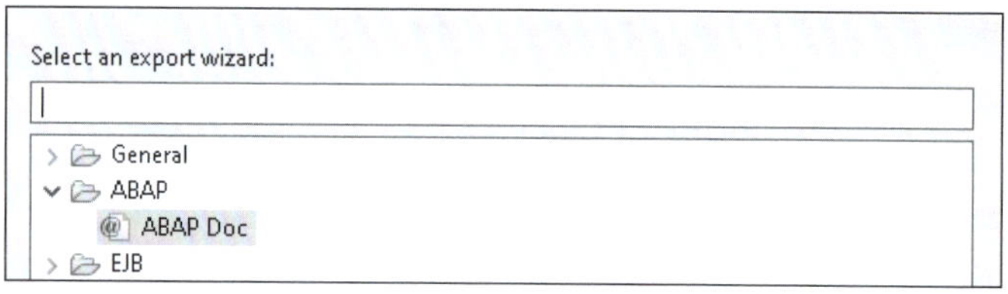

Abbildung 15.8 Auswahl von ABAP Doc

3. Bestätigen Sie Ihre Auswahl mit **Next**.
4. Im nächsten Schritt können Sie Klassen, Interfaces und ganze Pakete auswählen (siehe Abbildung 15.9). Zudem können Sie durch die Sichtbarkeit (**Public**, **Public and protected** oder **Public, protected and private**) festlegen, welche Art von Methoden dokumentiert werden soll. Zum Beispiel sollen nur alle öffentlichen Methoden exportiert werden.
5. Anschließend können Sie im Feld **Directory** den Speicherort bestimmen.

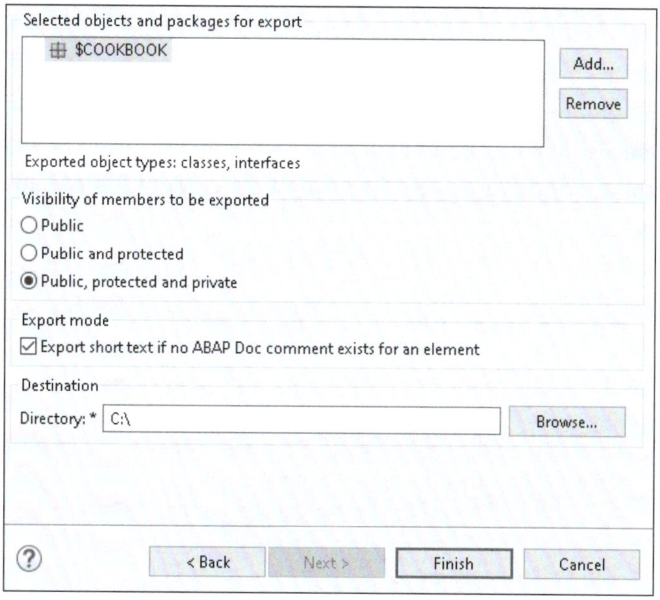

Abbildung 15.9 Angaben zum Export im Exportassistenten

6. Haben Sie alle Angaben gemacht, können Sie den Export mit einem Klick auf **Finish** starten.

Sie werden über den erfolgreichen Export benachrichtigt (siehe Abbildung 15.10) und können von dort aus in den entsprechenden Ordner abspringen.

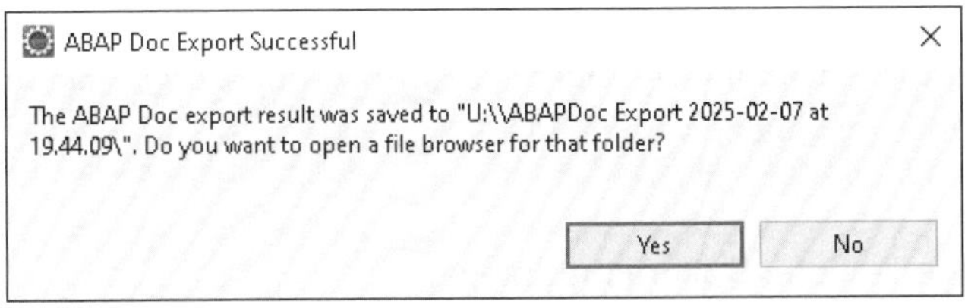

Abbildung 15.10 Erfolgsmeldung zum Export

HTML-Dokumentation

Für jede dokumentierte Klasse wurde eine HTML-Seite generiert, die die ABAP-Doc-Dokumentation enthält. In Abbildung 15.11 sehen Sie diese Seite für unsere Klasse `ZCL_ACB_RECIPE`.

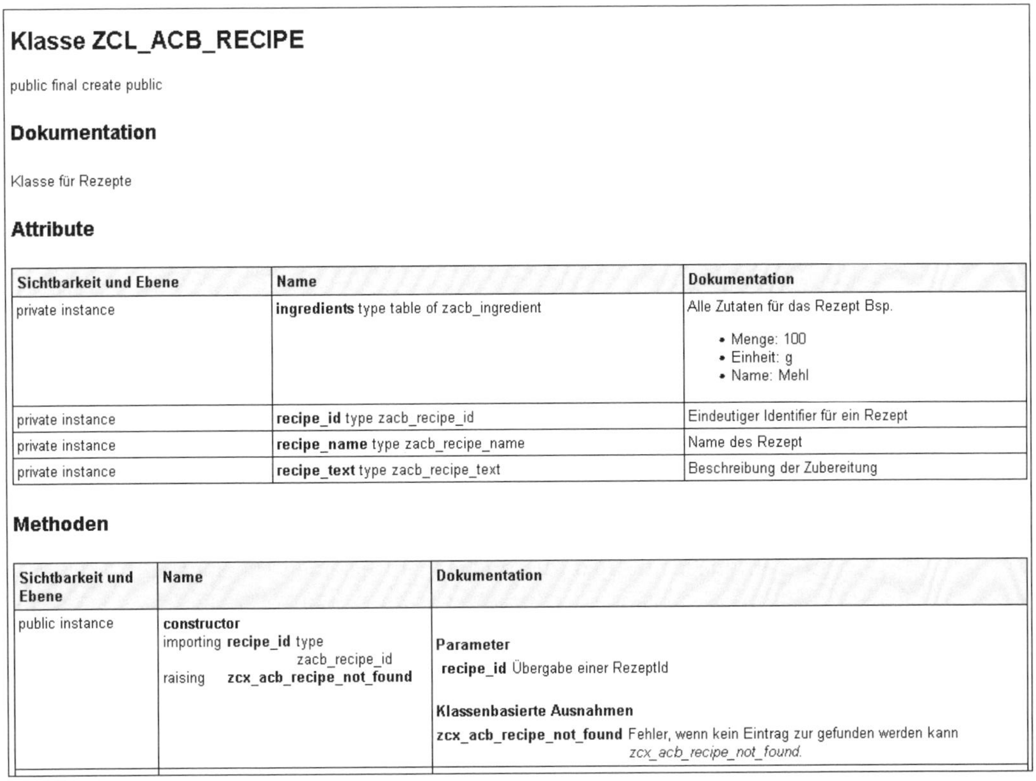

Klasse ZCL_ACB_RECIPE

public final create public

Dokumentation

Klasse für Rezepte

Attribute

Sichtbarkeit und Ebene	Name	Dokumentation
private instance	**ingredients** type table of zacb_ingredient	Alle Zutaten für das Rezept Bsp. • Menge: 100 • Einheit: g • Name: Mehl
private instance	**recipe_id** type zacb_recipe_id	Eindeutiger Identifier für ein Rezept
private instance	**recipe_name** type zacb_recipe_name	Name des Rezept
private instance	**recipe_text** type zacb_recipe_text	Beschreibung der Zubereitung

Methoden

Sichtbarkeit und Ebene	Name	Dokumentation
public instance	**constructor** importing **recipe_id** type zacb_recipe_id raising **zcx_acb_recipe_not_found**	**Parameter** **recipe_id** Übergabe einer RezeptId **Klassenbasierte Ausnahmen** **zcx_acb_recipe_not_found** Fehler, wenn kein Eintrag zur gefunden werden kann *zcx_acb_recipe_not_found.*

Abbildung 15.11 Anzeige der exportierten ABAP-Doc-Dokumentation in einem HTML-Dokument

15.2 Knowledge Transfer Document

Das Knowledge Transfer Document (KTD) ist die nächste Stufe der Dokumentation von Entwicklungsobjekten. Es fokussiert sich primär auf RAP-

Entwicklungsobjekte wie CDS-Views, Verhaltensdefinitionen oder Service-Bindings. Es kann aber auch für viele andere Repository-Objekte wie Pakete oder Datenelemente verwendet werden.

15.2.1 Knowledge Transfer Document anlegen

Um ein Knowledge Transfer Document zu erzeugen, müssen Sie folgende Schritte durchführen:

1. Wählen Sie im Project Explorer in den ABAP Development Tools das Objekt aus, das dokumentiert werden soll, und wählen Sie dann **New Knowledge Transfer Document** aus dem Kontextmenü.
2. Im sich öffnenden Anlageassistenten geben Sie einen Namen für das Knowledge Transfer Document ein (siehe Abbildung 15.12). Falls notwendig, können Sie das referenzierte Objekt über den Button **Browse** noch ändern.

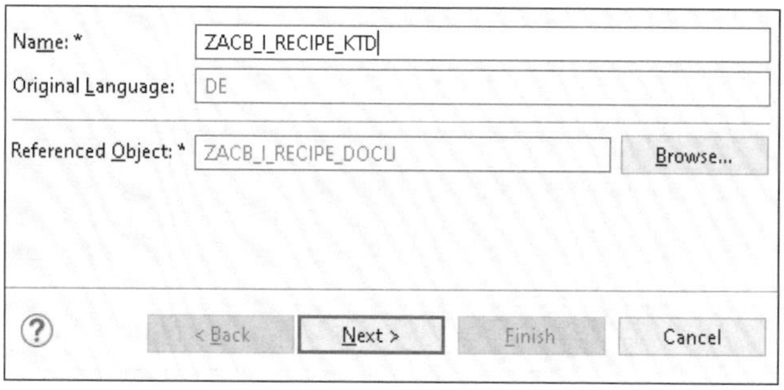

Abbildung 15.12 Wizard zur Anlage eines Knowledge Transfer Documents

3. Fahren Sie mit **Next** fort, und wählen Sie einen Transportauftrag aus.
4. Schließen Sie die Anlage mit dem Button **Finish** ab. Daraufhin wird das Knowledge Transfer Document im selben Paket wie das referenzierte Objekt erzeugt.

Bearbeitung des Knowledge Transfer Documents

Nach der Anlage wird das Knowledge Transfer Document automatisch im Knowledge Transfer Document Editor geöffnet (siehe Abbildung 15.13). Sie können mit der Dokumentation beginnen.

Abbildung 15.13 Knowledge Transfer Document Editor

Im Knowledge Transfer Document Editor können Sie links das Objekt bzw. Unterobjekt auswählen, das dokumentiert werden soll. Auf der rechten Seite können Sie zwischen den Registerkarten **Source** (zur Eingabe der Dokumentation) und **Output** (zur Überprüfung der Ausgabe der eingegebenen Daten) hin- und herwechseln. Als Syntax von Knowledge Transfer Documents wird *Markdown* verwendet.

[«]

Markdown

Markdown ist eine sehr einfache Auszeichnungssprache. Sie wurde mit dem vorrangigen Ziel entworfen, bereits im Rohzustand, ohne jegliche Konvertierung, einfach zu lesen zu sein.

Formatierungsoptionen

Auf der Registerkarte **Source** können Sie nun die Dokumentation in Markdown schreiben. Um sich alle verfügbaren Formatierungsoptionen (siehe Abbildung 15.14) anzeigen zu lassen, können Sie im Editor die Tastenkombination [Strg] + Leertaste drücken.

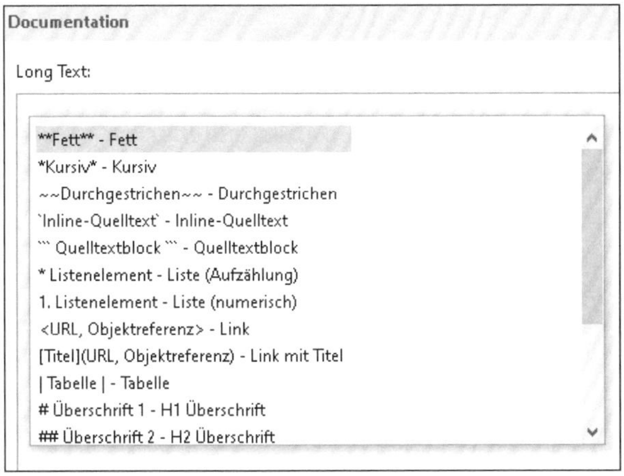

Abbildung 15.14 Anzeige der verfügbaren Formatierungsoptionen

Neben den klassischen Formatierungsoptionen wie **Fett** oder **Kursiv** gibt es die zusätzliche besondere Formatierungsoption **Link mit Titel**. Diese ermöglicht eine Verlinkung auf ein anderes Entwicklungsobjekt. Die Syntax dazu ist:

```
[Angezeigter Text](Entwicklungsobjektname)
```

Über die Tastenkombination [Strg] + Leertaste können Sie sich bei der Suche nach den Entwicklungsobjektnamen unterstützten lassen.

Ausgabe der Dokumentation

Nach der Dokumentation in der Markdown-Syntax wird das Ergebnis auf der Registerkarte **Output** angezeigt. Abbildung 15.6 zeigt im oberen Bereich eine Eingabe auf der Registerkarte **Source** und im unteren Bereich die Ausgabe auf der Registerkarte **Output**.

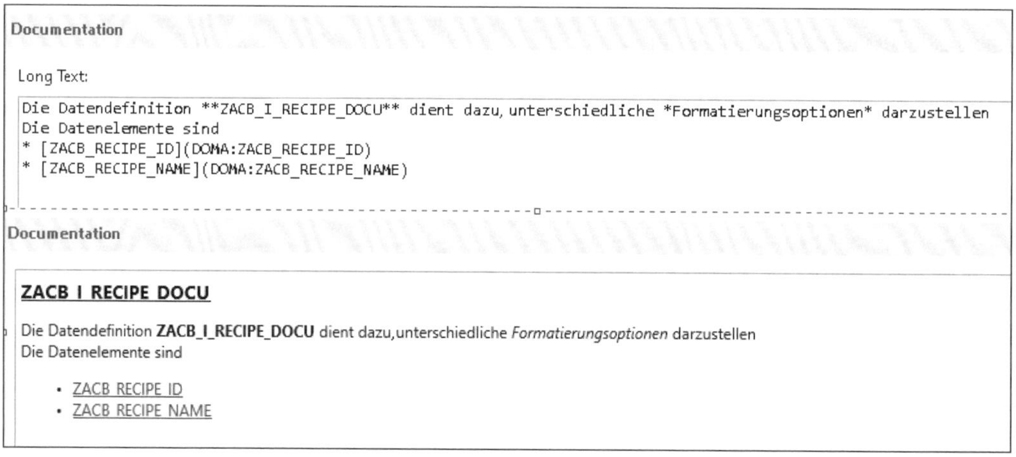

Abbildung 15.15 Dokumentation auf den Registerkarten »Source« und »Output«

Nach der Eingabe muss das Knowledge Transfer Document noch aktiviert werden. Anschließend wird es im Entwicklungspaket unter **Texte • Knowledge Transfer Documents** angezeigt (siehe Abbildung 15.16).

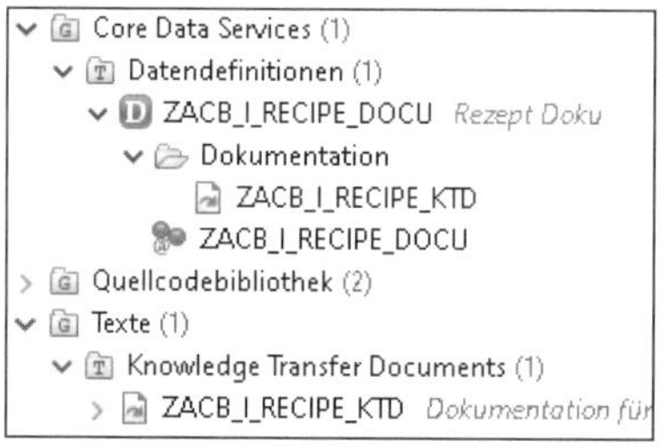

Abbildung 15.16 Knowledge Transfer Document zu einem Entwicklungsobjekt

Dokumentationsstatus abfragen

Um zu prüfen, welche Dokumentation für ein Paket existiert oder ansteht, bieten die ABAP Development Tools ebenfalls eine Möglichkeit. Rufen Sie dazu das Kontextmenü des Pakets auf, und wählen Sie **Expand <Folder> by** aus. Im folgenden Dialogfenster wählen Sie die Option **Documentation Status** (siehe Abbildung 15.17).

Daraufhin ändert sich die Baumansicht im Project Explorer, wie in Abbildung 15.18 dargestellt ist. Es wird nun angezeigt, für welche Objekte welche Art von Dokumentation möglich ist (z. B. `SAPSCRIPT_POSSIBLE`), für welche eine existiert (z. B. `KTD`) oder gar keine Möglichkeit besteht (z. B. `NONE`).

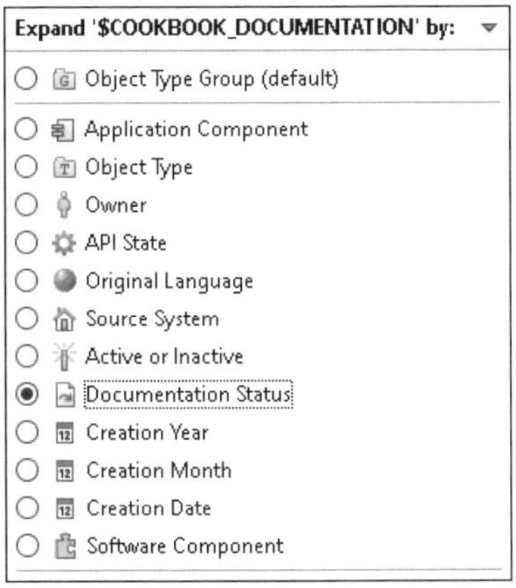

Abbildung 15.17 Abfrage der Expand-by-Option

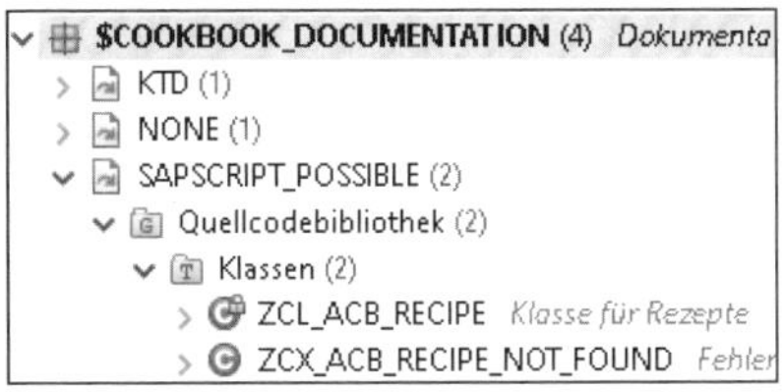

Abbildung 15.18 Baumansicht im Project Explorer

15.2.2 Verknüpfung von Knowledge Transfer Document und Entwicklungsobjekt

Da das Knowledge Transfer Document und das Entwicklungsobjekt in einem direkten Zusammenhang stehen, können verschiedene Operationen auf das Entwicklungsobjekt Auswirkungen auf das Knowledge Transfer Document haben. Das Knowledge Transfer Document ist direkt mit dem Entwicklungsobjekt verknüpft. Jedes Element eines Objekts kann separat dokumentiert werden, und es muss nicht für jedes Element eine eigene Dokumentation existieren. Abbildung 15.19 verdeutlicht diese Zusammenhänge.

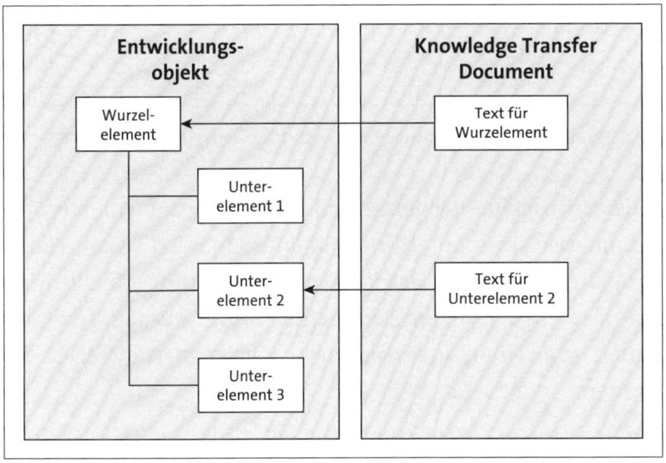

Abbildung 15.19 Zusammenhang von Entwicklungsobjekt und Knowledge Transfer Document

Paketzuordnung

Wenn einem Entwicklungsobjekt ein anderes Paket zugeordnet wird, findet automatisch auch eine entsprechende Paketzuordnung für das Knowledge Transfer Document statt (siehe Abbildung 15.20).

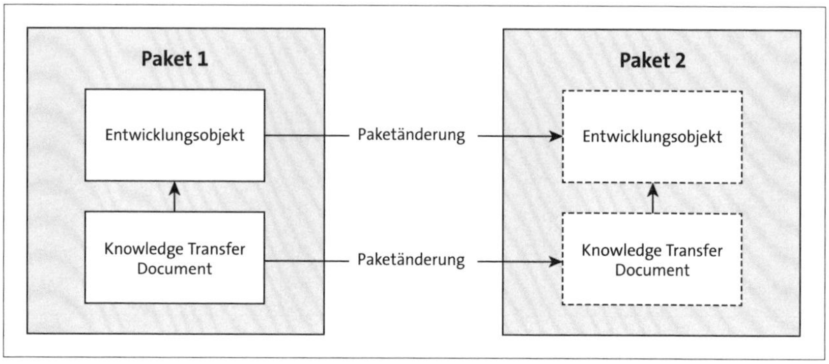

Abbildung 15.20 Automatische Paketänderung des Knowledge Transfer Documents

Transportauftragzuordnung

Wird das Entwicklungsobjekt einem Transportauftrag zugeordnet, wird das Knowledge Transfer Document nicht automatisch demselben Transportauftrag zugewiesen. Es kann jedoch manuell demselben oder auch einem anderen Transportauftrag zugeordnet und separat vom Entwicklungsobjekt transportiert werden (siehe Abbildung 15.21).

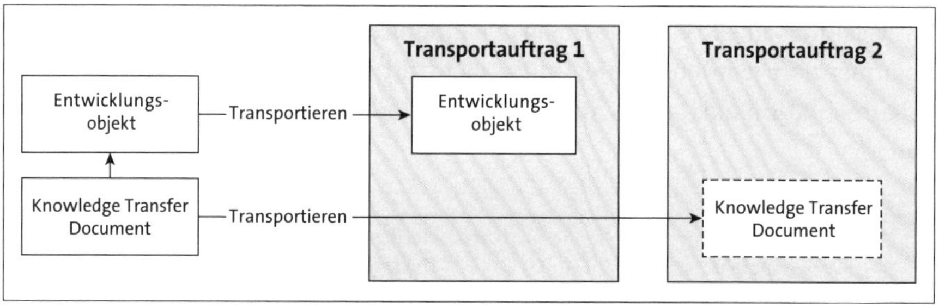

Abbildung 15.21 Transportzuordnung eines Knowledge Transfer Documents

Kopie eines Entwicklungsobjekts

Bei einer Kopie des Entwicklungsobjekts wird das Knowledge Transfer Document nicht automatisch mitkopiert (siehe Abbildung 15.22). Es kann auch nicht manuell kopiert werden. Für das kopierte Entwicklungsobjekt muss daher ein neues Knowledge Transfer Document erzeugt werden. Der Text kann dazu manuell vom einen zum anderen Knowledge Transfer Document kopiert werden.

Löschen eines Entwicklungsobjekts

Wenn das Entwicklungsobjekt gelöscht wird, wird das dazugehörige Knowledge Transfer Document ebenfalls gelöscht (siehe Abbildung 15.23). Das Knowledge Transfer Document kann aber auch separat gelöscht werden.

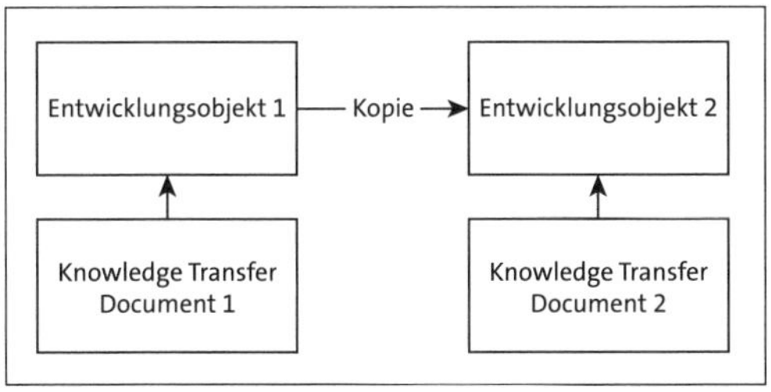

Abbildung 15.22 Kopie eines Knowledge Transfer Documents

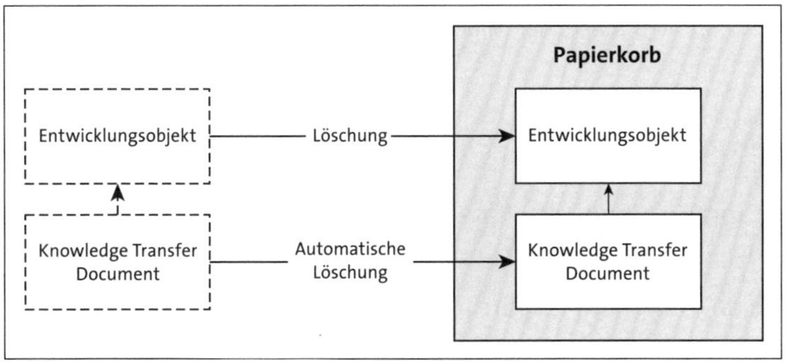

Abbildung 15.23 Löschung eines Knowledge Transfer Documents

Mehrsprachige Dokumentation

Zu einem Knowledge Transfer Document können außerdem Texte zu einem Entwicklungsobjekt in unterschiedlichen Sprachen hinzugefügt werden (siehe Abbildung 15.24).

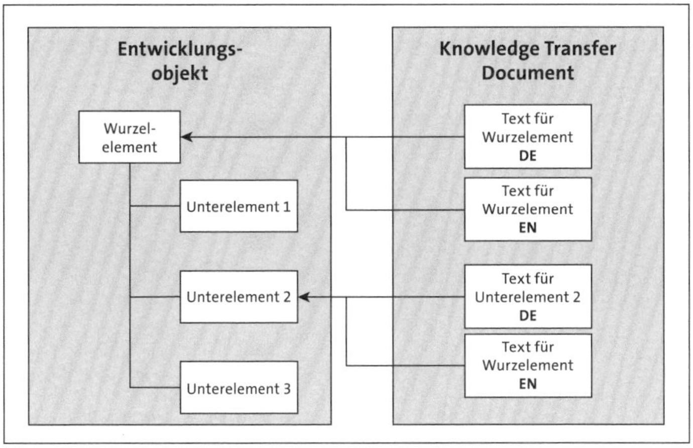

Abbildung 15.24 Verschiedene Sprachen eines Knowledge Transfer Documents

Die Sprache wird beim Anlegen des Knowledge Transfer Documents im Feld **Original Language** mitgegeben (siehe Abbildung 15.22). Falls eine andere Sprache hinzugefügt werden muss, muss das Projekt in den ABAP Development Tools erneut in einer anderen Sprache hinzugefügt werden. Anschließend muss ein neues Knowledge Transfer Document für das referenzierte Objekt angelegt werden.

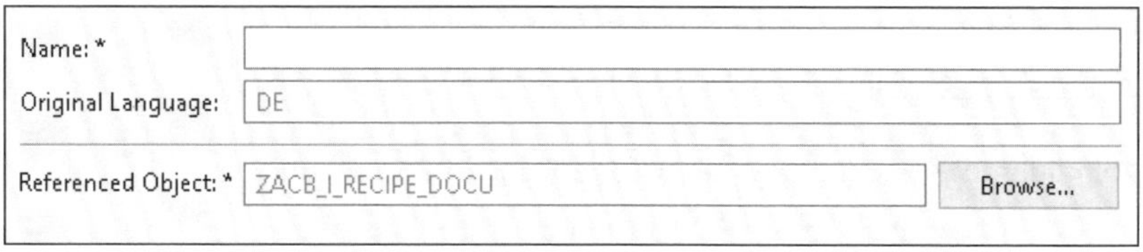

Abbildung 15.25 Sprachfeld bei der Anlage eines Knowledge Transfer Documents

15.3 Zusammenfassung

In diesem Kapitel wurden die Entwicklungsdokumentationsarten ABAP Doc und Knowledge Transfer Document in ABAP Cloud vorgestellt.

Entwicklungsdokumentation sollte erfolgen, um anderen Entwicklerinnen und Entwicklern oder auch sich selbst die Möglichkeit zu geben, Code zu verstehen. Dabei ist es wichtig, nicht das Was, sondern das Warum zu dokumentieren. Neben der Pflege der Entwicklungsdokumentation sollten die Entwicklungsobjekte bereits einen Namen haben, der sie gut beschreibt.

Die erste Dokumentationsart, die wir vorgestellt haben, ist ABAP Doc. ABAP Doc dient zur Dokumentation objektorientierter Entwicklungen. Darunter fallen neben Klassen und Interfaces auch deren Methoden mit Parametern. Die andere Dokumentationsart, die wir vorgestellt haben, sind Knowledge Transfer Documents. Knowledge Transfer Documents wurden für Objekte der RAP-Entwicklung von SAP entwickelt. Sie werden in der Markdown-Syntax verfasst.

Kapitel 16
Berechtigungen

Stellen Sie sich vor, Sie werden von Ihrem Kunden angerufen, der Ihnen mitteilt, dass er Daten eines anderen Buchungskreises sehen kann. Dies ist ein Datenschutzvorfall. Sie müssen so schnell wie möglich eine Berechtigungsprüfung implementieren.

Berechtigungsprüfungen sind auch in ABAP Cloud notwendig, um zu prüfen, welche Rollen auf ein Berechtigungsobjekt zugreifen können. Nur durch eine Prüfung der Berechtigungen im Code können die Datensicherheit und der Datenschutz gewährleistet werden, und es kann sichergestellt werden, dass nur berechtigte SAP-Benutzerinnen und -Benutzer Daten anlegen, ändern, anzeigen oder auch löschen können. In diesem Kapitel erfahren Sie, was Sie wissen müssen, um Ihre ABAP-Cloud-Anwendungen mit Berechtigungen zu schützen.

In Abschnitt 16.1 geht es um Berechtigungen für Leseoperationen. Dort werden wir die CDS-Zugriffskontrollen vorstellen. In Abschnitt 16.2 beschreiben wir die unterschiedlichen Berechtigungen für Änderungsoperationen im Umfeld des ABAP RESTful Application Programming Models.

Lese- und Schreiboperationen im Rezeptportal

In diesem Kapitel erweitern wir das Rezeptportal um Berechtigungen für Lese- und Änderungsoperationen. Um die Berechtigungen für Leseoperationen zu demonstrieren, haben wir unsere App um das Feld **Veröffentlicht** (`PUBLISHED`) ergänzt (siehe Abbildung 16.1). Diese Ergänzung muss sich von der Datenbanktabelle bis zur Metadatenerweiterung durchziehen. Die Idee hinter dieser Erweiterung ist, dass Anwenderinnen und Anwender nur veröffentlichte Rezepte sehen können. Der Autor oder die Autorin eines Rezepts soll auch die eigenen unveröffentlichten Rezepte sehen können.

Zudem dürfen nur bestimmte Benutzerinnen oder Benutzer bestimmte Änderungsoperationen durchführen. Nur ein Autor eines Rezepts darf dieses löschen und ändern. Eine andere Benutzerin oder ein anderer Benutzer darf Reviews für das Rezept erstellen.

Abbildung 16.1 SAP-Fiori-App mit neuem Feld »Veröffentlicht«

Nutzung der Beispielanwendung

Die in diesem Kapitel erstellten Objekte befinden sich im Unterpaket AUTHORIZATION.

16.1 Berechtigungsprüfungen für Leseoperationen

Data Control Language

Damit Daten vor unberechtigtem Lesezugriff geschützt werden, bietet ABAP CDS ein eigenes Berechtigungskonzept, das auf einer *Data Control Language* (DCL) basiert. Um den Lesezugriff auf RAP-Business-Objekte einzuschränken, genügt es, eine *CDS-Zugriffskontrolle* für die in diesen Business-Objekt verwendeten CDS-Entitäten per DCL zu modellieren. Die Zugriffskontrolle ermöglicht es Ihnen, die von einer CDS-Entität zurückgegebenen Ergebnisse auf diejenigen zu beschränken, für deren Anzeige Sie eine Benutzerin oder einen Benutzer autorisieren möchten.

CDS-Zugriffskontrolle anlegen

Um eine solche Zugriffskontrolle zu erstellen, sind folgende Schritte notwendig:

1. Klicken Sie mit der rechten Maustaste auf die CDS-Entität, und wählen Sie im Kontextmenü **New Access Control**.
2. Im darauffolgenden Fenster müssen Sie folgende Werte pflegen (Abbildung 16.2):

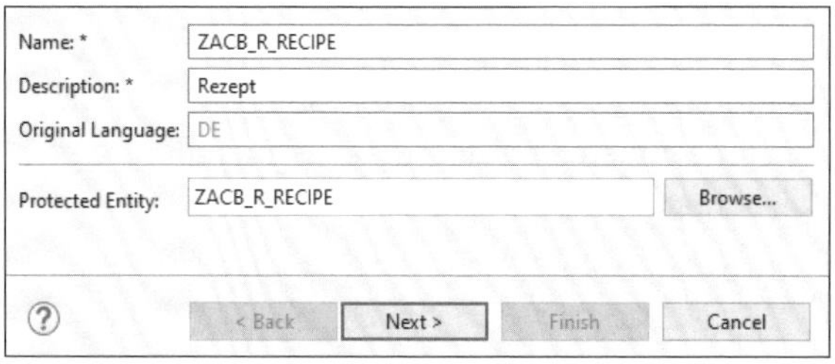

Abbildung 16.2 Anlegen einer Access Control

- **Name**: Wählen Sie einen passenden Namen für die Zugriffskontrolle, für unser Beispiel »ZACB_R_RECIPE«.
- **Description**: Geben Sie eine Beschreibung ein.
- **Protected Entity**: Geben Sie hier die zu schützende CDS-Entität an.

3. Bestätigen Sie Ihre Eingaben mit **Next**. Im nächsten Fenster können Sie einen Transportauftrag auswählen. Mit **Next** gelangen Sie zur Template-Auswahl in Abbildung 16.3.

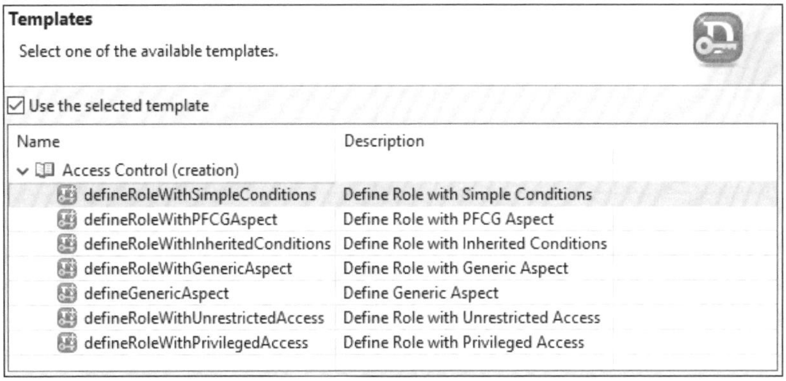

Abbildung 16.3 Templates für Zugangskontrollen

Mithilfe dieser Templates werden Codebausteine mit Schlüsselwörtern und Platzhaltern für verschiedene Arten von Zugriffskontrollen bereitgestellt. Tabelle 16.1 beschreibt die verschiedenen Templates. Beim Anlegen einer Zugriffskontrolle werden die Platzhalter im Quelltext, sofern möglich, durch die tatsächlichen Werte ersetzt.

Zugriffskontrollenvorlage	Beschreibung
`DefineRoleWithSimpleCondition`	Grundlegende Zugriffskontrolle mit statischen Bedingungen. Dies wird verwendet, wenn der Zugriff aufgrund fester Bedingungen wie bestimmter Feldwerte eingeschränkt ist.
`DefineRoleWithPFCGAspect`	Hier können Rollen, die in Transaktion PFCG erstellt wurden, verwendet werden. Ideal für Szenarien, die eine nahtlose Integration mit SAP-Berechtigungsrollen erfordern.

Tabelle 16.1 Zugriffskontrollenvorlagen

Zugriffskontrollenvorlage	Beschreibung
DefineRoleWithInherited-Condition	Übernimmt Bedingungen aus einer anderen Rolle. Nützlich bei der Wiederverwendung bestehender Zugriffslogik für eine konsistente und hierarchische Steuerung.
DefineRoleWithGenericAspect	Implementiert eine generische Zugriffskontrolle mithilfe benutzerspezifischer Attribute oder Parameter. Anwendbar für dynamische Zugriffsbeschränkungen, die auf dem Benutzerkontext oder Organisationsdaten basieren.
DefineGenericAspect	Definiert wiederverwendbare generische Aspekte für mehrere Rollen. Dient zur Erstellung einer gemeinsamen Logik, um die Konsistenz über mehrere DCL-Rollen hinweg herzustellen.
DefineRoleWithUnrestricted-Access	Gewährt uneingeschränkten Zugriff auf die CDS-Views. Geeignet für Szenarien, in denen keine Einschränkungen erforderlich sind, also für den öffentlichen oder offenen Datenzugriff.
DefineRoleWithPrivileged-Access	Ermöglicht einen privilegierten Zugriff basierend auf speziellen Bedingungen oder Rollen. Wird für eine umfassende Zugriffskontrolle verwendet, z. B. für die Datensichtbarkeit auf Administrationsebene oder zu Audit-Zwecken.

Tabelle 16.1 Zugriffskontrollenvorlagen (Forts.)

4. Für unser Beispiel wählen wir das Template DefineRoleWithSimpleCondition, da wir den Zugriff auf eine bestimmte CDS-Entität einschränken wollen. Nach der Auswahl des Templates wird die Zugriffskontrolle aus Listing 16.1 erzeugt.

```
@EndUserText.label: 'Rezept'
@MappingRole: true
define role ZACB_R_RECIPE {
    grant
```

```
        select
            on
                ZACB_R_RECIPE
                    where
                        entity_element_1 = 'literal_value'
                        or entity_element_2 = aspect user;

}
```

Listing 16.1 Automatisch generierte Zugriffskontrolle

Das Code-Template wurde automatisch um den Wert ZACB_R_RECIPE ergänzt.

5. Ergänzen Sie die Zugriffskontrolle nun um die Implementierungslogik, wie in Listing 16.2 gezeigt.

```
@EndUserText.label: 'Rezept'
@MappingRole: true
define role ZACB_R_RECIPE {
    grant
        select
            on
                ZACB_R_RECIPE
                where
                        Published = 'X' or
                        CreatedBy = aspect user;
}
```

Listing 16.2 Eigene Implementierungslogik für Zugriffskontrolle

Damit haben wir eine Berechtigungsprüfung implementiert, die abhängig davon greift, ob das Rezept (ZACB_R_RECIPE) schon veröffentlicht wurde (Published = 'X') oder die aktuelle Benutzerin bzw. der aktuelle Benutzer das Rezept angelegt hat (CreatedBy = aspect user).

Zugriffskontrolle aktivieren

Die somit angelegte Zugriffskontrolle wird aber nicht automatisch von der zugehörigen CDS-Entität verwendet. Dazu müssen wir noch die CDS-Entität entsprechend anpassen. Sie enthält standardmäßig eine Annotation @AccessControl.authorizationCheck. Diese Annotation kann folgende Werte aufweisen:

- #NOT_REQUIRED: Es ist keine Zugriffskontrolle erforderlich. Alle Benutzerinnen und Benutzer haben vollen Zugriff.
- #MANDATORY: Ein Zugriffskontrollobjekt muss vorhanden sein.

- #NOT_ALLOWED: Es darf kein Zugriffskontrollobjekt vorhanden sein. Falls vorhanden, wird es ignoriert.
- #CHECK: Eine Warnung wird ausgegeben, wenn kein Zugriffskontrollobjekt vorhanden ist.

Wir ändern nun den Wert der Annotation @AccessControl.authorizationCheck der Entität auf #CHECK (siehe Listing 16.3).

```
@AccessControl.authorizationCheck: #CHECK
@EndUserText.label: 'CDS-Entität Rezept'
define root view entity ZACB_R_Recipe
  as select from zacb_recipe
  composition [0..*] of ZACB_R_Ingredient as _Ingredient
  composition [0..*] of ZACB_R_Review as _Review

{
  key recipe_id as RecipeId,
  recipe_name as RecipeName,
...
```

Listing 16.3 Änderung des Werts der Annotation »@AccessControl.authorizationCheck« auf »#CHECK«

Datenvorschau

Wenn Sie nun die CDS-Entität ZACB_R_RECIPE über die Datenvorschau in den ABAP Development Tools aufrufen, werden Ihnen alle Daten angezeigt, die unserer Berechtigungsprüfung entsprechen (siehe Abbildung 16.4). Es werden also lediglich alle veröffentlichten Rezepte angezeigt, was Sie an einem x in der Spalte **Published** erkennen. Wenn Sie ein Rezept selbst angelegt haben, wird es Ihnen auch im unveröffentlichten Zustand angezeigt.

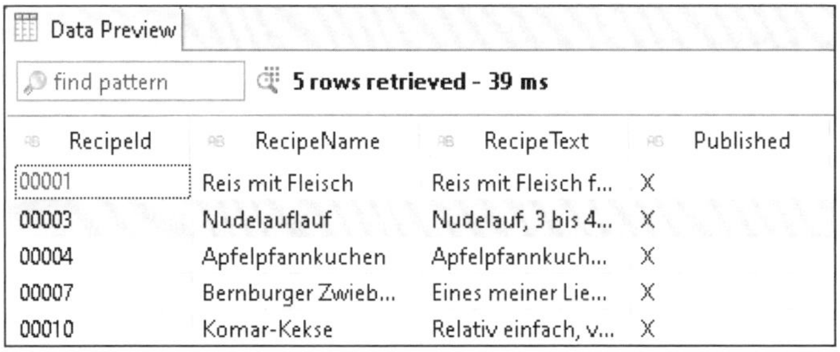
Data Preview

find pattern | 5 rows retrieved - 39 ms

RecipeId	RecipeName	RecipeText	Published
00001	Reis mit Fleisch	Reis mit Fleisch f...	X
00003	Nudelauflauf	Nudelauf, 3 bis 4...	X
00004	Apfelpfannkuchen	Apfelpfannkuch...	X
00007	Bernburger Zwieb...	Eines meiner Lie...	X
00010	Komar-Kekse	Relativ einfach, v...	X

Abbildung 16.4 Anzeige der veröffentlichten Rezepte in der Datenvorschau

SAP-Fiori-App testen

Wenn Sie unsere SAP-Fiori-App aufrufen, werden Ihnen dagegen noch alle Rezepte angezeigt (siehe Abbildung 16.5).

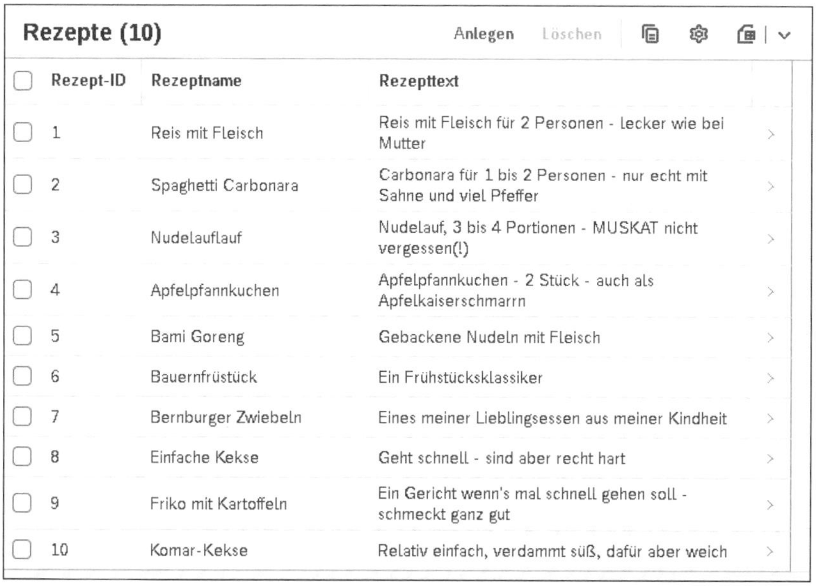

Rezepte (10) — Anlegen — Löschen

Rezept-ID	Rezeptname	Rezepttext
1	Reis mit Fleisch	Reis mit Fleisch für 2 Personen - lecker wie bei Mutter
2	Spaghetti Carbonara	Carbonara für 1 bis 2 Personen - nur echt mit Sahne und viel Pfeffer
3	Nudelauflauf	Nudelauf, 3 bis 4 Portionen - MUSKAT nicht vergessen(!)
4	Apfelpfannkuchen	Apfelpfannkuchen - 2 Stück - auch als Apfelkaiserschmarrn
5	Bami Goreng	Gebackene Nudeln mit Fleisch
6	Bauernfrüstück	Ein Frühstücksklassiker
7	Bernburger Zwiebeln	Eines meiner Lieblingsessen aus meiner Kindheit
8	Einfache Kekse	Geht schnell - sind aber recht hart
9	Friko mit Kartoffeln	Ein Gericht wenn's mal schnell gehen soll - schmeckt ganz gut
10	Komar-Kekse	Relativ einfach, verdammt süß, dafür aber weich

Abbildung 16.5 Anzeige aller Rezepte im Rezeptportal

Zugriffskontrolle auf Projektionsebene

Damit die Berechtigungsprüfung auch in der SAP-Fiori-App greift, muss noch eine Zugriffskontrolle für die Projektionsentität erstellt werden. Diese Zugriffskontrolle muss die in Abbildung 16.4 dargestellte Logik beinhalten.

```
@EndUserText.label: 'Rezept'
@MappingRole: true
define role ZACB_C_RECIPE {
    grant
       select on ZACB_C_RECIPE
        where inheriting conditions from entity
              ZACB_R_Recipe;
}
```

Listing 16.4 Zugriffskontrolle vererben

Mithilfe des Befehls `inheriting conditions from entity` wird die Berechtigungsprüfung von der angegebenen Wurzelentität vererbt. Wenn Sie nun erneut die App aufrufen, ist die Anzeige der Daten auf die veröffentlichten Rezepte eingeschränkt (siehe Abbildung 16.6).

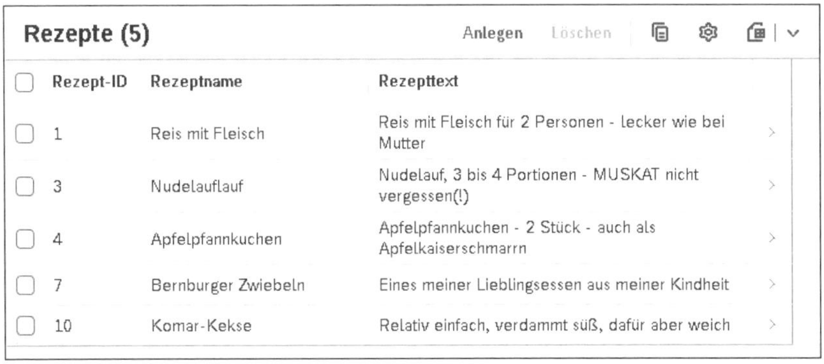

Abbildung 16.6 Anzeige der veröffentlichten Rezepte im Rezeptportal

16.2 Berechtigungsprüfungen für Änderungsoperationen

Autorisierungsmethoden

In RAP-Business-Objekten können Änderungsvorgänge zur Laufzeit auf unberechtigten Zugriff hin geprüft werden. Es stehen Ihnen dazu spezielle Berechtigungsimplementierungsoptionen zur Verfügung. Die Berechtigungen werden in der Verhaltensdefinition definiert und in den dazugehörigen *Autorisierungsmethoden* implementiert. Diese speziellen Autorisierungsmethoden werden zur Laufzeit zu einem bestimmten Zeitpunkt vor der eigentlichen Änderungsoperation aufgerufen. So können Sie Änderungsvorgänge über die Zugriffskontrolle verhindern, bevor die eigentliche Änderungsoperation im Transaktionspuffer ausgeführt wird.

Folgende Autorisierungsmethoden können verwendet werden:

- `GLOBAL AUTHORIZATION`
- `INSTANCE AUTHORIZATION`
- `PRECHECK`

In diesem Abschnitt lernen Sie jede dieser Autorisierungsmethoden kennen. Wir erläutern deren Verwendung jeweils anhand unseres Beispiels.

16.2.1 Globale Berechtigungen

Autorisierungsmethode »GLOBAL AUTHORIZATION«

Die Autorisierungsmethode `GLOBALAUTHORIZATION` dient dazu, zu prüfen, ob eine Benutzerin oder ein Benutzer eine Operation generell ausführen darf. Um globale Berechtigungsprüfungen in einer RAP-Anwendung zu ermöglichen, fügen Sie das Schlüsselwort global in der Verhaltensdefinition hinzu. Listing 16.5 zeigt diese für unsere Verhaltensdefinition `ZBP_ACB_R_RECIPE`.

```
managed implementation in class zbp_acb_r_recipe unique;
strict ( 2 );
with draft;

define behavior for ZACB_R_Recipe alias Recipe
persistent table zacb_recipe
...
authorization master ( global )
early numbering
{

  field ( readoOnly )
  CreatedAt,
...
```

Listing 16.5 Ergänzung des Schlüsselworts »global«

Methode in der Verhaltensimplementierung

Fügen Sie als Nächstes die Methode get_global_authorization in der Verhaltensimplementierungsklasse hinzu. Sie können die Quick-Fix-Funktion nutzen, um die Methodendeklaration in der Verhaltensimplementierungsklasse automatisch zu erzeugen. Die Methodendeklaration wird daraufhin generiert, wie in Listing 16.6 gezeigt.


```
METHODS:
      get_global_authorizations FOR GLOBAL AUTHORIZATION
        IMPORTING
        REQUEST requested_authorizations FOR Recipe
        RESULT result.
```

Listing 16.6 Automatische Generierung der Methodendeklaration »get_global_authorization«

Der Importing-Parameter requested_authorizations beschreibt die Operation, für die eine Berechtigungsprüfung durchgeführt werden soll. Tabelle 16.2 führt die möglichen Werte dieses Parameters auf.

Operation	Beschreibung
%create	Anlegen
%update	Aktualisieren
%delete	Löschen
%action-Edit	Bearbeiten

Tabelle 16.2 Mögliche zu berechtigende Operationen

Berechtigungslogik implementieren

Implementieren Sie, wie in Listing 16.7 gezeigt, eine Berechtigungslogik in der Methode get_global_authorization.

```
METHOD get_global_authorizations.
  DATA(myself) =
    cl_abap_context_info=>get_user_technical_name( ).

  SELECT FROM zacb_user
  FIELDS COUNT( * )
  WHERE username = @myself.

  IF sy-dbcnt <> 0.
    result-%create = if_abap_behv=>auth-allowed.
    result-%update = if_abap_behv=>auth-allowed.
    result-%action-Edit = if_abap_behv=>auth-allowed.
    result-%delete = if_abap_behv=>auth-allowed.
  ELSE.
    result-%create = if_abap_behv=>auth-unauthorized.
    result-%update = if_abap_behv=>auth-unauthorized.
    result-%action-Edit = if_abap_behv=>auth-unauthorized.
    result-%delete = if_abap_behv=>auth-unauthorized.
  ENDIF.
ENDMETHOD.
```

Listing 16.7 Berechtigungslogik in der Methode »get_global_authorization«

Für unser Anwendungsbeispiel wird geprüft, ob die aktuelle Benutzerin oder der aktuelle Benutzer (cl_abap_context_info=>get_user_technical_name( )) als solcher/solche in unserem Rezeptportal registriert ist. Ist dies nicht der Fall, darf er oder sie keine Operation durchführen. Dies wird durch die Zuordnung im Rückgabewert, z. B. result-%create = if_abap_behv=>auth-unauthorized, sichergestellt. Die Operationen im Rückgabewert result entsprechen denen im Importparameter requested_authorization (siehe Tabelle 16.2). Tabelle 16.3 führt die möglichen Konstantenwerte für die Autorisierungsmethode auf.

Konstante	Beschreibung
if_abap_behv=>auth-unauthorized	Die Operation darf nicht ausgeführt werden.
if_abap_behv=>auth-allowed	Die Operation darf ausgeführt werden.

Tabelle 16.3 Konstanten für die Autorisierungsmethode

Berechtigungsprüfungen an Kindentitäten weitergeben

Fügen Sie auch in allen assoziierten Entitäten den Befehl `authorization dependent by` hinzu (siehe Listing 16.8). Mithilfe dieses Befehls werden die Berechtigungsprüfungen von der Wurzelentität delegiert.

```
define behavior for ZACB_R_Ingredient alias Ingredient
persistent table zacb_ingredient
with additional save
lock dependent by _Recipe
authorization dependent by _Recipe
draft table zacb_ingredien_d

//etag master <field_name>
{
```

Listing 16.8 Ergänzung der CDS-Entitäten um das Schlüsselwort »authorization dependent by«

Anwendung testen

Wenn Sie nun unsere SAP-Fiori-App starten, können Sie nachvollziehen, wie der Zugriff aussieht, wenn keine Berechtigung für das Anlegen eines Rezepts vorliegt bzw., wenn eine solche Berechtigung vorliegt. Klicken Sie dazu auf den Button **Anlegen** (zu sehen in Abbildung 16.5). Wenn nun keine Berechtigung vorliegt, erscheint ein Pop-up-Fenster mit einer entsprechenden Meldung (siehe Abbildung 16.7). Ihnen wird mitgeteilt, dass Sie keine Berechtigung haben, diese Operation durchzuführen.

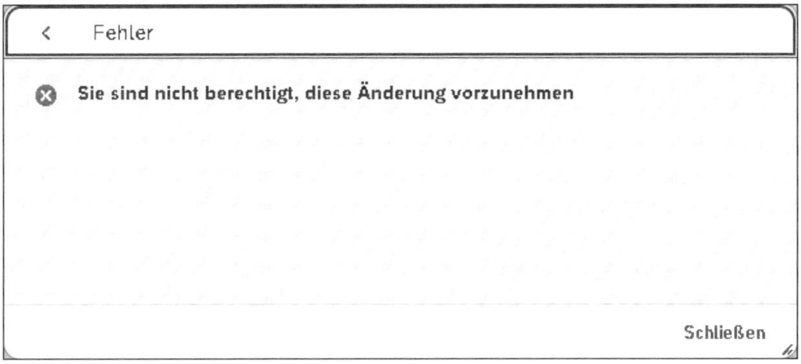

Abbildung 16.7 Pop-up-Fenster bei fehlender Berechtigung für die Operation »Anlegen«

Falls Sie eine Berechtigung für das Anlegen eines Rezepts haben, können Sie ein Rezept für das Rezeptportal anlegen, wie Sie es in Abschnitt 2.5, »Anwendungsszenario aus Anwendersicht«, kennengelernt haben.

16.2.2 Instanzabhängige Berechtigungen

Autorisierungsmethode »INSTANCE AUTHORIZATION«

Die nächste Autorisierungsmethode, die wir vorstellen möchten, ist die Operation `INSTANCE AUTHORIZATION`. Diese wird für Berechtigungsprüfungen verwendet, die abhängig von der jeweiligen Instanz ermitteln, welche Operation möglich ist. In unserem Beispiel implementieren wir die Autorisierungsmethode `INSTANCE AUTHORIZATION` so, dass abhängig vom jeweiligen Rezept geprüft wird, ob die Operation »Löschen« für die aktuelle Benutzerin oder den aktuellen Benutzer möglich ist. Dazu sind folgende Schritte notwendig:

Verhaltensdefinition

Fügen Sie im ersten Schritt den Zusatz `instance` beim Befehl `authorization master` in der Verhaltensdefinition hinzu (siehe Listing 16.9).

```
managed implementation in class zbp_acb_r_recipe unique;
strict ( 2 );
with draft;

define behavior for ZACB_R_Recipe alias Recipe
persistent table zacb_recipe
...
authorization master( global , instance )
early numbering
{
```

Listing 16.9 Ergänzung der Verhaltensdefinition um das Schlüsselwort »instance«

Wie bereits bei der Autorisierungsmethode `GLOBAL AUTHORIZATION` teilt Ihnen daraufhin der Editor mit, dass eine Methode noch nicht implementiert ist. In diesem Fall ist es die Methode für die Operation `INSTANCE_AUTHORIZATION` (siehe Abbildung 16.8).

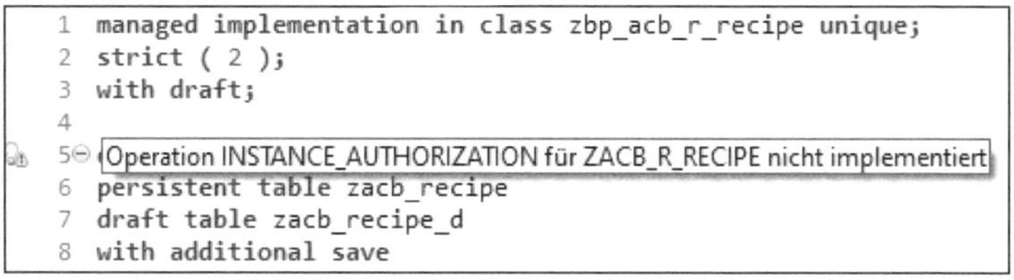

Abbildung 16.8 Quick-Fix-Option »INSTANCE_AUTHORIZATION«

Mit einem Quick Fix kann die Methode `get_instance_authorization` daraufhin automatisch in der Verhaltensimplementierungsklasse generiert werden. Listing 16.10 zeigt das Ergebnis.

```
METHODS:
get_instance_authorizations FOR INSTANCE AUTHORIZATION
  IMPORTING keys REQUEST requested_authorizations
  FOR Recipe RESULT result.
```

Listing 16.10 Automatische Generierung der Methodendeklaration »get_instance_authorization«

Implementierung der Berechtigungslogik

Diese Methode besitzt dieselben Parameter wie die Methode `get_global_authorization` (siehe Tabelle 16.2). Sie können nun die Methode um Ihre individuelle Berechtigungslogik erweitern. Listing 16.11 zeigt dies für unser Beispiel.

```
METHOD get_instance_authorizations.
  READ ENTITIES OF zacb_r_recipe IN LOCAL MODE
       ENTITY recipe
       FIELDS ( RecipeId CreatedBy )
       WITH CORRESPONDING #( keys )
       RESULT DATA(recipes)
       FAILED failed.

  DATA(myself) =
    cl_abap_context_info=>get_user_technical_name( ).

  LOOP AT recipes INTO DATA(recipe).
    IF myself <> recipe-CreatedBy.
      APPEND VALUE #(
              %tky    = recipe-%tky
              %delete = if_abap_behv=>auth-unauthorized
                    ) TO result.
    ENDIF.
  ENDLOOP.
ENDMETHOD.
```

Listing 16.11 Implementierte Berechtigungslogik für »INSTANCE AUTHORIZATION«

Wir implementieren eine Logik, die prüft, ob die angemeldete Benutzerin oder der angemeldete Benutzer dem ausgewählten Rezept als Autor bzw. Autorin zugewiesen ist. Falls dies nicht der Fall ist, ist er oder sie nicht für die Operation »Löschen« autorisiert.

Testen der Anwendung

Starten Sie nun erneut die SAP-Fiori-App, um diese Logik zu testen. Wählen Sie ein Rezept aus. Auf der Detailseite ist es dem Autor oder der Autorin nun möglich, das Rezept über den Button **Löschen** zu löschen. Sind Sie nicht der Autor oder die Autorin des Rezepts, dürfen Sie nicht löschen, und der entsprechende Button wird ausgegraut (siehe Abbildung 16.9).

Abbildung 16.9 Die Benutzerin oder der Benutzer darf das Rezept nicht löschen.

16.2.3 Vorabprüfung von Berechtigungen

Autorisierungsmethode »PRECHECK«

Mit der dritten Autorisierungsmethode PRECHECK können wir eingehende Werte prüfen und eingehende Anfragen ablehnen, bevor die Daten den Transaktionspuffer erreichen. Diese Vorabprüfung wird zur Laufzeit vor der zugewiesenen Änderungsoperation aufgerufen und entfernt alle Eingaben aus der Änderungsanforderung, für die die Bedingung in der Vorabprüfung nicht erfüllt ist. Um eine solche Vorabprüfung zu implementieren, sind folgende Schritte notwendig:

Verhaltensdefinition

Wenn für die Operation eine Vorabprüfung implementiert werden soll, wird zunächst die Verhaltensimplementierung um den Befehl precheck ergänzt (siehe Listing 16.12).

```
managed implementation in class zbp_acb_r_recipe unique;
...
define behavior for ZACB_R_Recipe alias Recipe
persistent table zacb_recipe
...
{
...
```

```
  create;
  update(precheck);
  delete;
...
```

Listing 16.12 Ergänzung der Verhaltensdefinition um die Autorisierungsoption »PRECHECK«

Ebenso wie bei den anderen Prüfungen wird Ihnen daraufhin mitgeteilt, dass die zugehörige UPDATE-Methode noch nicht implementiert ist (siehe Abbildung 16.10).

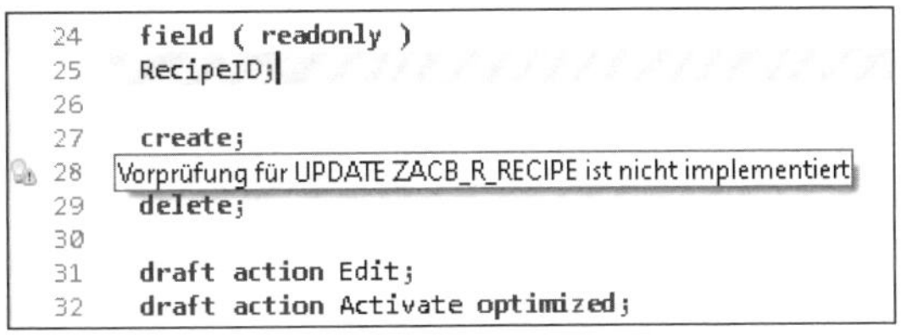

Abbildung 16.10 Quick-Fix-Mitteilung für die »PRECHECK«-Operation

Mithilfe der Quick-Fix-Funktion wird die Methodenimplementierung precheck_update automatisch generiert:


```
METHODS:
precheck_update FOR PRECHECK
 IMPORTING entities FOR UPDATE Recipe.
```

Implementierung der Berechtigungslogik

Sie muss noch um eine Implementierungslogik ergänzt werden. Diese Implementierung beinhaltet eine Prüfung, ob die aktuelle Benutzerin oder der aktuelle Benutzer Autorin oder Autor des Rezepts ist. Ist dies nicht der Fall, erhält er oder sie eine Meldung, dass das Rezept nicht geändert werden darf (siehe Listing 16.13).

```
METHOD precheck_update.
  DATA(myself) =
    cl_abap_context_info=>get_user_technical_name( ).
  LOOP AT entities INTO DATA(entity).

    READ ENTITIES OF zacb_r_recipe IN LOCAL MODE
    ENTITY Recipe
    FIELDS ( CreatedBy ) WITH VALUE #( (
                                        %key = entity-%key
                                     ) )
    RESULT DATA(recipes).
```

```
        LOOP AT recipes INTO DATA(recipe).

          IF myself <> recipe-CreatedBy.
            APPEND VALUE #( %tky =  entity-%tky )
             TO failed-ingredient.

            APPEND VALUE #(
                            %tky = entity-%tky
                            %msg = new_message_with_text(
               severity = if_abap_behv_message=>severity-error
               text     = 'Sie dürfen hier keine Zutaten
                            hinzufügen...'
                  ) ) TO reported-ingredient.
          ENDIF.
        ENDLOOP.
      ENDLOOP.
    ENDMETHOD.
```

Listing 16.13 Implementierung der Methode »precheck_update«

In unserem Beispiel wird die entsprechende Meldung in einem Pop-up-Fenster angezeigt (siehe Abbildung 16.11).

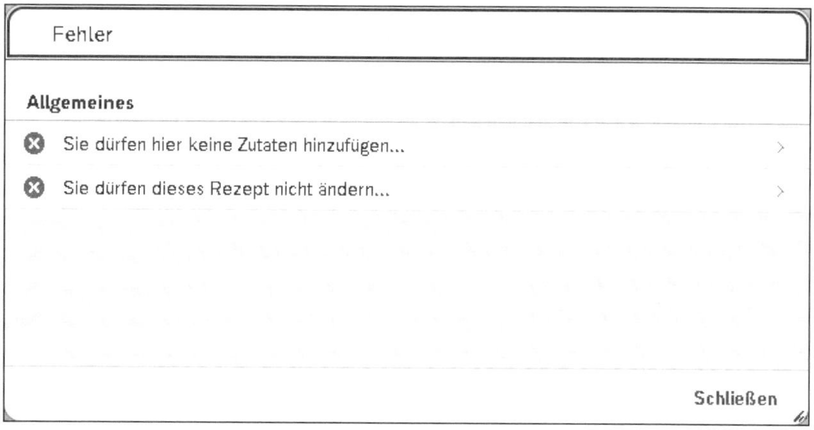

Abbildung 16.11 Pop-up-Fenster mit der Meldung, dass keine Änderung möglich ist

16.3 Zusammenfassung

In diesem Kapitel haben Sie gelernt, wie Sie in ABAP Cloud mit Berechtigungen umgehen können. Sie haben erfahren, wie Sie Berechtigungen für Leseoperationen implementieren können. In diesem Zuge haben Sie die Zugriffskontrollen für CDS-Entitäten kennengelernt. Für Änderungsoperationen in RAP-Anwendungen gibt es drei verschiedene Autorisierungsoptionen:

- `GLOBAL`: Prüfung auf Änderungsoperationen, die global verfügbar gemacht werden sollen
- `INSTANCE`: Abhängig von der jeweiligen Instanz wird geprüft, ob eine Änderungsoperation möglich ist.
- `PRECHECK`: Es kann vor einer Speicherung geprüft werden, ob eine Änderungsoption möglich ist.

Diese drei Autorisierungsoptionen haben wir Ihnen anhand unseres Rezeptportals gezeigt.

Kapitel 17
Nutzung von APIs

In ABAP Cloud ist die Nutzung freigegebener APIs ein elementarer Bestandteil der Anwendungsentwicklung. Sie müssen dazu in der Lage sein, diese APIs zu finden, zu bewerten und sinnvoll einzusetzen. In diesem Kapitel werden Methoden dafür vermittelt.

Application Programming Interfaces, bekannter ist die Abkürzung APIs, sind definierte Punkte, um eine Anwendung von außen programmatisch verwenden zu können. Diese Programmierschnittstellen ermöglichen es, aus Anbietersicht stabile Software zu entwickeln, deren Implementierungsdetails nachträglich veränderbar sind, ohne die verwendenden Komponenten zu beeinflussen. Auf Verwenderseite können externe Komponenten integriert werden, ohne große Aufwände zur Anpassung bei Updates zu riskieren. Bei diesen Komponenten handelt es sich sowohl um statische Bestandteile wie Datentypen oder Konstanten als auch um Prozeduren, die die Programmausführung beeinflussen.

API-Status und Release-Kontrakte

Klassischerweise gibt es auf der ABAP-Plattform das Freigabekennzeichen für Funktionsbausteine oder Business Application Programming Interfaces (BAPIs), die die beschriebene Rolle übernehmen. Auch über Paketschnittstellen kann eine solche Trennung zwischen privaten und öffentlichen Objekten einer Komponente realisiert werden. In ABAP Cloud gibt es dafür ein neues Konzept, das bereits kurz in Abschnitt 1.4, »Über Release-Kontrakte freigegebene APIs«, beschrieben wurde: der *API-Status* und die *Release-Kontrakte*. Mit ihnen lassen sich Entwicklungsobjekte als solche klassifizieren, die die Nutzung von außen unterstützen.

APIs umfassen sowohl ausführbares Coding und Prozeduren als auch Typdefinitionen und Datenbankzugriffe. Die korrekte Nutzung von Objekten wird bei Verwendung der ABAP-Sprachversion **ABAP für Cloud-Entwicklung** auf Verwenderseite syntaktisch geprüft. Auf Anbieterseite werden Aktionen unterbunden, die eine inkompatible Änderung darstellen würden.

APIs sind damit in ABAP Cloud besonders relevant, weil nicht freigegebene Objekte aus anderen Softwarekomponenten nicht verwendet werden können. Die Syntaxprüfung verbietet es. In SAP S/4HANA Cloud Public Edition und im SAP BTP ABAP Environment führt daher kein Weg an APIs vorbei. In SAP S/4HANA und SAP S/4HANA Cloud Private Edition forciert das Clean-Core-Konzept ihre Nutzung. Halten Sie sich daran, nur freigegebene Objekte zu verwenden, fällt Ihnen das nächste Upgrade deutlich leichter, und Sie minimieren außerdem die Abhängigkeiten Ihrer Software, sodass diese auch in Cloud-Systeme portierbar wäre.

Aufbau dieses Kapitels

In diesem Kapitel lernen Sie den Umgang mit solchen APIs kennen. In Abschnitt 17.1 erfahren Sie, wie Sie APIs überhaupt finden und welche technischen Möglichkeiten Sie bei der Suche unterstützen können. In Abschnitt 17.2 wird konkret der Aufruf RAP-basierter APIs thematisiert. Sie stellen den Nachfolger von BAPIs zum Aufruf von Funktionen im SAP-Standard dar.

[»]

Anwendungsbeispiel

Ab diesem Kapitel entfernen wir uns von unserem Rezeptportal und nehmen Bezug auf Objekte im SAP-Standard. Nicht alle Beispiele sind im SAP BTP ABAP Environment direkt nachvollziehbar, da dort keine ERP-Komponenten installiert sind.

17.1 Die passenden APIs finden

Um die für Ihren Anwendungsfall passende API zu finden, stehen Ihnen verschiedene Suchoptionen zur Verfügung.

17.1.1 Nachfolgeobjekte

Nachfolgeobjekte in Syntaxfehlern

Die erste Methode, eine passende API zu finden, ist die, mit der Sie vielleicht ohnehin direkt intuitiv in Kontakt kommen. Sie verwenden aus Gewohnheit ein Ihnen bekanntes Entwicklungsobjekt aus dem SAP-Standard, dessen Nutzung Ihnen nun in ABAP Cloud per Syntaxfehler untersagt wird. Das Objekt ist nicht zur Nutzung in ABAP Cloud freigegeben. Abhängig vom konkreten Objekt kann Ihnen die Fehlermeldung direkt eine Alternative vorschlagen, die Sie nutzen können.

In Abbildung 17.1 wurde versucht, per ABAP SQL lesend auf die Datenbanktabelle `VBAK` zuzugreifen. Das Coding lässt sich nicht aktivieren, da die verwendete ABAP-Sprachversion **ABAP für Cloud-Entwicklung** die Prüfung auf APIs erzwingt und die Datenbanktabelle `VBAK` nicht freigegeben ist. Generell sind keine SAP-Standard-Datenbanktabellen in ABAP Cloud freigegeben, da durch Freigabe der Tabellen automatisch auch ein Schreibzugriff möglich wäre.

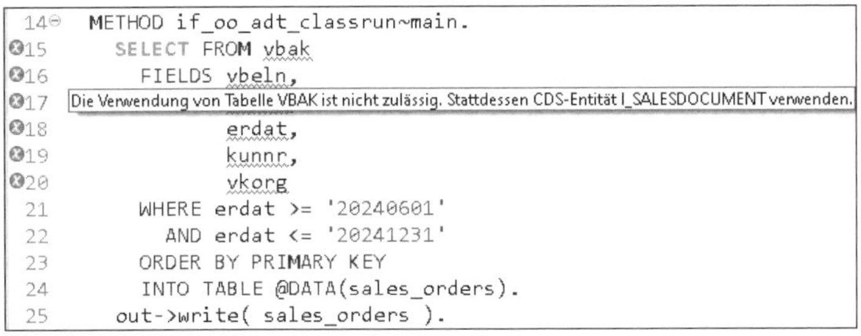

Abbildung 17.1 Syntaxfehler bei Verwendung von Tabelle »VBAK«

CDS-Entität »I_SalesDocument«

Der Fehlermeldung ist zu entnehmen, dass anstelle des Zugriffs auf Tabelle VBAK der Zugriff auf die CDS-Entität I_SalesDocument empfohlen wird. I_SalesDocument ist freigegeben und ermöglicht den indirekten lesenden Zugriff auf Tabelle VBAK. Das Coding lässt sich einfach anpassen. Die CDS-Entität ist Teil des virtuellen Datenmodells von SAP S/4HANA und nutzt daher die vereinheitlichten englischen Bezeichner für die Felder. Das korrigierte Coding zeigt Listing 17.1.

```
SELECT FROM I_SalesDocument
  FIELDS SalesDocument,
         SalesDocumentType,
         CreationDate,
         SoldToParty,
         SalesOrganization
  WHERE CreationDate >= '20240601'
    AND CreationDate <= '20241231'
  ORDER BY PRIMARY KEY
  INTO TABLE @DATA(sales_orders).
out->write( sales_orders ).
```

Listing 17.1 Indirekter Zugriff auf die Datenbanktabelle »VBAK« über die CDS-Entität »I_SalesDocument«

Pflege von Nachfolgeobjekten

Damit das System die CDS-Entität vorschlagen konnte, musste die Beziehung zwischen Tabelle VBAK und der CDS-Entität I_SalesDocument von SAP vorab gepflegt worden sein. Bei der CDS-Entität handelt es sich um das *Nachfolgeobjekt*. Um es sich anzeigen zu lassen, öffnen Sie das Entwicklungsobjekt, das nicht freigegeben ist, z. B. über die Tastenkombination [Strg] + [⇧] + [A]. Wechseln Sie anschließend in die **Properties**-Sicht, und öffnen Sie den Bereich **API State**. Wenn die Beziehung zum Nachfolgeobjekt gepflegt wurde, finden Sie zu dem Objekt einen Release-Kontrakt mit dem Release-Status **Not to Be Released**. Anstelle der Freigabe ist unter **Successors** das Nachfolgeobjekt gepflegt (siehe Abbildung 17.2).

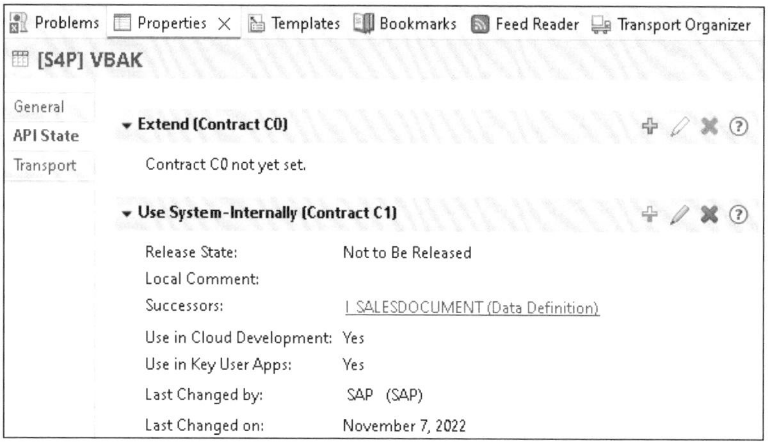

Abbildung 17.2 Pflege des Nachfolgeobjekts

Übersicht von Nachfolgeobjekten im System

Alternativ können Sie die Nachfolgeobjekte auch tabellarisch durchsuchen. Im System können Sie dazu direkt die freigegebene CDS-Entität `I_APIsWithCloudDevSuccessor` verwenden. Diese View-Entität selektiert alle Entwicklungsobjekte mit Nachfolgeobjekt. Sie können sie über die Tastenkombination [Strg] + [⇧] + [A] öffnen und anschließend mit der Funktionstaste [F8] in die Datenvorschau springen. In Abbildung 17.3 haben wir nach Objekten gesucht, die mit `V` beginnen und ein Nachfolgeobjekt haben. Die bereits bekannte Verknüpfung zwischen Tabelle `VBAK` und der CDS-Entität `I_SalesDocument` ist hier neben anderen Treffern enthalten.

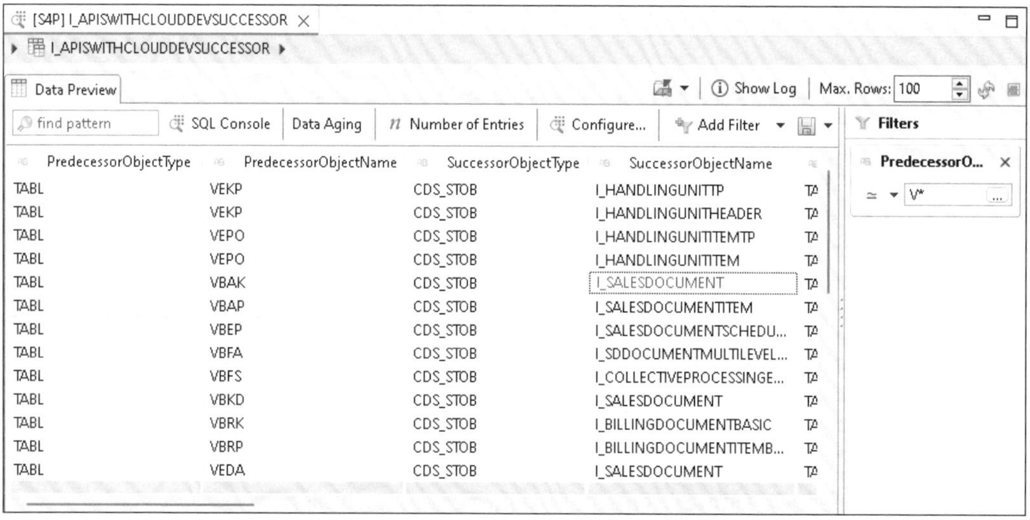

Abbildung 17.3 Tabellarische Anzeige von Nachfolgeobjekten mit dem CDS-View »I_APIsWithCloudDevSuccessor«

17.1.2 Suche über CDS-Entität »I_APIsForCloudDevelopment«

Übersicht freigegebener APIs per CDS-Entität

Ein anderer Anwendungsfall ist die Suche von APIs ohne ein bereits bekanntes Vorgängerobjekt. Hier gibt es viele verschiedene Möglichkeiten. Eine ist die Nutzung der freigegebenen CDS-Entität `I_APIsForCloudDevelopment`. Sie zeigt Ihnen nicht nur Nachfolgeobjekte, sondern alle in ABAP Cloud nutzbaren APIs im System an. In Abbildung 17.4 wurde in der Datenvorschau nach freigegebenen globalen Klassen gesucht, die im Bezeichner die Zeichenkette `ABAP` verwenden.

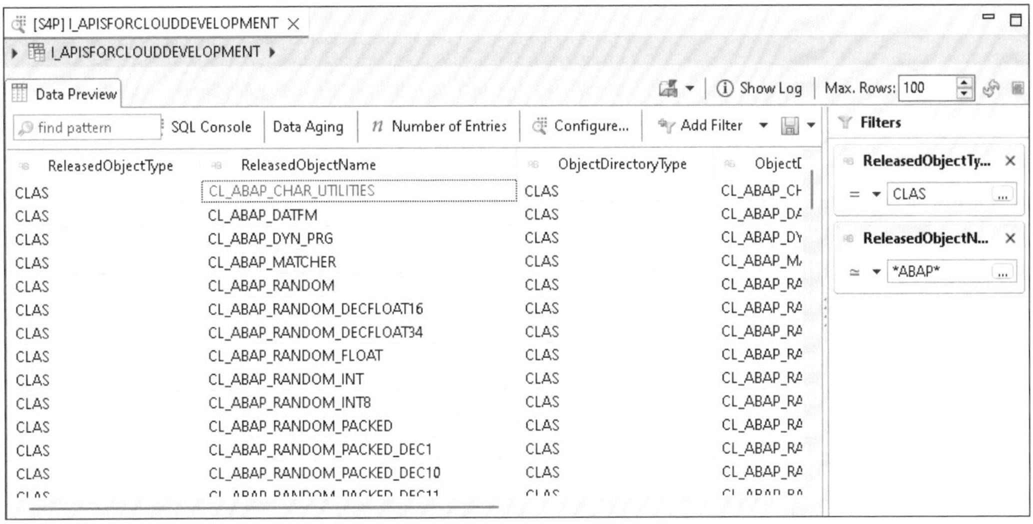

Abbildung 17.4 Tabellarische Anzeige aller APIs mit dem CDS-View »I_APIsForCloudDevelopment«

Für eine erste Übersicht oder programmatische Auswertung von APIs ist diese CDS-Entität sehr hilfreich. Für eine detaillierte Suche ist sie jedoch ungeeignet. Dazu stehen im System komfortablere Möglichkeiten zur Verfügung.

17.1.3 Suche über das Dialogfenster »Open ABAP Development Object«

Open ABAP Development Object

Im Dialogfenster **Open ABAP Development Object** besteht die Möglichkeit, nur nach freigegebenen Objekten zu suchen. Öffnen Sie dieses Dialogfenster über die Tastenkombination [Strg] + [⇧] + [A], und ergänzen Sie neben Ihren üblichen Suchkriterien den Filter »api:«. In der Autovervollständigung, die Sie mit der Tastenkombination [Strg] + Leertaste aufrufen, werden Ihnen viele Möglichkeiten angeboten, auf Basis des API-Zustands zu filtern (siehe Abbildung 17.5).

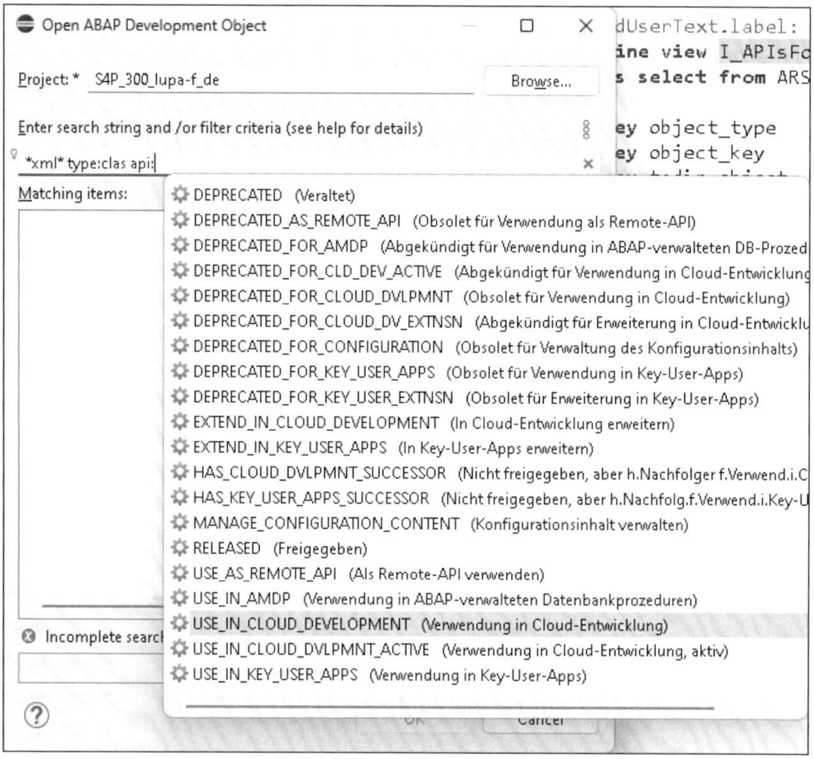

Abbildung 17.5 API-Filter im Dialogfenster »Open ABAP Development Object«

Über den Filter HAS_CLOUD_DVLPMNT_SUCCESSOR könnten Sie z. B. nach allen Objekten filtern, für die ein Nachfolgeobjekt gepflegt wurde. In der Regel werden Sie nach den für Sie in ABAP Cloud nutzbaren Objekten suchen. Dazu verwenden Sie den Filter USE_IN_CLOUD_DEVELOPMENT. Alternativ lässt sich mit USE_IN_CLOUD_DVLPMNT_ACTIVE zusätzlich auf Basis des Aktivierungsstatus von API-Katalogen filtern. Für erweiterbare Objekte verwenden Sie den Filter EXTEND_IN_CLOUD_DEVELOPMENT. Wir haben in Abbildung 17.6 nach in ABAP Cloud verwendbaren globalen Klassen gesucht, die den Namensbestandteil XML aufweisen.

Ein Nachteil des Dialogfensters **Open ABAP Development Object** ist, dass Sie es erneut öffnen müssen, wenn Ihr gewählter Eintrag doch nicht der richtige war. Das Problem können Sie über das Aktivieren der Option **Use Pattern from Previous Search** lindern, sodass zumindest das Suchmuster nicht jedes Mal neu eingegeben werden muss (siehe Abbildung 17.7).

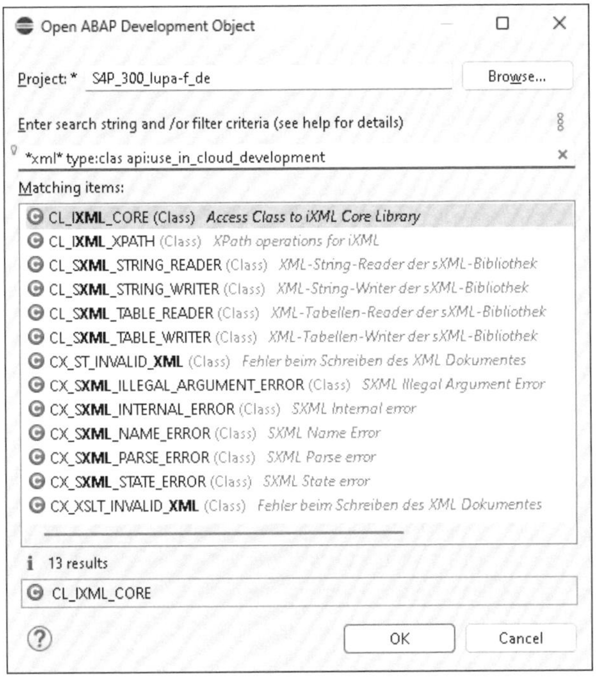

Abbildung 17.6 Trefferliste im Dialogfenster »Open ABAP Development Object«

17

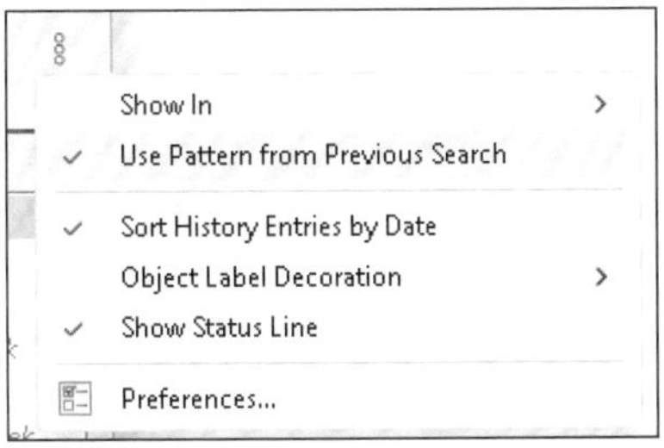

Abbildung 17.7 Wiederverwendung des Suchmusters

17.1.4 Suche per ABAP Object Search

ABAP Object Search

Ein anderer Ansatz ist die Verwendung von *ABAP Object Search*. Sie erreichen damit über das Tastenkürzel [Strg] + [H] eine Suchmaske, die der im letzten Abschnitt beschriebenen ähnelt (siehe Abbildung 17.8).

Die Ergebnisse werden hier jedoch nicht in einem Dialogfenster, sondern als eigener View in den ABAP Development Tools angezeigt, sodass Sie die Treffer komfortabel nacheinander durchgehen können (siehe Abbildung 17.9). Sie können weitere Spalten einblenden, die Ihnen bei der Suche helfen.

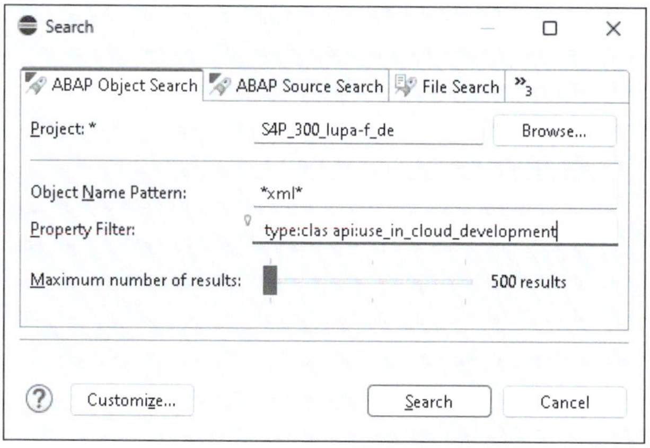

Abbildung 17.8 ABAP Object Search mit API-Filter

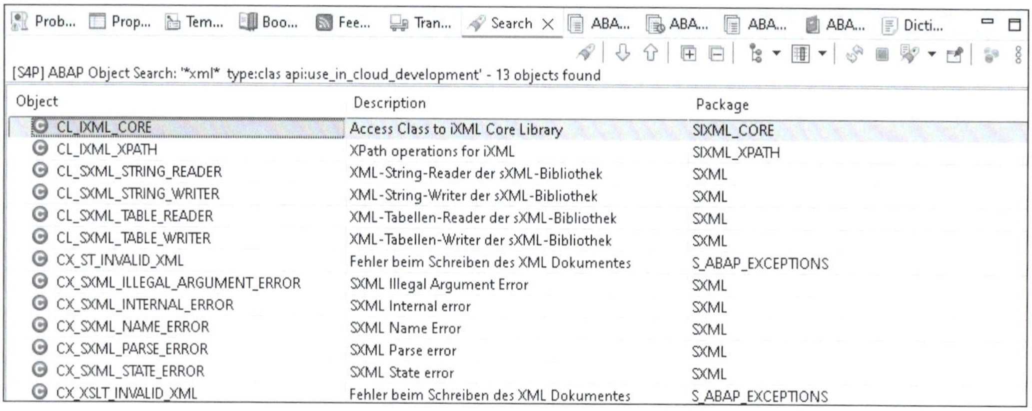

Abbildung 17.9 Trefferliste der ABAP Object Search

17.1.5 Gruppierung und Filterung im Project Explorer

»Expand Folder By« im Project Explorer

Eine weitere Möglichkeit ist die Gruppierung und Filterung im Project Explorer. Mit den zuvor beschriebenen Techniken haben Sie z. B. die CDS-Entität `I_SalesDocument` gefunden. Sie fragen sich nun, welche weiteren in ABAP Cloud nutzbaren CDS-Entitäten es im Vertrieb gibt. Sie vermuten, dass diese Entitäten sich im selben Paket oder in umliegenden Paketen der Pakethierarchie befinden.

1. In diesem Fall öffnen Sie zunächst das bekannte Objekt und navigieren anschließend über den Button **Link with Editor** ( ) in das zugehörige Paket.

System Library im Project Explorer

Stellen Sie zuvor sicher, dass Sie einen ABAP Repository Tree für die **System Library** in Ihrem ABAP-Projekt haben. Sie zeigt Ihnen alle im System vorhandenen Pakete in einer Hierarchie an. Sollte dieser Teilbaum fehlen, können Sie ihn hinzufügen, indem Sie per Rechtsklick das Kontextmenü zum ABAP-Projekt öffnen und hier den Pfad **New • ABAP Repository Tree...** wählen. Stellen Sie sicher, dass die Option **Take this tree into account for linking** angewählt ist.

2. Sie befinden sich nun im Paket `VDM_SD_SLS` als Unterpaket von `VDM_SD` und `APPL` (siehe Abbildung 17.10).

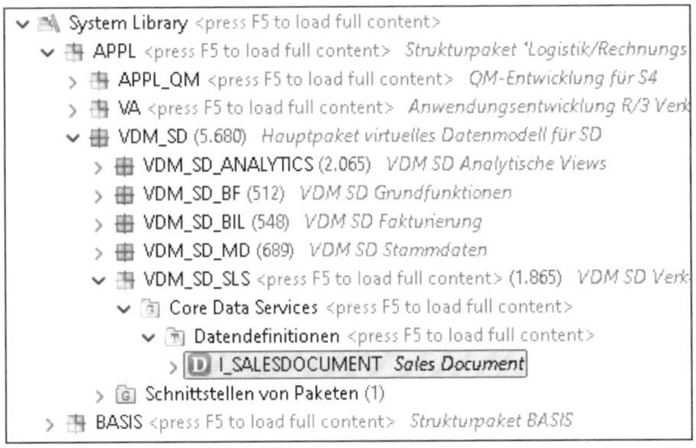

Abbildung 17.10 Project Explorer nach Ausführung der Aktion »Link with Editor«

3. Über die Funktionstaste [F5] könnten Sie alle Inhalte des Pakets laden. Allerdings sind nicht alle Inhalte in ABAP Cloud nutzbar. Allein das Unterpaket enthält 1.865 Objekte. Um die Objekte nach API-Status gruppiert anzuzeigen, klicken Sie mit der rechten Maustaste auf das gewünschte Paket und wählen im Kontextmenü die Option **Expand Folder by...** (siehe Abbildung 17.11).

Abbildung 17.11 »Expand Folder by...« im Project Explorer

4. Wählen Sie dann die Option **API State** (siehe Abbildung 17.12).

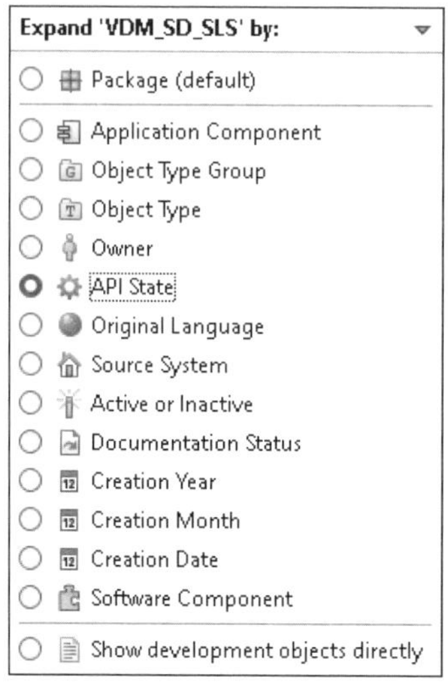

Abbildung 17.12 Gruppierungsoptionen der Funktion »Expand Folder by...«

5. Es werden Ihnen alle Entwicklungsobjekte des Pakets, gruppiert nach API-Status, angezeigt. Sie können die ausschließlich in ABAP Cloud nutzbaren Objekte nun direkt finden, indem Sie den Teilbaum `USE_IN_CLOUD_DEVELOPMENT` aufklappen (siehe Abbildung 17.13). Von den 1.865 Objekten bleiben dann noch 190 übrig.

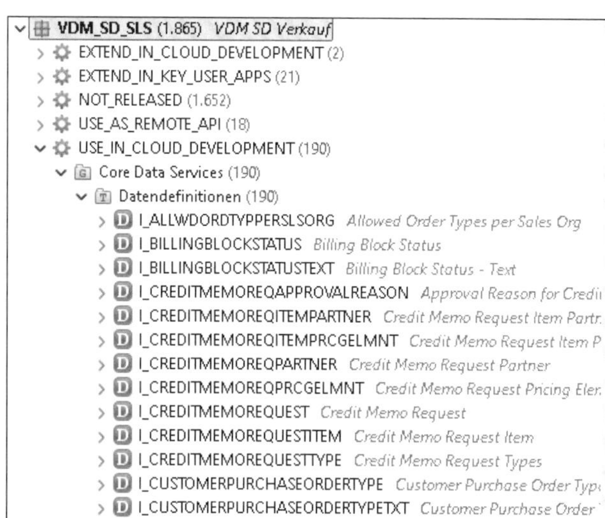

Abbildung 17.13 Paket – gruppiert nach API-Status

ABAP Repository Trees

Die Funktion **Expand <Folder> by** ist sehr hilfreich, um ad-hoc die Anzeige für ein Paket zu ändern. Möchten Sie hingegen direkt mit der Zielsetzung in den Project Explorer einsteigen, APIs zu finden, bieten sich *ABAP Repository Trees* an. Sie erlauben es Ihnen, Ihre eigene Navigationsstruktur im Project Explorer zu definieren. Um APIs zu finden, ist z. B. oft weniger der technische Einstieg aus Sicht von Paketen als vielmehr der fachliche Einstieg aus Sicht der Anwendungskomponenten sinnvoll.

Zur Anlage eines neuen ABAP Repository Trees gehen Sie wie folgt vor:

1. Klicken Sie mit der rechten Maustaste auf Ihr ABAP-Projekt im Project Explorer, und wählen Sie aus dem Kontextmenü **New • ABAP Repository Tree**. Wir möchten nach Anwendungskomponenten navigieren und wählen daher die Vorlage **Application Component Hierarchy** aus und bestätigen mit **Next** (siehe Abbildung 17.14).

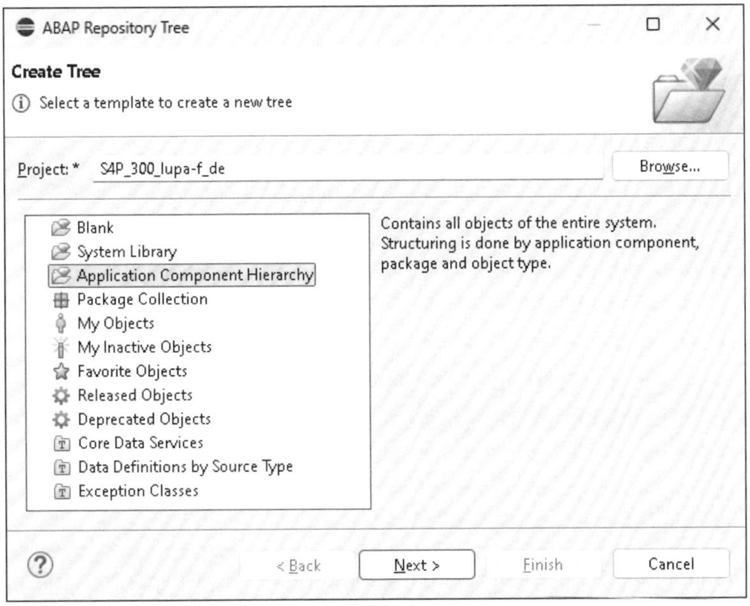

Abbildung 17.14 Auswahl der Vorlage für einen ABAP Repository Tree

Vorlagen für freigegebene und veraltete Objekte

Mit den Vorlagen **Released Objects** und **Deprecated Objects** können Sie alternativ direkt eine Vorlage verwenden, die Filter auf den API-Status setzt. Standardmäßig sind diese Objekte aber nicht nach Anwendungskomponente gruppiert, daher wählen wir die andere Vorlage als Einstieg.

2. Im nächsten Schritt konfigurieren Sie Ihren neuen ABAP Repository Tree. Wir vergeben zunächst den Namen »Freigegebene Objekte nach Anwendungskomponente« und passen den **Property Filter** an, sodass ausschließlich in ABAP Cloud nutzbare Objekte gelistet werden.
3. Die standardmäßige Aufteilung nach Paketen unterhalb der Anwendungskomponente ist für uns uninteressant, daher entfernen wir die Ebene **Package** bei den **Selected Tree Levels**. Die angepassten Optionen finden Sie in Abbildung 17.15.

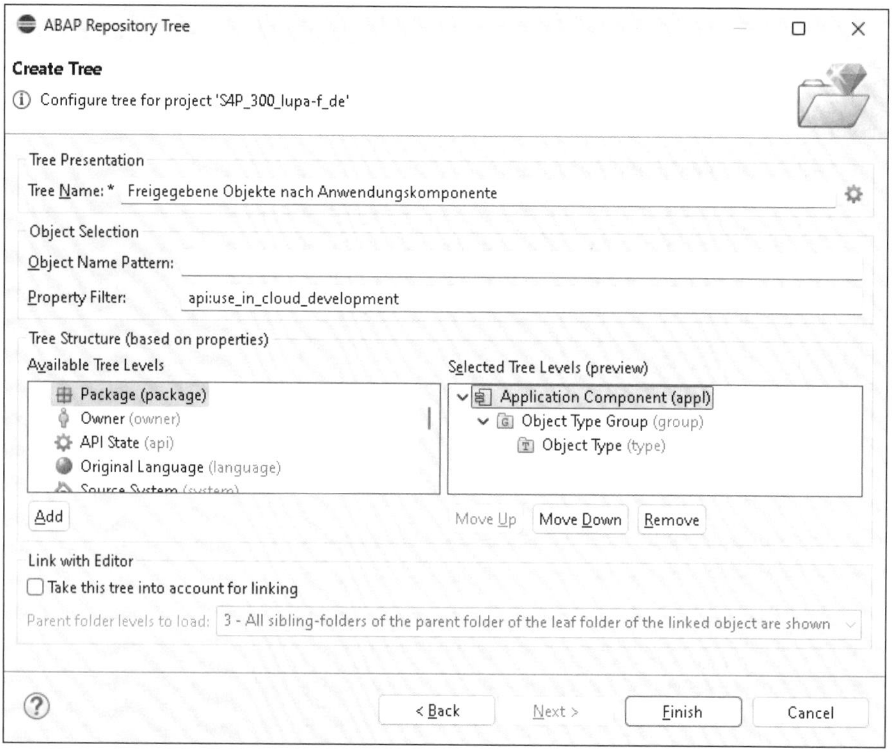

Abbildung 17.15 Optionen zur Konfiguration eines ABAP Repository Trees

4. Bestätigen Sie mit **Finish**.

Nutzung des ABAP Repository Trees

Anschließend finden Sie Ihren neuen ABAP Repository Tree im Project Explorer wieder (siehe Abbildung 17.16). Sie können ihn nutzen, um mithilfe des fachlichen Einstiegs, der Anwendungskomponente, freigegebene Objekte zu finden. ABAP Repository Trees sind flexibel einstellbar. Sollten Sie auch hier nicht freigegebene Objekte sehen wollen, können Sie den Property Filter entfernen und den API-Status mit in die Tree Levels aufnehmen.

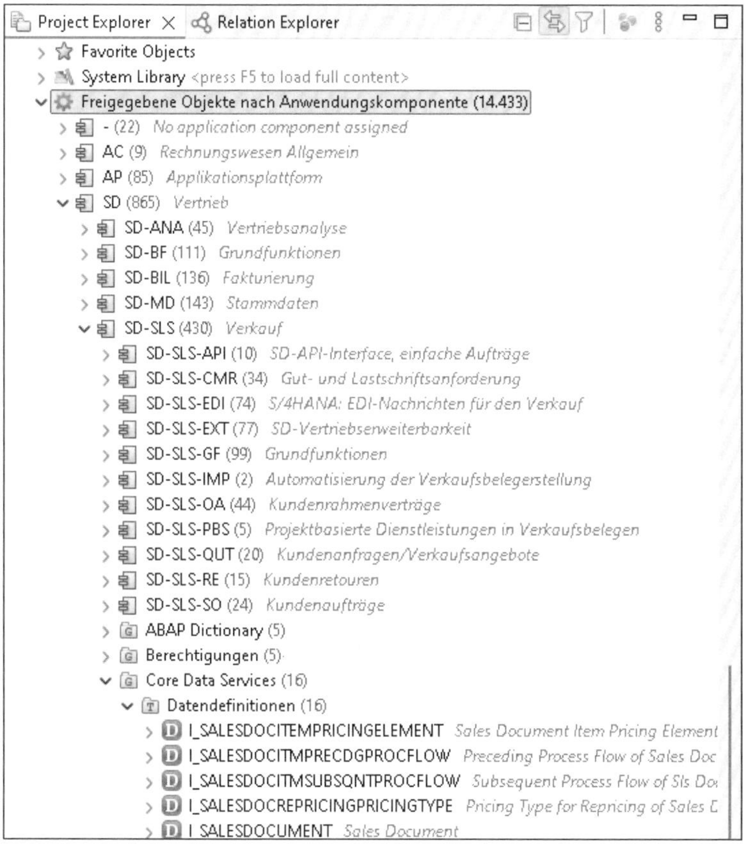

Abbildung 17.16 Neuer ABAP Repository Tree im Project Explorer

17.1.6 Externe Suchmöglichkeiten

Cloudification Repository

Neben den Möglichkeiten im SAP-System gibt es auch Suchmethoden außerhalb des Systems. Diese sind insbesondere dann hilfreich, wenn Sie keinen Zugriff auf ein bestimmtes Release haben oder eine API extern konsumieren möchten. Das *Cloudification Repository* ist ein von SAP auf GitHub veröffentlichtes Repository, das Daten zu freigegebenen Objekten und Nachfolgeobjekten im JSON- und CSV-Format enthält. Damit haben Sie auch außerhalb eines Systems Zugriff auf diese Informationen. Das Repository finden Sie unter folgender URL: *https://github.com/SAP/abap-atc-cr-cv-s4hc*.

Cloudification Repository Viewer

Zur Anzeige der Daten gibt es mehrere Möglichkeiten. SAP bietet mit dem *Cloudification Repository Viewer* eine Weboberfläche an, in der Sie nach Objekten suchen können. Für unser Beispiel suchen wir nach Tabelle VBAK. Die

Trefferliste zeigt an, dass das Objekt vom Typ `TABL` nicht freigegeben wird, es allerdings ein Nachfolgeobjekt gibt: `I_SalesDocument` (siehe Abbildung 17.17). Damit erhalten wir dieselben Informationen wie bereits über andere Wege direkt im System – ohne Systemzugriff. Den Cloudification Repository Viewer erreichen Sie über die Links in der README-Datei des Cloudification Repositorys oder direkt über folgende URL: *https://sap.github.io/abap-atc-cr-cv-s4hc/*.

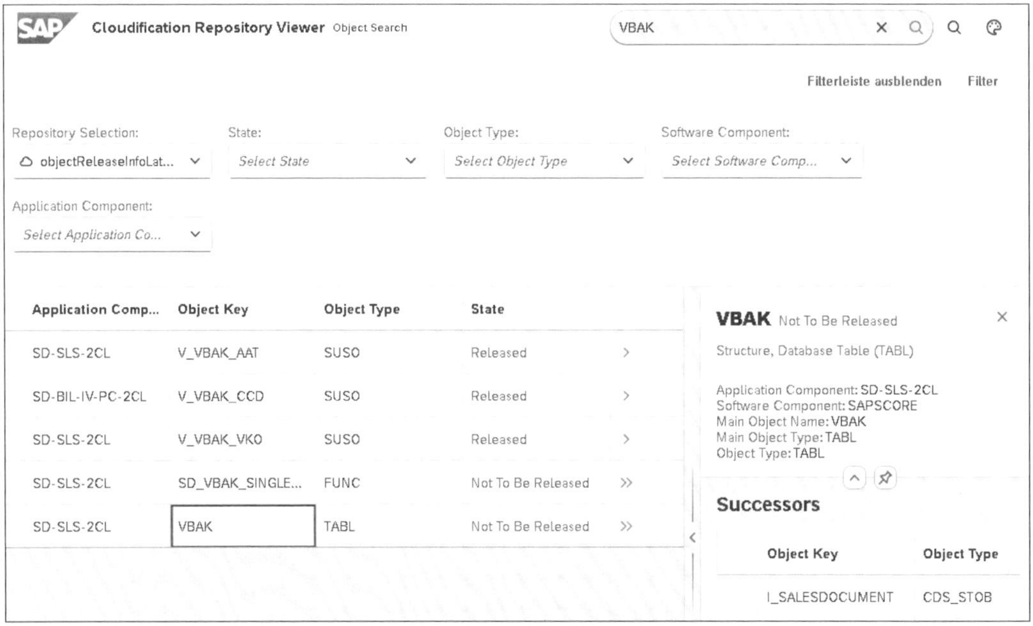

Abbildung 17.17 Suche nach »VBAK« im Cloudification Repository Viewer

Datenquellen im Cloudification Repository

In der Ansicht können Sie über das Dropdown-Feld **Repository Selection** die Datenquelle wechseln:

- Standardmäßig ist die Datenquelle **objectReleaseInfoLatest.json** ausgewählt. Sie enthält Daten aus Release-Kontrakten in SAP S/4HANA Cloud Public Edition. Dazu zählen alle API-Status. Neben freigegebenen Objekten gehören dazu auch nicht freigegebene, wie in unserem Beispiel die Datenbanktabelle `VBAK` mit der Nachfolgebeziehung.
- Die Datenquelle **objectReleaseInfo_PCELatest.json** enthält Daten zu SAP S/4HANA Cloud Private Edition. Neben **Latest** können Sie hier auch ein spezifisches Release auswählen.
- Die Datenquelle **objectClassifications.json** zeigt Ihnen Daten zu sogenannten *klassischen APIs* an. Dabei handelt es sich um Objekte, die nicht für die Nutzung in ABAP Cloud freigegeben sind, aber von SAP als stabil

eingestuft werden, sodass Sie diese Objekte in SAP S/4HANA und SAP S/4HANA Cloud Private Edition verwenden können, wenn keine Alternative besteht. Technisch ist dies mit ABAP Cloud direkt allerdings nicht möglich. Sie müssen einen Wrapper mit klassischem ABAP entwickeln und können diesen über das Three-Tier-Modell kapseln und selbst als API freigeben. In SAP S/4HANA Cloud Public Edition und im SAP BTP ABAP Environment können Sie keine klassischen APIs verwenden.

Weitere Auswertungsoptionen

Weitere Optionen zur Anzeige von APIs finden Sie auch an folgenden Stellen. Diese ähneln sich inhaltlich sehr stark und werden daher hier nicht detailliert behandelt:

- **Cloudification Repository Viewer von Software-Heroes**

  In der SAP Community bietet *Software-Heroes* einen alternativen Cloudification Repository Viewer an. Im Vergleich zur von SAP bereitgestellten Version ist die Darstellung etwas übersichtlicher nach Objekttyp gestaltet, und Sie können direkt die Nachfolgeobjekte in einer Tabelle sehen. Sie erreichen diesen Viewer unter folgender URL: *https://software-heroes.com/cloudification-repository-viewer*.
- **APIs in der ABAP-Schlüsselwortdokumentation**

  Sie können in Ihrem System in der ABAP-Schlüsselwortdokumentation eine Liste der freigegebenen APIs erzeugen. Folgen Sie dazu dem Pfad **ABAP APIs • Released APIs • Released APIs of the Current System**.

SAP Business Accelerator Hub

Eine weitere Option außerhalb des Systems ist der *SAP Business Accelerator Hub*. Sie erreichen ihn unter folgender URL: *https://api.sap.com/*. Primär dient er dazu, APIs für die Integration externer Anwendungen mit einem SAP-Produkt zu finden. Sekundär kann er allerdings auch dabei helfen, sich APIs im System zu erschließen.

1. Öffnen Sie dazu die Website, und wählen Sie zunächst Ihr Produkt auf der Registerkarte **Products** aus. Wir wählen **SAP S/4HANA**.
2. Anschließend können Sie über die Registerkarte **APIs** in die von außerhalb nutzbaren APIs verzweigen. Wechseln Sie zur Registerkarte **All**, um alle verfügbaren APIs zu durchsuchen.
3. Wir versuchen erneut, eine API für Vertriebsbelege zu finden. Eine Suche nach »Sales Document« führt nur indirekt zum Treffer. Die APIs sind spezifischer, sodass wir z. B. konkret die synchrone API **Sales Order (A2X)** für Kundenaufträge auswählen können (siehe Abbildung 17.18).
4. Nach Verzweigung in die Detailansicht erhalten Sie alle notwendigen technischen Spezifikationen zur Nutzung dieser API.

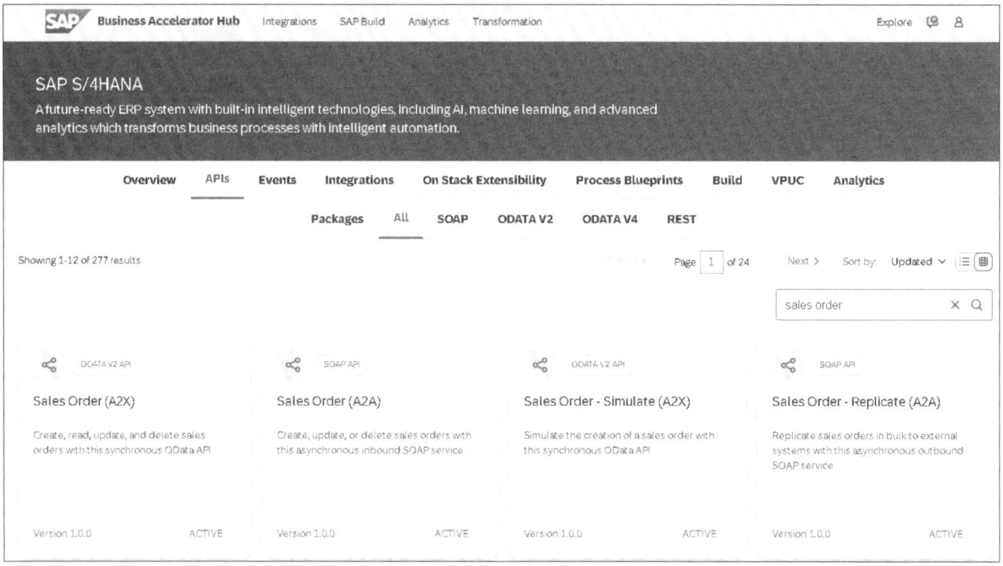

Abbildung 17.18 Suche nach »Sales Order« im SAP Business Accelerator Hub

5. Über den Absprung auf die Registerkarte **Documents** zur **Business Documentation** landen Sie im SAP Help Portal für das gewählte Produkt, in dem Sie den technischen Namen der API im System finden. Im konkreten Fall ist **Sales Order (A2X)** als OData-V2-Service mit dem SAP-Gateway-Service-Builder-Projekt `API_SALES_ORDER_SRV` implementiert worden.

17.2 RAP-basierte APIs per EML aufrufen

Neben Datentypen ist auch die Definition aufrufbarer Prozeduren eine Form von APIs. Zur Interaktion mit Business-Objekten im SAP-Standard waren lange Zeit die Business Application Programming Interfaces (BAPIs) das Mittel der Wahl. Mit ihrer funktionsbausteinbasierten Schnittstelle und ihrer Remote-Fähigkeit über Remote Function Call (RFC) sind BAPIs auch weiterhin vielseitig einsetzbar. Nicht aber in ABAP Cloud. Das ABAP RESTful Application Programming Model ermöglicht es auch, APIs für interne wie externe Verwender bereitzustellen. Die aktuellen Business-Objekte der Standardmodule werden daher nach und nach mit RAP-Fassaden verschalt und damit auch die BAPIs abgelöst.

Suche nach RAP-Fassade für Kundenaufträge

Um eine RAP-basierte API im System aufzurufen, müssen Sie diese API zunächst finden. Hilfsmittel zur Suche haben Sie im letzten Abschnitt bereits kennengelernt. Wir möchten exemplarisch in einem Kundenauftrag das Feld **Kundenreferenz** im Auftragskopf ändern. Als Suchhilfsmittel wählen wir das Dialogfenster **Open ABAP Development Object** und filtern auf die

Nutzbarkeit in ABAP Cloud. Wir geben außerdem ein Suchmuster als Bezeichner und den Objekttyp `BDEF` für Verhaltensdefinitionen in die Filterzeile ein (siehe Abbildung 17.19).

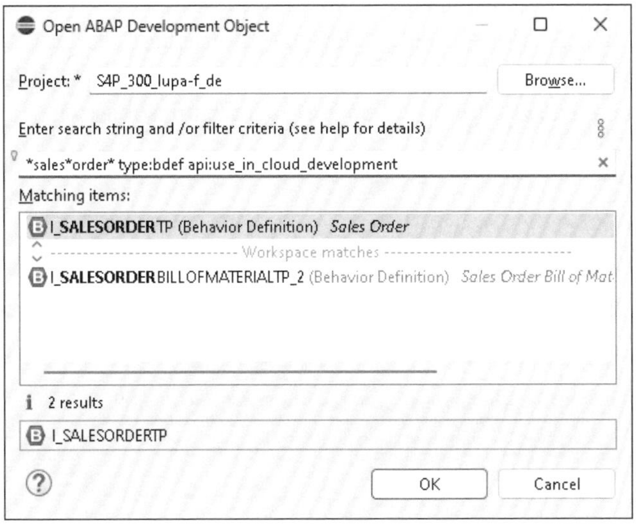

Abbildung 17.19 Suche nach Verhaltensdefinitionen für Kundenaufträge

Wir wählen den einen relevanten Treffer aus, **I_SalesOrderTP**. Es handelt sich dabei um eine Projektionsverhaltensdefinition mit transaktionalem Interface (siehe Abbildung 17.20).

```
[S4P] I_SALESORDERTP
Open Documentation
interface;
extensible;

with privileged mode;

define behavior for I_SalesOrderTP alias SalesOrder
use etag
{
  use create;
  use update;

  field ( readonly ) SalesOrder;
  use association _Item           { create; }
  use association _Partner        { create; }
  use association _Text           { create; }
  use association _PricingElement { create; }
}

define behavior for I_SalesOrderPartnerTP alias SalesOrderPartner
{
  use update;
  use delete;

```

Abbildung 17.20 Projektionsverhaltensdefinition »I_SalesOrderTP«

Dokumentation von RAP-basierten APIs

Die Implementierung ist für uns erst mal nicht relevant. Wir möchten in Erfahrung bringen, wie wir die RAP-basierte API verwenden können. Netterweise wurde dazu eine Dokumentation von SAP gepflegt. Sie können diese Dokumentation über den Link **Open Documentation** oben in der Verhaltensdefinition öffnen. Es öffnet sich das relevante Knowledge Transfer Document (siehe Abbildung 17.21). Details zum Umgang mit diesem Objekttyp erfahren Sie in Kapitel 15, »Dokumentation von Entwicklungsobjekten«.

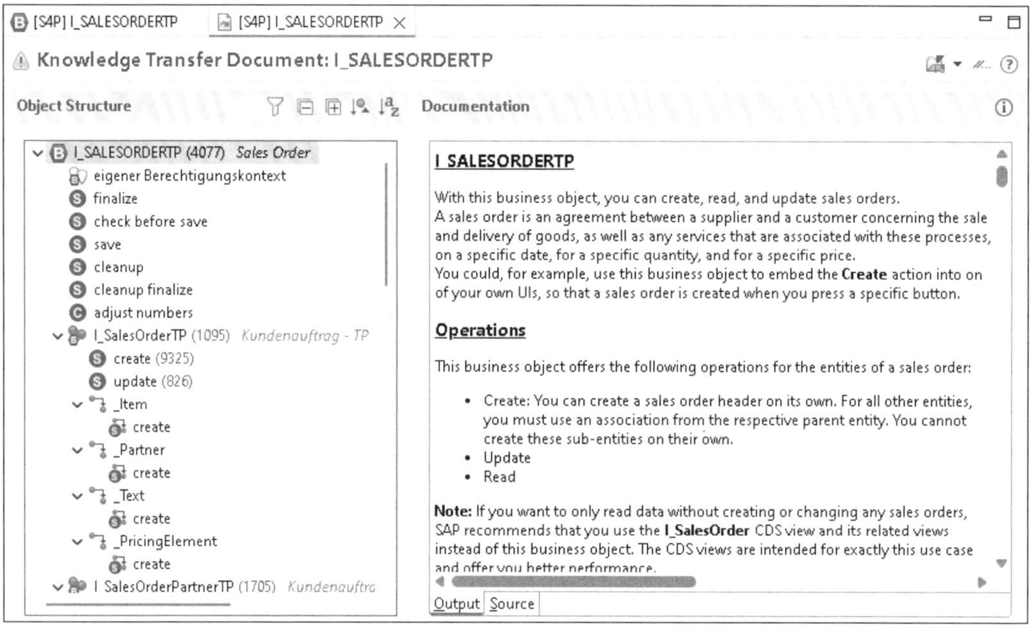

Abbildung 17.21 Dokumentation zur Projektionsverhaltensdefinition »I_SalesOrderTP«

Das Dokument enthält die Spezifikation der API inklusive technischer Einschränkungen und Beispielaufrufe. Bei einigen RAP-Fassaden gibt es aktuell technisch bedingt Einschränkungen auf Basis der alten Implementierung hinter der Fassade. Konkret in diesem Fall ist es nicht möglich, innerhalb derselben SAP-LUW mehrere Kundenaufträge zu bearbeiten. Solche Informationen finden Sie in der Dokumentation.

Änderung eines Kundenauftrags

Die Dokumentation zur Änderung eines existierenden Kundenauftrags finden Sie im Bereich **Object Structure** unter **I_SalesOrderTP** bei der Operation **update**. Hier ist auch ein Codebeispiel enthalten, das wir angepasst übernehmen. Die lokale Interaktion mit dem RAP-Objekt in ABAP erfolgt über die *Entity Manipulation Language* (EML). Wir haben sie bereits in anderen Kapiteln zur Interaktion mit dem Transaktionspuffer bei der Implementierung eines RAP-Business-Objekts genutzt. In diesem Fall rufen wir ein fremdes Business-Objekt über EML auf.

Die Implementierung zur Anpassung der Kundenreferenz finden Sie in Listing 17.2. Wir erläutern sie im Anschluss.

```
MODIFY ENTITIES OF I_SalesOrderTP
       ENTITY SalesOrder
       UPDATE
       FIELDS ( PurchaseOrderByCustomer )
       WITH VALUE #(
         ( PurchaseOrderByCustomer = '100005 (EML)'
           %key-SalesOrder         = '0000012237' ) )
       FAILED   DATA(failed)
       REPORTED DATA(reported).
IF failed IS NOT INITIAL.
  out->write( failed ).
  out->write( reported ).
  ROLLBACK ENTITIES.
ELSE.
  out->write( reported ).
  COMMIT ENTITIES.
ENDIF.
```

Listing 17.2 Ändern eines Kundenauftrags per EML

EML-Syntax

Die EML-Syntax ist komplex und etwas gewöhnungsbedürftig. `MODIFY ENTITIES` ist die Anweisung für schreibende Zugriffe: Neuanlage oder Änderung. Wir sprechen hier das Business-Objekt `I_SalesOrderTP` an, das wir vorab gefunden hatten. Darin wählen wir die Entität `SalesOrder` aus, da wir die Auftragskopfdaten ändern möchten. Über die Operation `UPDATE` spezifizieren wir, dass eine Aktualisierung und keine Neuanlage erfolgt. Mit dem Befehl `FIELDS` geben wir die Felder an, die aktualisiert werden sollen. `FIELDS` ist eine Möglichkeit, in EML eine Feldliste mitzugeben. Hinter dem Zusatz `WITH VALUE` werden anschließend diese Felder mit ihren neuen Werten versorgt und zusätzlich die Schlüssel angegeben.

Über den Rückgabeparameter `FAILED` lassen sich fehlgeschlagene Aktionen identifizieren. `REPORTED` enthält Meldungen zu den durchgeführten Änderungen oder Informationen zu Fehlern. Sind keine Aktionen fehlgeschlagen, lösen wir über `COMMIT ENTITIES` den Speichervorgang aus. In Fehlerfällen rollen wir zur Sicherheit die Transaktion per `ROLLBACK ENTITIES` zurück.

Die Änderung hat in unserem Fall funktioniert und ist im Kundenauftrag ersichtlich (siehe Abbildung 17.22 und Abbildung 17.23).

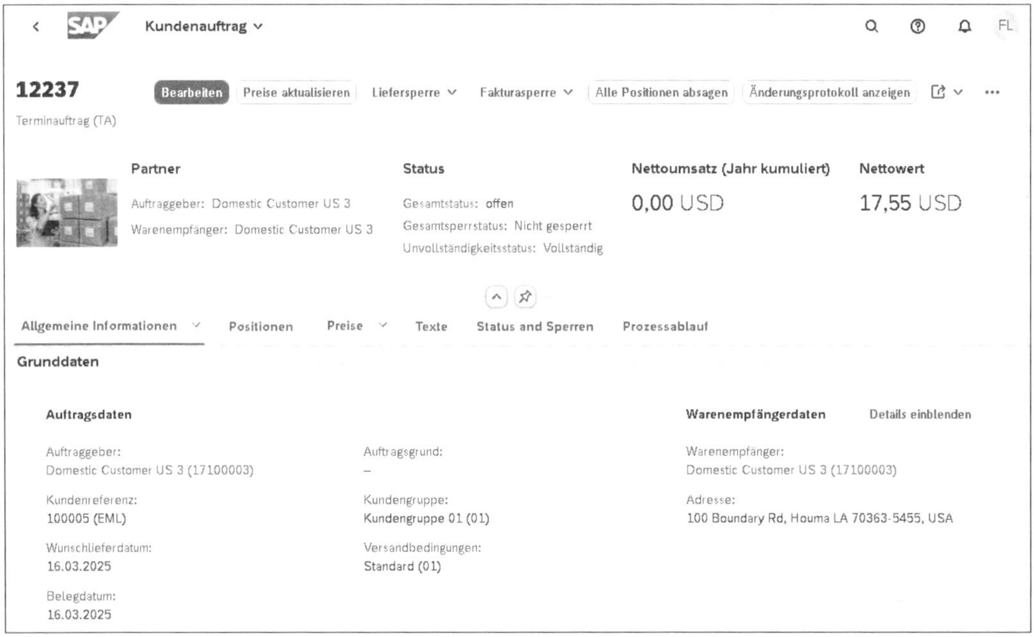

Abbildung 17.22 Geänderte Kundenreferenz im Kundenauftrag

Abbildung 17.23 Änderungsbelege zur geänderten Kundenreferenz

17.3 Zusammenfassung

In diesem Kapitel haben Sie den Umgang mit APIs kennengelernt. Dazu wurde auf den Grundlagen aus Kapitel 1, »Einführung in die moderne ABAP-Entwicklung«, aufgesetzt, und Sie haben erfahren, mit welchen Werkzeugen Sie APIs finden können. Dazu zählen Werkzeuge in den ABAP Development Tools, aber auch solche außerhalb des Systems, die von SAP oder der SAP Community bereitgestellt werden.

Sie haben außerdem gelernt, wie Sie RAP-basierte APIs mit EML aufrufen können. Bislang haben wir darüber nur Funktionen im SAP-Standard aufgerufen. Wie Sie Erweiterungen vornehmen können, die dann auch per EML adressierbar sind, z. B. kundeneigene Felder, erfahren Sie im nächsten Kapitel.

Kundeneigene APIs

Was in diesem Kapitel nicht angesprochen wurde, ist, wie Sie selbst APIs anlegen können. Dies kann relevant sein, wenn Sie Software an Kunden ausliefern, die von Ihnen stabile APIs erwarten, oder wenn Sie Ihre ABAP-Cloud-Entwicklungen nach Softwarekomponenten trennen und diese untereinander über freigegebene Schnittstellen kommunizieren lassen möchten. Ebenfalls relevant sind APIs für Clean Core und das Three-Tier-Modell. Hier nutzen Sie das Freigabekonzept, um Objekte in Tier 3 aus ABAP-Cloud-konformen Objekten aufrufen zu können.

17

Kapitel 18
Erweiterungen in ABAP Cloud

In vielen Kundenprojekten haben Sie es mit der Anforderung zu tun, eine Standard-SAP-Fiori-App zu erweitern. Jetzt sind Sie an der Reihe und müssen diese Anforderung umsetzen.

SAP S/4HANA deckt als Standardsoftware die Kernprozesse eines Unternehmens ab – etwa die Finanzbuchhaltung oder die Materialwirtschaft. Es kann jedoch sein, dass diese Kernprozesse erweitert werden müssen, um sie an kundenindividuelle Anforderungen anzupassen. Den SAP-Standard zu erweitern, ist aber ein heikles Thema. Es müssen die richtigen Vorgehensweisen gewählt werden, damit Erweiterungen nicht beim nächsten System-Upgrade überschrieben werden, wie das z. B. bei Modifikationen der Fall wäre.

Möglichkeiten zur Erweiterung

SAP S/4HANA bietet daher eine flexible Plattform zur Erweiterung und Integration der Standardfunktionen. Um bestehende Prozesse zu erweitern, bieten sich mit ABAP Cloud die folgenden Möglichkeiten:

- **Key-User-Erweiterbarkeit**
  No-Code-/Low-Code-Funktionen ermöglichen es Fachanwenderinnen und Fachanwendern, kleine Anpassungen selbst vorzunehmen. Zu den möglichen Anpassungen zählen etwa das Hinzufügen benutzerdefinierter Felder oder einfacher Logik. Mit der Key-User-Erweiterbarkeit beschäftigen wir uns in Abschnitt 18.1).
- **Entwicklererweiterbarkeit**
  Die Möglichkeiten der Entwicklererweiterbarkeit orientieren sich an der traditionellen Entwicklerrolle. Mithilfe freigegebener Erweiterungspunkte können Sie den SAP-Standard erweitern. Die Entwicklererweiterbarkeit ist Thema von Abschnitt 18.2.

Auch in diesem Kapitel beziehen wir uns nicht mehr auf unser Rezeptportal als Anwendungsbeispiel. Da es hier um die Erweiterung des SAP-Standards geht, nehmen wir uns vor, einen SAP-Standard-Kundenauftrag um ein Ankreuzfeld für einen Gutschein zu erweitern. Diese Erweiterung spielen wir mit den zwei grundsätzlichen Erweiterungsmöglichkeiten durch, der Key-User- und der Entwicklererweiterbarkeit.

18.1 Key-User-Erweiterbarkeit

Die Key-User-Erweiterbarkeit erlaubt es Endanwenderinnen und Endanwendern, die nur über geringes technisches Know-how verfügen, Erweiterungen im System vorzunehmen. Es gibt eine Reihe von SAP-Fiori-Apps, die bei solchen Erweiterungen unterstützen.

18.1.1 Einrichten des Adaptation Transport Organizers

Adaptation Transport Organizer

Der *Adaptation Transport Organizer* ist eine Voraussetzung für die Nutzung der Key-User-Erweiterbarkeit. Die Änderungen werden normalerweise in einem Entwicklungssystem vorgenommen und müssen anschließend durch die Systemlandschaft transportiert werden. Da die Änderungen im Rahmen der Key-User-Erweiterbarkeit von Benutzerinnen und Benutzern vorgenommen werden, die keine Entwicklungskenntnisse haben, vereinfacht der Adaptation Transport Organizer diesen Prozess. Der Transport der Erweiterungen wird dazu vom Adaptation Transport Organizer verwaltet.

Konfiguration

Standardmäßig ist die Nutzung von Key-User-Erweiterbarkeit für die SAP-Standardobjekte deaktiviert. Um sie zu aktivieren, muss der Adaptation Transport Organizer eingerichtet werden, wie im Folgenden beschrieben:

1. Rufen Sie Transaktion S_ATO_SETUP auf.
2. Dort können Sie an dem Ampelsymbol neben dem Feld **Adaptation Transport Organizer konfiguriert** erkennen, ob der Adaptation Transport Organizer bereits für Ihre Systemlandschaft konfiguriert wurde (siehe Abbildung 18.1).
3. Ist dies nicht der Fall, können Sie zwischen einem Präfix- und einem Namensraum-Setup wählen:
   - **Präfix-Setup**: Dieses Setup definiert ein Kundenpräfix, das für alle Pakete und Transporte verwendet werden kann, z. B. `ZZ1_<Generierter Name des Objekts>`. Dieses Kundenpräfix müssen Sie im Feld **Präfix** angeben.
   - **Namensraum-Setup**: Dieses Setup definiert einen SAP-Namensraum, der für alle Pakete und Transporte verwendet wird, z. B. `/ABC/_<Generierter Name des Objekts>`. Den Namensraum müssen Sie im Feld **Namensraum** eingeben.
4. Definieren Sie im Feld **Lokales Paket** ein lokales Paket, in dem Erweiterungen initial gespeichert werden. Bedenken Sie dabei, dass Objekte, die in diesem Paket gespeichert werden, später transportiert werden können. Dieses Paket ist der Softwarekomponente `LOCAL` zugeordnet (siehe Abbildung 18.2). Um sich die Softwarekomponente eines Pakets anzei-

gen zu lassen, wechseln Sie in den ABAP Development Tools zum Paket und dessen Eigenschaften (**Properties**).

Abbildung 18.1 Transaktion S_ATO_SETUP

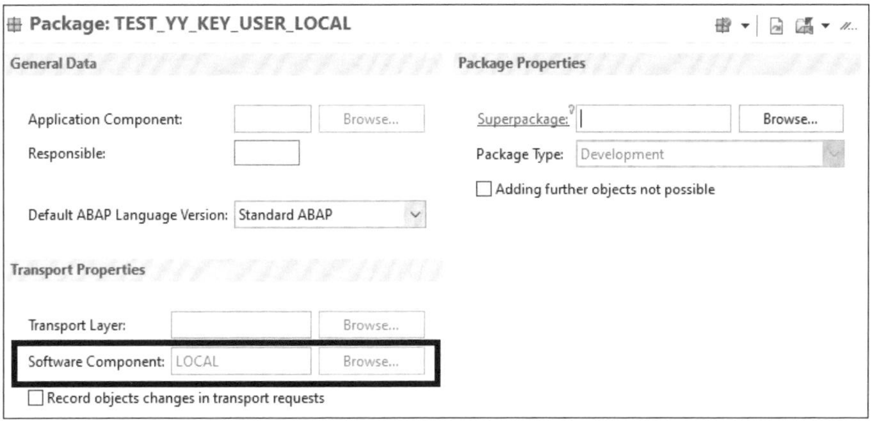

Abbildung 18.2 Lokales Paket mit Softwarekomponente »LOCAL«

5. Definieren Sie im Feld **Sandbox-Paket** ein Sandbox-Paket, in dem Erweiterungen gespeichert werden, nachdem sie erzeugt wurden. ABAP-Objekte, die nach der Erzeugung dort gespeichert werden, sind lokale Objekte. Das bedeutet, sie werden nie transportiert. Auch das Sandbox-Paket braucht eine Zuweisung der Softwarekomponente LOCAL.

[!]

$-Zeichen im Paketnamen

Falls der Paketname mit dem Zeichen $ beginnt, z. B. $YATO_KEY_USER_LOCAL, wird dieses Paket nach einem Upgrade gelöscht. Der Paketname sollte besser mit einer Zeichenkette wie TEST_ anfangen, z. B. TEST_YY_KEY_USER_LOCAL. Das TEST_-Paket geht nach einem Upgrade nicht verloren. Falls Sie bereits Erweiterbarkeitselemente in $-Paketen angelegt haben, müssen Sie diese einem anderen Paket zuordnen.

6. Zusätzlich müssen Sie noch das Präfix für Sandbox-Objekte eingeben. Wie bereits beschrieben, werden diese Objekte nicht weitertransportiert.
7. Nun können Sie die folgenden Setup-Funktionen ausführen:
   - **Setup mit spezifischen Daten**: Der Adaptation Transport Organizer wird konfiguriert, und mit dem SAP Fiori Launchpad können die Erweiterungs- und Transport-Apps für Key-User aufgerufen werden.
   - **Lesezugriff einrichten**: Diese Option ermöglicht es, den Adaptation Transport Organizer im Lesemodus zu konfigurieren. Dies bietet sich bei Nicht-Entwicklungssystemen an, um die Apps für Erweiterungen aufzurufen. Damit kann geprüft werden, ob die vorgenommenen Erweiterungen aus dem Entwicklungssystem im Folgesystem vorhanden sind.
   - **Setup mit Standarddaten**: Diese Option konfiguriert den Adaptation Transport Organizer mit Standardwerten, die von SAP voreingestellt wurden. Diese Option ist nur aktiv, wenn der Adaptation Transport Organizer zum ersten Mal konfiguriert wird.
   - **Sperren**: Der Adaptation Transport Organizer und die SAP-Fiori-Apps für Erweiterung und Transport sind gesperrt.
   - **Entsperren**: Mithilfe dieser Option wird der Adaptation Transport Organizer entsperrt und aktiviert. Es können nun Erweiterungseinträge geändert, erzeugt und transportiert werden.

Einrichtung des Adaptation Transport Organizers nur im Entwicklungssystem

SAP rät davon ab, die Entwicklung im Rahmen der Key-User-Erweiterbarkeit in mehreren Systemen oder Mandanten einer Systemschiene zu erlauben. Die Entwicklung von Erweiterbarkeitselementen kann zu erheblichen Problemen führen, etwa zu ABAP-Dumps wie `DBSQL_DUPLICATE_KEY_ERROR`. Dieser Dump wird ausgelöst, weil Einträge doppelt in eine mandantenunabhängige Tabelle geschrieben werden. SAP empfiehlt daher, den Adaptation Transport Organizer nur in einem Entwicklungssystem und einem Mandanten zu konfigurieren und dann die Änderungen in andere Systeme zu transportieren. Der Adaptation Transport Organizer sollte in anderen Umgebungen nur im schreibgeschützten Modus eingerichtet werden.

Nachdem der Adaptation Transport Organizer eingerichtet ist, können Sie Key-User-Erweiterungen vornehmen. Wir beschreiben im Folgenden zunächst das Hinzufügen benutzerdefinierter Felder und dann das Hinzufügen benutzerdefinierter Logik.

18.1.2 Benutzerdefinierte Felder

App »Benutzerdefinierte Felder«

Im SAP Fiori Launchpad finden Sie nun die App **Benutzerdefinierte Felder** (App-ID F1481, siehe Abbildung 18.3). Abhängig von Ihrem Systemstand gibt es auch noch eine abgekündigte SAP-Fiori-App namens **Benutzerdefinierte Felder und Logik**. Achten Sie darauf, die neuere App zu verwenden.

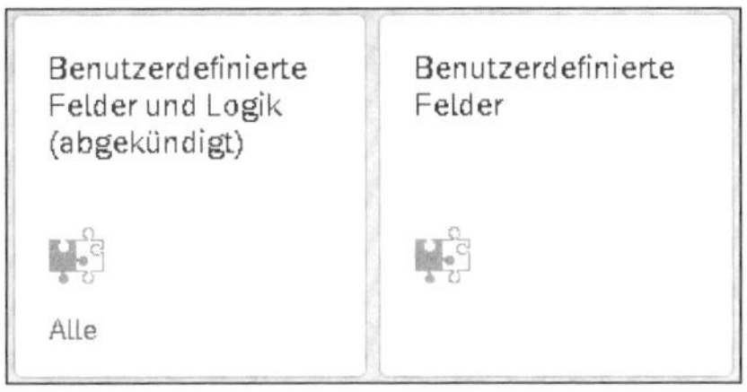

Abbildung 18.3 Kachel zum Aufruf der SAP-Fiori-App »Benutzerdefinierte Felder«

SAP-Fiori-App »Benutzerdefinierte Felder«

Informationen zur SAP-Fiori-App **Benutzerdefinierte Felder** (**Custom Fields**, App-ID F1481) finden Sie in der SAP Fiori Apps Reference Library unter *http://s-prs.de/v1064810*. Dort wählen Sie zunächst Ihr Release aus. Auf der Registerkarte **Implementation Information** finden Sie dann alle Informationen zur Konfiguration der App in Ihrem System, etwa dazu, welche Standardrollen zur Verfügung stehen und welche OData-Services aktiviert werden müssen.

Übersicht der benutzerdefinierten Felder

Nach dem Öffnen der SAP-Fiori-App erhalten Sie zunächst eine Übersicht über alle benutzerdefinierten Felder im System (siehe Abbildung 18.4). In unserem System sind noch keine benutzerdefinierten Felder gepflegt.

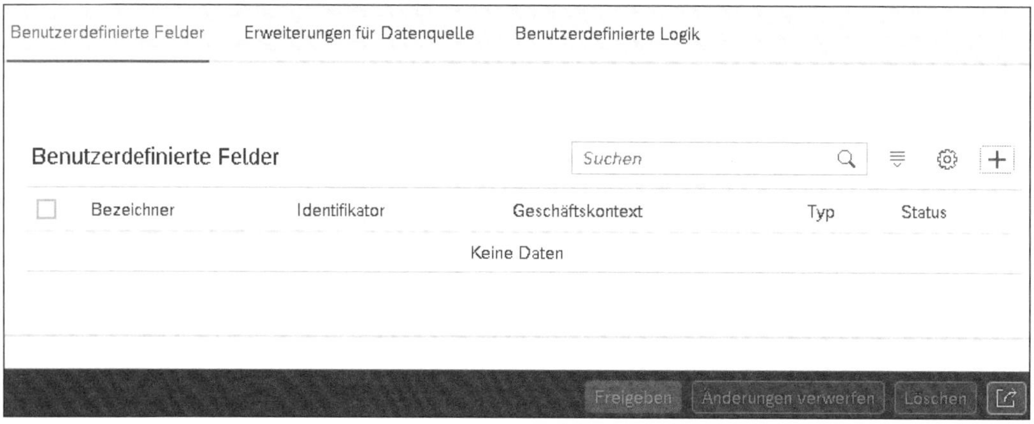

Abbildung 18.4 Übersicht aller benutzerdefinierter Felder

Hinzufügen eines benutzerdefinierten Feldes

Um ein neues Feld hinzuzufügen, gehen Sie wie folgt vor:

1. Klicken Sie auf das Plussymbol (**Anlegen**) rechts über der Tabelle.
2. Es öffnet sich ein Dialogfenster zum Anlegen eines neuen Feldes (siehe Abbildung 18.5). Machen Sie hier die folgenden Angaben:
   - **Geschäftskontext**: Der Geschäftskontext fasst alle technischen Objekte zusammen, die eine logische Einheit bilden, etwa die zu erweiternde SAP-Fiori-App und die zugehörigen CDS-Views und Schnittstellen. In unserem Beispiel ist der Geschäftskontext der Verkaufsbeleg (SD_SALESDOC).
   - **Bezeichner**: Fügen Sie hier eine Beschreibung des Feldinhalts ein.
   - **Identifikator**: Geben Sie hier einen frei wählbaren technischen Namen des Feldes ein.
   - **Quick-Info**: Geben Sie hier die Information ein, die den Anwenderinnen und Anwendern angezeigt werden soll, wenn sie mit dem Mauszeiger über das Feld fahren.
   - **Typ**: Wählen Sie hier den Feldtyp aus. Viele der definierten Typen, etwa Ankreuzfeld, Datum oder Text, sind selbsterklärend. In unserem Beispiel wollen wir ein Ankreuzfeld einfügen.

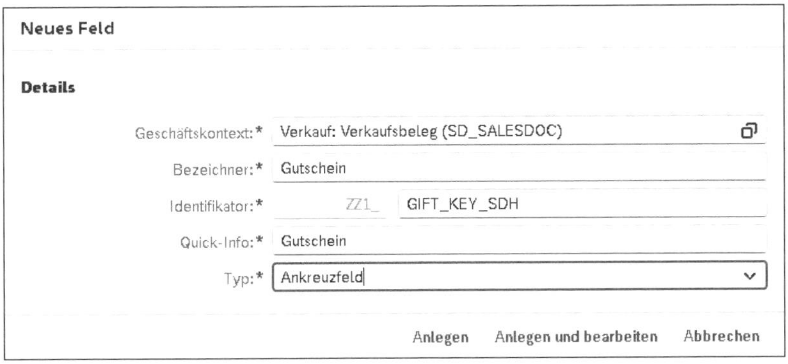

Abbildung 18.5 Dialogfenster zur Definition eines neuen Feldes

3. Klicken Sie auf **Anlegen und bearbeiten**.
4. Im nächsten Fenster (siehe Abbildung 18.6) können Sie das Feld für verschiedene Anwendungsfälle wie APIs oder Geschäftsszenarien hinzufügen, indem Sie in der Zeile für die jeweilige Datenquelle auf **Verwendung aktivieren** klicken.

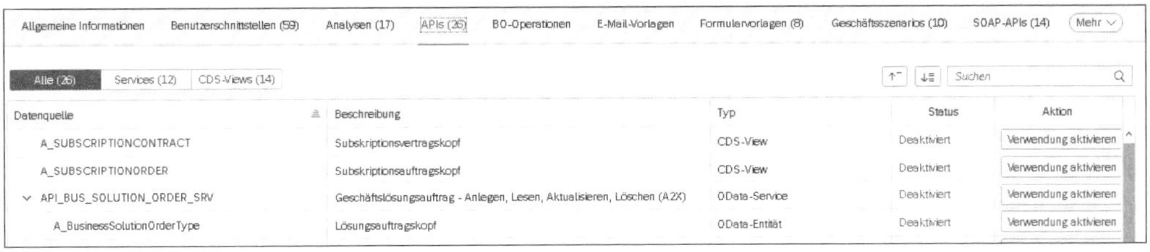

Abbildung 18.6 Anwendungsfälle zur Aktivierung des Feldes

5. Nachdem Sie Ihre Anwendungsfälle ausgewählt haben, können Sie das Feld über den Button **Freigeben** freigeben. Daraufhin wird es für die ausgewählten Anwendungsfälle verfügbar gemacht.

Erweiterungsstruktur

Schauen wir uns einmal an, wie die Felderweiterung technisch umgesetzt wurde. Die benutzerdefinierten Felder werden in einer eigenen *Erweiterungsstruktur* gespeichert (siehe Listing 18.1). Erweiterungsstrukturen enden mit dem Suffix `INCL_EEW_PS`.

```
@EndUserText.label : ''
@AbapCatalog.enhancement.category : #NOT_EXTENSIBLE
extend type sdsalesdoc_incl_eew_ps
  with zz1_p5aymcnlkxd7ubkr4fjfznvmra {
  zz1_gift_key_sdh  : zz1_gift_key not null;
}
```

Listing 18.1 Erweiterungsstruktur

In unserem Beispiel ist das Feld ZZ1_GIFT_KEY_SDH mithilfe unserer Erweiterung zur Struktur SDSALESDOC_INCL_EEW_PS hinzugefügt worden. Diese Erweiterungsstruktur kann nun unterschiedlichen Repository-Objekten hinzugefügt werden, z. B. in Datenbanktabellen zur Persistierung der Daten (siehe Listing 18.2).

```
@EndUserText.label : 'Sales Document: Header Data'
@AbapCatalog.enhancement.category : #EXTENSIBLE_CHARACTER_NUMERIC
@AbapCatalog.tableCategory : #TRANSPARENT
@AbapCatalog.deliveryClass : #A
@AbapCatalog.dataMaintenance : #RESTRICTED
define table vbak {
...
  vbak_status              : include vbak_status;
  tech_fields              : include vbak_tech_fields;
  ext                      : include sdsalesdoc_incl_eew_ps;
  include vbak_ext_glo;
}
```

Listing 18.2 Erweiterung einer Datenbanktabelle

Übernahme des benutzerdefinierten Feldes in der App

Das benutzerdefinierte Feld wird nicht standardmäßig in die zu erweiternde SAP-Fiori-App übernommen. Abbildung 18.7 zeigt die App **Kundenaufträge verwalten** (**Manage Sales Orders**, App-ID F3893) mit den Standardfeldern, aber noch ohne unser benutzerdefiniertes Ankreuzfeld für den Gutschein.

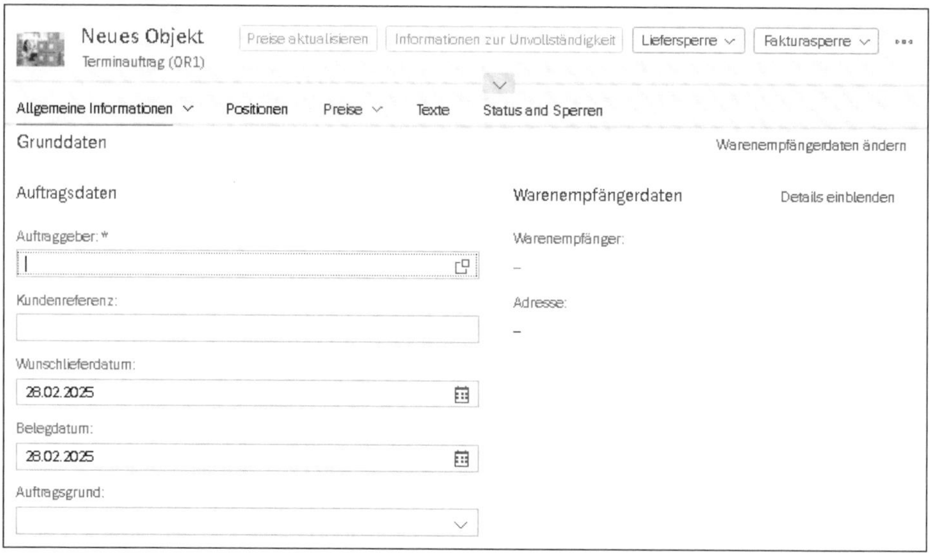

Abbildung 18.7 SAP-Fiori-App ohne benutzerdefiniertes Feld

UI-Anpassungen durch Anwendungsexpertinnen und -experten

Wie Sie die UI-Anpassung durch Anwendungsexpertinnen und -experten einrichten, ist im SAP Help Portal unter folgender URL beschrieben: *http://s-prs.de/v1064811*

Damit das benutzerdefinierte Feld in der SAP-Fiori-App übernommen wird, muss es wie folgt in der jeweiligen App ergänzt werden:

1. Starten Sie das SAP Fiori Launchpad.
2. Öffnen Sie die SAP-Fiori-App, in der Sie das benutzerdefinierte Feld hinzufügen möchten. Für unser Anwendungsbeispiel öffnen wir die App **Kundenaufträge verwalten** (App-ID F3893).
3. Öffnen Sie das Benutzeraktionsmenü, das Sie in Abbildung 18.8 sehen, über Ihr Profil im SAP Fiori Launchpad, und wählen Sie den Eintrag **UI anpassen**.

Abbildung 18.8 Auswahl des Eintrags »UI anpassen« im Benutzeraktionsmenü

4. Sie können nun ein neues UI-Element hinzufügen. Klicken Sie dazu mit der rechten Maustaste auf den *UI-Element-Container*, also den bestimmten UI-Bereich, in dem Sie das Feld hinzufügen wollen.
5. Wählen Sie im Kontextmenü den Plus-Button (**Hinzufügen**, siehe Abbildung 18.9).

Abbildung 18.9 Kontextmenü im Bearbeitungsmodus

6. Anschließend wählen Sie ein verfügbares Element aus, in unserem Beispiel unser benutzerdefiniertes Feld **Gutschein** (siehe Abbildung 18.10).
7. Bestätigen Sie Ihre Auswahl mit **OK**.

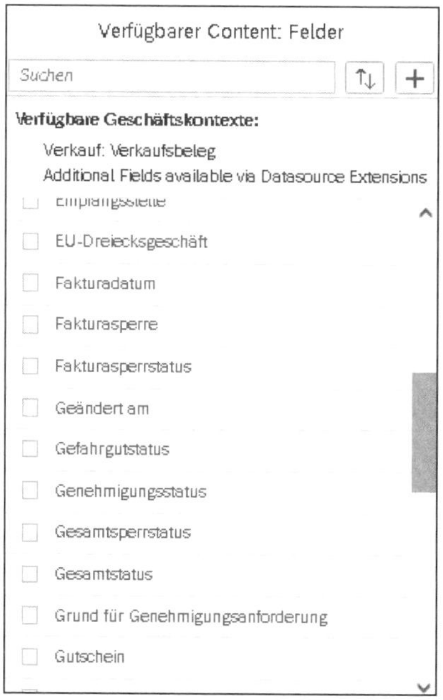

Abbildung 18.10 Verfügbaren Content auswählen

Das Ankreuzfeld wurde nun der Benutzeroberfläche der App hinzugefügt (siehe Abbildung 18.11). Zum Abschluss aktivieren Sie Ihre Anpassungen, damit das Ankreuzfeld in der Bearbeitungssicht eines Kundenauftrags verfügbar ist.

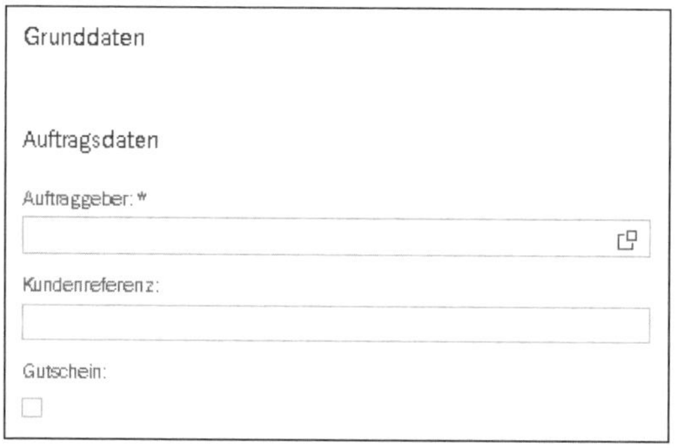

Abbildung 18.11 Benutzerdefiniertes Feld »Gutschein«

[»]

SAP-Fiori-App »Kundenaufträge verwalten«

Informationen zur SAP-Fiori-App **Kundenaufträge verwalten** (**Manage Sales Orders**, App-ID F3893) finden Sie in der SAP Fiori Apps Reference Library unter *http://s-prs.de/v1064812*. Wählen Sie dort zunächst Ihr Release aus. Auf der Registerkarte **Implementation Information** finden Sie alle Informationen zur Konfiguration der SAP-Fiori-App in Ihrem System, z. B. dazu, welche Standardrollen zur Verfügung stehen und welche OData-Services aktiviert werden müssen.

18.1.3 Benutzerdefinierte Logik

App »Benutzerdefinierte Logik«

Wir können die App **Kundenaufträge verwalten** auch noch um benutzerdefinierte Logik erweitern. Nachdem das Feld **Gutschein** hinzugefügt wurde und in der App verfügbar ist, kann es um eine benutzerdefinierte Logik ergänzt werden. Als Beispiel wollen wir umsetzen, dass das Feld **Gutschein** automatisch angekreuzt ist. Um solche Logik zu definieren, stellt SAP die SAP-Fiori-App **Benutzerdefinierte Logik** (App-ID F6957) zur Verfügung. Mit dieser App können Business Add-Ins (BAdIs) und Verhaltenserweiterungen für Business-Objekte implementiert werden, die von SAP dazu freigegeben sind.

SAP-Fiori-App »Benutzerdefinierte Logik«

Informationen zur SAP-Fiori-**App Benutzerdefinierte Logik** (**Custom Logic**, App-ID F6957) finden Sie in der SAP Fiori Apps Reference Library unter *http://s-prs.de/v1064813*. Dort wählen Sie zunächst Ihr Release aus. Auf der Registerkarte **Implementation Information** finden Sie dann alle Informationen zur Konfiguration der App in Ihrem System, etwa dazu, welche Standardrollen zur Verfügung stehen und welche OData-Services aktiviert werden müssen.

Hinzufügen benutzerdefinierter Logik

Um benutzerdefinierte Logik hinzuzufügen, gehen Sie wie folgt vor:

1. Starten Sie das SAP Fiori Launchpad.
2. Öffnen Sie die App **Benutzerdefinierte Logik** (App-ID F6957). Achten Sie darauf, nicht die abgekündigte Version der App zu verwenden (siehe Abbildung 18.12).

Abbildung 18.12 Kachel zum Aufruf der SAP-Fiori-App »Benutzerdefinierte Logik«

3. Sie gelangen zur Übersicht der Erweiterungspunkte. Wählen Sie hier zunächst einen Geschäftskontext aus, in unserem Fall den Kontext **Verkauf: Verkaufsbeleg**.
4. Als Nächstes können Sie einen Erweiterungspunkt auswählen. Zu jedem Erweiterungspunkt können Sie eine ausführliche Dokumentation aufrufen, indem Sie auf den Link **Dokumentation anzeigen** klicken (siehe Abbildung 18.13). Für unser Beispiel wählen wir den Erweiterungspunkt **SD_SLS_MODIFY_HEAD**, da wir die Logik des benutzerdefinierten Feldes in den Kopfdaten des Kundenauftrags anpassen möchten.

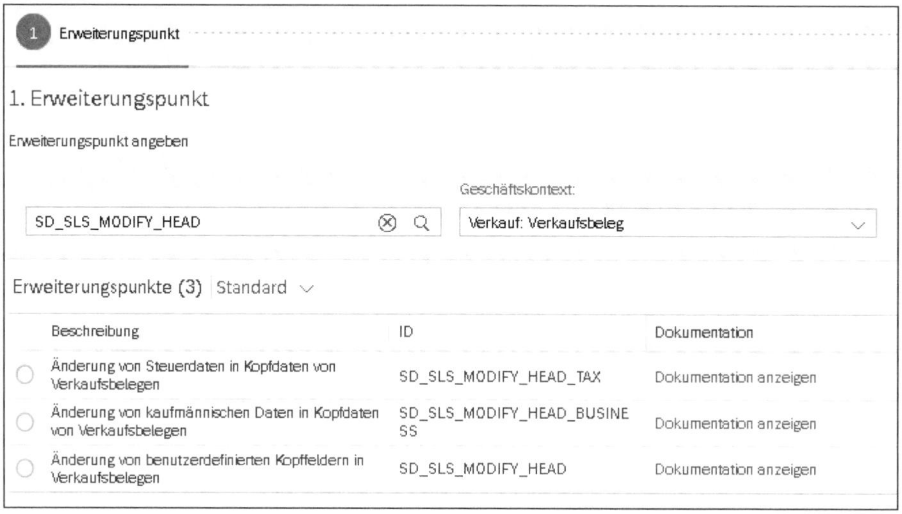

Abbildung 18.13 Auswahl der Erweiterungspunkte

5. Im nächsten Schritt müssen Sie eine Implementierungsbeschreibung und eine eindeutige ID für Ihre Erweiterung ergänzen. Die Implementierungs-ID muss anders lauten als die Felder, die Sie in der App **Benutzerdefinierte Felder** ergänzt haben. Ist dies nicht der Fall, werden Sie darauf aufmerksam gemacht, nachdem Sie auf den Button **Überprüfen** geklickt haben (siehe Abbildung 18.14).

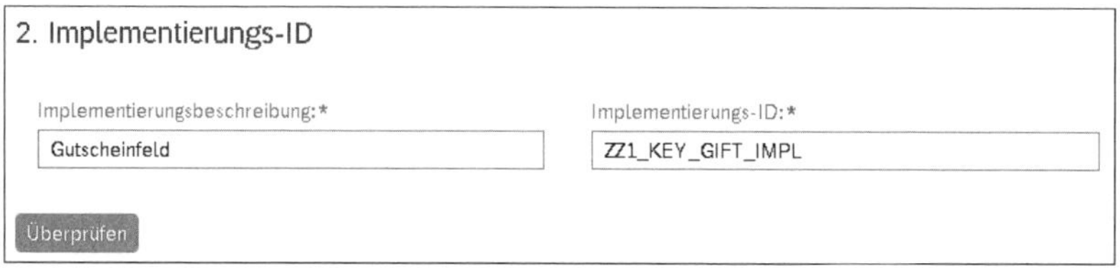

Abbildung 18.14 Vergabe einer Implementierungs-ID

6. Klicken Sie auf **Anlegen** (siehe Abbildung 18.15).

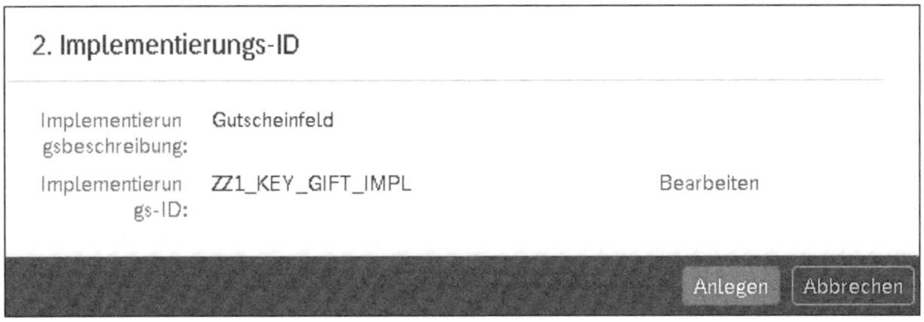

Abbildung 18.15 Implementierungs-ID anlegen

7. Im nächsten Fenster wird Ihnen die ID der angelegten Implementierung noch einmal angezeigt (siehe Abbildung 18.16). Um nun den Code-Editor zur Implementierung Ihrer Logik öffnen zu können, müssen Sie die Implementierung über den Button **Freigeben** verfügbar machen.

Abbildung 18.16 Anzeige des Erweiterungspunkts

8. Nun können Sie auf den Button **Code-Editor öffnen** klicken und Ihre eigene Logik implementieren.
9. Mithilfe des Quelltexteditors können Sie nun eigenen Code schreiben (siehe Abbildung 18.17). Dabei wird die ABAP-Sprachversion **ABAP für Key-User** verwendet.

Quelltexteditor

Abbildung 18.17 Quelltexteditor zur Definition der benutzerdefinierten Logik

[»]

ABAP für Key-User

ABAP für Key-User ist eine Sprachversion, die eine kleine Untermenge der Anweisungen der Sprachversion **ABAP für Cloud-Entwicklung** beinhaltet. Sie wird innerhalb der Key-User-Erweiterbarkeit verwendet.

Der Editor ist in drei Registerkarten unterteilt, die sich auf verschiedene Aspekte des Umgangs mit dem Code konzentrieren:

- **Entwickeln**

  Auf dieser Registerkarte können Sie ABAP-Code schreiben, sichern und freigeben. Sichern bedeutet hier, dass eine Entwurfsversion des Codes geschrieben wird, die nur von Ihnen gesehen werden kann. Sobald der Code freigegeben wird, ist er im System für alle Benutzerinnen und Benutzer verfügbar. Mithilfe des Buttons **Coding-Beispiel anzeigen** wird ein von SAP bereitgestellter Beispielcode angezeigt.

- **Testen**

  Auf dieser Registerkarte können Sie den Code syntaktisch prüfen und verschiedene Parameterwerte testen. Sowohl der Entwurf als auch der freigegebene Code können so überprüft werden.

- **Vergleichen**

  Hier können Sie sich verschiedene Versionen des Codes anschauen und miteinander vergleichen.

Für unser Beispiel implementieren wir die folgende Logik:

```
salesdocument_extension_out-zz1_key_gift_sdh =
  salesdocument_extension_in-zz1_key_gift_sdh.
salesdocument_extension_out-zz1_key_gift_sdh = 'X'.
```

Wenn nun ein neuer Kundenauftrag angelegt wird, ist das Feld **Gutschein** automatisch ausgewählt (siehe Abbildung 18.18).

Abbildung 18.18 Ergänzung benutzerdefinierter Logik

18.1.4 Transport von Key-User-Erweiterungen

Um die Key-User-Erweiterungen vom Entwicklungssystem bis in das Produktivsystem zu transportieren, sind weitere Schritte notwendig, die wir in diesem Abschnitt beschreiben.

Softwarepakete konfigurieren

Bisher sind die Erweiterungen, die über die verschiedenen Key-User-Apps erzeugt wurden, gemäß der Konfiguration des Adaptation Transport Organizers einem lokalen Paket zugeordnet. Um diese Erweiterungen nun transportieren zu können, müssen die Objekte später einem Paket zugeordnet werden, dem wiederum eine Transportschicht zugeordnet ist (siehe Abbildung 18.19). Dieses Paket kann über die ABAP Development Tools angelegt werden. Für unser Beispiel legen wir ein Paket »ZTRANSPORT« in der Transportschicht (**Transport Layer**) »Z000« an.

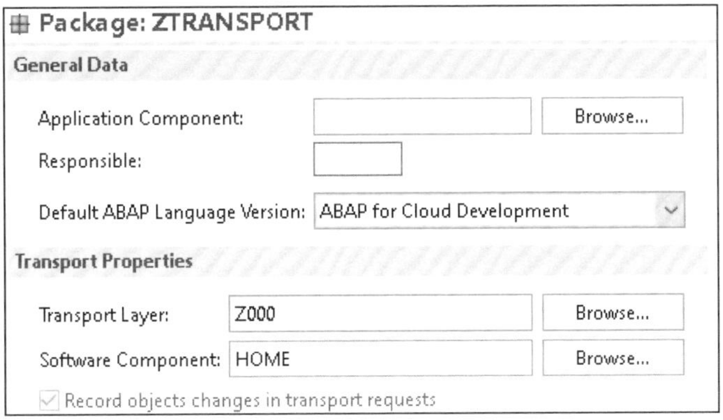

Abbildung 18.19 Paket mit Transportschicht

Paket für Key-User-Erweiterungen registrieren

Dann muss dieses Paket als Paket für Key-User-Erweiterungen registriert werden. Dazu sind folgende Schritte notwendig:

1. Starten Sie das SAP Fiori Launchpad.
2. Öffnen Sie die SAP-Fiori-App **Software-Pakete konfigurieren** (App-ID F1590, siehe Abbildung 18.20).

Abbildung 18.20 Kachel zum Aufruf der SAP-Fiori-App »Software-Pakete konfigurieren«

[»]

SAP-Fiori-App »Software-Pakete konfigurieren (Version 2)«

Informationen zur SAP-Fiori-App **Software-Pakete konfigurieren** (**Configure Software Packages**, App-ID F1590) finden Sie in der SAP Fiori Apps Reference Library unter *http://s-prs.de/v1064814*. Dort wählen Sie zunächst Ihr Release aus. Auf der Registerkarte **Implementation Information** finden Sie dann alle Informationen zur Konfiguration der App in Ihrem System, etwa darüber, welche Standardrollen zur Verfügung stehen und welche OData-Services aktiviert werden müssen.

3. Ihnen wird eine Übersicht aller registrierten Softwarepakete angezeigt. Um ein neues Paket zu registrieren, klicken Sie auf den Button **Registrierung hinzufügen** (siehe Abbildung 18.21).

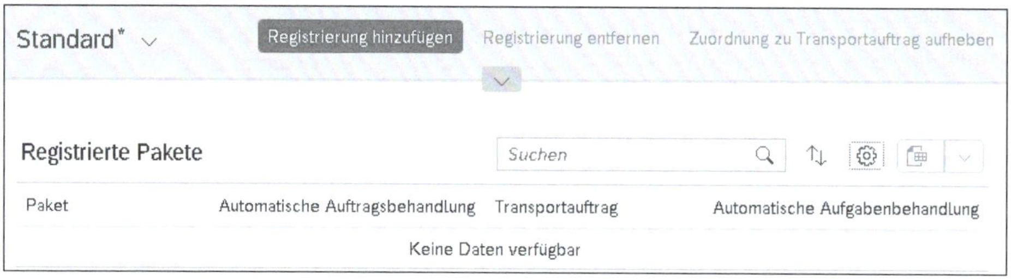

Abbildung 18.21 Übersicht aller registrierten Pakete

4. Im darauffolgenden Dialogfenster suchen Sie nach dem Paket, das Sie registrieren möchten. Markieren Sie es, und klicken Sie auf den Button **Auswählen** (siehe Abbildung 18.22).

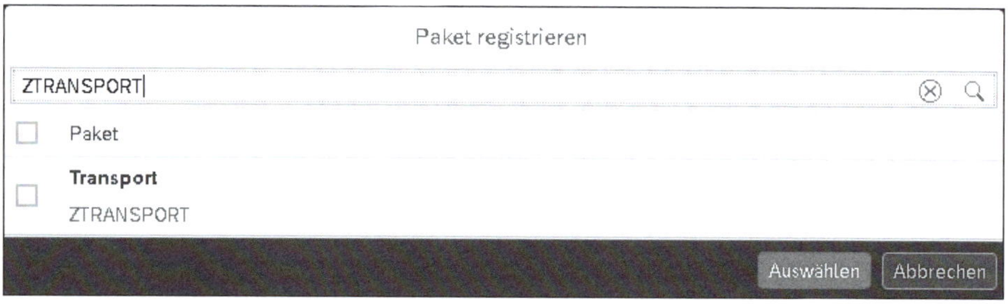

Abbildung 18.22 Dialogfenster »Paket registrieren«

5. Das Paket ist nun registriert und kann zum Transport von Erweiterungen verwendet werden (siehe Abbildung 18.23).

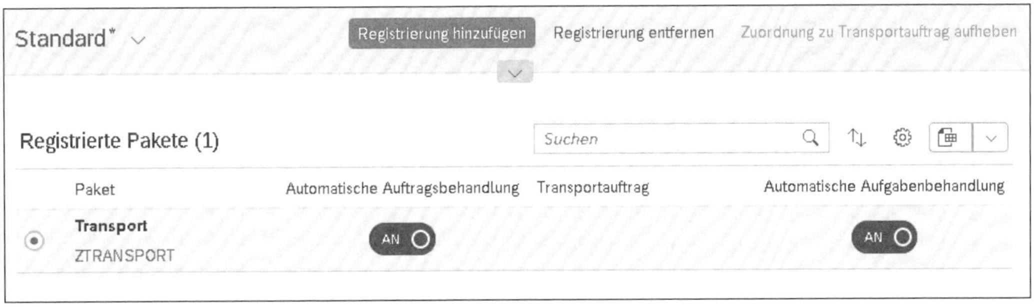

Abbildung 18.23 Paket nach erfolgreicher Registrierung

Konfiguration des Pakets

In der SAP-Fiori-App **Software-Pakete konfigurieren** stehen nun folgende Funktionen für das Paket zur Verfügung:

- **Automatische Auftrags-/Aufgabenbehandlung**
  Bei Aktivierung dieser Optionen werden die Transportaufträge und -aufgaben vom System verwaltet.
- **Transportauftrag**
  Es kann manuell ein Transportauftrag ausgewählt werden. Der Transportauftrag beinhaltet dann alle Erweiterungen, die zugeordnet wurden.
- **Registrierung entfernen**
  Nach der Aufhebung der Registrierung kann das Paket nicht mehr zum Transport von Erweiterungen verwendet werden.

18

Erweiterung einem Paket zuordnen

Damit ist nun alles vorbereitet, um unsere Erweiterungen dem Paket zuzuordnen:

1. Öffnen Sie dazu die SAP-Fiori-App **Erweiterungen für Transport registrieren** (App-ID F1589).

SAP-Fiori-App »Erweiterungen für Transport registrieren«

Informationen zur SAP-Fiori-App **Erweiterungen für Transport registrieren** (Register Extensions for Transport, App-ID F1589) finden Sie in der SAP Fiori Apps Reference Library unter *http://s-prs.de/v1064815*. Dort wählen Sie zunächst Ihr Release aus. Dann finden Sie auf der Registerkarte **Implementation Information** alle Informationen zur Konfiguration der App in Ihrem System, etwa dazu, welche Standardrollen zur Verfügung stehen und welche OData-Services aktiviert werden müssen.

2. Alle Erweiterungen, die über die Key-User-Apps erstellt wurden, werden aufgelistet (siehe Abbildung 18.24).

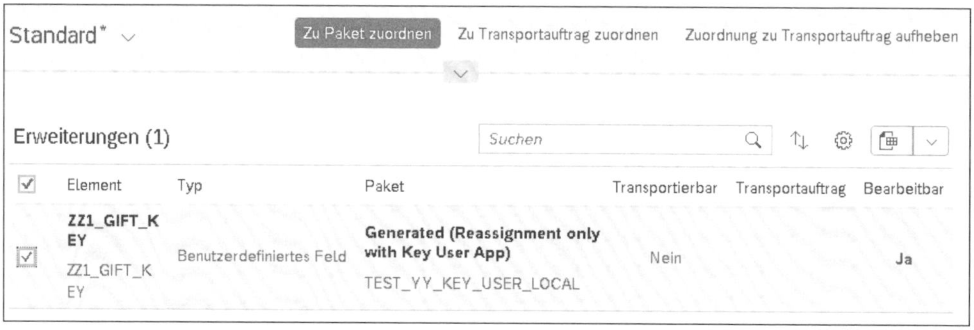

Abbildung 18.24 Übersicht aller Erweiterungen

3. Wählen Sie unsere Erweiterung, und klicken Sie auf den Button **Zu Paket zuordnen**.
4. Im Pop-up-Fenster suchen Sie nach Ihrem registrierten Paket und selektieren diesen Eintrag (siehe Abbildung 18.25).

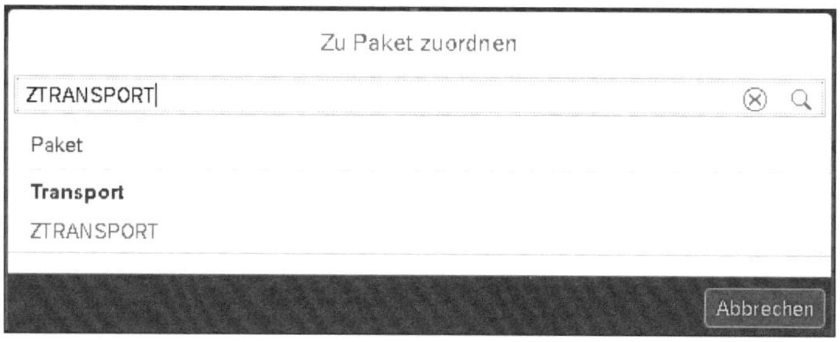

Abbildung 18.25 Paket zuordnen

5. Die Erweiterung ist nun dem Paket zugeordnet. Wenn Sie bei der Registrierung des Pakets die Funktion **Automatische Auftragsbehandlung/ Automatische Aufgabenbehandlung** ausgewählt haben (siehe Abbildung 18.23), wird auch bereits ein Transportauftrag generiert. Die Zuordnung sehen Sie in Abbildung 18.26.

Abbildung 18.26 Zuordnung der Erweiterung zum Paket

Nun kann die Erweiterung mithilfe des Transportauftrags transportiert und in die Folgesysteme importiert werden.

18.1.5 Benutzerdefinierte CDS-Views

Es können auch eigene CDS-Views für SAP-Standardobjekte mithilfe einer Key-User-App erstellt werden. Anders, als bisher in diesem Buch gezeigt, arbeiten Sie dabei formularbasiert mithilfe eines Wizards, der Sie z. B. dabei unterstützt, die Felder für den CDS-View auszusuchen. In der Folge werden der Quellcode des CDS-Views und die App zur Anzeige der durch den View selektierten Daten automatisch erstellt.

App »Benutzerdefinierte CDS-Views«

Verwenden Sie dazu die App **Benutzerdefinierte CDS-Views** (App-ID F1866A). Achten Sie darauf, nicht die abgekündigte App-Version in Ihrem SAP Fiori Launchpad auszuwählen (siehe Abbildung 18.27).

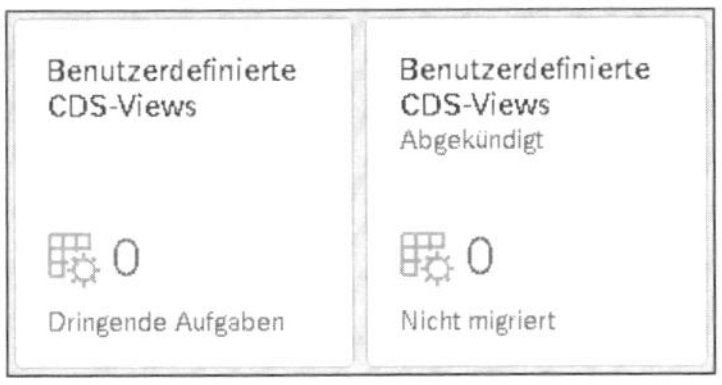

Abbildung 18.27 Kachel zum Aufruf der SAP-Fiori-App »Benutzerdefinierte CDS-Views«

SAP-Fiori-App »Benutzerdefinierte CDS-Views (Version 2)«

Informationen zur SAP-Fiori-App **Benutzerdefinierte CDS-Views** (**Custom CDS Views, Version 2**, App-ID F1866A) finden Sie in der SAP Fiori Apps Reference Library unter *http://s-prs.de/v1064816*. Dort wählen Sie zunächst Ihr Release aus. Dann finden Sie auf der Registerkarte **Implementation Information** alle Informationen zur Konfiguration der App in Ihrem System, etwa dazu, welche Standardrollen zur Verfügung stehen und welche OData-Services aktiviert werden müssen.

Nach dem Start der App werden Ihnen zunächst alle bereits angelegten benutzerdefinierten CDS-Views angezeigt (siehe Abbildung 18.28).

Abbildung 18.28 Liste aller benutzerdefinierten CDS-Views

CDS-View anlegen

Wir möchten nun einen neuen CDS-View anlegen, um eine Liste aller Kundenaufträge zu erstellen.

1. Dazu klicken Sie als Erstes auf den Button **Anlegen**.
2. Im folgenden Dialogfenster (siehe Abbildung 18.29) geben Sie einen eindeutigen Namen und einen passenden sprechenden Bezeichner im Feld **Label** ein. Das Label wird bei der Anzeige der Ergebnisse als Name des CDS-Views ausgegeben.
3. Wählen Sie außerdem im Feld **Szenario** einen View-Typ aus. In unserem Beispiel möchten wir einen **Standard-CDS-View** anlegen.

Abbildung 18.29 Benutzerdefinierten CDS-View anlegen

4. Der benutzerdefinierte CDS-View wird nun mithilfe einer geführten Schrittfolge erstellt. Im ersten Schritt müssen Sie die Datenquellen angeben. Zunächst muss eine primäre Datenquelle (hier: `I_SalesOrder`) angegeben werden (siehe Abbildung 18.30). Neben der primären Datenquelle können Sie über **Hinzufügen • Assoziierte Datenquelle** zusätzliche Datenquellen hinzufügen. Für unser Beispiel haben wir keine zusätzliche Datenquelle hinzugefügt.
5. Im nächsten Schritt können diese Datenquellen über Join-Bedingungen miteinander verknüpft werden (siehe Abbildung 18.31). Da wir keine zusätzliche Datenquelle ausgewählt haben, müssen wir auch keine Join-Bedingung definieren.

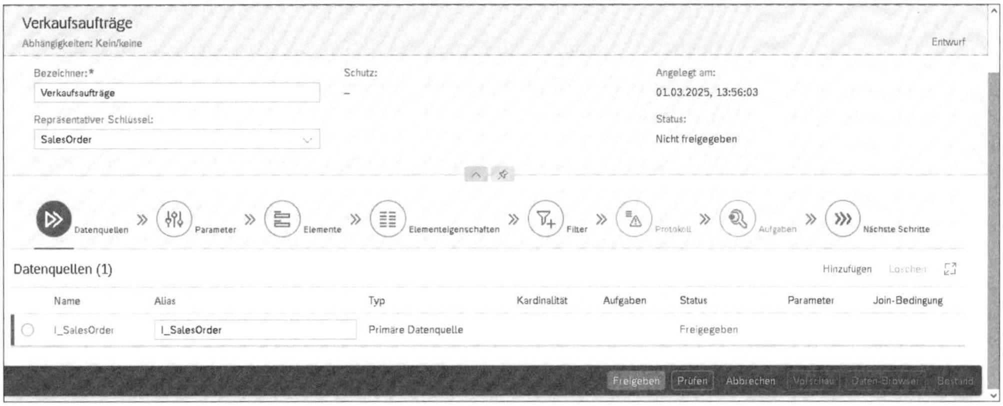

Abbildung 18.30 Datenquellen für den benutzerdefinierten CDS-View angeben

Abbildung 18.31 Join-Bedingungen für den benutzerdefinierten CDS-View pflegen

6. Als Nächstes können die *Parameter* definiert werden. Diese Selektionsparameter sind Möglichkeiten für die Benutzerinnen und Benutzer, um die Daten aus den verschiedenen Datenquellen zu filtern. Um einen Parameter hinzuzufügen, klicken Sie auf den Button **Hinzufügen**. Folgende Werte müssen für den Parameter mitgegeben werden (siehe Abbildung 18.32):
   - **Name**: Dies ist der technische Name für den Parameter.
   - **Bezeichner**: Dieser wird dem Benutzer oder der Benutzerin angezeigt.

- **Datentyp**: Der Datentyp definiert das Verhalten des Feldes. Beim Datentyp DATS muss die Eingabe z. B. im Datumsformat erfolgen. Zudem können die Feldlänge und die Anzahl der Dezimalstellen definiert werden.
- **Standardtyp und Wert**: Es kann ein vordefinierter Wert für den Parameter angezeigt werden. An dieser Stelle kann z. B. ein Systemwert wie das Systemdatum eingegeben werden oder einfach ein freier Wert.
- **Ausgeblendet**: Darüber wird die Sichtbarkeit des Feldes angegeben.

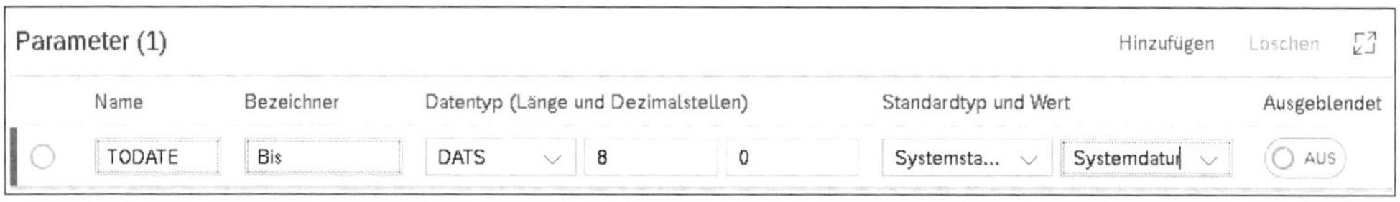

Abbildung 18.32 Parameter für den benutzerdefinierten CDS-View pflegen

7. Im nächsten Schritt werden die Felder angegeben, die in der tabellarischen Datenausgabe des CDS-Views als Spalten sichtbar sein sollen, die sogenannten *Elemente*. Die Bezeichner für diese Felder können Sie frei definieren (siehe Abbildung 18.33). Für unser Beispiel sind dies die Kundenauftragsnummer (SalesOrder) und die Kundenauftragsart (SalesOrderType).

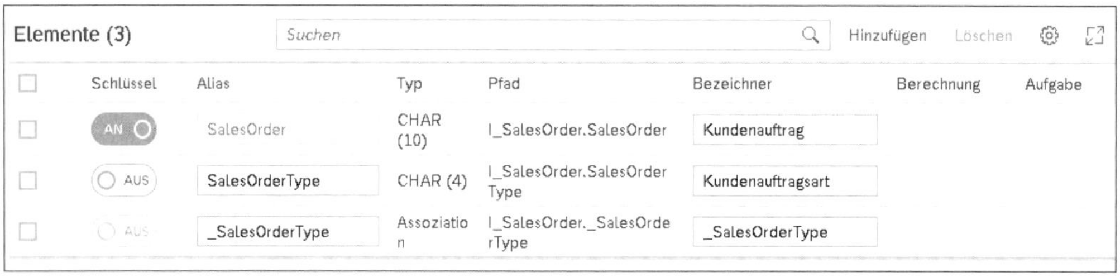

Abbildung 18.33 Elemente des benutzerdefinierten CDS-Views definieren

8. Im nächsten Schritt, der Definition der **Bedingungen**, erfolgt bei der Erstellung schon eine Vorauswahl. Dort können Felder von Datenquellen eingegeben und mit Werten vorbelegt werden. So werden die Datenquellen bei der erstmaligen Anzeige direkt mit den angegebenen Werten selektiert (siehe Abbildung 18.34).

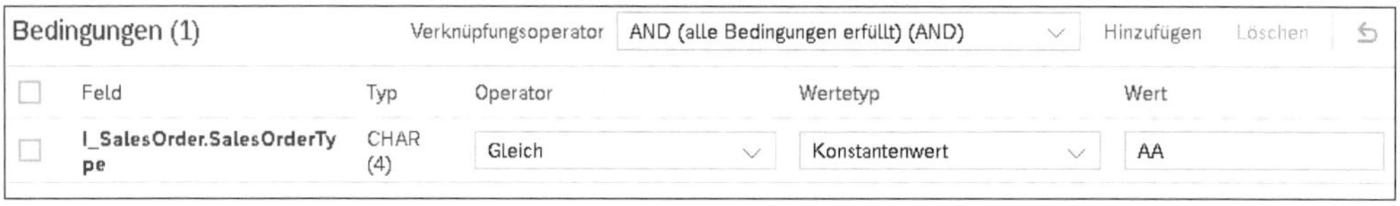

Abbildung 18.34 Bedingungen für den benutzerdefinierten CDS-View definieren

9. Im letzten Schritt können Sie auswählen, welche Funktionen den Anwenderinnen und Anwendern für den benutzerdefinierten CDS-View angeboten werden sollen (siehe Abbildung 18.35):
   - **Freigeben**: Der benutzerdefinierte CDS-View wird für alle verfügbar gemacht.
   - **Prüfen**: Mithilfe dieser Funktion ist es möglich, den CDS-View auf Syntaxfehler zu prüfen. Diese werden dann auf der Registerkarte **Protokolle** angezeigt.
   - **Abbrechen**: Diese Funktion bricht die Bearbeitung ab, und alle Änderungen gehen verloren.
   - **Vorschau**: Über diese Funktion ist es möglich, den CDS-View zu testen.
10. **Daten-Browser**: Der CDS-View kann auch in der SAP-Fiori-App **Kundendaten-Browser** (App-ID F5746) angezeigt werden.
11. **Bestand**: Diese Funktion erlaubt es, sich den momentan freigegebenen Stand des CDS-Views anzuschauen, um ihn bei Fehlern gegebenenfalls abgleichen zu können.

Abbildung 18.35 Funktionen für den benutzerdefinierten CDS-View

12. Vergessen Sie nicht, den CDS-View abschließend mit der Funktion **Freigeben** für alle Benutzerinnen und Benutzer zur Verfügung zu stellen.

SAP-Fiori-App »Kundendaten-Browser«

Die App **Kundendaten-Browser** behandeln wir in Kapitel 4, »Tabellenanalyse«.

Unser benutzerdefinierter CDS-View sieht aus wie in Abbildung 18.36. Es werden die Spalten angezeigt, die im Schritt **Elemente** ausgewählt wurden. Zudem sehen Sie, dass der Wert für den Parameter **Bis** voreingestellt ist.

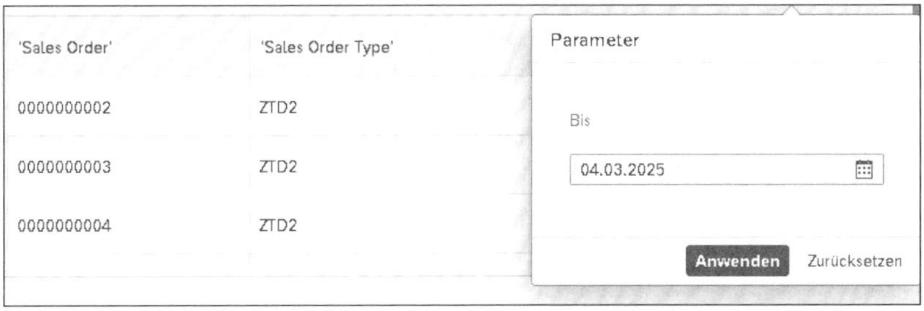

Abbildung 18.36 Vorschau auf den CDS-View

18.2 Entwicklererweiterbarkeit

Mithilfe der Entwicklererweiterbarkeit können Standard-SAP-Fiori-Apps programmatisch erweitert werden. Die Entwicklererweiterbarkeit unterstützt die Entwicklung von cloud-fähigem und upgrade-stabilem benutzerdefinierten ABAP-Code. Sie verwenden ausschließlich von SAP freigegebene und freigeschaltete APIs, um die Clean-Core-Vorgaben einzuhalten. Die Entwicklererweiterbarkeit ermöglicht es, die Vorteile von benutzerdefiniertem ABAP-Code, unter Berücksichtigung der erforderlichen Einschränkungen für die Cloud-Fähigkeit und das neue Programmiermodell, zu nutzen.

Für unser Anwendungsszenario, Verkaufsaufträge zu erweitern, suchen wir zunächst die freigegebenen APIs für Verkaufsaufträge heraus. Wie Sie freigegebene APIs finden können, erfahren Sie in Abschnitt 17.1, »Die passenden APIs finden«.

Für unser Anwendungsszenario eignet sich die freigegebene API `I_SALESORDERTP`. Im zugehörigen Knowledge Transfer Document erfahren Sie alles Wichtige zur Erweiterung dieser API. Den Umgang mit Knowledge Transfer Documents haben wir in Abschnitt 15.2 beschrieben.

Tabelle 18.1 zeigt die zu erweiternden Objekte der API.

Erweitertes Repository-Objekt	Art
Tabelle `VBAK`	Datenbanktabellenerweiterung
`I_SalesDocumentBasic`	Entitätserweiterung
`I_SalesDocument`	Entitätserweiterung
`I_SalesOrder`	Entitätserweiterung
`R_SalesOrderTP`	Entitätserweiterung
`I_SalesOrderTP`	Entitätserweiterung

Tabelle 18.1 Erweiterungsobjekte der API »I_SALESORDERTP«

18.2.1 Erweiterung von Datenbanktabellen

Erweiterbarkeit einer Datenbanktabelle

Als Erstes müssen wir die Datenbanktabelle erweitern. Dazu prüfen Sie zunächst, ob die SAP-Datenbanktabelle erweiterbar ist. In Listing 18.3 sehen Sie, dass die Datenbanktabelle die Annotation `@AbapCatalog.enhancement.category` enthält. Diese Annotation bestimmt, ob und wie eine Datenbanktabelle erweitert werden kann. Sie kann folgende Werte aufweisen:

- #EXTENSIBLE_ANY: Es sind alle Arten von Erweiterungstypen, z. B. ein zusätzliches Feld oder eine Struktur, zulässig.
- #EXTENSIBLE_CHARACTER: Es sind nur zeichenartige Erweiterungstypen zulässig.
- #EXTENSIBLE_CHARACTER_NUMERIC: Neben den zeichenartigen sind auch numerische Erweiterungstypen zulässig.
- #NOT_EXTENSIBLE: Es sind keine Erweiterungen zulässig.

```
@EndUserText.label : 'Sales Document: Header Data'
@AbapCatalog.enhancement.category : #EXTENSIBLE_CHARACTER_NUMERIC
@AbapCatalog.tableCategory : #TRANSPARENT
@AbapCatalog.deliveryClass : #A
@AbapCatalog.dataMaintenance : #RESTRICTED
...
  ext : include sdsalesdoc_incl_eew_ps;
  ...
}
```

Listing 18.3 Basisdatenbanktabelle

Erweiterungsstruktur

SAP empfiehlt, in den freigegebenen RAP-Objekten die Struktur mit der Endung incl_eew_ps zu verwenden. Listing 18.4 zeigt dies am Beispiel unserer Datenbanktabellenerweiterung. Mithilfe dieser Erweiterungsstruktur können einer Datenbanktabelle Felder hinzugefügt werden. In unserem Beispiel ergänzen wir Felder zur Datenbanktabelle VBAK.

18

```
@EndUserText.label : 'Extension Include Persistent (VBAK)'
@AbapCatalog.enhancement.category : #EXTENSIBLE_CHARACTER_NUMERIC
@AbapCatalog.enhancement.fieldSuffix : 'SDH'
@AbapCatalog.enhancement.quotaMaximumFields : 204
@AbapCatalog.enhancement.quotaMaximumBytes : 4080
@AbapCatalog.enhancement.quotaShareCustomer : 50
@AbapCatalog.enhancement.quotaSharePartner : 50
define structure sdsalesdoc_incl_eew_ps {
  dummy_salesdoc_incl_eew_ps : dummy;extd
}
```

Listing 18.4 Erweiterungsstruktur zur Erweiterung der Datenbanktabelle

In dieser Erweiterungsstruktur wurden von SAP folgende Annotationen verwendet:

- `@AbapCatalog.enhancement.fieldSuffix`

  Mit dieser Annotation können Namenskonflikte bei Feldern und Assoziationen vermieden werden. Alle in einer Erweiterung enthaltenen Felder müssen mit dem angegebenen Suffix enden.

- `@AbapCatalog.enhancement.quotaMaximumFields`

  Diese Annotation begrenzt die Anzahl der Felder, die hinzugefügt werden können.

- `@AbapCatalog.enhancement.quotaMaximumBytes`

  Diese Annotation definiert die maximale Byte-Kapazität, die für Erweiterungen reserviert ist.

- `@AbapCatalog.enhancement.quotaShareCustomer`

  Diese Annotation teilt mit, für welche Gruppe (SAP-Partner bzw. -Kunde) welches Kontingent an Bytes und maximaler Anzahl von Feldern reserviert ist.

In Listing 18.4 können Sie erkennen, dass die Erweiterungen maximal 204 Felder umfassen dürfen, von denen 50 Prozent für SAP-Partnerfelder und die anderen 50 Prozent für Kundenfelder reserviert sind. Zudem müssen die Felder in den Erweiterungen mit dem Suffix `_SDH` enden.

Eigene Erweiterungsstruktur anlegen

Bisher haben wir gezeigt, wie Datenbanktabellen bzw. Strukturen als erweiterbar markiert werden können. Nun werden wir Felder zur Datenbanktabelle hinzufügen. Dazu erstellen wir eine neue Struktur, die die Struktur `sdsalesdoc_incl_eew_ps` erweitert (siehe Listing 18.5). Die Datenbanktabelle wird damit um das Feld `ZZGIFT_DEV_SDH` erweitert.

```
@EndUserText.label : 'ZEXT_STRUCT'
@AbapCatalog.enhancement.category : #NOT_EXTENSIBLE
extend type sdsalesdoc_incl_eew_ps with zext_gift {

  zzgift_dev_sdh : char1 not null;

}
```

Listing 18.5 Datenbanktabellenerweiterung

18.2.2 Erweiterung von CDS-Entitäten

Als Nächstes erweitern wir die auf der Datenbanktabelle aufbauenden CDS-Entitäten. Die Erweiterbarkeit für CDS-Entitäten basiert auf einem Ansatz, der SAP die vollständige Kontrolle über mögliche Erweiterungen und deren Anzahl erlaubt. Mithilfe von Annotationen wird definiert, ob das Hinzufügen neuer Datenquellen oder Kompositionen zulässig ist. Jede CDS-Entität, die später um Erweiterungsfelder und -assoziationen erweitert wird, muss mit diesen Annotationen angereichert werden. Die Erweiterungen müssen sich durch alle CDS-Entitäten des kompletten CDS-Stacks durchziehen.

Annotation zur Erweiterbarkeit

Listing 18.6 zeigt die entsprechende Annotation `@AbapCatalog.extensibility` für den auf der Datenbanktabelle VBAK aufsetzenden CDS-View `E_SalesDocumentBasic`.

```
@AbapCatalog.extensibility: {
  extensible: true,
  elementSuffix: 'SDH',
  allowNewDatasources: false,
  dataSources: ['Persistence'],
  quota: {
    maximumFields: 204,
    maximumBytes: 4080
  }
}
define view entity E_SalesDocumentBasic
  as select from vbak as Persistence
{
  key Persistence.vbeln as SalesDocument
}
```

Listing 18.6 Angabe der Erweiterungsmöglichkeiten für einen CDS-View

18

Das Datenmodell muss um entsprechende Erweiterungsannotationen ergänzt werden, die die Art und den Umfang möglicher Erweiterungen definieren. Die CDS-Entitäten müssen jeweils als erweiterbar gekennzeichnet werden, um Erweiterungen jeglicher Art zu ermöglichen. Die Annotation `@AbapCatalog.extensibility.extensible` muss dazu auf den Wert `true` gesetzt werden. Folgende Annotationen definieren die Erweiterbarkeit von CDS-Views:

- `@AbapCatalog.extensibility.extensible`

  Diese Annotation ermöglicht es, ein Suffix zu definieren, das von Erweiterungsfeldern und -assoziationen verwendet werden muss. Wenn eine Erweiterungsassoziation dieses Suffix nicht verwendet, tritt ein Syntaxfehler auf.

- `@AbapCatalog.extensibility.quota`

  Die CDS-Entität muss eine Definition enthalten, die die Kapazitäten für Erweiterungsinhalte angibt:

  - `@AbapCatalog.extensibility.quota.maximumFields`: Definiert die maximale Anzahl möglicher Erweiterungsfelder. Die maximale Anzahl an Feldern sollte höher gewählt werden als die Anzahl der auf Datenbankebene angegebenen Felder.
  - `@AbapCatalog.extensibility.quota.maximumBytes`: Definiert die maximale Byte-Kapazität, die für Erweiterungsfelder reserviert ist.
- `@AbapCatalog.extensibility.dataSources`

  Definiert den entsprechenden Alias. Damit kann der CDS-View von anderen CDS-Views direkt aufgerufen werden, und es muss nicht der technische Name des CDS-Views eingegeben werden.

Erweiterung anlegen

Eine Erweiterung für eine CDS-Entität kann ähnlich, wie Sie es für andere Objekte kennengelernt haben, mithilfe von Templates in den ABAP Development Tools erstellt werden. Dazu gibt es zwei Möglichkeiten:

- Sie legen eine Datendefinition in den ABAP Development Tools an. Dabei kann das Template zur Erweiterung ausgewählt werden (siehe Abbildung 18.37).

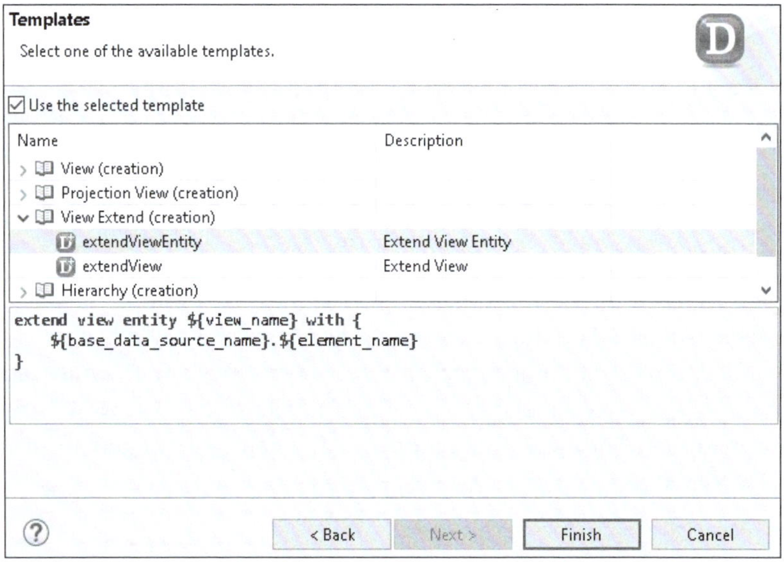

Abbildung 18.37 Auswahl eines Erweiterungs-Templates im Anlageassistenten für eine Datendefinition

- Im Quelltexteditor können Sie über die Quick-Fix-Funktion das Template **extendViewEntity** verwenden. Geben Sie dazu einfach »extendViewEntity« im Quelltexteditor ein, und verwenden Sie die Tastenkombination [Strg] + Leertaste. Wählen Sie das passende Template aus, und bestätigen Sie mit [↵] (siehe Abbildung 18.38).

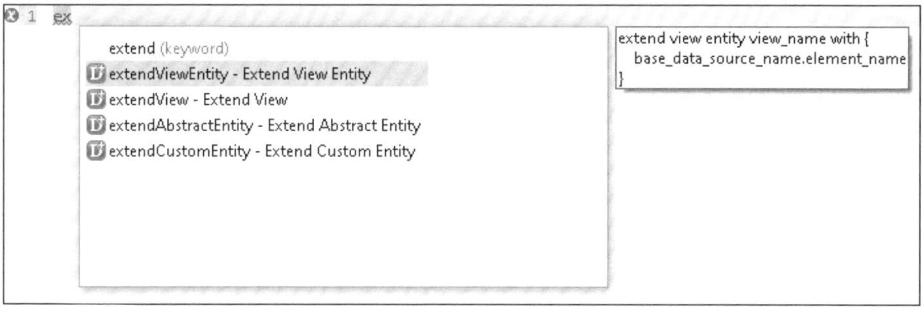

Abbildung 18.38 Auswahl eines Templates im Quelltexteditor

Generiertes Coding

Mit beiden Varianten wird das Coding aus Listing 18.7 generiert.

```
@AbapCatalog.sqlViewAppendName: ''
@EndUserText.label: 'Z_GIFT_DEV_EXT'
extend view entity view_name with Z_GIFT_DEV_EXT
{
    base_data_source_name.element_name
}
```

Listing 18.7 Generiertes Coding »extend view«

18

Mit einer solchen CDS-Entitätserweiterung können eigene View-Elemente hinzugefügt werden, ohne dass dabei Änderungen am ursprünglichen View vorgenommen werden. Die Erweiterung wird mit der CDS-Anweisung `extend view entity` definiert.

[!]

Obsolete Variante »extend view«

Die Variante `extend view` wurde verwendet, um DDIC-basierte CDS-Views (DDIC = ABAP Dictionary) zu erweitern. DDIC-basierte CDS-Views sind jedoch obsolet. Wenn Sie neue CDS-Views anlegen, sollten Sie CDS-View-Entitäten verwenden.

Feldzuordnung

Wir ergänzen unser Template nun mit folgenden Erweiterungsfeldern im Sinne einer Feldzuordnung. Die Feldzuordnung legt fest, welches Feld erweitert werden soll (`Persistence.zztest_sdh`), und kann mit einem Alias ergänzt werden (`as zzgift_dev_sdh`). Daher ist die Aktivierung der Feldzuordnung für Erweiterungsfelder erforderlich. Listing 18.8 zeigt diese Zuordnung für unser Beispiel:

```
extend view entity E_SalesDocumentBasic with
{
  Persistence.zztest_sdh as zzgift_dev_sdh
}
```

Listing 18.8 Feldzuordnung für die Erweiterungsfelder einer Entität

Erweiterung auf UI-Ebene bereitstellen

Wichtig ist, dass Sie nun alle Entitäten aus Tabelle 18.1 entsprechend erweitern. Nachdem Sie das gemacht haben, ist das neue Feld noch nicht standardmäßig auf der Benutzeroberfläche verfügbar. Es muss noch in der App zur Verfügung gestellt werden, wie in Abschnitt 18.1.2, »Benutzerdefinierte Felder«, bereits für das benutzerdefinierte Feld gezeigt. Das Feld kann nun in der SAP-Fiori-App **Kundenaufträge verwalten** genutzt werden. Abbildung 18.39 zeigt die erweiterte Benutzeroberfläche.

Abbildung 18.39 Erweiterung des Kundenauftrags um das Feld »Gutschein«

18.2.3 Implementierung eigener Logik

Feldwert über Events vorbelegen

Um unser Ankreuzfeld nun wieder standardmäßig als aktiviert vorzubelegen, können Sie die Standard-Events verwenden, die das ABAP RESTful Application Programming Model bereitstellt.

Anlage der Implementierungsklasse

Definieren Sie dazu eine globale Klasse, die auf Ereignisse des Business-Objekts »Kundenauftrag« wartet:

1. Klicken Sie dazu mit der rechten Maustaste auf Ihr Paket, und wählen Sie im Kontextmenü **New • ABAP Class** aus.
2. Geben Sie einen Namen und eine Beschreibung für die Klasse ein. Wir nennen unsere Klasse »ZCL_SALESORDER_EVENT« (siehe Abbildung 18.40). Bestätigen Sie mit **Next**.
3. Im nächsten Fenster können Sie noch einen Transportauftrag auswählen. Mit **Finish** starten Sie die Generierung der Klasse.

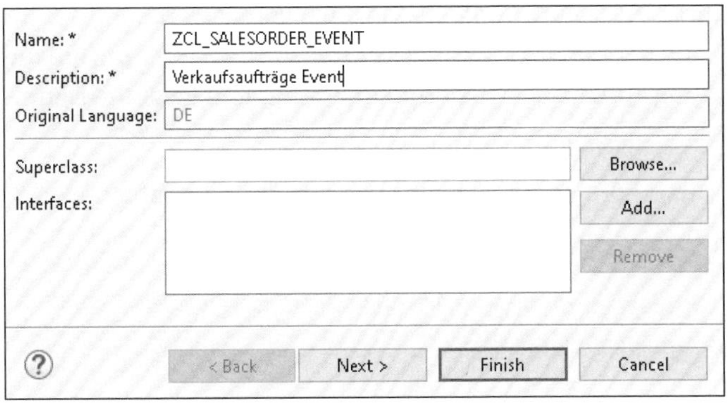

Abbildung 18.40 Anlegen einer neuen ABAP-Klasse

Die generierte Klasse sehen Sie in Listing 18.9.

```
CLASS zcl_salesorder_event DEFINITION
  PUBLIC
  FINAL
  CREATE PUBLIC.

  PUBLIC SECTION.
  PROTECTED SECTION.
  PRIVATE SECTION.
ENDCLASS.
CLASS zcl_salesorder_event IMPLEMENTATION.
ENDCLASS.
```

Listing 18.9 Generierung einer Klasse

Implementierungslogik ergänzen

Ergänzen Sie die Implementierung um den Befehl `FOR EVENTS`, bei dem Sie die Verhaltensdefinition `R_SalesOrderTP` angeben (siehe Listing 18.10). Nun kann die Klasse `ZCL_SALESORDER_EVENT` auf Ereignisse für die CDS-Entität `R_SalesOrderTP` reagieren.

```
CLASS zcl_salesorder_event  DEFINITION
  PUBLIC
  FINAL
  FOR EVENTS OF R_SalesOrderTP.

  PUBLIC SECTION.
  PROTECTED SECTION.
  PRIVATE SECTION.
ENDCLASS.
```

Listing 18.10 Ergänzung »FOR EVENTS«

Definition einer lokalen Klasse

Im nächsten Schritt muss eine lokale Klasse hinzugefügt werden. Diese lokale Klasse erbt von der Klasse CL_ABAP_BEHAVIOR_EVENT_HANDLER, um auf die Ereignisbehandlungsfunktionen zuzugreifen. Listing 18.11 zeigt die Definition dieser Klasse.

```
*"* use this source file for the definition and implementation of
*"* local helper classes, interface definitions and type
*"* declarations
CLASS lzcl_salesorder_event DEFINITION INHERITING FROM
  cl_abap_behavior_event_handler.
ENDCLASS.

CLASS lzcl_salesorder_event IMPLEMENTATION.
ENDCLASS.
```

Listing 18.11 Ergänzung einer lokalen Klasse, die von der Verhaltensimplementierung erbt

In dieser lokalen Klasse definieren Sie eine Methode, um bestimmte Ereignisse zu verarbeiten (siehe Listing 18.12). In unserem Fall soll das Event SalesOrder.Created verarbeitet werden.

```
CLASS lzcl_salesorder_event DEFINITION INHERITING FROM
  cl_abap_behavior_event_handler.

    METHODS consume_created
      FOR ENTITY EVENT created FOR salesorder~created.

ENDCLASS.


CLASS lzcl_salesorder_event IMPLEMENTATION.

  METHOD consume_created.
  ENDMETHOD.

ENDCLASS.
```

Listing 18.12 Definition einer Methode zur Ereignisverarbeitung

In dieser Methode implementieren Sie nun die Logik, um das Ankreuzfeld **Gutschein** automatisch vorzubelegen (siehe Listing 18.13). Das Feld ZZGIFT_DEV_SDH wird somit standardmäßig mit dem Wert X vorbelegt.

```
CLASS lzcl_salesorder_event IMPLEMENTATION.

    MODIFY ENTITIES OF i_salesordertp
    ENTITY salesorder
    UPDATE FIELDS ( zzgift_dev_sdh )
    WITH VALUE #(  ( zzgift_dev_sdh = 'X' %key-salesorder = created[
                    1 ]-salesorder ) )
    FAILED DATA(failed)
    REPORTED DATA(reported).

ENDCLASS.
```

Listing 18.13 Implementierungslogik

Speichern und aktivieren Sie die Klasse LZCL_SALESORDER_EVENT abschließend.

Test der SAP-Fiori-App

Nun können Sie sich das Ergebnis in der SAP-Fiori-App **Kundenaufträge verwalten** ansehen. Das Ankreuzfeld wird automatisch mit einem Häkchen versehen (siehe Abbildung 18.41).

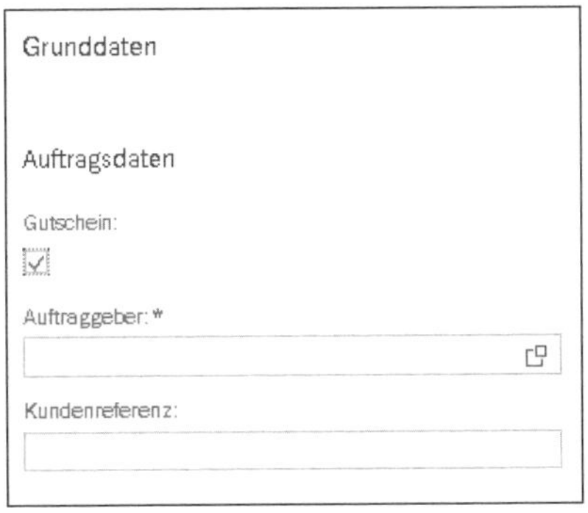

Abbildung 18.41 Benutzerdefinierte Logik in der App »Kundenaufträge verwalten«

18.3 Zusammenfassung

In diesem Kapitel haben Sie zwei Erweiterungsmöglichkeiten kennengelernt:

- Die Key-User-Erweiterbarkeit sollte für Erweiterungen durch Geschäftsexpertinnen und -experten genutzt werden (z. B. für Layoutänderungen, Formular- und Felderweiterungen und einfache Logik).

- Die Entwicklererweiterbarkeit sollte für Erweiterungen genutzt werden, die professionelle ABAP-Entwicklung erfordern (Schnittstellen mit APIs, Erweiterung komplexer BAdIs).

Im Kontext der Key-User-Erweiterbarkeit haben Sie zunächst erfahren, wie die Einrichtung des Adaptation Transport Organizers zum Transport der Erweiterungen erfolgt. Anschließend haben Sie die SAP-Fiori-App **Benutzerdefinierte Felder** kennengelernt, mit der Sie neue Felder hinzufügen können. Wir haben Ihnen außerdem die App **Benutzerdefinierte Logik** vorgestellt, mit der Sie eigene Logik für die Felder ergänzen können. Zum Schluss haben wir den Transport von Key-User-Erweiterungen beschrieben.

Im Kontext der Entwicklererweiterbarkeit haben Sie Möglichkeiten kennengerlernt, Datenbanktabellen und CDS-Entitäten als erweiterbar zu deklarieren. Wir haben zudem beschrieben, wie diese Objekte erweitert und um eigene Logik ergänzt werden können.

Die Key-User-Erweiterbarkeit bietet eine Möglichkeit, Erweiterungen für ein Business-Objekt schnell und automatisiert umzusetzen. Bei der Entwicklererweiterbarkeit müssen die Erweiterungen an vielen Entwicklungsobjekten wie Datenbanktabellen oder CDS-Views von Hand ergänzt werden.

Kapitel 19
Ausblick

ABAP, und insbesondere ABAP Cloud, entwickeln sich weiter. In diesem Kapitel erfahren Sie, welche Tools Sie zum Umgang mit Release-spezifischen Funktionen einsetzen können und welche Aspekte Sie bezüglich der Kompatibilität zwischen den verschiedenen Laufzeitumgebungen beachten sollten. Außerdem werfen wir einen Blick auf die Roadmap.

Rückblick

In diesem Buch haben Sie einen Überblick über die moderne ABAP-Entwicklung mit ABAP Cloud als Entwicklungsmodell erhalten. Nach den Grundlagen in Kapitel 1 und der Einführung in das Anwendungsszenario in Kapitel 2 wurden in Kapitel 3 bis Kapitel 16 konkrete Problemstellungen aus dem Entwickleralltag aufgegriffen, und es wurde gezeigt, wie Sie diese mit aktuellen Techniken lösen können, die in allen Laufzeitumgebungen funktionieren. In den Kapitel 17 und Kapitel 18 haben wir den Blickwinkel etwas erweitert, von einer vom Standard losgelösten Eigenentwicklung hin zur Integration des kundeneigenen Codes mit dem SAP-Standard über APIs (Kapitel 17) und Erweiterungen (Kapitel 18).

Anwendbarkeit der Techniken

Zusammenfassend lässt sich festhalten, dass mit ABAP Cloud inzwischen ein Großteil der alltäglichen Programmieraufgaben lösbar ist. Der Grad der technologischen Abdeckung ist groß, und die bereitgestellten Techniken in Form von APIs oder Objekttypen sind flexibel einsetzbar. Das ABAP RESTful Application Programming Model forciert Softwarearchitekturen, die Anwendungslogik, Präsentation und Persistenz voneinander trennen, die SAP-HANA-Datenbank optimal nutzen und in hohem Maße wiederverwendbar sind. In benutzergerichteten Szenarien werden SAP-Fiori-Apps weitgehend mit SAP Fiori Elements generiert oder zumindest die OData-Services für eine Freestyle-SAPUI5-Entwicklung automatisch bereitgestellt.

Fehlender Funktionsumfang

An einigen Stellen gibt es aber auch noch Lücken oder vielleicht sogar Rückschritte im Vergleich zu früheren Techniken. Einige haben wir in diesem Buch bereits angesprochen. Zum Beispiel lässt sich durch eine Business Configuration App mit Business Configuration Maintenance Objects zwar der Standardfall eines Pflege-Views für eine Tabelle sehr gut abbilden, auch inklusive sprachabhängiger Texte und Integration in das Transportwesen, der klassische Tabellenpflegegenerator bietet allerdings einen so großen Funktionsumfang (mit zeitabhängigen Daten, Integration in die zentrale Adressverwaltung und komplexen Viewclustern), dass für diese fortgeschrittenen Fälle im neuen Modell noch einiges an eigenem Implementierungsaufwand nötig ist.

[»]

Ausweichen auf klassisches ABAP

In SAP S/4HANA und SAP S/4HANA Cloud Private Edition können Sie auf klassisches ABAP ausweichen. Formal handelt es sich dann um Anwendungen, die nicht dem Clean-Core-Konzept entsprechen, da sie mindestens das Kriterium der Cloud-Fähigkeit verletzen. Sie können das Three-Tier-Modell nutzen, um solche Ausreißer zu verwalten. In SAP S/4HANA Cloud Public Edition und im SAP BTP ABAP Environment ist die Nutzung von klassischem ABAP nicht möglich. In diesen beiden Umgebungen erhalten Sie Updates allerdings deutlich schneller, sodass von SAP nachgereichte Funktionen Sie schneller erreichen.

On-Premise- und Cloud-Release-Stände

In manchen Konstellationen ist eine bestimmte Funktion zwar grundsätzlich schon vorhanden, nur noch nicht im von Ihnen verwendeten Release. Mit SAP S/4HANA 2023 und SAP S/4HANA Cloud Private Edition 2023 wurde bereits eine gute Grundlage für die ABAP-Cloud-Entwicklung geschaffen. Insbesondere das ABAP RESTful Application Programming Model ist mittlerweile sehr ausgereift. Durch den Zwei-Jahres-Rhythmus neuer On-Premise-Releases lagen SAP S/4HANA Cloud Public Edition und SAP BTP ABAP Environment hinsichtlich des Entwicklungsstands allerdings schon bei der Erstellung dieses Buches eineinhalb Jahre vor dem verwendeten On-Premise-Release.

Die dadurch entstehenden Abweichungen können z. B. bedeuten, dass eine Klasse noch nicht zur Nutzung in ABAP Cloud freigegeben ist. In solch einem Fall lässt sich vielleicht sogar ein entsprechender SAP-Hinweis einspielen. In anderen Fällen kann der Funktionsrückstand aber auch ein Deal Breaker sein. In Kapitel 14, »Umgang mit Excel-Dateien«, war z. B. angedacht, den Verarbeitungsstatus der Änderung eines Rezepts mit in die von der Anwenderin bzw. dem Anwender hochgeladene Datei zu schreiben und ihr oder ihm diese aktualisierte Datei bereitzustellen. Das Ändern von bestehenden Excel-Dateien ist aber in SAP S/4HANA 2023 und SAP S/4HANA Cloud Private Edition 2023 noch nicht auf Basis der in ABAP Cloud nutzbaren API verfügbar.

Release-abhängige Recherche

Wenn Sie die neuen Techniken recherchieren, ist nicht direkt ersichtlich, welcher Funktionsumfang auf welchem Release verfügbar ist. Es kann sehr frustrierend sein, die Lösung für ein Problem im Internet zu finden, nur um dann festzustellen, dass sie in Ihrem System gar nicht anwendbar ist. Zur release-abhängigen Recherche können Sie mehrere Quellen nutzen, die wir Ihnen im Folgenden vorstellen.

ABAP Feature Matrix

Leider liegen die relevanten Informationen sehr verteilt in SAP-Roadmaps, What's-New-Viewern, Blogbeiträgen, dem SAP Help Portal und der Schlüsselwortdokumentation vor. Zum Glück hat sich in der SAP Community die Initiative *Software-Heroes* die Arbeit gemacht, die Daten dieser verschiedenen Quellen zu aggregieren und visuell aufzubereiten. Bei der daraus entstandenen *ABAP Feature Matrix* handelt sich um ein Tool von Software-Heroes, das Ihnen die Verfügbarkeit von Funktionen in der ABAP-Technologie übersichtlich zusammenstellt. Den einzelnen Spalten der tabellarischen Übersicht können Sie das relevante ABAP-Release für eine Funktion leicht entnehmen (siehe Abbildung 19.1).

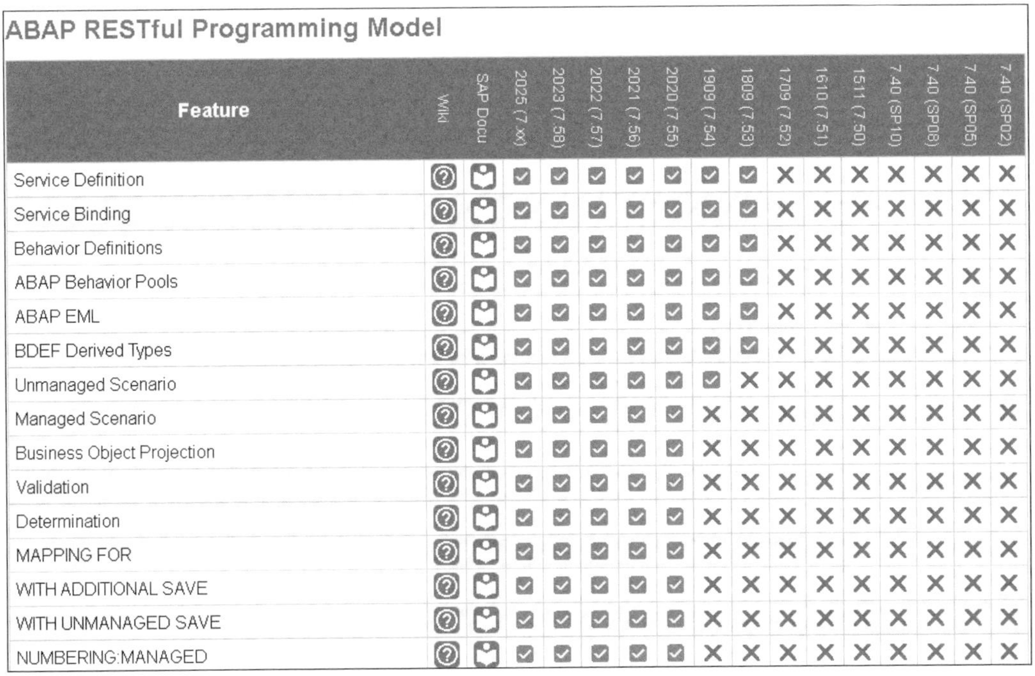

ABAP RESTful Programming Model

Feature	Wiki	SAP Docu	2025 (7.xx)	2023 (7.58)	2022 (7.57)	2021 (7.56)	2020 (7.55)	1909 (7.54)	1809 (7.53)	1709 (7.52)	1610 (7.51)	1511 (7.50)	7.40 (SP10)	7.40 (SP08)	7.40 (SP05)	7.40 (SP02)
Service Definition	?	📖	✓	✓	✓	✓	✓	✓	✓	✗	✗	✗	✗	✗	✗	✗
Service Binding	?	📖	✓	✓	✓	✓	✓	✓	✓	✗	✗	✗	✗	✗	✗	✗
Behavior Definitions	?	📖	✓	✓	✓	✓	✓	✓	✓	✗	✗	✗	✗	✗	✗	✗
ABAP Behavior Pools	?	📖	✓	✓	✓	✓	✓	✓	✓	✗	✗	✗	✗	✗	✗	✗
ABAP EML	?	📖	✓	✓	✓	✓	✓	✓	✓	✗	✗	✗	✗	✗	✗	✗
BDEF Derived Types	?	📖	✓	✓	✓	✓	✓	✓	✓	✗	✗	✗	✗	✗	✗	✗
Unmanaged Scenario	?	📖	✓	✓	✓	✓	✓	✓	✗	✗	✗	✗	✗	✗	✗	✗
Managed Scenario	?	📖	✓	✓	✓	✓	✓	✗	✗	✗	✗	✗	✗	✗	✗	✗
Business Object Projection	?	📖	✓	✓	✓	✓	✓	✗	✗	✗	✗	✗	✗	✗	✗	✗
Validation	?	📖	✓	✓	✓	✓	✓	✗	✗	✗	✗	✗	✗	✗	✗	✗
Determination	?	📖	✓	✓	✓	✓	✓	✗	✗	✗	✗	✗	✗	✗	✗	✗
MAPPING FOR	?	📖	✓	✓	✓	✓	✓	✗	✗	✗	✗	✗	✗	✗	✗	✗
WITH ADDITIONAL SAVE	?	📖	✓	✓	✓	✓	✓	✗	✗	✗	✗	✗	✗	✗	✗	✗
WITH UNMANAGED SAVE	?	📖	✓	✓	✓	✓	✓	✗	✗	✗	✗	✗	✗	✗	✗	✗
NUMBERING:MANAGED	?	📖	✓	✓	✓	✓	✓	✗	✗	✗	✗	✗	✗	✗	✗	✗

Abbildung 19.1 Ausschnitt der ABAP Feature Matrix

In den Zeilen werden die einzelnen Funktionen gelistet. Diese sind nach verschiedenen Bereichen gruppiert, wie ABAP RESTful Application Programming Model, ABAP SQL oder ABAP Cloud. Von einem Eintrag können Sie direkt in die relevante SAP-Dokumentation und ergänzende Infos abspringen. Die ABAP Feature Matrix erreichen Sie unter folgender URL: *https://software-heroes.com/abap-feature-matrix*.

[+]

ABAP Learning Matrix

Eine andere Aufbereitung der Daten finden Sie in der *ABAP Learning Matrix*. Dieses Tool von Software-Heroes zeigt Ihnen Release-Deltas an. So können Sie z. B. bei einem Upgrade direkt erfahren, welche Features Sie hinzugewonnen haben, mit denen Sie sich auseinandersetzen sollten. Die ABAP Learning Matrix erreichen Sie unter folgender URL: *https://software-heroes.com/abap-learning-matrix*.

Seiteneffekte der On-Premise-Lösung

Neben fehlendem Funktionsumfang kann auch zu viel Funktionsumfang zu Problemen führen. In SAP S/4HANA und SAP S/4HANA Cloud Private Edition können Sie beide Entwicklungsmodelle nutzen: klassisches ABAP und ABAP Cloud. Und das nicht nur alternativ, sondern, wo sinnvoll, auch in Kombination miteinander. Ein ABAP-Report mit Selektionsbild und SAP List Viewer kann als Datenquelle genauso gut einen CDS-View verwenden und über EML die Daten eines Business-Objekts ändern wie ein direkter Datenbankzugriff und ein BAPI-Aufruf. Solche Kombinationsmöglichkeiten scheinen allerdings nicht an allen Stellen von SAP technisch vorgesehen. Dass mit dem ABAP-Repository-Objekt-Generator für Business Configuration Maintenance Objects standardmäßig die unterliegenden Customizing-Tabellen unter Umgehung des Transportwesens und der Validierungsprüfungen in den Transaktionen SE16 und SE16N bearbeitet werden können, wenn nicht auch im Entwicklungssystem ausreichend streng berechtigt wird, deutet darauf hin, dass die Nutzung außerhalb von SAP S/4HANA Cloud Public Edition und SAP BTP ABAP Environment eher nicht direkt im Fokus stand. Auch das nun stärker im Mittelpunkt stehende Konzept der Softwarekomponenten in Eigenentwicklungen kann in SAP S/4HANA und SAP S/4HANA Cloud Private Edition problematisch sein, da es dort weiterhin technisch optional ist, während einige APIs in ABAP Cloud die Zuordnung bereits erwarten. Zu den in dieser Hinsicht problematischen Konzepten zählt auch die Nutzung von temporären Paketen. In SAP S/4HANA Cloud Public Edition und im SAP BTP ABAP Environment sind sie nicht erlaubt.

Kompatibilität zwischen Laufzeitumgebungen

Diese Seiteneffekte können auch zu Problemstellungen hinsichtlich der Kompatibilität zwischen den Laufzeitumgebungen führen. ABAP Cloud garantiert weitestgehend, dass Entwicklungen übergreifend nutzbar sind, insbesondere für den Fall, dass Sie ABAP Cloud in Ihrem On-Premise-System verwenden und später auf die Cloud-Systeme umsteigen möchten. Andersherum ergibt sich die bereits beschriebene Problematik der Release-Abhängigkeit. Außerdem gibt es Komponenten in ABAP Cloud, die nicht oder noch nicht übergreifend vereinheitlicht sind. Insbesondere ist davon der Bereich der Konnektivität betroffen, da in den Cloud-Umgebungen die Netzwerkkommunikation weitgehend über die SAP BTP verwaltet wird, während die On-Premise-Systeme mehr oder weniger direkt miteinander sowie nach außen kommunizieren können. Auch das Berechtigungskonzept ist unterschiedlich und schwierig zu vereinheitlichen.

Migration von klassischem ABAP auf ABAP Cloud

Möchten Sie Ihr Bestandscoding auf ABAP Cloud migrieren, helfen Ihnen dabei das *ABAP Test Cockpit* (ATC) und die SAP-Fiori-App **Migration der Eigenentwicklungen** (**Custom Code Migration**, App-ID F3191). Mit ihrer Hilfe können Sie die Cloud-Kompatibilität überwachen und organisatorische Arbeitspakete verteilen. Operativ können Sie anhand von ATC-Findings Stück für Stück das Coding anpassen und die Codebase renovieren, ohne direkt Syntaxfehler zu erhalten. Die ABAP-Sprachversion stellen Sie erst um, nachdem alle Findings zu einer Komponente abgearbeitet wurden. Neben den aktuell verfügbaren Quick Fixes zur (teil-)automatisierten Beseitigung solcher ATC-Findings soll perspektivisch auch der digitale SAP-Assistent *Joule* mithilfe generativer KI den Prozess unterstützen und vereinfachen können.

CDS Table Entities

Perspektivisch interessant werden auch die *CDS Table Entities*. In SAP S/4HANA 2023 und SAP S/4HANA Cloud Private Edition 2023 sind diese Objekte noch nicht verfügbar, im SAP BTP ABAP Environment und in SAP S/4HANA Cloud Public Edition gibt es sie seit dem Release 2502. Mit den CDS Table Entities wird einer der letzten für ABAP Cloud relevanten Objekttypen aus dem ABAP Dictionary, die Datenbanktabelle, nativ in CDS überführt. In Kombination mit den Nachfolgern für Datenelemente, den *CDS Simple Types*, und Domänen, den *CDS Enumerations*, haben damit alle relevanten Dictionary-Objekttypen für Datenbanktabellen ein Nachfolgekonzept erhalten. Damit entfallen perspektivisch die meisten Anwendungsfälle für das ABAP Dictionary in ABAP Cloud. Mit dem Cloud-Release 2502 ist erst die erste Version der CDS Table Entities verfügbar, und noch fehlt es an einer Integration in bestehende Techniken. Mit SAP S/4HANA 2025 und SAP S/4HANA Cloud Private Edition 2025 sollten die CDS Table Entities auch in der On-Premise-Lösung verfügbar werden, auch wenn der Umfang der dann verfügbaren Integration in bestehende Techniken noch nicht absehbar ist.

Roadmap

Damit bleibt abschließend der Blick auf die SAP-Roadmap. In diesem Buch haben Sie einen Eindruck davon erhalten, wie viel sich in der ABAP-Entwicklung in den letzten Jahren geändert hat und wie viel sich auch weiterhin ändern wird. Ein Blick in die Roadmap lohnt sich, um auf dem Laufenden zu bleiben und Architekturentscheidungen kompatibel mit zukünftigen Konzepten treffen zu können. Die Roadmap-Informationen zur ABAP-Plattform erreichen Sie im SAP Help Portal unter folgender URL: *http://s-prs.de/v1064817*.

Die Roadmap ist aufgeteilt in Spezifika für die verschiedenen Laufzeitumgebungen und übergreifende Informationen für ABAP Cloud, die für alle Umgebungen gelten (siehe Abbildung 19.2).

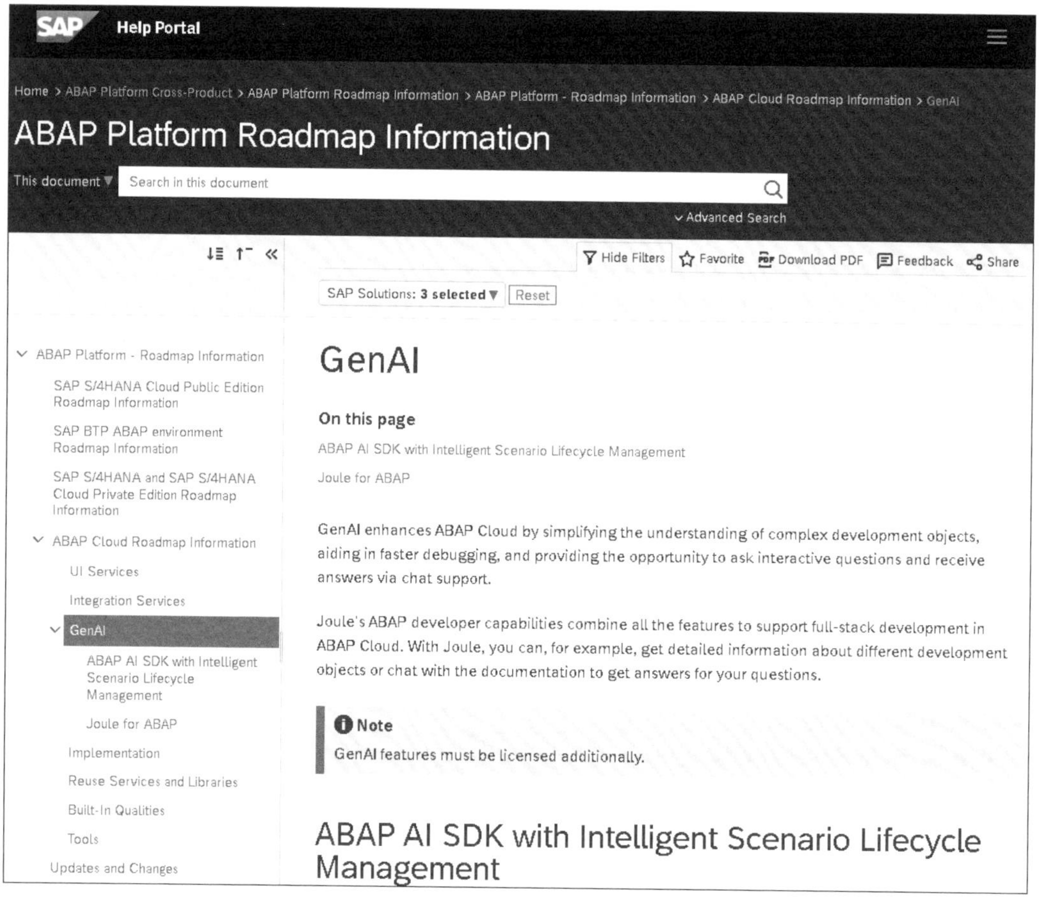

Abbildung 19.2 Ausschnitt der Roadmap für die ABAP-Plattform

Beachten Sie insbesondere etwaige Änderungen in der Roadmap. Diese werden im Bereich **Updates and Changes** kommuniziert. Roadmap-Informationen werden von SAP stets ohne Gewähr bereitgestellt.

Anhang

Anhang A
Installation der Beispielanwendung

Download und Installation

Auf der Verlagswebsite unter *www.sap-press.de/6050* auf der Registerkarte **Materialien** finden Sie das Rezeptportal, das uns als Anwendungsbeispiel für dieses Buch dient und in den Kapiteln aufgebaut und erweitert wird. Sie können es auch unter folgender URL auf GitHub erreichen:
https://github.com/abap-kochbuch/abap-kochbuch.

Sie können die Anwendung in Ihrem System installieren, um die Schritte direkt in Ihrer Entwicklungsumgebung nachvollziehen oder Details im Debugger analysieren zu können. Bitte stimmen Sie sich mit Ihrer Systemadministration ab, bevor Sie die Objekte ins System importieren. Die Anwendung wird als abapGit-Repository bereitgestellt. Eine detaillierte Installationsanleitung finden Sie in der Datei **README.md** auf oberster Ebene des Archivs bzw. des Repositorys.

Alternativ lässt sich die Anwendung auch zur Anzeige in einem Texteditor oder einer Entwicklungsumgebung Ihrer Wahl öffnen. Zu empfehlen ist dabei die Nutzung eines Syntax-Highlighting-Plug-ins für ABAP. Für Visual Studio Code finden Sie ein solches Plug-in etwa unter folgender URL:
http://s-prs.de/v1064818.

Kapitelbezüge der Beispielanwendung

In Tabelle A.1 ist noch einmal in der Übersicht aufgeführt, welche Unterpakete in der Beispielanwendung in welchen Kapiteln dieses Buches beschrieben werden. Das Paket `DATAMODEL` wird übergreifend verwendet und teilweise in anderen Paketen erweitert. Der vollständige Paketname hängt von Ihrem gewählten Installationsweg ab. Zum Beispiel kann er `$COOKBOOK_DATAMODEL` oder `ZCOOKBOOK_DATAMODEL` lauten.

Nr.	Kapitel	Unterpaket
2	Das Anwendungsszenario	`DATAMODEL`
3	Umgang mit Systemfeldern und Laufzeitinformationen	`RUNTIME`
4	Tabellenanalyse	`TABLEDISPLAY`

Tabelle A.1 Kapitelbezüge der Beispielanwendung

Nr.	Kapitel	Unterpaket
5	Tabellenpflege mit Business Configuration Maintenance Objects	CONFIG
6	Anwendungsprotokolle	LOG
7	Änderungsbelege	CHANGEDOCUMENTS
8	Sperrobjekte	LOCK
9	Nummernkreisobjekte	NUMBER
10	Hintergrundverarbeitung	JOB
11	E-Mail-Versand	MAIL
12	Parallelisierung von Anwendungslogik	PARALLEL
13	Datei-Upload	DATAMODEL (Erweiterung)
14	Umgang mit Excel-Dateien	EXCEL
15	Dokumentation von Entwicklungsobjekten	DOCUMENTATION
16	Berechtigungen	AUTHORIZATION

Tabelle A.1 Kapitelbezüge der Beispielanwendung (Forts.)

Anhang B
Namenskonventionen für die Beispielanwendung

In diesem Anhang finden Sie die in unserem Anwendungsbeispiel verwendeten Namenskonventionen. Diese können Ihnen als Hilfestellung dienen. Sie werden im Kundennamensraum, hier mit Z, und in einem reservierten Namensraum, hier exemplarisch /NSPC/, angegeben.

ABAP-Dictionary-Objekte

Tabelle B.1 führt die Konventionen für Objekte des ABAP Dictionarys auf.

Objekttyp	Namenskonvention
Datenbanktabelle (normal)	ZACB_RECIPE /NSPC/ACB_RECIPE
Datenbanktabelle (RAP, aktive Daten)	ZACB_RECIPE /NSPC/ACB_RECIPE Alternativ: ZACB_A_RECIPE /NSPC/ACB_RECIPE
Datenbanktabelle (RAP, Entwurfsdaten)	ZACB_RECIPE_D /NSPC/ACB_RECIPE_D Alternativ: ZACB_D_RECIPE /NSPC/ACB_D_RECIPE
Datenelement	ZACB_RECIPE_ID /NSPC/ACB_RECIPE_ID
Domäne	ZACB_RECIPE_ID /NSPC/ACB_RECIPE_ID
Strukturtyp	ZACB_S_RECIPE_DATA /NSPC/ACB_S_RECIPE_DATA

Tabelle B.1 Namenskonventionen für ABAP-Dictionary-Objekte

Objekttyp	Namenskonvention
Tabellentyp	ZACB_T_RECIPE_IDS /ACB/ACB_T_RECIPE_IDS
Sperrobjekt	EZACB_RECIPE /NSPC/E_ACB_RECI

Tabelle B.1 Namenskonventionen für ABAP-Dictionary-Objekte (Forts.)

RAP-Objekte und CDS-Entitäten

Tabelle B.2 führt die Konventionen für Objekte des ABAP RESTful Application Programming Models und ABAP-CDS-Views auf.

Objekttyp	Namenskonvention
Restricted-View-/Root-Entität	ZACB_R_Recipe /NSPC/ACB_R_Recipe
Interface-View-Entität	ZACB_I_Recipe /NSPC/ACB_I_Recipe
Projektions-View-Entität	ZACB_C_Recipe /NSPC/ACB_C_Recipe
Metadatenerweiterung	namensgleich mit zugehöriger CDS-Entität
Verhaltensdefinition	namensgleich mit zugehöriger CDS-Entität
Verhaltensimplementierungsklasse	ZBP_ACB_R_RECIPE /NSPC/BP_ACB_R_RECIPE
Servicedefinition	ZACB_UI_RECIPE /NSPC/ACB_UI_RECIPE (alternativ API oder keine Klassifizierung)
Service-Binding	ZACB_UI_RECIPE_04 /NSPC/ACB_UI_RECIPE_04 (alternativ API)

Tabelle B.2 Namenskonventionen für RAP-Objekte und CDS-Entitäten

ABAP Objects

Tabelle B.3 führt die Konventionen für ABAP Objects auf.

Objekttyp	Namenskonvention
Klasse (allgemein)	ZCL_ACB_RECIPE /NSPC/CL_ACB_RECIPE LCL_RECIPE
Interface (allgemein)	ZIF_ACB_USER_CONVERTER /NSPC/IF_ACB_USER_CONVERTER LIF_USER_CONVERTER
Ausnahmeklasse	ZCX_ACB_RECIPE_NOT_FOUND /NSPC/CX_ACB_RECIPE_NOT_FOUND LCX_RECIPE_NOT_FOUND

Tabelle B.3 Namenskonventionen für ABAP Objects

Anhang C

Installation der ABAP Development Tools

Die ABAP Development Tools werden von SAP als Plug-in für die Entwicklungsumgebung Eclipse bereitgestellt. Die Installationsanweisungen finden Sie unter folgender URL: *https://tools.hana.ondemand.com/#abap*.

Ein ausführliches Tutorial zur Installation und zum Verbindungsaufbau mit einem SAP-System finden Sie auf der SAP-Learning-Website unter folgender URL: *https://developers.sap.com/tutorials/abap-install-adt.html*.

Das Autorenteam

Fabian Lupa ist seit 2022 als Senior Software Engineer und Trainer bei adesso tätig. Er verantwortet dort schwerpunktmäßig die Aus- und Weiterbildung von Mitarbeitenden im Kontext der ABAP-Entwicklung sowie das Developer Enablement in Kundenprojekten. Zuvor absolvierte er eine Ausbildung zum Fachinformatiker mit berufsbegleitendem Studium der Wirtschaftsinformatik und war sechs Jahre inhouse als Anwendungsentwickler in den Bereichen SAP Finance und SAP Retail tätig. Er engagiert sich in der Open Source ABAP Community und gestaltet aktiv moderne Entwicklungsrichtlinien mit. Einen besonderen Schwerpunkt legt er auf Clean Code und Unit Tests sowie die Automatisierung von Entwicklungsprozessen mit modernen Tools.

Sven Treutler ist ABAP-Entwickler aus Leidenschaft. Seit 2010 beschäftigt er sich mit Themen rund um die ABAP-Entwicklung bei der rku.it GmbH in Herne. Dort kümmert er sich um neue Technologien und Qualitätssicherung im ABAP-Umfeld. Seinen Masterabschluss machte er an der Westfälischen Hochschule in Gelsenkirchen. Privat besucht er schöne Orte mit seiner Frau, ist stolzer Katzenbesitzer und schwarz-gelber Fußballanhänger.

Index

B

C

G

H

I

J

K